一、人行道、人行横道

交叉口人行道

二、安全岛、人行天桥

交叉口安全岛

路口对角安全岛

高架人行天桥

行人过街天桥

三、出入口、通道

上海地铁出入口

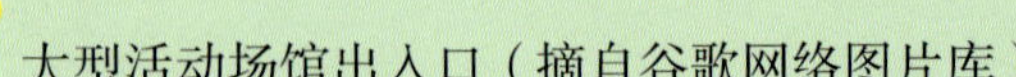

大型活动场馆出入口（摘自谷歌网络图片库）

商业区地下人行通道

地铁地下人行通道

a)地铁通道实体图

盲道与墙间隔0.3m
盲道宽0.3m
宽3.6m
长8.32m

b)地铁通道剖面图

地铁通道

四、楼梯、扶梯

地铁楼扶梯

伦敦地铁楼梯

五、自动步行道、闸机

地铁站内自动步行道

大型展馆内自动步行道

国内地铁闸机

波士顿地铁闸机（摘自上海地铁联盟）

地铁闸机

六、售票窗口、站台

售票窗口

地铁车站站台

七、安检（大型活动）、导向标志

大型活动安检

地铁导向标志

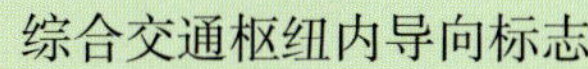

综合交通枢纽内导向标志

国外道路交通导向标志

广场交通导向标志

八、行人信号灯、坐席区

行人过街信号灯

行人专用信号灯

大型活动休息区坐席

大型活动坐席区

Pedestrian Traffic

行人交通

李得伟　韩宝明　编著

人民交通出版社

内 容 提 要

本书是国内第一部系统介绍行人交通的学术专著，较为全面地论述了人车冲突的道路交通环境、活动受控的交通场站以及群集疏散的大型活动场所三类环境下的行人交通问题。全书共分7篇，包括绪论、行人交通行为理论、行人交通分析与预测、行人交通设施规划与设计、行人交通控制及安全保障、行人交通系统科学、行人交通评价。

本书既可作为行人交通规划、设计与管理人员的参考书，也可为研究行人交通的学者提供理论支撑。

图书在版编目（CIP）数据

行人交通/李得伟，韩宝明编著. --北京：人民交通出版社，2011.8

ISBN 978-7-114-09189-6

I. ①行… II. ①李…②韩… III. ①行人-交通系统 IV. ①U491.2

中国版本图书馆CIP数据核字(2011)第111635号

书　　名：行人交通
著 作 者：李得伟　韩宝明
责任编辑：张征宇　郭红蕊
出版发行：人民交通出版社
地　　址：(100011)北京市朝阳区安定门外外馆斜街3号
网　　址：http://www.ccpress.com.cn
销售电话：(010)59757969，59757973
总 经 销：人民交通出版社发行部
经　　销：各地新华书店
印　　刷：北京牛山世兴印刷厂
开　　本：787×1092　1/16
印　　张：26.75
插　　页：4
字　　数：626千
版　　次：2011年8月　第1版
印　　次：2011年8月　第1次印刷
书　　号：ISBN 978-7-114-09189-6
定　　价：48.00元

前　言

行人交通是人类最基本和最古老的出行方式,同时行人交通也是现代城市交通系统的重要组成部分,所有的出行过程都离不开行人交通。城市内的行人交通正面临人车冲突和行人流拥挤两类较为极端的问题,正确认识和处理行人交通的相关问题,对建设节能、环境友好和可持续发展的城市具有重要的意义。自20世纪以来,国外对行人交通越来越重视,许多发达国家已经出台了一些较为完善的规范和标准。然而,作为一个人口大国,我国在行人交通方面的理论和实践还处于初级阶段,相关的研究成果少且分散。在这种背景下,本书在借鉴国外相关经验和规范、标准的同时,总结国内既有的研究成果,并结合我国行人交通的实际特点,对行人交通有关的热点问题进行了全面论述。作为国内第一部系统介绍行人交通方面的学术专著,本书较为全面地论述了人车冲突的道路交通环境、活动受控的交通场站以及群集疏散的大型活动场所三类环境下的行人交通问题,涉及内容包括行人交通行为、预测、规划、设计、控制、安全、拥挤管理以及行人交通系统科学等八个方面,力求为广大读者提供一个良好地、较为全面系统地了解行人交通的平台。

全书内容共分为7篇,其中第一、二、四、六、七篇由北京交通大学李得伟编写,第三、五篇由北京交通大学韩宝明编写,全书由李得伟统稿。在书稿的形成和文字整理过程中,北京交通大学鲁放老师,张琦博士,硕士研究生禹丹丹、王多龙、蔡晓春、张霖、周玮腾等做了大量的工作,在此表示衷心的感谢。石家庄规划设计院梁丽华同志提出了许多宝贵的建议,在此表示衷心感谢。

本书的出版参考了许多专家的研究成果,在此对这些资料的编写者表示衷心的感谢。

本书的出版得到了国家自然科学基金项目(61004105)、国家科技支撑计划(2009BAG12A10)的支持,也得到了北京交通大学"轨道交通控制与安全国家重点实验室"的支持,在此一并表示感谢。

由于编写时间仓促和编者水平有限,书中难免存在疏漏和不足之处,恳请读者批评指正,以便修改完善。

编　者

2011年5月

目　录

第一篇　绪论 …… 1
第一章　行人交通导论 …… 2
第一节　行人的定义 …… 2
第二节　行人交通理论的学科对象 …… 2
第二章　行人交通现状及发展趋势 …… 4
第一节　行人交通发展现状 …… 4
第二节　行人交通在综合交通中的作用 …… 17
第三节　行人交通发展趋势 …… 18
第三章　行人交通理论学科构成 …… 23
第二篇　行人交通行为理论 …… 26
第一章　行人交通行为理论基础 …… 26
第一节　基本概念 …… 26
第二节　行人交通行为特性 …… 26
第三节　行人交通行为分类 …… 27
第二章　行人交通行为产生机理 …… 28
第一节　行人交通行为的产生过程 …… 28
第二节　行人交通行为的影响因素 …… 30
第三节　行人交通行为的驱策要素 …… 37
第四节　行人交通行为层次 …… 38
第三章　行人宏观交通行为及参数 …… 42
第一节　行人宏观交通行为参数 …… 42
第二节　行人交通流基本图 …… 44
第三节　不同环境下行人交通流基本图 …… 47
第四节　行人交通自组织行为 …… 51
第四章　行人微观交通行为及参数 …… 54
第一节　行人微观交通行为参数 …… 54
第二节　道路交通系统行人微观交通行为 …… 59
第三节　交通场站系统行人微观交通行为 …… 63
第四节　大型活动场所系统行人微观交通行为 …… 80
第五节　紧急情况下行人微观交通行为 …… 83
第三篇　行人交通分析与预测 …… 85
第一章　行人交通预测概述 …… 85

第一节　行人交通预测定义 …… 85
第二节　行人交通预测目的 …… 86
第三节　行人交通预测的内容 …… 87
第四节　行人交通需求预测的基本思路 …… 88
第二章　行人交通调查 …… 89
第一节　行人交通调查基本流程 …… 89
第二节　行人交通调查基本内容 …… 90
第三节　行人交通调查方法 …… 91
第四节　数据处理 …… 96
第三章　行人交通需求预测 …… 103
第一节　行人交通需求预测概述 …… 103
第二节　交通需求预测的“四阶段”法 …… 105
第三节　基于活动的交通需求预测法 …… 130
第四章　不同行人交通系统的交通需求分析与预测 …… 137
第一节　道路行人交通需求预测 …… 137
第二节　交通场站行人交通需求预测 …… 140
第三节　大型活动场所内行人交通需求预测 …… 145
第四节　不同场所行人交通流集散特性 …… 148
第五章　行人交通后评估 …… 154
第一节　行人交通后评估目的及意义 …… 154
第二节　行人交通后评估的内容 …… 155
第三节　行人交通后评估步骤 …… 156
第四节　行人交通后评估方法 …… 157
第四篇　行人交通设施规划与设计 …… 159
第一章　行人交通设施 …… 159
第一节　行人交通设施内涵 …… 159
第二节　行人交通设施分类 …… 159
第三节　行人交通设施分级 …… 164
第二章　行人交通设施总体规划 …… 165
第一节　行人交通设施规划原则 …… 165
第二节　行人交通设施规划的技术路线 …… 166
第三节　行人交通网络布局规划 …… 172
第四节　不同环境条件下行人交通设施的规划 …… 172
第五节　行人交通系统与其他规划的协调 …… 180
第三章　行人交通设施设计 …… 183
第一节　行人交通设施通行能力和服务水平 …… 183
第二节　行人交通设施参数设计 …… 193
第三节　行人附属设施设计 …… 223

第四节　行人交通设施的协调设计 …… 228
第五篇　行人交通控制及安全保障 …… 232
第一章　城市道路行人交通控制 …… 232
第一节　信号交叉口行人交通运行特性与现状 …… 232
第二节　信号交叉口行人穿越模型 …… 234
第三节　信号控制方法 …… 237
第四节　信号交叉口行人过街信号设置条件 …… 239
第五节　信号配时设计 …… 240
第六节　道路路段行人交通流控制 …… 244
第二章　交通场站行人交通控制 …… 249
第一节　交通场站行人交通特性与现状 …… 249
第二节　交通场站行人流线组织 …… 249
第三节　排队行人交通控制 …… 252
第四节　通道行人交通控制 …… 255
第五节　车站广场、大厅行人交通控制 …… 257
第三章　大型活动场所行人交通控制 …… 259
第一节　大型活动场所行人交通特性 …… 259
第二节　大型活动场所内部行人疏散控制 …… 260
第三节　大型活动外围行人疏散控制 …… 262
第四节　大型活动外部行人疏散控制 …… 263
第五节　大型活动疏散方案制订 …… 264
第四章　行人交通安全管理 …… 269
第一节　概述 …… 269
第二节　行人交通安全影响因素 …… 270
第三节　行人交通安全事故及管理原则 …… 274
第四节　行人交通安全管理措施 …… 275
第五章　行人拥挤管理 …… 279
第一节　行人拥挤特性 …… 279
第二节　行人交通拥挤分析 …… 283
第三节　行人拥挤管理 …… 285
第四节　大客流拥挤管理案例 …… 294
第六篇　行人交通系统科学 …… 301
第一章　数据经验分析研究方法 …… 302
第一节　数据分析 …… 302
第二节　统计分析实例 …… 304
第二章　最优化研究方法 …… 306
第一节　最优化研究方法概述 …… 306

第二节　最优化方法工作步骤 …… 307
第三节　最优化方法应用实例 …… 309
第三章　行人交通系统仿真 …… 311
第一节　行人交通仿真建模分类 …… 311
第二节　行人运动仿真建模理论 …… 313
第四章　行人交通仿真模型 …… 319
第一节　行人运动宏观仿真模型 …… 319
第二节　行人运动中观仿真模型 …… 321
第三节　行人战略层微观仿真模型 …… 325
第四节　行人战术层微观仿真模型 …… 326
第五节　行人决策层微观仿真模型 …… 336
第五章　行人交通仿真软件介绍 …… 356
第一节　通用行人运动仿真软件介绍 …… 356
第二节　综合交通枢纽乘客集散仿真评估系统 SRail …… 365
第三节　行人微观仿真实例应用 …… 368
第七篇　行人交通评价 …… 379
第一章　行人交通设施效能评价 …… 380
第一节　评价对象和目的 …… 380
第二节　城市道路行人交通设施效能评价 …… 381
第三节　交通场站及大型活动场所设施效能评价 …… 384
第二章　行人交通安全评价 …… 389
第一节　安全评价对象和目标 …… 389
第二节　大规模行人群疏散安全评价 …… 390
第三节　行人过街设施安全评价 …… 395
第三章　行人交通系统动态评价 …… 396
第一节　动态评价方法的含义 …… 396
第二节　动态评价的实施步骤 …… 396
第三节　评价指标的取值方法 …… 397
第四节　动态评价的分析方法 …… 398
第五节　动态评价的优势和局限 …… 399
附录 …… 402
附表一:国际行人交通研究人员与组织机构一览表 …… 402
附表二:中国行人自由速度快速查阅参考表 …… 403
附表三:行人设施服务水平及通行能力快速查阅参考表 …… 404
附表四:行人设施能力快速查阅参考表 …… 405
参考文献 …… 406

第一篇 绪 论

城市的繁荣和发展总是伴随着人类的出行和聚集,对于任何一次出行,行人走行既是一切交通的源头和终结,又是人们完成各种生活和生产活动的基础。例如:人们从家走到公共汽车或地铁站、在地铁系统内部的换乘、从公共汽车或地铁站到工作场所、甚至从家至停车场或停车场到单位,或者在大型体育场馆内部运动,行人走行始终是最基本的交通方式。据统计,在世界各大城市的市内居民出行中,行人走行时间已经超过整个出行时间的20%,并且随着交通安全设施和交通流疏解设施等的增加,这个数字还在不断增加。大量的行人在城市的主要节点(如交叉口、车站、场馆等)上进行集聚、中转、疏散等活动从而形成行人群集运动,成为大城市交通的一个重要特征。

随着城市的不断扩大,世界各大城市都逐渐进入机动化时代,从6.44km/h的第一台蒸汽机车到2150km/h的协和飞机,人们开始了对速度的狂热追求,行人交通逐渐被世人忽视,行人交通的理论和实践发展也异常缓慢。进入20世纪后半叶,随着机动车保有量的逐渐增加,机动化带来的安全、拥挤、环境等问题也在世界各大城市日益凸现出来。

机动化带来了严重的交通安全问题。随着城市机动车出行的增加,交通事故数量不断增加,尤其是车辆与行人之间的事故更加频繁。私家车与行人在道路空间上的竞争导致了更高的交通事故率,行人作为其中的弱势群体,其安全性受到了巨大的挑战。行人(特别是儿童、老人和其他残疾人等弱势群体交通参与者)发生交通事故率在大幅增加时,往往会被迫减少出行频率,从而限制了整个交通的发展。

随着机动车保有量的逐渐增加,美国、英国、荷兰、澳大利亚等国的主要城市先后发生了城市道路和高速公路交通拥堵问题,人们的出行效率并没有因为机动车数量的进一步增加而得到有效提高,交通拥堵造成了城市空间资源和时间资源的巨大浪费。在寻求解决交通拥堵问题时,立体交通、交通信号控制、交通需求管理等许多措施得以发展。

进入21世纪以来,全球气候变暖和世界能源危机与机动化发展的矛盾日益显现,机动化恶化了人类的生存环境,噪声、尾气污染等问题接踵而来,大大降低了城市居民的生活质量,人们开始转向研究利用电动车、公共交通等手段解决这些问题的可能性。然而,新的问题伴随而来,公共交通大客流拥挤问题便是其中之一。

在我国,由于人口基数大、老龄化问题逐渐突出,绝大多数人机动化出行无论是理论还是现实都是不可行的,在发达国家出现的交通拥挤、交通安全、交通环境的问题也在我国一些大城市中逐渐出现。

在这种背景下,行人交通又重新被重视起来,城市规划人员也开始反思作为最原始的体力出行应当受到足够的重视,行人交通的相关理论和实践应用也日益兴旺。然而,新的环境下,行人交通被赋予了新的含义和特点,现代城市中的行人交通面临着人车冲突、大客流群集拥挤、公共安全脆弱等许多新的问题。深入研究行人交通行为,准确预测行人交通的演变和发展趋势,在此基础上,合理规划和设计行人交通设施,并形成城市各种交通方式科学协作运营的策略,对于建立整个城市的良性交通运输体系,促进城市的可持续发展具有重要的意义。

第一章　行人交通导论

第一节　行人的定义

“行人”在我国辞海中定义为步行的人,或路上行走的人。美国华盛顿州法律中将行人定义为“Any person who is afoot or who is using a wheelchair or a means of conveyance propelled by human power other than a bicycle”,其内涵包括了利用体力出行的所有人群,包括步行者、利用轮椅出行的人群或者利用除自行车外的其他人力运输工具的人群。

在现代交通运输体系下,人们要完成一次出行一般需要利用一种或一种以上交通方式,因此,行人的概念超越了上述范畴。应当说,所有利用体力出行的人均属于行人,包括使用各种街道、交通港站、体育场馆、大型商场、船只车辆等交通设施或设备且具有一定出行目的的人。

行人交通是一种基于体力出行的方式,与其他出行方式比较,行人交通具有一些鲜明的特点,其中,最核心的特点为多样性,即不同行人、不同环境、不同心理等条件下,行人交通所表现出来的行为及其对外界的作用效果是不同的。

第二节　行人交通理论的学科对象

行人交通理论是以行人、车辆、道路、场站及行人交通组织管理等为研究对象,通过深入研究行人交通行为及群集规律,揭示和预测不同环境下现状及未来行人的宏观和微观发展演变趋势,科学指导行人交通系统中各类设施的规划与设计以及运营组织与管理,从而保证行人交通系统安全、高效运行。

行人交通总是依托于一定环境发生的,根据行人交通系统中行人主要发生场所、行人的行为特点以及对设施规划设计和运营的需求,可以将行人交通系统划分为道路行人交通系统、场站行人交通系统以及大型活动行人交通系统三类。行人交通理论的研究亦基于上述三种环境。

(1)道路行人交通系统是指出行活动主要发生在道路系统中的行人、道路交通设施设备、道路交通环境的总称。其位置包括人行道、交叉口、人行立交、步行街等地面道路交通。处在道路交通系统中的行人一般密度较小,行人流的时空分布较为离散和均匀,可以说道路系统中的行人更趋向于随机状态,行人运行的方向、活动及行为都比较简单。但是,由于道路行为交通系统为全开放环境,行人交通主体可能会与其他交通方式发生安全冲突,此时,作为弱势群体的行人通常会承担主要的后果。因此,道路行人交通系统研究的重点是人车冲突问题,即以道路行人交通行为为基础,通过道路设施设备规划设计及运营管理,合理引导和组织行人交通,最大限度地减少事故概率。

(2)场站行人交通系统是指出行活动主要发生在各类交通场站或枢纽中的行人、交通和服务设施、场站交通环境的总称。其位置包括各类车站、港口、机场以及大型城市客运交通枢纽等半封闭环境。场站行人交通还可以分为场站外围行人交通和场站内部行人交通两部分。交通场站行人交通系统是客流集散的场所,因此,处在场站系统中的行人,交通流量较大,大量客流在短时间积聚和消散,客流时空不均衡性较突出。一方面,由于不同行人的出行目的及方向不同,行人表现出的运行速度、方向、活动等行为不同,造成群体行为复杂特性。例如:场站中购票人群、候车人群、乘降人群的行为完全不同;另一方面,由于场站中的行人交通往往与各种交通方式之间互为衔接关系,并且受到场站内各种行人设备、流程、流线和作业的影响,群体行为在另一方面会呈现一定的规律性,如客流随着时刻表规定的列车到达情况规律性地产生和消散,所有旅客在车站中的基本进出站流程相同。因此,场站行人交通系统研究的可以称为是弱可控交通流,其核心问题是通过对场站或枢纽的设施设计和运营管理、运输组织的综合优化实现场站内行人集散的安全以及集散能力的最大化。

(3)大型活动行人交通系统是指为参加大型活动而产生的出行活动所涉及的所有交通元素的总称。根据该系统中行人主要发生场所来分析,大型活动场所主要包括公共娱乐场所、集贸市场、大型商场、超市、大型集会、大型体育场馆、宗教活动区等大量人群聚集的场所,因为活动场所大量人员聚集,并且通常属于封闭交通系统,大型活动场所行人交通系统往往在特定活动下,大客流在短时间内集中聚集和疏散,客流量巨大,行人出行目的简单,活动和行为简单,但运动方向因人而异表现较为混杂,与其他交通方式之间关系较弱。大型活动行人交通系统的研究重点是人员疏散问题。其中,狭义的大型活动主要是指具有预先确定的举办时间、地点,同时规模较大、参与人数众多的社会公共活动。根据活动性质可分为赛事活动和游览活动,其包括:①体育赛事活动;②演唱会、音乐会等文艺表演活动;③国庆、花会、庙会等庆典活动;④大型国际会议、人才招聘会等会议活动;⑤传统节日如春节、劳动节等节日活动;⑥灯会、游园等宴会活动。具体分类如图1-1-1所示。

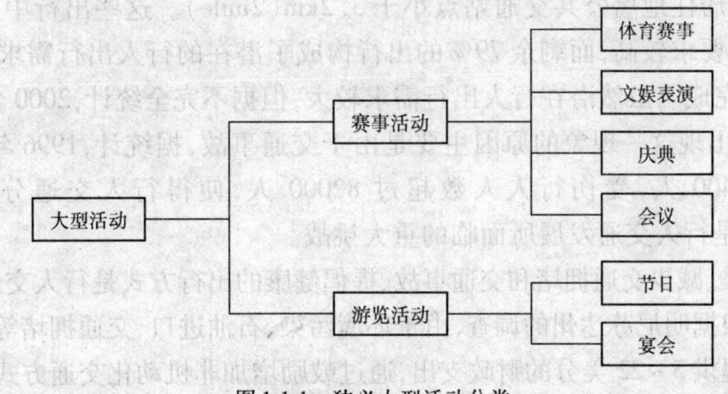

图1-1-1　狭义大型活动分类

不同环境条件下的交通设施环境特性不同,导致不同行人交通系统中的交通量、行人运动特征都不尽相同,具体如表1-1-1所示。

典型场景下行人交通系统特性　表 1-1-1

特性＼交通系统	道路行人交通系统	场站行人交通系统	大型活动行人交通系统
系统运行特征	开放	半封闭	封闭
与其他交通方式联系	强	较强	较弱
行人交通流量	少量	大量	巨量
行人交通方向	简单	复杂	混杂
行人行为和活动	简单	复杂	简单

第二章　行人交通现状及发展趋势

第一节　行人交通发展现状

一、世界各国行人交通现状

1. 各国行人交通基本情况及其在综合交通中的分担情况

1)美国

美国每天约有 5600000 次步行方式的交通出行(不包含娱乐、健身等非交通出行),占所有出行总数的 7.2%,行人每次平均出行时间在 24min 左右,出行人群主要是无机动车的家庭以及小孩、老人等出行受限的人群,这些人群大约占到所有人口的 1/3。另外,在采用其他交通工具出行的人群中,所有乘客在部分环节上都属于行人。另外,在许多出行中机动车的使用并不是必须的,一项有关美国个人出行的调查显示,所有交通出行者中超过 1/4 的出行距离小于 1.6km(1mile),有 1/2 的出行小于 4.8km(3mile),2/3 的出行小于 8km(5mile)。其中,53% 的行人居住地离公共交通站点小于 3.2km(2mile)。这些出行中,约有 21% 的为工作出行,对时间要求较高,而剩余 79% 的出行构成了潜在的行人出行需求,即这些出行可以通过步行方式完成。虽然潜在行人出行需求较大,但据不完全统计,2000 年全美步行交通方式仅占 7.2%,出现这一现象的原因主要是由于交通事故,据统计,1996 年美国全年死亡行人人数超过 5400 人,受伤行人人数超过 82000 人,使得行人交通分担率逐年下降(图 1-2-1),这也是行人交通发展所面临的重大挑战。

减少环境污染、减少交通拥堵和交通事故、提倡健康的出行方式是行人交通在美国蓬勃发展的主要原因。根据明尼苏达州的调查,由于环境污染、石油进口、交通拥堵等原因,政府需要为每一个机动车提供 5 ~ 22 美分的财政支出,通过鼓励增加非机动化交通方式的使用,可以有效减少这部分的支出。另据调查,大约 60% 的美国人有久坐的生活方式,40% 的人群处于超胖状态,鼓励人们采用步行等行人交通出行方式出行,在一定程度上有利于提高行人健康。

1980 年和 1990 年数据显示,步行出行和自行车出行的联合分担率由 6.7% 下降到

4.4%，与此同时，联邦运输基金每年仅在行人和自行车项目上投入 200 万美元的支持。1990 年，美国联邦公路管理员汤姆拉尔森博士将行人和自行车描述为“被遗忘的交通方式”。同年，美国运输部通过了一项新的国家交通政策，“Moving America, New Direction, New Opportunities: A Statement of National Transportation Policy, Strategies and Action”，提出通过设计交通设施，鼓励行人出行。第一次明确提出要提高行人交通量，鼓励交通规划师和工程师在做城区和郊区交通设施规划设计时，应充分适应行人交通，并通过宣传提高和改进人行横道、交通信号、道口和人行道的设计以保证行人安全。这标志着对行人交通的忽视已经走向尽头。1991 年，美国通过了一项投资 26 亿美元的项目，名为“ISTEA – Intermodal Surface Transportation Efficiency Act”，第一次立法提出了采取各种手段合理规划和设计行人设施，保证行人安全出行，至此行人交通的重要性逐渐凸现出来。

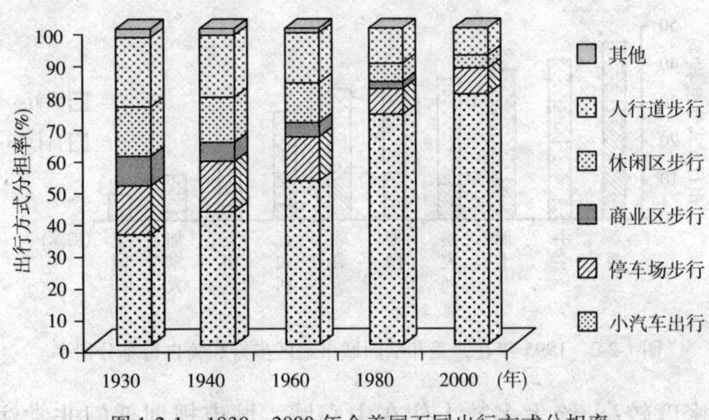

图 1-2-1　1930～2000 年全美国不同出行方式分担率

为实现交通部门所提出的既能增加步行出行比例，又提高交通安全性的目标，美国国会在 1991 年财政年度拨款 100 万美元，资助国家自行车和步行研究项目（NBWS）。该项目包括 5 个具体任务：确定行人和自行车交通的使用水平，分析其利用水平不高的原因；制订提高利用率和行人安全的计划，并提出实现该计划的配套资源；确定计划所需的全部成本，衡量在城市和郊区促进骑自行车和步行发展的效益；审查和评估世界各地成功的方案，确定其在美国的适用性，并提出符合美国的具体实施计划；制订这项交通政策的行动计划，包括具体时间表和详细预算。1994 年，联邦政府交通部提出进一步提高步行和自行车的分担率（由 7.9% 提高到 15.8%）的计划，并明确提出要降低行人死亡率 10 个百分点。1998 年，联邦政府交通部提出了一项投资 38 亿美元的交通刺激政策，名为 TEA 21 – Transportation Equity for the Twenty – First Century，这项政策包括提高行人交通水平和出行质量在内的共 7 项计划。经过近 4 年的研究，NBWS 项目取得了重要的成果。联邦政府先后于 1999 年（5 年）、2004 年（10 年）、2010 年（15 年）进行了跟踪研究，充分说明了其重要性。

2）欧洲

大多数欧洲国家都在从事有关减少交通拥堵、降低交通事故率和提高行人交通安全方面的项目研究，主要包括德国、瑞士、奥地利、丹麦、英国、荷兰、芬兰、挪威、法国和瑞典等国家。这些国家鼓励主要城市的市民尽量采取骑车和步行方式出行，以此来减少城市交通拥堵、降低交通事故发生率，同时，欧洲许多国家也在积极试行行人专用区的政策，从而达到行人出行交通安全的目的。

以德国为例,小汽车的拥有率较高,易引起路面交通拥堵以及行人出行的不便。由于路面交通的不顺畅,促使行人只有放弃驾车出行的计划,不得不采取其他方式出行。据20世纪70年代末,80年代初的数据统计,德国的出行方式中,小汽车出行比例为47.6%,公共交通方式比例11.4%,自行车比例9.6%,步行比例30.3%,摩托车和其他分别是0.9%和1.1%。

随着德国国家制定的相关政策以及各种公共交通方式之间的有效衔接,行人出行逐步转向公共交通为主,与欧美其他国家比较,德国行人出行分担率在欧美处于中间水平,其步行和自行出行分担率达到39.9%(图1-2-2)。伴随着政府采取的公共交通优惠和补贴政策,居民出行方式还将有所变化。由于德国城市土地利用紧凑,城市间间距缩小,居民出行大部分还是主要以步行或者骑自行车等方式到达公共交通站点,因此,行人以步行或骑自行车方式出行的趋势还会进一步增加。

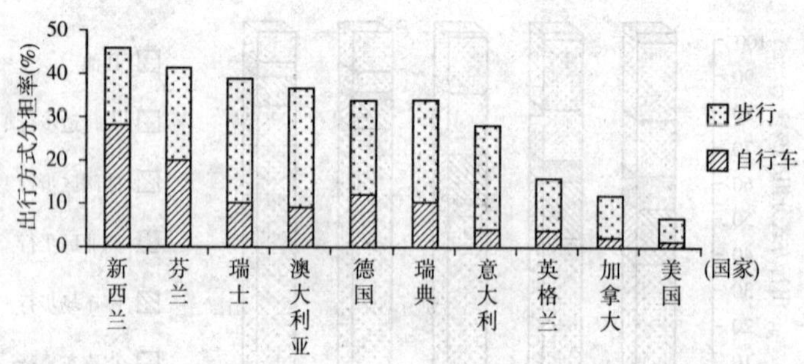

图1-2-2　1995年在北美和欧洲城市地区步行和骑自行车分担率

在荷兰,城市密度较高,绝大多数人住在中心城。城市规划部门非常注意城市的协调和紧凑,住房建设不鼓励分散的独立式住宅,即使是新郊区发展,也是成团的多单元住宅,以便提供更好的公共交通服务。荷兰小汽车分担率为45.2%,公共交通占4.8%,自行车占29.4%,步行占18.4%,摩托车和其他方式占到2.3%。可以看出,荷兰的公共交通所占比例甚至低于步行,这一方面是由于出行距离短,适合自行车和步行,另一方面是由旅游型的城市性质决定了观光旅客适合采用休闲、便捷、机动灵活的自行车和步行出行方式。

在奥地利首都维也纳市,公共交通占有很重要的地位。约1/3的市民要依靠公共交通出行,有1/3的市民拥有小汽车,还有1/3的市民骑自行车或者步行。随着城市长期发展战略的实施,维也纳市的公共交通目标正逐步得到实现:在过去的4年中成功地增加了10%的市场占有率;如果按计划再增加20%,就能够达到预期目标的一半。完成这些指标的主要原因是维也纳市公共交通的利用率很高,约有80%的出行不需要依靠小汽车。20世纪90年代初,更多的市民认识到了公共交通不断增长的市场潜力,而基础设施建设的进一步加强有力地突出了公共交通的便利性。因此,公共交通的形象日益深入人心,市场占有率更加扩大,乘坐轨道交通的人数大大超过乘坐小汽车的人数。此外,维也纳市区的很大一部分并不适合发展私人小汽车。比如在维也纳市的西区,约有27%的市民骑自行车或者步行,有36%的市民利用公共交通,而开汽车的只有36%。但在市区的东南部和北部,情况则完全不同:例如,在维也纳东南部和北部用小汽车代步的比例分别上升到了43%和49%,而公共交通的市场占有率则分别为29%和25%。目前,全世界都在倡导建立节约型社会,节能减排,以步行出行的行人比例将呈增长趋势。

总之,欧洲各国由于不同国家地理环境、交通设施不同,其各种出行方式所占的比例也不同,但鼓励步行及自行车出行方式是未来交通系统发展的一种趋势,通过采用步行和公共交通组合的方式出行,将大大减轻未来城市交通拥堵状况,缓解环境、交通安全等方面的压力。

3)中国

我国城市的行人交通流量很大,步行交通在大城市中的分担量约占出行总量的40%,而中等城市约占50%,小城市甚至高达60%以上。出行距离是影响人们是否选择步行的主要因素,步行出行比例随出行距离的增加而减少。据统计,我国90%以上的行人步行距离不超过2km,而最佳的步行换乘距离在300m以内,一般不超过500m,极限距离不超过800m。在北京、上海等一些大城市,机动车保有量很高但空间资源有限,使得机动车常常占用人行道或非机动车道,影响行人正常出行,城市道路及交叉口常出现人车冲突事故,大大影响了整个交通出行效率。

在能源、经济紧张的条件下根据我国各大城市交通拥堵现状,2009年北京市政府公布了《建设人文交通、科技交通、绿色交通行动计划(2009~2015年)》。其中指出2015年北京市交通总体的出行格局将变为以轨道交通为主体的公共交通占45%,小汽车出行占22%,出租车占8%,自行车占23%,其他占2%。2010年4月北京市政协通过"绿色出行体系"的建议案,并面向全社会发出了"提倡绿色出行,建设绿色北京"的倡议书,该倡议书的内容包括:"减少自驾乘公交,集约高效路通畅;近距首选自行车,便捷环保零排放;短途出行健步走,时尚低碳保健康;科学使用小汽车,节能减排意识强"。由此可以看出,我国不少城市,尤其是大型城市已经开始计划采取一系列措施推行"公交优先"政策,甚至"十二五"规划中涉及保护自行车道及鼓励骑车出行。通过这种调整不同交通方式的分担率使我国的交通结构趋于合理化,从而达到逐渐解决我国交通问题的目的。

2. 世界各国不同设施环境下的行人交通现状

一个可持续发展的城市必须具有便于步行、非机动车通行及建立公共交通设施的形态和规模,通过对公共交通设施的科学规划和管理减少人们的出行距离及其对小汽车的依赖。不同设施环境下行人交通交织在一起,是大城市行人交通的重要特征。

1)道路行人交通环境

道路行人交通环境是以道路交通参与者为主要研究对象,其与道路交通设施设备及交通工具等共同组成的道路交通环境。由于设施设备及环境的不同,不同国家道路行人交通系统的表现形式及发展情况存在差异,因此各个国家都开始有针对性地发展道路行人交通系统。

美国从1990年就开始提高和改进人行横道、交通信号、道口和人行道的设计以保证行人安全。目前,美国正计划通过合理规划城市交通设施(缩短家、工作场所、学校、商店、饭店之间的距离)、增加行人出行的安全性(在路径全程采取安全手段)、增加公共交通的可达性、增加目的节点行人的舒适性(提供各种人性化设施)、建立行人友好交通环境等手段,逐步提高行人交通水平和发展质量。美国已经完成了《行人交通设施规划与设计手册》等多项标准规范,并通过政府资助项目、行人交通设施规划、鼓励出行措施、宣传教育手段、交通立法等手段逐渐使各种行人交通更加规范化。

奥地利和德国、丹麦等欧洲国家为保护行人的交通安全,创造性地建立了"步行区"。步行区是一个城市规划的专业术语,一般是指在城市中心为步行者保留的区域。步行区中没有车行道与人行道之分,而是在广泛的统一交通系统中一个专门供步行交通的区域。从强调交通限制的方面定义,步行区是指对私人机动车交通和多数公共短途客运交通 OPCV(Offentlicher Personennahverkehr)禁止通行的地区。奥地利维也纳在 1984 年就已经开始计划和实施了近 50 万 m^2的"步行区"——连接购物街和圣士提凡大教堂的步行街,如图 1-2-3 所示。

图 1-2-3　维也纳市区行人专用区优先通行

随着城市人口及机动化的发展,行人交通得到了更大关注。以行人生活需求变化为目标导向,及与城市中心的总体规划和城市公共交通规划相结合的思想使"步行区"得到了成功应用,这不仅完全改变了奥地利、德国等城市中心的面貌,也使得其逐步摆脱了以私人汽车为主导的城市交通发展模式。因此,近些年来,奥地利加速了步行区建设,交通管理部门主张在首都 22 个区域分散布置 100 万 m^2 的行人出行专区。

与此同时,德国又开始发展另一种类似"步行区"的措施来保证行人交通的安全性。其在整个国家范围内建立数千个速度限制区域,这些区域的主要特点就是限制机动车的速度,为行人提供一个更加相对安全的出行环境。经研究证实,限制机动车的速度比改变交通标志、道路表面结构、安全岛位置和视觉影响效果更加有效。其通过为期 3 年的实验测试了数百个速度限制区后发现,将测试区域的机动车速由原来的 50km/h 降到 30km/h,可提高行人交通安全,这在一定程度上改变了行人的交通方式,甚至可缓解城市交通拥堵。

另外,在丹麦哥本哈根,为提高行人交通的安全性,市政府采取了若干相关政策来鼓励和促进步行和骑自行车的出行。例如:哥本哈根在市中心及周围商业区采取限制停车(针对载重超过 18t 货车)、停车收费等措施,以减少行人交通的拥堵和提高行人交通的通畅性。通过各种政策来鼓励市政单位在公共交通发达的周围地区建造行人交通公共设施。例如在一些主要的大城市,各级政府明确支持行人出行以步行或骑自行车的主张,如图1-2-4所示。哥本哈根市政府正在考虑拥挤收费的计划,在高峰时间机动车通过收取 3 欧元,白天非高峰时期收费 1.5 欧元,晚上可以免费通行。这样能有效地缓解交通拥堵问题,并能保证行人交通安全性和通畅性。

图 1-2-4　哥本哈根副市长鼓励行人骑自行车通勤发放早餐面包圈

英国在过去的 30 年时间内,随着私家车拥有量的不断攀升,个人平均步行距离逐年下降。在 1981 ~ 1985 年,每个人平均走行距离下降了 18%(以 1995 年为基准),尤其儿童的走行距离下降很大,如图 1-2-5 所示。因此,相关部门更加关注行人交通以及出行的安全问题,并且尽可能减少夜晚出行的频率,以减少意外的交通事故发生。

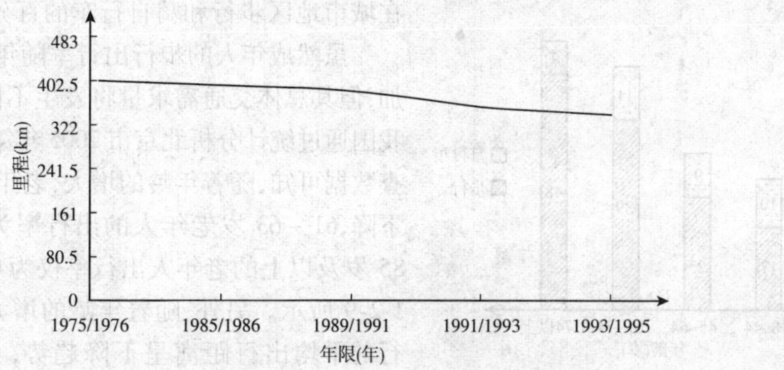

图 1-2-5 1975～1995 年英国每年每人平均走行的公里数

在过去的 5 年里,行人出行的安全问题一直受到关注,交通拥塞和环境对交通的影响因素逐年增加。1994 年,英国皇家环境污染委员会公布了一项调查结果,结果显示到 2000 年行人事故率从 2.2 降低到 1.5,这并不是因为行人交通状况良好的原因,而是行人出行量在降低。1994 年英国能源部和交通部提出的国家土地利用规划政策要求新开发的土地要为行人提供足够的出行空间。英国政府正在从国家层面制定有关行人出行作为综合运输一部分的发展战略,旨在制止和改变行人出行量下降的局面。各级政府已经制定了有关行人出行的发展政策。1996 年,伦敦规划咨询委员会制定了行人出行发展战略,尽管没有涉及行人出行设施安全的具体细节,但其统计了每年每人基于不同出行目的而采用走行(在 1.61km 以内)和驾车方式(在 1.61km 以上)的百分比,如图 1-2-6、图 1-2-7 所示。

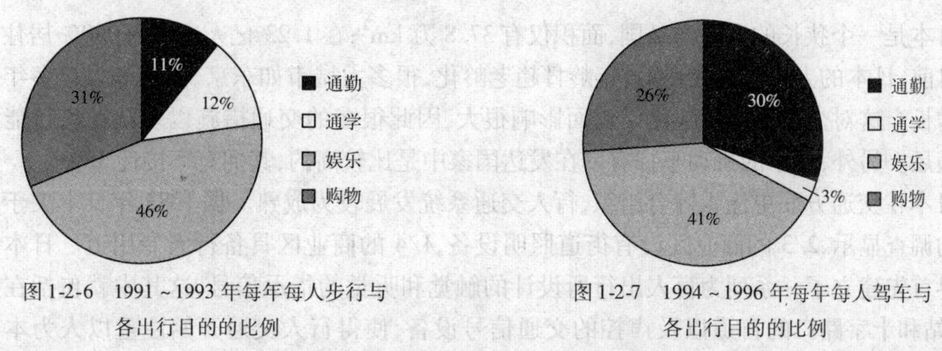

图 1-2-6 1991～1993 年每年每人步行与各出行目的的比例

图 1-2-7 1994～1996 年每年每人驾车与各出行目的的比例

由此可以看出,距离在人们能够接受的范围内,以娱乐为目的的出行,人们大多会选择步行,这也体现了步行区设置的必要性。另外,由于出行距离及携带行李等原因,以通勤和购物为目的的出行,人们趋于选择驾车的出行方式。

行人交通系统参与者还与出行者年龄有关。据德国交通运输部数据统计,行人步行率随着年龄的增加逐渐增加,而骑自行车的人会随年龄增长而降低。德国的行人 75 岁以上的大约一半主要以步行或骑自行车为主,这与欧洲其他国家都类似。分析可知,随着年龄的增长,步行出行比例增加,这一方面是由于随着年龄的增长,人体某些机能开始退化,老年人视力和听力开始衰退,动作不灵敏等,这都是限制老年人选择其他出行方式的原因;另一方面由于步行同时也是一种健康环保的运动,老年人可以通过这种运动来锻炼身体,从而使步行这种健康、环保的出行方式随着人们年龄的增加逐步受到青睐。图 1-2-8 是德国按年龄分组

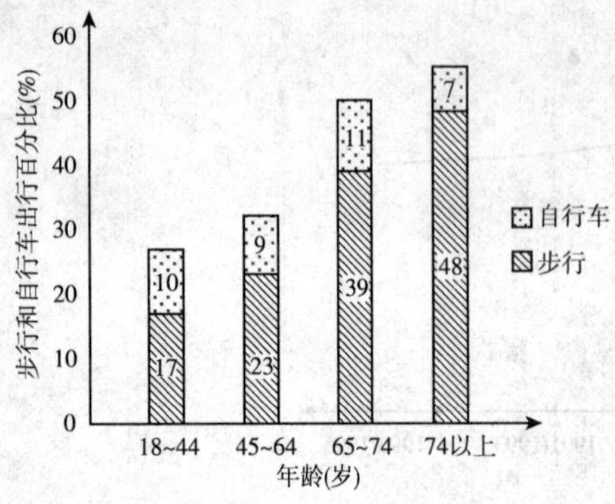

图 1-2-8 德国按年龄分组在城市地区步行和骑自行车的百分比

在城市地区步行和骑自行车的百分比。

虽然成年人的步行出行率随年龄的增长不断增加,但其总体交通需求量将发生不同的变化。例如,我国通过统计分析北京市2005年第三次居民出行调查数据可知,随着年龄的增大,老年人的出行率不断下降,61~63岁老年人的出行率为2.49次/天,而85岁及以上的老年人出行率仅为0.85次/天,如图1-2-9所示。另外,随着年龄的增大,老年人每次出行的平均出行距离呈下降趋势,如图1-2-10所示。61~63岁老年人每次出行距离最长,平均为3.59km;而84岁以上老年人,每次出行距离最短,平均只为1.59km。84岁以上老年人每次出行的平均距离比61~63岁老年人少2.00km。

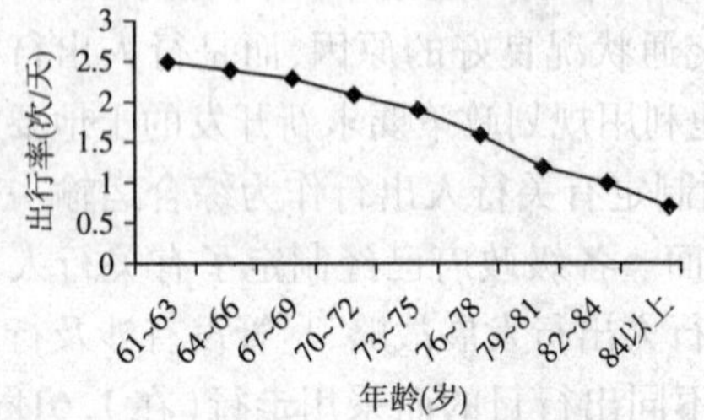

图 1-2-9 老年人出行率随年龄的变化趋势

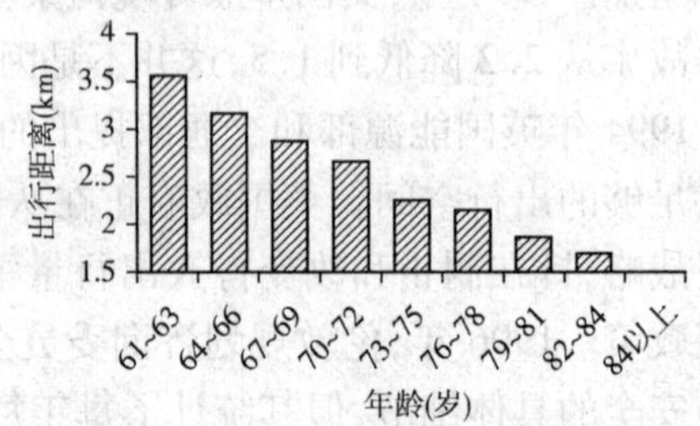

图 1-2-10 老年人出行距离随年龄的变化趋势

日本是一个狭长的太平洋岛国,面积仅有37.8万km^2;在1.23亿人口中,有80%居住在城市。目前,日本的人口数量在递减,年龄日趋老龄化,很多大城市如东京、横滨等人口多年来均是负增长。这对交通基础设施建设正面影响很大,因此很多的交通措施以现状的通行能力就可以满足。另外,日本的机动车拥有率在发达国家中是比较高的,其拥有率接近35%。

日本在交通方面更注重综合组织,行人交通系统发展较为成熟。据1983年日本关于人行设施的调查显示,2/3的商业区设有街道照明设备,1/4的商业区具备行人专用道。日本还引领世界首先建立了一系列为盲人出行所设计的触觉和听觉的指示信号,这其中就包括在人行道、车站和十字路口的盲道以及声控的交通信号设备,使得行人交通开始注重以人为本的观念。其次,日本还建立了大量商业步行街和步行区,在该区域内只允许行人以步行方式出行,一定程度上减少了该地区的交通拥堵现象。

图1-2-11显示了纽约、伦敦、东京、北京、上海的城市交通结构。

可以看出,发达国家的交通结构已经趋于成熟,进入了稳定期,而我国大城市正处在小汽车占据优势的机动化发展进程中,交通结构处于非稳定状态,在政策引导、规划控制、管理调节和市场竞争等各种因素的影响下将不断发生变化。

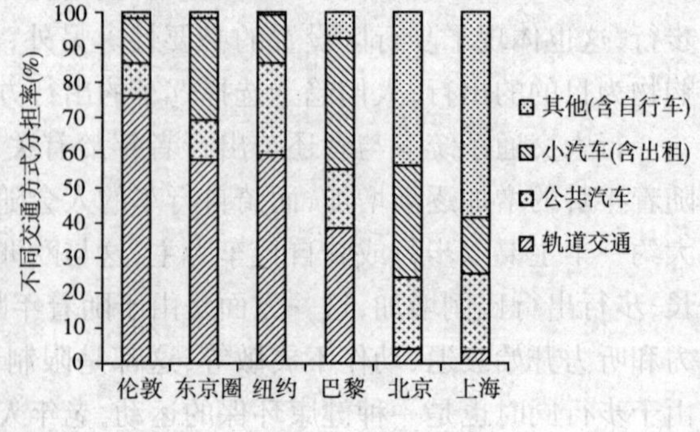

图 1-2-11 不同城市交通结构情况

尽管我国人口众多,用地资源紧缺,行人交通需求大,但我国目前还缺少对行人交通的关注,主要表现在行人交通设施不完善,有关行人交通设施的规划设计标准不系统,行人交通设施运行不规范,行人交通衔接不连续等方面。例如许多城市人行道常作为其他活动被长期占用,导致非机动方式运行连续性差,用路质量不佳,使得出行者步行和公交组合出行方式极为不便。

基于此,为实现改善我国的交通环境,减少环境交通压力,疏解道路拥堵,节能减排的多种目标,我国交通体系首先应建立统一的行人交通设施规划标准、规范,制定相关制度,继续倡导以步行或自行车出行为辅助方式的组合公共交通出行方式。

2)场站行人交通环境

大型公共交通设施中的行人交通一直是世界各国关注的问题,尤其是大型公交枢纽、车站广场等场站行人交通环境条件下,交通方式之间的衔接和换乘通常离不开行人交通,安全、顺畅的场站行人交通对大型交通枢纽的运营乃至整个交通系统起着至关重要的作用。

美国公共交通客运量的历史最高纪录是1956年,当年使用公交人次接近110亿,随着机动车保有量的逐渐增加,公交客流逐渐减少。到20世纪末,由于油价居高不下以及道路交通拥堵的原因,使得大量旅客重新转移到乘坐公共交通工具,这些旅客同时也构成了另一部分行人交通群体。据美国公共交通协会(American Public Transportation Association)的报告,2008年全美公共交通人次达到107亿(表1-2-1),比2007年增长4%,前几年也几乎是同样的增长率。

不同出行方式的居民出行情况(单位:百万人) 表1-2-1

年份(年)	公共交通	通勤铁路	城市辅助交通系统	地铁	轻轨	有轨电车	其他	总计
1995	4484	344	88	2033	251	119	80	7763
1996	4997	352	93	2157	261	117	81	7948
1997	5013	357	99	2430	262	121	92	8374
1998	5399	381	95	2393	276	117	89	8750
1999	5648	396	100	2521	292	120	91	9168
2000	5678	413	105	2632	320	122	93	9363
2001	5849	419	105	2728	336	119	97	9653
2002	5868	414	103	2688	337	116	97	9623
2003	5692	410	111	2667	338	109	109	9434
2004	5731	414	114	2748	350	106	112	9575
2005	5855	423	125	2808	381	107	117	9815
2006	5894	441	126	2927	407	100	121	10017
2007	5413	459	(a)209	3460	419	97	(a) 190	10247
2008	5573	472	191	3547	454	183		10521
2008年各交通方式所占比例	53.00%	4.50%	1.80%	33.70%	4.30%	1.00%	1.70%	100.00%

注:本表仅对2008年的相关数据进行了计算分析。

在衔接公共交通的各种交通方式中，行人交通的分担量最高，几乎接近60%，开车或者打车等方式到达公交车站的仅占20%左右（图1-2-12）。从公交到目的地的出行中，步行所占的比例更高，占到63.8%（图1-2-13）。

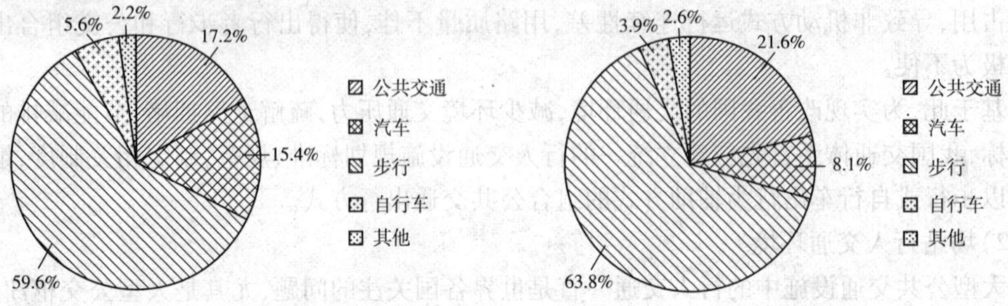

图1-2-12　到达车站的各交通方式比例　　图1-2-13　离开车站的各交通方式比例

无独有偶，根据一项对北京、上海、广州等城市轨道交通客流的调查，这些城市的客流量持续升高，例如广州市城市轨道交通客运量从1999年开通的17万人/日增长到2010年的172万人/日。在客流来源方面，步行是其中最主要的衔接方式，其在1999年及2010年出行方式中分别占到总量的37.3%和45.7%。随着行人交通的完善，行人交通出行比例还在持续增加。大量客流的短时间积聚对场站的冲击及行人交通的安全极为不利，在没有充分掌握控制大规模行人交通流的方法之前，目前国内一般采取增加引导疏导人员、实行常态化限流、节假日部分车站实行封站等一系列措施，如图1-2-14所示。

图1-2-14　中国某城市轨道交通车站客流拥挤情况

日本城市交通系统整体布局比较合理，组织安排得当，行人可方便地换乘各种交通工具。一般步行10min之内都有地铁入口或公交站点；不论是公交车还是地铁，都有准确的到站点和发车点时刻表。由于各种交通工具换乘方便，公交站点和地铁车站实现了有机衔接，特别是轨道交通之间的衔接非常到位，车站设计比较合理，很少有熙熙攘攘的人流在车站外积聚滞留。

对于以长距离运输为主的交通场站，其客流来源中行人交通的比重相对较小。例如：从广州客运站乘客对换乘其他交通工具的选择来看，衔接公共交通的各种交通方式中步行等其他方式所占的比例极小，仅为2.5%～3%，如图1-2-15、图1-2-16所示。同样的现象也可以在北京、上海等大城市出现。

另一方面，随着城市交通网络的规模化，出现了一大批综合客运交通枢纽，网络上的换乘客流大幅度增加，带来了枢纽内行人交通组织的问题。例如广州市城市轨道交通3、4号线通车前后全网换乘系数从1.27增至1.43。这意味着在城市轨道交通换乘枢纽上行人交通的比重越来越大，换乘安全和换乘距离之间的矛盾成为大型枢纽环境至今尚未完美解决的核心问题。

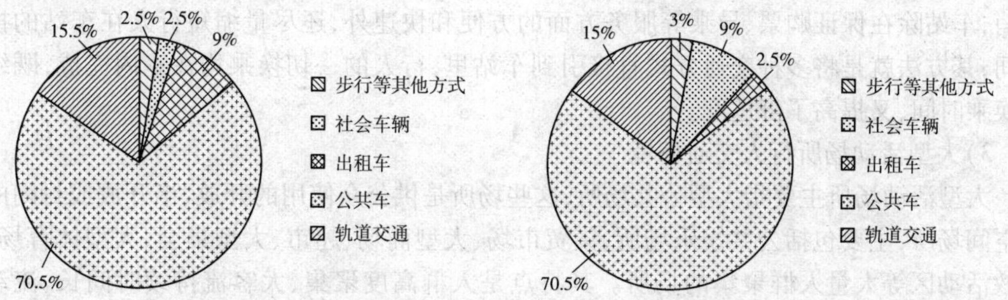

图1-2-15 广州站离开乘客换乘方式选择情况　　图1-2-16 广州站到达乘客换乘方式选择情况

东京区域中城市轨道交通、常规公交和国铁JR线等各种运输系统汇集为一体的主要枢纽多达32个，是乘客集散、换乘的重要场所，每天都在高效、快速地疏散大量客流。东京市内交通换乘枢纽，基本可以实行各种交通方式之间同台零换乘；枢纽车站往往有若干层，与大铁路相连接的车站站台多达十几个，在路面或地下周边出租车、市内公共汽车分布在枢纽两侧地面一层，自行车、私家车、客车停车场设计在地面以下。轨道交通线路和铁路线高架在地面一层以上。既保障了轨道交通的安全和快速运行，又不阻碍城市用地发展。人流与地面公交线路、轨道交通线路各行其道。没有交叉干扰，客流组织合理、高效有序，市内外交通实现无缝衔接，保证了城市生产和生活的高效进行。日本的立体式综合交通枢纽如图1-2-17所示。

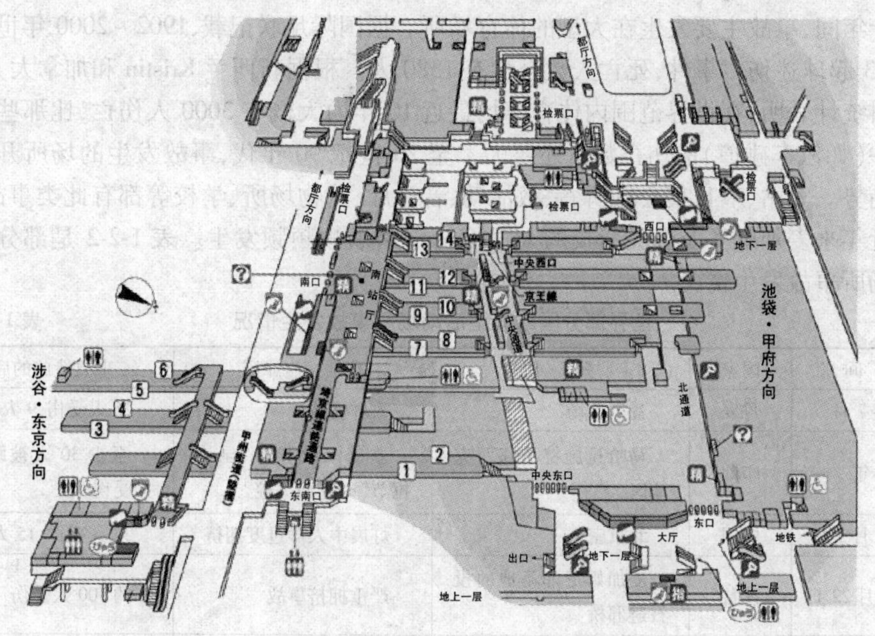

图1-2-17 日本的立体式综合交通枢纽

法国的许多交通枢纽都由最初的高速铁路车站发展而来。为了更好地服务于居民,高速列车可以进入城市中心,这就促使历史悠久的火车站参与改造,既有利于综合治理城市环境,又有利于实施多种运输方式的协调运输。为了更好地吸引客流,充分发挥其便捷、快速的优点,在车站建设上拓展新思路:为了使速度所赢得的时间不被过长的等候和换乘时间所抵消,车站除在保证购票、导乘等服务方面的方便和快速外,还尽量缩短行人在车站的换乘时间,其方法就是将多种交通方式直接引到车站里,行人的一切换乘均在室内完成,既缩短了换乘时间,又提高了舒适度。

3)大型活动场所行人交通环境

大型活动场所主要指大型公共场所,这些场所是供公众使用的开放、半开放或封闭的活动空间场所,主要包括公共娱乐场所、集贸市场、大型商场、超市、大型集会、大型体育场馆、宗教活动区等大量人群聚集的场所。其特点是人群高度聚集、大客流持续时间长、流动性强、潜在危险性大,特别容易发生因群体恐慌而引起的踩踏死伤事件。因此,行人交通的安全问题是大型活动场所最核心的问题。

随着社会生活水平的提高,公共场所人群聚集活动日益增加,大量行人客流聚集,增加了拥挤事故的危险性。据统计,大型活动场所发生事故数量呈现逐年上升的趋势。在公共场所发生人群拥挤事故是非常危险的,特别是在空间有限、人群相对集中的场所更容易造成十分严重的人员伤亡和财产损失。公共场所人群聚集的安全问题日益突出,根据相关统计分析表明,人群拥挤踩踏事故已逐步成为大型公共活动场所的主要人为事故灾害类型之一。与火灾等常见人为事故灾害不同,人群拥挤踩踏事故具有突发性,虽然大型活动场所发生事故属于小概率事件,但是产生的后果严重、社会影响巨大。

人群拥挤踩踏事故的发生地点也是多种多样的,从事故资料分析中可以看出,在20世纪的几十年间,事故主要发生在大型的体育场所。据国际足联记载,1902~2000年世界各地共发生23起球迷伤亡事件,死亡人数至少有1380人。根据新西兰Kristin和加拿大Fruin等事故资料统计表明,在世界范围内体育赛场最近10年内大概有3000人伤亡,比那些经常发生的事件(如汽车碰撞)的伤亡数量还要大。至20世纪90年代,事故发生的场所开始呈现多样化趋势。车站、节日集会场所、宗教活动、音乐厅、购物场所、学校等都有此类事故发生,尤其是近年来麦加朝圣及各类学校的人群拥挤踩踏事故频频发生。表1-2-2是部分国家大型活动场所事故发生情况。

世界部分国家大型活动场所事故发生情况 表1-2-2

时　间	国家	场　所	事故发生原因	事故造成的后果
2000年7月	丹麦	音乐会场	人群拥挤	26人受伤,9人死亡
2003年	印度	马哈拉施特拉邦西克地区	欢庆宗教节日"昆梅拉节"时场面失控	至少30人被踩死,50人受伤
2004年2月5日	中国	北京密云	灯展中人群过度拥挤	37人死亡,15人受伤
2005年1月22日	沙特	麦加姆尼耶圣地的投石避邪桥	严重拥挤事故	约500人受伤
2005年1月25日	印度	马哈拉施特拉邦一个宗教集会场所	踩踏事件	超过300人死亡

续上表

时　间	国家	场　所	事故发生原因	事故造成的后果
2005 年 8 月	伊拉克	巴格达	自杀袭击导致的踩踏事件	至少 1005 人死亡
2008 年 9 月	印度	焦特布尔钱姆达庙	踩踏事故	147 人死亡,55 人受伤
2010 年 7 月 24 日	德国	鲁尔区杜伊斯堡市	电子音乐狂欢节时发踩踏事件	19 人遇难,340 多人不同程度受伤
2010 年 11 月 22 日	柬埔寨	金边钻石桥	严重踩踏事故	456 人死亡,700 多人受伤
2010 年 11 月 29 日	中国	新疆阿克苏第五小学	踩踏事故	近百名孩子受伤

据不完全统计,1900～2005 年,国内外共发生拥挤事故近 120 起,死亡约 9000 人,受伤约 20000 人。20 世纪以来共发生死亡人数超过 100 人的重特大的拥挤踩踏事故(部分来自 Dirk Helbing, J. F. Dickie)24 起,共造成 9400 多人死亡,其中死亡 500 人以上的有 6 起,多集中在宗教场所、娱乐场所、体育场馆等,主要是由突发事件、出口拥挤、紧急疏散等因素引起。国内 2000 年至今,中小学学校共发生 12 起,死亡近 80 人,受伤 260 多人,已引起教育界的广泛重视,死亡人数超过百人的拥挤踩踏事故不同原因和场所比较,如图 1-2-18 和图 1-2-19 所示,从图中可以看出国内外重大拥挤踩踏事故中,紧急疏散、出口拥挤、人群拥挤导致的死亡人数约占 70%;宗教仪节、娱乐节日、体育场馆 3 类场所事故多发,死亡人数约占 72%。

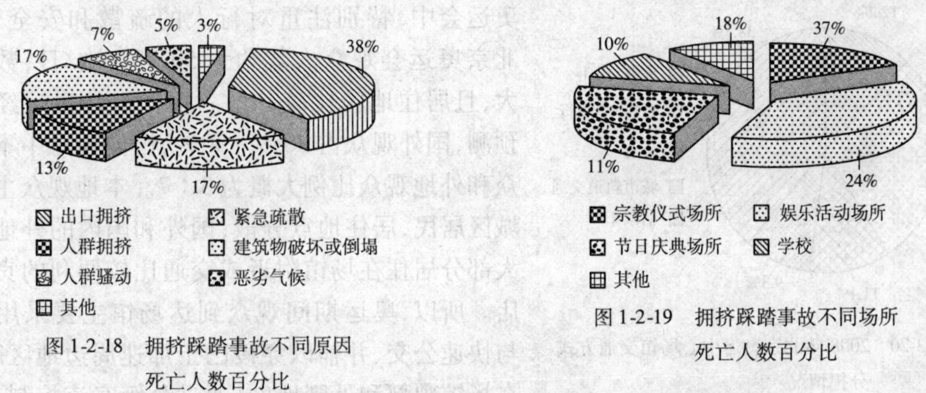

图 1-2-18　拥挤踩踏事故不同原因死亡人数百分比

图 1-2-19　拥挤踩踏事故不同场所死亡人数百分比

据以上统计可知,大部分拥挤踩踏事故发生在娱乐活动和宗教仪式场所的出口。以下通过对 2010 年 7 月 24 日杜伊斯堡市音乐节踩踏事故的分析,可以总结出发生此类事故的主要原因如下:

(1)主办方对城市行人接待能力考虑不周。杜伊斯堡市并不大,人口不过 50 万人,而据统计参加此次音乐节的有 140 万人左右,是否具备足够的行人疏散能力的问题并不明确。

(2)缺乏安全保障措施。市政府官员早在 2009 年 10 月就曾收到一份内部备忘录,称这条狭窄的地下通道可能“潜伏”危险,但是报告当时未受重视。另外,专家曾提出诸如在地下通道内安装监视摄像头等安全保障建议,但这些建议最终都没有被采纳。

(3)缺乏人群拥挤管理经验。这次事故中,警察对人群管理存在失误。当时在通往广场的隧道里涌入过量的人群，警察意识到失误之后，开始用广播喇叭控制人群，但这一举动客观上刺激了隧道内的人群。踩踏的发生原因可能非常渺小，如摔倒、系鞋带、碰撞等，但被焦虑的人群所传递、放大。

深入研究该类事故后果及其严重程度，事故特点、形成因素以及避免人群拥挤事故的措施对大型社会活动的安全保障具有重要意义。目前，尽管没有体系化的研究成果，但已经形成了一些经验和共识。首先，应当建立相关的法规及行人交通方面的政策。这一方面有利于行人交通出行的安全；另一方面，保证行人出行的顺畅性以及行人行为的规范性，使行人交通及相关活动有序进行。其次，进行大型公共场所性能优化设计要有利于人群的安全疏散，降低和减少事故的发生。建立良好的人群信息交流系统，如应急广播和现场信息传递系统。再次，应当建立完善的安全保障体系和应急预案。许多踩踏伤亡事件由于组织者对人群的失控，不能及时地进行疏导和分流，才造成人群的拥挤和混乱；又由于缺乏对事故的应急准备，使得在事故发生后，不能及时地进行救援，这也加重了事故伤害，这就有必要采取相关政策和措施对大型公共场所内的行人进行管理和控制，预防大规模群体伤害事件。组织者有必要加强自己的管理水平，通过明确人群性质及其行为，做好紧急突发事件的准备，做到及时疏导和分流。最后，还需要建立健全社会预警体系，提高保障公共场所内行人安全和处置突发事件的能力。

由于我国是一个经济、文化、科技发展大国，经常举办世界级运动会、博览会等大型活动。根据大型活动场所大客流的集散相对集中，并且活动单一，与其他交通方式之间关系较弱的特点，为保证行人安全、便捷出行，我国交通系统已开始逐渐注重在交通组织方面的优化，交通设施设计与规划的协调布局和各种交通方式的衔接也得到重视。例如：在2008年奥运会中，特别注重对行人的疏散和安全管理。北京奥运会观众人数约为50万人次/日，数量很大，且居住地区比较分散。根据以往奥运经验和预测，国外观众占30%～50%，国内观众中本地观众和外地观众比例大概为3：7。本地观众主要是城区居民，居住地点分散；国外和国内的外地观众大部分居住在场馆附近或交通比较便利的宾馆饭店。所以，奥运期间观众到达场馆主要采用轨道与快速公交、并辅以穿梭巴士加速周边地区疏散。在场馆内部和外围地区，通过分级客流控制、组织单向交通、场馆出入口分区流线组织、多种客流引导手段等方式，实现了大规模行人交通的顺畅运行。具体的交通方式分担情况如图1-2-20所示。

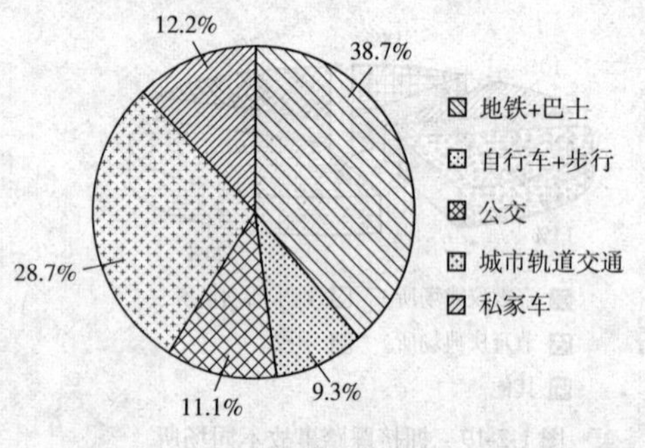

图1-2-20　2008年北京奥运中心场馆交通方式分担情况

二、行人交通与其他交通的衔接关系

现代交通理论通常将交通运输方式划分为铁路、公路、航空、水运、管道5种，其中铁路具有大运量、低能耗、全天候、安全性高、低污染等特点，在国内外广泛用于中长途大宗货物运输中。近年来，旅客运输总量逐渐下降，但周转量呈现稳定发展的趋势。在城市内部，地铁、轻轨等承担了越来越多的客流量。公路由于门到门的优势，在短途旅客运输以及高附加值货物运输中承担了大量的份额，但是由于道路交通拥堵、机动车尾气污染等问题，其发展遇到了瓶颈。航空运输以其远距离快速运输和舒适性为主要特点,在长距离旅客运输中占有很大优势。水运的最大优势为低成本,货物运输占主导。管道运输则是一种具有封闭性、连续性等特殊性的运输方式,目前仍然只承担货物运输,突出了其低成本、小能耗、大运量的货运特点。

行人交通是一种特殊的交通方式,其不仅是一种短距离的主要出行方式,而且它与各种运输方式之间的关系比其他任何两种方式更加密切。它们的关系首先是衔接的关系,所有的出行都是基于某一个特定地点的出行(基于家或非基于家),出行起终点与交通场站分布的分散性和不均衡性使得完善的交通出行必须以行人交通作为基础。根据其衔接作用其表现形式包括过街,通道走行等。其次,行人交通与其他交通方式又是包含与被包含的关系,几乎在任何一种旅客运输方式中,都有行人交通存在。尤其是在大型交通枢纽内部,不同目的、去向的行人综合作用,在进站、出站、换乘等各种设施上形成较为集中的行人交通。随着城市综合交通的发展,行人交通将成为串联所有其他交通方式的一条主线,从而在各个环节影响综合交通。

第二节　行人交通在综合交通中的作用

行人交通贯穿于居民出行过程的始终,行人交通在综合交通中发挥着重要作用,主要包括以下几个方面。

一、行人交通在综合交通中发挥过渡作用

行人交通是基于体力的一种出行方式,在综合交通中,这一出行方式的机动灵活性可保证其充分发挥过渡作用,有效地与其他交通方式建立衔接关系,更好地为综合交通服务。

二、行人交通符合环保和可持续发展的理念

与其他交通方式相比,行人交通具有环保、节能等优势,符合现代交通运输环保和可持续发展的理念。

随着全球人口和经济规模的不断增长。能源使用带来的诸如烟雾、光化学烟雾、酸雨以及温室效应等环境问题,世界各国开始提倡“低碳经济”、“低碳技术”、“低碳发展”、“低碳生活方式”、“低碳社会”、“低碳城市”。国务院决定到2020年我国单位国内生产总值二氧化碳排放比2005年下降40%~45%。据调查,在综合运输中,铁路、航空、公路运输碳排放量的比例为1:3:5,其中假设每辆车行驶2万km,平均每年汽车二氧化碳排放量为4t。由于交通运输业作为碳排放大行业,必须采取节能减排措施,整合综合交通运输,坚持交通运输可持续性发展的思想,为我国经济社会持续、快速、健康、协调发展奠定物质基础。

三、行人交通对缓解城市交通拥堵具有重要意义

交通拥堵是大城市发展中无法回避的一大难题,一个城市的交通拥堵程度往往与城市规模及空间形态有关,世界各地规模相似的城市其交通拥堵状况也基本相同。截至2010年年底,北京现有城市人口已达2000万人,机动车数量接近450万辆,每年还以20万辆车的

速度高速增长。与此同时,由于多年来北京市区"摊大饼"式的城市发展格局从未改变,这两方面问题在时间上的累积和空间上的叠加,使北京面临严重的交通拥堵问题。另一方面,小汽车发展和机动车道拓宽挤压了自行车和步行交通的空间,交通出行结构持续向小汽车转化,从而形成交通拥堵的恶性循环。

行人交通方式是"绿色交通"方式的重要组成部分,是城市交通可持续发展的重要支撑。一方面,行人与自行车占用空间仅为小汽车的1/30和1/20,这对于交通空间稀缺度极高的大城市来说,行人交通方式及自行车出行方式是空间使用效率最高的交通方式,可以在一定程度上缓解城市交通拥堵状况;另一方面,行人交通方式的灵活机动性可以与其他交通方式尤其是公共交通方式建立良好的衔接关系,通过加强综合交通,吸引更多的公共出行方式,减少私家车出行,势必减少道路中车辆使用,从而达到缓解城市交通拥堵的作用。因此,应该加强行人交通和自行车交通系统的建设,发挥步行、自行车交通在短距离出行和接驳换乘等方面的优势,缓解交通拥堵。

第三节　行人交通发展趋势

行人是交通中的主要组成部分,同时也是城市交通中最易受到伤害的人群。提高行人交通出行效率,保护行人的交通安全已经成为一个全世界相关研究人员共同关注的课题。各国越来越重视通过推行各种课题研究、政策、技术等多元化的措施来保证行人交通的安全、高效。国外发达国家对行人交通的研究相对较早,目前美国、日本、澳大利亚及欧洲等国家和地区的行人交通理论研究方兴未艾,我国尚处于发展的初期阶段。以下结合世界各国行人交通状况,分别从行人交通理念和政策、行人交通设施设计与布局、行人交通安全教育等方面对行人交通的发展趋势进行说明。

一、"以人为本"的行人交通理念

随着综合运输体系的逐渐完善,关于"行人优先"和"以人为本"等人性化交通政策将日趋完善。主要措施有:

(1)通过立法等措施实现人行横道行人优先通行,强制机动车在人行横道附近主动避让行人,保证在人车混合环境下的行人交通安全。

(2)实行行人活动区域分级速度控制和停车管理措施。一般根据人群的数量和特征、出行时段、路网中的位置等特征对城市不同的行人交通位置进行速度的区别管理。以澳大利亚为例,在学校、医院等人群密集区域的特定时段实行严格的限速(一般小于40km/h)和停车管理,保证弱势人群的顺利通过,提高行人的交通效率;在住宅区和商业街等慢速人群区域,兼顾行人和机动车效率,通常规定速度为50km/h;在一般道路的路段,保证必需的道路通行能力,速度一般控制在60~70km/h;这些区域一般配置超速照相机,一旦超速就会被重罚。在停车管理上,也采取类似的措施对郊区、城区以及城市CBD等区域的停车量、停车时间等进行区别管理。

(3)科学地配置城市高度饱和的道路资源,确保人行道和非机动车道畅通无阻,不被汽车及其他障碍物侵占。例如:日本的一些步行道设计为倾斜的坡道,防止机动车占道,同时强化对占道违章停放车辆的取缔和处罚;《中华人民共和国道路交通安全法》也已明确地规定提倡"行人权",禁止机动车占用人行道。

(4)提倡各种行人在场站内与各种交通方式的无缝衔接和零距离换乘。作为大规模客流聚集的场所,综合交通场站及枢纽正在得到大力的发展,随着各种交通场站的综合化发展,各种交通方式引入到同一场站,车站及枢纽的规模逐渐扩大甚至已经远远超出了行人交通步行所能够承受的范围,为了使行人在出行时间在这些大的交通节点上得到有效控制,场站内都采取了无缝衔接和零距离换乘的行人交通理念,通过各种手段保障场站内行人交通的有效性和舒适性。场站和枢纽是人使用的建筑,而非交通工具的建筑,建筑的空间也必须是人性化的空间。要把"以人为本"的设计理念落实于实践之中,最大限度地满足行人对换乘便捷、快速、安全、舒适的要求,缩短行人在枢纽内的转乘时间,提高设施服务水平,使枢纽内的人流既便于集中换乘,又便于疏散,做到张弛有度。例如日本东京成田机场有新旧两个航站,航站位于地面以上,JR(日本国铁)山手线直通航站楼地下,京成线快速列车设在航站底层,各层之间均设有自动扶梯相连,乘客换乘全部都在室内,十分便捷。这样的换乘枢纽既改善了换乘舒适度,又缩短了换乘时间,从而成为换乘枢纽的基本理念之一。

(5)特别注重封闭交通系统大规模行人的集散安全。为确保诸如大型体育场馆、交通港站、大型商场、客运船舶车辆等封闭交通系统的安全,防止大规模人群踩踏事故的发生,世界各国逐渐开始应用一些新方法和新技术,其中一项措施称为"拥挤管理",对事前计划、事中管理及后评估三个阶段进行全方位的管理。

二、专用行人交通设施设计渐趋合理化和完善化

由于行人在交通系统中是一个自主性较强的个体,因此需要对其使用的设施设备进行合理的设计和布局,使其满足行人舒适、方便、快捷的交通需求。

(1)充分考虑行人交通的多样性需求。行人交通系统设施设计及运营管理越来越重视不同出行环境下不同年龄、职业、性别等行人出行的需要,尤其兼顾对老人、小孩及伤残者的出行需求。以日本为例,由于其人口老龄化正在加速,因此,日本非常注重设置无障碍设施,道路无障碍化设置率达到了60%以上,各种设计标准明确规定必须在人行横道、车站通道、车站广场、大型活动场所等处设置无障碍的设施服务,包括自动扶梯、电梯、入口盲道、广播、残疾人专用洗手间设施、轮椅空位、无障碍的上车平台等,这些设施的设置规范、明显、连续,大大提高了行人出行的方便程度。新西兰规定所有人行横道过汽车道路口都要设轮椅无障碍通道口,一切公共场所都有轮椅的使用道。在城市道路设计中要求供机动车行驶的车行道与人行道的高度统一设置,方便老人及残疾人的出行,使城市交通更加人性化及合理化。

(2)建立功能丰富、数量合理的步行区。德国为避免商业繁华区的交通拥堵,在城市中心区公交发达、商业繁华的地区开辟"交通绿岛"——步行区,其成功应用使得各国开始建设适合各国交通系统发展的步行区来发展行人交通。近年来许多欧洲城市步行区的实施在交通上起到了立竿见影的效果,不但有力提高了行人交通安全,并极大地促进了商业的繁荣以及城市环境与景观效果的改善。巴黎、慕尼黑和苏黎世的步行区均成为城市中最精彩、最有吸引力的亮点。

(3)设置多层次的人车分流设施。结合城市道路中的不同位置、行人交通量、行人交通

历史发生事故次数等因素，各大城市趋向于设置多层次的人车分流设施，从无信号交叉口、行人专用信号交叉口到各种立体过街设施，其设置位置、设置类型和设置规模、设置参数等均进行了充分的研究。例如：在美国、日本及一些欧洲国家，许多道路交叉口和路段等处都设有不同宽度和式样的人行横道，并设置有感应式或按钮式的行人交通信号，繁忙路口则采用人车分流的过街天桥，过街天桥的坡度较小，桥廊为封闭式，以提供舒适的行人交通环境，许多天桥和地道都设置了电梯和自动扶梯供行人上下。

(4)合理设置行人交通指示标志。行人交通标志对引导行人正确的出行路线和提高行人交通的可达性具有重要作用。为改善行人沿线走行条件，行人标志的设置一般通过四个阶段进行：第一阶段主要通过研究分析街道或建筑的结构障碍以改善行人沿街走行的标志、标线的识别；第二阶段研究评估交通指示标志是否适合行人步行的走行以及是否满足可达性要求，保证流线清晰、内容完整、指示信息精确；第三阶段评估行人交通设施是否能够保障行人的安全，为行人提供更为舒适、合理的交通条件；第四阶段通过有效的人流集散和疏导管理实现人群大规模聚集区域的人工辅助疏散。例如：美国交管部门在弯道、交叉口、学校、医院和贸易市场地段均设立减速地段，设立限速灯、文字、音响等指示、警告信号，并在路面设置让驾驶员一目了然的安全指示图标；在事故高发地段及公路交叉口则采取增设交通管制信号、延长交叉路口线外停车等候距离、增设红外线摄像头、扩大道口视野和增加机动车转弯道口等措施。澳大利亚交通设施中的交通标志非常清晰，甚至一些小城镇的交通标志设置也都科学规范且非常细致，其道路交通设施中修建有人行道预告标线（图1-2-21），在离人行横道50m处的地面标记出长长的曲线或折线，为行人交通的安全提供了保障。繁忙的行人路口都设立行人交通灯，而在非繁忙的地区通行要道没有设行人交通灯，只设斑马线，方便了行人出行，最大限度地预防交通事故的发生，保持了良好的交通运行环境，如图1-2-22所示。

图1-2-21　澳大利亚人行道预告标线

图1-2-22　奥克兰小镇交通标志、标线

为了充分地适应行人在大型枢纽中出行的需要，国内外主要交通场站内也设置了各种丰富、清晰、明确的指路指示标志以及综合服务台，据统计在北京南站，各种行人指示标志多达数百个。在大型活动场所内，有关出入口、坐席等的标志更加完善以便行人的快速疏散。

(5)与城市其他系统的综合设计。行人交通比任何一种其他交通方式更加复杂，这是因为行人在交通出行过程中通常会涉及各种丰富的活动，这类设施一般又属于非交通设施。所以，行人交通的综合设计应考虑诸多因素，不仅应当与城市土地利用、综合交通规划相配合,还应将其与其他交通和非交通设施的规划设计融合为一个综合整体。这主要体现在缩短出行起终点之间的距离、合理安排行人交通设施布局和能力、统筹考虑各种交通工具方便换乘、充分运用交通需求管理手段进行城市交通供需平衡规划、合理使用土地与道路资源、引导人们(车辆)减少低效率的出行、大力发展并鼓励高效的出行方式、有效整合交通设施和非交通设施等方面。如,日本为了鼓励行人出行尽量选择公共交通方式,日本政府在地铁站周围都修建了商场、医院、餐饮和娱乐休闲的空间,不断提高地下空间的利用率,尽可能为地面交通提供方便。

三、通过交通镇静化管理提高交通秩序

交通镇静化管理是指通过改变道路布局、安装道路障碍物以及其他的物理设施,来降低机动车速和车流量、减少机动车使用的负面影响,从而保证道路行人交通安全和改善居民生活环境的各种物理措施的总和。交通镇静化能更有效地利用道路,提高道路通行能力和道路安全性。通过降低车速和交通量减少车辆碰撞概率,尤其是机动车与行人和非机动车的碰撞概率。研究表明:车速每降低 1km/h,事故率降低 5%。交通镇静措施的使用能够使事故率降低 20% ~80%。

目前,日本的交通镇静措施在世界上属于领先水平,有效地促进了行人交通安全,极大地鼓励行人采用绿色交通方式出行,例如:在行人优先的住宅自治小区,周边道路一律限速 30km/h,小区道路内随处可见局部狭窄段、凸起路面和凸起的标志图形,以控制车辆的进入或者强制机动车减速,从而达到人车和谐的目的。这些措施、设计标准等都可以为其他国家行人交通系统的发展提供借鉴作用。

行人交通镇静措施大体可以分为三类:横向变化措施、纵向变化措施和物理障碍设施,具体如表 1-2-3 所示。

交通镇静措施分类　　表 1-2-3

<table>
<tr><th colspan="2">横向变化措施</th><th colspan="2">纵向变化措施</th><th colspan="2">物理障碍设施</th></tr>
<tr><td>渠化</td><td>拓宽或变窄道路宽度</td><td>人行横道地面标志、标线</td><td>使用不同材质划分人行道</td><td rowspan="2">分流设施</td><td rowspan="2">物理隔离不同方向的车流</td></tr>
<tr><td>变换车道</td><td>车道变为蛇曲形,错开障碍物</td><td>减速墩</td><td>抬高路面高度,一般为高 7.62 ~15.24cm(3 ~6 英寸),长 3.66 ~6.70m(12 ~22 英尺)</td></tr>
<tr><td>入口措施</td><td>用物理或结构变化使该区域更为显眼</td><td>抬高人行道路面</td><td>在路段或交叉口抬高人行横道 7.62 ~15.24cm(3 ~6 英寸)</td><td rowspan="2">道路封锁设施</td><td rowspan="2">机动车无法进入步行区</td></tr>
<tr><td>交通转盘</td><td>在交叉口中央设置环岛</td><td>抬高交叉口路面高度</td><td>交叉口包括人行道 7.62 ~15.24cm(3 ~6 英寸)</td></tr>
</table>

四、多层级、多途径的行人交通安全教育

目前,大多数国家并不重视行人交通的流动性和安全性,而且国家交通规划设计机构也很少注意行人交通的流动性和安全性,导致了以往和目前对行人交通问题的忽略。荷兰的

一项调查分析发现，行人出行大约有3%的距离为步行出行，20%的人为步行出行，行人平均每年约有1600次步行出行，而驾驶汽车出行仅仅有650次，由于出行时间要求、人口、生活条件、教育水平、职业等原因，城市交通机动化将会持续较长时间，这使得行人出行的空间减少和安全性持续降低。

在行人交通系统中，导致行人交通事故高发的原因，一方面是由于交通设施、交通工具等"硬件"规划设计缺乏合理性，另一方面也是由于行人自身缺少交通安全意识。行人是目标最小、受保护最差、不伤害他人但是受他人伤害的道路使用者，道路规划者和其他道路使用者应给予其特别关心和照顾。然而，由于交通设施、标志、信号灯、路标、车辆等并不总能完全解决车辆和行人间可能发生的冲突，行人只有正确理解和执行行车优先权，并且注意自我保护，才可有效避免事故的发生。因此，为降低行人交通事故率，保证行人交通系统正常有效地运行，世界各国开始注重从交通安全教育等交通"软件"方面发展行人交通系统。事实证明，安全交通是培养交通文明行为、预防和减少交通事故的重要手段。

首先，行人交通安全教育实施对象年龄范围扩大，实施内容贯穿行人交通主体的终生。目前，各国都开始将行人安全教育融入儿童教育。当从小为行人交通主体树立交通安全意识，可使其在今后的交通行为中都受益，这也能从整体上提高全民交通法制水平，减少交通事故。不同国家通过建立"儿童交通俱乐部"、"友好出行"的竞赛等加强儿童安全教育，培养集体交通安全意识。例如，瑞典的交通安全教育从幼儿开始，在幼儿2周岁时，幼儿园负责交通安全教育，使其初步掌握交通法规最基本的知识。对于行人交通主体中的成年人来说，各国一般都通过法律手段对其进行教育，强制其遵循交通规则。例如，一些法律规定：行人不得随意穿越马路，必须走人行横道。如有人不遵守交通规则，负责交通的警察有权对其罚款或者处罚等。

其次，行人交通安全教育趋于多层次化。交通安全不仅只有教育的表现形式，例如，英国的交通安全教育体现在教育、工程、执法三个方面。在教育方面，其道路安全教育的重点放在特定的人群和问题上，并找出不同的解决方法。针对儿童和青少年的培训主抓行人的培训、骑自行车人的培训和骑摩托车人的培训三个方面。对这些人群的培训主要是教育学生如何识别危险情况以及如何作出正确的判断，中学生还应确认安全的道路和安全的出行工具，同时鼓励成年人尤其是父母要在交通安全方面为孩子树立良好的行为榜样。在交通工程建设方面，其负责人必须具有足够的安全交通知识，其工程实施必须满足安全需要。在交通执法方面，要求执法机构严格遵守规章制度，对违反交通规则以及忽视行人的驾驶员不仅扣以罚款而且进行再教育。

再次，行人交通安全教育趋于多途径化。安全教育的途径多种多样，通过各种专门教育、日常宣传、娱乐活动等方式培养行人的交通安全意识，使其遵守交通规则。例如，美国一方面通过正规教育使交通参与者深刻理解"优先权"的概念。美国交规对于优先权的规定细致入微，几乎无所不包。在美国的大城市，尽管上下班高峰期车流量也很大，但极少出现争道和抢行的现象，车辆都是自觉地按优先权行驶，车多而不乱。另外，美国的交通安全教育还通过寓教于乐，采用娱乐等更有意义的方式宣传、传授交通安全教育知识。比如，让中小学生在丰富多彩的活动中树立交通安全观念、交通环保理念。一些学校组织交通宣传标语、宣传画的竞赛，并将获奖的宣传标语、宣传画张贴在进入学校区域的橱窗内或者制成彩旗立在学校周边的路上提示驾驶员小心驾驶，注意学生。同时，像英国还通过电视广告、电影广告、互联网站、海报或者电台广告等对成人交通安全进行教育。而这些宣传经费都来源于组织橄榄球赛、超级自行车赛和足球比赛的方式筹集资金。除此之外，日本的安全教育还通过引导人们（车辆）的出行从无序到有序，强调人们减少低效率的私人车辆出行，转变为高效的公共出行的方式来达到交通需求和交通设施系统的适度平衡的目的。

五、其他方面

除了以上行人交通发展政策外，各国根据其本国的基本国情及交通发展要求都逐渐采取了形式多样的活动和政策来发展行人交通。包括注重交通出行的全过程，提倡绿色交通和公交优先、鼓励行人以步行、自行车和公共交通方式出行，大力发展轨道交通，充分发挥公共交通运输系统的作用、通过增加车辆拥堵费、燃油附加费等措施限制小汽车拥有量的发展；通过建立多个新的城市中心，构建行人交通综合规划、安全监测和评估体系，指导城市交通的全面协调发展。

总之，随着交通拥堵的上升趋势、环境保护的紧迫以及道路安全问题的提升，无论是作为独立运行的交通系统，还是作为城市交通系统的接合部分，行人交通正在受到逐步地重视，行人交通发展都趋于人性化、科学化、合理化、完善化和多样化，行人交通的研究与发展也将迈向新的阶段。

第三章　行人交通理论学科构成

行人交通理论由行人交通所涉及的研究内容决定，行人交通是交通运输工程领域的基础理论，兼具安全工程、应用数学、计算机仿真、人体工程学等多学科交叉的特征。行人交通研究的目标是使行人更安全、方便、快捷、准时、舒适、经济地到达目的地，因此为了实现该目的所进行的研究工作均应纳入到行人交通体系中。行人交通理论的构成如下。

一、行人交通行为理论

行人交通行为理论是研究行人交通系统的基础，主要研究行人在不同环境、时段、设施、拥挤等条件下的个体和群体行为规律，其成果可以为行人交通系统规划与设计，运营与管理以及综合评价提供基础理论依据。本书第二篇从交通行为的基本概念入手，详细地阐述行人交通行为的内涵、影响因素，全面介绍不同设施环境下行人行为。通过合理的行人行为参数选择，研究不同环境和设施条件下的行人宏观和微观行为特征，并利用大量的科学数据采集和实验对行人行为相关参数进行量化。

二、行人交通预测理论

行人交通预测是指在一定的预测前提条件下对未来行人交通状况的估计，具体包括行人交通量预测及行人交通行为预测两部分。行人交通预测目标主要包括的内容涉及交通设施规划与设计，交通安全控制以及行人路径选择优化等方面。行人交通预测的目的是：在设计阶段，通过行人交通需求预测，为行人交通设施规划、设计和设备配置及交通安全设计提供资料依据。在管理阶段,通过行人行为预测,实现交通量的合理分配和完成安全高效的各种交通。因此,行人交通预测对整个行人交通系统乃至综合交通系统的正常运行起着重要作用。本书第三篇对行人交通预测理论进行了系统介绍,主要包括行人交通调查、行人交通需求量预测及行人交通后评估各理论方法介绍。

三、行人交通设施规划与设计理论

由于城市化进程的加快,机动车数量的迅速增长,我国机动车系统在城市交通系统中处于绝对优势地位。目前,城市道路交通系统规划的重点仍侧重于机动车方面,忽视了行人交通环境中设施的建设与完善,因此在行人交通设施的规划与设计中经常出现各种问题。如道路行人交通设施规划设计中存在的人行道缺失、人行道宽度不足、人行道铺装材料不合理、无障碍行人设施缺失等问题,枢纽场站行人交通设施规划设计中存在的枢纽换乘通道过长、枢纽行人设施通行能力不足、枢纽行人设施协调性差、换乘路线标识不明确等问题,大型活动场所行人设施规划设计中存在的疏散安全隐患等问题。要解决上述问题,就需要对行人交通设施的规划与设计给予重点研究,形成以人为本的规划理念和标准统一的设计参数。

基于此,本书参考国内外各类交通设施规划设计标准,从我国交通现状及实际需求出发,总结归纳得出针对不同场所行人交通设施规划与设计原则和标准等,其可供城市交通设计及建设单位参考,从而规范行人设施的设计标准,提高行人设施的服务水平,为行人提供更舒适、更人性化的步行环境。

四、行人交通控制理论与安全保障理论

行人交通控制是保障行人交通顺利进行和行人安全的重要措施和手段。行人交通作为交通系统中的特殊部分,与交通其他构成因素形成了一个统一整体。同时,行人在各类交通活动中往往是弱势群体,与车辆、道路等的交通矛盾比较突出,易受到伤害,发生危险。行人交通需要与其他部分合理配合与协调,才能实现行人交通的高效与安全。

一方面,对于城市道路行人交通,重点讨论了城市道路信号交叉口处行人信号的设置标准、控制方法、信号配时设计以及行人过街信号的优化方法等;对于交通场站要从其内部设施入手,具体探讨广场大厅行人、排队行人、通道行人等具体的行人走行控制及流线设计方法,为这些具体区域的行人交通安全控制管理提供帮助和借鉴;对于大型活动场所,由于其特殊性则从行人交通心理、交通行为特性入手,重点探讨出入口行人走行控制、流线设计及行人疏散控制管理等方面的内容,为大型活动场所的行人交通安全控制管理提供借鉴。

另一方面,交通安全是交通系统最关注的问题之一,为保证交通系统正常安全运行,必须对行人交通也进行安全管理。第五篇从交通安全影响因素出发,根据其管理原则提出系统的安全管理措施,最后,从拥挤特性角度出发,研究了大规模行人拥挤管理,旨在提高整个行人交通系统安全性和稳定性。

近年来,我国的道路交通事故、交通枢纽拥挤事故、大型场馆踩踏事故等威胁行人生命安全的事故屡有发生,对行人生命安全和社会和谐发展造成了严重的不良影响,因此,行人交通拥挤安全管理研究应该成为目前行人交通研究中的重要方面加以关注。行人交通安全的影响因素有很多,而从整体上看主要包括两个方面:一是行人自身的安全意识、交通行为

习惯等;二是周围交通设施设置、交通控制管理、安全宣传管理等。体现在研究中主要应包含以下内容:行人安全影响因素研究、行人安全设施、行人安全控制管理、行人拥挤安全管理、特殊情况下的行人安全管理等。行人安全影响因素主要包括内在因素和外在因素,二者共同作用,影响行人的行为选择和行为取向。

五、行人交通系统科学

行人交通系统科学是研究行人交通系统的科学,根据行人交通系统研究理论及方法体系的发展,将行人交通系统科学定义为:通过交通调查、数理统计分析、最优化理论及计算机仿真等科学研究方法,深入分析行人运动所体现出来的宏观群集特征和微观个体特征,探究行人交通的运动规律,描述行人个体间的相互作用机制和个体特征规律,揭示交通系统内设施与行人运动的交互机理,并对其进行科学评价,实现行人交通系统的统一描述、最优设计和安全高效运行。行人交通系统科学的研究内容主要包括:①行人个体及群集行为运动规律;②基于场景设施设备的人—设备—环境交互机理;③行人交通运动行为动力学模型及算法;④行人交通系统评价。

本文第六篇和第七篇将对行人交通系统科学进行详细介绍。其中,第六篇从理论和实际应用上介绍行人交通系统科学研究的上述研究方法,着重介绍目前发展较为完善的交通仿真研究方法;第七篇则重点介绍行人交通系统科学评价理论,包括行人交通系统设施设备的效能评价、行人交通系统安全评价和动态评价。

第二篇　行人交通行为理论

行人交通行为理论的基本内容主要包括行人交通行为基本内涵、行为发生机理、行为特性以及行为参数。本篇针对上述内容进行深入阐述，并就道路、场站及大型活动三种行人交通系统下行人的不同行为特性进行系统归纳。

第一章　行人交通行为理论基础

第一节　基本概念

行为是人在生活中表现出来的生活态度及具体的生活方式，它是在一定的物质条件下，不同的个人或群体，在社会文化制度、个人价值观念的影响下，在生活中表现出来的基本特征，或对内外环境因素刺激所作出的能动反应。行为具体是指人的反应系统，它由一系列反应动作和活动构成。有的行为表现得很简单，而有的行为表现得很复杂。关于人类的行为，心理学、哲学、生理学从不同的角度有着不同的说法。行为科学认为，行为既是人对外界刺激作出的反应，又是人通过一连串动作实现其预定目标的过程。

行人交通行为是行人为了实现某种目的，从一个地点移动到另一个地点的过程，以及在该过程中体现出来的基本特征和对外部环境所作出的能动反应。按照心理学描述，行人在产生某种出行需求之后，便会根据自身和外界的各种环境条件（供给条件），选择一种具体的走行过程。一般情况下，该过程是以最大化行人交通效用（如：节约时间、节省费用、减少体力消耗、减少危险性等）为目标的。特殊情况下，由于受到外部环境的影响、道德伦理等约束，行人可能会采取次优的选择。

第二节　行人交通行为特性

交通系统作为一个整体，是一种动态的、非线性的、自适应的复杂系统，人—车—路—环境是其基本组成元素。行人走行交通作为交通系统的一个子部分，同样具有交通系统复杂性的特征，而且还具有一些独特的特点。

(1)多样性。与机动车必须依赖于道路及车道的单一性特征不同，行人的活动范围具有明显的多样性特征。道路、广场、车站、大楼、商场、娱乐场所等都是行人交通系统的一部分，多样的场所也带来了多样复杂的行人交通行为。多样性的另一个方面体现在不同年龄、性别、地域、文化等的行人的行为不同。多样性的特征使得采集行人交通相关数据以及构建行人交通模型都显得尤为困难。

(2)随机性。主要指行人受环境限制的影响较小,可以任意选择其行动方向,行人的这种随机性与环境的类型以及出行目的有一定关系,环境内容越丰富,出行目的性越弱,行人的随机性就越大。行人通道和行进路线不像机动车道那样拥有规则的形状,因此,行人交通还拥有众多的出入口,支持多方向运动。所以,在大多数情况下行人的运动是不被渠化约束的,多股行人流出现交织交叉的概率大,行人可以任意改变行进速度及其在道路上的停留位置。

(3)慢速性。步行方式是一种非机动的交通方式,完全依靠人自身的能力来完成空间位移。如果不是赶时间想尽快到达目的地,行人都倾向于以自己最舒适的(能量消耗最少的)步行速度来行走。行人的这个特征决定了步行适合于短距离的出行或作为一次完整出行的一部分。另外,行人慢速的特征也使得行人能够快速地转换他们的状态,能够快速的寻找到他们的目标,并快速的采取相应的措施。

(4)瞬时性。尽管行人的步行速度很慢,但由于行人意志和动作的同步性,人对环境的反应以及自身的主观意愿可以迅速的反映在人的行为上,体现出行人的加速度和减速度较大,并且加减速频繁。

(5)自组织性。行人交通的自组织是指在预先没有关于行人系统行为模式的外界信息输入和组织设定的情况下,行人系统根据本系统的目标去调整自己的行为,由原先宏观上混沌无序的状态进化为一种时间、空间或功能上有序行为模式的现象,这是一种行人之间在时空上复杂的相互作用。由于行人流的动态特性,使得行人自组织现象产生的环境是一种瞬时环境、动态环境。行人在不同状况下会表现出一定的自组织性。比如,在通道中对向运动的两股行人流,会在各自方向上形成有序流线通道等。

(6)盲从性。大量行人在一定空间内行走时,如果在人群中树立一个参照点,无形中会给周边其他人提供一种心理暗示,在这种暗示的驱使下,其他人会潜移默化地朝着参照点的方向前进,这种跟随行为在心理学上又被称为盲从行为。盲从行为通常发生在行人对环境不熟悉、环境提供信息不足以及意外三种情况。例如,在场站行人交通环境中系中,虽然行人个体之间存在很大的差异,但当行人具有相同的交通目的时,他们需要经过的步行设施无论从类型还是从顺序上都基本相同,这时行人更容易出现盲从行为。盲从行为在意外情况发生时表现得最为明显,在极短时间内一般意外事件的发生所带来的恐慌,可以从几个人的恐慌演变为群体中所有人都处于恐慌状态,并出现盲从行为。这种情况下,行人交通具有缺乏群体合作、移动速度快、密度极高等特点,易导致客流组织的混乱。

此外,行人交通还有存在结伴出行,不愿意偏离其意愿的行进方向,个体之间容易发生拥挤和摩擦等特点。

第三节　行人交通行为分类

行人交通行为与其所处的环境有关,以下按照不同方式和角度对行人交通行为进行分类。

一、按研究粒度分类

按照研究的粗细程度，行人交通行为可以分为宏观交通行为和微观交通行为，这是最基本的分类方式。宏观行为反映的是大量行人交通的总体行为特征，具有整体性和统一性。微观行为反映了行人的个体特征，不同行人的交通行为具有一定相似性和差异性。

二、按交通场景分类

按照交通场景，可以将行人分为道路、场站（步行街、车站广场）、大型活动场所内的行人。由于行人所处场景不同，其交通行为也会有所异同。

三、按照行人走行设施分类

行人交通设施众多（多于20种），其中走行设施包括人行道、人行横道、人行坡道、人行天桥、地下通道、行人安全岛、人行广场、进出口、楼梯、扶梯、站台、站厅、检票设备等。在不同的设施上行人行为不同，因此，按照不同走行设施，行人行为可以分为多种类型。在行人交通系统中，只有交通场站环境下的各种设施联系最为密切，设施之间的行为影响也最大。

四、按照行人安全状态分类

行人在不同安全状态下具有不同的行为，可分为正常情况和紧急情况两种状态下的行人交通行为。

五、按照行人的数量和状态分类

按行人数量的不同，可以分为个体、群体、流体交通行为。由于行人个体之间的差异，个体行为具有较大复杂性、随机性和差异性。群体和流体由于受到合作、模仿、暗示、顺从等心理因素以及个体之间的相互影响，其行为具有一定稳定性和规律性。

第二章　行人交通行为产生机理

第一节　行人交通行为的产生过程

行人交通行为是在环境（Environment）、心理（Psychology）、行为（Behavior）三要素联动模式的影响下产生的。其中，环境作为行人实施行为的外因，是指无法随行人主观意愿改变的一种客观存在，它既包括客观条件，如出行时间、交通设施及时刻表等时空环境和其他行人行为，也包括由年龄、性别、健康状况等可以对行人交通带来客观影响的主观条件。这种定义的环境同时包含了时间和空间上的环境，这与传统意义上的环境概念也存在一定差别。该定义下的环境具有时间推移特性，即可根据过去、现在的行为对未来的行为趋势进行科学的预测。这种模式在环境心理学以及建筑心理学中已得到了理论性的应用。此外，心理因素作为行人内部环境被归为一种独立要素，是行人实施行为的内因。而行人行为则是在行人内外环境的综合作用和驱策下，产生的一种决策以及能动反应。行人的交通行为 B 可以表示为一定空间(s)和时间(t)下环境(E)和心理(P)的函数，如式(2-2-1)所示。

$$B = f_s^t(E, P) \tag{2-2-1}$$

式中：B——行人的交通行为；

s——空间；

t——时间；

E——环境；

P——行人心理。

行人从决策到行动的整个过程可以用流程图 2-2-1 表示，这种过程是行人行为机理分析的主线，人的最终行为 B 是根据 E、P 的变化不断进行反馈和调整后的最终输出。这种输入输出模式深化了行人和环境关系的含义——行人不仅仅是被动地接受和适应环境，他还有主动影响环境的意愿和能力。行人的各种行为都可以看作是一种决策过程，决策可以宏观到对某种行为整体的把握，亦可以微观到渗透在每一个细小环节中。因此明确行人的决策过程是研究行人特性的基础。从心理学的角度讲，行人的决策过程是一个与环境实时信息交互的复杂过程。心理学决策模型如图 2-2-1 上半部分所示。在这个过程中，行人从环境中获得信息进行选择和加工，而后做出决策。在获取信息时，有些信息是非常明显的、可以直接获得的，属于感觉；而有些信息是模糊的、不清晰的，或者要从其他信息中分析得来，属于知觉。将这些信息与行人记忆中的知识相结合就形成了反应选择的过程。

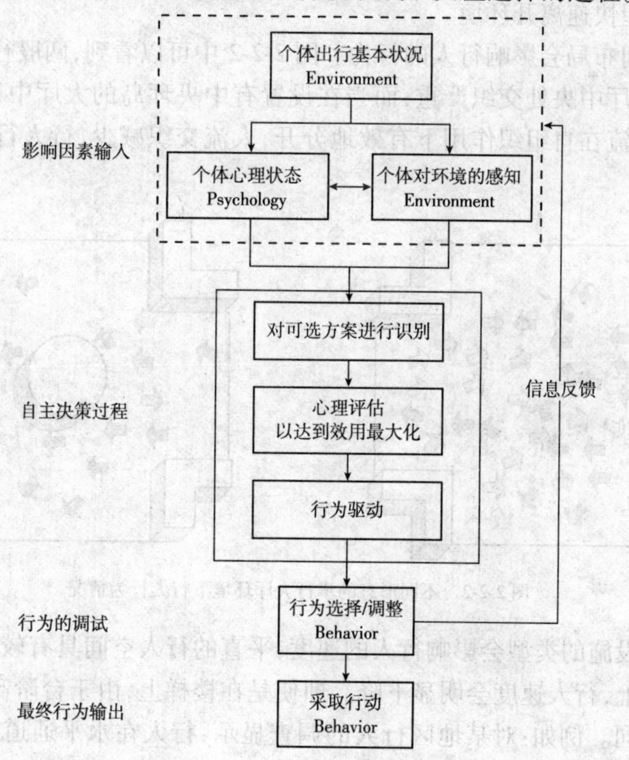

图 2-2-1　行人行为转换流程图

第二节 行人交通行为的影响因素

行人行为的影响因素可以分为环境因素和心理因素。行人行为都是在一定的环境下发生的,没有独立于环境之外的行为,行人行为的触发是外界环境作用于行人的感觉器官,被行人感知后,与心理联动产生的行为结果。其中环境因素包括物理环境、行人生理因素、社会因素以及交通因素组成的环境等四个部分。影响行人行为的这些因素之间不是孤立的,而是相互影响、相互转化的。

一、物理环境影响

物理环境指一切作用于、服务于行人以及为行人提供活动载体的各种空间和设施的总和。它包括各种行人空间、建筑物及其他服务性设施。行人在不同场所内走行时,空间环境、建筑物形态、尺寸、布局、设施类型等对行人行为是有影响的,行人自身通过视觉、听觉、嗅觉、感觉等来感知周围物理环境的变化,不同的感受刺激结果,会导致不同的行为。

环境内的光线、色彩、噪声、气味、温度等会影响行人的心理状态,从而会影响行人行进速度、路径选择等行为。例如:环境温度在25℃时,行人走行速度仅是常温下(20℃)平均速度的92%,在0℃时速度较常温时提高109%;在浓烟环境下,行人趋向于盲从行为;自然光比灯光对行人具有更好的导向作用,行人在宽敞明亮的环境下,身心容易得到放松,会按照自身舒适的步幅、步速、步频走行,且不在意行走时间消耗,反之,行人会不自觉加大步幅、加快步频、步速,期望快速离开环境。

环境内的空间布局会影响行人的行为。图2-2-2中可以看到,两股行人流在宽阔的大厅行走时,人流在大厅中央处交织严重;而当在设置有中央环岛的大厅中行走时,由于环岛的指示作用,两股人流在自组织作用下有效地分开,人流交织减少,行人行走速度和舒适度都有所提高。

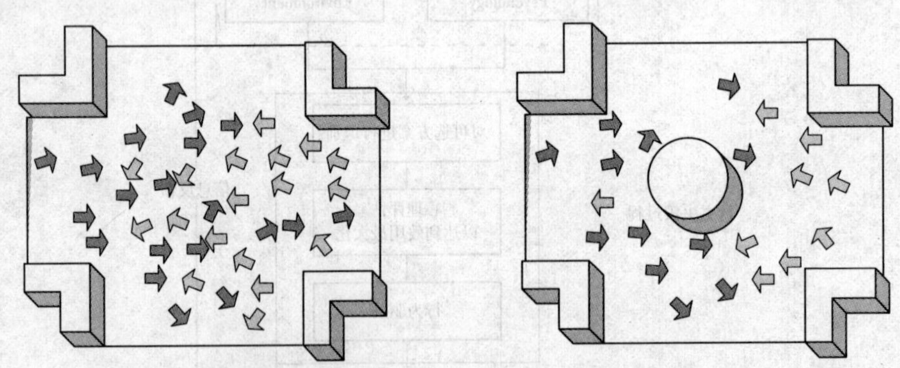

图2-2-2 不同形态的步行大厅环境下行人行为情况

环境内通行设施的类型会影响行人的速度,平直的行人空间具有较高的速度,而在有坡度的通道和楼梯上,行人速度会明显下降。即使是在楼梯上,由于台阶高度、倾角不同,行人行为也会有所不同。例如:对某地区行人的调查显示,行人在水平通道中,平均走行速度约为1.3m/s;在有坡度的通道中,行人平均上坡走行速度为0.97m/s;在台阶倾角为24.3°,提升台阶高度 8.26m 时，行人的平均上下楼梯的速度分别较在通道中减小 43.16% 和 38.89%。

环境内行人服务设施也会影响行人行为，例如行人在闯红灯过街时的行走速度比正常绿灯环境的下行走速度有明显提高。交通场站内的售票机、检票机和各种车辆对行人行为有客观的影响。

外围环境也会影响行人走行行为，一项在不同地域环境影响下行人通过人行横道的速度调查显示，商务区行人通过人行横道的速度要远大于住宅区，差值在 0.3 ~ 0.7m/s。

二、生理条件影响

行人的行为特征还受自身客观条件如年龄、性别、身材大小、个人体质和健康程度的影响。对具有独立行走能力的行人，最主要的生理因素为年龄和性别。

美国行人的速度与年龄和性别的关系，如图 2-2-3 和图 2-2-4 所示，从图中可以看出：不同年龄段的行人走行行为不同，走行速度也不同。除了不同年龄行人灵活性不同外，对走行环境的警觉性、灵敏性等也影响走行行为。调查发现，成年人平均走行速度为 1.3 ~ 1.5 m/s。其中年龄在 18 ~ 60 岁的人群的运动速度明显高于 60 岁以上的老年人，老年人运动速度在 0.6 ~ 1.2m/s 之间，平均值是 1.06 m/s，相对于成年人有很大的差异，而青少年（高中生）的运动速度与成年人的速度相当。不过，儿童（12 岁以下）的行走速度要慢一些。

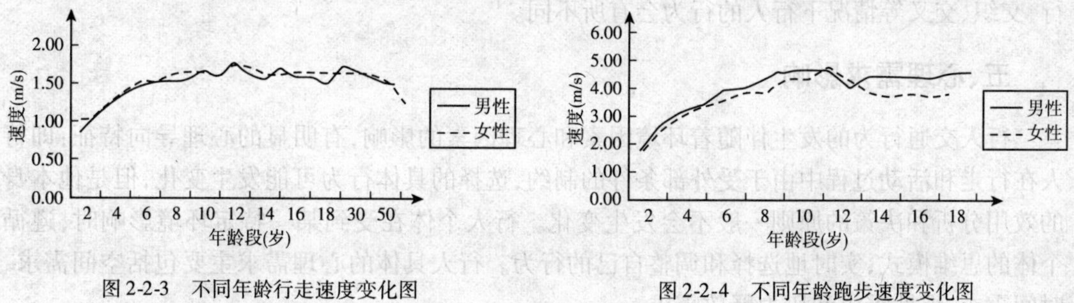

图 2-2-3　不同年龄行走速度变化图　　图 2-2-4　不同年龄跑步速度变化图

不同性别的行人其走行行为也是不同的，男性的走行行为与女性有明显的不同。通常情况下男性的步幅更大，步频也更高，调查显示男性的走行速度要比女性高 10.2%。

三、社会因素影响

行人所处地域、文化背景会影响行人行为。例如：北美和欧洲的行人行为比较相似，但是亚洲国家的行人行为明显不同于欧洲。亚洲青年的平均期望速度均在 1.3m/s 左右，而美国青年的平均期望速度为 1.51m/s，高出约 0.2m/s，主要原因是身体缓冲区域的大小差异。亚洲人的步幅小于欧美洲人，而其对交互距离的容忍程度要大于欧美洲人。

行人的职业、受教育水平、生活习惯、着装等也会影响到行人的交通行为。例如：处在办事效率高、速度快和时间观念强的职业环境当中，走路步调和行为节奏可能就较快，这与其所处的文化环境和参照群体有关。另外，受教育水平也会影响到行人的交通行为，不同受教育水平的行人，由于行人的优先意识不同，面对外在的因素表现不同，行为也会有所不同。

四、交通因素影响

行人的交通因素主要是指行人所处的交通环境，相对于步行，其他交通方式则归为物理环境影响因素。因此，行人的交通因素主要是指行人自身交通属性及其他行人的影响因素。下面我们以速度为例进行说明。

首先，行人的出行目的与行人交通行为密切相关。研究表明，商务人士的走行速度最快，为1.45～1.61m/s，接下来是经常往返者，为1.34～1.49m/s，购物者为1.04～1.16m/s，漫步者为0.99～1.10m/s。

其次，行人的构成比例会对行人行为产生一定的影响，例如，HCM2000中指出人行道行人自由速度为1.52m/s，同时又指出行人的步行速度依赖于老年人（超过65岁）的比例：当老年人比例小于20%时，行人步行速度为1.22m/s；当老年人比例超过20%的时候，HCM推荐采用1.0m/s作为行人的步行速度。

第三，行人所处环境的拥挤水平也会影响行人的行为，在水平通道里，当行人密度在0.4～0.8人/m^2之间时，行人的步速随着行人密度的增加而增加；密度为0.8人/m^2左右时，其步速达到局部最大值；此后，随着密度的增加，行人走行受到制约，其步速逐渐降低，甚至停止，这时拥堵状况发生。

第四，行人流的数量和方向也会影响行人行为，单向、双向、多向行人交通流在方向平行、交织、交叉等情况下行人的行为会有所不同。

五、心理需求影响

行人交通行为的发生伴随着环境因素和心理因素的影响，有明显的心理导向特征：即行人在行走和活动过程中由于受外部条件的制约，选择的具体行为可能发生变化，但是他本身的效用分析和决策的原则一般不会发生变化。行人个体在受到某一特定环境影响时，遵循个体的思维模式，实时地选择和调整自己的行为。行人具体的心理需求主要包括空间需求、时间需求、惯性需求和压力释放需求。

1. 空间需求

行人要求有一定的行为心理空间。除了在某些极为拥挤的场合，如在公共汽车上或场站进出口外，人们会利用一切机会争取个人空间，避免与障碍物接触，并避免与他人有身体接触，甚至视觉接触。行人的空间需求包括静态空间和动态空间两类。

1）静态空间

静态空间是指行人静止站立时所需要的空间范围，由身体空间、静态人际空间和静态边界空间构成。身体空间表示行人身体本身所占的空间。静态人际空间和静态边界空间分别表示行人与周围行人和设施保持一定距离而需要的缓冲空间。由于行人静态边界空间很小可以忽略，因此，静态空间主要受身体空间和人际空间影响。身体空间等于（45～46）cm×61cm的矩形面积，相当于0.27～0.28m^2，如图2-2-5所示。

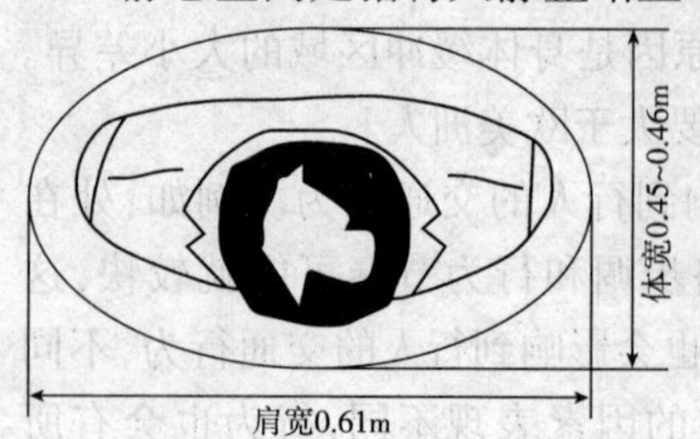

图2-2-5　行人静止空间简图

表2-2-1为世界各地不同地区男性和女性所占面积

情况，表2-2-2为中国成年人人体尺寸，从表中可以看出，中国人与外国人的身体比例有较大不同，中国人的形体普遍略小于西方人。据统计，我国成年男性平均肩宽0.426 m，平均肩厚为0.201 m，计算静止时垂直投影面积约等于0.20m²。

各国人体尺寸数据统计　　表2-2-1

国家或地区	男性			女性		
	肩宽(cm)	胸厚(cm)	所占面积(m²)	肩宽(cm)	肩宽(cm)	所占面积(m²)
英国	51.00	32.00	0.26	43.50	30.50	0.21
波兰	47.50	27.50	0.21	41.00	28.50	0.18
日本	41.00	28.50	0.18	42.50	23.50	0.16
中国香港	47.00	23.50	0.17	43.50	27.00	0.18
美国	51.50	29.00	0.23	44.00	30.00	0.21
法国	51.50	28.00	0.23	47.00	29.50	0.22
瑞典	51.00	25.50	0.20	42.50	30.00	0.20
瑞士	47.50	29.50	0.22	45.50	32.50	0.23
印度	45.50	23.50	0.17	39.00	25.50	0.16
平均	48.17	27.44	0.21	43.17	28.56	0.19

中国成年人人体尺寸(cm)　　表2-2-2

百分位数	最大肩宽		肩宽		胸厚	
	男	女	男	女	男	女
1	38.3	34.7	33.0	30.4	17.6	15.9
5	39.8	36.3	34.4	32.0	18.6	17.0
10	40.5	37.1	35.1	32.8	19.1	17.6
50	43.1	39.7	37.5	35.1	21.2	19.9
90	46.0	42.8	39.7	37.1	23.7	23.0
95	46.9	43.8	40.3	37.7	24.5	23.9
99	48.6	45.8	41.5	38.7	26.1	26.0

当行人携带有行李物品时，占用的宽度自然也要增加。一般行人携带物品状况描述和不同情况占用尺寸如表2-2-3所示。

静止的行人及携物时宽、厚维度及投影面积　　表2-2-3

图示	定义	维度		投射区(m²)
		宽度(m)	厚度(m)	
①②	基础垂直投影面积	0.49~0.53	0.26~0.31	0.13~0.16
①②	最大基础垂直投影面积	0.58~0.66	0.31~0.35	0.18~0.23

续上表

图　示	定　义	维　度		投射区
		宽度(m)	厚度(m)	(m^2)
	双臂横向在胸前伸开,指尖相对时的垂直投影面积	0.95	0.43	0.41
	一臂胸前弯曲,报物品状的垂直投影面积	0.53	0.57	0.30
	单侧手提一小件物品的垂直投影面积	0.82	0.30	0.25
	单侧手提一大件行李的垂直投影面积	0.73	0.60	0.44
	双手两侧各提一大件行李的垂直投影面积	0.93	0.60	0.56
	两人,挽手	1.40	0.43	0.60

静态人际空间的构成相对比较复杂,如图2-2-6所示。

图中点A、B、C、D、E、F分别表示行人正面、右侧、左侧、右后、左后、背面六个方向的人际距离终点,行人中心点距离为O。OA即为人际距离,随人的年龄、性别、健康状况、教育程度而改变。OB、OC也有一定距离,但小于OA。三角形A、B、C三个点与中心人体O构成的立体空间即为人向前运动时的前心理安全空间。通常人不愿与陌生人发生肢体接触,只有关系密切的人才能进入到前心理安全空间内,不会使中心人感到危险。多边形$OBDFEC$后心理安全空间,由于行人视角的关系(图2-2-7),行人对前方较为敏感,因此,OD、OE、OF亦小于OA,但如果有人过于接近后心理安全空间,也会引起行人的不安全感觉。

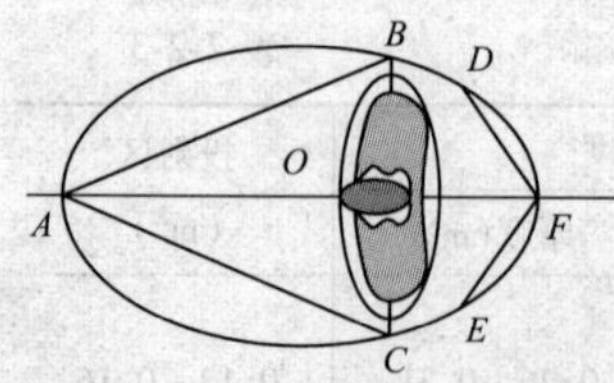

图2-2-6　行人的静态人际空间

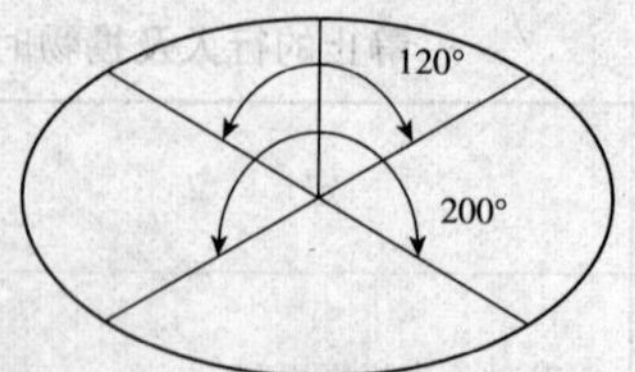

图2-2-7　行人视野示意图

注:从生理角度,行人的双眼视角能达到200°(单眼视角能达到160°,双眼的重叠区为120°)。但事实上行人对该视角范围内的不同区域敏感程度存在差异。行人对双眼前方的120°范围内的景观比较敏感,对其余范围内的敏感度要低一些。

心理学家所做的人类缓冲区域测量实验已经确定了个人空间的较低要求范围，为0.22～0.26m²，即不超过静止时的投影面积。当强调舒适时，此缓冲区域变化幅度会更大。在实验中，男性与女性都选择与异性分开较大的距离，女性的身体缓冲区域面积范围在0.37～0.46m²，而男性则在0.74～0.84m²。在拥挤的环境中，女性趋向要求比男性有更大的缓冲区域，而男子对于难以避免的碰撞，似乎有更大的忍受力和耐心。按照不同静态空间下对行人的约束，行人对静态空间需求可以分为接触区域、不接触区域、个人舒适区域和可行动区域4个等级，如表2-2-4所示。

行人占用不同静态空间分级表　　表2-2-4

类　别	接触区域	不接触区域	个人舒适区域	可行动区域
当量直径(cm)/面积(m²)	23.05/0.28	45.7/0.66	53.3/0.93	60.9/1.21

2）动态空间

行人在进行交通活动时，其主要进行行走、避让、等待、滞留、超越等行为活动，为了实现这一系列的行为活动，需要一定的走行空间，并与周边建筑物或其他行人保持一定的边界距离，这个空间称为行人动态空间。与行人在静止时类似，动态空间分为动态人际空间和动态边界空间。

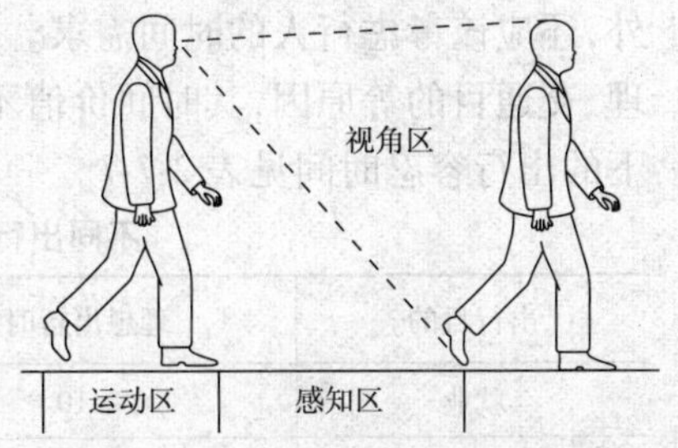

图2-2-8　行人在水平面上的动态人际空间构成示意图

动态人际空间包含运动区、感知区和视角区，如图2-2-8所示。

(1)运动区：男性步幅区约为66.6cm，女性约为60.6cm。

(2)感知区：行人以常速行走时，会在自己前面预留一个可见的区域，以保证有足够的反应时间，以便采取避让行为，这个区域可通过反应时间和正常速度计算得到，为0.48～0.6m。

(3)视角区：通常情况下，前后行人约需保持2.1m的距离，在此距离下，视觉感到舒服，行人可以保持正常行走。

单个行人的基本行走宽度为0.75m，若两人并排行走，则需要宽度为1.50～2.50m。携负不同物品时运动空间有所增加，具体如表2-2-5所示。

行人携负不同物品的运动空间　　表2-2-5

指标 \ 行人状况	单身不携带任何物品	一手提物或怀抱轻物	两手携轻物或一手与一肩负轻物	背负重物	背负重物与手提重物	大人带一小孩子同行	肩挑两重物
宽度(m)	0.6～0.7	0.7～0.8	0.75～0.85	0.8～0.9	0.85～1	0.9～1	1～1.8
图示							

动态边界空间指行人在行进过程中与其周边环境保持一定的距离,行人的动态边界空间与相邻设施有关,具体如表2-2-6所示。

行人边界距离 表2-2-6

设　施	边界距离(cm)	设　施	边界距离(cm)
混凝土墙体	30~45	障碍物	40 10
金属墙体	20	站台边缘	80

行人的动态边界空间不是一成不变的,它在人们匆忙行走的时候会变小,边界距离也会随着人流密度的增大而递减。

2. 时间需求

行人在进行交通活动时主要是实现其时空的转移,因此除了需要考虑行人的空间需求外,还应该考虑行人的时间需求。行人对时间的需求主要体现在不同行人个体由于体力、心理、交通目的等原因,其时间价值不同,表现出对时间的忍耐承受能力不同。不同出行目的下的出行容忍时间见表2-7-7。

不同出行目的下的出行容忍时间(单位:min) 表2-2-7

出行目的	理想出行时间	不计较出行时间	能忍受出行时间
就业	10	25	45
购物	10	30	35
游憩	10	30	85

容忍时间在不同环境有不同的表现形式。对于在道路信号交叉口过街的行人,当红灯信号禁行时间太长,超过行人容忍时间,即使有信号控制和专人管制,行人也会不顾信号控制而强行穿越。据调查,在德国,行人对交叉口红灯的等待时间忍耐限度是60s,英国则是45s,日本为30s;对于交通场站,行人需要的安检、买票、等候列车等都属于被迫活动,当这些活动的时间超过容忍时间,易导致行人产生焦急、紧张的心理状态,行人行走过程中将选择较高的行走速度和加速度,并出现强行穿越人群等不合作行为;在大型活动场所,行人的时间需求主要是行人疏散的时间需求。当行人的心理需求时间大于疏散时间时,行人走行按照自己意愿走行,比较有秩序。而当行人的心理驱策力大于空间环境的驱策力,他们不会因空间的过分拥堵而降低速度,却可能因为失去耐性主动向前拥挤。

3. 惯性需求

一般在不受干扰的情况下,行人行走和进行活动时,总是选择自己熟悉的行为,例如行人进入地铁时不自觉地加快速度;行人在熟悉的环境中选择自己走过的路径,即使该方向不是最短路径或已经比较拥挤;行人在拥堵时一般不会后退绕行以选择一条更舒适但更长的路线等。

4. 压力释放需求

行人总是希望从压力较大的地方进入到压力较小的地方,行人压力较大时,行人心情会比较紧张,对个人空间范围内事物的敏感度增强。当行人压力较小时,心情比较舒畅,注意力分散,欣赏周围景观事物,走行速度较低。压力与所处环境有很大关系。例如,在紧急情况下,往往都以最高速度行进。据观察发现,人在松懈情况下速度约为0.85m/s,正常情况下在1.3m/s左右,而紧张情况下可达1.8m/s。再如,在地铁内经常可以看到行人在候车时总愿意站在柱子附近、选择远离其他行人行走路线及人少处站立,这种行为既体现了行人对静态空间的需求又体现了行人对心理压力释放的需求。

行人的压力 P 可以用行人期望达到的步行速度 v、环境中行人流的平均速度 u 和密度 K 来描述,如式(2-2-2)所示:

$$P = K \times (v - u)^2 \tag{2-2-2}$$

式中:P—行人的压力;

v——行人期望达到的步行速度,m/s;

u——环境中行人流的平均速度,m/s;

K——行人流密度,人/m^2。

第三节 行人交通行为的驱策要素

基于对行人交通行为的产生过程分析,可以将驱策要素定义为促使行人采取某种行为的驱动力,包括环境、心理两类指标。根据对行人交通组织产生的正、负向效果,驱策要素可以归为两个大类,如表2-2-8所示。

行人交通驱策要素分类 表2-2-8

行人交通驱策要素		环境和心理
流动的驱策要素	沿着最小阻力空间线路	时间损耗,路径长度,瓶颈,其他行人
	沿着有逻辑序列的空间线路	连贯,清晰,不迂回,不复杂
	沿着导向性明确的空间线路	标识设置的位置、尺寸、色彩
	朝向安全庇护高的空间或设施	尽量靠近墙壁、立柱等设施,避免冲撞
	朝向交通需要的空间	出行目的,时间紧迫程度等
	寻求舒适的空间	视觉,听觉,心理,身体条件等
	寻求冲突最小的空间	规避,超越,慢行,转向等
	其他行人的行为	自身的盲从行为、后方行人的驱策等
间断或停滞的驱策要素	设施的布设状况	位置不当,尺寸不符,视觉效果不佳,设置冗余,人性化因素考虑不足
	空间内部行人流线交织状况	拥堵交织,行人基本需求得不到满足,缺乏有效疏散措施
	过街、进出、换乘、购票、检票活动	不同功能空间衔接处的人流干扰、冲突
	路径上存在适合休憩、停靠区域	问讯处,立柱,坐椅,电话亭
	危险、禁止区域的阻碍	单向楼梯,站台边缘和尽头
	等待服务客流的相互干扰	服务时间,排队长度,拥挤程度
	沿途吸引注意力的其他事物	广告牌,报摊,导向标牌
	其他行人的行为	其他行人突然换道,转弯,急停等

第四节 行人交通行为层次

行人的行为不仅仅是某种动作,在行为背后还有更深层次的内容,根据行为采取的时机、频率以及行为执行所产生的具体效果等不同,可以将行人行为分为战略层、战术层、决策层和操作层 4 个层次。

1)战略层

战略层的行为是指行人为了达到某种出行的目的从全局性、长远性、时间性考虑,最终实现其目的而采取的准备或抉择。行人出行时根据自身条件、出行目的地的距离、出行环境等来布置此次出行的战略,其行为包括出行时间规划、出行方式规划、出行活动规划等的确定。例如:在一次乘车过程中,行人在战略层要计划何时出发、采用何种交通方式、何时到达、何时候车、何时上车、是否需要与其他行人会合等。尽管一次简单的出行中,战略层规划的内容可能会很少,但不可否认行人的任何一次出行,都离不开战略层的规划。可以说,行人出行是一种行人交通的规划和管理的过程。

(1)时间规划:指行人根据自身必须要完成的活动确定的活动结束时间限制。例如:大型活动中的行人通常以活动开始时间作为基本时间,按照由远及近的顺序,倒推行人到达入口、安检、车站等地点并完成活动的时间。行人的时间规划首先与行人的出行目的和行人参与活动的复杂程度有关,其次还与行人的性格、年龄及是否对环境熟悉等因素有关。

(2)出行方式规划:指行人对本次出行是否采用一种交通方式或组合交通方式的规划,一般取决于行人的出行距离和出行的时间紧迫程度。

(3)活动规划:指行人对出行过程中的必须活动进行的提前计划。行人出行中的活动可以分为必须活动和随机活动,如对于交通场站中的行人,检票可能是必需活动而购物是随机活动。行人活动规划与环境的复杂程度、行人自身因素以及时间规划结果有关。

2)战术层

在战术层,行人根据战略层所确定的出行规划集合,将各项规划根据具体环境及自身情况做进一步实质性安排的过程,战术层行为直接为最终决策提供输入条件。战术层的行人交通行为主要有路径规划、节点(区域或设备)选择、排队等。其中,最主要的行为是路径规划行为。

(1)路径规划:是指在行人已知起点和目标位置时,对中间经过的路径所作的选择及其决策的过程。大多数路径规划的方法由两级规划组成,即全局规划(Global Path Planning)和局部规划(Local Path Planning)。全局路径规划较为宏观,分别对应的是起点、终点和经过的区域与设施。例如,道路行人的起终点以及对一系列交叉路口和人行横道的选择集合构成了一条完整的出行路径;场站内行人经过安检、购票设备、检票设备到站台及车辆也构成了完整路径。目的相同的不同行人之间全局路径一般区别较小,这主要反映了行人交通的流向特征。局部路径规划指在全局路径确定以后,在固定的 OD 之间行人路线的实时动态选择过程,它对应的是行人当前位置、所在区域的出口或下一区域或设施的入口,避开障碍物和其他行人的走行路线。例如,在场站中从进站到售票,行人在通道、站厅内的路径选择;或者从下车到换乘口,行人在站台上的路径选择。由于行人交通涉及的设施设备很多,从建筑形态上包括隔离带、立柱、围栏、座椅和服务台等，这些设施设备都是行人走行的障碍物，遇到障碍物时行人必须采取避让措施，绕开障碍物。不同的乘客由于个体差异、环境差异等因素，其路径选择结果会表现出比较大的差异性。例如，首次乘车的行人，在乘车之前可能有询问或者信息识别的行为，加上对场所不熟悉、方向感弱，找到正确的路径所花费的时间可能会较长；对于通勤的行人来讲，对环境和路线熟悉，一般只是应激性地选择自己路径，能够很容易到达目的地，消耗时间也很短。行人路径规划如图 2-2-9 所示。

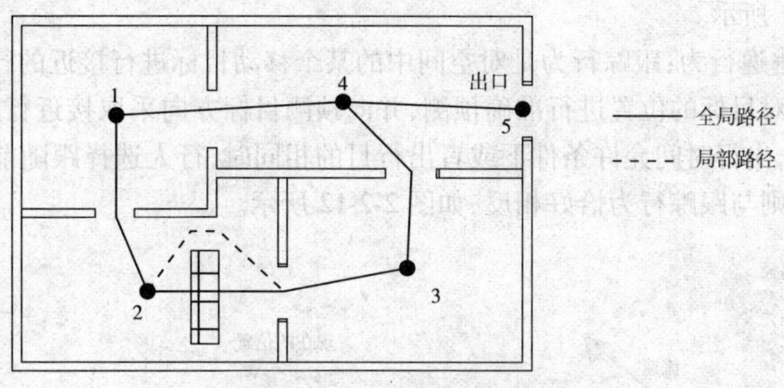

图 2-2-9　行人路径规划示意图

(2)节点选择：是行人在一个活动中面临多个活动区域、地点或设备时，对活动地点做出的选择。例如，在场站中行人在购票活动中有多个售票窗口时，行人对窗口的选择等，一般情况下，这些选择均可以归结为以乘客自身效用最大化的节点选择。

(3)排队行为：指行人需要通过某一设施时，由于设施被他人占用，而产生的等待接受服务行为。根据服务台数量、队列数量、队列入口数量以及有无交通渠化组织，排队的形式可以分为单队多服务台单入口渠化队列(M/M/1/O)、多队多服务台多入口无渠化队列(M/M/M/N)，多队多服务台多入口渠化队列(M/M/M/O)和多队多服务台单入口渠化队列(M/M/c/O)4 种，如图 2-2-10 所示，其基本形态可以是直线排队(例如售票窗口处)如图2-2-10a)、c)、d)所示；另一种是在设施前形成的“水滴状”分布(例如通过某一瓶颈处)，如图2-2-10b)所示，排队行为可以更进一步分解为移动、节点选择、加入队列、队列中移动、队列中等待、接受服务、离去等基本行为。

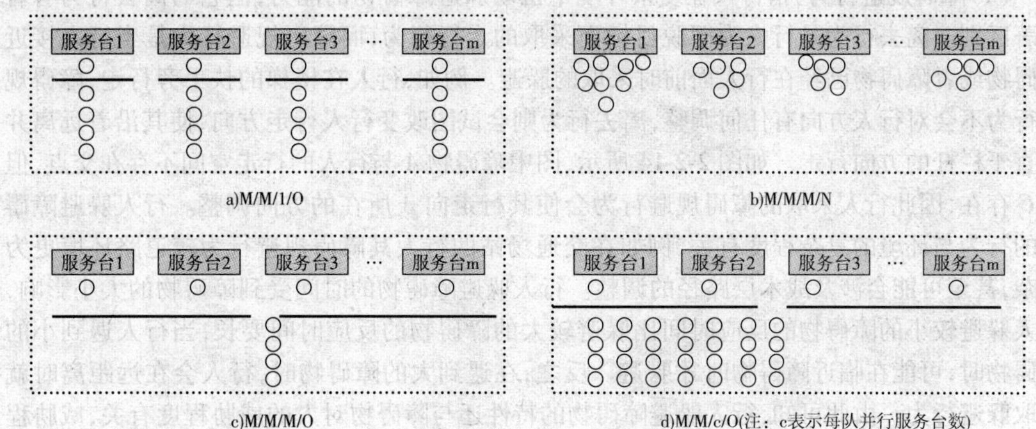

图 2-2-10　行人排队类型

3)决策层

在决策层,行人需要在战术层的基础上进一步确定其微观行为。这些行为应该是明晰的,可操作的。主要包括:接近与离去、跟踪与逃逸、到达与出发、障碍规避、沿路行走及徘徊等行为。

(1)接近与离去行为:接近行为是行人对空间中具体静态位置或目标的追寻,行人在移动过程中尽量保持与目标对齐,以最快的速度接近目标。离去行为是接近行为的反过程,指为躲避某个目标而向其相反方向所作的移动。接近和离去行为是行人产生期望速度的主要原因,如图 2-2-11 所示。

(2)跟踪和逃逸行为:跟踪行为是对空间中的某个移动目标进行接近的行为。有效的跟踪行为需要提前对目标的位置进行准确预测,并向预测目标方向采取接近行为。例如,当行人流密度较大时,出行时间允许条件下或者出行目的相同时,行人选择跟随前方行人行走的行为。逃逸行为则与跟踪行为恰好相反,如图 2-2-12 所示。

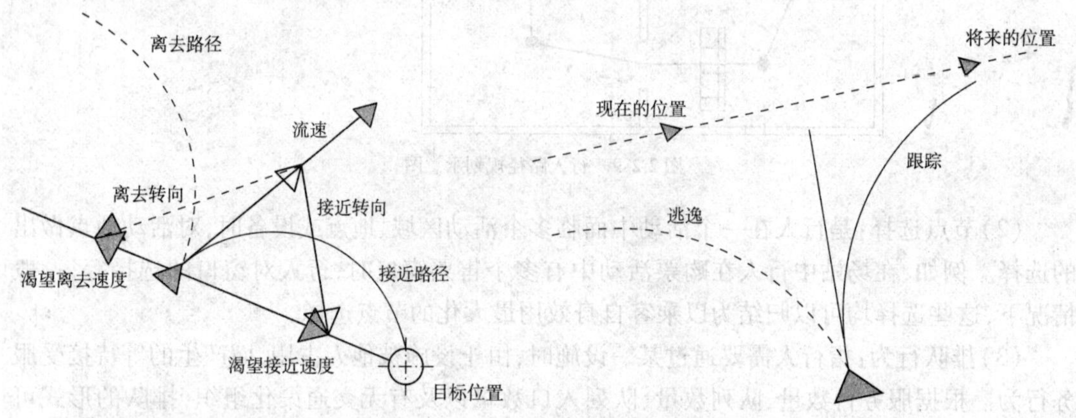

图 2-2-11　接近行为与离去行为　　　　图 2-2-12　跟踪和逃逸行为

(3)到达与出发行为:与接近行为类似,到达行为是行人向静止目标的移动。与接近行为始终保持较高速度不同,到达行为中行人离目标越近,其接近速度越小,直到最终减到零为止,完成到达目标行为,如图 2-2-13 所示。例如,行人在交叉口遇到交通灯前停止的行为。出发行为与到达行为相反。

(4)障碍规避行为:指行人在复杂环境中机动躲避障碍物的能力,但它与离去行为有着显著区别。离去行为是行人为摆脱目标而采取的走行行为,而障碍规避行为是当行人接近障碍物或者障碍物已经在行人面前时采取的躲避。例如,行人在楼梯的扶手旁行走,障碍规避行为不会对行人方向有任何调整,离去行为则会试图改变行人行走方向,使其沿着远离并垂直于栏杆的方向行走。如图 2-2-14 所示,图中障碍物 *A* 与行人的行走空间不存在交点,但 *B*、*C* 存在,因此行人采取的障碍规避行为会使其行走向 *A* 所在的方向调整。行人躲避障碍物的行为与环境的复杂程度有关,例如在交通场站的行人其障碍规避行为较道路环境更为复杂,甚至可能会涉及战术层路径的调整。行人躲避障碍物的时间受到障碍物的大小影响,行人躲避较小的障碍物的反应时间比躲避较大的障碍物的反应时间要长,当行人遇到小的障碍物时,可能在临近障碍物时才躲避。反之,在遇到大的障碍物时,行人会在远距离时就采取躲避行为。由此可知,行人躲避障碍物的特性还与障碍物对人的威胁程度有关,威胁程度越大,行人的反应越强烈,躲避反应时间越短。

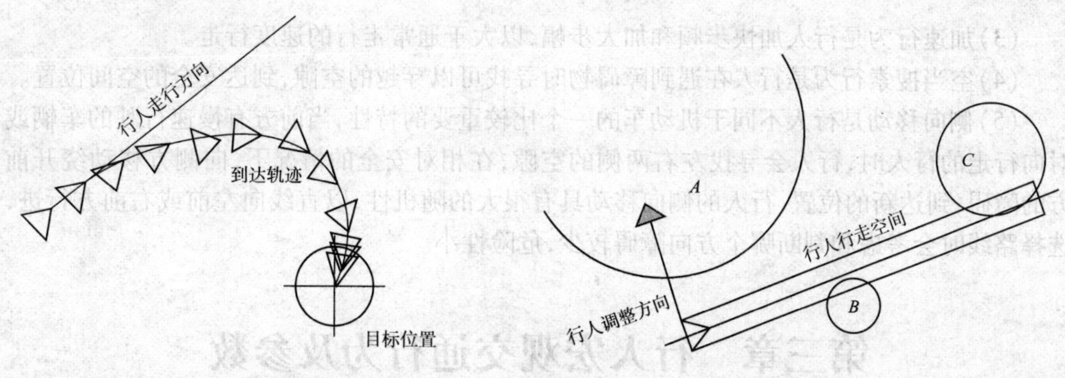

图 2-2-13　到达和出发行为　　　　图 2-2-14　障碍物规避行为

(5)沿路行走:指行人沿着预定的路径如一个道路、天桥或通道的走行行为。与接近行为不同的是行人的走行路线不一定与目标平齐或者重合,有时也可以偏离,但追寻目标的大致路径保持不变,如图 2-2-15 所示。

(6)徘徊行为:指漫无目的地在某个特定区域内来回往返的走行行为,它是一种随机的、任意的行为。如图 2-2-16 所示,三角符号点是行人走行起点,行人以一定的轨迹走行。由于其没有明确的目的地,因此行人在走行轨迹某一点处小幅度地改变其走行方向,并保持舒适、漫步的走行状态。最终行人的走行轨迹大致分布在类似一个圆形区域内,大圆球的半径是徘徊强度和随机移动幅度,行人徘徊强度最大的方向是垂直于起点大圆球的直径方向,其他方向的徘徊强度都要小于垂直起点的直径方向,而图中的小圆球是行人的徘徊率,它随机地以某种约束围绕着大圆球走行。

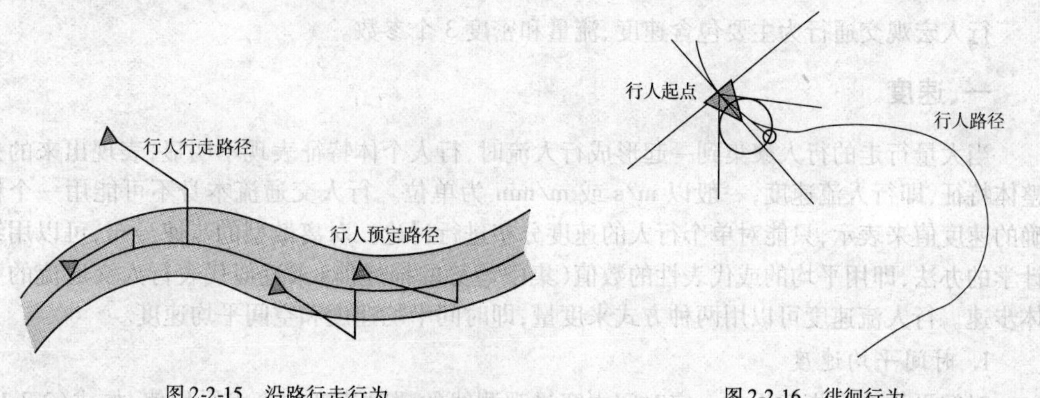

图 2-2-15　沿路行走行为　　　　图 2-2-16　徘徊行为

4)操作层

操作层是行人在决策层确定微观行为之后的具体操作过程和能动反应,其实质是行人在行进或其他状态下每时每刻的具体动作,该动作不能再进行分解。操作层行为的主要内容包括前进、停止(等待)、加速、减速、空当搜索、侧向移动等。

(1)前进行为是行人为到达目的地,在设施上向着目的地的方向行进,不偏离正在行走的道路。

(2)停止行为是行人遇到障碍物、信号控制或前方交通流停止时能够及时停止在安全净空以内。

(3)加速行为是行人加快步频和加大步幅,以大于通常走行的速度行走。

(4)空当搜索行为是行人在遇到障碍物时寻找可以穿越的空隙,到达安全的空间位置。

(5)侧向移动是行人不同于机动车的一个比较重要的特性,当前方有慢速行驶的车辆或对向行走的行人时,行人会寻找左右两侧的空隙,在相对安全的情况下,向侧方移动绕开前方的障碍,到达新的位置,行人的侧向移动具有很大的随机性,以直线向左前或右前方行进,选择路线时会考虑和判断哪个方向障碍较少,危险性小。

第三章　行人宏观交通行为及参数

行人的宏观交通行为是行人群体或流体反映出来的交通行为,是不同行人个体聚集在一起所表现出来的相同的、一致的整体性行为。传统的宏观行为主要是指行人交通流的要素及其相互关系,这是自上而下的行为。行人宏观交通行为还体现为自下而上的交通行为,亦即其自组织行为。

行人的宏观交通行为与行人具体交通场景无关,而与行人交通设施有一定关系。由于行人交通数据限制等原因,目前世界各国仅就水平通道内的宏观交通行为达成了共识,故以下有关宏观交通行为的内容和数据主要以水平通道为基础设施条件。

第一节　行人宏观交通行为参数

行人宏观交通行为主要包含速度、流量和密度 3 个参数。

一、速度

当大量行走的行人聚集到一起形成行人流时,行人个体特征表现不明显,表现出来的是整体特征,即行人流速度,一般以 m/s 或 m/min 为单位。行人交通流本身不可能用一个精确的速度值来表示,只能对单个行人的速度分布进行讨论。对离散型的步速分布,可以用统计学的办法,即用平均的或代表性的数值(集中趋势的描述值)来近似代表行人交通流的整体步速。行人流速度可以用两种方式来度量,即时间平均速度和空间平均速度。

1. 时间平均速度

时间平均速度指行人在一定时间内穿过观测线的瞬时速度的算术平均值,如式(2-3-1)所示。

$$v(t)=\frac{\sum_{i=1}^{N}v_i(t)}{N}=\frac{\sum_{i=1}^{N}w_i(t)}{NT} \tag{2-3-1}$$

式中:N——观测时段内穿过测量线的行人总数;

v_i——第 i 个行人穿过测量线时的瞬时速度,m/s 或 m/min;

w_i——T 时段内第 i 个行人的行走距离,m。

2. 空间平均速度

空间平均速度是指行人通过一段距离的平均速度,如式(2-3-2)所示。

$$u = \frac{L}{\sum_{i=1}^{N} \frac{t_i}{N}} \tag{2-3-2}$$

式中：L——走行距离，m；

t_i——第 i 个行人走完 L 花费的时间，s 或 min。

行人的平均速度一般用空间平均速度衡量，其最小值为 0，发生在极其拥堵情况下。其最大值为自由流中的速度。行人的平均速度符合正态分布，均值在 1.34m/s 左右，方差为 0.37m/s 左右，中位数为 1.2m/s。随着密度的逐渐增加，交通因素中的拥挤水平对行人速度的影响逐渐增加，其他因素对行人速度的影响逐渐减少，并且行人速度方差有下降趋势。世界部分国家和地区调查的行人自由流速度和标准差见表 2-3-1。

各国行人自由流速度调查结果　　表 2-3-1

平均速度(m/s)	标准差(m/s)	国家或地区
1.4	—	荷兰
1.4	0.15	美国
1.44	0.23	澳大利亚
1.08	—	沙特阿拉伯
1.19	0.26	中国香港
1.25	—	斯里兰卡
1.4	—	加拿大
1.32	1.0	英国
1.46	0.63	印度
1.23	—	新加坡
1.22	—	泰国
1.38	0.27	美国
1.34	0.37	平均值

二、流量

流量是指单位时间内通过某一点（某一横截面）的总人数，一般以 15min 或者每分钟为单位进行统计，人/min。流率是指单位时间内通过单位有效宽度的行人数量，一般用人/(s·m)或人/(min·m)作为单位。

行人流量和流率都是反映交通需求的变量，但两者无论从概念上还是从本质上都有重要差别：流量是指通过实际观测或者通过预测得到的值，流率则是对不足或超过单位时间、宽度大于或者小于单位长度的交通量进行等效转换得到的小时流量。这种等效转换在许多行人交通流量的研究中只是一种假设。实际中许多研究者发现，在同一种设施中，当设施宽度较小时（小于或等于 0.7m），行人的流率有所增加，这主要是由于行人自组织现象造成的。

在设施上的行人流，通常还用设施流量描述，行人设施流量是指单位时间内通过行人设施的行人数量,单位用人/(m·s)或人/(m·min)来表示。

当存在多个方向的行人流交织时,各方向流量通常分别进行计量。

三、密度

密度指在道路或排队区域内某一单位面积的平均行人通过量,一般用区域人数和区域面积的比值表示,有时也用某一区域中行人所占的面积占整个区域面积的比值表示。由于行人流的密度是随观测时间或区间的长度而变化,并不能明确表示行人交通流的状态,所以实际应用中经常引用另一概念——行人空间占有量来表示行人流密度。行人密度与空间都是用来描述给定区域内行人密集程度的参数,二者在数值上互为倒数,密度单位人/m^2(或m^2/m^2),占用空间单位m^2/人。行人占用空间与行人的活动类型有关,并且随着速度的增加而增加。占用空间更加直观,更能够体现行人的密集和拥挤程度,但是在分析其与行人流量的关系时往往还需与流量、密度的关系相结合进行。

行人密度在3.0~3.5 人/m^2 时即可以避免行人行走时发生身体接触。单个行人的最小占用空间大约为0.085m^2,考虑到行人空间需求等影响,行人流的最大密度可能达到6.7 人/m^2,而实际中超过6 人/m^2 的情形很少。当密度超过7 人/m^2 时,行人之间的作用力增强,部分行人可能会被挤离地面,交通系统可靠性下降,易导致踩踏事件。

第二节 行人交通流基本图

基本图是指速度、密度、流量三者之间的关系图,考虑到行人交通流量的特殊性,以下基本图都是基于设施宽度大于0.6m的假设。国内外学者对行人宏观行为解析主要集中于行人的速度 u、流量 q、密度 k 之间的关系,这三个变量间的关系式可以用式(2-3-3)表示。

$$q = u \times k \tag{2-3-3}$$

其三者关系如图2-3-1 所示。

一、速度—密度关系

随着密度的增加,由于行走间隙减小,因此行动逐渐受限,速度呈逐渐减小趋势,如图2-3-2所示。

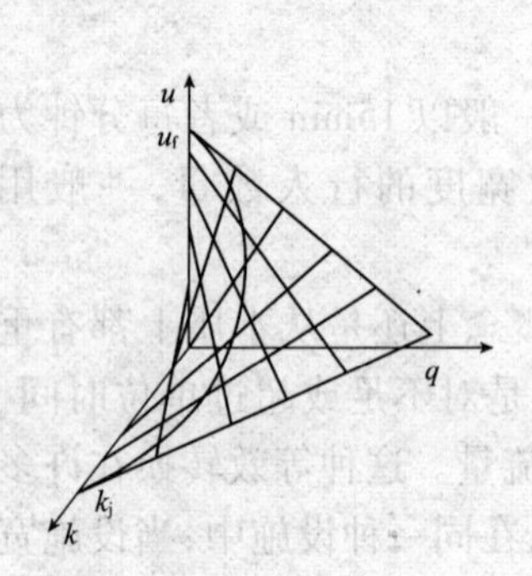

图2-3-1 流量—速度—密度三者关系曲线图

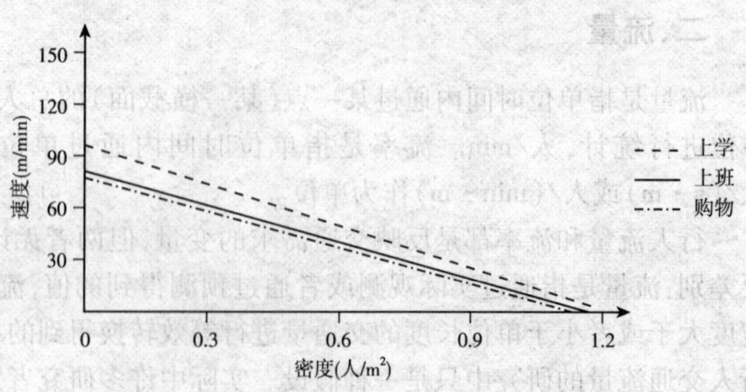

图2-3-2 速度—密度关系

Weidmann 提出了单向行人流情况下的速度和密度关系，如式(2-3-4)所示。

$$u(k)=1.34\left[1-e^{-1.913\left(\frac{1}{k}-\frac{1}{k_{\text{jam}}}\right)}\right] \tag{2-3-4}$$

式中：k——密度，人/m²；

k_{jam}——拥挤情况下的行人密度，取 5.4 人/m²。

二、流量—密度关系

当密度为 0 时，流量为 0；当密度达到最大时，流量也为 0；在流量的两个零点之间必然有一个或几个流量峰值点；流量—密度曲线不一定是连续的。

经验数据统计表明：随着密度的增加，流量呈现先增后减的趋势，行人的最大流量出现在行人占用空间在 0.4 ~ 0.9m²/人之间，如图 2-3-3 所示。当单位行人空间减至 0.2 ~ 0.3m²/人时，行人几乎趋于静止。

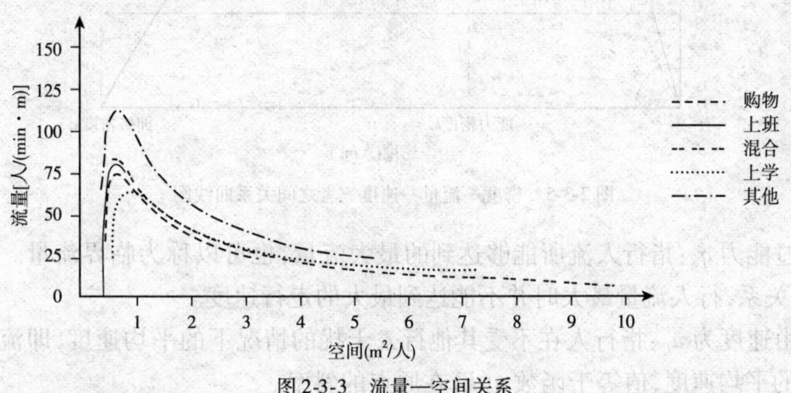

图 2-3-3　流量—空间关系

三、速度—流量关系

根据以上描述的两两关系，不难得出速度—流量关系图，即：在行人较少的时候，流量较小，此时由于可选的空间较大，行人容易达到较高的速度；随着行人数量的不断增加，流量虽然逐渐增加，但空间逐渐狭小，速度也逐渐减小；当行人数量继续增加时，行人可用空间开始压缩，此时流量和速度都逐渐减小，直至完全拥堵状态，行人的速度和流量均减小为零。实际数据也验证了二者之间的这种关系，如图 2-3-4 所示。

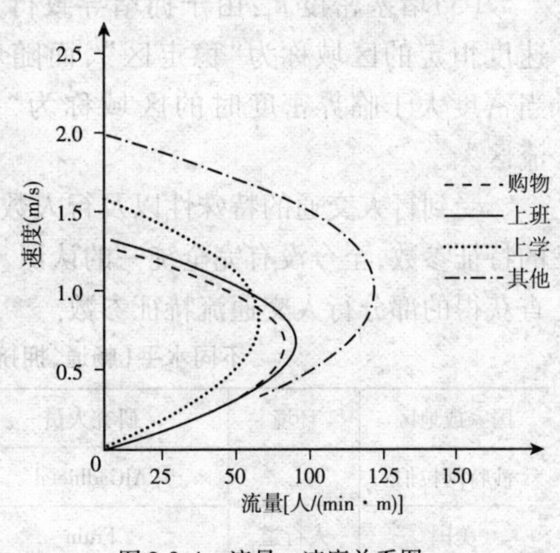

图 2-3-4　流量—速度关系图

从图中可以看出，行人的交通流特征与机动车有许多相似的特性，然而由于行人所处的环境更加复杂，导致其基本图在不同的设施上具有不同的形态。

四、基本图特征值

行人交通流基本图描述了速度、流量、密度三个参数之间的关系，同时也反映了行人交通流从自由到拥挤、从稳定区到非稳定区的过程。完整的行人交通流基本图包含如下特征值:通过能力、自由速度、能力速度、临界密度和堵塞密度,如图 2-3-5 所示。

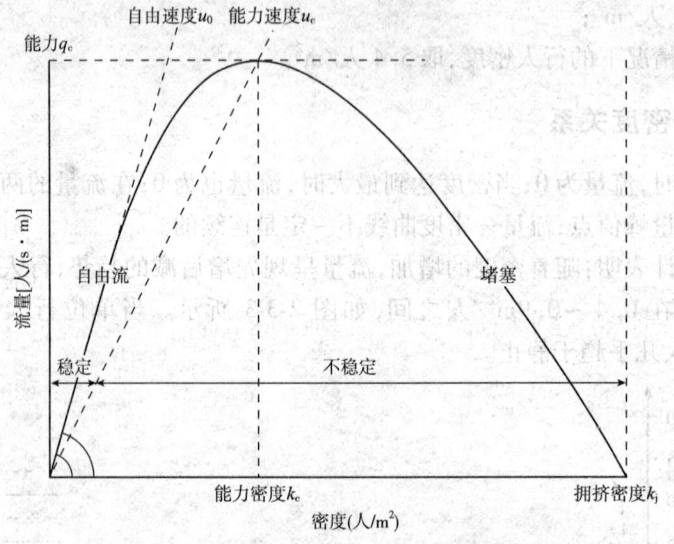

图 2-3-5 密度—流量—速度三者之间关系曲线图

(1)通过能力 q_c:指行人流所能够达到的最大流量,也可以称为临界流量。由于密度和速度之间的关系,行人流量最大时并不能达到最大的走行速度。

(2)自由速度为 u_0:指行人在不受其他行人干扰的情况下的平均速度,即流量 q 和密度 k 均为 0 时的平均速度,值等于函数 $q(k)$ 在原点的斜率。

(3)能力速度 u_c:行人流量 q 达到通过能力 q_c 时的平均速度。

(4)能力密度或临界密度 k_c:行人流量 q 达到通过能力 q_c 时的密度。

(5)堵塞密度 k_j:由于拥堵导致行人流量 q 和速度 u 均为零时的密度。曲线 $q(k)$ 中速度恒定的区域称为"稳定区",而随着密度增加速度逐渐减少的区域为"不稳定区",当密度大于临界密度时的区域称为"拥挤区",密度小于临界密度的区域称为"自由流区"。

受到行人交通的特殊性以及行人数据难以采集等手段所限,对于行人交通流基本图中的特征参数,至今没有完全统一的认识。表 2-3-2 列举了研究人员在世界各地不同场景下调查获得的部分行人交通流特征参数。

不同水平(畅通、拥挤)能力下行人流基本特征值的取值　　表 2-3-2

国家或地区	环境	研究人员	自由流	能力	堵塞密度
沙特阿拉伯		AlGadhietal			$k_j > 7.0$
美国	人行道	Fruin	$k < 0.5$		$k_j > 5.0$
美国		Pushkarev 和 Zupan	$k < 0.6$	$q_c = 1.29$ $u_c = 0.68$ $k_c = 1.89$	$k_j = 4.0 - 5.0$

续上表

国家或地区	环境	研究人员	自由流	能力	堵塞密度
美国	楼梯	Pauls	$k<0.5$	$q_c=1.67$ $u_c=1.11$ $k_c=1.50$	$k_j=2.5\sim5.0$
美国	步行街	Sarkar 和 Janardhan		$q_c=1.53$ $u_c=0.74$ $k_c=2.1$	$k_j>4.2$
美国	体育场	Virkler 和 Elayadath		$q_c=1.03\sim1.2$ $u_c=0.75\sim0.82$ $k_c=1.3\sim1.8$	
瑞士		Weidmann	$k<0.5$	$q_c=1.23$ $u_c=0.70$ $k_c=1.5$	$k_j>5.4$

单位：k(人/m²)；u(m/s)；q[人/(m·s)]

HCM《美国道路通行手册》中指出，当缺乏行人的实际调查数据时，能力速度 u_c 取 0.8m/s 是较为合适的，能力 q_c 取 4500 人/(h·m)是较为合适的。

第三节　不同环境下行人交通流基本图

由于行人所处的物理环境和交通环境不同，其基本图的形态和特征参数有所不同。由于行人交通数据普遍缺乏，有关行人交通流基本图的问题还处于发展阶段。

一、水平面

在行人交通系统中，水平面泛指行人进行水平移动的所有设施，主要包括人行道、步行街和站厅等设施。水平面上，随着密度的增加，行人之间的摩擦作用逐渐增强，导致行人的运动速度逐渐减小，这种关系可能是线性或非线性的，具体形态还受到周围环境的影响。如图 2-3-6 所示为同一平面封闭或开放场所内的行人流速度—密度关系图。

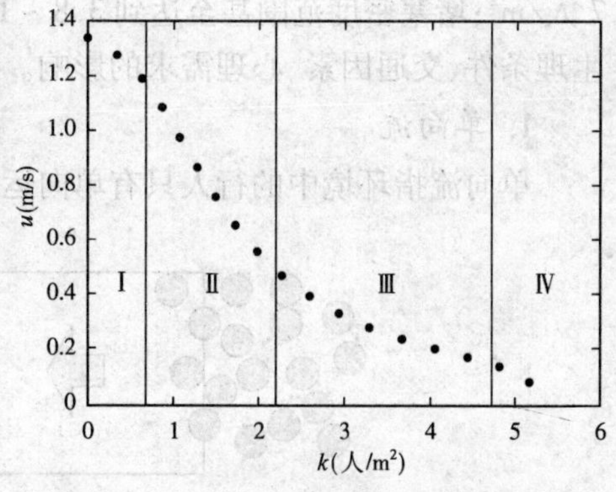

图 2-3-6　行人流速度与密度关系图

注：图中的数据既有单向流也有双向流，双向流数据主要集中在密度大于 1.8 人/m² 的区域

可以将不同密度下的行人速度—密度关系划分为 4 个区域Ⅰ、Ⅱ、Ⅲ、Ⅳ，分别代表不同的服务水平等级。

(1) Ⅰ：在低密度($k<0.7$)情况下，行人的速度随密度的不断增加会有小幅度的下降，此时的

流动速率主要是每个步行者个体的自由移动速率决定的。在该区域内,行人可以通过调整策略以保持理想的流动速率。

(2) Ⅱ:随着密度的逐渐增加($0.7 \leqslant k < 2.3$),行人的速度下降与行人密度的增长呈线性关系。由于可用空间的减少,低速行人通过调整自身策略提高速度几乎是不可行的,行人的速度调整受限。此时,由于行人的可用空间足以避免与其他行人的接触,因此,在该区域中,单向流内行人之间的摩擦可以忽略。

(3) Ⅲ:$2.3 \leqslant k < 4.7$,该阶段行人速度—密度开始呈现非线性关系。在该阶段行人与其他行人之间不可避免地发生接触,这与第 II 阶段相比,行人内部摩擦几率增加,导致行人流速度降低。

(4) Ⅳ:$k > 4.7$,该阶段行人速度急剧降低,行人间的可用空间受到严格限制,行人内部摩擦作用较大。在该阶段行人密度达到最大,速度基本趋于0。

图 2-3-7a)和图 2-3-7b)为不同研究人员通过对调查数据拟合的水平面上行人交通流速度—密度、流量—密度的关系图。

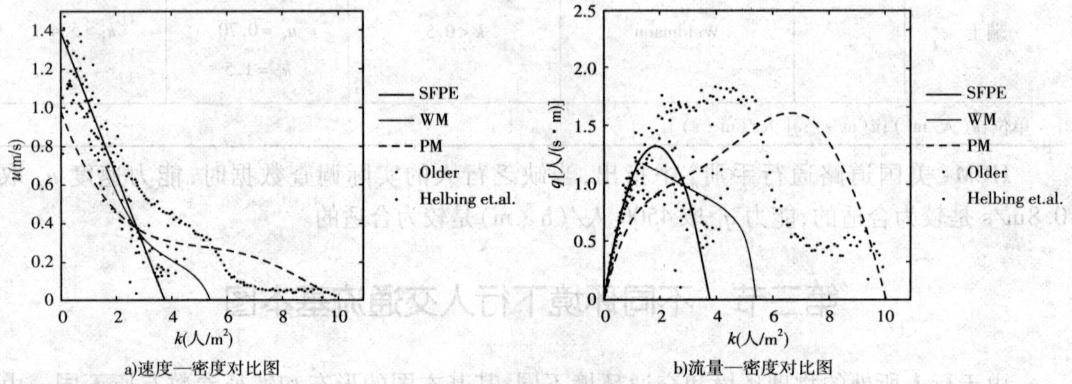

图 2-3-7 速度、流量和密度两者之间的对比图

从图中可以看出,尽管环境都是在水平面上,但是各曲线的形态和特征值仍然有较大差异。不同曲线上通行能力的变化范围为 1.2 ~ 1.8 人/(m · s);临界密度范围为 1.75 ~ 7 人/m^2;堵塞密度范围甚至达到 3.8 ~ 10 人/m^2,这主要是受到物理环境之外的社会因素、生理条件、交通因素、心理需求的影响。

1. 单向流

单向流指环境中的行人只有单向运动,如图 2-3-8 所示。

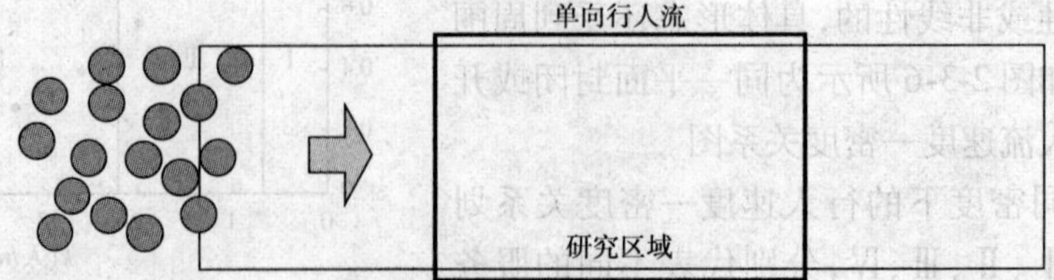

图 2-3-8 单向行人流环境

在行人交通系统中,单向交通流常见的研究对象主要是人行道或步行街交通流,日本学者 M. Mori 和 H. Tsukaguchi 利用视频和计算机技术对日本大阪市中央商业区人行道的行

人交通流特征进行了研究，其所得到的速度—密度关系图如图 2-3-9 所示。

该研究范围为该区域人行道长度 20m（道路宽度），宽度在 2.2 ~ 4.5m 之间。

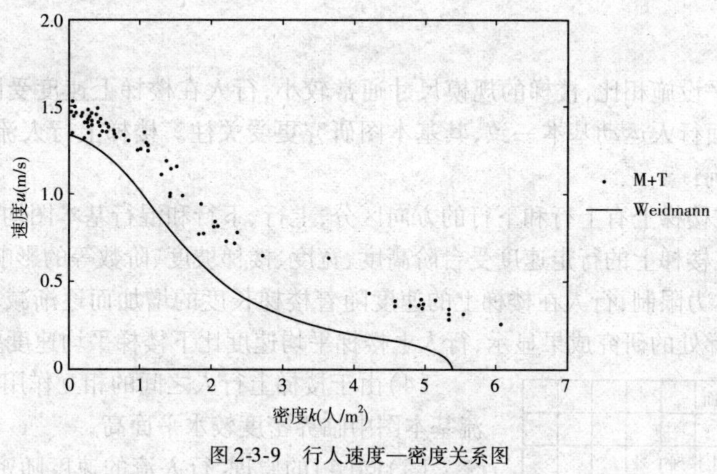

图 2-3-9　行人速度—密度关系图

2. 双向流

双向流一般指对向流，即环境中有两个方向相反的行人交通流，如图 2-3-10 所示。

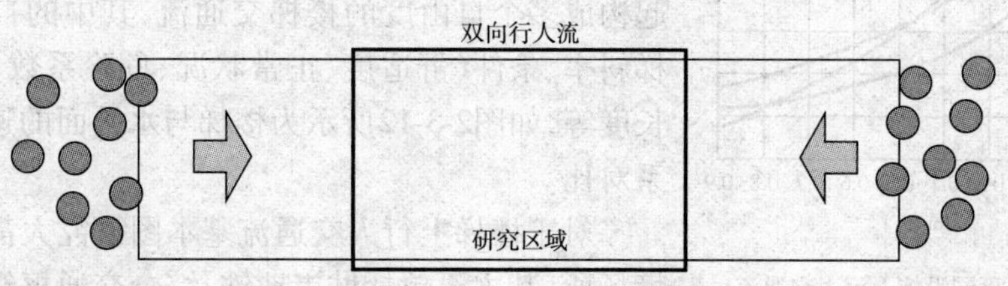

图 2-3-10　双向行人流环境

英国学者 Older 利用视频及计算机技术分析了牛津街和劳斯主街不同宽度人行道双向交通流特性，得到速度—密度关系如图 2-3-11 所示。

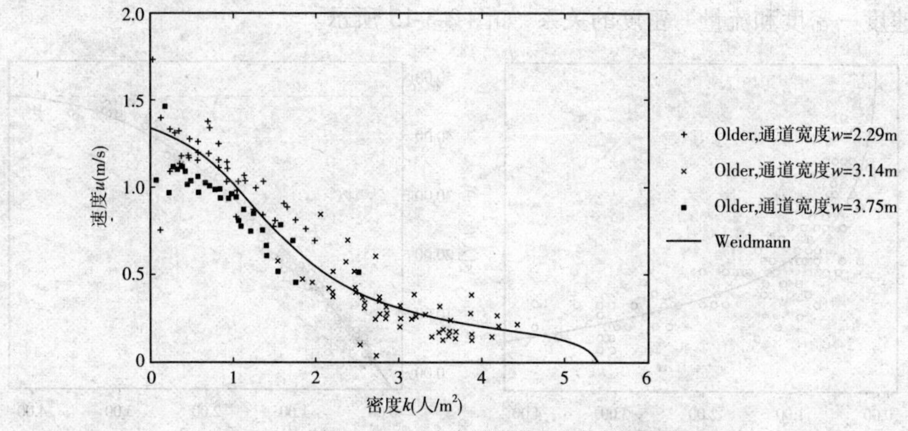

图 2-3-11　双向交通流速度—密度关系图

从图 2-3-9 和图 2-3-11 可以看出，行人流的单双方向并不影响交通流基本图的形态。另外，从图 2-3-11 中可以看出，相同环境下人行道宽度越大，行人交通流最大速度和密度也较大；不同环境下行人交通流最大速度和密度存在较大差异。与此同时，对比图2-3-9可知，双向流与单向流相比其速度和密度值有所降低。

二、楼梯

与其他水平设施相比，楼梯的规模尺寸通常较小，行人在楼梯上速度受限，但楼梯上行人的运动与平面行人运动基本一致，其基本图研究更受关注。楼梯上行人流基本图的形态受以下因素影响：

(1)行人在楼梯上有上行和下行的方向区分，上行、下行和混行基本图均有所不同。

(2)行人在楼梯上的行走速度受台阶高度、宽度、楼梯坡度、阶数等的影响。

(3)由于体力限制，行人在楼梯上的速度随着楼梯长度的增加而逐渐减小。例如，一项在同一短小楼梯处的研究成果显示，行人上楼梯平均速度比下楼梯平均速度要快。

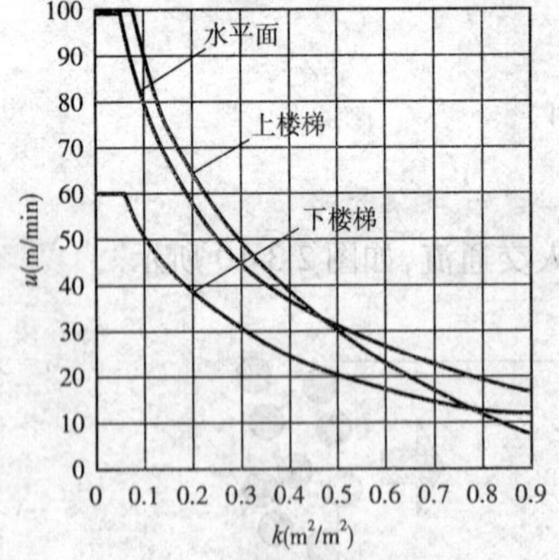

图2-3-12　不同设施上行人交通流速度—密度对比图

注：考虑所在研究地区的习惯，本图采用密度单位为 m^2/m^2。

(4)由于楼梯上行人之间的相互作用减弱，因此行人流基本图中临界密度较水平面高。

(5)同(4)的原理，行人流的速度随密度增加而逐渐下降的幅度较水平面缓和。

因此，楼梯存在多个行人流基本图，这些基本图在一起构成多个自由度的楼梯交通流，其中的自由度包括楼梯斜率、条件(舒适度、正常状况、危险系数)、楼梯宽度、长度等，如图2-3-12所示为楼梯与水平面的速度—密度关系对比。

对于楼梯上行人交通流基本图研究大都针对具体环境场所，其主要包括城市地铁、综合交通枢纽以及大型活动场所等，这些场所行人相对集中，数据调研存在一定难度，因此研究数据都不够全面，难以将基本图全部范围进行描述，以下分别介绍一项在北京地铁中调查的楼梯行人交通流速度—密度和流量—密度的关系，如图2-3-13所示。

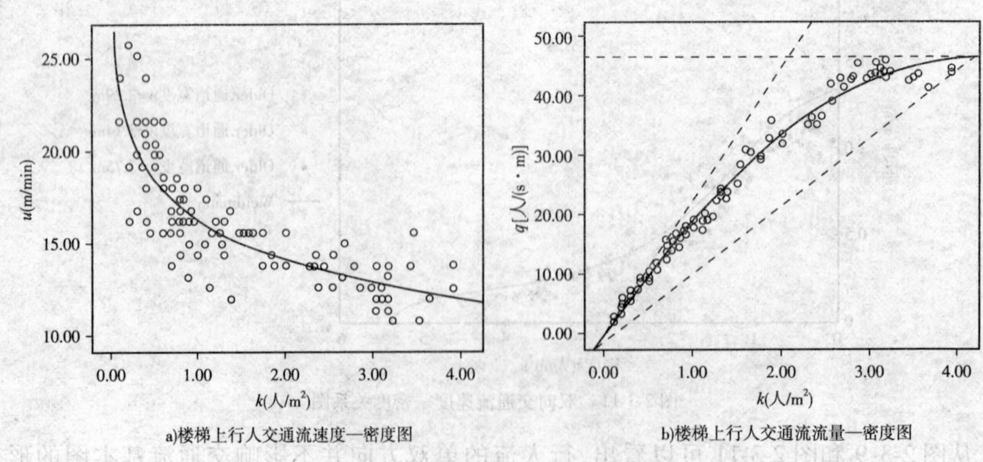

a)楼梯上行人交通流速度—密度图　　b)楼梯上行人交通流流量—密度图

图2-3-13　行人交通流密度图

从图中可以看出,随着行人交通流密度的增加,行人在楼梯上的走行速度呈非线性的降低趋势,这与水平面上行人交通流基本图形态存在相似性,当密度达到某一值时,行人交通流将出现停滞,从而产生严重拥堵情况。当行人密度为 4.2 人/m^2 时,交通流量达到最大值 46.7 人/(min · m)。

三、瓶颈

瓶颈是指行人通行宽度突然变窄的地方。所有行人交通系统都存在瓶颈,瓶颈条件下的行人交通的宏观行为和基本图直接关系到这些交通设施设计的合理性。然而,对于瓶颈处行人交通流的运行特征并无统一认识。以下是世界部分国家通过实验发现的瓶颈与普通行人设施行人交通流的区别。

(1)由于行人行走具有一定频率,并且行人有固定肩宽,因此,瓶颈的通行能力在不同的宽度下可能有所不同。当瓶颈宽度从 0.7m 降到 0.4m 时,行人的通行能力有所提高;当瓶颈在 0.6 ~ 1.8m 时,行人的通行能力与瓶颈宽度无关。

(2)行人在瓶颈内存在自组织现象,因此,行人的肩宽并不会导致瓶颈的通行能力阶跃式增加。实验结果表明,当瓶颈宽度大于 0.6m 时,行人的通行能力随着宽度的增加几乎呈线性增加。这与英国、美国、德国等国设计规范中规定"行人设施宽度最小为 90cm,并且每增加 200 人宽度增加 60cm"相矛盾。

(3)行人交通瓶颈内的密度低于进入瓶颈区域的密度,说明瓶颈的通过能力很大程度上取决于瓶颈前的通过能力。

(4)瓶颈处双向流的总流量要大于同条件下的单向流。

第四节　行人交通自组织行为

行人交通自组织行为主要有自动渠化现象、瓶颈摆动现象和流动斑纹现象。

一、自动渠化现象

自动渠化现象是指行人流在运动过程中,自动形成类似"车道"的现象。这种现象主要产生在对向行走的两组行人流以及行人交通瓶颈两种环境下。

1. 对向行人流

在每个"车道"中行人移动的方向是一致的,如图 2-3-14 所示。自动渠化产生的主要原因主要是由于行人具有心理压力释放需求,故会避免与对向行人冲突。

图 2-3-14　行人自动渠化现象

自动渠化现象中形成"车道"的位置、形态、数量、宽度与通道的宽度、行人流的密度等有一定的关系。自组织现象的产生与行人靠右或靠左行走无关。但其自动渠化中行人的分布和顺序与之有一定关系。在我国靠右行走的潜在交通规则约束下,通常形成右侧行走的人流。

在密度一定的情况下,"车道"数和步行区域宽度之间有密切关系,如图 2-3-15 所示。但车道数量并不是稳定值,在密度有微小变化时,"车道"数量会发生变化。

自组织现象的形成,使得对向行人之间互相影响得以弱化,从而使得流动效率得到大大提高,一定程度上提高了通行能力。在非自由流情况下,对向流的产生会带来单向行人流量的下降。在密度一定的非自由流情况下,当对向流量比例达 9:1 时,单向流量损失达 14.5%;如双向流量比例为 1:1 时,单向流量损失将减小为 4%。由此可知,随对向流量比例的增加,单向流量损失比例逐渐下降,而总流量将不断增加。分流对通道流量的影响可以解释为:在分流的情况下,对向流相遇时,行人之间通过相互配合和协调产生如避让、减速等行为,有效控制了流线的行进状态;而单向行人行进时,前方的行人无法对后方行人向前施加的压力做出有效的反应(如后方行人的超越行为),很可能造成人流冲突。

2. 瓶颈

行人在通过瓶颈时,在瓶颈内部,行人交通流存在自组织现象。如图 2-3-16 所示,行人自动形成两列并呈现交错行走,形成两个"车道",并且在饱和交通流的情况下,瓶颈内的"车道"数量是不断动态变化的。

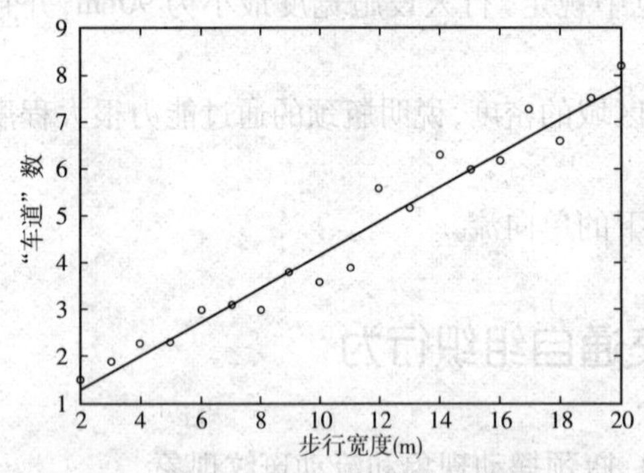

图 2-3-15　步行区域宽度和"车道"数关系

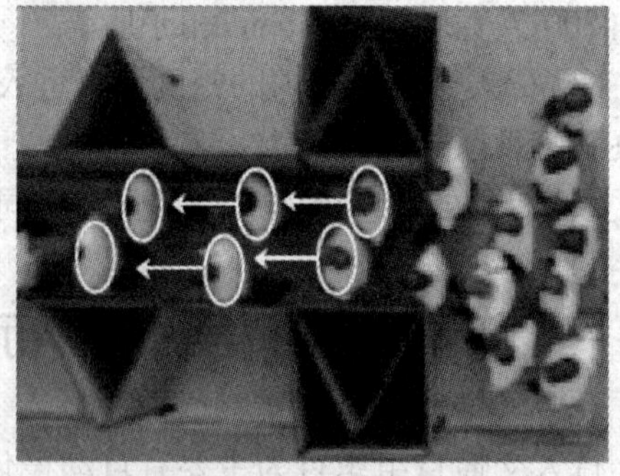

图 2-3-16　瓶颈前后的行人行为

二、瓶颈摆动现象

瓶颈摆动现象是指两组行人流都希望通过某个狭窄的通道(瓶颈)时产生的一种特殊的现象。当瓶颈无法容纳两个方向的行人同时通过时,先由某一个方向的行人通过,并占据瓶颈,过一定时间后,由另一个方向的行人通过,并占据瓶颈,两个方向交替进行,直到所有行人能够通过该狭窄瓶颈为止。把双方向交替的频率称为瓶颈摆动频率,整个持续时间称为瓶颈摆动全周期。

瓶颈摆动现象的出现是行人心理时间需求和压力释放需求同时作用的结果,当一个方向的行人占据瓶颈时,该方向上随后的其他行人很容易跟着通过瓶颈,随着通过人数的增加,此方向上行人的等待时间和压力减小,而相反方向上行人的等待时间和压力增大,从而使得相反方向占据瓶颈的几率变大,直到过一段时间相反方向占据瓶颈。瓶颈摆动与瓶颈空间的宽度和瓶颈的长度有关,瓶颈越长越窄,摆动现象将越容易被观察到,如图 2-3-17

所示。

瓶颈摆动全周期与瓶颈的宽度成反比关系，如图 2-3-18、图 2-3-19 所示，双向行人通过瓶颈时，两个方向的流量顺序增加，瓶颈越宽，其全周期越短；与瓶颈的宽度之间的关系如图 2-3-20 和式(2-3-5)所示。通过二次多项式拟合，可得到二者之间的关系：

$$y = -1.857x^2 - 0.0571x + 2W \tag{2-3-5}$$

式中：y——瓶颈摆动周期，s；

x——瓶颈的宽度，m；

W——步行区域的总宽度，m。

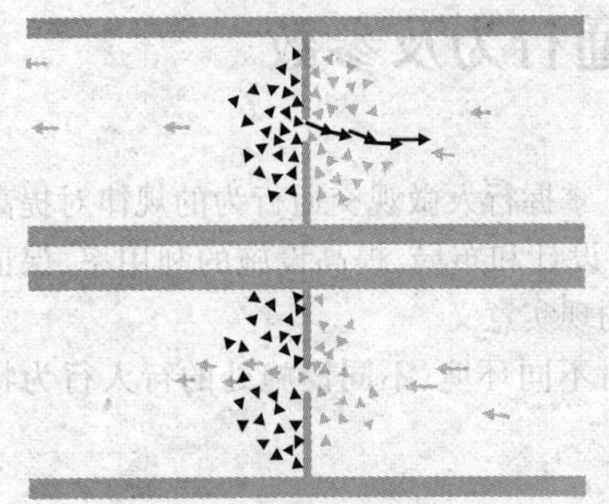

图 2-3-17　行人瓶颈摆动现象

图 2-3-18　宽瓶颈的摆动现象

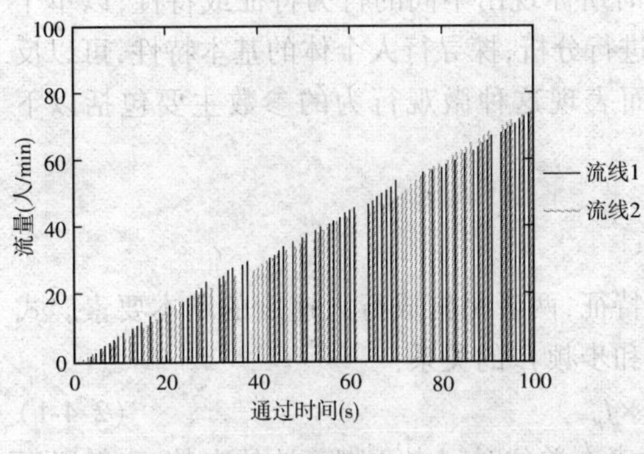

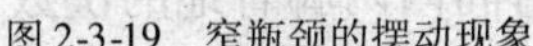

图 2-3-19　窄瓶颈的摆动现象

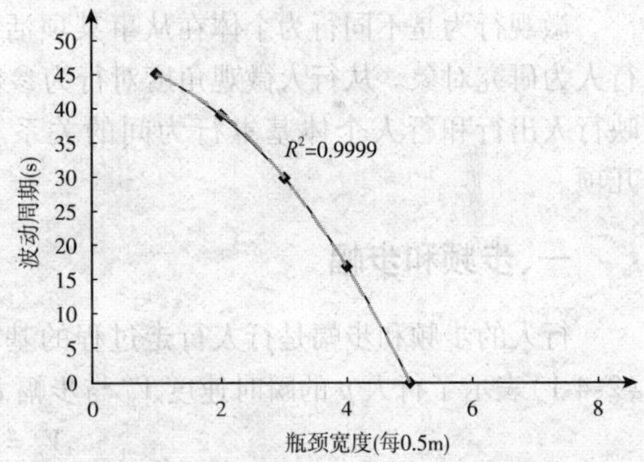

图 2-3-20　瓶颈摆动周期与瓶颈宽度的关系

三、流动斑纹现象

当两个不同方向的行人流交织到一起时，同方向的行人将会呈现斑纹状分布，如图 2-3-21所示。流动斑纹现象是一种比较特殊的行人自组织现象，它发生在多向流互相交织的条件下。相反方向移动的人群在拥挤条件下，一个方向的行人可以观察到不同方向行人移动的期望方向。在这种情况下，为增加行人流的行走效率，交织的行人在左侧和右侧尽量避免摩擦和接触。图 2-3-21 中不同颜色分别代表两个方向上的行人流，箭头方向代表行人流的行走方向，不同颜色的密度代表行人流的密度。

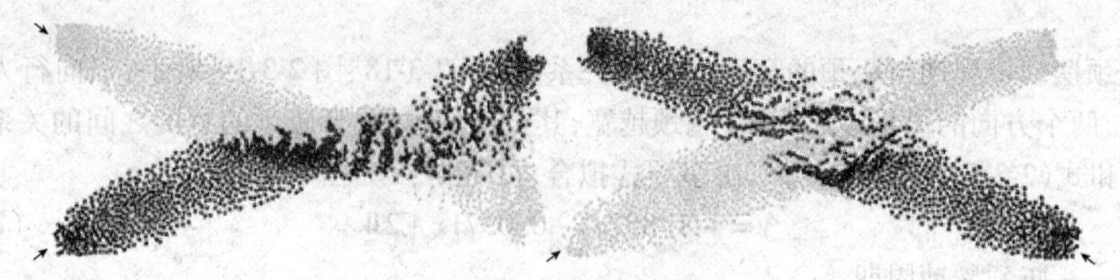

图2-3-21 两条交织流线的斑纹

第四章 行人微观交通行为及参数

行人微观交通行为是以个体为研究对象的行为。掌握行人微观交通行为的规律对提高行人在不同环境下的移动效率、合理改进基础设施的设计和布局、提高设施的利用率、保证行人安全及满足行人心理需求等方面具有非常重要的现实意义。

为了更加深刻地把握行人交通行为,有必要针对不同环境、不同设施处的行人行为特点,提取能够量化的行人行为参数。

第一节 行人微观交通行为参数

微观行为是不同行为个体在从事某项活动时所体现出不同的行为特征或特性,以单个行人为研究对象。从行人微观角度对行为参数进行分析,探寻行人个体的基本特性,可以反映行人出行和行人个体基本行为间的关系。而表现这种微观行为的参数主要包括以下几项。

一、步频和步幅

行人的步频和步幅是行人行走过程的基本特征,两者是构成行人速度的基本要素。式(2-4-1)表示了行人 p 的瞬时速度 V_p 与步幅 L_p 和步频 f_p 的关系:

$$V_p = L_p \times f_p \tag{2-4-1}$$

步频是行人行走时的步数频率,步数为步行者在单位时间内两脚着地的次数,一般以每分钟移动的次数为计量单位,常用单位是步数/min。一般行人每分钟行走步数变化在80~150次之间,常用值为120次。行人的步频主要受到行人的出行目的、天气情况、携带行李、步行设施、周围行人速度等因素的影响。

步幅指行人行走时每跨出一步的长度,单位为cm。步幅的分布区间,受性别、年龄、行人心理状况、身体条件等行人个体属性因素影响而稍有差别。通常情况下,妇女、老年人和儿童的步幅较小,而男性、中青年人步幅较大;身体高步幅大、下坡步幅大、精神愉悦步幅大,而身体矮小、上坡、精神不振则步幅小。据北京市调查资料,我国行人步幅平均值为63.7cm,男性步幅比女性步幅稍大,步幅大小与步行速度快慢几乎无关。步幅除了受到行人自身的差异性影响外,还受到外界环境的影响,例如人行道面铺装平整程度的影响。路面良好,步行自由度大,步幅整齐;路面不良,步行受到拘束,步幅凌乱。

二、个体速度

行人速度是描述行人交通状态的一个基本参数,是指行人在单位时间内行走的距离,一般单位是 m/s 或 m/min,为避免与行人交通流的速度混淆,这里称为个体速度。

行人的步行速度是矢量。速度的方向一般为身体正前方,特殊情况如当人侧身穿过或斜穿人与人或人与建筑物之间的空隙时,行人方向为侧向。在行进过程中,行人速度的选择一般亦有两个主要方向,行走惯性的方向以及为避免冲突而选择的空闲区域方向。每个行人的速度大小不尽相同,在外界因素一定的情况下,行人的个体速度受到步频、步数、步幅、个体生理条件、时间价值和空间忍受能力等因素的影响,个体速度的差异性明显。个体速度呈正态分布态势。行人个体的速度大小可以根据行人的走行距离以及通过该距离的走行时间确定。计算公式为:

$$v_z = \frac{L_z}{t_i} \tag{2-4-2}$$

式中:v_z——行人的速度,m/s 或 m/min;

L_z——行人走行距离,m;

t_i——行人走行时间,s 或 min。

行人个体速度是一个很笼统的概念,实际上行人个体速度还可以细分为:期望速度、最高速度、限制速度、实际速度等。从物理学的角度,行人速度还可分为:瞬时速度和平均速度。

(1)期望速度是指行人在步行交通环境中,在没有其他行人和障碍物干扰时,根据物理步行设施环境、自身身体素质和出行目的等条件,期望达到的步行速度。期望速度近似于自由流速度,是个人的最大舒适度和最小的能量消耗之间的一个平衡值。一般可认为期望速度就是行人的舒适速度。不过存在例外,如行人着急赶时间时,期望速度就大于舒适速度。期望速度的影响因素主要是物理环境和生理条件。

(2)最高速度是指在一定物理步行环境下,行人依据自身条件能达到的最大步行速度。

(3)限制速度是指环境在无任何占用情况下所允许乘客通过的最大速度,例如行人在扶梯上的速度等。

(4)瞬时速度是指行人通过某一断面或某一点时的速度。瞬时速度不可测量,只能用平均速度值来近似代替。

(5)平均速度是指一定空间或时间内,行人走过的距离与时间的比值。

(6)实际速度,行人在具体的物理交通环境中,受周围行人和建筑物的影响,实际行走的速度。实际速度介于最高速度和零之间,不一定是期望速度。

以上速度中,实际速度最容易通过调查获得,调查获得的实际速度通常是不同行人的平均速度。

三、加减速度

行人极易受到周边环境的影响,根据不同的环境调整自己的行走,但受到设施、行人及站内信息等影响，不能按照平稳的速度行进，会激发加速、减速行为，以调整行走状态来适应环境。

在拥挤环境下，行人的加减速较为频繁，其变化时间极短，表 2-4-1 是对大约 4000 组行人样本进行的统计，分析发现行人平均起动时间一般在 3s 左右，即加速度在 4.47m/s^{2}左右。

不同年龄段和性别的行人起动时间　　表 2-4-1

年龄段	性别	第 50 位起动时间(s)	第 85 位起动时间(s)
青年人	男	1.8	—
	女	2.0	—
老年人	男	2.4	3.7
	女	2.6	4.0

四、个体间距

个体间距是指行人在行走或活动时，在前后左右各方向与其他行人和障碍物保持的距离。个体间距和行人的静态空间需求、动态空间需求有一定联系。不同的是，个体间距是实际行人交通个体间的一个客观指标，在各种环境影响下不断发生变化。个体间距也可以用时间衡量，表现为个体时距。

个体时距的定义由于设置的设施宽度不同而有所区别，图 2-4-1 为两种类型的设施宽度下行人行走的过程示意。

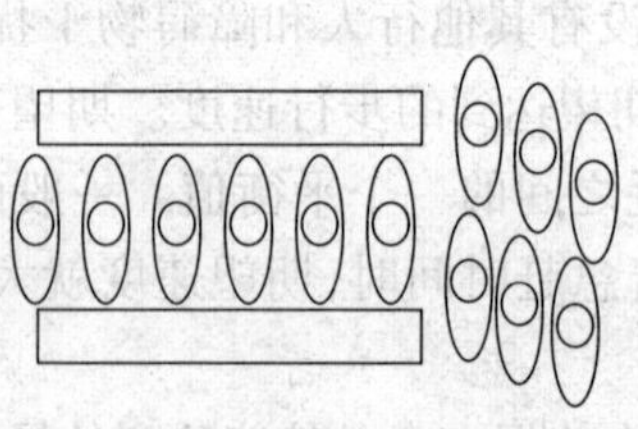

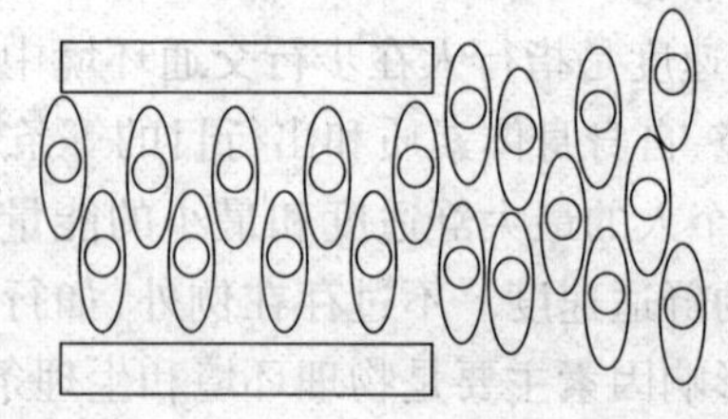

图 2-4-1　不同宽度设施行人行走过程

当设施宽度只容许一人通过时，行人的行走轨迹只有一条，行人之间时间间隔的定义如图 2-4-2 所示。

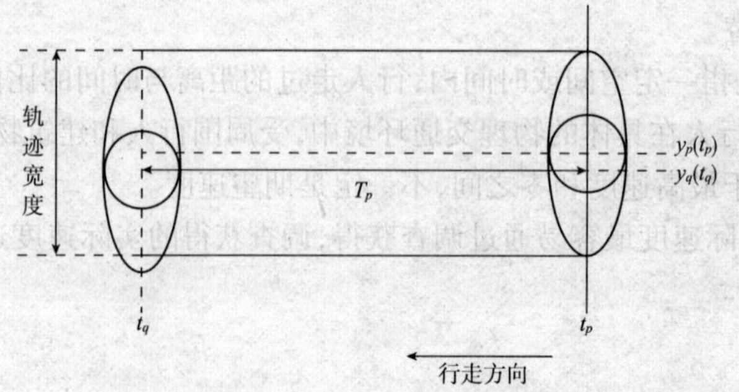

图 2-4-2　行人时间间隔的定义

图中：t_p 表示行人 p 通过某断面的时刻，行人 p 与前方行人 q 之间的时距可以表示为：

$$T_p = t_p - t_q \tag{2-4-3}$$

当设施宽度增加，但不能容许两个人并排通过时，通道内部的行走轨迹不是一条，而是形成两条，此时，行人之间时间间隔的定义如图 2-4-3 所示。

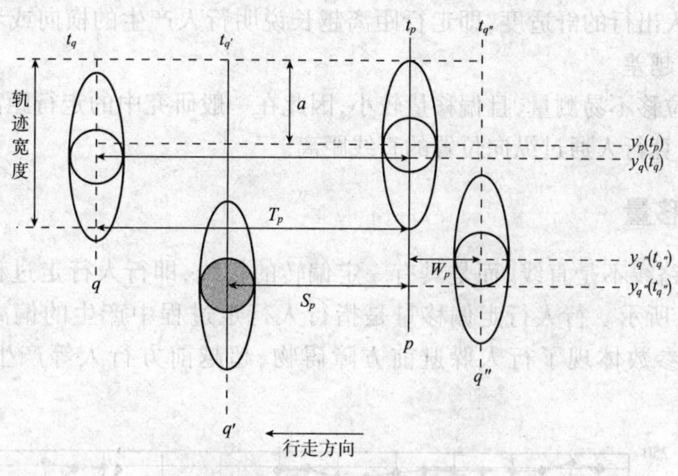

图 2-4-3　行人时间间隔的定义

图中：t_q——行人 q 通过通道入口 x 断面处的时刻；

$y_q(t_q)$——行人 q 在 t_q 时刻所处的横向位置；

t_p——行人 p 通过距离通道出口 x 断面处的时刻；

$y_p(t_p)$——行人 p 在 t_p 时刻所处的横向位置；

$2a$——行人走行轨迹的宽度；

T_p——行人 p 与被跟随行人 q 之间的时距；

S_p——不同通行时间下行人 p 与行人 q' 之间的引导（时间）距离；

W_p——行人 p 与行人 q'' 之间的落后距离。如果跟随者 p 与被跟随者 q 之间的位置关系满足：

$$\left| y_q(t_q) - y_p(t_p) \right| \leqslant a \tag{2-4-4}$$

则行人 p 与行人 q 之间的时间间隔计算同式（2-4-3）。

否则行人 p 与行人 q' 之间的时间间隔为：

$$S_p = t_p - t_q \tag{2-4-5}$$

五、活动时间

活动时间是指行人进行某项活动所消耗的时间，从设施角度来看，即为行人从使用开始到使用结束占用该设施的时间，该参数可以体现行人在不同设施处的使用时间情况，体现了不同设施的使用效率和设施的服务水平，可以得到不同设施处行人使用时间的分布特点，得到影响行人出行过程中易发生瓶颈的位置。

该参数可以通过统计不同的行人占用该设施的时间得到。与速度相同，该参数并非一个固定值，而是能够代表多数行人占用设施时间值的分布，该值是一个区间范围。

六、走行距离

走行距离是指行人参与某次出行或出行中某一部分的走行距离。该距离可能不是直线距离,而是行走全长,它包含了行人在行走过程中的避让绕行而产生的横向位移的长度。该参数可以体现行人出行的舒适度,即走行距离越长说明行人产生的横向或者迂回等非必要行为越多,舒适度越差。

行人的横向位移不易测量,且偏移量较小,因此在一般研究中的走行距离忽略了行人的横向位移,而只计算行人通过纵向位置的直线距离。

七、行走偏移量

行人的走行路线不是直线,而是具有一定偏转的折线,即行人行走过程中会发生横向侧移,如图 2-4-4 所示。行人行走偏移量是指行人行走过程中产生的偏离纵向行走路径的横向位移。该参数体现了行人躲避前方障碍物、超越前方行人等产生的横向位移的大小。

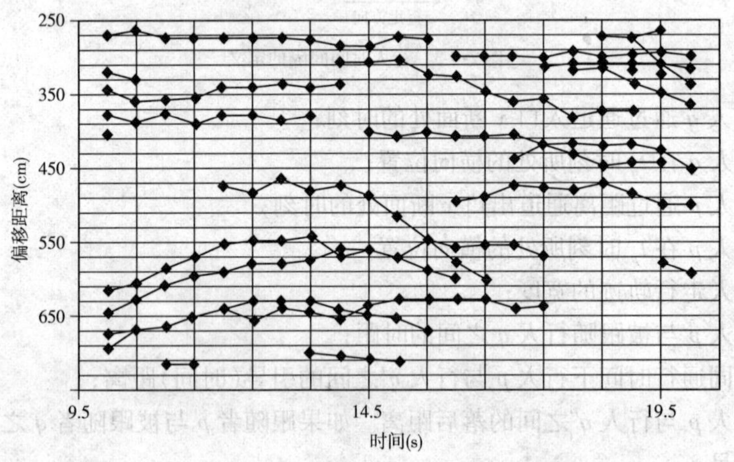

图 2-4-4　行人行走随时间的横向偏移量

八、停顿次数

停顿次数是指在行人完成交通行为的过程中,行走速度为零时行为次数,其大小受到行人自身条件以及环境的影响。该参数体现了行人行走的顺畅度,参数越大,说明行人行走过程中产生的冲突越多、受干扰越强、行人流交织干扰就越大;另一方面,老年人、残疾人以及对环境不熟悉的人,受自身条件的限制,一般情况下产生停顿点的数量较多。

九、时间紧迫度

时间紧迫程度,这里定义第 i 个行人的时间紧迫程度 $p_i = t_i / t_{\max}$,其中 t_i 为行人到达目标点的心理估算时间,即行人认为自己到达目标点所需的时间为 t_i;$t_{\max}$ 为行人到达目标点的最大可用时间,即由于出行目的及其他因素的限制,行人必须在 $t_{\max}$ 时间内到达目标点。由于该参数无法测定，在既有的研究中该参数被理解为个体具有从众心理，行人均期望跟随整个行人流的速度不掉队，因此将该值的大小定义为行人流的平均速度。

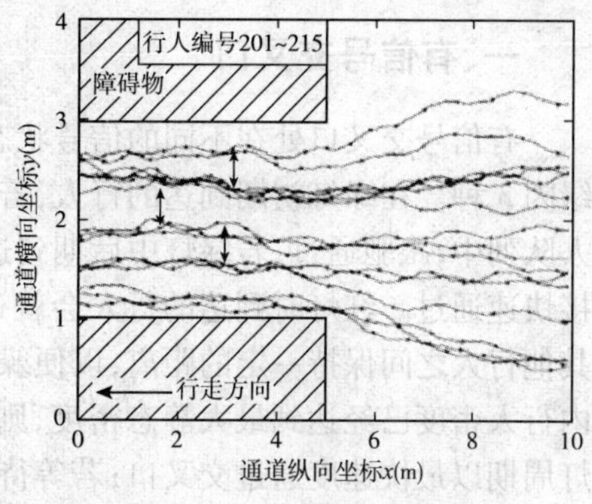

图 2-4-5　行人通过通道瓶颈时的轨迹

十、运动轨迹

行人走行中的运动轨迹是大量行人微观行为作用的结果，也是以上参数动态变化过程的综合体现。行人运动轨迹从形态上反映了行人的集体行为，例如：大量行人在通过瓶颈时所形成的轨迹如图 2-4-5 所示，从中可以看出个体的移动轨迹呈现“之”字形，说明与瓶颈外相比，瓶颈中行人走行距离和偏移量等参数均有所不同。

第二节　道路交通系统行人微观交通行为

道路交通系统中的行人微观交通行为包括路段行人交通行为和道路交叉口行人交通行为两部分。其中，道路交叉口是城市道路的瓶颈，其交通条件相对复杂，行人过街行为与机动车之间的相互干扰，是道路交通的一大难题。在我国的大部分城市中，道路交叉口的行人过街行为是引起交叉口交通秩序混乱、拥堵、通行效率低的主要根源之一。因此，研究行人在道路交叉口的行为特征，对整顿交通秩序、提高通行效率都是非常重要的。

道路交通系统的行人微观交通行为具有以下特点：

(1) 由于行人心理压力较大，过街行人的最大个体速度比路段上更高。但是，由于受到车流干扰，其平均速度要比路段上更低。这是因为行人会根据来车方向的车流量、车速、与前后行人的间距随时调整步速、步幅和步频，有时行人穿越机动车流会与机动车行驶方向相反，行人会绕过车尾过街，到达中线后以同样的方式寻找、穿越另一方向机动车流，当遇到连续车流甚至停顿等待，导致平均速度下降。

(2) 在道路交叉口处，行人在等待区域获得通行权时，沿人行横道前进，直到行人受到机动车的威胁后停止，当机动车车流出现足够大的间隙时继续前进。能够保证行人安全穿越通过的机动车最小间隙称为临界间隙。一般情况下，行人会拒绝一个小于临界间隙的车流穿越间隙而接受一个大于临界间隙的车流穿越间隙。

(3) 行人过街等待时间存在心理极限，超过该心理极限时，行人往往试图强行穿越车流。

(4) 行人存在成群行走过街，从而形成脉冲式分布的特点。行人结伴过街时，行人群有较大安全感，速度慢且易发生从众行为。一旦人群中出现率先抢行者，其他行人往往会跟从。相反，若同时过街的行人较少时，行人会谨慎地选择过街时机。

(5) 当道路上非机动车流量不大时，行人按常速或加快步速穿越，或只需极短的等待时间；当非机动车流量较大时，行人往往不愿等待空隙的出现而在非机动车流间缓慢穿行通过。

一、有信号交叉口

有信号交叉口处在不同的信号状态下，行人行为不同。行人交通信号一般有绿灯、红灯绿闪3种。在绿灯初期到达的行人，若前面有尚未消散的行人队列，则会选择性地加入到行人队列中，跟驰通过；若绿灯中后期到达的行人，过街行人队伍已经消散，则到达的行人将直接快速通过。红灯时到达的行人会就近寻找一个区域等待过街，行人会尽量与道路边界和其他行人之间保持一定的距离，以便躲避机动车流和高密度人群。因此，若人行道等待区域内行人密度已经达到最大静态密度，则此时到达的行人将寻找密度小的区域等待在下一绿灯周期以最快速度通过交叉口；若等待区域的行人密度没有达到最大，则到达的行人可以寻找自己舒服的位置等待。绿闪时到达的行人，离等待区域的距离小于安全距离时，行人会加速通过路口。当同时有交叉机动车流时，行人选择大于临界间隙时机加速通过。当离等待区域的距离大于安全距离时，行人会选择等待下一个绿灯周期来通过交叉口。

通过以上分析可知，除了一些判断和决策外，行人在有信号交叉口还主要存在等待、跟随、穿越、加速等行为，如图2-4-6所示。

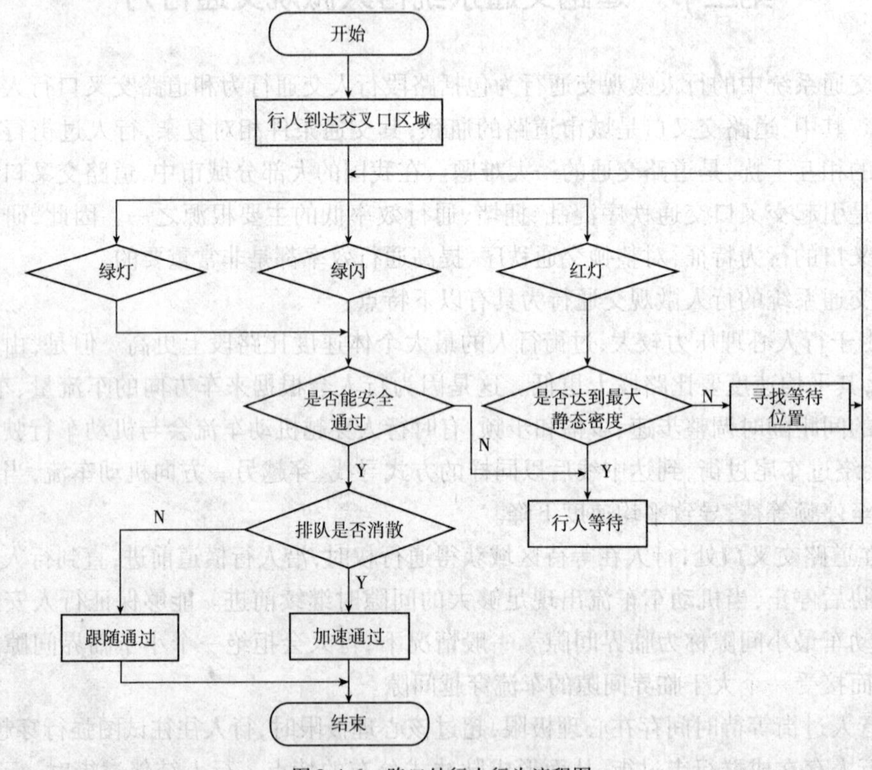

图2-4-6　路口处行人行为流程图

二、无信号交叉口

在无信号交叉口处的行人行走特性，类似于有信号交叉口绿闪时的穿越交通行为。城市干道无信号控制下行人穿越主要有以下特性。

行人在过街时,一开始行人是以一种比较慢的速度试探性前进,当确定安全的情况下,才加速通过车道。行人过街等待时间存在心理极限,当行人延误累积到一定程度还需等待时,行人往往下意识地往机动车道逼近,一旦超过心理极限值,行人就会冒险强行穿越街道,这个极限值称为行人过街等待心理极限。国外对行人穿越等待心理极限研究较多,如英国的研究认为在无信号控制交叉口,行人能够承受的最长等待时间为45~60s;日本的调查数据为30s。国内对这方面的研究较少,有学者认为此值为35~40s。表2-4-2为根据调查数据总结出的平均行人过街延误和强行穿越行人所占的比例关系。

平均行人过街延误与强行穿越行人所占的比例　　表2-4-2

平均行人延误(s)	强行穿越行人所占比例强度	平均行人延误(s)	强行穿越行人所占比例强度
<5	低	30~40	高
5~30	中	>40	很高

三、过街行人速度特性

道路行人过街穿行速度与交叉口类型、行人出行目的、行人年龄与性别构成、是否有机动车流干扰等有关。下面分别对其总体分布特性和具体特性进行分析。

1. 总体分布特性

过街行人步速不完全符合正态分布,个体差异较大。图2-4-7和图2-4-8分别是过街步速的频率分布直方图和累计频率分布图。从图2-4-7、图2-4-8可以看出,当行人步速在0~1.77m/s范围内,步速分布直方图类似于正态分布,这说明步速很慢或很快的行人比较少,大多数行人步速比较接近且适中;当步速大于1.77m/s时,出现的频率有所上升,这是由相当一部分行人采取跑步过街方式造成的。

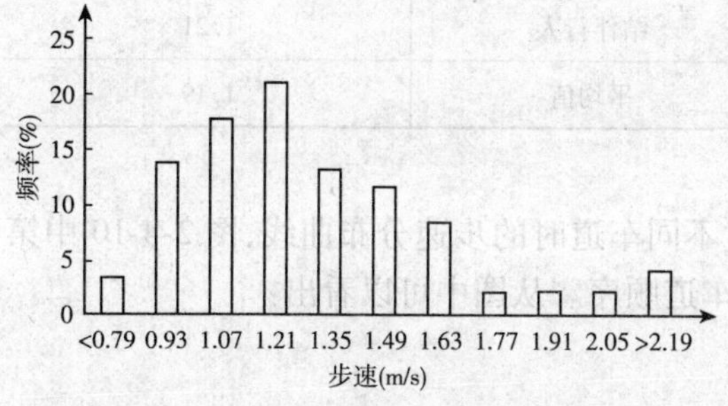

图2-4-7　行人过街步速频率分布直方图

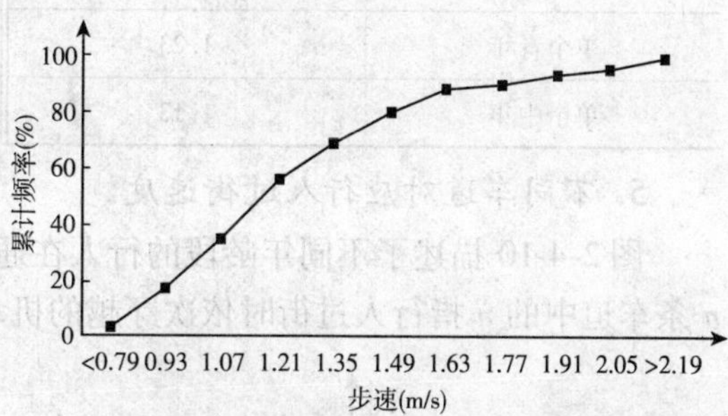

图2-4-8　行人过街步速累计频率分布图

2. 不同性别行人过街速度

理论分析认为,男性和女性对于外界的危险感知不同,过街速度会有出一定差异。实际统计结果表明,男性过街平均步速约为1.27m/s,女性为1.25m/s。与水平道上性别差异超过10%相比,性别带来的过街速度差异不但没有增大,反而有所减小。这主要是由于行人过街时,由于受机动车干扰,一般成群结队行走,如图2-4-9所示。

图2-4-9　过街行人成群行走

3. 不同年龄行人过街速度

不同年龄段的行人由于各自的心理特性不同,对危险度的感知不同。因此,他们过街时的步速表现出明显的差异性。表2-4-3给出了不同年龄段的行人通过不同车道时的总体平均步速。

分年龄段的行人过街步速统计表　　表2-4-3

年龄段	总体平均步速(m/s)	年龄段	总体平均步速(m/s)
儿童	1.34	老年	1.20
青年	1.19	平均值	1.23
中年	1.21		

从表2-4-3可以看出,不同年龄段行人过街时的步速明显不同,儿童步速最高,青年步速最低,其他年龄段行人步速次之。儿童步速最高的原因在于儿童在过街时感觉危险而常采取跑步过街方式。青年步速最低的原因在于青年对危险的处理能力强而比较稳重。

4. 单个与结伴过街速度

同年龄段的单个行人和结伴行人通过不同车道的平均步速见表2-4-4。通过与不同年龄行人过街平均速度对比发现,单个儿童和单个青年行人的速度较平均速度高,而单个中年和单个老年行人的速度较平均速度低。通过与单个和结伴的速度比较发现,行人在结伴时,速度趋于一致,说明结伴中的行人有相互合作、妥协的意愿。

不同年龄段单个行人分布车道平均步速　　表2-4-4

年龄段	总体平均步速(m/s)	年龄段	总体平均步速(m/s)
单个儿童	1.49	单个老年	0.87
单个青年	1.23	结伴行人	1.21
单个中年	1.13	平均值	1.19

5. 不同车道对应行人过街速度

图2-4-10描述了不同年龄段的行人在通过不同车道时的步速分布曲线,图2-4-10中第 n 条车道中的 n 指行人过街时依次穿越的机动车道顺序。从图中可以看出:

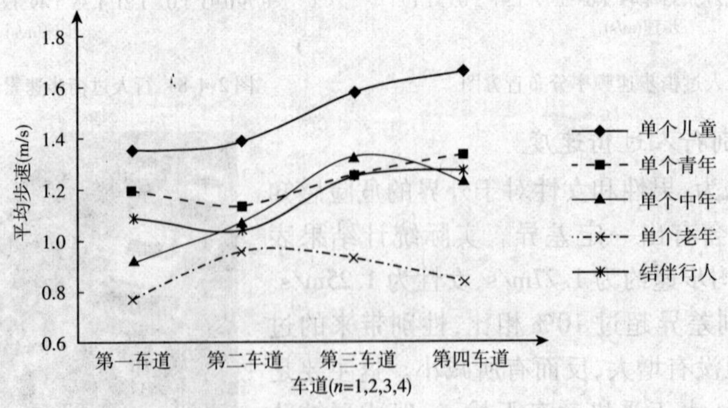

图2-4-10　不同年龄段行人过街步速在车道上的分布曲线

(1)不同年龄段的行人在不同车道速度规律趋于一致,但单个老年在几条车道上的步速差异最小,单个中年在不同车道上的步速差异最大。

(2)对于所有人群,通过第二车道的步速最低,通过第一车道和第三车道的步速次之,通过第四车道的步速最高。这主要是因为行人迫切过街的心理作用促使行人尽快离开危险区。

四、过街安全心理特性

道路交通系统易发生人车冲突,其中行人不安全心理导致不安全行为是其主要原因,主要表现为以下特点:

(1)行人决定是否开始横穿道路的主要依据是自己与驶近汽车间的距离。根据国外的调查,如果车速为30~39km/h,行人开始横穿道路时,与驶近的汽车平均距离为45m;当车速为40~49km/h,平均距离为50m。

(2)多数行人横穿道路时,只注意右方交通而忽视左方交通,往往使自己闯入了驾驶员的空间,也会导致交通事故。有时只顾躲避第一辆车而忽视后边还有第二辆车,或者不注意双向来往车而使自己处于两车流相会的夹缝中而导致交通事故。

(3)部分行人对驾驶行为了解不够,错误地认为汽车不会撞人,不知汽车常会失控而导致行人事故。

(4)有的行人心不在焉,注意力分散或思想高度集中在其他事件上,边走边低头沉思,对过往车辆的行驶声、汽笛声和复杂的交通环境听而不闻,视而不见,极易造成交通事故。

(5)行人的随意性大,行人在捷径心理的支配下,往往会突然闯入机动车的空间,特别是时间需求较大的行人,表现得更为突出。

根据相关调查得知,行人不遵守交通规则随便穿越道路时的心理活动如表2-4-5所示。

行人走行时的心理活动 表2-4-5

心理活动	所占比例(%)	心理活动	所占比例(%)
嫌麻烦	48.0	不知附近有人行横道	0.9
平时的习惯	22.0	到对面有急事,时间紧	0.9
想走近路	16.5	汽车不敢撞人	8.4
路上汽车不多,没有关系	1.8	其他	1.5

第三节 交通场站系统行人微观交通行为

交通场站系统行人行为具有如下特点:

(1)行人在高度聚集的场站环境是一个相对较封闭的交通空间,行人在封闭的空间内行走时不易受外界因素干扰、方向性差、行走压力较大,因此其走行速度较快。调查显示,中国乘客在封闭交通枢纽中以换乘目的的平均行走速度为1.49m/s,快于在商场购物行人步速1.16m/s和在休闲区人行道步速1.1m/s,亦高于平均速度1.34m/s。在快速行进过程中,行人之间更加容易发生拥挤、摩擦、接触等相互作用。

(2)行人行为与其涉及交通方式的交互性。场站内行人的目的与交通方式密切相关,随着交通工具的到达和离去,行人行为在时间上具有突变性,例如,当知道列车和车辆已经到站时,大多数进站行人会以最快的速度到达站台,但当知道错过这次列车时,行人的速度会放慢,不急于到达站台。另外,在宏观上场站内行人流量具有一定的激变性,随着交通工具在一定时间间隔的到达,场站内的客流呈现出急剧升高的特性,这种状态持续一段时间(与时刻表相关)后,站内流量逐渐减少,在下趟列车到来后,这种现象又会复现。

(3)行人活动内容较多,交通场站内,除行走、等待等基本行为外,行人还有购票、检票、乘降、购物等其他活动,这些活动易影响其他行人的行为,带来了一系列其他现象如排队、拥挤等。

(4)行人走行路线较长。行人在交通场站内能够承受的最大走行距离要比其他设施上长,即行人所能容忍的通过交通设施的时间较长。且行人具有明显的分类特征或移动目的,如进站、出站、换乘等,易受到场站导向系统如广播、指示牌等影响。

(5)交通场站内的所有设施相互串联,行人在从出发点到目的地的过程中,需要经过一系列的设施,并且设施选择性较少。对于目的相同的一类行人,需要经过的步行设施无论从类型上还是从顺序上都是基本类似的,容易出现从众行为。

(6)交通场站内行人交通流在时间和空间上的分布都具有明显的不均衡性,大量的客流运动时已经不同于个体的交通行为,这些行为大多数呈现非线性动态特性,即通常所说的交通拥挤行为。在行人密集的环境中,很容易在空间占有上形成人与人之间的冲突,每个行人会在保持自己速度大小、方向与避免与他人冲撞之间寻求平衡点。

交通场站设施可以分为服务性设施、走行设施两类,也可以分为延滞性设施(例如安检设备、闸机)和非延滞性设施(例如通道、楼梯)两类。交通场站内的行人交通行为不仅会受到行人个体本身差异性的影响,同时还会受到不同设施性质、设施类型的影响,这个可以称之为行人的设施行为,即行人在每种设施处具有区别于其他设施处的独特行为。

一、站前步行街

站前步行街的行人主要是以出行乘坐某种交通工具的行人为主,也有少数是观光、娱乐、购物、休闲的行人。由于站前步行街的行人密度较大、行人类别复杂,所以行人的步行速度也不尽相同,这是步行街行人的主要特征,如表 2-4-6 所示。观光、购物、休闲的行人步行速度会较低,一般在 1.10 ~ 1.35m/s 之间。由于此类行人出行目的不明确,并且步行街两侧的小店、景色风光能够吸引行人的注意力,因此行走就会相对减缓。而出于某种目的出行的行人,如为了赶时间或乘坐交通工具,往往会比较关注时间,这些行人不在意周围的商店及风光景色,所以步行速度会较高,一般都要高于平均值而处于 1.35 ~ 1.43m/s 之间。随着行人密度的增加导致行人之间的距离小于约 4.5m 时,行人步速开始降低,降低幅度在 6% ~8% 之间。

步行街上不同类型的行人的步速与步幅对比 表 2-4-6

类　型	步速(m/s)	步幅(cm)
男性	1.10 ~ 1.45	62.5 ~ 68.5
女性	0.88 ~ 1.34	58.8 ~ 63.4
老年人	0.66 ~ 0.82	45.8 ~ 59.7

二、车站广场

车站广场上的行人主要是两类:一类是静止的行人;另一类是走行的行人。车站广场上静止的行人主要有站立、坐、蹲、卧四种状态,大部分是购票者和接站者,其中也有部分是等待列车的行人。由于部分交通场站需要凭票进站候车,所以没有票的出行者只能在广场上等候、逗留。

静止行人中,站立和坐的行人占绝大多数,蹲卧较少。站立行人的地点选择倾向与坐的行人相近,但更倾向于过街天桥和地道、广场出入口、出站口、售票窗口前等地点。行人选择坐的地点比较倾向于站房墙壁、立柱、边缘台阶、栏杆等周围,这种地点一般行人较少,空间大,利于依靠或者坐。躺卧者主要为体力劳动者,往往都是结伴出行,携带行李多,且一般都是长途出行。

走行的行人都是有一定目的走行,包括买票、接送站、购物等。其行为一般都是处于行走状态,目的比较明确,并且会按照自身的需要走行最短路径到达目的地,一般走行速度为1.22~1.38m/s,步幅在62.6~65.7cm之间。另一类是没有明确的目的,走走停停,包括游玩、清洁工、安保人员等。他们走行的行为比较随意,不会在意时间消耗、路径长短及方向性,一般为0.94~1.25m/s,步幅在61.3~64.2cm之间。两类走行行人的步速、步幅对比如表2-4-7所示。

不同走行行人步速与步幅对比表　　表2-4-7

类　型	步速(m/s)	步幅(cm)
目的明确行人	1.22~1.38	62.6~65.7
目的不明确行人	0.94~1.25	61.3~64.2

三、进出口

进出口是连接枢纽的内外界面,是行人由外界环境转换到枢纽内部环境的起始点,由于空间转换,行人的走行行为也会相应的发生变化。一般在进口处的行人希望能够快速地进站,在这种心理下的驱使下,来自不同方向的行人都向着进站口快速走行。由于进站口入口宽度的限制,行人之间对空间的占用发生冲突,形成行人交通流瓶颈,当客流密度较大时(接近饱和时)极易发生拥堵现象,行人之间则会发生相互推搡、跟随的行为。受到行人微观行为的影响,在瓶颈处,行人的平均横向间距小于行人的肩宽,两个自组织“车道”之间的行人互相影响,并且具有同样的速度。

交通场站为了便于管理和行人的安全,在进站口处设有安检设备,对行人随身携带的物品及行李进行安全检查。由于安检设备的数量和传送带传送的速度等因素的限制,行人会主动调整步速,降低走行速度,自动形成排队队列。后方行人则会根据前方设备的占用情况,选择排队人数较少的队列,加入队伍并跟随。一般行李较少的行人,在行李检查时,步速会随着传送带的速度减慢下来,拿上行李后则会重新加快步速离开;而一些携带很多行李的行人,在急于取下行李的心理影响下,通常会采取插队超越前方的行人,等待在安检仪器前取下行李,因此在安检仪器左右易形成拥堵混乱的现象。有时由于行人所携带的行李数量较多且较大,行人一次难以迅速拿起离开,这时行人就会在安检仪器前方驻足调整,从而产生一个临时障碍区，影响其他安检行人的走行速度。

对于那些不熟悉车站环境的行人，当其通过安检时，会停顿片刻，来辨别方向，明确自己所要通往的目的地。甚至有一部分行人需要到问询处问路，这样就容易造成行人流线的交织，进而影响其他行人的走形速度。

出站口的行人的走行情况要比进站口简单，由于出站行人的特点是客流集中、密度大、走行速度快。行人只需要在闸机处做出简单的调整，通过闸机后便可按照自己的意愿走行。

四、水平通道

通道类步行设施包括通道和自动步行道，是交通场站步行设施中最常见的设施之一。通常设置在不同功能子空间连接的缓冲地带，以便将行人交通流分散到相应的功能空间。通道按功能可以分为单向通道和双向通道。某些情况下，由于通道平面运送距离过长，往往采用通道和自动步道组合方式以减少行人在通道内的走行体能消耗，方便行人的换乘和进出站。

1. 速度特性

行人在交通场站通道中的走行速度一般比较快，主要有三个原因：行人具有明确走行目的速度会快于处于漫步状态的行人速度；窄长的通道空间下行人具有急于走出拥挤空间心理趋势；通道内行人的从众心理。

图2-4-11为美国纽约地铁站内行人行走速度分布图，在图中可以看出行人在水平通道内速度符合正态分布，平均速度为1.4m/s，大于其他环境的速度。一项针对北京地铁西直门站的行人交通数据调查也得出了类似结论，如表2-4-8所示。调查还发现，行人在进出站通道和换乘通道的速度不同，男性与女性速度最小值相差较小，但最大值相差较大。通过对标准差的比较还发现，通道内男性的速度波动大于女性，说明男性在通道内行走时个体速度差异性比女性明显。

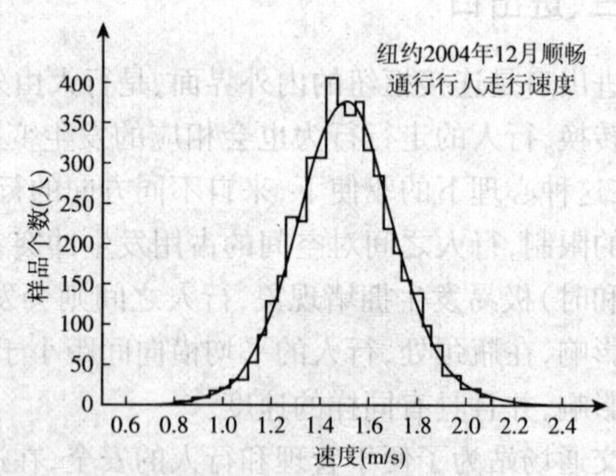

图2-4-11　纽约 Grand center 地铁站通道内行人走行速度分布

地铁通道行人走行速度分布（单位：m/s）　表2-4-8

速度 / 通道	男性			女性		
	最大值	最小值	平均值	最大值	最小值	平均值
出口通道	1.84	0.9	1.45	1.68	1.05	1.37
换乘通道	1.93	1.02	1.50	1.96	0.98	1.45

2. 动态边界距离

为了掌握行人在通道内的更微观的参数,需要记录通道中行人的运动过程,下面以宽度为3.6m的通道作为对象进行讨论。行人的静止身体空间中行人肩宽0.6m,可以认为当行人在该通道内通行时,单位时间内通过通道截面的最大行人数量为6人(行人肩并肩行走情况下)。根据这个依据将通道按照宽度划分为6个区域范围,分别记为A~F区域。其中每个区域的宽度分别为0.6m。考虑到行人与建筑物的安全间隔距离,将E、F两个区域再分别细分为两个子区域E1和E2、F1和F2,宽度分别为0.3m。取流量为20~80人/min时段内的某一时间段,采集通道空间不同区域处通过的行人数量,如表2-4-9和图2-4-12所示。

行人在通道内行走时区域选择特性　　表2-4-9

属性	区域宽度(m)	区域长度(m)	行人数量	占总人数比率(%)
区域A	0.6	8.32	80	22.6
区域B	0.6	8.32	95	26.8
区域C	0.6	8.32	63	17.8
区域D	0.6	8.32	81	22.9
区域E(E1\E2)	0.6(0.3\0.3)	8.32	23(3\20)	6.5
区域F(F1\F2)	0.6(0.3\0.3)	8.32	12(10\2)	3.4
总计人数	354人			

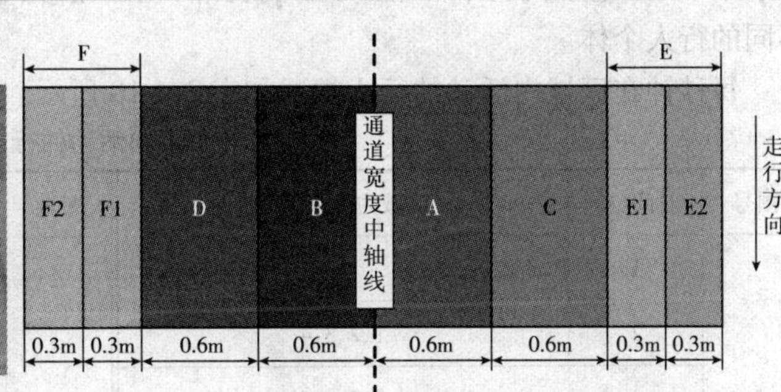

图2-4-12　通道内行人选择区域分布图

根据表中统计的数据以及图中行人分布数量情况,可以得到行人在通道内行走时有以下空间选择特性:

(1)行人在通道内行走时偏好于在靠近通道中轴线的距离范围内行走,并且保留靠"右手行走"特性。

(2)行人流不大时,行人在距离通道侧壁0.6m范围内活动较少,如E、F区域行人所占比例不到10%。

(3)行人在通道内行走时保留右侧一定的行走空间,这个空间的最小值为距侧壁的横向距离0.3m。

3. 个体间距

为准确掌握行人个体间距,选择通道内某一截面,随机取得不同时刻下通过该截面行人位置,计算行人通过该截面时个体横向和纵向间隔距离,进而了解行人的空间需求特点。该

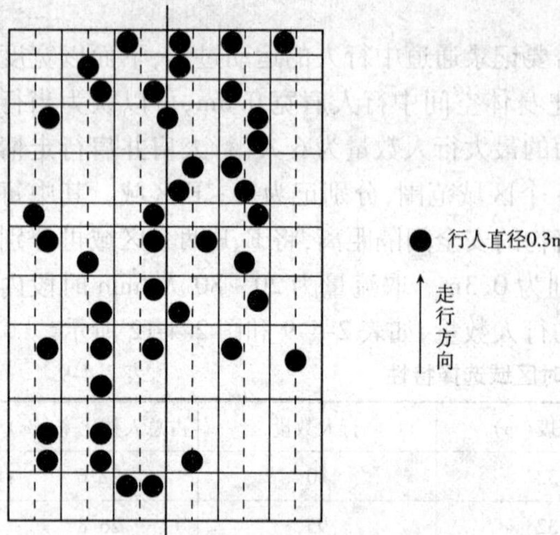

图 2-4-13 通道内行人之间横向距离分布图

特性适用的前提条件是在平峰时段下行人密度不大的情况下，行人能够基本保证正常行走而不会发生停滞拥堵现象。

图 2-4-13 为一宽 3.6m 的通道中行人走行瞬间个体分布图，图中每一个横线表示研究横截面，每一个小格的横向距离为 0.3m，将每个行人标记为直径为 0.3m 的圆形。从图中可以看出行人与行人之间的横向最小间隔普遍保持在 0.15 ~ 0.3m（除了成对行走行人间隔几乎为 0 的情况），最大间隔普遍距离保持在 0.6 ~ 1.8m 的范围内。

4. 行走偏移量

对行走偏移量的掌握依赖于对行人行走过程的准确记录。图 2-4-14 记录了北京地铁西直门站某通道区域（3.6m×3.6m）流量水平为 60 人/min 下的时间段内，连续 20s 内的行人行走过程。每张图计时为 5s，图中每一实线格的宽度为 0.6m，每一虚线与实线格间隔为 0.3m；粗线表示通道的中轴线；不同形状表示不同的时间，圆形代表每个图的第 1s、六边形表示第 2s、五边形代表第 3s、正方形代表第 4s、三角形代表第 5s；带有数字的圆形标记表示不同的行人个体。

每秒钟在区域内活动的行人情况如表 2-4-10 所示。

每秒钟在区域内活动的行人　　表 2-4-10

图号	时间（s）	区域内行人编号	图号	时间（s）	区域内行人编号
1	1	1	3	11	10、11
	2	1、2、3、4		12	10、11、12
	3	1、2、3、4、5、6		13	10、11、12、13
	4	2、5、6、7		14	12、13
	5	5、6、7		15	13、14、15、16、17
2	6	5、6、8	4	16	14、15、16、17、18
	7	8		17	14、16、18
	8	8		18	19
	9	9		19	19、20、21、22
	10	9		20	19、20、21、22

从图 2-4-14 中可以看出，行人在通道内行走时，一些行人行走路径为直线，即不愿意改变行走方向，按照原始路径行走，但是一些行人的走行路径发生了微小的横向偏移，有以下特点：

(1)行人行走趋向中轴线偏移。通道内行人向左倾靠向中轴线的较多,如图2-4-14a)中的3号行人、6号行人等,图2-4-14c)中的13号行人等。

(2)走行路径沿中轴线两侧摆动。如图2-4-14a)中的2号行人、图2-4-14b)中的9号行人等。

(3)行人每秒钟的偏移量在约0.3m的范围内。

(4)行人有左侧超越前方行人的特性。

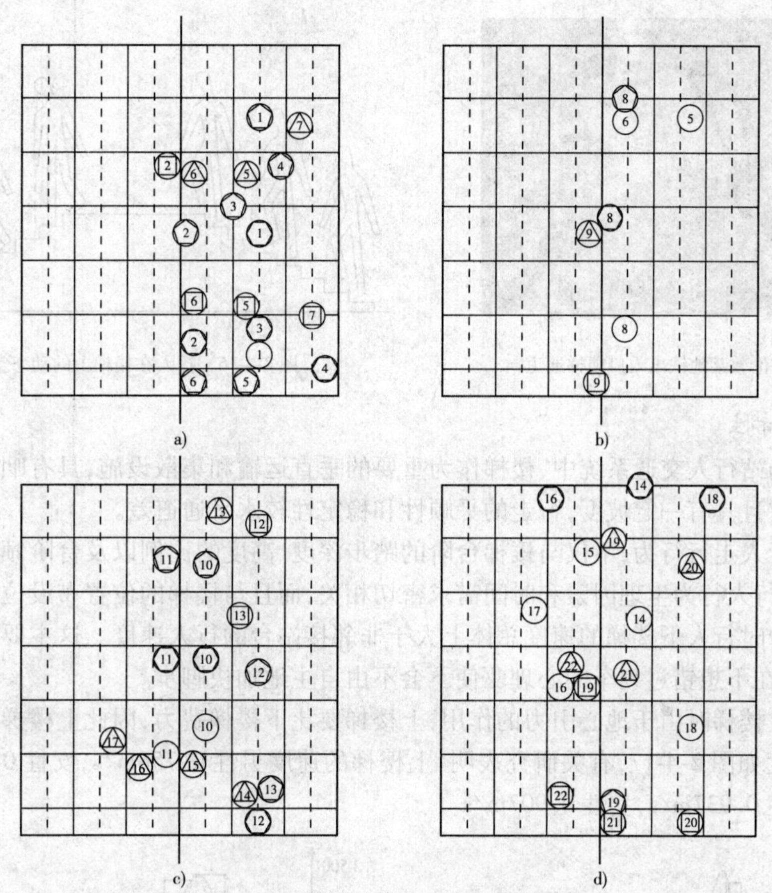

图2-4-14　行人在通道内的动态行走图

五、楼扶梯

楼梯类步行设施包括楼梯和自动扶梯。当两地面之间存在高差,通道无法满足行人正常步行的需求时,需要在适当位置设置楼梯,如图2-4-15所示。考虑到行人行走的舒适性,在高差大的地方,设置自动扶梯。

行人在楼梯上的行为特性与通道中有很大不同,主要表现如下。

(1)无论上楼梯还是下楼梯的行人都习惯手扶栏杆行走,因此,行人有靠墙行走的趋势,这与水平通道刚好相反。

(2)由于受到台阶的分割,楼梯上行人之间的相互作用减弱,楼梯本身与行人的相互作用增强。

(3)楼梯上的行人更容易形成队列行走,每个队列宽度大约0.75m,且反方向的行人之间的影响作用显著增强。

(4)由于楼梯的垂直分割作用,使楼梯上行人所占用的静态空间较水平面有所减小。

(5)行人在楼梯上动态空间受限,小于水平面,如图2-4-16所示,从而导致期望速度降低。

图2-4-15　伦敦某地铁出入口楼梯通道

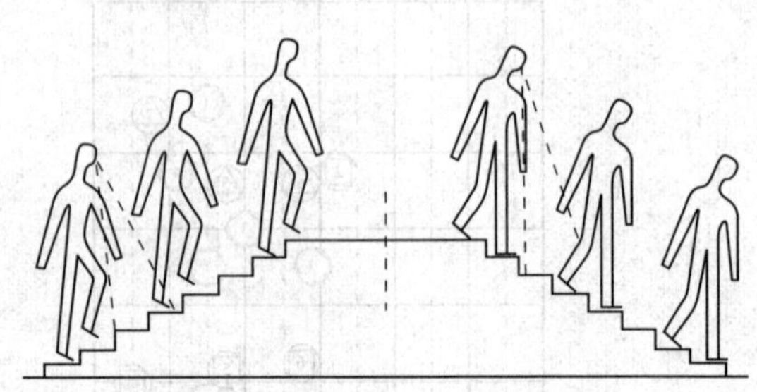

图2-4-16　行人在楼梯上的动态空间

1. 速度特性

在交通场站行人交通系统中,楼梯作为重要的垂直运输和集散设施,具有咽喉地位。楼梯由台阶组成且具有一定坡度,行走的平顺性和稳定性较水平通道差。

楼梯上行人走行行为,不仅与楼梯台阶的踏步深度、高度的比例以及台阶倾角等物理属性的影响,与行人行为生理因素和时间需求密切相关,而且与楼梯的位置布设位置有关。当楼梯邻接站台时行人下楼梯的速度总体上大于非邻接站台的行人速度。这主要是由于行人越接近站台,在不想错过列车的心理驱使下会不由自主地加快脚步。

行人在上楼梯时由于地心引力的作用,上楼梯要比下楼梯费力,因此上楼梯速度往往小于下楼梯速度如图2-4-17,有关研究表明:上楼梯的速度男性0.756m/s,女性0.825m/s;下楼梯速度男性0.937m/s,女性0.907m/s。

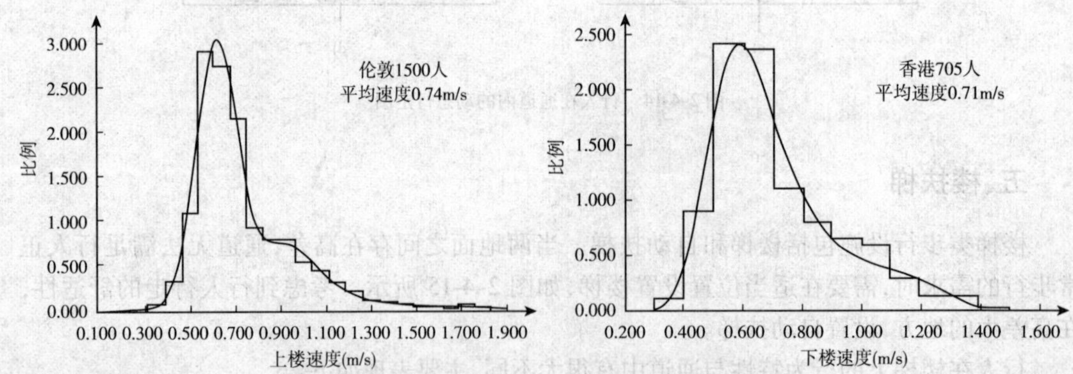

图2-4-17　伦敦地铁上楼梯行人速度和香港地铁下楼梯行人速度

表2-4-11为北京地铁车站内调查的有关楼梯上行人速度统计数据,通过对比分析,可以得出行人在上下楼梯时的速度特点。

不同行人上下楼梯速度对比表(单位:m/s)　　　　表 2-4-11

位置	类型	参数	男性			女性			老年人		
			水平速度	垂直速度	倾斜速度	水平速度	垂直速度	倾斜速度	水平速度	垂直速度	倾斜速度
非邻接站台	上楼梯	最小值	0.28	0.14	0.32	0.30	0.15	0.34	0.27	0.12	0.30
		最大值	1.05	0.52	1.19	0.89	0.44	1	0.86	0.43	0.93
		均值	0.49	0.25	0.56	0.47	0.23	0.53	0.39	0.22	0.45
		标准差	0.14313	0.07093	0.16078	0.11272	0.05636	0.12775	0.11431	0.00435	0.16869
	下楼梯	最小值	0.37	0.18	0.42	0.37	0.19	0.42	0.35	0.15	0.38
		最大值	0.99	0.50	1.12	0.97	0.49	1.10	0.88	0.40	0.99
		均值	0.58	0.29	0.66	0.55	0.27	0.62	0.42	0.19	0.57
		标准差	0.12521	0.06260	0.14190	0.09951	0.04973	0.11272	0.08324	0.03652	0.10865
邻接站台	下楼梯	最小值	0.38	0.17	0.42	0.35	0.15	0.38	—	—	—
		最大值	1.23	0.54	1.33	0.99	0.44	1.08	—	—	—
		均值	0.67	0.30	0.73	0.60	0.26	0.65	—	—	—
		标准差	0.18485	0.08155	0.20116	0.13520	0.05889	0.14526	—	—	—
合计			3516 人								

(1)由于地心引力作用,行人下楼梯的平均速度大于上楼梯的平均速度,上楼梯的速度相对慢 17% 左右。

(2)上楼梯时男性速度的最小值与女性速度最小值、老年人的最小值都很相近,而最大值相差较大,这主要是由于在上楼梯时,很多男性选择一步跨越两个台阶上楼梯,而女性和老年人出现此类情况较少,因而男性的上楼梯的速度最大值要大于女性和老年人;同样原因导致上楼梯行人的速度离散性大于下楼梯行人的速度离散性。

(3)上楼梯时男女速度差异较大,而下楼梯时差异很小,下楼梯时很少出现一步两个台阶下楼梯的情况;而与老年人速度相差较大,这是由于老年人身体状况、心理素质而造成了老年人动作缓慢的缘故。

(4)行人在楼梯上水平方向的步速和垂直方面的步速分别受楼梯踏面深度和高度的制约。行人水平方向速度与垂直速度的比值等于踏面深度和高度的比值。

(5)非邻接站台处行人的平均速度和步速离散性均小于邻接站台,这主要是由于不同行人接收到站台信息后根据自身需求(如时间价值等)所表现出的行人特征具有一定的差异性。

(6)男性在邻接站台与非邻接站台处的步速标准差相差较大,而女性则相差较小,这可以说明男性对周边接受信息较为敏感,动作反映灵活,而女性则相对差些。但男女平均速度差异较小,这与水平面男女走行速度完全不同。

2. 楼扶梯选择行为

由于使用自动扶梯所需耗能及使用时间较楼梯少,所以站内大部分行人首选自动扶梯作为升降工具(大于等于 60%)。只有在高峰时段,自动扶梯处排队较长时行人才会选择楼

图 2-4-18　自动扶梯口处行人拥挤现象

梯。因此,在自动扶梯口处常出现人群密集的排队拥挤现象,如图 2-4-18 所示。这与水平面上的瓶颈产生的原理不同,导致这一现象的主要原因是行人需要一定的时间调整自身步幅,使之与楼梯或扶梯的台阶深度、高度和频率相一致。

行人对楼扶梯的选择主要与出行延误有关,无论是进入扶梯前排队区域的拥挤情况还是楼梯上行人的体力消耗,都可以转化为行人延误。行人选择楼扶梯的结果直接影响其出行时间,具体包括行人从当前位置步行到楼扶梯的时间和行人在楼扶梯上的时间,此外楼扶梯的长度也有一定影响。一项在香港的调查得出,行人对扶梯的选择概率与在自动扶梯上的延误之间的关系模型如式(2-4-6)、式(2-4-7)和图 2-4-19 所示。

$$P_e^d = \frac{1}{1+\exp(-3.1001-0.1745\Delta t)}, R^2 = 0.8443 \tag{2-4-6}$$

$$P_e^a = \frac{1}{1+\exp(-5.3441-0.2073\Delta t)}, R^2 = 0.8666 \tag{2-4-7}$$

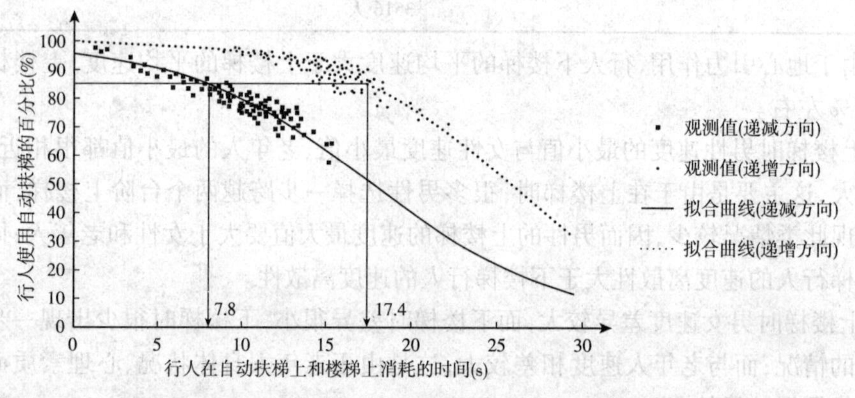

图 2-4-19　楼扶梯的选择概率与出行延误之间的关系模型

调查发现,行人对下行方向(楼梯或扶梯)的延误更加敏感,当走扶梯可以节省 7.8s 以上时间时,85% 的行人会选择扶梯。但在上行方向时,只有当延误时间达到或超过 17.4s 时,人们才选择走扶梯。这主要与相同延误下,下楼梯较上楼梯更加省力有关,即下楼梯时只要在延误上稍有节省,行人一般都会乘坐扶梯。在下楼时选择楼梯的概率要大于上楼梯。

3. 盲从行为

行人在楼梯上行走时,体现出上楼梯时从众心理不明显,下楼梯时从众心理明显的特征。这可以理解为上楼梯时,行人不愿意跟着别人改变自己的步速,因为行人上楼梯很费力,无形中增加行人的心理压力,且行人在上楼梯时与前方的行人会保持适当的距离。因此行人数量增加时,行人会自觉的放慢脚步,来满足其对空间的需求。相反,下楼梯时,行人能够接受较近的行人间隔,因此行走流量增加时,行人速度也相应地增加,但又受到楼梯的容量限制。流量增加到楼梯容量最大限度时,行人下楼梯的速度会受到前方的行人影响,被迫降低行走速度。

4. 自动扶梯

由于自动扶梯有强制的方向性,行人在自动扶梯上基本上没有相互间的作用,行人在扶梯上的活动是受限的,大多数行人会随着扶梯同步移动。自动扶梯分急行区和站立区,急行区行人的行为特性与楼梯中的行人行为特性基本上相同;站立区的行人在自动扶梯上相对扶梯静止不动的,行人与扶梯之间基本上没有相互作用,行人相对地面的前进速度为自动扶梯的运行速度。

尽管有些扶梯分快行区和站立区,但是行人在扶梯上很少遵循此规则,特别是当行人流量较大时,行人在扶梯上基本上处于均匀分布,此时行人的速度与电梯的运行速度基本一致。

六、检票闸机

交通场站内的行人需要经过许多受控设备如售票机、检票闸机等,行人行为在这些设备附近会发生较大变化,以下通过检票闸机作具体说明。

1. 速度特性

大多情况下,检票闸机的设置会干扰行人的行进速度。当行人走向检票区域时由于受到检票活动的影响,步速减慢,在闸机刷卡进出站处驻足停留,速度瞬降为零,之后通过闸机,并以一定的速度离开闸机区域。

按照行人行为不同可以将检票区域分为正常步速区、步速缓冲区、通过闸机区和步速调整区四个区域,如图2-4-20和表2-4-12所示。

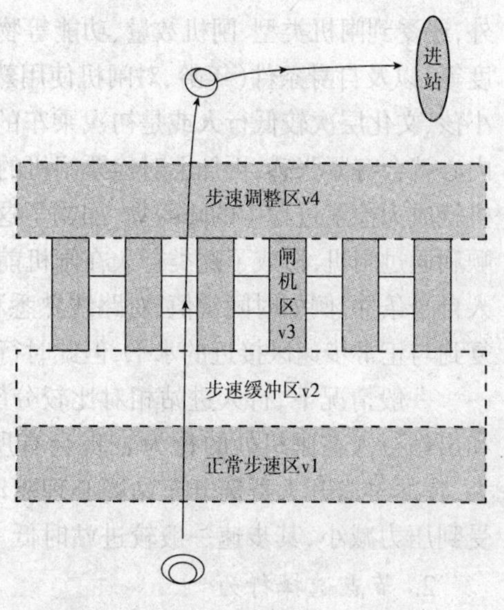

图2-4-20 行人通过闸机的区段划分

行人在闸机不同区域的速度对比 表2-4-12

检票区域 / 对比项目	正常步速区	步速缓冲区	通过闸机区	步速调整区
速度(m/s)	0.23~1.82	0.11~2.2	0.2~1.74	0.24~3
速度均值(m/s)	1.2	0.85	0.75	1.19
活动时间(s)	1.8	3	2.6	1.8
是否正态分布	是	否	是	近似

(1)正常步速区。指行人从进站后到闸机缓冲区前的区域,为了满足最快行人速度测量需要,正常步速区域可选定为缓冲区后方1.8m处区域。

(2)步速缓冲区。指行人进入闸机后方1.8m的距离范围内开始计时,直到行人刷卡行为的开始为止的时间段,在这段时间内包括行人在该区域停滞等待的延误时间。闸机后方的步速缓冲区,行人通过闸机长度的区域,闸机前方的步速调整区。

(3)通过闸机区。该区域内行人走行的整个过程包括从行人刷卡开始,直到行人通过闸机末端时止的走行全过程,其包括行人从刷卡开始后发生其他行为的延误时间(即刷卡未成功,重新刷卡进入等)。

(4)步速调整区。指行人通过闸机时刻直到通过闸机前方 1.8m 的距离范围为止的时间段,在这段时间内包括行人在该区域内等待、滞留寻找路线等延误时间。

从表 2-4-12 中对各区行人走行速度进行对比分析发现,通过闸机区域行人速度最小,其次为步速缓冲区,最后为步速调整区和正常步速区。步速缓冲区速度的最大值与最小值之间相差较大,行人在该区域的行为特性主要受自身条件影响较大,例如年纪较大、携带行李较多、找 IC 卡、接听电话等自身行为对步速的影响。在通过闸机区域,行人行走空间受限,步速减小;此外,还受到闸机类型、闸机数量、功能等物理环境和前方行人行为活动(前方行人密度、排队长度等)以及自身条件(年龄、对闸机使用熟悉程度、是否携带行李等)的影响,例如当检票闸机被小孩、文化层次较低行人或是初次乘车的行人占用时,由于这些行人的乘车经验较少,检票时内心就会有紧张感,再加上对检票闸机的通过原理("右手刷卡,左手进站")的不了解,检票闸机就成为检票过程中的障碍物,加剧了这类行人的紧张感,最终由于对闸机使用不当,而无法顺利通过闸机,造成了这类行人在闸机前的滞留。在步速调整区,行人的行为特点主要受到行人自身条件,例如时间价值、对路线熟悉程度或站内标识等站内信息的影响,因此速度重新恢复到与正常步速区接近的水平,但此时行人之间的步速差异较正常步速区小。

一般情况下,行人进站相对比较分散,而出站受到车辆到达的影响较为集中,因此,进站和出站行人在闸机处的行为表现会有所不同。这主要体现在:出站时行人密度高、压力较大,在尽早避开人群离开车站的心理驱动下,一般步速更快;而在步速调整区,出站行人由于受到压力减小,其步速一般较进站时低。

2. 节点选择行为

行人一般情况下会选择离他较近的检票闸机检票,但是当发现闸机被他人占用时,会根据自己的需要选择等待,或是到稍远处空闲的闸机上完成检票活动,如图 2-4-21 所示。行人在闸机前的节点选择具有预判性,即不仅关注闸机的状态,还关注闸机附近人群的趋势。例如当老人占用闸机时,由于其行动比较缓慢,因此会造成后方检票行人的驻足等待,或是主动放弃等待而加入到其他通行速度较快的排队队列完成检票。

图 2-4-21 行人遇到阻挡转移路线

3. 排队行为

所有服务于行人的设备，都可以将其抽象化，用排队论服务系统描述。排队系统可用乘客到达和服务的分布、系统容量和排队规则等参数描述。当行人到达率大于系统服务速率时，行人就会出现排队现象。排队越长，意味着行人等待的时间越多。

进出站检票设施的服务对象是进、出站行人，服务设备是进出站检票机，排队规则是先到先服务。但是在出现排队的现象下，行人可从排队的设备转移到空闲的检票设施上去，但若所有的检票设施都处在繁忙状态下，行人可以选择排队长度较短的进行等候，保证其能够尽快进入站台候车或快速离开车站。

4. 活动时间

行人占用闸机的时间各不相同。但行人群体的闸机占用时间与闸机的设置方式有关，一般情况下，双向闸机比单向闸机有利于行人流的疏散。

当进站闸机全部采用双向式时所用的总疏散时间最短，而进站闸机全是单向式时所用的疏散时间最长。一个双向式的进站闸机在紧急情况下可以相当于多设一个出站闸机。

5. 动态空间

(1)行人在闸机前0.3～1.8m的范围进行速度调整，产生停顿，如图2-4-22所示。

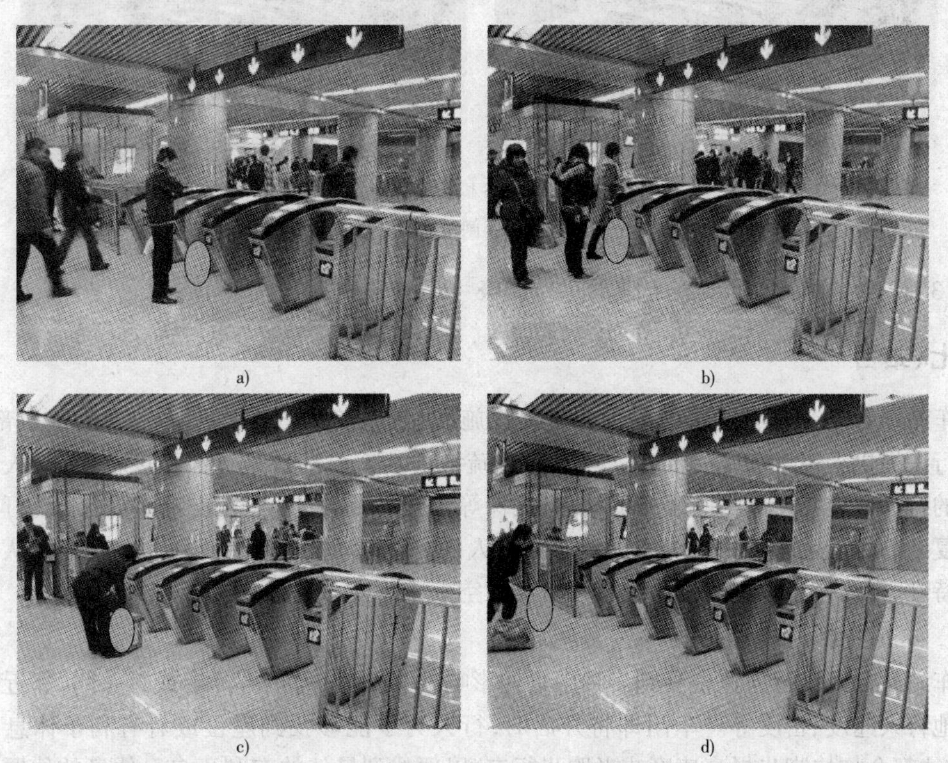

a)　b)　c)　d)

图2-4-22　行人在闸机前速度调整区域范围

(2)行人在闸机前0～0.6m的范围内进行“刷卡”，如图2-4-23所示。

受行人对闸机的使用熟练程度的影响，一般不熟悉闸机使用的乘客比较谨慎，在距离闸机较近的位置 0～0.4m 的位置刷卡，这主要是对刷卡感应区不熟悉，近距离刷卡来确保刷卡成功；而对闸机使用较熟悉的行人一般“边行进边刷卡”，一般在距离刷卡区域 0～0.6m 的范围内完成刷卡通过，刷卡范围较大。

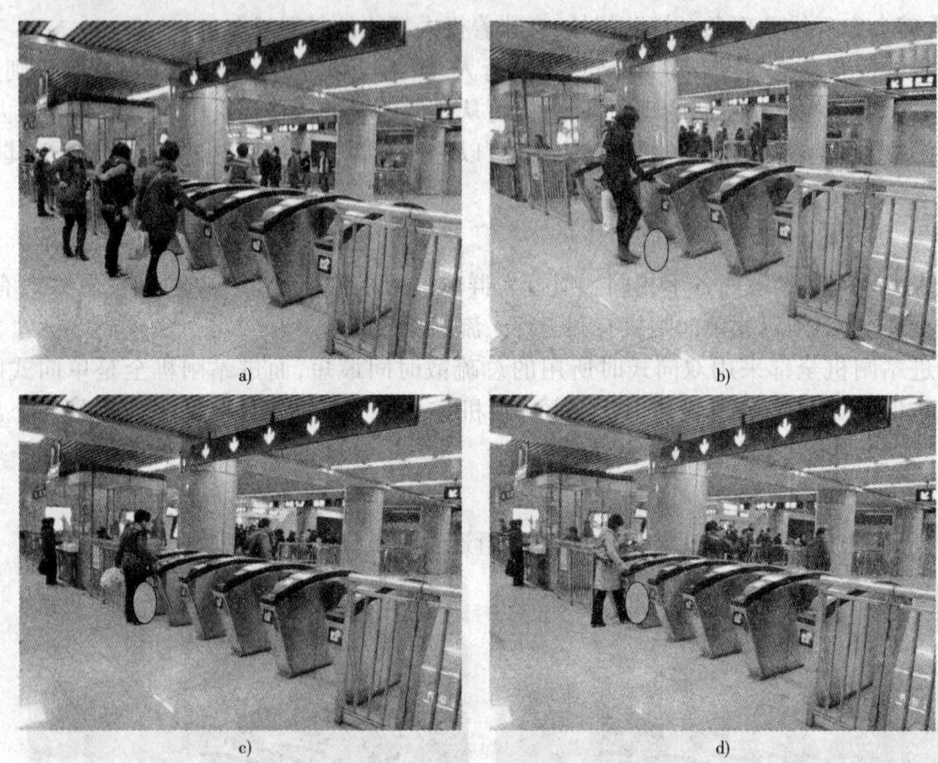

图 2-4-23 行人闸机前刷卡范围

(3)行人在闸机前的动态人际空间为 0.48～0.60m，与其他环境下一致。

七、站台

车站站台是交通场站系统运行的主要设施，也是系统运营过程不可缺少的组成部分。它为行人提供上下车和临时候车，具有容纳、疏散的功能。站台是行人高度密集，行人在站台上的行为很容易受到与其邻接的楼梯、扶梯等设施的影响，因此也是交通场站系统行人运动最复杂的场所之一。为更加清楚地研究行人的行为特性，特将站台行人交通特性从行人速度特性、行人候车位置的分布及行人密度时空分布等方面进行分析。

1. 速度特性

车站站台区域行人速度受到多种因素的影响，主要有车门是否开启或者关闭，邻近区域内其他行人速度、密度等。车门即将开启时，行人为了能够找到座位或者有利于休息的位置，往往都会加快脚步提高速度或者跑步行走，以便找到最佳的有利于自己休息的位置。当车门即将关闭的时候，某些乘客由于某些原因，例如上班、赶火车、飞机等重大紧急的事情时，往往都会争分夺秒赶上这趟列车，这样行人就会加快步伐或提高步伐的频率。

(1)站台上行人个体自由速度差异巨大。当站台空间足够大时，每个人都以期望速度向目标位置移动。通过2008年7月某个工作日对北京市地铁2号线西直门站站台区域的调查得知早高峰行人的交通特性，如图2-4-24所示。根据实测，前两个点的速度为0.6m/s，它是两位女性行人在走行过程中相互交谈从而导致速度偏低。而最后一点的速度为3.75m/s，它是一位男士在车门即将关闭时为赶时间跑步走行导致速度偏高。

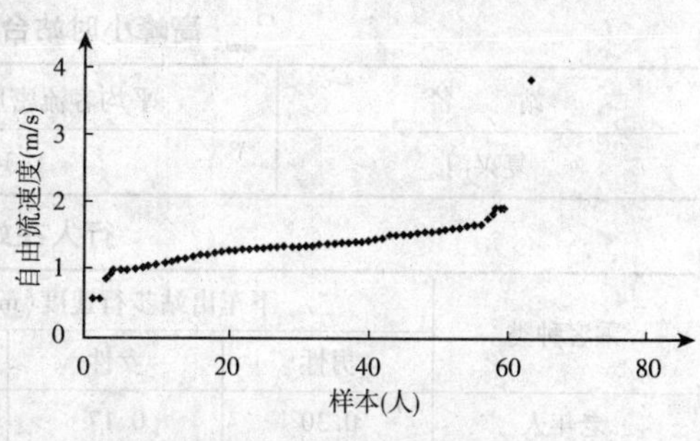

图2-4-24　行人自由流速度

(2)站台上客流密度频繁变化导致行人速度的时间不均衡性。站台集散区是供进出站行人聚集、等待和疏散的区域，在平峰小时内，中间车站的进站行人是比较零散的，不会造成局部的高密度客流，所以在没有外界其他因素干扰的情况下，中间车站的进出站行人在集散区的行进速度为普通步速。表2-4-13是平峰小时内1号线复兴门站站台集散区客流数据。

平峰小时站台集散区客流特征数据表　　表2-4-13

站　名	平均客流密度(人/m²)	乘客平均行进速度(m/s)
复兴门	0.454	1.08

在高峰时段，车站乘降客流量大，同时存在混行干扰以及各设施通行能力的限制，在中间车站下车的行人或换乘车站的换乘行人容易在站台的集散区位置出现客流拥堵的现象，导致行人行进速度下降。

调查车站复兴门站台集散区东端楼梯同时兼有由1号线到2号线的换乘行人换乘和行人进出站的功能，前者占主导位置。所以当1号线列车到站后，下车行人会在短时间内都涌向东端楼梯离开站台，从而造成脉冲式的行人拥挤特征。当行人密度较小时，行人可以自由移动，可以达到普通步速；当行人密度较大时，行人之间距离变小，行走较为缓慢。图2-4-25为早高峰小时1号线复兴门站站台集散区的客流情况。表2-4-14是高峰小时段1号线复兴门站站台集散区客流数据。表2-4-15为不同行人在站台上的走行速度。

图2-4-25　早高峰时段1号线复兴门站站台集散区东侧客流情况

高峰小时站台集散区客流特征数据表 表 2-4-14

站　名	平均客流密度(人/m^2)	行人平均行进速度(m/s)
复兴门	1.343	0.575

行人在站台上的走行速度 表 2-4-15

乘客种类	下车出站步行速度(m/s)			进站上车步行速度(m/s)		
	男性	女性	平均	男性	女性	平均
老年人	0.30	0.17	0.23	0.78	0.70	0.74
中年人	1.64	1.56	1.60	1.06	0.91	0.99
青年人	1.88	1.75	1.82	1.08	1.00	1.04
少年	1.13	1.06	1.10	—	—	—
合计	1.24	1.14	1.19	0.97	0.87	0.92

可以看出在高峰小时内,站台集散区的平均客流密度较平峰小时增加 195.8%,行人行进速度下降 46.8%。

(3)站台上行人速度具有空间不均衡性。站台上的行为按照功能分为安全区、候车区和走行区三个区域,走行区是行人进出站台的步行通道。行人在站台不同区域的走行速度因为其各自的特点,呈现出不同的交通特征。行人在走行区的速度最大,其次是安全区,速度最小的是候车区,即 $v_m > v_s > v_w$。各区域速度分布如表 2-4-16 所示。

站台速度分布表 表 2-4-16

走行区速度 v_m	候车区速度 v_w	安全区速度 v_s
0.85 ~ 1.82m/s	0.15 ~ 0.43m/s	0.10 ~ 0.80m/s

2. 排队行为

行人在站台上的排队候车分布与站台布局、所乘车辆状态、客流密度以及有无引导人员组织等有关。可以将乘客在站台上的行为分为累积阶段和跟车阶段、车门开启阶段三个阶段。

(1)累计阶段。当列车尚未进站或者车门关闭车辆即将要离开时,行人进入站台,并根据车站上其他乘客的分布选择一个位置候车。当站台上行人数量较少且无引导人员组织时,行人空间分布与站台布置有关,主要聚集在离进站楼梯最近地方,随着离楼梯的距离变长,乘客数量逐渐减小如图 2-4-26a)所示。当站台上行人数量较多时,无论哪种布置方式,行人在站台上聚集较为均匀,如图 2-4-26b)所示。当有引导人员组织时,行人聚集一般呈现有序队列候车形式,如图 2-4-26c)所示。

(2)跟车阶段。当列车进入车站,但尚未停止时,站台上的大多数乘客根据车门的位置和车内乘客的数量调整自已所在的位置,直到列车停稳并打开车门。此时行人预期候车位置是所选队列的末尾,而队列的选择受到长度的影响,一般行人所能忍受的平均队列长度为 5 ~ 7 人。当车辆进站时,由于行人预先选择其期望的车门位置而会改变队列的位置和形态,此时行人会越过安全线,拥挤在车门口处,并且呈现半圆形如图 2-4-27 所示。此时乘客在站台上的分布已经发生了很大的变化,基本符合均匀分布。

(3)车门开启阶段。当车门开启时,行人会自主地给下车行人让出空间,此时候车行人会被下车行人分成两个扇形分布于车门两侧如图 2-4-28 所示。而当行人由于车门关闭或者时间的限制，没有及时上车，行人往往会退至安全线以内改变候车位置来等待下一辆列车的到达。

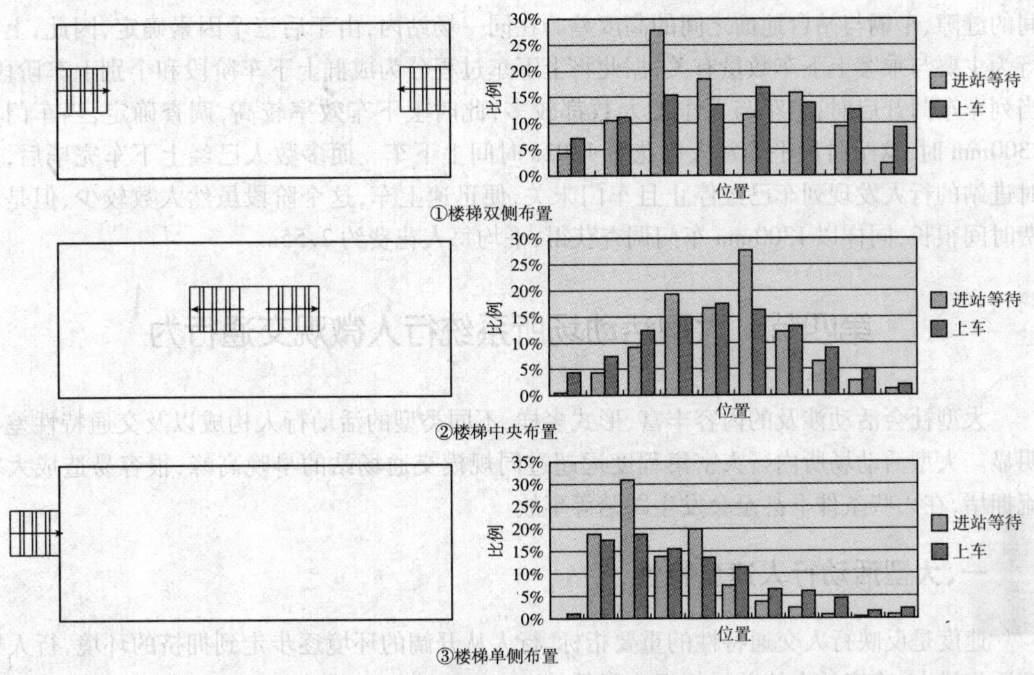

a)累计阶段行人数量较少时行人分布与站台布局之间的关系

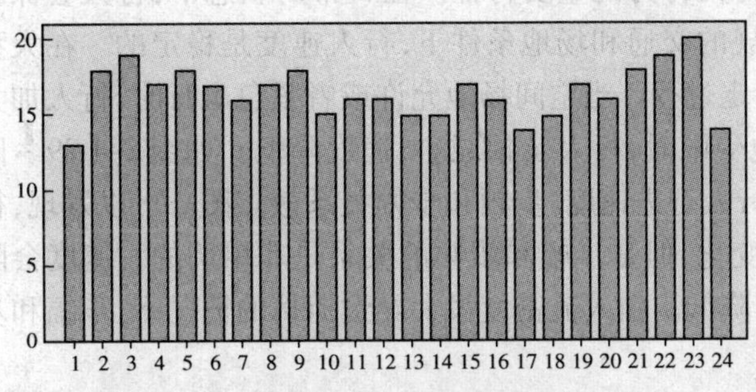

b)累计阶段行人数量较多时行人分布与站台布局之间的关系

c)累计阶段有引导人员的队列式行人频率

图 2-4-26　行人在站台上的候车分布状态图

图 2-4-27　跟驰阶段候车人群呈半圆形

图 2-4-28　车门开启阶段候车人群呈扇形

3. 上下车行为

行人的上下车行为受到许多因素的影响，包括上下车乘客数量、车门宽度、车门与站台间的缝隙、车辆与站台地面之间的高度差。在同一场站内，由于后三个因素确定，因此，上车行为主要与乘客上下车数量有关，据此将上下车过程分为成群上下车阶段和个别上车阶段。当列车车门开启时，上车与下车的人数都较多，此时上下车效率较高，调查确定，当车门宽1300mm时，这个阶段平均每人仅花费1.02s时间上下车。而多数人已经上下车完毕后，此时进站的行人发现列车已经停止且车门未关，便迅速上车，这个阶段虽然人数较少，但是花费时间很长，同样以1300mm车门调查获得，平均每人花费约2.55s。

第四节　大型活动场所系统行人微观交通行为

大型社会活动涉及的内容丰富、形式多样，不同类型的活动行人构成以及交通特性差异明显。大型活动场所内行人密集程度远超过同规模交通场站的早晚高峰，很容易造成大客流拥堵，在一些条件下甚至会发生踩踏等事故。

一、大型活动行人速度特性

速度是反映行人交通特性的重要指标，行人从开阔的环境逐步走到拥挤的环境，行人密度逐步增大，速度的个体差异将逐步降低。

速度的不稳定性是大型活动场所行人行为的重要特征。在日常的状态下，行人会保持其相对稳定的步频和步幅。因此在常规的交通和场地条件下，行人速度是稳定的。在大型活动场所内，行人通过控制速度完成行走过程。当空间场地允许或者紧急出行时，行人加大步频、步幅，提高自由速度；当空间场地受限时，行人步幅减小，速度降低。如图2-4-29~图2-4-32所示为大型活动场所自由行走行人行进速度、步频和步幅关系散点图。可以发现，行人的步幅和步频随速度具有一致性的变化，但是步幅和步频的关系是非单调的。速度会随着密度的提高而降低，步幅和步频会有降低。在人流密度很大导致拥挤的情况下，步幅和步频均降到很小值。

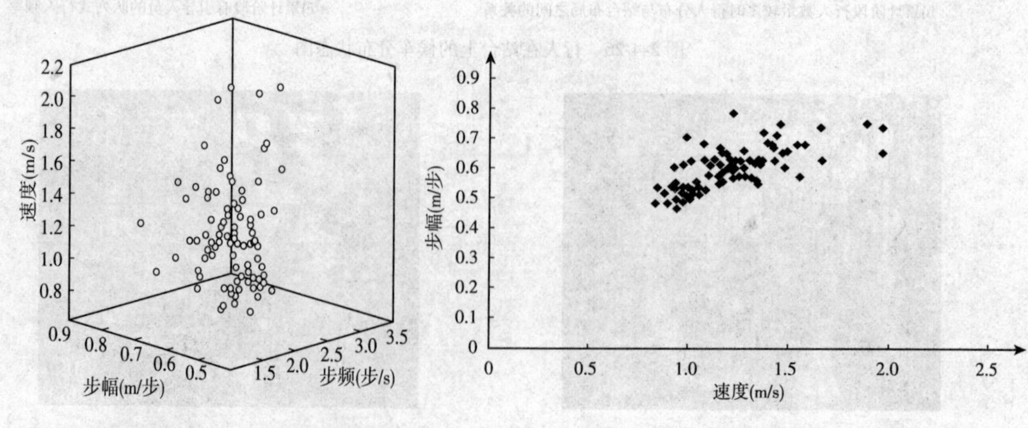

图2-4-29　速度—步频—步幅三维散点图

图2-4-30　步幅—速度散点图

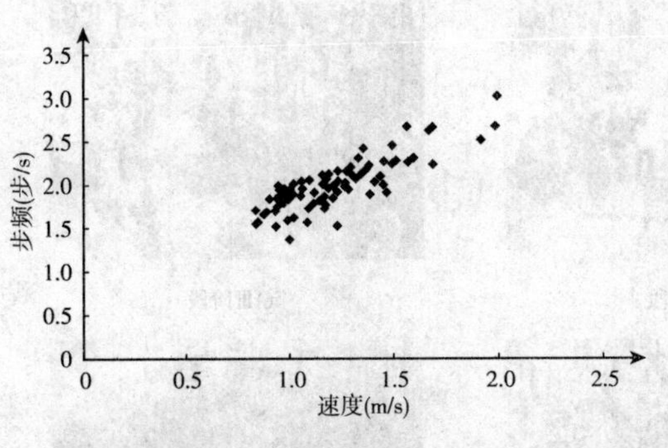

图 2-4-31　步频—速度散点图

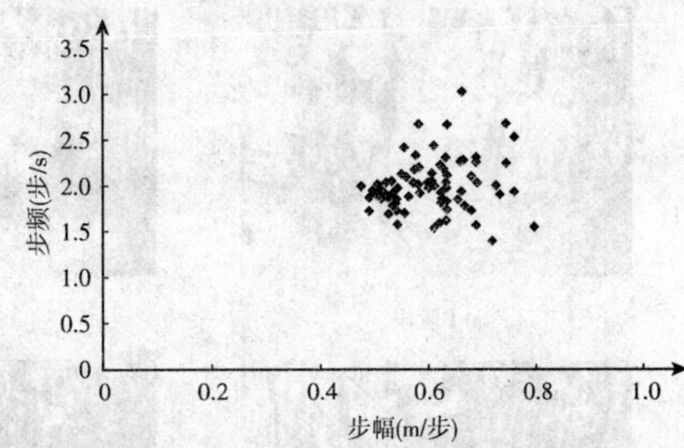

图 2-4-32　步频—步幅散点图

表 2-4-17 为大型活动场所不同区域不同设备的行人速度对比情况。

各类场地行人速度对比分析　　表 2-4-17

序号	类　别	速度均值(m/s)	标准差
1	户外平地	1.2423	0.2514
2	上坡速度	1.2972	0.2293
3	下坡速度	1.3649	0.2310
4	户外下台阶	0.7061	0.1238
5	室内通道	0.9599	0.1783
6	室内上楼梯	0.6401	0.2089
7	室内下楼梯	0.7818	0.1390
8	户外上楼梯	0.8200	0.2117
9	户外下楼梯	0.7963	0.1302

来源:史建港.大型活动行人特性研究.2007

二、大型活动行人拥挤行为特性

在大型活动场所中,不同拥挤程度的交通条件直接影响行人的心理和行为。如图 2-4-33所示为某大型活动不同区域的行人场景图,从图 2-4-33a)~图 2-4-33f),行人密度逐渐增大。以下结合行人行为产生过程的各个阶段,通过行人对不同场景的反应分析行人拥挤行为特性。

1. 拥挤阈值判断

拥挤阈值反映了行人对拥挤的判断结果,行人根据拥挤阈值调整自身的行为。行人对拥挤的判断与行人个体因素有关。图 2-4-34 为一项实际调查得到行人对以上六种场景拥挤阈值的判断情况,100%的行人都认为场景Ⅵ阶段拥挤[图 2-4-33 f)],只有不到 40%的行人认为场景Ⅲ阶段拥挤[图 2-4-34 c)],即不同行人对拥挤的判断是不同的。

a) Ⅰ阶段　b) Ⅱ阶段　c) Ⅲ阶段
d) Ⅳ阶段　e) Ⅴ阶段　f) Ⅵ阶段

图 2-4-33　不同密度行人场景

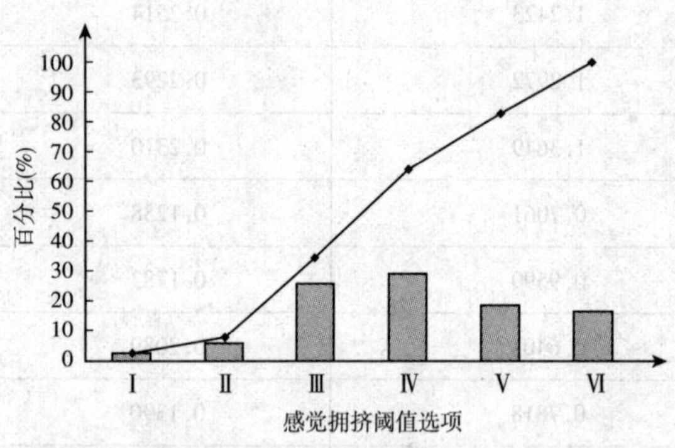

图 2-4-34　行人感觉拥挤阈值选择

不同年龄段的行人，拥挤的感受是不同的。不同性别和身高的行人，拥挤的感受也略有差异。女性相对男性要对拥挤感觉强烈些，女性在 IV 阶段就会感觉到拥挤，心理上会有压力，当到 VI 阶段时女性会有很强烈的拥挤感。相反，男性行人在 V 阶段感觉到有压力，当到 VI 阶段时感觉略微拥挤。调查发现，身高矮的行人相对身高高的行人拥挤感受强烈。一般，身高矮的行人在 IV 阶段心理上有压力感觉，在 V 阶段感觉到拥挤，当在 VI 阶段时拥挤感非常强烈；而身高高的行人在 V 阶段心理上才感受到压力，当在 VI 阶段时感受到拥挤。

2. 拥挤条件下的心理

行人对拥挤的心理感觉可以划分为五级：①担心可能会出危险；②非常不舒服；③很不舒服；④有些不太舒服；⑤无所谓。图2-4-35显示了行人对拥挤条件下的心理感觉的选择情况。

上述结果反映了行人对同一密度环境的心理感觉不同，这主要与年龄和身高有关。对同样的拥挤场景，青年人选择集中在不舒服的感觉，对安全隐患的担心较少；中老年经验丰富担心安全隐患。相应的，不同身高的行人对拥挤的感受也会有差异，身高越低，则心理压力越大。

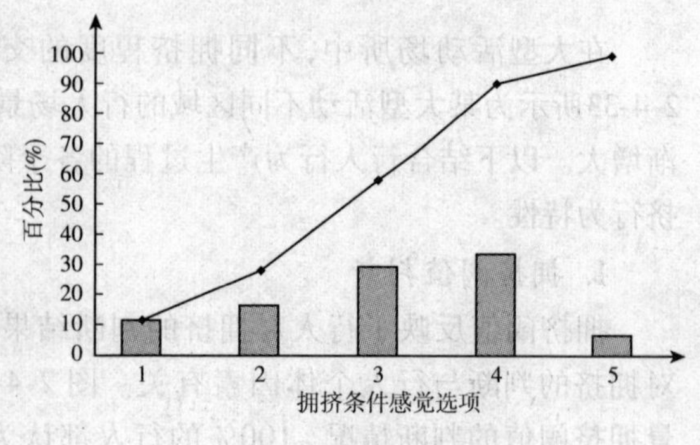

图 2-4-35　拥挤条件的感觉

3. 拥挤状态下的反应

行人这一主观行为个体,在拥挤情况下根据个体性质会对拥挤环境做出不同反应,一般行人对待拥挤的反应主要有以下四种:①在队伍中挤别人;②随人流行走;③刻意观察出口标识;④观察周边情况。图 2-4-36 反映了拥挤状态下的行人反应选择情况。行人对拥挤反映较多的是③和④,占到 60%。

4. 非常拥挤时的动作选择

在非常拥挤情况下,行人的动作包括:①随人流前进;②不舒服,往两边走,找宽松的地方;③不舒服,向前挤出空档。图 2-4-37 所示为非常拥挤状态下的行人动作选择情况。

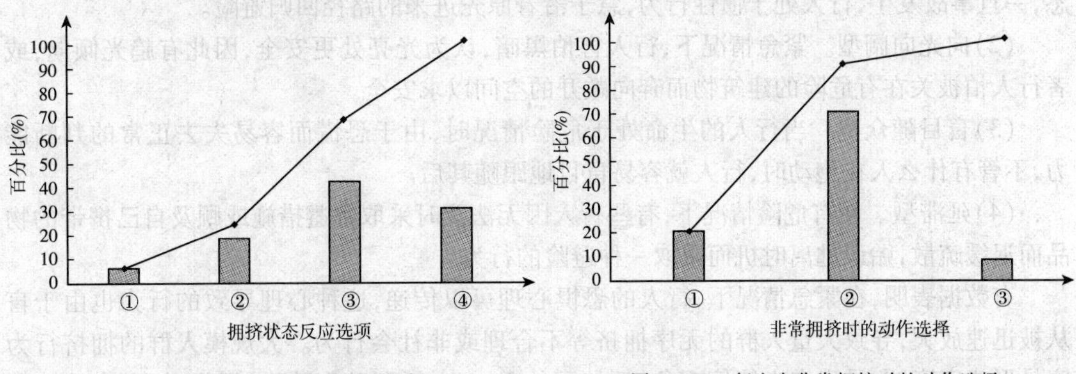

图 2-4-36　行人拥挤状态反应选择　　图 2-4-37　行人在非常拥挤时的动作选择

可以看出,行人在拥挤环境中趋向于向两边找宽松的地方和随人流前进两种动作。在非常拥挤情况下,不同性别、年龄、身高的行人其行为各有不同。一般情况下,女性行人和老年人在这种情况下,会感觉到不舒服,选择往两边走,找宽松的地方,以减少心理压力和身体不适的感觉;而中年人和身高较高的行人会选择随大流前进,其身心承受压力的能力要比女性和老年人强,不舒适感小;与前两者不同的行人是青少年,由于其身心承受压力的能力较差,易出现暴躁的情绪,因而青少年会选择往前拥挤,来寻找舒适区域或尽快走出拥挤区。

第五节　紧急情况下行人微观交通行为

紧急情况下行人行为与正常情况下有很大区别。当有紧急事故(如:火灾、海啸等)发生时,行人需要从自身所在位置迅速做出反应,选择逃生方向,经过疏散通道或者紧急出口,抵达安全地带。行人能否在短时间内离开事故现场,取决于两个因素:一是人对事故所做出的心理—行为反应,这将决定他是否能在安全时间内找到逃生的路线;二是疏散设计是否合理。

紧急情况下行人交通行为具有如下特征。

(1)行为的排他性。行人遇到危险时,在紧急出口处为逃生,往往不顾及他人,全部精力都致力于尽早地逃离突发事故现场,导致混乱和拥挤,即使在逃离行人不多的情况下也会如此,从而延误时间,造成不必要的伤亡。

(2)行为的无序性和多向性。紧急情况下,行人采取任何行动往往取决于行人自我感觉及对事件的控制能力。行人自我感觉对某个事件的控制能力越强,采取积极行动的可能性越大;反之,行人对某一事件感到无能为力、束手无策,就更加倾向于采取负性的、过激的甚至不顾后果的行为。由于不同行人的这一能力差别较大,导致了行为的无序性和多向性。

(3)行为的短期性和低效性。由于紧急情况下,行人交通系统紊乱,导致行为执行效率低下,具体表现为一些行人犹豫不定,或频繁改变行为。部分行人按照第一反应选择路径,迅速执行,当发现没有安全出口时又返回原路等。

在紧急情况下,行人的个体交通行为可以分为以下四种类型。

(1)原路脱险型。这是最常见的行为模式,由于疏散设备和路径通常不为所有行人熟悉,一旦事故发生,行人处于惯性行为,急于沿着原先进来的路径回归避险。

(2)向光向阔型。紧急情况下,行人害怕黑暗,认为光亮处更安全,因此有趋光倾向,或者行人怕被关在有危险的建筑物而奔向敞开的空间以求安全。

(3)盲目随众型。当行人的生命处于危险情况时,由于恐慌而容易失去正常的判断能力,不管有什么人在跑动时,行人就容易盲目地跟随其后。

(4)延滞型。在有危险情况下,有些行人因无法及时采取逃避措施或顾及自己携带的物品而迟缓疏散,贻误逃离时机而采取一种避险的行为。

有数据表明,在紧急情况下,行人的恐惧心理可以传递,这种心理导致的行为也由于盲从被迅速放大,导致大量人群的无序拥挤等不合理或非社会行为。大规模人群的拥挤行为容易形成密度波,导致走走停停现象,例如国外 Jamarat 桥踩踏事故中,据报道,在事故的最后 20min,行人密度高达 7 人/m^2,此时观测到了周期为 45s 的密度波,当大规模人群组织不当或有微小扰动时,人群中可能会恐慌、惊跑、“羊群效应”等不稳定的交通行为,处在这种人群中的个体所受的压力高达 4450N/m^2,从而极易导致踩踏事故发生。

第三篇 行人交通分析与预测

预测就是人们根据可获得的历史和现实数据、资料，运用一定的科学方法与手段，对人类社会、政治、经济、军事、科学技术等发展趋势做出科学推测，以指导未来行动的方向，减少处理未来的盲目性。预测的前提是对现状的准确分析和判断。预测是面向未来，并对未来进行分析和研究的学科。预测是决策的基础，科学预测是进行正确决策的前提条件。

交通预测就是将决策理论应用于交通建设的实践。即交通预测是在一定的预测前提条件下对未来交通状况的估计。在交通系统规划、设计和可行性研究中，交通预测是其中重要一环，它是确定其建设项目的技术等级、工程设施规模以及评价其效益的主要依据。只有了解交通系统目前的水平与对今后发展的趋势预测，才能有助于掌握和控制交通系统建设规模与交通量增长速度之间相应的比例关系，为交通设计规划部门和交通管理部门制定缓解和改善交通拥堵状况的对策提供较科学的参考依据，并为实现安全高效的交通目标奠定基础。

目前步行仍然是人们出行的最主要的交通方式之一，在上学、通勤、游览、休憩、购物等出行方面发挥着重要的作用。随着城市规划的完善和绿色交通的发展，步行的数量将稳步增加。行人交通系统作为城市交通系统的一部分对提高城市交通运行效率极为重要。然而，目前我国对行人交通认识不足，缺乏认真细致的研究，在城市交通规划中通常存在对行人交通子系统的规划考虑得不够充分，人行道与各类行人过街设施的布设没有细致、系统的规划，城市没有形成完整的行人交通系统，行人没有得到足够的重视和尊重，导致行人在城市的流动表现出无序性、间断性和不安全性等问题。其根本原因是对行人交通需求和行为还没有充分掌握。基于以上背景，本章系统介绍了行人交通需求分析与预测的理论和方法，以期为解决城市行人交通设计和运营问题提供基础。

第一章 行人交通预测概述

第一节 行人交通预测定义

行人交通预测是指在一定的预测前提条件下对未来行人交通状况的估计，这里所指的行人交通状况包括行人交通量状况及行人交通行为状况。狭义的行人交通需求预测主要指行人交通需求预测。

行人交通预测可以应用于城市规划的不同阶段，一般分为宏观、中观和微观三个层面，不同层面的规划对交通预测的要求也不同。

(1)宏观层面:行人交通预测为城市总体规划、城市交通发展规划、城市综合交通规划以及城市行人交通专项规划等宏观层面的计划和决策提供服务。

(2)中观层面:行人交通预测也为城市的行人交通设施有关的重大市政工程前期规划研究服务。

(3)微观层面:在行人交通设施的局部建设、改造和运营中,如行人交通组织方案设计、管理措施、人行设施规模确定、土地开发利用对行人交通的影响分析等方面,行人交通预测也发挥一定作用,支持一些细节工程的设计,对交通设施的适应性情况起到了科学分析的基础作用。

行人交通预测按照预测时限不同,可以分为短期预测、中期预测、长期预测。按照预测范围不同,还可以分为城市路网行人交通需求预测、区域行人交通需求预测和节点(交叉口、场站和大型活动场所)行人交通需求预测等。

第二节　行人交通预测目的

行人交通预测是城市行人交通网络和节点实现优化设计及高效优质运输的前提条件,其基本功能是为行人交通仿真提供数据支持,并通过研究、分析、决策使行人更安全、方便、快捷、准时、舒适、经济地到达目的地。根据行人交通系统环境所涉及的内容,行人交通预测目的主要有行人交通设施规划与设计,行人交通安全控制以及行人路径选择优化三方面。

一、行人交通设施规划与设计

行人交通设施的规划与设计关系到整个行人交通系统正常有序运行的基础条件。行人交通设施的宏观布局、微观设计均需要以交通需求量及行人行为等资料为依据。在能满足未来行人走行和活动的要求的基础上,尽可能实现行人交通设施规划和设计的经济性和合理性。

二、行人交通安全控制

行人交通需求量直接影响着行人交通安全级别及事故发生的可能性,通过行人交通需求预测,能够对城市内行人交通事故易发位置进行准确判别,进一步为行人交通安全控制提供基础依据。交通安全控制就是利用现代管理和技术领域的科学而有效的方法,尽可能地减少或消除交通事故的发生,保障道路交通的安全。无论是目前先进的智能交通运输系统(Intelligent Transportation Systems,ITS),还是传统的运输系统,交通安全控制的基础资料必须通过调查和预测的方法获得。因此,行人交通预测的另一目标就是使行人安全地完成其出行全过程,从而提高整个路网上的交通安全性,改善路网交通安全和拥挤状况,极大限度地提高道路网的通行能力机动性及安全性。

三、行人路径选择优化

出行者在出行时间、出行方式和出行路径等方面存在多种选择,不同时段不同路径下的行人交通流及车流大小不一,使得出行总时耗有所不同,或由于某时段出行过度集中而导致出行总时间额外增加,甚至导致交通拥堵。解决这一问题的有效途径是引导和调整出行者的出行路径,实现交通流的均衡分配。这就要求交通管理部门提前了解某路段的交通量及区间流量,因此,行人交通预测目的也涉及了行人的行为预测。通过预测不同地区、节点的行人的路径选择行为来进行一定程度的交通诱导,为出行者减少出行时耗、节约费用等,进而影响路网交通流分布和系统总效益。

第三节 行人交通预测的内容

根据不同的预测目的,行人交通预测的内容如下。

1. 用于设施规划与设计的行人交通需求预测

行人交通主要包括道路行人交通、交通场站行人交通和大型活动场所行人交通三部分,其都涉及行人交通设施的布局,合理的行人交通设施布局可在很大程度上缓解该地区的行人交通压力,保证行人交通的安全,提高行人设施的服务水平。

行人交通设施的规划和设计,首先应当符合行人交通流的时空分布规律,其次还应使各部分的行人设施通行能力满足行人交通需求,保证一定的服务水平。因此,行人交通设施规划和设计一般不以一天当中平均行人交通量为依据,而是由高峰小时行人交通量决定。例如:道路交通中的交叉口道路宽度,交通场站内出入口数目、通道数目、楼梯宽度和数目以及大型活动场所中的出入口数量、坐席分布等设计,都需要知道相应场所的高峰小时和其全日行人流量。高峰小时行人流量一般是以全日流量预测模型为基础,再估计或调查高峰小时系数,用它乘以全日流量就得出了高峰小时流量。不同目的、不同方式、不同区域的高峰小时系数存在明显差异,出行发生/吸引量的高峰期与各类交通载体的负荷高峰期不一致,高峰小时系数也不同。对于交通场站系统,进出站的高峰期与路段流量的高峰期起止时间不同,高峰小时系数也不同。所以高峰小时系数的选取需要足够重视,否则将导致预测结果与实际值的较大偏差。

在封闭和半封闭的行人交通系统中,行人设施的规划和设计主要以满足快速安全地疏散聚集人群和优化系统运营为目标。因此,行人交通设施规划和设计一般以出行总量、结构和到达规律为主要预测对象。

1)全日和高峰小时节点的行人发生吸引量

节点的行人发生吸引量是交通小区、交通场站或大型活动场所发送或到达的行人交通量。这些节点上每日集散大量行人,高峰小时节点的行人发生吸引量是指一天中节点发生吸引量出现高峰值的那个小时的客流总量。通过预测节点的行人发生吸引量,为准确设计节点规模、进出口数量和类型提供依据,全日行人发生吸引量也是交通流控制等系统组织优化的基础。有时还需要预测不同方向、不同类型的行人交通发生和吸引量。

2)全日和高峰小时各设施行人交通流量

高峰小时各设施行人交通流量指不同位置的行人交通设施上分配获得的行人交通流量。如:路段行人交通流量,售票口行人交通流量,闸机行人交通流量等。它为确定设施位置、数量和类型提供依据。高峰小时设施行人交通流量一般用于确定设施的最大数量,主要用于大规模行人疏散场所,全日设施行人交通流量则用于确定设施的开放数量。

3)最高聚集人数

最高聚集人数是指设计年度中行人发生和吸引量偏高期间内,每天最大同时在节点上的人数的平均值。最高聚集人数是确定节点内容纳设施建筑面积的主要依据。

2. 用于安全控制的行人交通需求预测

安全控制是交通系统中最为关心的问题之一,而道路行人交通系统中主要对最小交通流量、行人交通量及车流量进行预测从而通过设置合理的交通信号设施来保证其交通的安全性。

1)最小行人交通流量

在交通系统中行人交通信号对行人交通安全控制起到重要作用,而设置行人交通信号的主要目的是解决平面交叉口的人车冲突问题。行人交通量是主要设置依据之一,因为并不是所有的平面交叉路口都需要安装行人信号灯。在行人交通量较小的路口,实施交通信号控制反而会造成车辆和行人的延误,因此,根据最小行人交通流量来确定交通信号的设置,提高行人交通系统的安全控制。

2)行人交通量和车流量

在交通流量和密度都较大的交叉口,只有合理的交通信号才能在一定程度上解决交通紊乱的问题。因此,在道路行人交通系统中的交叉口处,除了考虑机动车通行外,还要考虑穿越交叉口的行人。只有将行人交通量和车流量综合考虑,才能合理地确定需要安装的交通信号。

在这需要引起注意的是,由于行人交通需求来源不同,发生的场所存在差异,因此需要注意相关因素对不同预测方法的影响。尤其该把握"四阶段"法对各场所行人交通预测的适应条件。

第四节 行人交通需求预测的基本思路

行人交通需求预测是在行人交通调查的基础上展开的预测,其预测过程设计必须符合行人交通的特点和发展规律。行人交通需求预测有如下特点:

(1)行人交通需求预测具有局部性。由于行人步行距离通常较短,行人出行范围受限,因此,行人交通需求预测的范围也受限。行人交通需求预测一般都是围绕某个区域(如步行街区)或者节点(如交通场站或大型活动场馆)进行的。

(2)行人交通需求预测与其他方式预测具有关联性。行人交通伴随着交通出行的全过程,既有完全步行的交通出行,也有部分是步行的交通需求,行人交通需求预测则需要将两种需求综合分析预测,这体现出行人交通需求预测与其他交通方式预测具有密切的关系。

(3)行人交通需求预测结果的多样性。行人交通的多样性决定了行人需求预测结果除了需求总量、分布等要素外,还可能有不同目的、不同流线以及采用不同交通方式等的行人交通需求预测,具有特殊性。

基于以上特点,行人交通需求预测的基本思路如下。

(1)分析影响区域行人交通需求的外部和内部因素。由于行人交通的活动区域隶属于城市的一部分,区域的外部交通作用以及内部交通影响导致行人交通需求构成极为复杂,因此,将行人交通活动区域置于更大的环境,通过调查方式考察整个地区交通构成,乃至相关的交通发展决策、政策,辨明影响地区交通现状与发展的主要因素,进而理顺预测的顺序是行人交通预测的第一步。

(2)分析影响行人交通的局部因素。将行人交通活动区域放大,简化外部影响因素,细化内部交通源流,叠加重要交通设施交通集散情况、其他交通方式特征、土地利用情况、重要建筑交通影响情况等各种因素后,对区域内部不同设施上及设施之间的行人交通流进行分析,做到宏观和微观的有机统一。

(3)选择科学可行的方法,开展交通需求预测和分析。实践表明,传统的"四阶段"的交通预测方法仍是目前最切实可行的方法。行人交通需求预测虽然属于城市中、微观地区的交通研究、交通源流因素相对复杂,但是在进行宏观、中观分析时,仍可以将分析大体纳入到四阶段模式中进行。同时,为便于进一步考察枢纽地区微观层面问题,如内部设施联系通道、换乘关系等,还需在宏观的四阶段分析的基础上,进一步运用交通影响分析的理论与方法进行预测结果的弹性分析。此外,在具体分析时,为便于处理大量的数据,仍需选择成熟度较高的交通模型软件进行计算机辅助分析。此外,对于一些重要场所,还需要进行交通需求的结构和波动特性分析。

(4)行人交通预测后评估。行人交通因素涉及因素众多,既受到城市人口、土地、经济、政策及综合交通等宏观因素的影响,也受到天气、其他交通方式的运力配置和营销策略等微观因素的影响,因此实际交通量与预测需求量必定有一定偏差,行人交通需求预测的最后一步为预测结果的后评估。通过对实际与预测的对比分析,从点、线、网的角度针对不同阶段的需求预测偏差产生原因展开后评估,可以为优化交通运行,提高未来行人交通的预测水平提供指导。

第二章　行人交通调查

行人交通数据是行人交通预测的基础,也是行人交通行为分析、设施设计和控制管理的依据。行人交通数据的获取具有多重手段,除某些特殊的服务设备上记录的电子数据可以通过相关部门的数据库系统获取外,对于难以获取的大部分数据则需利用科学合理的调查方法进行调查获取。

第一节　行人交通调查基本流程

行人交通调查总体遵循一个通用流程,具体包含五个阶段,如图 3-2-1 所示。

(1)调查规划阶段:包括调查定义与调查假设两个步骤,主要任务是明确调查问题与目标,确定调查工作中各项因素的相互关系。

(2)调查设计阶段:包括收集背景信息、设计、组织、调查抽样、起草方案、选择调查方式六个步骤,主要任务是准备必要的资料,确定过程和原则,挑选调查工作人员、确定调查对象和提出调查方案。

(3)调查实施阶段:包括调查预测试、培训、指导和数据收集四个步骤,主要任务是检验调查与分析方法,培养调查人员掌握数据调查技术,指导调查人员现场工作和从调查对象中收集调查数据。

(4)数据整理阶段:包括调查数据的录入、筛选、编程处理和格式化组织四个步骤,主要任务是对调查获得的数据进行初步加工处理,按照数据分析需求的格式进行整理。

(5)数据分析阶段:包括变量分析和建模、模型检验、形成结论以及结论支持四个步骤,主要任务是对调查数据进行深层加工,为实际应用提供支持。

按照上述调查阶段,行人交通调查的基本流程如图 3-2-1 所示。

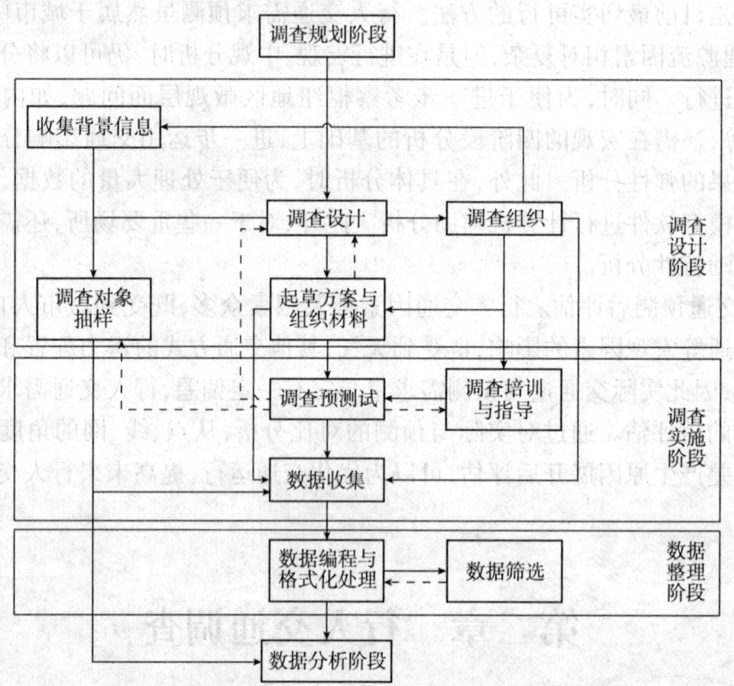

图 3-2-1　行人交通调查的基本流程图

第二节　行人交通调查基本内容

行人交通调查是在城市居民出行调查基础上进行的专项调查。

(1)行人出行特征调查。行人出行与活动调查是为了满足区域行人的交通需求,而对区域内的居民进行家庭特性、行人特性、出行次数、出行类型(是否基于家)、衔接交通方式、出行距离及出行耗时等的调查。从宏观来看,行人出行与活动调查的结果是分析行人出行需求特征的重要依据,是衡量行人出行需求、出行能力和交通服务水平的综合指标;从微观来看,行人出行与活动调查是行人交通行为选择偏好的基础。

(2)行人出行分布调查。行人出行分布调查主要是针对特定的交通场景,调查行人在某次出行过程中的起讫点、交通方式、出行时间、出行目的等,通过调查可以获得行人交通出行的时空分布特征,它是居民对交通状况做出的反应,也是分析解决高峰小时交通问题和分时段制定交通结构目标的重要参考基础。

(3)行人交通流调查。行人交通流调查是在行人交通系统内进行的与行人交通流参数和规律有关的调查。包括行人的集散和波动规律,行人流的速度、流量、密度及其关系调查等。通过调查,了解环境对交通流的影响,为行人交通系统布局和设施设计提供依据。

(4)行人交通微观行为调查。行人交通微观行为调查是行人交通行为分析的数据基础,通过行人交通行为特征调查,为行人微观行为参数量化提供基础数据。行人交通微观数据包括行人的步幅、步频、步速、空间需求、路径选择、设施利用时间、等待时间等。

(5)行人交通设施设备调查。行人交通设施设备调查是指对行人交通设施设备的设计参数(如布局、长度、宽度、高度、形状等)、使用现状和运营状况进行的调查,为行人交通设施设备评价提出数据支撑。

(6)满意度调查。满意度调查是反映行人交通系统的使用者对交通设施状况、供给水平、服务质量的评价,通过各种调查方法(通常以人工调查法为主),准确把握行人交通系统的改善方向,为行人交通设计的管理工作提供依据。

以上调查内容可根据需要进行单个或组合选择。

第三节　行人交通调查方法

行人交通调查方法是在机动车数据调查方法的基础上发展起来的,分为人工观测法和仪器自动检测法。人工观测法是指调查人员利用人工计数、计量的方法采集行人交通数据的调查方法;仪器自动检测法指利用传感器技术、微电子技术、超声波技术、GPS 技术、视频技术进行交通流检测的方法。以下介绍几种常用的行人交通调查方法。

一、人工观测法

人工观测法是一种应用最广泛的方法,采用这种方法需要的工具十分简单。常用的工具为秒表、计数器、米尺等。人工观测法具有机动灵活、易于掌握、精度高的特点,但是,如遇到调查区域规模庞大或调查时间长、同时调查参数多等情况,则耗资巨大。因此,人工观测法常用于短期、小规模的交通调查。例如,人工观测法常用于短时间的流量调查,用秒表记录行人通过人行横道的时间,计算行人的步行速度,还包括记录行人的性别、年龄等参数。常用的人工观测法包括定点观测法、跟踪调查法和问卷调查法。

(1)定点观测法:定点观测法的主要思路是根据调查范围和调查内容,在调查区域的几何空间中选定视线良好、易于观测并且不影响行人交通的地点,对调查区域进行观测和数据调查。定点观测适用于观测范围有限,流量不大时的行人交通行为特征,通常用于调查行人交通量、波动规律以及行人交通流冲突和延误等。其优点是方法简单易行,缺点是准确性较差。

(2)跟踪调查法:跟踪调查法是指在特定的调查区域和调查场景内,为获得行人个体行为特性和运动特征，调查人员将自身设定为实验环境中无差别的行人个体，对选定的行人个体进行跟踪，并根据变化记录采集调查数据的方法。跟踪调查法适用于观测特定条件下行人个体的交通行为特征，通常用于调查单个行人的速度、时间、路径选择、碰撞规避等行为。其优点是能够针对某类特殊的人群和调查参数准确地记录，缺点是耗时耗力。在研究环境中，根据相应的行人交通行为特征进行符合现实的行人运动模拟。

(3)问卷调查法：根据目前通用的调查理论及调查方法，将行人交通问卷调查分为基于已经完成的选择性行为的调查和基于在假设条件下选择主体如何选择以及如何考虑意向调查。前者称为行为调查或者 RP 调查(Revealed Preference Survey)，后者称为意向调查或者 SP 调查(Stated Preference Survey)。

问卷调查法能够从总体上了解行人的出行目的、对出行路径选择、出行规律等。其优点是方法简单，缺点是耗时耗力，且基本没有办法调查高峰时期的大规模行人流的行人特征。其中，调查问卷设计应该遵循简单易答，通俗易懂，问卷形式多以选择题为主，问题需精炼且尽量避免涉及调查客体隐私，对于易见的客体特征可由调查人员自行填写，表 3-2-1 是对某场站换乘乘客满意度调查的调查问卷。

乘客满意度的调查问卷 表 3-2-1

乘客满意度调查					
满意度 / 项目	非常满意	满意	一般	不满意	非常不满意
对本站与周边交通便利程度是否满意					
对本站进出站时间是否满意					
对本站内换乘时间是否满意					
对本站的自动售检票系统方便度是否满意					
对本站服务人员行为态度是否满意					
总体上对本站是否满意					
调查时间：	调查地点：		记录人：		

人工观测法的一般调查步骤如下。

(1)确定调查数据类型。研究内容是确定调查数据的基础，不同研究目的调查数据类型不同。例如，研究行人微观行为需调查行人步频、步幅、步速和排队情况等；研究能力需要调查流量、流速等；调查疏散需调查疏散时间等。

(2)选定调查时段和区域。确定了调查数据类型后，需根据调查数据类型和调查内容选定调查时段和区域。对于流量、速度、密度、延误等数据的调查需要确定某一连续渐变的时段，该时段的数据量应能够尽可能呈现正态分布趋势；调查行人交通设施静态参数时则宜选取客流平峰时期作为调查时段，避免调查过程影响正常地的交通秩序；若调查行人交通设施能否满足客流动态波动需求时，则应选取节假日等客流高峰时段进行。有时，调查时段的选取还和调查方法有关，例如，在以问卷形式调查行人的行为时，最好选取客流平峰时段。因为高峰时段的人群密度高，行人急于疏散，存在尽量减少途中延误的行为。调查区域一般根据行人的行为特征和可观测的范围确定,如需要调查行人在上行楼梯上的行为,则以楼梯入口和出口为边界的区域作为调查区域(Pedestrian Trap)。

(3)现场调查数据。确定上述步骤之后,需要设计调查数据表格并组织人员进行调查,无论是定点观测、跟踪调查还是问卷调查法,都必须根据调查目的和内容取得调查数据,该调查数据可能是调查填好的表格或经过调查客体填写的问卷等。另外,在调查过程中还需考虑一些意外因素造成的影响并采取预防措施,保证数据的真实性和可靠性。

人工观测法一般用于短时交通流、行人交通行为参数调查、OD 调查等,是缺少有效数据获取方式时较为常用的调查方法。

二、机械计数法

在行人交通量计数方面,各种自动机械计数装置在许多地方都得到了广泛的应用,可以根据调查要求选择自动机械计数装置,进行连续调查,例如 24h 交通量、一月累计交通量、一年累计交通量等连续调查等。

自动机械计数装置的原理是利用传感器感应通过的物体,传递信息更新计数,它一般有自动检测器(传感器)和计数器两部分组成。一般可以分为便携式计数装置和永久性计数装置两种。前者适用于临时、短期交通量调查;后者适用于固定或长期交通量调查。当进行超过 12h 的长期交通量调查时,机械计数非常适用。在需要的情况下,辅以人工观测抽样,则可以得到有关行人交通微观行为的资料。大多数的计数装置可用于:①确定行人交通量的时间分布;②确定行人交通量逐日或逐月变化以及增长趋势;③估计年交通流量(用于行人走行路径设计计算等)。

利用机械计数装置进行交通量调查可以节省大量的人力和物力,调查范围广,调查精度高,特别适合长期连续性交通量调查,但是这类装置一次性投资大。最近,利用红外感温计量和测试的红外线感温计量设备也研制成功,预计不久将投入使用。

机械计数调查一般用于城市道路行人交通流量调查、交通场站和大型活动场所的出入量调查等方面。

三、录像调查法

录像调查法是利用录像或视频监控设备,在相应的调查时段和调查区域,录制行人运动过程,该录制过程可以是针对行人运动整个过程的连续时间段的视频录制,也可以是为研究行人运动的某个特定过程的离散时间段的视频录制,其输出结果是视频文件,对数据的采集需要进行人工或计算机软件加工。录像调查结合了以上人工观测法的优点,是目前行人调查中广泛采用的一种方法。视频调查法可用来进行单个行人和多个行人交通数据的调查,包括速度、流量、可接受间隙、启动时间等。其优点是存储方便,可以重放获取细节信息,能够一次调查几乎所有的交通行为数据。缺点是需要大量的摄像设备,对运动物体识别困难,且后期数据处理周期长,需要借助人工处理完成。在使用录像采集调查方法时需要注意的是,摄像机的位置宜选择与客流流向垂直的方向进行拍摄,高度宜使录像能够覆盖研究区域,否则在后期处理时需要进行坐标变换。利用录像调查法调查行人交通的具体流程如图 3-2-2所示。

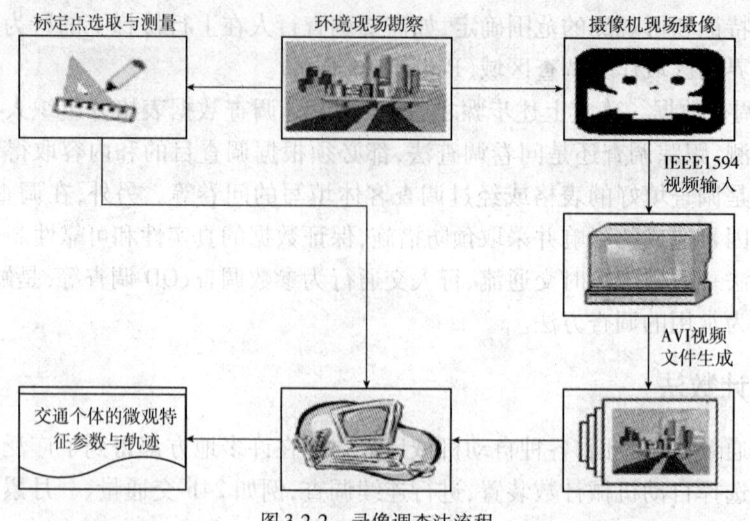

图 3-2-2　录像调查法流程

(1)调查地点的确定。首先进行调查的工作步骤是需要考察调查地点。由于采用记录手段,所以需要将摄像机架设在一定高度处,保证足够的摄像机检测范围,尽量减少遮挡,亦可以采用多台摄像机。

(2)标定点的选取和测量。在完成了摄像机的架设以后,根据摄像机观测的视野中明显特征的点作为标定点进行现场测量,一般可以选取路面标线等物体。如果现场的特征点缺乏,也可以采用人工标记的方法,特征点的选取尽量集中均布于视野之中。测量采用激光测距仪进行。在获得测量之后,可以用三角测量的方法建立实际物理坐标系统。

(3)现场录像。在进行现场录像时,需要考虑的因素主要是根据研究范围,同时注意采用合理的录像机设置参数。

(4)录像转换为通用视频格式的计算机存储文件。配合相应的图形调查软件,可以利用 IEEE－1394 连接线数码录像机信号输入到计算机。利用 mpeg 进行压缩后,可以保证体积减小,并且图像质量没有明显损失。

(5)用视频数据挖掘软件处理数据。在获得调查现场的 AVI 格式文件后,可以利用人工或者视频处理技术进行处理。在正式的数据处理之前,需要将现场测量的标定点测量的参数进行标定。

四、GPS 调查法

进行行人微观行为研究的时候,需要调查单个行人的启动过程和行进过程的连续数据,这时人工观测法已经不能满足数据调查的需要。近年来 GPS 技术在交通数据调查中发挥了巨大的作用,GPS 调查方法具有以下优势:①全天候工作;②能为用户提供连续、实时的三维位置、三维速度和精密时间,不受天气的影响;③定位精度高,单机定位精度达到 10 m,采用差分定位,精度可达厘米级和毫米级;④体积较小,基站和流动站等所有设备都易于携带和安装;⑤功能多,应用广。因此,把 GPS 技术应用到行人的数据调查中,就可以调查到行人的启动过程和行进中的微观数据。GPS 数据调查流程如下:

(1)准备工作检查电源是否已充足电,检查设备各组件的状态,确保各部件正常。

(2)架设 GPS 基站,基站架设在地势较为开阔、平坦,上方无遮挡物的高台处,同时周围必须没有无线电发射台,以防干扰接收和发射信号。在连接好基站各部件后,通过笔记本电脑检查卫星接收状况,确认通信状态和定位精度良好。

(3)将流动站的接收装置(天线)和发射装置(无线电台)放在背包里面,行人背着行走,保证安装稳固,连接各组件,接通电源。为了使差分模式有效消除各种类型的系统误差,要求基站和流动站必须同时跟踪和收集来自至少 4 颗同步卫星的数据,如图 3-2-3 所示。

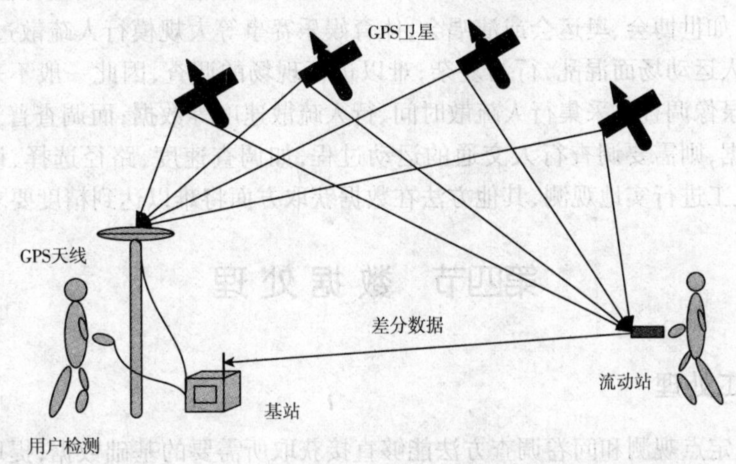

图 3-2-3 利用 GPS 进行数据调查的示意图

通常利用 GPS 调查的是单个行人的数据,主要用来研究行人的微观交通特性,当需要对不同的行人进行大量的数据调查的时候并不适用。

五、调查方法的比较

人工观测法较为常用,易于操作,可以调查单个行人的数据,如速度、启动时间等,也可以调查多个行人的流量、速度、密度等,但不适于调查连续的数据;视频调查法主要具有可重现性的优点,可以调查单个行人和多个行人的数据,随着图像识别技术的发展,其应用前景将很广阔;GPS 调查法在调查单个行人的数据方面具有很强优势,可以调查连续数据,但无法进行大量的样本调查,对行人微观行为的研究具有重要的意义。对比分析不同调查方法优缺点如表 3-2-2 所示。

不同调查方法优缺点对照表 表 3-2-2

比较项目	人工观测法	机械计数法	录像调查法	GPS 调查法
数据储存方式	纸质文件或文本文件	计数器	视频格式文件	视频软件输出数据格式文件
数据精确度	较高	高	高	一般
适用性	可以调查单个行人和行人群体数据,不适用于连续数据的调查	调查大量的行人交通流量,长时间的连续不间断调查	适用于调查连续数据,数据具有重复利用性,具有回放功能	调查少量的行人个体数据,无法进行大量的样本调查

续上表

比较项目	人工观测法	机械计数法	录像调查法	GPS 调查法
成本	需要利用人力现场调查,成本较高	一次性投资高	利用数码摄像设备进行调查,不需要到现场调查	需要多设备协同合作,涉及光缆铺设,基站架设,无线接发设施的敷设,成本高

在实际的行人交通数据调查中,需根据调查内容和调查目的选取调查方法。例如,调查大型活动场所,如世博会、奥运会或演唱会,体育娱乐赛事等大规模行人疏散过程时,由于疏散过程中的行人运动场面混乱,行为复杂,难以进行现场的调查,因此一般不采用人工观测法而采用的是录像调查法采集行人疏散时间、行人疏散速度等数据;而调查普通情况下的行人微观行为数据,则需要调查行人交通的运动过程,如调查速度、路径选择、设施利用时间等,此时需要人工进行实地观测,其他方法在数据获取方面将难以达到精度要求。

第四节　数据处理

一、全人工处理

跟踪调查、定点观测和问卷调查方法能够直接获取所需要的基础数据,提取工作主要在于将其转化为电子数据并存于电子数据库中。录像采集法由于在数据调查后,从现场获得的视频数据中无法直接得到所需的交通行为特性,需要通过一定的手段对其进行分析和处理。视频数据提取的基本思路是建立 TXY 数据库,即视频中的行人移动转化为时间轴上行人坐标位置的连续变化过程并存入数据库,然后再根据需要从数据库中提取数据。数据库的建立基于行人在平面坐标系内移动时坐标值的变化,TXY 数据库共有四个字段,分别表示行人编号、时间 t、空间坐标(x,y),通过这四个值能够准确计算出行人通过研究区域(Pedestrian Trap)所花费的时间、速度以及行人密度、流量等信息,这些数据既可以用来宏观计算,也可以进行微观分析。

二、半自动处理

根据分析手段的不同,将视频数据转化为 TXY 数据库的方法有全人工、全自动、半自动三种方法。全人工方法是人工通过反复播放同一段视频,并对每一个人进行跟踪,记录起始时间、终止时间和坐标值的方法,这种做法耗费时间、准确率低。日本研究者 Kardi Teknomo 在其博士论文中提出基于图像模糊识别的 TXY 数据自动分析技术,通过定义研究区域和视频时段,根据颜色连续性的差异自动识别行人,并将数据记录到 TXY 数据库中,但其技术尚不成熟,准确性仍然无法完全满足需要。目前研究者常用的数据分析方法是采用半自动的数据处理方法。为了将大量采集到的现场视频数据进行分析处理,本书编者及所在的课题组共同开发了一种用于计数的半自动行人交通数据视频分析系统,使用者只需要在开始时点击画面上某一行人所处的位置,此时视频开始播放,继续跟踪此行人,当其到达研究区域边界时再次点击画面,软件即可将这一行人的 TXY 数据记录入库(图 3-2-4)。这种方法较全人工的办法速度提高了 5 ~ 10 倍,其精度也较全自动的办法高。

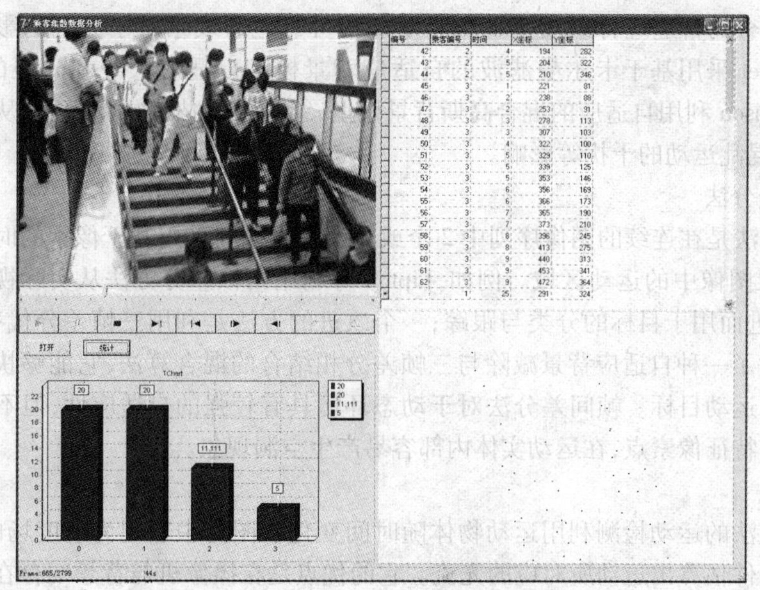

图 3-2-4　半自动行人交通数据分析系统

三、视频数据自动处理技术

视频数据自动处理技术是利用计算机视觉和图像处理的方法对图像序列进行运动检测、目标识别、运动目标跟踪以及对监视场景中目标行为的理解与描述。其中,运动检测、目标识别、目标跟踪属于视觉中的低级和中级处理部分,而行为理解和描述则属于高级处理,如图 3-2-5 所示。

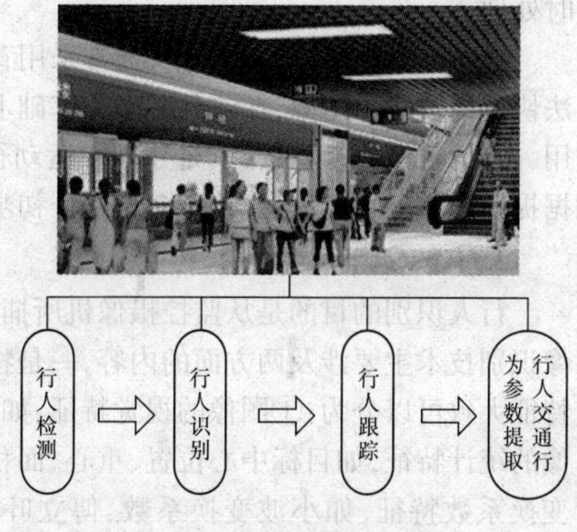

图 3-2-5　视频检测方法的处理流程

1. 行人检测

行人检测是把视频序列中出现的行人从背景中分割出来并精确定位。行人的有效分割,对于行人识别、跟踪和行为理解等后期处理非常重要。因为当行人同背景混合时,行人可能行走,也可能静止站立或者随意改变运动方向。行人所处的背景动态变化,如天气、光照、影子及混乱干扰等给行人检测带来很大难度。

1) 背景差法

背景差法就是选取一帧作为参考图像,用当前帧和参考图像做差分,如果参考图像选取适当,能比较准确地分割出运动物体。在交通流量的图像序列中,背景是渐变的,而背景差分的关键是选择合适的图像作为背景。最早的背景差法是人工观察选择一幅质量好的图像作为背景;后来虽经不断改进,但对于动态场景的变化,如光照和外来干扰等特别敏感,且分割精度易受噪声影响。目前许多研究人员都致力于开发不同的背景模型,以期减少动态场景变化对于运动分割的影响。例如,Haritao-slu 等利用最小、最大强度值和最大时间差分值为场景中每个像素进行统计建模,并且进行周期性的背景更新;McKenna 等利用像素色彩和梯度信息相结合的自适应背景模型解决影子和不可靠色彩线索对于分割的影响;Karmann与Brandt、Kilger采用基于卡尔曼滤波的自适应背景模型以适应天气和光照的时间变化;Staufer与Grimson利用自适应的混合高斯背景模型,结合在线估计更新模型,从而处理了光照变化、背景混乱运动的干扰等影响。

2)帧间差分法

帧间差分法是在连续的图像序列中2个或3个相邻帧间采用基于像素的时间差分并且阈值化来提取图像中的运动区域。例如,Lipton等利用两帧差分方法从实际视频图像中检测运动目标,进而用于目标的分类与跟踪;一个改进的方法是利用三帧差分代替两帧差分,如VSAM开发了一种自适应背景减除与三帧差分相结合的混合算法,它能够快速有效地从背景中检测出运动目标。帧间差分法对于动态环境具有较强的自适应性,但不能完全提取出所有相关的特征像素点,在运动实体内部容易产生空洞现象。

3)光流法

基于光流法的运动检测利用运动物体随时间变化在图像中表现为速度场的特性,根据一定的约束条件估算出运动所对应的光流。它的优点是在摄像机与背景间存在运动的前提下也能检测出运动物体。Meyer等通过计算位移向量光流场初始化基于轮廓的跟踪算法,从而有效地提取和跟踪运动目标。但是大多数的光流计算方法需要多次迭代运算,所以时间消耗比较大,且抗噪性能差,如果没有专门的硬件装置则难以应用于视频图像流的实时处理。

在实际的城市交通环境中,通常采用背景差法检测行人,即首先通过自适应背景提取方法快速提取背景图像,在差分图像的基础上,结合直方图自动阈值分割和数学形态学运算采用一定的行人分割算法,填充分割中运动行人图像的断裂部分,提取出行人完整的轮廓;根据提取的目标特征信息,结合多种特征初步判断行人的存在信息,进行行人检测。

2. 行人识别

行人识别的目的是从监控摄像机所捕捉的序列图像中将行人的运动区域提取出来。图像识别技术主要涉及两方面的内容,一是特征提取的方法,二是模式分类方法。运动目标的特征大致可以分为:①图像的视觉特征,如图像的边缘、轮廓、形状、纹理和区域等特征;②图像的统计特征,如目标中心位置、重心、面积周长、颜色直方图、各种不变矩等特征;③图像的变换系数特征,如小波变换系数、傅立叶描述等特征;④代数特征,如图像矩阵的奇异值分解等。

车辆是刚体目标,通常选择一个目标特征作为目标特征匹配的标准,如目标的边缘、轮廓或目标的颜色直方图等;而对行人这样的非刚体目标随着人的运动,目标的形状和姿态都会发生变化,这时常常联合多种特征进行目标特征匹配。目前图像的模式分类方法很多,如统计模式分类方法、结构法、分类树方法、神经网络方法等,这些方法由于针对分类对象,应用场合不同而提取不同的图像特征,采用不同的模式分类方法。传统的统计模式分类法及线性判别函数往往只能提供线性的分割平面,采用这种分类方法关键在于提取易于分类的模式特征。神经网络方法,如BP网络,具有非线性分割的能力,但由于对数据的过拟合,而导致其推广能力的下降,最近的一些应用表明,支持向量机方法显示出较传统方法更好的适应和推广能力。在行人识别中,通常将行人模型简化为矩形,通过得到的二值图中目标的轮廓,综合考虑运动目标的位置特征、形状特征以及统计特征等为检测到的行人目标建立特征模板进行匹配,判断检测的目标是否为行人。

3. 行人跟踪

行人跟踪是监视行人在视频序列中的时空变化,包括行人的出现、位置、大小、形状等,是在连续帧上匹配目标区域。行人跟踪一般从行人检测开始,而且在后继的视频序列需要重复地检测行人以校验跟踪和维持跟踪连续进行。常用的数学工具有卡尔曼滤波(Kalman Filtering),Condensation 算法及动态贝叶斯网络(Dynamic Bayesian Network)等。其中 Kalman 滤波是基于高斯分布的状态预测方法,不能有效地处理多峰模式的分布情况;Condensation 算法是以因子抽样为基础的条件密度传播方法,结合可学习的动态模型,可完成鲁棒的运动跟踪。

目前,就跟踪对象而言,有跟踪手、脸、头、腿等身体部分与跟踪整个人体的;就跟踪视角而言,有对应于单摄像机的单一视角、对应于多摄像机的多视角和全方位视角;还可以通过跟踪空间(二维或三维)、跟踪环境(室内或户外)、跟踪人数(单人、多人、人群),摄像机状态(运动或固定)等方面进行分类。

基于模型的跟踪,常用的人体表达和跟踪方式有以下三种。

(1)线图法。人运动的实质是骨骼的运动,因此,该表达方法将身体的各部分以直线来近似。例如,John Wiley 采用"星状骨骼法"通过检测情景图像的外部边界点产生一个星形的骨架,是一种简单的、具有实时性的人体跟踪方法。

(2)二维轮廓。该人体表达方法的使用直接与人体在图像中的投影有关,例如,Niyogi 与 Adelso 利用时空切片方法进行人体跟踪。首先观察由人的下肢轨迹所产生的时空交织模式,然后在时空域中定位头的运动投影,接下来识别其他关节的轨迹,最后利用这些关节轨迹勾画出一个行人的轮廓。

(3)立体模型。它是利用广义锥台、椭圆柱、球等三维模型来描述人体的结构细节,因此要求更多的计算参数和匹配过程中更大的计算量。例如,Rohr 使用 14 个椭圆柱体模型表达人体结构,坐标系统的原点被定位在躯干的中心,目的是利用该模型产生人行走的三维描述,目前研究主要有以下三种跟踪模型建立方法。

①基于活动轮廓的跟踪。基于活动轮廓的跟踪思想是利用封闭的曲线轮廓来表达运动目标并且该轮廓能够自动连续地更改。例如,Paragios 等利用短程线的活动轮廓,结合 Level Set 理论在图像序列中检测和跟踪多个运动目标;Peterfreund 采用基于卡尔曼滤波的活动轮廓跟踪非刚性的运动物体。

②基于区域的跟踪。基于区域的跟踪方法目前已有较多的应用,例如,Azarbayejani 在人的运动跟踪中使用了区域模型,将人体看作由头、躯干、四肢等身体部分所对应的小区域块所组成,利用高斯分布建立人体和场景的模型,属于人体的像素被归属于不同的身体部分,通过跟踪各个小区域块来完成整个人的跟踪。

③基于特征的跟踪。主要是将图像特征从一幅图像到另一幅图像对应起来,包括特征提取和特征匹配两个过程。例如,Segen 用一个矩形框将行人封闭起来,质心被选择作为跟踪的特征,在跟踪过程中若两人出现相互遮挡时,只要质心的速度能被区分开来,跟踪仍能被成功地执行。该方法的优点是实现简单,并能利用人体运动来解决遮挡问题,但是它仅仅

考虑了平移运动,如果结合纹理、彩色及形状等特征可能会进一步提高跟踪的鲁棒性。Shafique 考虑了运动对象速度和位置在时间上一致连续性,提出了一种多框架模型。

通常将几种方法结合起来可以提高跟踪的有效性。例如,经常采用综合了基于特征和基于区域的跟踪方法对行人进行跟踪。首先采用基于区域跟踪的方法,从背景中提取出运动区域;然后采用基于特征跟踪的方法对提取出的区域进行处理,根据这些特征建立目标模板,对图像中的行人进行匹配,判断区域特征之间的关系;最后,对跟踪区域在不同的图像帧之间建立对应关系,实现特征和区域相结合的运动跟踪。

4. 行人交通调查参数的提取

视频检测所用的数据库较多,而用于人体运动识别的数据库有以下两种。

(1)不同运动目标和类型的人类行为数据库(Different moving objects and types of human behavior database),该数据库包含 76 个不同的视频序列,这些序列按照拍摄场景可以分为室内场景和室外场景两类,按照摄像机的状态可以分为静止摄像机拍摄和运动摄像机拍摄两类。该数据库主要用于分析不同目标(动物、行人及车辆等)的运动行为。

(2)以色列 Weizmalm 科学院的人体运动数据库,该数据库包含了 9 种不同的日常人体运动,如行走、跳跃、奔跑等。

因此,通过分析这些参数可对不同场所的行人行为进行预测。

四、基于卡尔曼滤波的行人检测

卡尔曼滤波理论应用非常广泛,在视频检测行人交通行为预测方法中其得到了很好的运用。卡尔曼滤波是 1960 年由 Kalman 和 Bucy 首先提出来的。卡尔曼滤波与一个系统的状态空间表示以及状态空间模型的估计具有密切关系。目前卡尔曼滤波在经济管理系统、生态系统、自动控制系统、通信系统等之中具有广泛应用。

卡尔曼滤波的实质是由量测值重构系统的状态向量。它以“预测—实测—修正”的顺序递推,根据系统的量测值来消除随机干扰,再现系统的状态,或根据系统的量测值从被污染的系统中恢复系统的本来面目。

卡尔曼滤波法具有预测因子选择灵活、精度较高的优点,是最好的预测方法之一。且模型的预测精度随预测时间间隔的变化不大,这说明方法的强壮性很好。但是,由于模型的基础是线性估计模型,所以当预测间隔小于 5min 时,交通流量变化的随机性和非线性再强一些时,模型的性能是否会变差,还值得进一步研究。此外,由于在每次计算时都要调整权值,需要作大量的矩阵和向量运算,导致算法较为复杂,难以用于实时在线预测,预测输出值有时要延迟几个时间段。

1. 卡尔曼滤波的形式

卡尔曼滤波模型已知。所谓模型已知,是指模型的结构和参数已知,且随机向量的统计特征已知。考虑带确定性输入项的离散时间随机线性时变动态系统的状态方程为:

$$X(k+1) = A + BU(k) + \Gamma W(k) k \geqslant 0 \tag{3-2-1}$$

量测方程为:

$$Y(k) = CX(k) + V(k) \tag{3-2-2}$$

式中:$X(k)$——n 维系统状态向量;

$Y(k)$——m 维系统量测向量；

$U(k)$——r 维输入向量；

$W(k)$——$p\times 1$ 维输入噪声，通常为白噪声；

$V(k)$——量测噪声；

A——$n\times m$ 阶状态转移矩阵；

B——$n\times r$ 阶输入矩阵；

C——输出或预测矩阵；

Γ——$n\times p$ 阶矩阵，这里设为单位阵。

在状态空间模型下，随着时间的推移，假设陆续获得 j 时刻的 $j+1$ 期观测值向量：

$$Y^j=[Y(0),Y(1),\cdots,Y(j)]' \tag{3-2-3}$$

它是我们对系统在 k 时刻的未知状态 $X(k)$ 进行估计的依据。

记 Y^j 的向量函数：

$$\hat{X}(k/j) = E[X(k)/Y^j] \tag{3-2-4}$$

为状态 $X(k)$ 的估计量，分为三种情况：①当 $k>j$ 时，称为预测；②当 $k=j$ 时，称为滤波；③当 $k<j$ 时，称为平滑。

以上统称为卡尔曼滤波。

在状态空间模型下，卡尔曼滤波公式为：

$$\begin{aligned}
\hat{X}(k+1/k) &= A\hat{X}(k/k)+BU(k)\\
P(k+1/k) &= AP(k/k)A^T+\Gamma R_1(k)\Gamma^T\\
\hat{X}(k+1/k+1) &= \hat{X}(k+1/k)+K(k+1)\left[Y(k+1)-\hat{C X}\left(k+\frac{1}{k}\right)\right]\\
K(k+1) &= P(k+1/k)C^T[CP(k+1/k)C^T+R_2(k+1)]^{-1}\\
P(k+1/k+1) &= [1-K(k+1)C]P(k+1/k)
\end{aligned} \tag{3-2-5}$$

式中：$(k+1/k)$——k 时刻对 $k+1$ 时刻的估计或预估计。

例如，$\hat{X}(k+1/k)$ 是 k 时刻对 $k+1$ 时刻状态的估计；$P(k+1/k)$ 是 k 时刻预测 $k+1$ 时刻的误差协方差阵；$X(k/k)$、$P(k/k)$ 为相应的滤波阵；$K(k+1)$ 为 $k+1$ 时刻的增益矩阵（向量），也称为卡尔曼增益；$R_1(k)$ 是 k 时刻模型误差协方差阵；$R_2(k)$ 是 k 时刻量测误差协方差阵。

2. 行人路径行程时间的提取

行人路径行程时间会对行人的行为有着重要的影响。行人流系统是一个非线性的大系统，行人在行走过程中不仅受自身特点、习惯等的制约，而且受区域内路况、人流以及其他随机因素的影响。其影响因素可归纳为行人行走路段长度、行人行走方向上的交通流量、行人正常行走时间、行人延误时间；区域内不同方向上的行人行走路段长度、行人行走方向上的交通流量、行人正常行走时间、行人延误时间等。为了提高对路段行程时间的预测精度，应该考虑邻近区域内人流的影响因素，从而可考虑利用多元关系模型建立考察路段行程时间模型，使卡尔曼滤波方法更为合理。基于卡尔曼滤波的行程时间提取步骤如下。

步骤1：选取 m 个与本路段行程时间密切相关的变量，建立反映行程时间与交通环境影

响因素关系的多元线性回归方程组:

$$\begin{cases}x_0(k+1)=b_{00}x_0(k)+b_{01}x_1(k)+b_{02}x_2(k)+\cdots+b_{0m}x_m(k)+\varepsilon_0\\ x_1(k+1)=b_{10}x_0(k)+b_{11}x_1(k)+b_{12}x_2(k)+\cdots+b_{1m}x_m(k)+\varepsilon_1\\ x_m(k+1)=b_{m0}x_0(k)+b_{m1}x_1(k)+b_{m2}x_2(k)+\cdots+b_{mm}x_{0m}(k)+\varepsilon_m\end{cases}\tag{3-2-6}$$

式中:$b_{00},b_{01},\cdots,b_{mm}$ 和 $\varepsilon_0,\varepsilon_1,\cdots,\varepsilon_m$ 均为回归系数,可通过最小二乘法求得。

$$\begin{bmatrix}\varepsilon_0 & \varepsilon_1 & & \varepsilon_m\\ b_{00} & b_{10} & \cdots & b_{m0}\\ b_{01} & b_{11} & \cdots & b_{m1}\\ \vdots & & \ddots & \vdots\\ b_{0m} & b_{1m} & \cdots & b_{mm}\end{bmatrix}=[T'\cdot T]^{-1}T'\cdot\begin{bmatrix}x_0(2) & x_1(2) & x_2(2) & \cdots & x_m(2)\\ x_0(3) & x_1(3) & x_2(3) & \cdots & x_m(3)\\ \vdots & & & \ddots & \vdots\\ x_0(n) & x_1(n) & x_2(n) & \cdots & x_m(n)\end{bmatrix}\tag{3-2-7}$$

式中:

$$T=\begin{bmatrix}1 & x_0(1) & x_2(1) & \cdots & x_m(1)\\ 1 & x_0(2) & x_2(2) & \cdots & x_m(2)\\ & \vdots & & \ddots & \vdots\\ 1 & x_0(n-1) & x_2(n-1) & \cdots & x_m(n-1)\end{bmatrix}\tag{3-2-8}$$

步骤2:由式(3-2-8)建立状态方程,令

$$X(k)=[x_0(k)x_1(k)\cdots x_m(k)]'$$

得:

$$\begin{cases}X(k+1)=B(k)\cdot X(k)+\omega(k)\\ y(k+1)=A(k)\cdot[x_0(k+1)x_1(k+1)\cdots x_m(k+1)]'+v(k)\end{cases}\tag{3-2-9}$$

式中:$B(k)=\begin{bmatrix}b_{00} & b_{01} & \cdots & b_{0m}\\ b_{10} & b_{11} & & b_{1m}\\ \vdots & & \ddots & \vdots\\ b_{m0} & b_{m1} & \cdots & b_{mm}\end{bmatrix}$

$A(k)=[1\quad 0\quad\cdots\quad 0]$;

$\omega(k)=[\varepsilon_0\quad\varepsilon_1\quad\cdots\quad\varepsilon_m]'$

$v(k)$ 为 k 时刻的观测噪声。

步骤3:初始化滤波方程 $P(0)$ 和观测值 $X(0)$。

步骤4:递推计算

$$P(k\mid k-1)=B(k)P(k-1)B'(k)+Q(k-1)\tag{3-2-10}$$

式中:$Q(k-1)$ 为对称的非负定矩阵。

步骤5:计算卡尔曼滤波系数

$$K(k)=P(k\mid k-1)A'(k)[A(k)\cdot P(k\mid k-1)A'(k)+R(k)]^{-1}\tag{3-2-11}$$

步骤6:根据以下公式进行状态更新:

$$\hat{X}(k)=B(k)\hat{X}(k-1)+K(k)\cdot[y(k)-A(k)B(k)\hat{X}(k-1)]\tag{3-2-12}$$

$$P(k)=[I-K(k)A(k)]P(k|k-1)$$

式中，$y(k)=x_0(k)$。

步骤7：令 $k=k+1$，回到步骤4进行计算直到满足终止条件。

步骤8：计算行程时间值 $y(k)=A(k)\cdot X(k)$，并对结果进行评价。

第三章　行人交通需求预测

行人交通需求预测是交通规划中的核心内容之一，是行人交通发展政策的制定、行人交通设施设计及方案评价的基础，同时行人交通需求预测也为相关交通建设系统项目的决策提供依据。这里所指的行人交通需求包括以步行方式独立完成单次出行的交通需求和以步行方式参与公共交通某环节的交通需求。因此，在对其进行预测时须明确研究场所及预测目的，选用合理的预测方法。

第一节　行人交通需求预测概述

一、行人交通需求特征

1. 目前我国行人交通需求呈上升趋势，并逐渐趋于稳定

据调查，我国20世纪80年代人均出行次数为每天2.21人次，90年代人均出行次数为每天2.68人次，比80年代增长了21.3%。城市人口的增长和规模的扩大、社会经济活动的增加，往往使城市交通需求总量以2～3倍于人口的速度增长，而这种行人交通需求量的增加主要体现在用于衔接不同公共交通方式间的步行交通需求的增加。但是，出行量的增加必然加大了发生交通事故的风险。

我国居民的出行方式目前还是以步行和自行车为主。据调查显示，随着城市社会经济的发展，居民出行次数经历了一个先减少再增加，最后保持稳定的变化趋势。例如，上海市居民1986年出行方式中步行占41%，自行车占30%。1998年，步行占30.4%，自行车占41.7%。而预计2020年出行方式中步行占22%，自行车占20%。预计2020年类似上海、北京等其他城市也有大致相同的比例。出行方式中，虽然行人和自行车所占比重有所下降，但仍占很大的比例，最终步行比例将占20%～25%。

2. 出行构成

行人交通出行构成可以分为基于家（HB）和非基于家（NHB）的出行两大类，具体还可以分为12小类。

（1）基于家庭—工作出行。在家庭与工作地之间的往返出行。

（2）基于家庭—就餐出行。在家庭与酒店之间的往返出行。

（3）基于家庭—商场出行。在家庭与商场之间的往返出行。

（4）基于家庭—商务出行。在家庭与商务地之间的往返出行。

（5）基于家庭—学校出行。在家庭与学校之间的往返出行。

(6)基于家庭—休闲出行。基于家庭出行为寻求娱乐、社交等休闲活动。

(7)非基于家庭—工作出行。在工作地与其他目的地之间的往返出行。

(8)非基于家庭—就餐出行。在其他地点(非家庭)与酒店之间的往返出行。

(9)非基于家庭—商务出行。在其他地点(非家庭)与商务地之间的往返出行。

(10)非基于家庭—商场出行。在其他地点(非家庭)与商场之间往返出行。

(11)非基于家庭—休闲出行。在其他地点(非家庭)出行为寻求娱乐、社交等休闲活动。

(12)非基于家庭—学校出行。在其他地点(非家庭)与学校之间的往返出行。

二、出行影响因素

行人、非机动车的实际交通活动和将来对交通活动的需求,以及阻止他们实现交通活动的相关因素,是政策制定者在制定切实可行的交通计划所必须考虑的重要因素。

随着经济建设的加快,人们生活质量的不断提高,人们对出行的要求也不断增加。但有些因素也阻止了人们的交通需求。主要有以下几个方面。

(1)交通事故发生率居高不下。由于我国对行人交通不够重视,一方面还没有形成完善的行人交通系统标准和规范,使行人成为交通中容易受到危险的一方;另一方面,道路上驾驶员的违章驾驶是发生行人车辆事故的主要原因。国外的研究表明,越来越多的行人怕发生交通事故而减少了交通出行。在我国,家长甚至担心小孩发生交通事故而减少了小孩单独参与交通活动的机会。

(2)人口的老龄化。我国目前有60岁以上的老人1.2亿。老年人的出行由于年龄的限制,以及没有为其提供足够安全和方便的交通设施,使得他们的交通活动限制在很小的范围内。据统计分析可知,老年人出行率随着年龄的增大而不断下降,61~63岁老年人的出行率为2.49次/天,而85岁及以上的老年人出行率仅为0.85次/天。同时,随着年龄的增大,老年人每次出行的平均出行距离呈下降趋势。61~63岁老年人每次出行距离最长,平均为3.59km;而84岁以上老年人,每次出行距离最短,平均只为1.59km。84岁以上老年人的每次出行的平均距离比61~63岁老年人少2.00km。虽然总体交通需求量降低了,但国外有数据调查表示,成年人随着年龄的增加其步行出行比例也不断增加,这也说明了行人交通在我国发展的必要性。另外,残疾人这一特殊群体的交通需求,由于自身原因和客观原因更是难以保证。

(3)行人交通环境。交通设施是为了保证交通活动而设计和修建的,它应满足各种不同交通参与者的交通需求。但在实践中,过去更多地将关心给予了机动车,行人和非机动车仅在大多数交通设施的作用已固定下来后再予以考虑。这一点在我国尤为突出,各种道路设施的建设首先考虑的是机动车的通行,然后才是行人和非机动车。由于道路加宽、人行道被侵占等问题,行人穿过马路时的风险也越来越大,特别是老年人、儿童和残疾人过马路时的风险和难度更是加大。行人天桥和地下通道的修建更是为了保证机动车的畅通,虽然减少了行人、非机动车与机动车的冲突,但增加了行人和非机动车驾驶员过马路的难度。而这些群体在交通活动中活动难度的加大,必然限制他们参与交通活动的范围。地铁车站为了保证安全,在出入口设置许多围栏等都直接影响了行人的出行。

第二节　交通需求预测的"四阶段"法

交通量预测是交通运输领域的一项专门研究课题，其预测方法一般包括定性和定量预测法。定性预测法是以逻辑判断为主的预测方法，适用于缺乏历史统计资料的预测。它主要是通过预测者所掌握的信息和情报，结合各种因素对事物的发展前景做出判断，并把这种判断定量化，一般包括德尔菲法、主观概率法等；而用于决策项目建设必要性、建设方案、建设规模、建设标准的交通量预测都一般采用定量预测方法。对于定量预测的方法，进入20世纪70年代以后，随着计算技术、数学模型的日益成熟以及计算机的广泛使用，预测技术也日趋成熟，回归分析法、投入产出法、时间序列法、灰色模型法、系统动力学法等多种方法已广泛应用于交通量预测领域，但是这些方法基本上只能应用于对单一交通指标的预测。

为了更系统和更完整的分析交通量变化，从地区交通需求着手，研究内容涵盖交通需求的生成、分布、方式划分和分配的"四阶段"法已经成为目前交通需求预测中应用最广的方法。"四阶段"模型由于具有清晰的思路和结构、相对简单的数据收集和处理，在世界各地的交通规划中扮演着重要角色。基于出行的传统交通需求预测"四阶段"模式是指在OD调查的基础上，进行现状居民出行模拟和未来居民出行预测。如图3-3-1所示，在真正开展预测之前，须依据现状居民出行调查所得的交通分区居民出行量、分区之间居民出行分布矩阵、各种出行方式比例及由交通观测所得的现状路网流量来确定预测模型和标定模型的参数，通过数学模型来模拟现状居民出行；之后再通过对城市未来土地使用的预测，将未来土地使用预测数据代入在模拟现状居民出行时建立的预测模型，得到未来城市居民出行预测数据；最后将未来城市居民出行预测值分配到未来的城市路网上，就可以得到未来城市路网的流量分布。

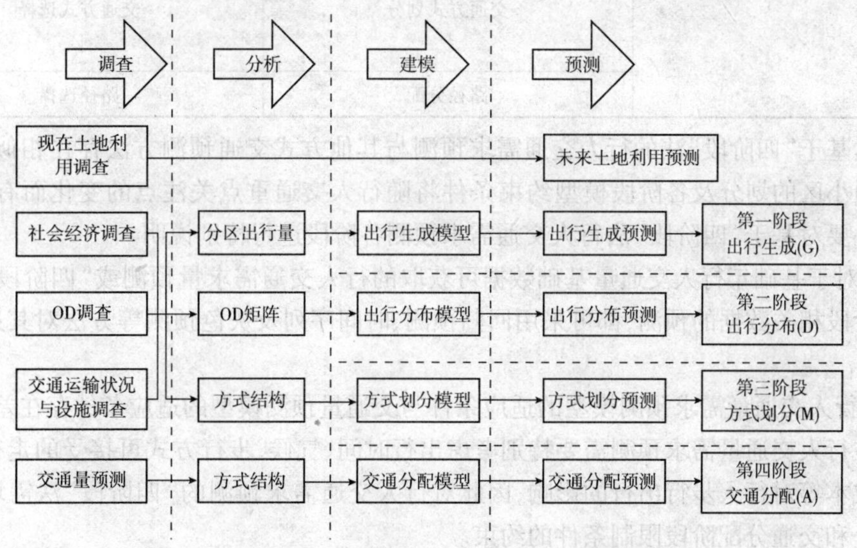

图3-3-1　基于出行的传统观交通需求预测的"四阶段"模型框架

按照预测过程中，分析对象的不同，"四阶段"可以分为集计和非集计两种类型。集计分析是以交通小区为单位将出行者的交通活动进行集体统计分析。可以说是首先预测总出行数,然后将其按交通小区之间、交通方式之间、径路之间利用某种经验规则计算的方式。非集计分析又称为非集计行为分析,是以出行的个体行人为单位,对出行者个人(或家庭)是否出行、出行目的地、采用何种交通方式、选择哪条径路等进行分析,从选择可能的被选方案集合中如何选取的问题,将得到的个人活动结果加载到交通小区、交通方式、径路上而进行交通需求预测。两者在分析的单位、模型预测方法、应用层面、政策体现、数据的效率和说明变量等方面均有很大不同,如表3-3-1所示。

集计模型与非集计模型的区别　　表3-3-1

类别 项目	集计分析	非集计分析
调查单位	各次出行	各次出行
分析单位	交通小区	个人(或家庭)
因变量	小区统计值(连续量)	个人的选择(离散量)
自变量	各小区的数据	各个人的数据
预测方法	回归分析等	最大似然法
适用范围水平	预测交通小区	任意
政策的体现	交通小区代表值的变化	个人变量值的变化
交通现象的把握方法	出行的发生与吸引 ↓	出行频率 ↓
	出行分布 ↓	目的地选择 ↓
	交通方式划分 ↓	交通方式选择 ↓
	路径分配	路径选择

虽然基于"四阶段"法的行人交通需求预测与其他方式交通预测方法存在相似之处,但对于交通小区的划分及各阶段模型约束条件将随行人交通重点关注点的变化而有所改变,因此有必要对基于"四阶段"法行人交通需求预测各阶段进行特别说明。

(1)对于基础年行人交通量基础数据可获取的行人交通需求量预测或"四阶段"法中出行生成阶段相关数据的预测,都可采用回归预测、时间序列及灰色预测等方法对其进行定量预测。

(2)行人交通量需求预测模型的适应条件与交通量预测模型的适应条件存在差异,其主要体现在行人交通量需求预测需要特别考虑出行时间、气候、步行方式可接受的走行距离以及出行成本等对行人步行出行的影响,因此对行人交通需求预测的"四阶段"法需增加考虑方式划分和交通分配阶段限制条件的约束。

(3)由于行人交通历史数据难以获得、行人交通行为具有复杂性以及行人交通与其他交通方式密切关联等原因,基于个体交通行为分析的非集计模型特别适合于行人交通需求预测。

(4)行人交通方式与其他交通方式密切关联,行人交通需求预测需要依托于居民出行的全过程进行,各种交通方式之间不只是简单的交通量分担的问题,还是有分担、有配合,甚至在不同条件下这种关系是动态变化的,因此,在行人交通需求预测中,方式划分和交通分配可以同时进行甚至合并。

本章主要结合"四阶段"法对行人交通需求量预测的各阶段的多种预测方法进行介绍。

一、交通的发生与吸引

交通的发生与吸引是"四阶段"法的第一阶段。主要内容是求出地区的交通需求总量(即生成量),并预测各个交通小区的发生与吸引交通量。在该阶段行人交通需求预测与传统"四阶段"预测法一致。

1. 交通需求总量预测

行人交通出行可分为基于家出行与非基于由家出行。受交通运输路网结构特征,尤其是交通小区内部运输状况的影响,行人交通出行根据出行中采用的交通亦可以分为两类,一类是出行全程采用步行的纯步行出行方式;另一类为出行开始及结束部分采用步行的组合出行方式,而这类行人交通量由公共交通出行方式决定,因此行人交通需求预测总量是根据交通小区路网状况在交通流分配完成后计算各路段及节点步行出行总量及公共交通出行总量之和。车辆出行与人的出行之间可以通过车辆定员及满载率进行换算。

目前,生成交通量预测的方法主要有原单位法、多元线性回归预测、时间序列预测、灰色关联法和马尔科夫预测等方法。这些方法在道路行人交通总量预测、交通场站发送量预测等方面得到了广泛的应用。

1)原单位法

在居民出行预测中经常采用的是以单位出行次数作为原单位,预测未来的居民出行量的方法,所以也称为单位出行次数预测法。单位出行次数为人均或家庭平均每天的出行次数,原单位通常有两种获得,一种是用居住人口或就业人口每人平均的交通生成量来进行推算的个人原单位法,另一种就是以不同用途的土地面积或单位办公面积平均发生的交通量来预测的面积原单位法。不同方法对应的选取的原单位指标也不同,主要有:

(1)根据人口属性以不同出行目的单位出行次数为原单位进行预测。

(2)以土地利用或经济指标为基准的原单位,即以单位用地面积或单位经济指标为基准对原单位进行预测。

具体计算公式如下:

$$T = \sum T^k, T^k = \sum_l a_l^k N_E \tag{3-3-1}$$

式中:$a_l{}^k$——某出行目的和人口属性的平均出行生成量;

N_E——某属性的人口;

T^k——出行目的为 k 时的生成交通量;

T——研究对象地区总的生成交通量;

l——人口属性(常住人口、就业人口、工作人口、流动人口);

k——出行目的。

2)多元线性回归预测

回归预测法是研究变量与变量之间相互关系的一种数理统计方法,应用回归分析从一个或几个自变量的值去预测因变量的值。回归预测中的因变量和自变量在时间上是并进关系,即因变量的预测值要由并进的自变量的值来旁推。这一类方法不仅考虑了时间因素,而且考虑了变量之间的因果关系。而多元回归分析法就是其中的一种,它是指通过对两个或两个以上的自变量与一个因变量的相关分析,建立预测模型进行预测的方法。当自变量与因变量之间存在线性关系时,称为多元线性回归分析。

(1)多元线性回归的计算模型

设 y 为因变量,x_1、x_2、…、x_k 为自变量,并且自变量与因变量之间为线性关系时,多元线性回归模型为:

$$y = b_0 + b_1x_1 + \cdots + b_kx_k + e \tag{3-3-2}$$

式中:b_0——常数项;

b_1、b_2、…、b_k——回归系数;

e——误差项。

b_1 为 x_2、x_3、…、x_k 固定时,x_1 每增加一个单位对 y 的效应,即 x_1 对 y 的偏回归系数;同理 b_2 为 x_1、x_2、…、x_k 固定时,x_2 每增加一个单位对 y 的效应,即 x_2 对 y 的偏回归系数等等。

建立多元性回归模型时,为了保证回归模型具有优良的解释能力和预测效果,应首先注意自变量的选择,其准则是:

①自变量对因变量必须有显著的影响,并呈现密切的线性相关;②自变量与因变量之间的线性相关必须是真实的,而不是形式上的;③自变量之间应具有一定的互斥性,即自变量之间的相关程度不应高于自变量与因变量之间的相关程度;④自变量应具有完整的统计数据,其预测值比较容易确定。

多元性回归模型的参数估计,同一元线性回归方程一样,也是在要求误差平方和 $\sum e^2$ 为最小的前提下,用最小二乘法求解参数。以二元线性回归模型为例,求解回归参数的标准方程组为:

$$\begin{cases} \sum y = nb_0 + b_1\sum x_1 + b_2\sum x_2 \\ \sum x_1y = b_0\sum x_1 + b_1\sum x_1^2 + b_2\sum x_1x_2 \\ \sum x_2y = b_0\sum x_2 + b_1\sum x_1x_2 + b_2\sum x_2^2 \end{cases} \tag{3-3-3}$$

解此方程可求得 b_0、b_1、b_2 的数值。亦可用下列矩阵法求得:

$$b = (x'x)^{-1} \cdot (x'y)$$

即:

$$\begin{bmatrix} b_0 \\ b_1 \\ b_2 \end{bmatrix} = \begin{bmatrix} n & \sum x_1 & \sum x_2 \\ \sum x_1 & \sum x_1^2 & \sum x_1x_2 \\ \sum x_2 & \sum x_1x_2 & \sum x_2^2 \end{bmatrix}^{-1} \cdot \begin{bmatrix} \sum y \\ \sum x_1 \cdot y \\ \sum x_2 \cdot y \end{bmatrix} \tag{3-3-4}$$

(2)多元线性回归模型的检验

多元性回归模型与一元线性回归模型一样,在得到参数的最小二乘法的估计值之后,也需要进行必要的检验与评价,以决定模型是否可以应用。

①拟合程度的测定。与一元线性回归中可决系数 $R^2=\frac{\sum(\hat{y}_i-\bar{y})^2}{\sum(y_i-\bar{y})^2}$,可以用来测定回归直线对各观测值点的拟合程度相对应,多元线性回归中也有多重可决系数 R^2,它是在因变量的总变化中,由回归方程解释的变动(回归平方和)所占的比重,R^2 越大,回归方程对样本数据点拟合的程度越强,所有自变量与因变量的关系越密切。计算公式为:

$$R^2=\frac{\sum(\hat{y}-\bar{y})^2}{\sum(y-\bar{y})^2}=1-\frac{\sum(y-\hat{y})^2}{\sum(y-\bar{y})^2} \tag{3-3-5}$$

式中:

$$\begin{aligned}&\sum(y-\hat{y})^2=\sum y^2-(b_0\sum y+b_1\sum x_1y+b_2\sum x_2y+\cdots+b_k\sum x_ky)\\&\sum(y-\bar{y})^2=\sum y^2-\frac{1}{n}(\sum y)^2\end{aligned} \tag{3-3-6}$$

②估计标准误差。估计标准误差指因变量 y 的实际值与回归方程求出的估计值 $\hat{y}$ 之间的标准误差,估计标准误差越小,回归方程拟合程度越好。

$$S_y=\sqrt{\frac{\sum(y-\hat{y})^2}{n-k-1}} \tag{3-3-7}$$

$$v_k=\frac{S_y}{y} \tag{3-3-8}$$

式中:k——多元线性回归方程中的自变量的个数。

③回归方程的显著性检验。回归方程的显著性检验,即检验整个回归方程的显著性,或者说评价所有自变量与因变量的线性关系是否密切。能常采用 F 检验,F 统计量的计算公式为:

$$F=\frac{\sum(\hat{y}-\bar{y})^2/k}{\sum(y-\hat{y})^2/(n-k-1)}=\frac{R^2/k}{(1-R^2)/(n-k-1)} \tag{3-3-9}$$

根据给定的显著水平 α,自由度$(n,n-k-1)$查 F 分布表,得到相应的临界值 F_a,若 $F>F_a$,则回归方程具有显著意义,回归效果显著;$F<F_a$,则回归方程无显著意义,回归效果不显著。

④回归系数的显著性检验。在一元线性回归中,回归系数显著性检验(t 检验)与回归方程的显著性检验(F 检验)是等价的,但在多元线性回归中,这个等价不成立。t 检验是分别检验回归模型中各个回归系数是否具有显著性,以便使模型中只保留那些对因变量有显著影响的因素。检验时先计算统计量 t_i;然后根据给定的显著水平 α,自由度 $n-k-1$ 查 t 分布表,得临界值 t_a 或 $t_a/2$,$t>t-a$或 $t_a/2$,则回归系数 b_i 与 0 有显著差异,反之,则与 0 无显著差异。统计量 t 的计算公式为:

$$t_i=\frac{b_i}{S_y\sqrt{C_{ij}}}=\frac{b_i}{S_{b_i}} \tag{3-3-10}$$

式中:C_{ij}是多元线性回归方程中求解回归系数矩阵的逆矩阵$(x'x)^{-1}$的主对角线上的第 j 个元素。对二元线性回归而言,可用下列公式计算:

$$C_{11} = \frac{S_{22}}{S_{11}S_{22} - S_{12}^2}$$

$$C_{22} = \frac{S_{11}}{S_{11}S_{22} - S_{12}^2} \tag{3-3-11}$$

式中：

$$S_{11} = \sum(x_1 - \bar{x}_1)^2 = \sum x_1^2 - \frac{1}{n}(\sum x_1)^2$$

$$S_{22} = \sum(x_2 - \bar{x}_2)^2 = \sum x_2^2 - \frac{1}{n}(\sum x_2)^2 \tag{3-3-12}$$

$$S_{12} = \sum(x_1 - \bar{x}_1)(x_2 - \bar{x}_2) = S_{21} = \sum x_1 x_2 - \frac{1}{n}(\sum x_2)(\sum x_1)$$

⑤多重共线性判别。若某个回归系数的 t 检验通不过，可能是这个系数相对应的自变量对因变量的影响不显著所致，此时，应从回归模型中剔除这个自变量，重新建立更为简单的回归模型或更换自变量。也可能是自变量之间有共线性所致，此时应设法降低共线性的影响。

多重共线性是指在多元线性回归方程中，自变量之间有较强的线性关系，这种关系若超过了因变量与自变量的线性关系，则回归模型的稳定性受到破坏，回归系数估计不准确。需要指出的是，在多元回归模型中，多重共线性是难以避免的，只要多重共线性不太严重就认为是可以接受的。判别多元线性回归方程是否存在严重的多重共线性，可分别计算每两个自变量之间的可决系数 r^2，若 $r^2 > R^2$ 或接近于 R^2，则应设法降低多重线性的影响。亦可计算自变量间的相关系数矩阵的特征值的条件数 $k = \lambda_1 / \lambda p$（$\lambda_1$ 为最大特征值，λp 为最小特征值），$k < 100$，则不存在多重点共线性；若 $100 \leqslant k \leqslant 1000$，则自变量间存在较强的多重共线性；若 $k > 1000$，则自变量间存在严重的多重共线性。降低多重共线性的办法主要是转换自变量的取值，如变绝对数为相对数或平均数，或者更换其他的自变量。

⑥D. W 检验。D. W 检验就是误差序列的自相关检验。当回归模型是根据动态数据建立的，则误差项 e 也是一个时间序列；若误差序列诸项之间相互独立，则误差序列各项之间没有相关关系；若误差序列之间存在密切的相关关系，则建立的回归模型就不能表述自变量与因变量之间的真实变动关系。检验的方法与一元线性回归相同。

（3）应用回归预测法应注意的问题

应用回归预测法时应首先确定变量之间是否存在相关关系。如果变量之间不存在相关关系，对这些变量应用回归预测法就会得出错误的结果。因此，正确应用回归分析预测时应注意：①用定性分析判断现象之间的依存关系；②避免回归预测的任意外推；③应用合适的数据资料。

3）时间序列预测

时间序列，也叫时间数列、历史复数或动态数列。它是将某种统计指标的数值，按时间先后顺序排列所形成的数列。时间序列预测法就是通过编制和分析时间序列，根据时间序列所反映出来的发展过程、方向和趋势，进行类推或延伸，借以预测下一段时间或以后若干年内可能达到的水平。其内容包括:收集与整理某种社会现象的历史资料;对这些资料进行检查鉴别,排成数列;分析时间数列,从中寻找该社会现象随时间变化而变化的规律,得出一定的模式;以此模式去预测该社会现象将来的情况。

因此,时间序列预测法是一种考虑变量随时间发展变化规律并用该变量以往的统计资料建立数学模型作外推的预测方法。因为时间序列预测法所需要的只是序列本身的历史数据,所以这类方法应用的非常广泛。

(1)时间序列法预测步骤

①收集历史资料,加以整理,编成时间序列,并根据时间序列绘成统计图。时间序列分析通常是把各种可能发生作用的因素进行分类,传统的分类方法是按各种因素的特点或影响效果分为四大类:长期趋势,季节变动,循环变动,不规则变动。

②分析时间序列。时间序列中的每一时期的数值都是由许多不同的因素同时发生作用后的综合结果。

③求时间序列的长期趋势(T)、季节变动(S)和不规则变动(I)的值,并选定近似的数学模式来代表它们。对于数学模式中的诸未知参数,使用合适的技术方法求出其值。

④利用时间序列资料求出长期趋势、季节变动和不规则变动的数学模型后,就可以利用它来预测未来的长期趋势值 T 和季节变动值 S,在可能的情况下预测不规则变动值 I。然后用以下模式计算出未来的时间序列的预测值 Y:

加法模式 $T+S+I=Y$

乘法模式 $T\times S\times I=Y$

如果不规则变动的预测值难以求得,就只求长期趋势和季节变动的预测值,以两者相乘之积或相加之和为时间序列的预测值。如果经济现象本身没有季节变动或不需预测分季分月的资料,则长期趋势的预测值就是时间序列的预测值,即 $T=Y$。但要注意这个预测值只反映现象未来的发展趋势,即使很准确的趋势线在按时间顺序的观察方面所起的作用,本质上也只是一个平均数的作用,实际值将围绕着它上下波动。

(2)时间序列分析基本特征

①时间序列分析法是根据过去的变化趋势预测未来的发展,它的前提是假定事物的过去延续到未来。

时间序列分析,正是根据客观事物发展的连续规律性,运用过去的历史数据,通过统计分析,进一步推测未来的发展趋势。事物的过去会延续到未来这个假设前提包含两层含义:一是不会发生突然的跳跃变化,是以相对小的步伐前进;二是过去和当前的现象可能表明现在和将来活动的发展变化趋向。这就决定了在一般情况下,时间序列分析法对于短、近期预测比较显著,但如延伸到更远的将来,就会出现很大的局限性,导致预测值偏离实际较大而使决策失误。

②时间序列数据变动存在着规律性与不规律性。

时间序列中的每个观察值大小,是影响变化的各种不同因素在同一时刻发生作用的综合结果。从这些影响因素发生作用的大小和方向变化的时间特性来看,这些因素造成的时间序列数据的变动分为四种类型。

a. 趋势性:某个变量随着时间进展或自变量变化,呈现一种比较缓慢而长期的持续上升、下降、停留的同性质变动趋向,但变动幅度可能不相等。

b. 周期性:某因素由于外部影响随着自然季节的交替出现高峰与低谷的规律。

c. 随机性:个别为随机变动,整体呈统计规律。

d. 综合性:实际变化情况是几种变动的叠加或组合。预测时设法过滤除去不规则变动,突出反映趋势性和周期性变动。

(3)时间序列预测法分类

时间序列法可用于短期预测、中期预测和长期预测。根据对资料分析方法的不同,又可分为:简单序时平均数法、加权序时平均数法、移动平均法、加权移动平均法、趋势预测法、指数平滑法、季节性趋势预测法、市场寿命周期预测法、趋势外推法、自适应过滤法、状态空间模型、卡尔曼滤波等。

(4)针对不同时期的时间序列预测方法

①指数平滑模型

指数平滑法,是指根据历史资料的上期实际数和预测值,用指数加权的办法进行预测。其实质是由内加权移动平均法演变而来的一种方法,优点是只要有上期实际数和上期预测值,就可计算下期的预测值,这样可以节省很多数据和处理数据的时间,减少数据的存储量,方法简便,是国外广泛使用的一种短期预测方法。

指数平滑法的基本思想是:在预测过程中越近期的数据反映的信息越新,对未来的影响就越大,所以在建模时对历史数据分别加以不同的权值,时间越近,数据权值越大,反之亦然。这种“重近轻远”的原则是通过权值的等比级数逐一递减来实现,该级数首项即为平滑常数,用 a 表示。

设$\{X_i\}$为时间序列及其观测值,则一次指数平滑的基本计算式为:

$$S_t = aX_t + (1-a)S_{t-1} \tag{3-3-13}$$

式中:X_t——第 t 期实际测量值;

S_t——第 t 期的平滑平均数。

高次指数平滑是在一次指数平滑的基础上再作若干次指数平滑,其计算公式为:

$$S_t^{(p)} = aS_t^{(p-1)} + (1-a)S_{t-1}^{(p)} \tag{3-3-14}$$

式中:p——平滑次数。

②趋势外推法

当预测对象依时间变化呈现某种上升或下降趋势,没有明显的季节波动,且能找到一个合适的函数曲线反映这种变化趋势时,就可以用趋势外推法进行预测,该方法可适用于中长期交通量预测。但使用这种方法有两个假设条件:

A. 假设事物发展过程没有跳跃式变化。

B. 假定事物的发展因素也决定事物未来的发展,其条件是不变或变化不大。

根据变量的不同趋势外推法预测模型的种类也不同,其大体可分为以下几种:

A. 多项式曲线预测模型

多项式曲线预测模型可以有多种形式,而其一般形式为:

$$\hat{y}_t = b_0 + b_1 t + b_2 t^2 + \cdots b_k t^k \tag{3-3-15}$$

当 $k=1$ 时,为直线模型;

当 $k=2$ 时，为二次多项式（抛物线）模型；

当 $k=n$ 时，为 n 次多项式模型。

同时，由于二次多项式曲线模型的应用比较多，在此对其模型进行简单介绍。

二次多项式预测模型为：

$$\hat{y}_t = b_0 + b_1 t + b_2 t^2 \tag{3-3-16}$$

设有一组统计数据 $y_1, y_2, \cdots, y_n$，令：

$$Q(b_0, b_1, b_2) = \sum_{t=1}^{n}(y_t - \hat{y}_t)^2 = \sum_{t=1}^{n}(y_t - b_0 - b_1 t - b_2 t^2)^2 = \text{最小值} \tag{3-3-17}$$

根据微分原理得：

$$\begin{aligned} \frac{\partial Q}{\partial b_0} &= -2\sum(y_t - b_0 - b_1 t - b_2 t^2) = 0 \\ \frac{\partial Q}{\partial b_1} &= -2\sum(y_t - b_0 - b_1 t - b_2 t^2)t = 0 \\ \frac{\partial Q}{\partial b_2} &= -2\sum(y_t - b_0 - b_1 t - b_2 t^2)t^2 = 0 \end{aligned} \tag{3-3-18}$$

经整理得：

$$\begin{aligned} \sum y_t &= nb_0 + b_1\sum t + b_2\sum t^2 \\ \sum t y_t &= b_0\sum t + b_1\sum t^2 + b_2\sum t^3 \\ \sum t^2 y_t &= b_0\sum t^2 + b_1\sum t^3 + b_2\sum t^4 \end{aligned} \tag{3-3-19}$$

解此三元一次方程可求得 b_0、b_1 和 b_2 三个参数。

B. 指数曲线预测模型

指数曲线预测模型如下：

$$\hat{y}_t = ae^{bt}\ (a > 0) \tag{3-3-20}$$

对函数模型 $y_t = ae^{bt}$ 做线性变换得：

$$\ln y_t = \ln a + bt \tag{3-3-21}$$

令 $Y_t = \ln y_t, A = \ln a$，则：

$$Y_t = A + bt \tag{3-3-22}$$

因此，把指数曲线模型转化为直线模型了。

模型 $\hat{y}_t = ae^{bt}$ 中，a、b 都是待定参数，可以通过最小二乘法求得。同时，由指数曲线模型差分计算表可知，当时间序列各期观察值的一阶差比率大致相等，就可以对此指数曲线进行预测。

C. 对数曲线预测模型

$$\hat{y}_t = a + b\ln t \tag{3-3-23}$$

D. 生长曲线预测模型

$$\hat{y}_t = ka^{b^t} \tag{3-3-24}$$

由于该模型常用于经济学、社会人口等预测，因此在这不做详细介绍。

虽然，趋势模型多种多样，但各种模型的选择要根据预测的具体要求而定，在这简单介绍几种选择方法。

a. 图形识别法。这种方法是通过绘制散点图来进行的,即将时间序列的数据绘制成以时间 t 为横轴,时序观察值为纵轴的图形,观察并将其变化曲线与各类函数曲线模型的图形进行比较,以便选择较为合适的模型。

b. 差分法。根据差分特性来选择适当的模型,利用差分法把数据修匀,使非平稳序列达到平稳序列。具体选择条件见表 3-3-2。

差分法识别标准　　表 3-3-2

差分特性	使用模型
一阶差分相等或大致相等	一次线性模型
二阶差分相等或大致相等	二次线性模型
三阶差分相等或大致相等	三次线性模型
一阶差分比率相等或大致相等	指数曲线模型
一阶差分的一阶比率相等或大致相等	修正指数曲线模型

4)灰色预测法

(1)灰色预测的概念

灰色预测法是一种对含有不确定因素的系统进行预测的方法。灰色系统是介于白色系统和黑色系统之间的一种系统。白色系统是指一个系统的内部特征是完全已知的,即系统的信息是完全充分的。而黑色系统是指一个系统的内部信息对外界来说是一无所知的,只能通过它同外界的联系来加以观测研究。灰色系统内的一部分信息是已知的,另一部分信息是未知的,系统内各因素之间具有不确定的关系。

灰色预测是对既含有已知又含有不确定信息的系统进行预测,就是对一定范围内变化的、与时间有关的灰色过程进行预测。尽管灰色过程中所显示的现象是随机的,但毕竟是有序的,因此这一数据集合具备潜在的规律。灰色预测通过鉴别系统因素之间发展趋势的相异程度,即进行关联分析,并对原始数据进行生成处理来寻找系统变动的规律,生成有较强规律性的数据序列,然后建立相应的微分方程模型,从而预测事物未来的发展趋势的状况。灰色预测用等时距观测到的反映预测对象特征的一系列数量值构造灰色预测模型,预测未来某一时刻的特征量,或到达某一特征量的时间。

因此,灰色预测类型包括:

①灰色时间序列预测。用观察到的反映预测对象特征的时间序列来构造灰色预测模型,预测未来某一时刻的特征量,或者到达某一特征量的时间。

②畸变预测。通过灰色模型预测异常值出现的时刻,预测异常值什么时候出现在特定时区内。

③系统预测。通过对系统行为特征指标建立一组相互关联的灰色预测模型,预测系统中众多变量间的相互协调关系的发展变化。如市场中待用产品、相互关联产品销售量相互制约的预测。

④拓扑预测。将原始数据绘制成曲线,在曲线上按定值寻找该定值发生的所有时点,并以该定值为框架构成时点数列,然后建立模型预测该定值所发生的时点。

(2)生成列

为了弱化原始时间序列的随机性,为建立灰色模型提供信息,在建立灰色预测模型之前,需先对原始时间序列进行数据处理,经过数据处理后的时间序列即称为生成列。灰色系统常用的数据处理方式有累加和累减两种。

①累加

累加是将原始序列通过累加得到生成列。累加的规则是将原始列的第 1 个数据作为生成列的第 1 个数据,将原始序列的第 2 个数据加到原始序列的第 1 个数据上,其和作为生成列的第 2 个数据,将原始序列的第 3 个数据加到生成列的第 2 个数据上,其和作为生成列的第 3 个数据,按如此规则进行下去,便可得到生成列,记原始时间序列为:

$$X^{(0)} = \{X^{(0)}(1), X^{(0)}(2), X^{(0)}(3), \cdots, X^{(0)}(n)\} \tag{3-3-25}$$

式中:0——原始时间序列,记生成列为:

$$X^{(1)} = \{X^{(1)}(1), X^{(1)}(2), X^{(1)}(3), \cdots, X^{(1)}(n)\} \tag{3-3-26}$$

式中:

$$X^{(1)}(k) = \sum_{i=1}^{k} X^{(0)}(i) = X^{(1)}(k-1) + X^{(0)}(k) \tag{3-3-27}$$

上标 1 表示一次累加,同理,可作 m 次累加,有:

$$X^{(m)}(k) = \sum_{i=1}^{k} X^{(m-1)}(i) \tag{3-3-28}$$

对于非负数据,累加次数越多,则随机性弱化越多,当累加次数足够大后,可认为时间序列已由随机序列变为非随机序列了。一般随机序列的多次累加序列,大多可用指数曲线逼近。

②累减

将原始序列前后两个数据相减,所得数据序列为累减生成序列,累减是累加的逆运算,累减可将累加生成列还原为非生成列,在建模中获得增量信息。一次累减公式为:

$$X^{(1)}(k) = X^{(0)}(k) - X^{(0)}(k-1) \tag{3-3-29}$$

(3)关联度

在客观世界中,有许多因素之间的关系是灰的,分不清那些因素关系密切,哪些因素关系不密切,这样就难以找到主要矛盾,发现主要特征、主要关系。关联度分析是分析系统中各因素关联程度的方法,在计算关联度之前需先计算关联系数。

①关联系数

设

$$\hat{X}^{(0)} = \{\hat{X}^{(0)}(1), \hat{X}^{(0)}(2), \cdots, \hat{X}^{(0)}(n)\} \tag{3-3-30}$$

$$X^{(0)}(k) = \{X^{(0)}(1), X^{(0)}(2), X^{(0)}(3), \cdots, X^{(0)}(n)\} \tag{3-3-31}$$

关联系数定义为:

$$\eta(k) = \frac{\text{minmin}|\hat{X}^{(0)}(k) - X^{(0)}(k)| + \rho\,\text{maxmax}|\hat{X}^{(0)}(k) - X^{(0)}(k)|}{|\hat{X}^{(0)}(k) - X^{(0)}(k)| + \rho\,\text{maxmax}|\hat{X}^{(0)}(k) - X^{(0)}(k)|} \tag{3-3-32}$$

式中:$|\hat{X}^{(0)}(k) - X^{(0)}(k)|$为第 k 个点 $\hat{X}^{(0)}(k)$、$X^{(0)}(k)$ 的绝对误差;minmin $|\hat{X}^{(0)}(k) - X^{(0)}(k)|$为两级最小差。

式中：$\min|\hat{X}^{(0)}(k)-X^{(0)}(k)|$ 为第一级最小差，表示 $\hat{X}^{(0)}$ 序列上找各点与 $X^{(0)}$ 的最小差；$\min\min|\hat{X}^{(0)}(k)-X^{(0)}(k)|$ 为第二级最小差，表示在各序列找出的最小差基础上寻找所有序列中的最小差；$\max\max|\hat{X}^{(0)}(k)-X^{(0)}(k)|$ 为二级最大差，其含义和最小差相似；ρ 为分辨率，$0<\rho<1$，一般取 $\rho=0.5$。

对单位不一，初值不同的序列，在计算关联系数前应首先进行初始化，即将该序列所有数据分别除以第一个数据。

②关联度

在算出 $\hat{X}^{(0)}(k)$ 序列和 $X^{(0)}(k)$ 序列的关联系数后，计算各类关联系数的平均值：

$$r=\frac{1}{n}\sum_{k=1}^{n}\eta(k) \tag{3-3-33}$$

则，这个平均值 r 称为 $\hat{X}^{(0)}(k)$ 序列和 $X^{(0)}(k)$ 序列的关联度。

(4)GM(1,1)模型

设时间序列 $X^{(0)}$ 有 n 个观察值，$X^{(0)}=\{X^{(0)}(1),X^{(0)}(2),\cdots,X^{(0)}(n)\}$，通过累加形成新序列 $X^{(1)}=\{X^{(1)}(1),X^{(1)}(2),X^{(1)}(3),\cdots,X^{(1)}(n)\}$，则 GM(1,1)模型相应的微分方程为：

$$\frac{\mathrm{d}X^{(1)}}{\mathrm{d}t}+aX^{(1)}=\mu \tag{3-3-34}$$

式中：a——发展灰数；

μ——内生控制灰数。

设 $\hat{a}$ 为待估参数向量，$\hat{a}=\begin{pmatrix}a\\ \mu\end{pmatrix}$，利用最小二乘法求解可得：

$$\hat{a}=(B^TB)^{-1}B^TY_n$$

式中：

$$B=\begin{bmatrix}-\frac{1}{2}[X^{(1)}(1)+X^{(1)}(2)] & 1\\ -\frac{1}{2}[X^{(1)}(2)+X^{(1)}(3)] & 1\\ \vdots & \vdots\\ -\frac{1}{2}[X^{(1)}(n-1)+X^{(1)}(n)] & 1\end{bmatrix} \tag{3-3-35}$$

$$Y_n=\begin{bmatrix}X^{(0)}(2)\\ X^{(0)}(3)\\ \vdots\\ X^{(0)}(n)\end{bmatrix}$$

求解微分方程，即可得预测模型：

$$\hat{X}^{(1)}(k+1)=[X^{(0)}(1)-\frac{\mu}{a}]e^{-ak}+\frac{\mu}{a}\ (k=0,1,2,\cdots,n) \tag{3-3-36}$$

(5)模型检验

灰色预测检验一般有残差检验、关联度检验和后验差检验。

①残差检验

按预测模型计算$\hat{X}^{(1)}(i)$,并将$\hat{X}^{(1)}(i)$累减生成$\hat{X}^{(0)}(i)$,然后计算原始序列$X^{(0)}(i)$与$\hat{X}^{(0)}(i)$的绝对误差序列及相对误差序列。

$$\Delta^{(0)}(i) = |X^{(0)}(i) - \hat{X}^{(0)}(i)|, i=1,2,\cdots,n \tag{3-3-37}$$

$$\varphi(i) = \frac{\Delta^{(0)}(i)}{X^{(0)}(i)} \times 100\%, i=1,2,\cdots,n \tag{3-3-38}$$

②关联度检验

根据前面所述关联度计算方法计算出$\hat{X}^{(0)}(i)$与原始序列$X^{(0)}(i)$的关联系数,然后计算出关联度,根据经验,当$\rho = 0.5$时,关联度大于0.6则满足要求。

③后验差检验

a. 计算原始序列的标准差:

$$S_1 = \sqrt{\frac{\sum[X^{(0)}(i) - \bar{X}^{(0)}]^2}{n-1}} \tag{3-3-39}$$

b. 计算绝对误差序列的标准差:

$$S_2 = \sqrt{\frac{\sum[\Delta^{(0)}(i) - \bar{\Delta}^{(0)}]^2}{n-1}} \tag{3-3-40}$$

c. 计算方差比:

$$C = \frac{S_2}{S_1} \tag{3-3-41}$$

d. 计算小误差概率:

$$P = p\{|\Delta^{(0)}(i) - \bar{\Delta}^{(0)}| < 0.6745S_1\} \tag{3-3-42}$$

令 $e_i = |\Delta^{(0)}(i) - \bar{\Delta}^{(0)}|, S_0 = 0.6745S_1$,则$P = p\{e_i < S_0\}$　(3-3-43)

P	C
> 0.95	< 0.35
> 0.80	< 0.50
> 0.70	< 0.65
$\leqslant 0.70$	$\geqslant 0.65$

若残差检验、关联度检验、后验差检验都能通过,则可以用所建模型进行预测,否则,则进行残差修正。

5)灰色—马尔科夫预测

灰色预测主要适用于预测时间短,数据资料少,波动不大的系统对象,只需很少的几个数据即可建立模型进行预测。但由于传统GM(1,1)模型本身的缺陷,使其仅能适用于短期预测和原始数据序列按指数规律变化且变化速度不是很快的场合。而马尔科夫预测的对象是一个随机变化的动态系统,对于长期预测和随机波动较大的数据序列的预测效果较好,但是,马尔科夫预测对象要求具有平移过程。将灰色预测与马尔科夫预测两者结合起来,形成灰色—马尔科夫预测模型,不仅能揭示数据序列的发展变化总趋势,又能预测状态规律。用马尔科夫预测方法对于解决无后效性的预测有独到之处,两者结合不仅避免考虑其他多种影响因素,还可使预测具有较强的科学性和实用性。

马尔科夫模型是利用某一变量的现在状态和动向,去预测该变量未来的状态及其动向的一种分析手段。由于其具有的马尔科夫性(无后效性),对历史数据需求不多,预测方法具有很多优点,因此在现代统计学中占有重要的地位。马尔科夫模型与其他统计方法(如回归分析、时间序列等)的不同之处在于,它不需要从复杂的预测因子中寻找各因素之间的相互规律。只需要考虑事件本身的历史状况的演变特点,通过计算状态转移概率来预测内部状态的变化,所以马尔科夫模型在股票收盘价预测中具有广泛的实用性。

(1)马尔科夫模型的概念

运用马尔科夫预测法进行预测,主要原理就是建立马尔科夫预测模型,利用初始的状态概率向量和状态概率转移矩阵来推知预测对象未来某一时期所处的状态。

马尔科夫模型是应用马尔科夫链的基本原理与方法分析事物的变化规律,并预测其未来变化趋势的一种技术。它实际上是在条件概率下求期望值的问题,利用这种技术的关键是获得事物的初始向量和转移概率矩阵。但是,它也有其限制条件和局限性。首先,它是建立在一定的假设条件之上,而实际市场中这些条件很难满足。但值得指出的是,在短时期内运用马尔科夫模型预测的结果还是比较准确的,因为短时期内假设条件比较容易满足。其次,马尔科夫模型忽略了影响事物发展的次要因素,使得预测结果不那么精确,因此本节重在介绍灰色—马尔科夫预测方法。

(2)马尔科夫预测的基本假定

预测期内的系统状态数保持不变,即状态 I 中的状态数保持不变:预测期内的系统状态转移概率矩阵不随时间变化而变化,即 P 不发生变化,状态转移只受前一状态的影响,与前面所有其他状态无关,即无后效性。

根据以上原理,马尔科夫预测方法的步骤为:①划分预测对象的状态;②统计状态转移情况;③计算转移概率和状态转移概率矩阵;④建立模型进行预测。

(3)灰色—马尔科夫预测模型原理

通过利用灰色预测和马尔科夫预测理论建立的灰色—马尔科夫预测综合了其两种预测方法的优点,现在对其预测模型进行简单介绍,其应用灰色—马尔科夫预测模型进行预测的基本思路如下。

①建立灰色 GM(1,1)模型,求出其预测曲线 $r'(k)=\hat{x}^{(0)}(k+1)$。

②状态划分:以 $r'(k)$曲线为基准,划分成为 $r'(k)$曲线平行的若干条形区域,每个条形区域构成一个状态,任意状态区域 Q_i 表示为 $Q_i=[Q_{1i},Q_{2i}],(i=0,1,2,\cdots,T)$。式中:$Q_{1i}=r'(k)+A_i$,$Q_{21i}=r'(k)+B_i$,$A_i$,$B_i$ 可根据具体情况自行确定,显示状态 Q_i 具有时态性。

③计算状态转移概率矩阵:

$$P_{ij}(m)=\frac{M_{ij}(m)}{M_i},(i,j=1,2,3,\cdots,T) \tag{3-3-44}$$

式中:$P_{ij}(m)$——由状态 Q_i 经过 m 步转移到 Q_j 的概率;

T——划分状态数组;

M_i——原始数据按一定概率落入状态 Q_i 的样本数;

$M_{ij}(m)$——由状态 Q_i 经过 m 步转移到 Q_j 的原始数据样本数。

当状态划分不太合适,以至于某一状态中无原始数据落入时,则可令 $P_{ij}(m)=P_{ji}(m)=0$。由此,可求出状态转移概率矩阵 $P(m)$ 来预测未来状态转向,

$$P(m)=\begin{Bmatrix} P_{11}(m) & \cdots & P_{1T}(m) \\ \vdots & & \vdots \\ P_{T1}(m) & \cdots & P_{TT}(m) \end{Bmatrix} \tag{3-3-45}$$

一般只考虑一步转移概率矩阵 $P(1)$,但当状态的未来转向难以确定时,则需要考察多步转移概率矩阵 $P(m)$。考察 $P(1)$ 中第 k 行,若 $\max\limits_{j} P_{kj}=P_{kd}$,则下一时刻转移到 Q_d 状态。

④确定预测值:当 Q_d 确定后,也就是确定了预测值的变动区域 $[Q_{1d},Q_{2d}]$,则有 $\hat{r}'(k)=r'(k)+\dfrac{A_i+B_i}{2}$。

⑤模型精度检验。检验公式为:

$$q^{(0)}(k)=x^{(0)}(k)-\hat{x}^{(0)}(k+1),\varepsilon(k)=q^{(0)}(k)/x^{(0)}(k) \tag{3-3-46}$$

式中:$q^{(0)}(k)$——残差;

$\varepsilon(k)$——相对误差。

利用灰色—马尔科夫链组合预测方法,分析和预测时间序列数据信息,不仅可以避免自然环境、人的主观因素等影响,还可以提高预测精确度,具有较强的科学性和实用性。

然而,由于这些预测方法都有其适用条件,对数据的要求都比较高。因此,为了提高预测精确度,充分应用区域经济学分区理论,"四阶段"交通量预测法是可采用的一种比较科学的方法。因此,以下分别介绍"四阶段"法涉及的集计和非集计模型的交通需求预测方法。

2. 交通发生与吸引量预测

发生与吸引交通量预测方法是在交通总量预测基础上,进一步对不同行人交通小区和节点发生量和吸引量的预测。行人交通小区的范围较小,一般交通站点、街区、公园绿地等都可以划分为不同的行人交通小区。交通发生与吸引量的预测方法主要有原单位法、增长系数法、聚类分析法和函数法,常用的为前两种方法。

1)基于土地利用的原单位法

土地利用是城市交通需求的根源。各交通小区出行生成量的大小,主要受各小区的人口、劳动力资源、学生数、各类就业岗位、就学岗位等因素的影响,上述因素都可归为城市土地利用的范畴。一般来说,不同的土地利用布局、不同的土地利用性质和不同的土地利用强度,对应着不同的交通需求。根据《城市用地分类与规划建设用地标准》(GBJ 137290)可以将土地按功能分为十大类性质的用地(表 3-3-3),不同性质用地在单位面积上所生成的出行量是不尽相同的。具体到某一个特定的交通小区来说,该小区内部各类用地面积不同,土地利用强度不同,这就直接决定了该交通小区的交通生成量。

城市用地分类 表 3-3-3

R	C	M	W	T	S	U	G	D	E
居住用地	公共设施用地	工业用地	仓储用地	对外交通用地	道路广场用地	市政公用设施用地	绿地	特殊用途用地	水域和其他非城市用地

同时,关于出行产生量和出行吸引量有两个规律:其一是一个分区中,住宅量越多,产生

量就越多,而非住宅建筑越多,吸引量就越多;其二是单位时间内,一个分区的产生量不一定等于其吸引量,但对整个对象区,单位时间的产生总量应严格等于单位时间的吸引总量。

(1)出行发生预测

主要考虑居住用地利用与出行发生量之间的关系模型,i 小区的出行发生量为:

$$F_i = \frac{R_i K_i}{\sum_{i=1}^{n} R_i K_i} \times A \tag{3-3-47}$$

式中:A——出行生成的总量;

F_i——i 小区的出行发生量;

K_i——小区的土地利用强度影响系数;

R_i——小区内的居住用地面积;

n——小区划分个数。

(2)出行吸引预测

公共设施、工业、绿地、对外交通用地、广场用地和市政公用设施用地对行人交通吸引量产生的影响较大,故将特殊用地和水域及其他用地归为其他类,将其对行人出行生成的影响归结为常数项。各用地对出行吸引量的权重值由回归模型得到 i 小区的出行吸引量(标准小客车/d)为:

$$X_i = (C_i K_c K_i + M_i K_M K_i + G_i K_G K_i + T_i K_T K_i + U_i K_U K_i + S_i K_S K_i + O_i K_O K_i) / \sum_{i=1}^{n} C_i K_c K_i + M_i K_M K_i + G_i K_G K_i + T_i K_T K_i + U_i K_U K_i + S_i K_S K_i + O_i K_O K_i \tag{3-3-48}$$

式中: X_i——i 小区的出行吸引量;

C_i、M_i、G_i、T_i、U_i、S_i 及 O_i——i 小区内的公共设施、工业、绿地、对外交通、广场、市政公用设施和其他用地的用地面积 h_a;

K_c、K_M、K_W、K_G、K_T、K_U、K_S、K_O——公共设施、工业、绿地、对外交通、道路广场、市政公用设施和其他用地对出行吸引量的权重值;

n——小区划分个数。

2)增长系数法

增长系数法假定未来与现状的发生与吸引量的分布趋势相同,将现在的不同分区发生、吸引的实际交通量 T_i 与到预测年限的增长率 F_i 相乘,从而求得各分区的发生、吸引交通量 T_i',可以表示为:

$$T_i' = F_i \cdot T_i \tag{3-3-49}$$

该方法的关键问题是如何确定增长率 F_i。通常可以用交通小区人口或者收入水平的增长率作为发生、吸引交通量的增长率。

增长系数法的优点是可以处理对象区域以外的交通量。当进行区域的发生、吸引交通量预测时,研究对象区域外的预测也是必要的。对于对象区域,可以通过调查和计算得到各个区域的总交通量。而对于对象地区外的区域,通常只需要处理次区域与对象区域之间的交通。这样的问题,无法使用原单位法或函数法,可以用增长系数法计算,如下式所示:

$$F_j = R_j \cdot R \tag{3-3-50}$$

式中:F_j——对象地区外交通小区 j 的发生、吸引交通量的增长率;

R_j——对象地区外交通小区 j 的常住人口的增长率；

R——对象区域内全体的常住人口的增长率。

二、交通需求分布预测

交通分布预测是把交通的发生和吸引量预测获得的各小区的出行量转换成小区之间的空间 OD 量，即 OD 矩阵。

分布交通量的预测方法一般可分为两类：一类是增长系数法，一类是综合法。其中，增长系数法是假定将来 OD 交通量的分布形式和现有的 OD 表的分布形式相同，在此假定的基础上预测对象区域目标年的 OD 交通量，常用的方法包括常增长系数法、平均增长系数法、底特律法、福莱特法、福尼斯法等；而综合法是从分布交通量的实际分析中，剖析 OD 交通量的分布规律，并将此规律用数学模型表现，然后用实测数据标定模型参数，最后用标定的模型预测分布交通量，其方法包括重力模型法、介入机会模型法、最大熵模型法等。交通分布预测中综合预测方法由于不再依靠居民出行 OD 基础数据，而是通过构建合理的小区间交通阻抗函数建立分布模型来进行预测。因此，交通小区间交通阻抗函数成为该阶段模型的重点。

根据行人交通出行特点，应充分考虑步行出行距离对出行阻抗的影响，一般认为当通过步行出行需要花费超过 30min 时，纯步行交通数量将很少。当超过 1h 时，纯步行交通的流量几乎可以忽略。基于以上特点，在交通分布阶段，应该根据小区之间的距离（或步行出行时间）分别计算纯步行和组合交通方式的交通分布。

1. 增长系数法

在交通需求分布预测中，增长系数法的原理是，假设在现状分布交通量给定的情况下，预测将来的分布交通量。一般的分析方法和计算步骤如下。

（1）用 t_{ij} 表示现状 OD 表中交通小区 i、j 间的交通量。$G_i^{(0)}$、$A_j^{(0)}$ 分别表示现状发生交通量和吸引交通量；用 G_i、A_j 表示各交通小区将来的发生和吸引交通量。

（2）用下式计算各小区的发生、吸引交通量的增长系数 F_{gi}、F_{aj}。

$$F_{gi}^{(0)} = \frac{G_i}{G_i^{(0)}},\ F_{aj}^{(0)} = \frac{A_j}{A_j^{(0)}} \tag{3-3-51}$$

（3）作为要推算的交通量的第一次近似值 $t_{ij}^{(1)}$，可由 F_{gi}、F_{aj} 的函数用下式算出：

$$t_{ij}^{(1)} = t_{ij} f\left[F_{gi}^{(0)}, F_{aj}^{(0)}\right] \tag{3-3-52}$$

（4）一般来说，此时得到的分布交通量求和得到的发生和吸引交通量 $G_i^{(1)} = \sum_j t_{ij}^{(1)}$，$A_j^{(1)} = \sum_i t_{ij}^{(1)}$ 与 G_i、A_j 并不一致，这时用 $G_i^{(1)}$、$A_j^{(1)}$，代替上式(3-3-51)中 $G_i^{(0)}$、$A_j^{(0)}$，算出增长系数，求解第 2 次迭代的近似值：

$$t_{ij}^{(2)} = t_{ij}^{(1)} f\left[F_{gi}^{(1)}, F_{aj}^{(1)}\right] \tag{3-3-53}$$

（5）重复上述作业，直至 $F_{gi}^{(k)} = \frac{G_i}{G_i^{(k)}}$，$F_{aj}^{(k)} = \frac{A_j}{A_j^{(k)}}$ 都接近于 1 时，相应的 $t_{ij}^{(k)}$ 即为所求的 OD 交通量。

前述的增长系数法中，增长系数的计算方法不同，则计算的结果和收敛效果有所不同，主要有以下几种。

①平均增长系数法

$$f = \frac{1}{2}\left[\frac{G_i}{G_i^{(0)}} + \frac{A_j}{A_j^{(0)}}\right] \tag{3-3-54}$$

②Detroit 法(以下简称 D 法)

$$f = \frac{G_i}{G_i^{(0)}}\left[\frac{\dfrac{A_j}{A_j^{(0)}}}{\dfrac{\sum_j A_j}{\sum_j A_j^{(0)}}}\right] \tag{3-3-55}$$

③Frator 法(以下简称 F 法)

$$f = \frac{G_i}{G_i^{(0)}} \cdot \frac{A_j}{A_j^{(0)}} \cdot \frac{L_i + L_j}{2} \tag{3-3-56}$$

式中:L_i——小区 i 的位置系数或 L 系数(location faction)。

$$L_i = \frac{G_i^{(0)}}{\sum_j\left[t_{ij}^{(0)} \cdot \dfrac{A_j}{A_j^{(0)}}\right]} \quad L_i = \frac{A_i^{(0)}}{\sum_i\left[t_{ij}^{(0)} \cdot \dfrac{G_i}{G_i^{(0)}}\right]} \tag{3-3-57}$$

平均增长系数法是极为单纯的分析方法,计算也很简单。因此,此法虽然要进行多次迭代,仍然被广泛地使用。但是随着计算机的发展,此法在逐渐被 D 法和 F 法所取代。D 法认为,从 i 到 j 的交通量与小区 i 的发生量的增长率及小区 j 的交通吸引所占全域的相对增长率成比例地增加。这个以经验为基础开发出来的方法,后来被证明其结果等价于使用现状 OD 表的同时概率最大化方法理论求得的结果。F 法收敛速度较快,因此是目前被广泛使用的交通分布预测方法。

2. 重力模型法

重力模型是模拟物理学中万有引力定律而开发出来的交通分布模型。此模型假定 i、j 间的分布交通量 t_{ij} 与小区 i 的发生交通量和小区 j 的吸引交通量成正比,与两小区间的距离成反比。即:

$$t_{ij} = k\frac{G_i^{\alpha} \cdot A_j^{\beta}}{R_{ij}^{\gamma}} \tag{3-3-58}$$

式中:G_i——小区 i 的发生交通量;

A_j——小区 j 的吸引交通量;

R_{ij}——i、j 之间的距离或一般化费用。

α、β、γ、k——模型系数,在已知 t_{ij}、G_i、A_j、R_{ij} 的情况下,(如已知现状的 OD 表),可用最小二乘法等求得。具体地说,对上式两边求对数,则:

$$\ln t_{ij} = \ln k + \alpha \ln G_i + \beta \ln A_j - \gamma \ln R_{ij} \tag{3-3-59}$$

上式为线性函数,可用线性重回归分析求各系数。如果假定求得的系数不随时间和地点变化的话,则通过回归分析求得的重力模型,在给定发生交通量、吸引交通量及小区间距离的条件下,可以在任何时候和任何地域应用,用来预测该地域的 OD 分布交通量。

但是,这里算出的 OD 交通量 t_{ij} 如果分别对发生、吸引交通量求和的话,并不能保证所得结果和给定的发生交通量 G_i、吸引交通量 A_j 一致。因此,可以认为求得的 t_{ij} 是第 1 次近似值,然后有必要用增长率法的迭代计算使得两者一致。

三、交通方式划分

交通方式划分(Modal Split)就是出行者出行选择交通方式的比例,以出行调查的数据为基础,研究人们出行时的交通方式选择行为,建立模型从而预测基础设施或服务等条件变化时,交通方式间交通需求的变化。行人在这部分的实际交通流量应当考虑由于别的交通方式衔接不便等带来的额外行人交通需求。另外,该阶段的行人交通预测模型需要特别考虑出行时间、出行成本和气候等因素对出行方式的影响,其主要体现在各出行方式广义费用方面。

目前集计模型的应用也比较广泛,交通方式划分模型主要有概率模型、重力模型的转换模型、回归模型等。

1. 概率模型

概率模型以各种交通方式所需的时间、费用等阻抗参数构成的各种交通方式的阻抗大小为基础,计算行人采用不同方式出行的概率关系进行的。具体表达如下:

$$P_{ijm} = \frac{e^{-\theta r_{ijm}}}{\sum_k e^{-\theta r_{ijk}}} \tag{3-3-60}$$

式中:P_{ijm}——交通小区 i 到交通小区 j,交通方式 m 的分担率;

θ——待定系数;

r_{ijk}——交通小区 i 到交通小区 j,交通方式 k 的交通阻抗。

该模型计算简单、容易理解,是一种比较实用的集计模型。然而,由于行人交通与其他交通方式并不仅仅是分担关系,因此,计算结果需要进行修正。

2. 重力模型的转换模型

借鉴重力模型的建模思想,将重力模型中交通小区间的交通阻抗转变为交通方式阻抗。具体模型为:

$$T_{ijm} = P_i \frac{A_j f_{ijm}^{-b}}{\sum_j \sum_m A_j f_{ijm}^{-b}} \tag{3-3-61}$$

式中:T_{ijm}——交通小区 i 到交通小区 j,第 m 种交通方式的交通量;

P_i——交通小区 i 的交通产生量;

A_j——交通小区 j 的交通吸引量;

f_{ijm}——交通小区 i 到交通小区 j,第 m 种交通方式的阻抗;

b——待定系数。

由于行人交通中纯步行出行部分具有空间距离和时间距离短的特点,因此,此方法对行人交通计算结果不准确。

3. 回归模型

回归模型的基本思想是:利用以往交通调查资料,建立交通方式分担率与其相关因素间的回归方程。具体模型为:

$$T_{im} = a_m + \beta_{1m} X_1 + \beta_{2m} X_2 + \cdots + \beta_{nm} X_n \tag{3-3-62}$$

式中：T_{im}——交通小区 i、交通方式 m 的交通生成量；

X_1、X_2、…、X_n——相关因素，如人口、土地利用等；

a_m、β_{1m}、β_{2m}、…、β_{nm}——回归系数。

该模型需要大量的调查资料，适用范围有限，有时与交通生成的回归方法组合使用。

四、交通分配

交通流分配就是将预测得出的 OD 交通量，根据已知的路网或场所设施描述，按照一定的规则符合实际地分配到路网或场所中，进而求出通过各路段或设施的交通流量，并据此对交通系统的使用状况做出分析和评价。

在该阶段行人交通量预测与传统"四阶段"预测的关键区别在于，不同出行方式下各路段阻抗函数的确定依据，主要体现在步行出行方式可以组合出现在某一路径选择过程中，阻抗的确定尚需要考虑路径上行人的体力消耗及舒适性等。

1. 交通流分配的影响因素

交通流分配的影响因素主要是指影响交通阻抗的因素，它反映了交通时间、交通安全、交通成本、舒适程度、便捷行和准时性等，影响行人交通流分配的主要因素有以下几个方面。

1）交通路网结构因素

（1）路网结构。在城市综合交通系统路网建设日趋成熟的条件下，各种交通方式之间的衔接度以及各交通方式内部线路与线路之间连接程度逐渐增强，线路结构更加复杂，从而使得相同 OD 站点之间存在多条线路，使得可供选择的路径大幅度增多。行人交通流分配主要受综合交通网络形式与布局的影响。因此，行人交通流分配需要充分考虑出行者、出行路径多样性的特点。

（2）出行时间。出行时间是指行人从出发点到目的地所消耗的全部时间，包括步行时间、等车时间、乘车时间、换乘时间等，如图 3-3-2 所示。

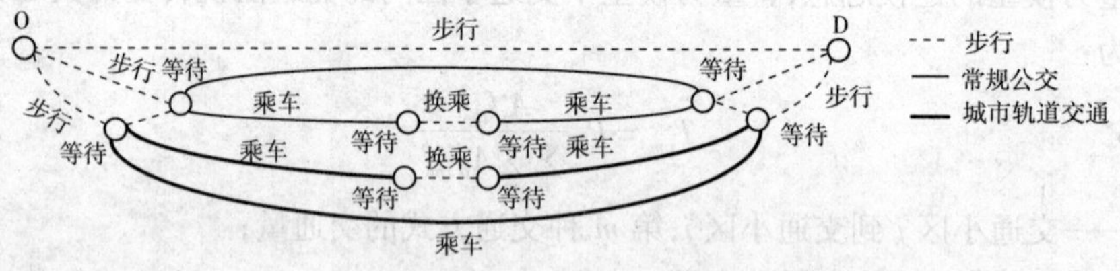

图 3-3-2　行人出行时间示意图

步行时间是指从出发点步行至终点或至某节点选择其他交通方式或从下车点步行至目的地所消耗的时间；乘车时间是指出行者从上车开始到下车时在线路上花费的时间。出行路径由路段组成，因此，出行的乘车时间等于组成该路径的所有区段运行时间之和；换乘时间指出行者从公共交通/城市轨道交通线路下车的时刻起，经过换乘路径（包括人行道、通道、楼扶梯等），到达另一条线路，经过等车时间后登上另一条线路车辆离开时的时间，换乘时间包括换乘走行时间、换乘等车时间。当出行者从出发点至目的地有多条路径可选择时，一般来说，路线被选择的几率与出行时间成反比。

（3）出行经济成本。出行经济成本是指交通出行成本对交通流分配的所有影响。例如，城市公共交通的票价可能影响交通流分配。

(4)安全性。安全性是指各交通方式安全运行的程度,一般其都满足规定要求。然而也包含着很大程度上的偶然性与不确定性。

(5)舒适性。舒适性是指出行者对出行服务质量有所要求,如拥挤程度、乘车环境等都会影响舒适性。

其中,路网结构、出行时间等对交通流分配过程中路阻函数影响较明确,属于确定性影响因素,出行经济成本、安全性和舒适性等对其影响难以确切化,属于不确定性影响因素。

2)出行者社会经济因素

影响交通客流分配的社会经济因素包括出行者的年龄、性别、职业、收入水平等。

通常,年龄较大的出行者或者女性出行者在路径选择中更希望选择换乘次数少、换乘方便、舒适度高的路径,出行的距离越长,换乘对出行者的路径选择影响越大。年轻人或男性则更希望能通过增加换乘次数而节约总出行时间。对于年龄较大的出行者来说,选择步行出行方式比率更大。而收入水平较高的出行者,对出行的服务质量要求较高。

3)出行者出行特征因素

出行者出行特征因素主要包括出行距离、出行目的、出行时段等。

(1)出行距离。出行距离是指出发地至目的地的距离。通常,出行距离对出行者选择路径具有一定影响。例如长距离出行时,出行者常通过换乘来节约总的出行时间,而短距离出行时,行者一般不希望换乘。

(2)出行目的。出行目的不同,出行者对路径选择也不同。例如以休闲娱乐、探亲访友为目的的出行者一般不会太在意出行时间的长短,更在意出行过程中的舒适度、方便性等因素。但上班或公务出行则对时间比较敏感,此类出行中最关注的是节省总的出行时间。

(3)出行时段。即使出行距离和出行目的相同,但是在不同的出行时段,出行者对路径的选择也会有所不同。例如在工作日的高峰时段,出行者为了避免迟到,通畅选择总行程时间最短的路径;而在平峰时段,出行者常会选择令自己的路途更加舒适的路径。

2. 交通阻抗

交通阻抗(路阻)是交通流分配的一项重要指标,直接影响交通流径路的选择和流量的分配。建立一个科学严密、解释性强的函数模型来描述交通阻抗是非常困难的。因此,在行人交通系统中交通流分配主要考虑时间阻抗、舒适度阻抗及便捷行阻抗所产生的综合阻抗。

1)时间阻抗

(1)路段阻抗。在交通网络中,路段上耗费的时间和距离以及路段的交通流量有关,可以广义地表达为:

$$C_a = f(V, A_a) \tag{3-3-63}$$

式中:C_a——路段 a 上的阻抗;

V——路段交通流量;

A_a——路网路段 a 的运行时间。对于不同的出行方式 V 和 A_a的影响程度不同。

(2)节点阻抗。节点阻抗分为两种情况,一方面对于城市道路网的出行而言,车辆在交通网络节点处主要指在交叉口处的阻抗。其中,交叉口阻抗与交叉口的形式,信号控制系统的配时,交叉口的通过能力等因素有关。在城市交通网络的实际出行时间中,除路段行驶时间外,交叉口延误占有较大的比重,特别是在交通高峰期间,交叉口拥挤阻塞比较严重时,交叉口延误将超过路段行驶时间。另一方面,对于城市轨道交通的出行而言,出行者在交通网络节点处主要指在车站产生的阻抗。其中,车站阻抗与车站结构和布局等情况有关,其阻抗时间主要包括出行者进出站的安检和购票检票时间,在换乘站还包括在通道、楼扶梯等换乘设施上所产生的换乘时间。

因此,城市综合交通路网节点阻抗出行时间是一个关于不同节点阻抗的复杂函数,其广义表达式为:

$$T_w = g(t_w, B_w) \tag{3-3-64}$$

即节点 w 上的阻抗 T_w 与节点类型有关,其中,t_w 为交叉口处的阻抗,B_w 为车站阻抗,

①交叉口阻抗: $$t_w = \frac{T(1-\lambda)^2}{2(1-\lambda X)} + \frac{X^2}{2Q(1-X)} - 0.65\left(\frac{T}{Q^2}\right)^{\frac{1}{3}} \cdot X^{(2+5\lambda)} \tag{3-3-65}$$

式中:T——信号周期长度;

λ——进口道有效绿灯时间与信号周期长度之比,即绿信比;

Q——进口道的交通流量;

X——饱和度,$X = Q/S$,S 为进口道通过能力。

②车站阻抗: $$B_w = \begin{cases} S_w, (w \notin \text{换乘车站}) \\ e_w + W_w, (w \in \text{换乘车站}) \end{cases} \tag{3-3-66}$$

式中:S_w——节点 w 的车辆停站时间;

e_w——节点 w 处出行者在站内的换乘走行时间;

W_w——节点 w 处出行者在站内的等候车辆的时间。

2)舒适度阻抗

在交通系统中,出行舒适度与某路段出行方式所产生的拥挤程度直接相关,而拥挤程度与路段上车辆能容纳的最大出行者数以及客流量相关,因此,将拥挤度换算成额外时间开销,其表达式为:

$$Y(x) = \begin{cases} D(x) = \begin{cases} \dfrac{x-z}{z}A, z < x \leqslant C \\ \dfrac{x-z}{z}A + \dfrac{x-c}{z}B, x > C \end{cases} & [D(x) \leqslant M] \\ M & [D(x) > M] \end{cases} \tag{3-3-67}$$

式中:$Y(x)$——路网某径路上的拥挤时间消耗;

x——轨道交通网络中某区段上的客流量;

z——车辆座位数;

C——车辆可以容纳的最大出行者数;

A——一般拥挤时额外时间开销系数;

B——过度拥挤时的额外时间开销系数;

M——该径路上采用步行出行方式所产生的时间消耗。

3)便捷性阻抗

在交通系统中,尤其是长距离出行中,很少存在出行 OD 刚好在一条路径上的情况,一

般除采用私家车出行,都需要经过公共交通换乘,甚至经公共交通后还需要自行车交通或者步行交通的换乘。由于城市规模的日渐趋大,人们的平均出行时间越来越长,换乘次数越来越多,换乘通道过长和候车时间过长也是人们不愿意换乘的因素。因此除了以上介绍的时间阻抗和出行者在车内的舒适度阻抗外,出行者在路段上的换乘次数也是选择出行路径的一个重要因素。

出行者一般都希望能通过最少的换乘次数而到达目的地,特别是一些老年人或者其他特殊群体,甚至对时间效用的要求比换乘次数小。当某些路径不需要换乘时,出行者都趋于选择此条路径;当需要一次或者以上次数的换乘时,出行者趋于选择该路径的概率就变小,则导致产生换乘附加时间,用公式表示如下:

$$E = \alpha m = \alpha H_w^n \tag{3-3-68}$$

4)综合阻抗

综上所述,对以上三种阻抗进行综合研究得到交通的综合阻抗,其表达式为:

$$C_w^n = (\sum_\alpha C_\alpha + \alpha \sum_w T_w)[1 + \alpha_1 Y(x)] + \alpha_1 E \tag{3-3-69}$$

式中:α——换乘惩罚系数;

α_1——常乘客舒适度系数,其中,在高峰期 α_1 是出行者舒适度缩小系数,在平峰期 α_1 是出行者舒适度放大系数。

3. 交通分配方法

1)非平衡配流方法

(1)全有全无方法。全有全无方法不考虑路网中流量变化对出行费用的影响关系,是最简单的分配方法。假定区间上的出行费用是固定不变的,此时,OD 之间的交通流量将被全部分配在连接 OD 对的最短交通路径上,而其他路径不会分配到交通量。

计算步骤如下:

第 1 步,初始化,令路网中所有路段的流量 $x_a = 0, \forall a$,并且计算各路段的阻抗 $t_a, \forall a$。

第 2 步,根据 $\{t_a\}$,计算路网中每个 OD 对间的最短路径。

第 3 步,将 OD 交通量全部分配到相应的最短路径上,得到路段流量。

全有全无方法的分配是最简单最基本的路径选择和分配方法。其优点是计算简便,分配只需一次完成,其不足之处是出行量分配不均匀,出行量都集中在最短路径上。显然,这是与实际交通情况不符的,因为当最短路上的车流逐渐增加时,它的路段阻抗会增大,意味着这条路可能不再是最短路,车流会转移到其他可行路径上。

由于全有全无分配法不能反映拥挤引起的动态效果,因此该方法主要用于无通行能力限制的网络交通分配。例如可以用于城际之间道路通行能力不受限制的地区,而一般城市道路网的交通分配不宜采用该方法。

(2)比例分配法

比例分配法是一种近似的平衡分配方法。该方法是在全有全无分配方法的基础上考虑了路段交通流量对阻抗的影响,从而根据路段阻抗的变化来调整路网交通量的分配,是一种“路段阻抗变化”的交通量分配方法。此方法首先需将 OD 间的需求量均分成 N 等分,然后分 N 次使用最短路分配方法,每次分配一次 OD 量,每分配一次结束,路段阻抗就根据路段阻抗函数重新修正一次,直到把 N 等份的 OD 量全部分配到路网上。计算步骤如下:

第1步,初始化。令 $x_a^0=0,\forall a$,设置迭代次数 $n=1$。

第2步,以适当形式分割 OD 交通量,即 $q_{rs}^n=\alpha_n q_{rs},\forall r,s$,其中 α_n 为第 n 份 OD 量的比例。

第3步,计算第 n 次分配的路段阻抗 $t_\alpha^n=t_a(x_\alpha^{n-1})$。

第4步,用全有全无分配法将第 n 份 OD 交通量 q_{rs}^n 分配到最短路径上。

第5步,如果 $n=N$,则结束计算。反之,令 $n=n+1$,返回步骤1。

比例分配法所得结果的精确性和计算的复杂程度都介于全有全无分配和平衡分配法之间,当分割数 $N=1$ 时,就是全有全无分配法;当 N 趋于无穷大时,该方法的结果也趋于平衡分配法的结果。

该方法的优点是简单易行,精确度可以根据 N 的大小来调整;缺点是与平衡分配法相比还是一种近似方法,当路段阻抗函数不是非常敏感时,会将过多的 OD 交通量分配到某些通行能力很小的路段上。

(3)容量限制分配方法

容量限制分配方法不用将 OD 量进行分解,首先假设路网中各路段上的流量为0,计算初始路段阻抗,并分配 OD 量;然后按照分配的流量计算路段阻抗。再重新分配 OD 量;最后比较新分配的路段流量和新计算的路段阻抗与原来分配的路段流量和原来计算的路段阻抗。若分别比较接近,满足迭代精度要求,则停止计算,获得最后分配的交通量。否则,根据新计算的路权,再次分配,直到满足精度为止。

容量限制分配方法中最主要的是确定路段阻抗和计算最短路段的阻抗矩阵,对于较复杂的网络可能会因为个别路段的迭代精度无法满足要求而进入死循环,出现算法不收敛的情况。为避免出现这种情况,可以事先设定一个最大迭代次数 $N(N>4)$,平衡流解取最后4次迭代的路段流量的平均值,且当前迭代的阻抗值为前两次阻抗值的加权值。

容量限制分配法考虑了阻抗随着流量的变化,但是在路径选择上仍然按最短路径原则。由于出行者往往很难对路网的情况做出全面正确的判断,尤其存在多条可选路径时,若路段阻抗对流量的变化不是非常灵敏,那么可能会有分配流量大部分集中在最短路径上,而其他次短路径上没有流量的不合理分布。

2)平衡分配模型

按照 Wardrop 平衡分配的原理,在交通网络达到均衡时,所有被选择的路径具有相等或更大的阻抗。其数学表达如下:

$$c_k^{rs}\geqslant u_{rs},f_k^{rs}\geqslant 0,c_k^{rs}\geqslant u_{rs}\Rightarrow f_k^{rs}=0\quad(\forall r,s;\forall k\in W_{rs})\tag{3-3-70}$$

此式可等价于:

$$c_k^{rs}\geqslant u_{rs},f_k^{rs}\geqslant 0,f_k^{rs}(c_k^{rs}-u_{rs})=0(\forall r,s;\forall k\in W_{rs})\tag{3-3-71}$$

因此,建立基于 Wardrop 原理的城市轨道交通网络客流平衡分配模型:

$$\begin{aligned}&\min:Z(X)=\sum_{i,j}\int_0^{x_{ij}}\Omega_{ij}(\omega)\mathrm{d}\omega+\sum_{i,j}\sum_{k=1}^{3}\int_0^{x_{ijk}}\mathrm{d}_{ijk}(u)\mathrm{d}u\\&s.t.\ \sum_k f_k^{rs}=q_{rs},\forall r,s\\&f_k^{rs}\geqslant 0,\forall r,s\end{aligned}\tag{3-3-72}$$

式中:

$$x_{ij} = \sum_{rs} \sum_{k} f_k^{rs} \delta_{ij,k}^{rs}, \forall i,j$$

$$x_{ij} = \sum_{k=1}^{3} x_{ijk}, \forall i,j \qquad (3\text{-}3\text{-}73)$$

式中：x_{ij}——路段(i,j)上的流量；

$\Omega_{ij}(x_{ij})$——路段(i,j)上随流量变化的阻抗函数；

μ、ω——客流量；

x_{ijk}——当$k=1,2,3$时分别表示站点j处继续乘车、换乘及离站的客流量；

d_{ijk}——节点j与i、k之间关系的阻抗；

$\delta_{ij,k}^{rs}$——路段—路径关联变量，取值为0或1，路段(i,j)在(r,s)间的第k条路径上时，取值为1，否则取0；

q_{rs}——OD点对(r,s)之间的PA(产生吸引)交通量。

用平衡分配方法建立的客流分配模型是个非线性的数学规划模型，求解该模型采用F-W算法，即是利用线性规划逐步迭代逼近非线性规划的方法，具体算法步骤如下：

第1步：初始化按照$t_a^0 = t_a(0), \forall a$，实行一次全有全无分配，得到各路段流量$x_a^1, \forall a$；置迭代次数$n=1$。

第2步：更新各路段的阻抗：$t_a^n = t_a(x_a^n), \forall a$。

第3步：寻找下一可行的迭代方向：按照$\{t_a^n: \forall a\}$用全有全无分配得到一组附加流量$\{y_a^n: \forall a\}$。

第4步：确定迭代步长。用二分法求满足$\sum (y_a^n - x_a^n) t_a [x_a^n + \lambda(y_a^n - x_a^n)] = 0$的$\lambda$。

第5步：更新流量，确定新的迭代起点：

$$x_a^{n+1} = x_a^n + \lambda(y_a^n - x_a^n) \qquad (3\text{-}3\text{-}74)$$

第6步：收敛性检验$\sqrt{\sum_a (x_a^{n+1} - x_a^n)^2} / \sum_a x_a^n < \varepsilon$($\varepsilon$是预先确定的小正数)，则停止计算；否则，令$n=n+1$，返回第2步。

式中：t_a^0——网络中任意路段a的初始区间阻抗；

$t_a(0)$——路段a流量为零时的阻抗；

x_a^1——第1次分配结束之后路段a上的流量；

x_a^n, y_a^n——第n次迭代结束路段a的基本流量、附加流量；

λ——迭代步长。

五、改进的“四阶段”法

传统的“四阶段”模型在各种交通方式的需求预测中得到了广泛的应用，然而，随着人们对该方法的了解逐渐深入，发现该方法存在一些尚需解决的问题。其中，最主要的问题是传统“四阶段”各模型依序进行，上一阶段模型的输出结果作为下一阶段模型的输入数据，必然产生结果的不一致性。为了克服传统“四阶段”模型关于出行阻尼的不一致性问题，规划技术人员通过不断的工程实践和借鉴国际经验的基础上，在“四阶段”模型中引入反馈机制，使交通分配后的出行阻尼(或服务水平)与出行分布阶段所采用的出行阻尼(或服务水平)达到一致。

具体模型框架见图3-3-3。

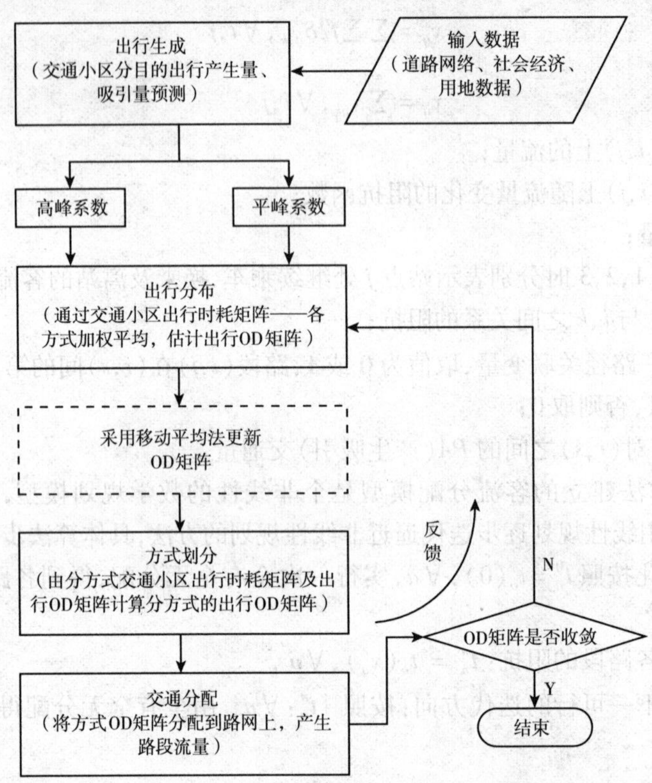

图 3-3-3　有反馈机制的四阶段需求预测流程

第三节　基于活动的交通需求预测法

从 20 世纪 70 年代开始，应用一些决策规则建立的非集计预测模型开始应用于交通领域。其中较为完善的一个模型为基于活动的需求预测模型。由于预测方法的不同，基于活动的出行需求预测分为两大类，计量经济学模型和混合仿真模型。第一个完整的计量经济学模型是 1978 年由 Ruiter 和 Ben - Akiva 在 San Francisco 地区开发的基于出行的 MTC（Metropolitan Transportation Commission）系统。模型发展的第二阶段是 20 世纪 80 年代到 90 年代在荷兰开发的基于往返行程的系统。之后，Damm（1983），Kitamura（1988）和 Ettema（1996）等学者先后开始研究描述出行者一日活动的模型。最终在 1996 年，由美国的 Ben-Akiva 和 Bowman等人开发了日活动计划系统，这也是目前计量经济学模型中比较先进的系统。基于活动模型的另一分枝——混合仿真模型也经历了三个发展阶段，分别为 1986 年由 Recker 等开发的 STARCHILD 系统、1995 年 RDC 公司开发的 AMOS（Activity - Based Modeling System）系统和 Netherlands 开发的 SMASH（Simulation Model of Activity Scheduling Heuristics）系统。

一、基于活动的交通需求预测理论

所谓活动，是指个人在一个连续时间段内为达到某种出行目的，采用一定的到达方式和优先权在某个地点去实现此目的的过程。它是基于活动的出行需求理论的根本。由于每个人都要根据自己的意愿安排活动，而为了把在时间和空间上存在差异的各个活动连接起来就需要出行。由此可见，活动是最基本的，它引发了出行，同时也影响了目的地、时间等出行要素。个人一天中的所有活动组成了日活动计划链（简称活动链）。活动链是由于生活和工作等的需要，人一天可能进行多次以家为起终点的活动而产生的。人们出行是由于参加家庭之外活动的需要，活动需求引发出行需求。因此，基于活动的出行需要考虑活动链的基本思路如下：

第一，出行的需求源于活动的需求，出行选择的决策是基于活动的。

第二，人的行为受时空的限制。要在不同的时间和地点进行不同的活动，并且去各个活动地点都要花费时间。

第三，家庭类型和生活方式都影响个人的活动和出行决策，许多决策都是家庭决策的一部分，并受家庭中其他成员的限制。

第四，活动和出行决策是动态的，并且受过去和预期事件的影响。

因此，需要考虑家庭结构，活动的重要性、个人在家庭中的地位和个人能力，优先权和习惯，家庭经济、活动的时空约束等影响因素来建立活动和出行决策体系。如图 3-3-4 所示。

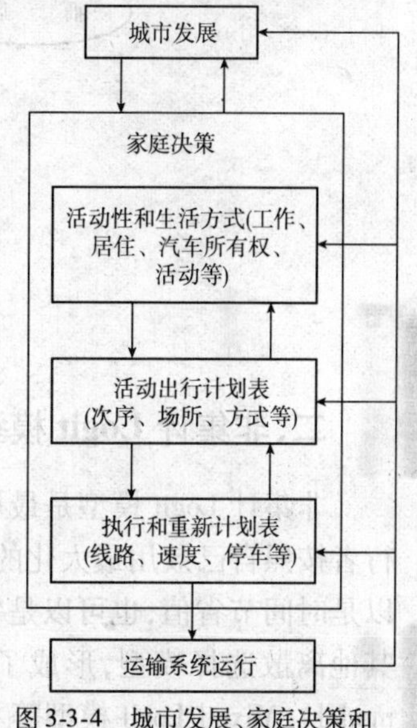

图 3-3-4　城市发展、家庭决策和运输系统间的关系

基于活动的交通需求预测理论涉及的基本概念如下：

1. 出行

出行是指从一个地点到另一地点的移动过程，在这两点之间没有任何第三停留点，出行的方向总是从发生端指向吸引端，一般包括基于家庭的出行和非基于家庭的出行。

2. 往返行程

往返行程是指把一系列有序的出行按先后顺序依次首尾连接起来，或被称为出行链（trip-chain）。往返行程总是由某地点出发，经过一系列的出行后又回到此出发点。把往返行程作为基本分析单元的模型被称为基于往返行程的模型。按照出行目的的不同，把所有的往返行程分为 3 类，分别为工作（包括上班、上学、公务等）、生活（购物、探亲访友等）和娱乐往返行程（休闲、旅游等）。也可按照组成往返行程的具体出行及驻停的排列结构的不同，把往返行程分为一阶往返行程、二阶往返行程、子往返行程等。

3. 一阶、二阶活动

一阶、二阶活动是指将出行者一天的出行活动（可能由很多次往返行程组成）按时间先后顺序和活动的重要程度等原则进行分阶段而形成的活动。一阶活动表示一天中最主要的往返行程，二阶活动表示其他几次往返行程的总称。

4. 子往返行程

子往返行程是指将以工作单位为起终点的往返行程，这是一种区别于其他行程的另一类往返行程。

5. 驻停点

驻停点是指连接往返行程中各出行之间的结点。出行者一次往返行程所包含的所有驻停点中，最主要的出行目的地叫做主要驻停点。

可见,一条活动链可以由多个往返行程组成。如图3-3-5所示。

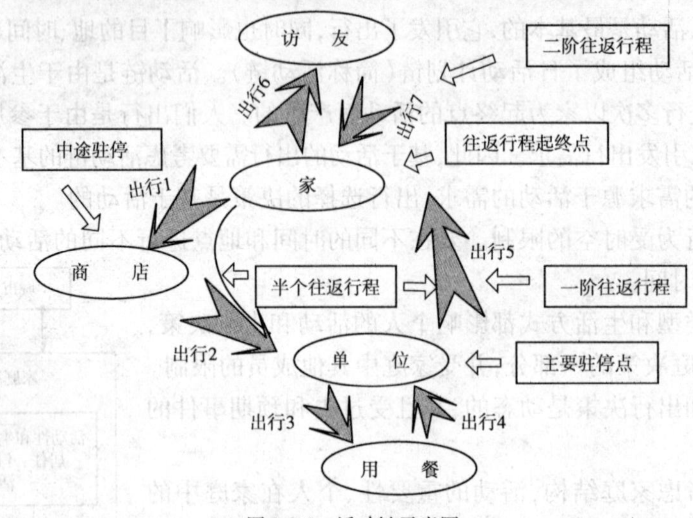

图3-3-5　活动链示意图

二、非集计 Logit 模型

非集计 Logit 模型是最早的离散选择模型,也是目前应用最广的模型。模型假定每个出行者按照自己效用最大化的原则做出出行选择(包括交通方式、路径等),出行者的效用既可以是时间节省值,也可以是费用节省值等多种其他社会经济因素。Logit 模型衍生发展出了其他离散选择模型,形成了完整的离散选择模型体系,如 Probit 模型、NL 模型(Nest Logit model)、Mixed Logit 模型等。由于 MNL 和 NL 模型通常是构成日活动计划模型系统的基础,因此本节将详细说明这两个模型。

1. MNL 模型

多项 Logit 模型(Multinomial Logit Model,MNL)是非集计模型中最常用的模型之一。该模型假设个人 n 对选择肢 j 的效用由效用确定项 V_j 和随机项 ε_j 两部分构成,行人选择第 j 个选择肢的效用可以表示为:

$$U_j = V_j + \varepsilon_j \tag{3-3-75}$$

假设在效用公式中 ε_j 和 V_j 相互独立,随机项 ε_{in} 彼此独立且服从相同的 Gumbel 分布,即:

$$f(\varepsilon_1,\varepsilon_2,\cdots,\varepsilon_n) = \prod_n g(\varepsilon_n) \tag{3-3-76}$$

则个人 n 选择第 j 个选择肢的概率 p_j 可以表示为:

$$p_j = \frac{\exp(V_j)}{\sum_{i=1}^{N} V_i} \tag{3-3-77}$$

式中:N——选择肢的数量。

此模型数学形式简洁,物理意义容易理解并容易计算。但是它有一个最大的缺点,是每一对选项的相对概率与其他选项的特性之间相互独立,即 Independence of Irrelevant Alternatives(IIA)特性。这表示如果新引入一个选项或某一个选项发生变化时,它对所有其他选项产生的影响程度是相同的。实际中,一些选项之间是有联系的,如公共汽车和轻轨都属于公交车,公共汽车的变化对轻轨的影响要比对其他交通方式的影响大。这样会过高评价具有相似性的选择肢群,造成错误地标定模型参数,最终导致预测的偏差。

MNL模型中的参数可以用极大似然法进行估计。图3-3-6所示为MNL模型的计算流程图。

2. NL模型

为解决由于IIA特性造成的MNL模型的问题,研究者们先后开发了许多以Logit模型为基础的改良模型,如generalized extreme value(GEV)模型、the ordered generalized extreme value(OGEV)模型、the paired combinatorial logit(PCL)模型和the cross-nested logit(CNL)模型等。其中由于nested logit(NL)模型形式简单、易于计算而被广泛应用。所谓NL模型,是将选择肢按树状结构分层表示,通过这种分组方法增强相似选项之间的联系和相关性,从而解决了传统的MNL模型中存在的问题。

NL模型先根据相关性把MNL模型中的选项分为几个大类,作为一层,然后再把各类细分为几个小类,依此类推形成多层模型,每一层都是一个MNL模型。可见,一个NL模型就是由多个MNL模型分层组成的系统。处于上层的模型通过条件概率约束下层模型,而下层模型的logsum作为上层模型的一个变量。模型标定时从底层模型开始,本着从下到上的顺序,而预测时刚好相反,从上层模型开始预测,先考虑出行者选择哪一大类,再根据条件概率确定选择哪一小类。NL模型的参数估计过程与MNL模型相似,也用极大似然法进行估计,但是具体的计算过程要复杂一些。图3-3-7描述了一个二阶段NL模型的参数估计流程。

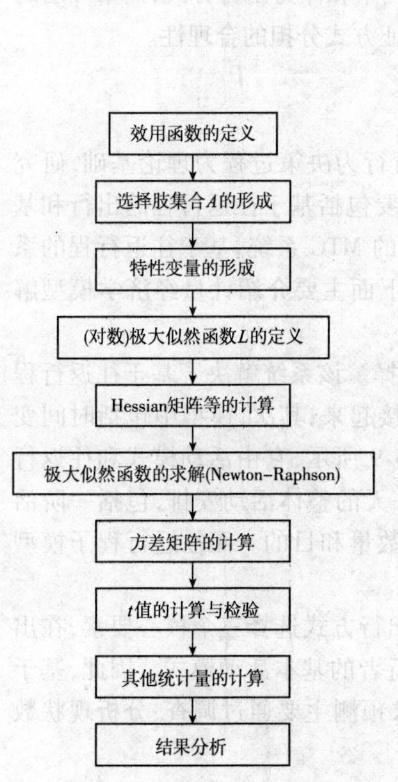

图3-3-6　多项Logit模型的计算流程

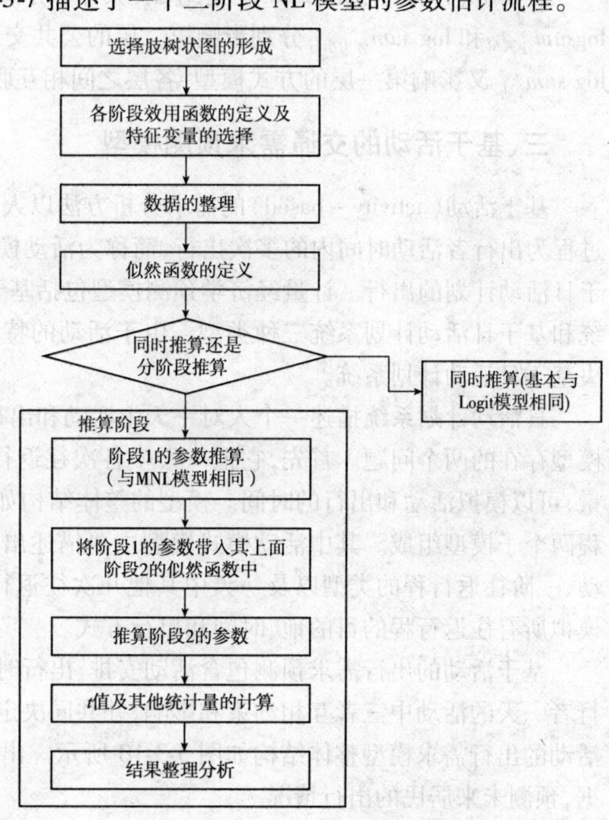

图3-3-7　二阶段NL模型的参数估计流程

如图 3-3-8 所示为一个由 3 层的 MNL 模型组成的 NL 模型。模型系统中所有下层的 MNL 模型(如公共汽车、城轨)作为独立的模型进行参数估计。而上层模型的效用是下层所有选择肢的一个函数。例如,图中出行者是否选择公交出行(而不是小汽车)取决于公共交通的吸引度(效用),而公共交通的效用又是由第三层的公共汽车和轻轨这两个选择肢的特性决定的,因此公共交通的效用是公共汽车和轻轨的所有变量的函数。同样,步行和自行车两种方式中的属性变量也决定了体力出行的决策,同理小汽车出行原理一样。这里设定参数 log *sum* 为下层总效用的自然对数,代表下层所有选择肢的总吸引度,并与其他变量一起作为上层模型的参数,表示下层模型对上层的影响和反馈。这样就把多个 MNL 模型连接为一个分层的 Logit 模型。

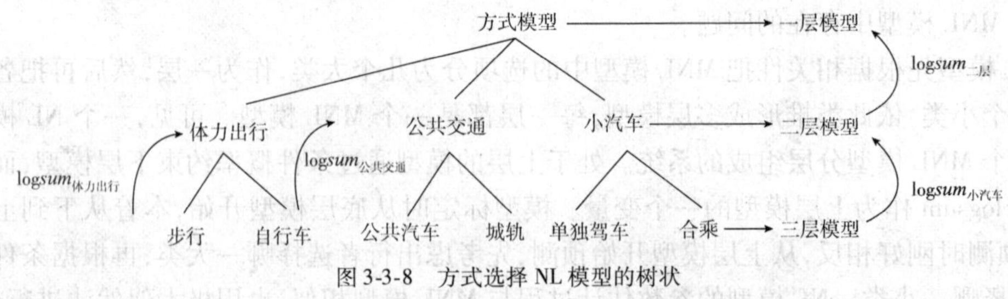

图 3-3-8　方式选择 NL 模型的树状

该模型总共由三层 MNL 模型组成,其中,由第三层计算出的公共交通 $\log sum_{公共交通}$、$\log sum_{小汽车}$和 $\log sum_{体力出行}$分别影响第二层的公共交通、小汽车和体力出行方式,而第二层的 $\log sum_{二层}$又影响第一层的方式模型,各层之间相互联系保证方式分担的合理性。

三、基于活动的交通需求预测模型

基于活动(activity－based)的需求分析方法以人的出行行为决策过程为理论基础,研究过程为出行者活动时间内的多次出行,简称为活动模型,主要包括基于往返行程的出行和基于日活动计划的出行。计量经济学预测模型包括基于出行的 MTC 系统、基于往返行程的系统和基于日活动计划系统三种类型。由于活动的特殊性,下面主要介绍计量经济学模型解决基于日活动计划系统。

日活动计划系统描述一个人对一天中活动和出行的选择。该系统解决了基于往返行程模型存在的两个问题。首先,它把一天中各次往返行程连接起来;其次,模型中包括时间变量,可以模拟活动和出行的时间。模型的整体结构如图 3-3-9 所示,它由活动模式和往返行程两个子模型组成。其中活动模式模型主要描述出行者一天的整体活动安排,包括一阶活动、一阶往返行程的类型以及一天中其他几次往返行程的数量和目的。而往返行程子模型模拟所有往返行程的目的地、时间和出行方式。

基于活动的出行需求预测包含活动安排、出行时间和出行方式选择三个核心要素,在出行者一天的活动中三者互相约束和影响,并共同决定了出行者的基本活动模式。因此,基于活动的出行需求模型整体结构如图 3-3-10 所示。出行需求预测主要通过调查、分析现状数据,预测未来居民的出行情况。

基于活动的出行需求预测模型系统是一个 NL 模型系统,主要包括一个 NL 模型(第一层的活动安排模型)和两个 MNL 模型(第二层和第三层的出行时间和出行方式选择模型)。

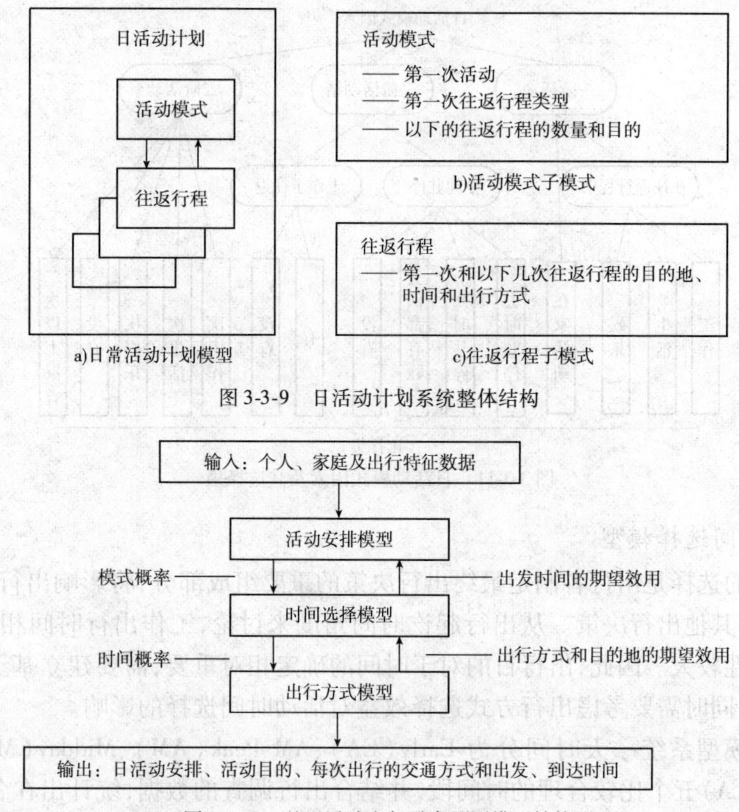

图 3-3-9　日活动计划系统整体结构

图 3-3-10　基于活动出行需求预测模型结构

三层模型中上、下层之间通过相应最大效益 log *sum* 连接，即利用下层参数标定结果和调查数据计算下层各影响因素的总效用 log *sum*，并将其作为上层模型的一个参数，参与该层模型的标定，而该层模型的标定以最大效益理论为基础，根据条件概率确定该层模型选择肢，因此其模型求解过程与模型建立过程相反，其求解顺序从出行方式模式时间选择模型活动安排模型。以下具体介绍基于活动出行的 NL 模型及求解方法，模型求解主要通过对居民出行数据的调查和统计分析，结合各层模型涉及选择肢内容，依据最大效益原理和各层模型间 log *sum* 关系依次对各层模型进行求解。

1. *活动安排模型*

基于活动的模型最主要的思想是认为一天中的活动和出行之间有着相互的关联性，一次活动将影响另一次活动的安排，或者出行者可能在一次主要的往返行程中完成一些附带的活动，如购物等。同时，基于活动的出行需求预测理论认为活动安排将影响各次出行的时间和所采用的交通工具。因此需建立一个单独的活动安排模型来进行预测，且将其作为整个基于活动出行需求预测系统的第一层模型，以出行者一日所有活动为单位，建立一个包含一阶活动、二阶活动、中间驻停和工作子往返行程的整体的 NL 模型。

根据 NL 模型求解理论可知，行人出行活动安排的确定除跟出行者特性和出行特性有关外，还受活动时间选择的影响，需要根据其 log *sum* 综合考虑进行活动安排的效益。因此，在缩减模型基础上，根据活动安排的性质建立活动安排选择集（如图 3-3-11 所示），通过对调研数据的处理，最终可得到各阶段居民活动安排比例。

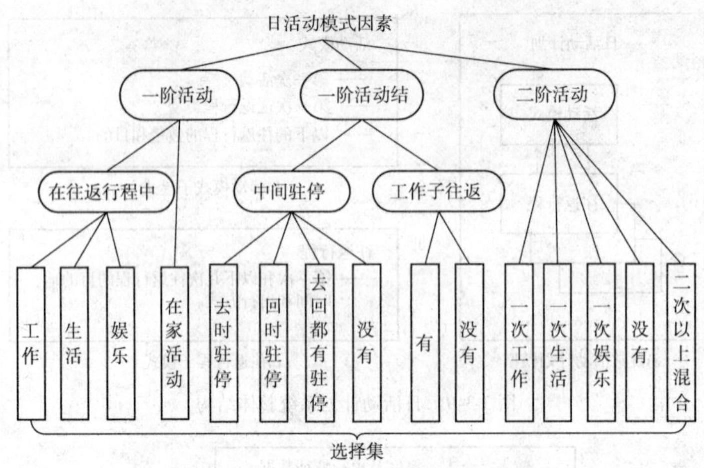

图 3-3-11　日活动模式因素及其选择集

2. 活动时间选择模型

出行时间的选择是出行者制定最终出行决策的重要组成部分,将影响出行次数、出行方式、活动安排等其他出行决策。从出行起讫时间角度来讨论,工作出行时间相对固定,非工作出行时间弹性较大。因此,出行目的对于时间的确定相对重要,需要建立基于出行目的的时间选择模型,同时需要考虑出行方式选择效益对活动时间选择的影响。

一般可将模型系统一天时间分为 Early(EA)、AM Peak(AM)、Midday(MD)、PM Peak(PM)和 Late(LA)五个比较合理的时间段,并结合出行调查的数据,统计出在各时段内出行的出发和到达次数,利用类似方式选择模型中的 Logistic 模型,求解得出不同出行者特性和出行特性下的不同活动时间段内居民出发和达到情况。

3. 出行方式选择模型

建立方式选择模型的意义在于根据出行者的个人及家庭的社会经济属性预测出行人选择某种方式的概率,得到各种交通方式总的分担率。在此可利用最大效益的原理建立方式选择模型,一般以非集计理论为基础,建立以多项 Logit 模型为基础的 Logistic 回归模型。

该模型求解是 NL 模型系统的最底层,即根据城市居民出行模式的划分,该层模型的选择肢通常包括步行、自行车、公共汽车、摩托车、出租车和小汽车。因此根据影响出行方式选择因素分别对居民出行进行调查,并对调研数据进行统计分析,从而得到不同出行者特性和出行特性下的不同交通方式分担率。然而,在进行预测时,需要在把握未来交通发展、政策变化等条件下,通过专家预测法,以基准层数据为基础,对出行方式分担情况进行预测。

综述所述,依次对出行方式、出行时间及活动安排模型进行求解后,最终可得到基于日活动安排的行人每次出行目的,出行到、发时间及出行方式选择。

以上对基于活动的出行需求预测,关键在于各层模型的建立及求解参数标定。其中各层模型涉及影响参数变化的因素有所不同,因此对调研数据的广度及精度要求都比较高。同时该预测方法主要用于对现状基于活动的出行需求分析,也用于交通需求管理政策的评价,而对未来基于活动的出行需求的预测精度仍有待于进一步研究。

因此,基于活动的出行需求预测模型还可按以下三个方面进行研究。

(1)应用非集计调查数据,直接预测出非集计的选择概率,进而得到各种需要的出行属性数据,之后再对这些非集计数据进行集计分析。这种方法同样用于交通需求管理政策评价,通过对政策实施前后出行属性数据集计分析结果的比较分析,评价政策的实施效果。

(2)将待研究区域划分为小区,再对各小区居民的个人及家庭的社会经济属性数据进行集计处理,再带入相关模型,预测得到各小区集计的出行属性数据,用于分析未来的出行情况。

(3)可以将基于活动的出行需求预测理论的建模思想与传统的“四阶段”模型相结合,其不但可在时间、交通方式等方面对出行进行分析,同时可应用“四阶段”模型中的交通分配模型,将各时段、各方式的出行分配到实际路网中,从而在规划中做到宏观与微观兼顾,总量预测和具体分析兼顾。

第四章　不同行人交通系统的交通需求分析与预测

第一节　道路行人交通需求预测

道路行人交通需求预测仍然以“四阶段法”使用最为广泛,与常规的交通需求预测有两个重要区别,即:道路行人交通需求预测在预测方法上通常使用非集计模型,道路行人交通需求预测中通常不用进行交通方式划分。其内容包括基础模型构建、交通总量预测、交通分布预测、行人交通流分配四项。

一、基础模型构建

1. 行人交通网络构建

行人路网模型包括人行道模型、人行交叉模型以及人行障碍模型三部分,另外还包括网络各部分属性信息输入。行人交通网络的构建应当基于城市道路模型,首先将道路模型中的车道数量、停车设施、交叉口、交通信号设备、限速区域以及机动车交通量等信息作为人行障碍;其次,在道路模型的基础上,根据沿街人行道的分布情况抽取人行道,并根据人行横道、人行信号、人行天桥及地道等位置建立人行交叉模型;最后,建立网络上各部分的其他属性,包括时间、舒适性等信息。建立过程如图 3-4-1 所示。

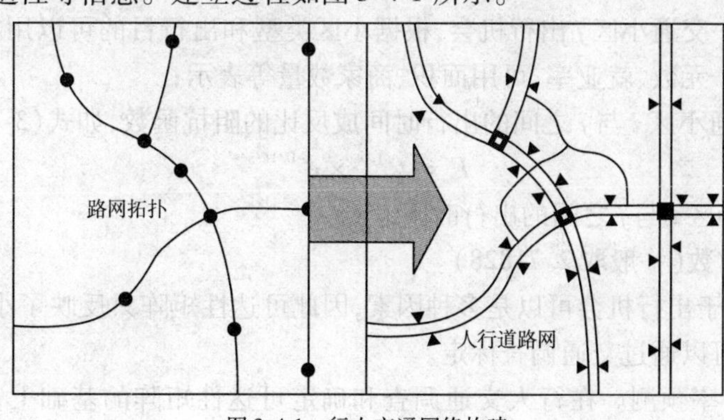

图 3-4-1　行人交通网络构建

2. 土地利用分配

在建立了行人交通网络后,应当建立以建筑为单元的土地利用和人口模型,模型除应包括居住建筑、工作建筑等内容外,还应包含交通场站、大型活动场所等行人交通吸引点以及停车场等行人交通衔接点,对应的属性数据应包括人口和家庭数量、容量、就业岗位数量等。在此基础上,建立行人活动计划模型。如图 3-4-2 所示。

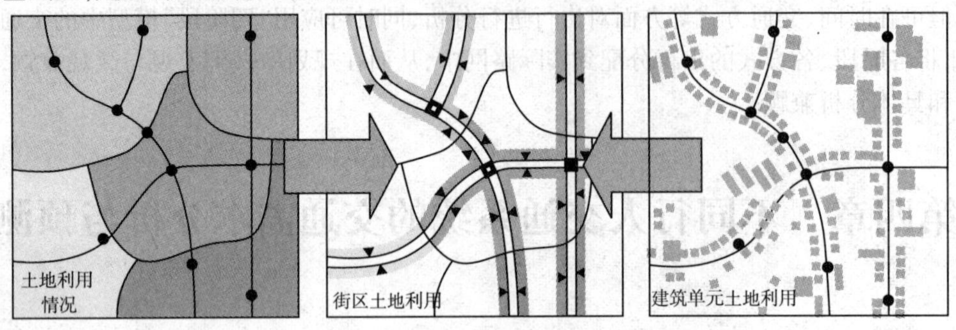

图 3-4-2 土地利用分配

二、交通总量预测

行人交通需求总量的预测即行人交通生成预测,包括行人交通吸引量和发生量。因此,其首先要确定每个交通小区不同出行目的的行人交通吸引和发生量。分别计算基于家庭出行(HB)和非家庭出行(NHB)两种情况。对于 HB,居住小区为交通产生点,而其他类型小区为交通吸引点。而对于 NHB,每个交通小区既是产生点又是吸引点,且每个小区的产生量和吸引量相同。

(1)计算小区之间可达性。道路交通行人总量预测可采用可达性模型。可达性是行人出行的首要影响因素,反映了行人到达目的地的能力。影响可达性的主要因素是时间、距离和交通小区的成熟程度,此外,人口密度和就业率等也会影响行人交通可达性,但是考虑到行人交通小区非常小,这两个因素可以忽略不计。交通小区间的可达性可以利用可达性矩阵表示,如式(3-4-1)所示:

$$Acc(i,j) = \sum [Opp(j) \times F(i,j)] \tag{3-4-1}$$

式中:$Acc(i,j)$——交通小区 i 相对于小区 j 的可达性;

$Opp(j)$——交通小区 j 出行机会,根据小区类型和出行目的可以用小区住户、住宅单元数、就业率、可用面积、商家数量等表示;

$F(i,j)$ 与交通小区 i 与 j 之间的出行时间成反比的阻抗函数,如式(3-4-2)所示。

$$F = t^{-1.5} \times e^{-0.1t} \tag{3-4-2}$$

式中:t——交通小区 i 与 j 之间的出行时间;

e——自然常数(一般取 2.71828)。

可以看出,由于出行机会可以是多种因素,因此可达性矩阵只反映了小区之间的相对可达性。模型参数可以通过交通调查标定。

(2)交通出行率预测。在行人交通调查和确定可达性矩阵的基础上,按照 HB 和 NHB 分别估计工作、购物、就餐、休闲、上学等的交通出行率 T_r。

$$T_r = Acc_r{}^a \cdot Acc_w{}^b \cdot Acc_l{}^c \cdot (d \cdot \delta_l + e \cdot \delta_h) \tag{3-4-3}$$

式中：Acc_r、Acc_w、Acc_l——居住型交通小区、工作型交通小区和娱乐型交通小区的可达性；

δ_l、δ_h——低收入和高收入家庭的0，1变量，a、b、c、d、e为待标定参数。对于HB出行，交通出行率T_r表示单位住户的出行量；而对于NHB出行，T_r则表示单位面积的出行量。

(3)行人交通需求预测。在上一步的基础上，使用原单位法计算需求预测，如式(3-4-4)所示。

$$\begin{aligned} P_{iHB} &= T_{ri} \cdot N_{hh} \\ P_{iNHB} &= T_{ri} \cdot S \end{aligned} \tag{3-4-4}$$

式中：P_{iHB}——基于家的出行中第i种出行目的的发生量；

N_{hh}——交通小区住户数量；

P_{iNHB}——非基于家的出行中第i种出行目的的发生量(或吸引量)；

S——交通小区的可用面积。

三、交通分布预测

行人交通分布预测通常采用重力模型，即两个交通小区的出行吸引与两个小区的出行发生量、吸引量成正比，而与交通小区之间的交通阻抗成反比，如式(3-4-5)所示。

$$T_{ij} = P_i \times \frac{A_j F_{ij}}{\sum_j A_j F_{ij}} \tag{3-4-5}$$

式中：T_{ij}——交通小区i与j之间的交通分布；

P_i——交通小区i的产生量；

A_j——交通小区j的吸引量；

F_{ij}——交通小区i与j之间的阻抗系数。

在牛顿重力模型的最初公式中，阻抗系数等价于距离，现在已被替换成一个伽玛函数，它已成为最常用的阻抗函数方程。

$$F = a \times t^b \times e^{gt} \tag{3-4-6}$$

式中：F——阻抗系数；

t——出行时间；

a、b、g——校准系数；

e——自然常数(一般取2.71828)。

伽玛函数与计算路网可达性的函数有所变化，其包含了行人在道路上实际走行时间和在交叉口的等待时间。

四、行人交通流分配

行人交通流分配包括路径搜索和交通流分配两部分内容，由于在前两阶段的行人交通预测中，均使用了阻抗函数，因此，可以通过前两步骤找出行人出行OD之间的所有可行路径。尽管从同一个起点到同一终点的出行，不同行人由于对时间敏感性不同或者基于其他安全因素的考虑可能会选择不同的路径，因此，需要对行人的出行路径进行确定，从而达到交通流分配的目的。

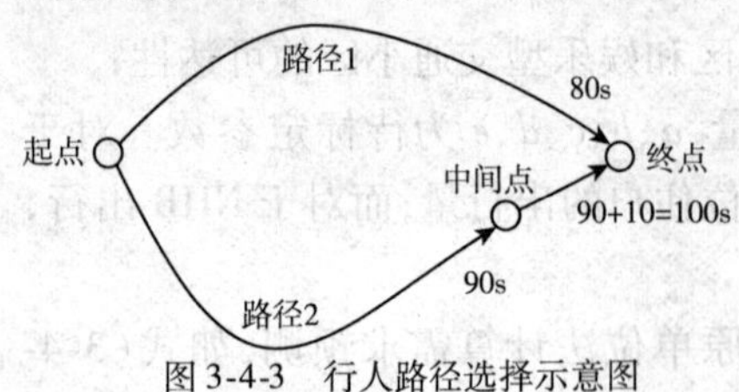

图 3-4-3　行人路径选择示意图

随机分配方法是交通流分配中广泛采用的方法，但是传统的随机分配方法为了搜索有效路径，通常需要将所有路径搜索完毕，导致许多无效搜索，甚至错误的结果。如图 3-4-3 所示，从起点到终点有 2 条路径，路径 1 需要花费 80s，路径 2 需要花费 100s，实际上路径 2 在从起点到中间点的花费时间（90s）已经超过了路径 1，行人交通对时间的敏感性决定其不可能选择路径 2，因此，路径 2 为无效路径。

为了避免以上问题，在行人交通分配时，可以采用广度优先搜索算法，并进行搜索深度的限制。确定路径后，在进行交通流分配时，可以采用全有全无或按比例分配法。

第二节　交通场站行人交通需求预测

交通场站内行人交通需求预测属于节点上的预测（以下称客流预测），不但需要考虑其与路网及其他交通方式的关系，并且要对节点上的到达和换乘客流进行分别预测，下面以铁路为主体的综合交通枢纽为例进行说明。

一、交通生成预测

由于枢纽客流可以分为以市区出行者为主的集散客流和以城市外部出行者为主的中转客流，且两种客流在出行特性上存在差异，因此预测枢纽的客流生成时，对集散客流和中转客流分别进行分析预测，可以更加准确地预测枢纽的交通需求。综合交通枢纽交通生成预测流程如图 3-4-4 所示。

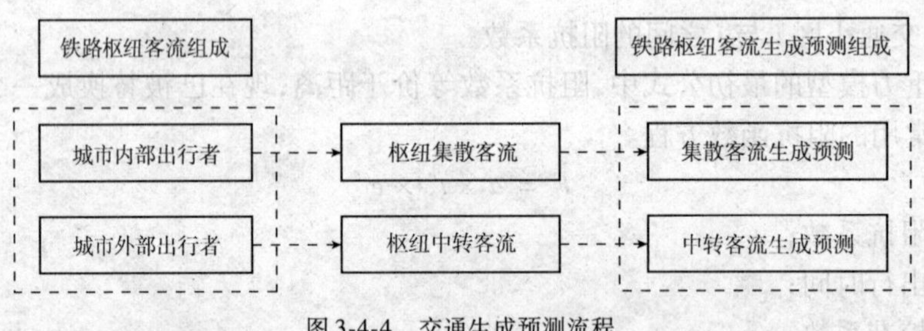

图 3-4-4　交通生成预测流程

1. 集散客流生成预测

枢纽集散客流由城市内部出行者构成，主要包括出发客流和到达客流。

(1) 出发客流生成预测

出发客流生成量与城市土地利用和枢纽的交通区位有着密切的关系，其预测公式如 (3-4-7) 所示。

$$Q_j^J = k_j \sum_l A_{jl} \cdot E_l \tag{3-4-7}$$

式中：Q_j^J——枢纽周边交通小区 j 集散出发客流的生成量；

A_{jl}——枢纽周边交通小区 j 中用地性质为 l 的用地面积；

E_j——用地性质为 l 时枢纽客流平均发生率；

k_j——枢纽周边交通小区 j 的出发客流生成预测区位系数。

(2)出发客流吸引量预测

根据综合交通枢纽出发客流中集散与中转客流的相对比例，得到集散客流出发的吸引量如下：

$$p_J = p \times k_J$$
$$p_Z = p \times (1 - k_J) = p - p_J \tag{3-4-8}$$

式中：p——枢纽的出发吸引总量；

p_J——枢纽集散客流出发吸引总量；

p_Z——枢纽中转客流出发吸引总量；

k_J——枢纽中集散客流的比例，可根据枢纽车站特点(类别、规模和功能等)和同类型的枢纽类比的方式确定，$0 \leqslant k_J \leqslant 1$。

(3)出发客流吸引预测

枢纽出发客流吸引量可以通过枢纽内车辆的服务水平综合预测，如式(3-4-9)所示。

$$p = S_k D_k \cdot f_k \cdot u_k \tag{3-4-9}$$

式中：p——枢纽出发客流吸引总量；

S_k——枢纽内第 k 类列车的数量；

D_k——枢纽内第 k 类列车的定员；

f_k——枢纽内第 k 类列车的发车频次；

u_k——枢纽内第 k 类列车的满员率，影响 u_k 的因素有枢纽车站的类型、规模、票价以及服务水平等。

到达客流的生成预测与出发客流的生成预测类似，可采用同样的方法进行预测，这里不再赘述。

2. 中转客流生成预测

中转客流主要由城市外部出行者构成，其出行的显著特点是，旅客由出发地出发需要经过一种或多种城市对外交通运输方式中转到达城市内部，再利用城市内部交通运输方式到达枢纽，以完成对外出行的目的。

(1)出发客流吸引预测

各种中转出发客流作为铁路客运枢纽中转出发客流的一部分，可以根据其在铁路客运枢纽中转出发客流总量的比例进行确定。

$$\begin{aligned} p_{tg}^{Z} &= p_Z \cdot k_{tg}^{Z} \\ p_{tt}^{Z} &= p_Z \cdot k_{tt}^{Z} \\ p_{ts}^{Z} &= p_Z \cdot k_{ts}^{Z} \\ p_{th}^{Z} &= p_Z \cdot k_{th}^{Z} \end{aligned} \tag{3-4-10}$$

式中：p_{tg}^{Z}——客运站铁路；

p_{tt}^{Z}——公路、铁路；

p_{ts}^{Z}——水运以及铁路；

p_{th}^{Z}——航空的中转出发客流吸引量；

p_Z——枢纽中转客流出发吸引总量；

k_{tg}^{Z}、k_{tt}^{Z}、k_{ts}^{Z}、k_{th}^{Z}——分别表示4种中转出发客流吸引量客流占中转客流吸引量出发吸引总量的比值，$k_{tg}^{Z}+k_{tt}^{Z}+k_{ts}^{Z}+k_{th}^{Z}=1$，可采用调查的方法或者与同类型的枢纽类比的方法确定。

(2)出发客流产生预测

铁路—公路、铁路—铁路、铁路—水运以及铁路—航空中转出发客流产生于与铁路客流进行中转的各种方式的对外枢纽和客运站场上，因此可根据各种中转客流占对应的客运站场到达客流总量的比例进行确定，这里以铁路—公路中转出发客流的产生预测为例进行说明：

$$Q_{jtg}^{Z}=T_j^{G}\cdot k_{jtg}^{Z} \tag{3-4-11}$$

式中：Q_{jtg}^{Z}——公路客运站j产生的铁路—公路中转出发客流量；

T_j^{G}——公路客运站j到达客流总量；

k_{jtg}^{Z}——公路客运站j到达客流总量中铁路—公路中转客流所占比例，可通过调查的方法或者与同类型的枢纽类比的方法确定。

对于铁路客运枢纽的每一种中转客流，到达客流的生成预测与出发客流的生成预测类似，可采用同样的方法进行预测，这里不再赘述。

二、交通分布预测

铁路客运枢纽市内交通分布预测，实质上就是城市各个交通小区的集散客流生成量以及城市其他对外客运枢纽的中转量在城市铁路客运枢纽上的分布，反映了各个交通小区和其他城市对外客运枢纽与铁路客运枢纽的交通联系。

在进行交通分布时从i区到j区的出行不仅取决于两地间的交通阻抗，还取决于出行终点所能提供的机会，因此利用机会模型对枢纽交通分布进行预测。

利用机会模型的基本思想，首先考虑从i区到j区(枢纽所在小区)的出行的交通阻抗，则需根据人们对出行时间、金钱等花费以及方便程度等建立交通阻抗函数t_{ij}；再考虑其对选择目的地和其选择机会F的多少；最后利用机会模型理论，采用合理的计算步骤对其进步交通分布预测。

(1)交通阻抗t_{ij}

由于影响小区i到枢纽j客流分布的因素中，不仅包含小区i到枢纽j的出行时间因素，还包含了铁路客运站到达目的地的旅途时间因素，同时考虑这两方面因素建立小区i到铁路客运站j的交通阻抗t_{ij}。

$$t_{ij}=k_s\cdot t_{ij}^{s}+k_l\cdot t_{ij}^{l}+k_f\cdot t_{ij}^{f} \tag{3-4-12}$$

式中：t_{ij}——交通小区i到枢纽所在小区j的交通阻抗；

t_{ij}^{s}——交通小区i到枢纽所在小区j的市内出行时间；

t_{ij}^{l}——交通小区i到枢纽所在小区j的旅途时间；

t_{ij}^{f}——交通小区i到枢纽所在小区j的辅助时间，包括购票等候时间、候车时间，可以通过调查得出；

k_s、k_l、k_f——交通小区 i 到铁路客运站 j 市内出行时间、旅途时间和辅助时间的权重系数。

(2)枢纽所在小区 j 提供选择机会变量 F

考虑到旅客选择铁路客运站的主要目的是到达下一个出行目的地，因此其是否选择枢纽所在的小区 j 存在一定概率，则可以说枢纽 j 为其提供了选择机会变量。该机会变量与客运站 j 提供的客运线路，即可供选择的出行目的地的数量是成正比的，因此，认为铁路客运站的铁路提供选择机会变量与该车站开行的所有铁路线路连接的站点(不能重复)数目成正比。

即：

$$F = \sum_{l=1}^{s} N_l \tag{3-4-13}$$

式中：F——枢纽所在小区 j 提供选择机会变量；

N_l——枢纽所在小区 j 线路 l 连接的铁路站点(不重复)数目，可通过铁路运行时刻表得到；

s——铁路客运站 j 开行的铁路线数目(不重复)。

(3)建立复合变量 R_{ij}

由于存在两个影响分布的变量，且两者的作用方向相反，即小区 i 到枢纽所在小区 j 的客流分布量与交通阻抗 t_{ij} 成反比，而与客运站 j 提供选择机会变量 F 成正比，因此需要引入复合变量 R_{ij}，即：

$$R_{ij} = f(t_{ij}, F) \tag{3-4-14}$$

式中：R_{ij}——交通区 i 到枢纽所在小区 j 的影响因子，为 F 和 t_{ij} 的某种表达式，根据实际情况可以有多种表达式。

(4)交通分布的机会模型

$$T_{ij} = p_i \frac{A_j / A_x}{\sum_{i=1} A_j / A_x} \tag{3-4-15}$$

$$A_x = \sum_{k}^{j} A_k$$

式中：T_{ij}——交通小区 i 到枢纽所在小区 j 的出行分布量；

p_i——交通小区 i 的交通产生量；

A_j——该枢纽 j 的出行吸引量；

A_x——包括枢纽 j 在内的所有比枢纽 j 更靠近小区 i 的吸引量之和。

(5)交通分布预测步骤

第1步：计算交通得到的小区 i 到铁路客运站 j 的出行阻抗 t_{ij} 以及铁路客运站 j 提供选择机会变量 F。

第2步：由第1步中得到的 F 和 t_{ij}，计算得到 R_{ij}。

第3步：根据第2步中得到的 R_{ij}，由交通区 i 开始，分别计算枢纽 j 的 A_x，具体计算过程为：以任一小区 i 为起点，按照起点到枢纽 j 的复合变量 R_{ij} 的大小，对各枢纽站的出行吸引量进行大小排序，包括客运站 j 在内的所有比客运站 j 更靠近小区 i 的吸引量之和，即为客运站 j 的 A_x。

第4步：根据式(3-4-15)即可得到小区 i 到所有客运站 j 的分布量。

第 5 步:改变 i,即改变出行的起点小区,重复第 3 步和第 4 步,最终得到全部交通小区到全部铁路客运站的客流分布量。

在客流的发生吸引总量一致的前提下,以上的运算过程可以实现客流的分布量与总量保持一致。同时,以上的建模及分析过程以出发客流进行了分析,铁路客运枢纽市内到达客流的分布预测与此相似,可采用同样方法进行预测。

三、交通方式划分预测

铁路客运枢纽市内交通方式划分预测的目的在于确定与铁路枢纽衔接的市内各种交通方式在旅客出行中所分担的出行量,也称分担率。因此,首先需要确定与铁路客运枢纽衔接的市内交通方式的种类及其特性。常见的市内交通出行方式包括有步行、自行车、公共汽车、城市轨道交通、摩托车、出租车和小汽车等。因此,在进行交通方式划分预测时,则可根据前面预测得到的各类交通 OD 数据利用“四阶段”法中 MNL 模型或 NL 模型进行预测即可,此处不再重复。

四、交通分配预测

枢纽交通流分配主要是将到达或离开枢纽的客流合理地分配到合适的路径上,完成枢纽集散和中转功能。显而易见,此处可利用常用的用户平衡或非平衡理论方法对其进行配流,具体方法见“四阶段”法预测的交通分配。

五、高峰小时流量预测

高峰小时流量一般按照全日平均的小时交通流量乘以一定的高峰小时系数得到。该系数反映了行人出行的时间分布特征,并与用地布局有密切关系,一般通过调查获得。

六、最高聚集人数预测

交通场站中有关聚集人数的预测一般有两种方法。

方法 1:根据设计年度平均日旅客发送量乘以相应的百分比来确定,具体步骤如下。

第 1 步:根据车站服务区域道路旅客运输发展规律,选择适当的预测方法和预测模型进行预测分析,最后采用定量计算与定性分析相结合方法,确定设计年度平均日旅客发送量。

第 2 步:利用经验公式,结合第 1 步所得设计年度平均日旅客发送量,计算其最高聚集人数。

$$D = a \cdot K \cdot F$$

式中:D——设计年度旅客最高聚集人数,人;

F—— 设计年度平均日旅客发送量,人;

K——客流波动系数;

a——计算百分比,表示各种不同场站中最高聚集人数与发送量之间的关系。

方法 2:根据同期发车数量计算,具体公式如下:

$$D = K \cdot N \cdot P$$

式中:K——综合系数,一般取 1.5~2.5;

N——设计年度车站一次最大发车数量(即发车位数),辆;

P——客车平均定员人数,人/辆。

第三节　大型活动场所内行人交通需求预测

大型活动场所交通需求预测对大型活动场所设计、疏散方案制订以及活动场期间的交通组织具有重要意义。在大型活动场所,主要的现象就是人群大规模短时聚集和疏散,这些人流出行起点单一、时空分布不均匀。大型活动场所的交通需求与场所的位置和规模、可提供座位数、服务设施、服务人员数量、公共交通的衔接程度等因素有关。

一、总体流程

大型活动场所交通需求预测的总体流程如图 3-4-5 所示。

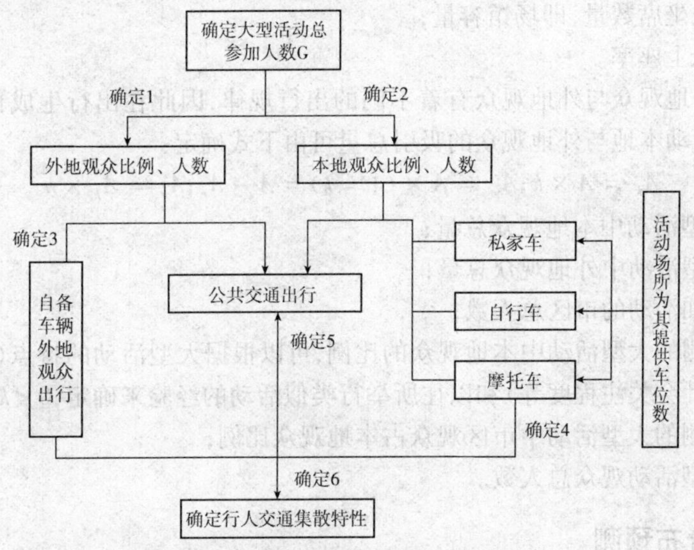

图 3-4-5　大型活动场所交通需求预测的总体流程

二、交通总量预测

大型活动场所交通总量预测主要是针对其观众需求量的预测。大型活动生成的观众需求是大型人群密集活动行人交通的重要因素。活动生成的所有观众一旦进入场所步行区域,则都会转化为步行的方式在活动场所内移动。大规模的需求量导致活动场所步行区域内形成时间和空间上的行人聚集,从而降低行人设施服务水平,进而降低行人的舒适感受程度,严重的行人聚集、拥挤状况会危及行人的步行安全。

一般情况下需要由大型活动组织者来提供参与人数,粗略地将其作为吸引总量。对于大型活动组织者提供的参加人数,在进行交通需求预测前要认真核对,活动参加总人数关系到整个预测结果的精度,为安全起见对上座率可乘以一定保险系数。对于在固定且容量有限的场所举办大型活动,观众吸引总量可根据活动场馆容量、结构、入座率和固定活动参与者人数等来确定。

按照观众来源量计算其交通总量，其基本计算公式如下：

$$P = A + V_{ip} = Vf\mu + V_{ip} \tag{3-4-16}$$

式中：P——场馆观众的吸引总量；

A——大型活动观众总人数；

V——活动场所最大观众容量；

f——场馆结构影响因子；

μ——预测活动入座率，影响 μ 因素有：活动的时间、地点、级别、票价和社会关注程度等，可采用定性分析法或采用与相似活动类比的方法确定，$0 \leqslant \mu \leqslant 1$；

V_{ip}——固定活动参与人员数，包括组织者、运动员、服务人员以及记者等。

大型活动观众总人数 A 可由下式确定：

$$A = V \cdot \theta \tag{3-4-17}$$

式中：A——预计活动出席人数；

V——观众坐席数量，即场馆容量；

θ——观众上座率。

大型活动本地观众与外地观众有着不同的出行规律，因此在出行生成预测过程中要分别预测。大型活动本地与外地观众的吸引总量可由下式确定：

$$A_k = A \times k; A_w = A \times (1 - k) = A - A_n; A_n = A_k \times n \tag{3-4-18}$$

式中：A_k——大型活动中本地观众总量；

A_w——大型活动中外地观众总量；

A_n——参加活动的市区总人数；

k——预测的大型活动中本地观众的比例，可以根据大型活动的特点（级别、影响范围和社会关注程度等）和以往所举行类似活动的经验来确定，$0 < k \leqslant 1$；

n——预测的大型活动中市区观众占本地观众比例；

A——大型活动观众总人数。

三、交通分布预测

根据大型活动特征，交通分布要从时间、空间两个方面进行预测，这里的交通空间分布等同于“四阶段”法中的交通分布。城市大型活动的交通出行目的地一致，即到达活动场所参加活动，所以交通出行 OD 的吸引点明确；由于活动参与者交通出发地点分散，所以交通产生点并不集中。在对观众来源的基础上，大型活动的空间分布应按照本地和外地的观众分别预测。

1. 本地观众预测

根据当地的经济发展水平，分为市区和郊区两个层次。观众出行均可采取以下的模型预测，根据观众出行比例和恩格尔系数的倒数关系，得到模型如下：

$$A_j = \alpha \times A \times O_j \times (1/N_j)^{\beta} \tag{3-4-19}$$

式中：α、β——本地观测系数，可以通过对行人出行意向与恩格尔系数之间的关系调查获得，例如：2008 年北京奥运会时分别取值为 1.67×10^{-4} 和 1.9；

A_j——小区 j 的观众数量；

A——大型活动预计观众总人数；

O_j——小区 j 的总人口；

N_j——小区 j 的恩格尔系数。

2. 外地观众预测

外地观众大部分居住在场馆附近或交通便利的宾馆饭店里，出行主要为基于宾馆的出行。各小区外地观众的出行产生预测主要与各小区宾馆外地观众入住人数有关。

设 G_{ij} 为第 j 个小区基于宾馆的观众到达第 i 个场馆区域的出行产生，则可通过下式预测：

$$G_{ij} = M_i \times \frac{T_j}{\sum_{j=1}^{J} T} \tag{3-4-20}$$

式中：M_i——第 i 个场馆区域的所有非本地观众出行需求总和，可用第 i 个场馆可能生产的观众数量乘以非本地观众所占比例得到；

T_j——各小区宾馆外地观众入住人数。

其中：

$$T_j = K_j \cdot a \tag{3-4-21}$$

式中：K_j——小区 j 内宾馆总床位容量；

a——小区 j 内宾馆对外地观众吸引力系数，其与小区距离场馆远近及交通便利程度有关。

四、行人接续交通方式划分预测

大型活动场所内行人接续交通方式通常可采用的模型包括转移曲线模型、概率模型和重力模型三种。转移曲线模型的基础思想是分析与交通方式划分相关的各种影响因素，在大量的交通统计基础上绘出各种交通方式的分担率与其影响因素间的关系曲线，最后利用转移曲线直接查出各种交通方式的分担率。该模型是一种简单、直观的方式划分模型，在国外有广泛的应用。然而，建立该模型需要大量的调查资料，需要很长时间的积累和统计分析。概率模型和重力模型在大型活动的应用与常规方法一致。

五、高峰时段观众到达（离开）流率

高峰时段观众到达（离开）流率是从时间上判断行人的集聚指标。高峰时段观众到达离开流率会直接影响场馆出入口的通行能力，同时将集中的需求压力转移到临近交通方式转移点上。同类型的活动观众进场、散场规律相似，进、散场持续的时间影响观众到达和离开的集中程度。对于观众在场内有固定座位的这类活动，一般有具体的活动开始时间和可预计的结束时间，进散场持续时间较短，观众到达、离开集中程度更高，给主办方带来短时间内疏散出入口、公交站点步行观众的巨大压力。高峰时段观众到达和离开流率可以通过下式确定：

$$h = \frac{P \cdot \xi}{t};\ h' = \frac{P \cdot \xi'}{t'} \tag{3-4-22}$$

式中：h——高峰时段观众到达流率；

h'——高峰时段观众离开流率；

P——活动出席人数；

ξ——高峰时段观众到达率；

ξ'——高峰时段观众离开率；

t——观众到达高峰时段持续时间；

t'——观众离开高峰时段持续时间。

第四节　不同场所行人交通流集散特性

行人交通需求预测是基于一定假设的预测，在这个基础上得出的预测结果具有一定的主观性和局限性。由于交通流是动态变化的，在实际应用时，通常更加注重对交通流集散特性的分析，主要包括行人交通的结构特性以及时空分布规律特性。

由于城市规模、经济、社会等属性存在差异，因此人们的出行结构和特征也具有一定的差异性，但是总体变化规律具有相似之处。在出行结构上，包括通勤、上学、因公办事等不同出行目的的交通流，也包括青壮年、老人、小孩等不同年龄结构的客流。在出行特征方面，客流一般表现时间和空间的不均衡特征。同时，由于不同环境、不同结构的客流表现为不同特征，例如道路行人交通系统中交叉口客流到达规律一般服从泊松分布规律；交通场站客流到达规律一般服从正态分布；大型活动场所客流则具有较强的集散特征等。正确认识不同场所行人交通流的结构和规律，有助于行人交通系统的科学规划和运营。

一、道路交叉口行人流集散特性

在道路交叉口按照其所处的位置不同，行人流集散特性有所不同。行人交通流量较大的交叉口一般包括繁华商业区附近的交叉口，学校、工厂或大型商务区等通勤场所附近的交叉口，公交车站、地铁站、火车站等交通场站附近的交叉口，公园、游乐场或展览馆等娱乐场所附近的交叉口，居民区附近的交叉口。这些交叉口处行人流量较大，不同位置的交通结构不同，行人流的到达与交叉口附近的公交车站、综合交通枢纽等公共交通枢纽客流到达有重要关系，公共交通周期性的客流到达使得交叉口行人流到达规律也呈周期性。另外，由于行人以通勤、上学和娱乐为目的的出行，多喜欢结伴出行，导致行人到达的泊松分布在统计时的方差大于均值，而服从负二项分布。负二项分布模型为：

$$p(x) = C_{x+\beta-1}^{\beta-1} \cdot p^{\beta}(1-p)^{x} \tag{3-4-23}$$

式中：$p(x)$——一定时间间隔内到达 x 个行人的概率；

x——到达人数；

p——模型参数，$p = m/S^2$；

β——模型参数，$\beta = m^2/S^2 - m$；

m——样本均值；

S^2——样本方差。

在不同物理环境和社会因素条件下，模型参数值存在一定差异，使用时需要进行标定。

二、交通场站行人流集散特性

1. 客流构成特征

交通场站按照服务对象的起讫点和运输距离，一般可以分为主要服务于市内的交通场

站、服务于城际的交通场站以及综合交通枢纽。不同类型的场站,客流构成和分布规律均有所不同。具体区别如下:

(1)客流出行目的不同

城际交通场站是连接不同城市、地区的交通系统,穿行距离很长;而市内交通场站往往只用于一个城市内部,穿行距离短,是城市公交系统的一部分。乘坐城际交通方式的旅客出行目的与市内交通方式的旅客出行目的有很大不同。在城际交通系统中,探亲、出差、旅游等具有临时性、时段性的客流为主要客流;市内交通系统中,上班、上学等反复性和规律性极强的客流占总体客流主要成分。

(2)运输组织方式不同

城际交通系统,一般是大编组、远距离,覆盖范围广,场站作业复杂,考虑到客流的特点,尤其是小站点之间,每天运行起讫点的班次很少,发车间隔很长,所以城际交通系统的行人流到达行为受发车时刻的影响很大,是一种"人追车"的模式。对北京站候车大厅300名乘客进行的提前到达时间问卷调查结果如图3-4-6所示,可以发现旅客到站的提前时间从0.5h到6h不等,跨越幅度很大,而且提前1~2h到站的旅客占40%,这说明客流的到达完全受列车的影响。市内交通系统,属于城市公共交通系统的,多以短途运输为主,发车间隔短,行人不用刻意追寻车辆的发车时刻,客流到达与车辆时刻表无明显关联,其客流到达往往受到土地利用、出行时间等其他因素的影响。

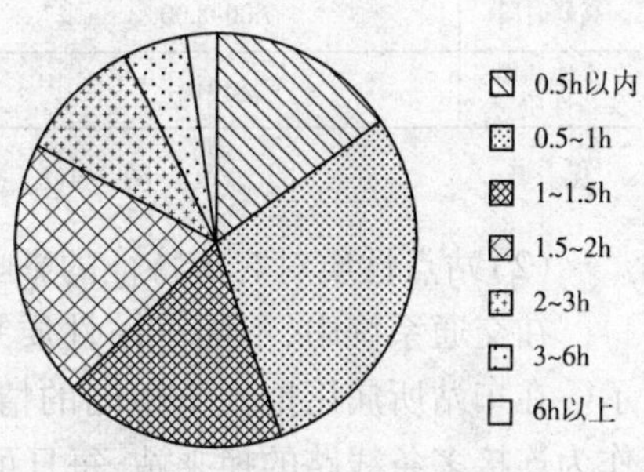

图3-4-6 北京站旅客到达提前时间统计

2. 交通场站客流基本特征

交通场站的行人流具有明显的波动规律性,根据全天中最大流量的数量,其时间分布特征主要包含如下四种类型。

(1)单向峰型:交通场站所处的交通走廊具有明显的潮汐特征或干线运输客流分布相对集中,交通场站客流在某一时间区域内呈单峰状态。

(2)双向峰型:交通场站位于综合功能区位时,客流分布与一般交通方式的客流分布一致,两个配对早晚高峰。

(3)全峰型:交通场站位于用地已高度开发的交通走廊或换乘枢纽区域时,客流分布无明显的低谷,客流全天都比较均衡。

(4)无峰型:当交通场站位于用地还没有完全开发的地区时,客流无明显的上下高峰,全天客流比较均衡并且都相对较低,没有出现大的波动。

3. 影响客流基本特征的主要因素

影响以上客流分布规律的主要因素包括土地利用、站点性质以及行人出行时间。

(1)土地利用性质对客流特征的影响

在土地利用性质中,车站所在地属于居住区或繁华商业区时其客流到达规律存在明显区别。从图3-4-7中可以看出,由于居住区出行者有早班情况,则车站所在区属于居住区时客流到达存在明显的潮汐现象而出现短时段的高峰客流,高峰期后客流很快回复稳定状态;然而在繁华的商业区,客流高峰期持续了1h,在高峰期前后客流有平缓过渡;但是在繁华商业区的奥体中心车站则不存在高峰时期，早晨客流较少，而晚间客流较高，这是由人们的出行活动决定。

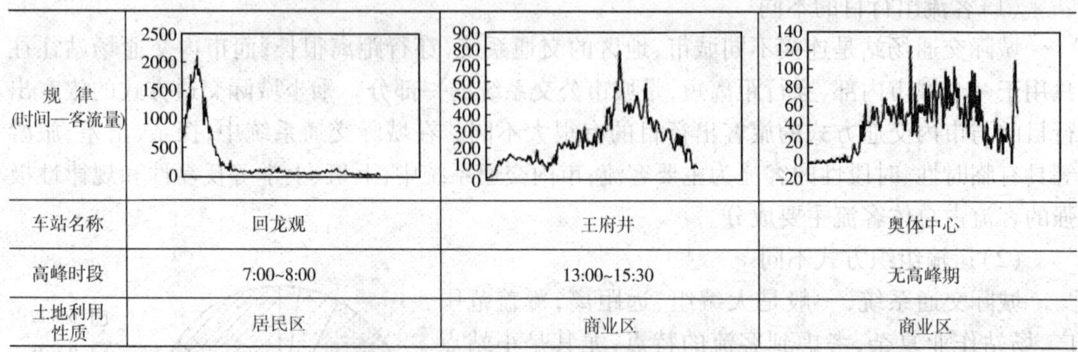

规 律 (时间—客流量)			
车站名称	回龙观	王府井	奥体中心
高峰时段	7:00~8:00	13:00~15:30	无高峰期
土地利用性质	居民区	商业区	商业区

图 3-4-7　基于不同车站用地性质的客流到达规律

(2)站点性质对客流特征的影响

在交通系统中，不同车站性质乘客出行需求量和出行时间都有所不同，如图 3-4-8 所示。在车站所属用地性质相同的情况下，换乘站和中间站的客流到达情况存在明显区别。作为连接多条线路的换乘站，每日可实现多方向的客流量换乘及始发，因此其到达客流量远比中间站大；另一方面，由于存在较大的客流需要，同时处于繁华的商业区，换乘站呈现明显的双峰特征，而中间站只是出行短时高峰的单峰客流特征，则两者出行高峰客流时间完全相反。因此，车站性质对客流特征影响很大。

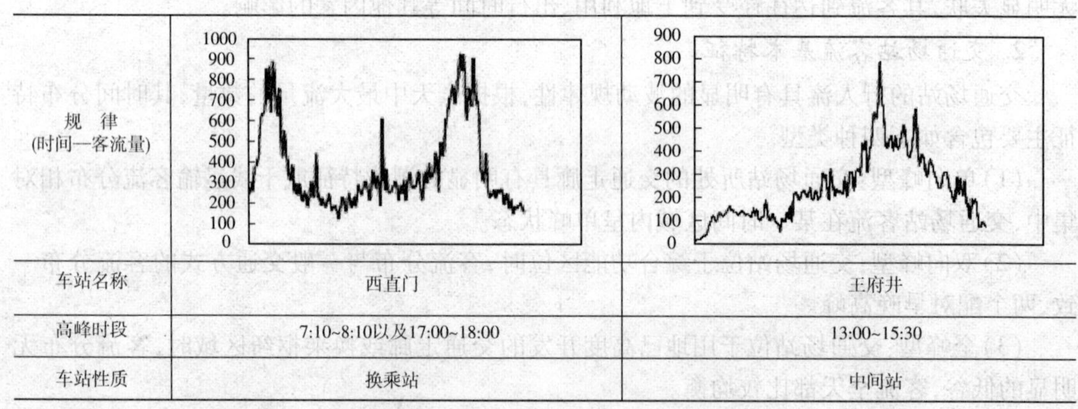

规 律 (时间—客流量)		
车站名称	西直门	王府井
高峰时段	7:10~8:10以及17:00~18:00	13:00~15:30
车站性质	换乘站	中间站

图 3-4-8　基于不同车站性质的客流到达规律

(3)出行时间对客流特征的影响

在城市交通系统中，日期特性影响车站客流特征，如图 3-4-9 所示。一般来讲由于受到城市工作制度的影响，车站处于商业繁华区的客流特征，随日期性质呈现一般呈现"双峰"或"单峰"情况。其中，工作日全天客流分布有两个时段，即高峰时段和平峰时段，而高峰时段包括早高峰和晚高峰，平峰时段是除去高峰时段剩下的时间部分，则工作日全日客流基本呈"双峰"状；而在周末没有工作出行的要求，人们出行消除了早晚上班高峰期而表现为"单峰"特性。

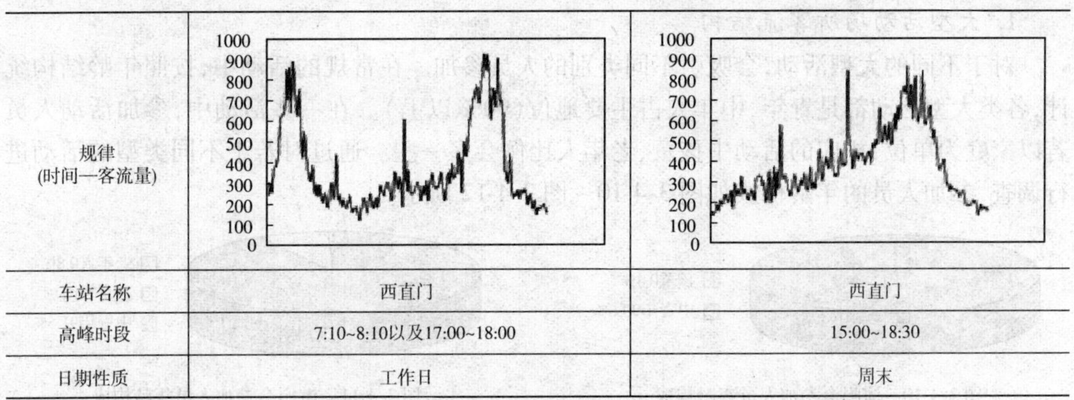

图 3-4-9　基于不同工作日性质的客流到达规律

4. 交通场站客流到达规律

通过分析客流特征及其影响因素不难发现，客流的到达在某种程度上具有随机性。描述这种随机性的统计分布规律的方法有两种：一种是以描述可数事件的离散型分布为工具，考察在一段固定长度的时间或距离内到达某场所的交通数量的波动性；另一种是以描述事件之间时间间隔的连续型分布为工具，研究事件发生的间隔时间或距离的统计分布特性，如车头时距分布、可穿越空挡分布、速度分布等。

在对城际交通场站客流到达规律进行的大量分析的基础上发现，行人到达此类车站提前时间的分布近似服从对数正态分布，从而可以得到行人的到达规律。具体做法是，首先确定每列旅客列车的发车时间和旅客发送量(S_k)，接着根据正态对数分布，计算在不同的提前时间到达车站的旅客数量，然后把这些数值根据相对应的列车加载到连续的时间序列中，最后产生旅客到站时间分布。用数学模型表示这一过程，如式(3-4-24) ~ 式(3-4-26)所示：

$$g_{ik} = S_i \times p_i \tag{3-4-24}$$

$$\text{当}\ i = T_k - x\ \text{时},\ p_i = p_{kx} \tag{3-4-25}$$

$$G_i = \sum_{k=0}^{M} g_{ik} \tag{3-4-26}$$

式中：g_{ik}——在时间序列第 i 分钟到达车站的旅客人数；

T_k——第 k 列车的发车时间；

x——旅客到站提前于列车发车的时间；

p_{kx}——旅客提前列车发车 x 分钟到达车站的概率；

p_i——在时间序列第 i 分钟内旅客到达车站的概率；

G_i——第 i 分钟时累计到达车站的旅客总人数。

对于市内交通场站，行人数量近似服从泊松分布。而对于综合交通枢纽，则兼具二者特征，具有稳定周期的客流量，客流到达规律一般服从负二项分布，如，对北京南站客流到达的研究发现，车站到达客流就服从如下二项分布：

$$p(k) = C_{k+9}^{9} \cdot p^{10} (1 - 0.00923)^k, k = 43, 44, \cdots, 193 \tag{3-4-27}$$

三、大型活动场所行人流集散特性

大型活动涉及的内容丰富、形式多样，不同类型的活动行人结构以及交通特性差异明显。

1. 大型活动场所客流结构

对于不同的大型活动,会吸引不同类别的人员参加。在常规的活动中,按照年龄结构统计,各类大型活动都是青年、中年人占主要地位(90%以上)。在一些活动中,参加活动人员若以家庭为单位,相应的活动中孩童、老年人比例会多一些。通过对若干不同类型的活动进行调查,参加人员的年龄构成如图 3-4-10 ~ 图 3-4-12 所示。

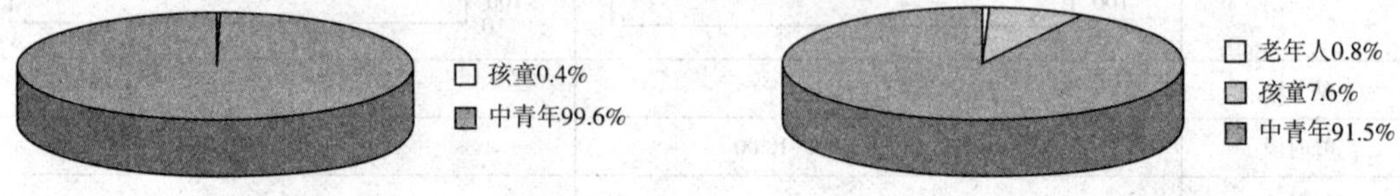

图 3-4-10 演唱会参加人员年龄构成

图 3-4-11 游园会参加人员年龄构成

大型活动行人性别也与活动类型有关,如:气氛轻松的文娱活动,女性参加比例较高;适合两两相伴的游园活动,男女比例持平;而竞技性高的体育赛事,男性占了较大比例,如图 3-4-13所示。

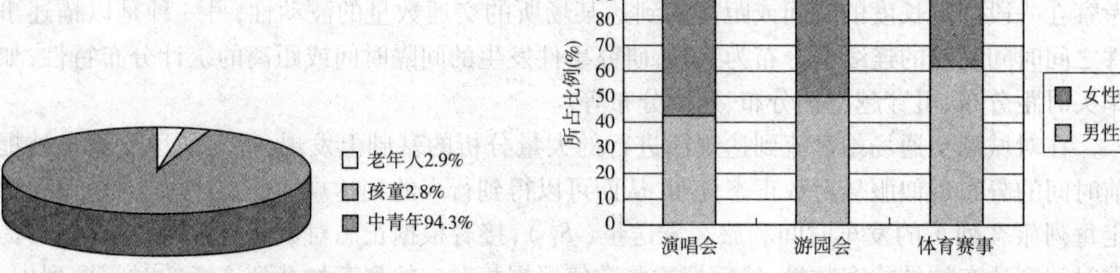

图 3-4-12 体育比赛参加人员年龄构成

图 3-4-13 不同大型活动性别构成

2. 大型活动行人集散特征

大型活动的举办将吸引大批观众到场参加,大量观众在短时间内集中到达或离开是导致活动举办期间各类交通问题的根本原因。不同类型的大型活动,由于其活动特点不同,在观众形成的行人交通流的时间分布上也有所不同。根据活动举办时间的不同,大型活动可以分为定时开始和结束的集中型活动与举办时间相对较长的持续型活动。

1)行人流到达特性

大型活动行人入场量在整个进场过程是由一个逐步上升,形成进场高峰后持续一段时间并迅速回落的过程,其变化具有一定的随机波动性。由于少量观众在活动开始后才到场,故在临近活动开始的时候还可能出现小高峰,这在进行规律分析时可以忽略,将其视为全部在最后时刻入场。

根据活动类型的不同,其大型活动行人流到达特性按活动性质还分为单个主题活动的观众进场模型,分阶段的进场模型,具有附加活动的进场模型。虽然各活动的差异性影响行人达到曲线斜率等形态,但其总体行人流达到特性曲线仍遵循以下特征:①最初时刻和最后时刻,累积流量百分比分别为 0 和 100%;②观众进场曲线连续、单调上升;③曲线在初期和后期斜率较小,在中间增长迅速,流量变化存在拐点。

图 3-4-14 是行人到达的累积流量百分比曲线图,以 x 为自变量,代表观众进场时刻在整

个进场过程的阶段位置，$x \in [0,100]$；以 y 为因变量，代表观众进场的累积百分比，$y \in [0,100]$，进行曲线参数估计。

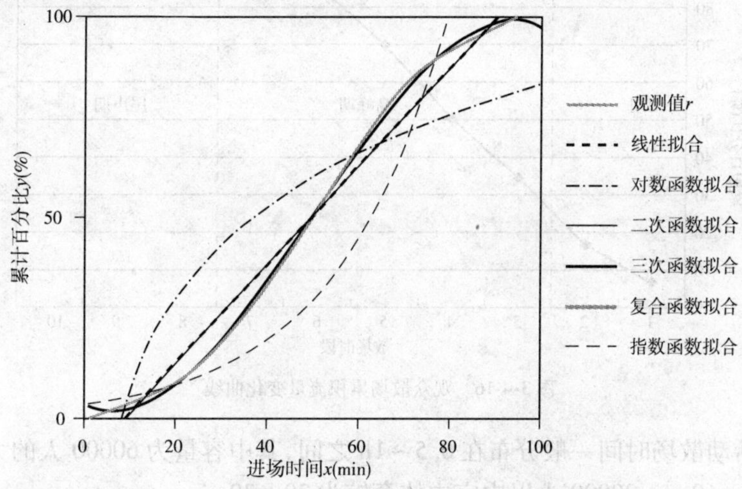

图 3-4-14 进场时间与累积百分比的拟合曲线

2）行人流散场特性

通过对多项大型活动散场情况进行的调查，活动场地、散场时间集中条件下，观众的散场变化规律相似，散场持续时间同活动规模有关。图 3-4-15 和图 3-4-16 为首都体育馆苏迪曼杯比赛散场的流量、累积流量变化曲线，其中将图 3-4-15 中 20min 观众散场时段，以 2min 为间隔，划分为 10 个时间段，如图 3-4-16 所示。从图 3-4-16 中可以看出，散场过程相对集中，整个散场过程可以分为初期、高峰期和尾声期三个阶段。每 2min 为一个时段，第一个时段可以疏散 7% 左右，第二个时段可以疏散 11%，前两个时段合计 18%，前七个时段 95% 以上，随后流率显著降低。

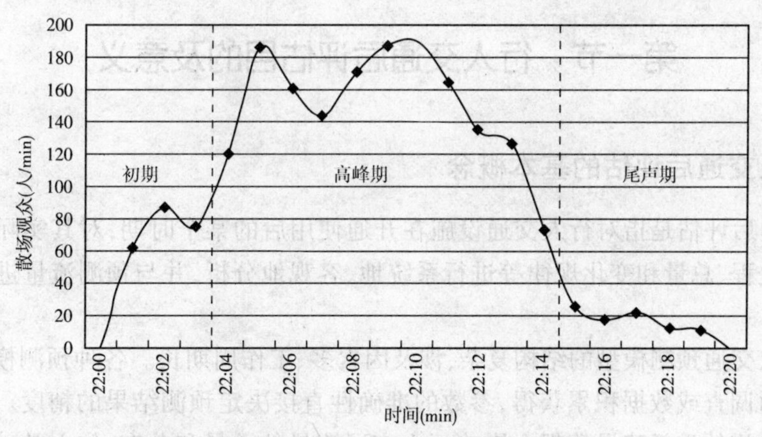

图 3-4-15 苏迪曼杯羽毛球比赛观众散场特性

根据观众散场累积流量变化曲线，通过回归分析，可以构建二次、三次或其他类型曲线模型。通过分析发现，在场馆设计和人流组织合理的条件下，大型活动场所行人流散场存在如下共性特征。

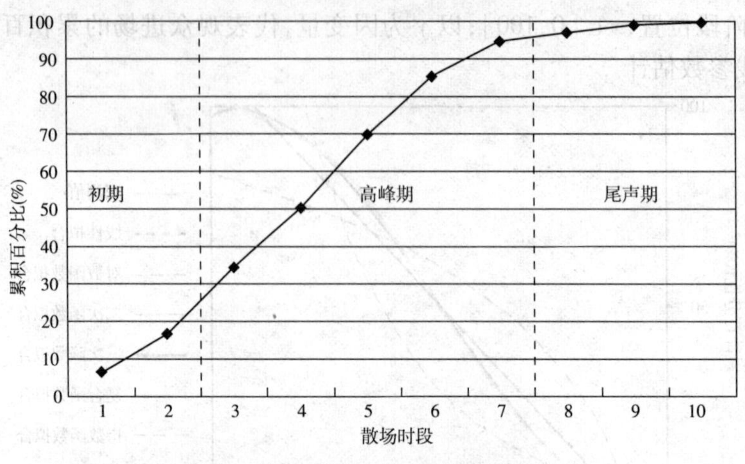

图 3-4-16　观众散场累积流量变化曲线

(1)多数活动散场时间一般分布在 0.5 ~1h 之间,其中容量为 60000 人的大型体育场馆散场时间为 40 ~60min,20000 人以内室内体育馆为 20 ~30min。

(2)大型活动散场持续时间分布规律受到人数总量、疏散通道个数、通道宽度等影响,类型相近的大型活动,散场流量变化形态相似。

(3)散场流量主要集中在高峰期,而初期和尾声期流量较小;散场流量分布曲线形态呈偏左的偏态分布。

第五章　行人交通后评估

第一节　行人交通后评估目的及意义

一、行人交通后评估的基本概念

行人交通后评估是指对行人交通设施在开通使用后的某个时期,对其实际发生行人交通流的形成过程、总量和变化规律等进行系统地、客观地分析,并与预测流量进行对比研究的过程。

由于行人交通预测模型的结构复杂,涉及因素多、工作周期长。各种预测模型的参数需要大量的交通调查或数据积累获得,参数的准确性直接决定预测结果的精度。各级交通规划的调整和设施的重新建设等都会影响行人交通流量的总量和分布,加上基础数据选取的主观因素较多,导致预测结果的可靠性下降。通过行人交通后评估,把握实际行人交通流的特征和客流规律,并对实际行人交通流量与预测流量的差异性进行深入研究,分析造成差异的根本原因,能够为行人交通设施的高效运营提供指导建议,为未来相关行人交通需求预测提供修正意见的方法。

二、行人交通后评估与行人交通预测的区别

通常把需求预测当做前评估，由于两者在交通流发展过程中所处的阶段不同，后评估与前评估对比有着很大的不同。

(1)时机和目的不同

行人交通需求预测是在项目建设之前进行，通过预测形成的成果作为行人交通设施建设的基础依据；而行人交通后评估是在项目开通运营以后的某一个时期，对实际发生客流进行研究，总结交通流的特征和规律。

(2)性质和依据不同

行人交通需求预测是以定量指标为主，侧重于最终的结果；后评估要结合行人交通流实际产生、发展和变化的情况等各方面进行评价。需求预测主要以历史资料和经验性资料以及国家和部门颁布的政策、规定和参数等文件为依据；而后评估则是以设施投入运营以后的实际客流资料为主，网络中的行人交通流资料和运营以来国家和部门的相关政策为辅，并结合历史资料进行细致的分析。

(3)结论不同

需求预测的主要结论包括行人交通总量、行人交通流时间分布和空间分布等；后评估的结论主要包括实际和预测的差异所在、差异的原因、运营应对措施以及未来预测建议等。

第二节　行人交通后评估的内容

行人交通后评估按照评估范围与对象的不同，可以划分为总量后评估和特征后评估。

一、总量后评估

总量后评估是指通过考察影响行人交通需求总量的重要因素，如城市人口、出行强度、公共交通分担率等，通过分析其相互关系，建立总量后评估模型，初步确定某一城市、区域或场所的行人交通总体规模量级和可信误差范围，并与预测结果对比，获得行人交通流总量不准确的原因。

行人交通流总量后评估模型如式(3-5-1)所示。

$$T(t) = \frac{r_3 \times D_m \times [P_0 \times e^{r_1 \times (t-t_0)} + P'_0 \times e^{r'_1 \times (t-t_0)}]}{1 + (D_m/D_0 - 1) \times e^{-r_2 \times (t-t_0)}} \tag{3-5-1}$$

式中：D_m——出行强度最大值，一般取10；

D_0——基准年度的出行强度；

P_0——基准年度城市常住人口数量；

P'_0——基准年度城市流动人口数量；

t——预测年度；

t_0——基准年度；

r_1——城市常住人口增长系数；

r_1'——城市流动人口增长系数；

r_2——居民出行强度增长系数；

r_3——某场所所涉及的行人交通分担率。

二、特征后评估

特征后评估是指通过考察行人交通客流在构成、时空分布等方面的变化规律，综合分析表征行人交通流不同特性的指标参数，建立客流构成后评估体系，并与预测结果进行对比分析，获得行人交通流结构性变化的原因。

特征后评估指标包括：

1. 交通流不均衡性指标

包括时间不均衡指标，如工作日与周末的不均衡系数、节假日与平时的不均衡系数、同一天不同时段的不均衡系数等；空间不均衡指标，如同一时段路段、区域或场所行人交通流的空间分布不均衡系数，不同时段路段、区域或场所行人交通流的空间分布不均衡系数。

2. 交通流特征指标

包括平均步行出行距离、行人交通周转量、不同目的的构成比例、与其他交通方式的衔接比例。

第三节　行人交通后评估步骤

行人交通后评估应当依托于一定的行人交通环境，分初期、近期、远期三个不同的阶段进行。具体步骤如下。

1. 后评估需求分析

作为后评估的第一步，后评估需求分析旨在确定后评估的时段和后评估的主要目的（如，行人交通流的形成规律），这是非常重要的，其主要包括确定后评估的时间、后评估的场所、评估的侧重点、后评估的目的等。

2. 场所的描述

(1)整个场所周边环境、设施的基本情况。

(2)具体的地理位置、功能、路网、人口密度、土地利用情况等。

3. 行人交通的基础数据及周边环境、交通政策的变化情况

主要包括：需求预测报告、客流量、客流分布、公交线网、道路网等。后评估主要对不同场所周围行人交通流规律和变化发展的情况进行分析和总结，为今后更加具体地掌握行人交通流的变化趋势提供可参考的依据。

4. 根据原始数据计算指标

针对后评估的主要目标，分析处理原始的数据并将其转化成标准化评估指标形式的数据。原始数据通常数据量大，但是形式单一，需要转化成形式多样化的指标。

5. 确定指标差异的影响因素，并进行分析

由于不同场所在不同的时期、不同的环境条件下所呈现的交通流规律大不相同，因此可

以分析不同场所交通流规律或对比场所之间的差异，从而找出交通流规律下潜藏的主要影响因素。

6. 影响性分析

对影响行人交通流形成和规律的因素进行更加细致的分析，分析在因素的作用下总量、分布、特征规律的变化情况。

7. 提出建议

对场所行人交通流呈现的情况，提出具有针对性的补救措施，对于流量与预期相差较大的情况可以采取交通流补偿措施。

8. 结论总结

这是后评估过程的最后一步，也是对后评估的总结，包括对行人交通流本身、数据和整个评估过程的总结，后评估的指标分析、影响因素分析都应该涵盖其中。

第四节 行人交通后评估方法

对比法是项目后评价最常用、最基本和最重要的方法。即通过产生的实际效果与决策时预期目标相比较，从差异中发现问题，分析问题，总结经验教训。对比法包括前后对比(before-and-after)法、横向对比法和有无对比(with-and-without)法三种方法。因此，行人交通客流后评估采取对比法，以下详细介绍此方法。

1. 前后对比法

前后对比(也称纵向对比)是将预测年的实际流量、交通分布、方式的分担率、交通流及以基准年预测得到的流量、交通分布、方式的分担率、交通流分配等进行对比，确定行人交通原定各项指标的实现程度，用以直接估量行人交通流预测的相对成效，前后对比行人交通后评价中最基本和最普遍应用的科学方法。

在一般情况下，前后对比法是指将预测结果与实际结果加以比较，以确定预测与实际差异的一种对比方法。在后评估中则是指将前期阶段的预测结论与实际结果相比较，以发现变化和分析原因的一种对比方法。这种对比用于揭示计划、决策和实施的质量，是过程评估一种较普遍的做法，但是简单的前后对比往往不能得出真正的项目效果的结论，因此考虑将其与有无对比法结合。

2. 横向对比法

横向对比是将不同场所预测的结论进行比较，通过对不同场所的交通发生与吸引量、交通交换量、交通分担量等方面进行分析，评价不同场所行人交通预测情况和实际情况之间的异同。

3. 有无对比法

有无对比法是指将行人交通需求预测实施之前的情况与实施之后做出相应措施的情况对比，以度量行人交通需求的真实影响和作用。对比的重点是要分清行人交通需求预测的作用影响与外作用的影响，这种对比用于预测后评估实用方法研究的作用评估和影响评估中。有无对比法是预测后评估的一个重要且很实用的方法。

“有无对比”是评价的一个重要方法论原则,这里的“有无”指的是评价的对象,即项目、计划和政策。评价是通过项目的实施所付出的资源代价与项目实施后产生的效果进行对比得出项目业绩好坏的结论。方法的关键是投入的代价与产出的效果口径要一致。也就是说,所度量的效果是真正由项目实施而造成的,剔除项目外其他因素的影响。因此,简单的前后对比不能得出真正的项目效果的结论。

由于无行人交通需求预测可能发生的情况,没有办法确定地描述,项目后评价中只能用一些方法去近似度量项目的作用。按照对无预测情况的不同假定,可以划分为以下四种对比方法。

方法1:行人交通预测(项目)实施前与实施后数据对比(图3-5-1)。

方法2:根据行人交通预测实施前的时间序列数据进行预测的结果与行人交通预测实施后的结果对比(图3-5-2)。

方法3:未实施行人交通预测的对象(国家、地区、场所等)的数据与实施行人交通预测的对象数据比较(图3-5-3)。

方法4:随机选取的实施行人交通预测对象的执行结果与随机选取的未实施行人交通预测对象的实施结果比较(图3-5-4)。

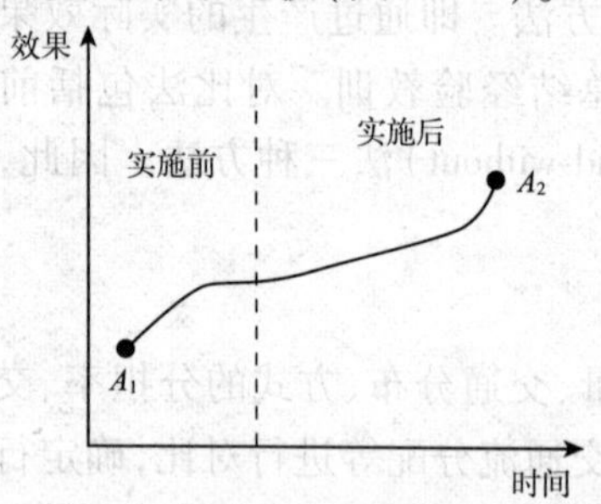

图3-5-1　方法1项目效果图

A_1、A_2:项目实施前后的效果值;

项目效果 $=A_2-A_1$

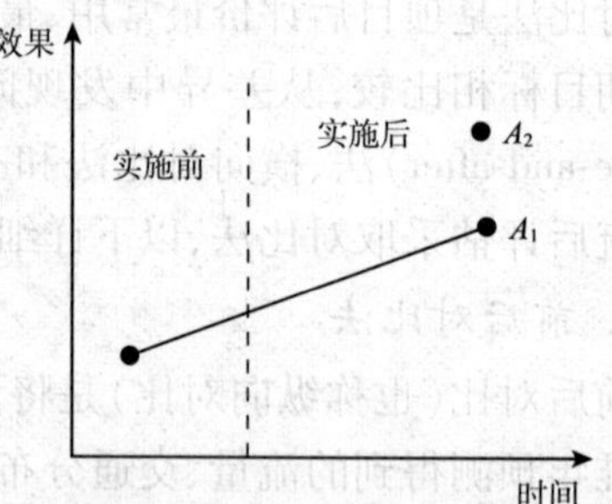

图3-5-2　方法2项目效果图

A_1:按项目实施前数据预测的效果值;

A_2:项目实施后的效果值;

项目效果 $=A_2-A_1$

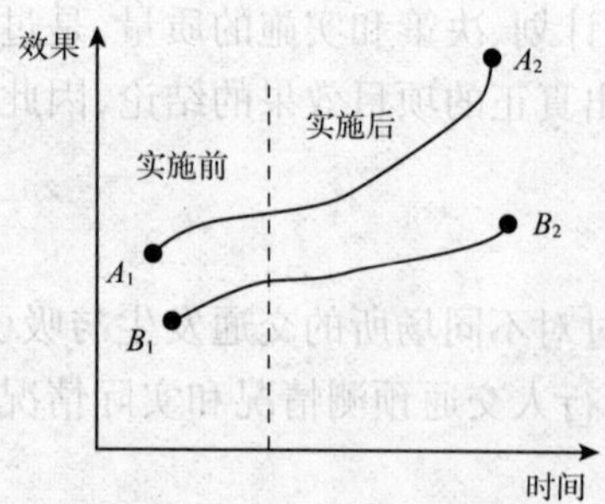

图3-5-3　方法3项目效果图

A_1、A_2:项目实施前后的效果值;

B_1、B_2:未从项目受益的类似对象的前后效果值;

项目效果 $=(A_2-A_1)-(B_2-B_1)$

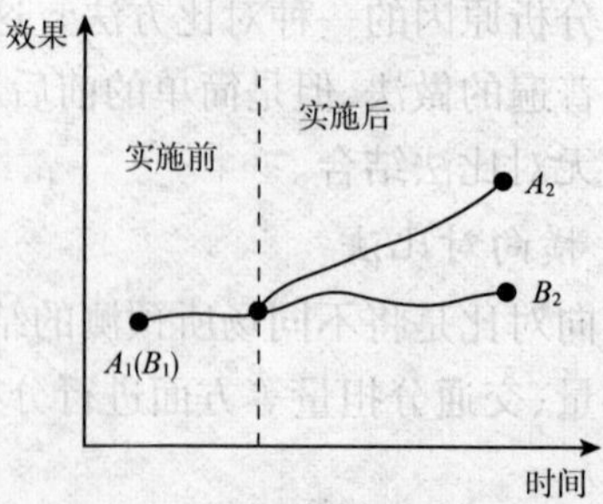

图3-5-4　方法4项目效果图

A_1、A_2:项目实施前后的效果值;

B_1、B_2:控制组的前后效果值;

项目效果 $=A_2-B_2$

第四篇　行人交通设施规划与设计

第一章　行人交通设施

第一节　行人交通设施内涵

行人交通设施是指在行人交通发生地设置的一切满足行人走行和活动需求、保障行人交通系统安全正常运营的设施。常见的行人交通设施包括人行道、人行横道、人行坡道、人行天桥、地下通道、行人安全岛、行人信号灯、楼梯、扶梯、枢纽内站台、站厅、售检票设备、安检设备、大型活动场所的坐席区、进出口、人行广场、信息诱导标志等设施,还包括其他附属构件,如休息桌椅、电话亭、公共厕所、绿化设施、城市雕塑、灯饰、宣传广告栏等。

由于城市化进程的加快,很多城市在行人交通设施的规划与设计中经常出现各种问题,如道路行人交通设施规划设计中存在的人行道缺失、人行道宽度不足、人行道铺装材料不合理、无障碍行人设施缺失等问题;交通场站行人交通设施规划设计中存在的进出场站和换乘通道过长、行人设施通行能力不足、行人设施协调性差、换乘路线标识不明确等问题;大型活动场所行人设施规划设计中存在的疏散安全隐患等问题。要解决上述问题,就需要对行人交通设施的规划与设计给予重点研究,形成以人为本的规划理念和标准统一的设计参数。

行人交通设施的规划和设计必须将行人行为作为基本依据,在充分考虑行人交通出行需求的基础上进行。完善的行人交通设施能够改善行人交通出行环境,提高行人交通的速度,保障行人交通的安全。当行人交通设施的规划与设计符合人们的出行要求时,行人交通所占各类交通方式的比重将增加,这对于构建和谐的城市交通氛围,促进节能减排有积极的意义。

第二节　行人交通设施分类

按照行人交通设施的设置目的,可以分为行人交通通用设施和专用设施两类。通用设施主要指在各类环境下都涉及的行人交通设施,例如行人交通标志标线、行人交通照明设施、行人交通楼梯通道类设施等。行人交通专用设施则指只有在部分环境下才使用的行人设施,如行人过街设施、交通场站内售检票机等。

按照行人交通在设施上的行为特性,可以分为通行类设施(人行道、天桥、地下通道、楼扶梯等)、排队服务设施(售票口、检票闸机等)、等待和集散设施(车站广场、站厅、站台)、人行交叉设施(无信号和信号交叉口的人行横道)。

按照行人所处的环境,行人交通设施分为道路、交通场站、大型活动场所三类。

一、道路行人交通设施

1. 人行道

人行道是指道路中用路缘石或护栏及其他类似设施加以分隔的专供行人通行的部分。人行道是城市道路行人交通网络的主骨架,主要包括城市道路车行道两侧的人行道、步行街等专供行人通行的道路。人行道作为城市道路中重要的组成部分之一,随着城市的快速发展,其使用功能已不再单纯是行人通行的专用通道,它在城市发展中被赋予了新的内涵,对城市交通的疏导、城市景观的营造、地下空间的利用、城市公用设施的依托都发挥着重要的作用。

人行道按功能组成可简单地划分为:路缘石、附属设施功能带、盲道、人行区域、退让线五个部分。

2. 行人过街设施

行人过街的正确方式一般有三种:走人行横道、走天桥、走地道。根据行人过街形式与地面机动车交通的相互关系,将行人过街设施分为两大类:一种是与地面车流形成干扰的平面行人过街设施,如人行横道和人行信号灯;另一种是与地面车流相隔离的立体行人过街设施,如人行天桥和地道。

(1)人行横道

人行横道是人行道在交叉口的自然延伸,它与人行道一起组成了行人交通系统网络。人行横道方式是发展比较完善的过街方式之一,它以交通标志线的方式来引导行人过街,或与人行路段按钮过街信号灯相互结合达到引导作用。

人行横道标线方式有两种:条纹式(或称斑马式)人行横道线和平行式人行横道线。条纹式人行横道线由条纹实线组成,设在未设人行信号灯的路口或路段。平行式人行横道线由两条平行实线组成,设在设有人行信号灯的路口。条纹式人行横道线,行人有先行权,而在平行式人行横道线上,行人无先行权,须由人行信号灯决定先行权。

(2)人行信号灯

包括信号控制交叉口的人行信号灯和路段人行信号灯两种。信号控制交叉口人行横道处都应设置人行信号灯,一般按信号灯组的配时统一安排,采取固定配时。人行信号灯只能分离行人与侧向直行车辆的冲突,仍不能避免同左右转车辆的冲突,除非该交叉口信号相位中配有行人专用相位;在某些特殊地方或有大量行人过街的路段也应设置人行信号灯,路段中间人行横道信号灯包括固定配时和行人按钮式控制两种。

(3)人行天桥和地道

人行天桥和地道是人行横道的立体化,是一种昂贵而彻底的人车分离设施。当车辆交通量特别大,瞬时中断车辆交通会带来较大的交通阻滞时,宜采用立体化人行横道。由于天桥及地道需要较大的投资,同时行人过街必须上下天桥或进出地道,增加不便,所以在确实需要设置的地方并辅以必要的措施,才能使投资见到效益,不然,反而会引起行人在天桥或地道之前乱穿马路。

(4)行人安全岛

安全岛是设置在道路很宽的人行横道中央,供行人二次过街的设施(图4-1-1),用作行人穿越人行横道时避让车辆,以保证安全。

图4-1-1　行人安全岛示意图

安全岛可以提高行人过街的安全性,同时又能提高人行横道的通过能力,是缓解行人过街困难的一种有效措施。

(5)行人过街辅助设施

行人过街辅助设施包括暂停标志、障碍以及无障碍设施等。例如:在国外有一些没有红绿灯的路口或人行横道前,设置了"停"警告标志,要求驾驶员在路过时不管有没有人都必须停一下再走,以免车速过快与横向的汽车或行人相撞;在一些路口,人行横道前的路面上还设有十几厘米高的障碍,同时设有标志,汽车在通过时只能减速缓缓越过,大大提高了行人过街的安全性;为方便残疾人过街,可以设置通过街道的音响信号,并在人行道上铺设凹凸地砖,使盲人能安全行走。

3. 行人服务设施

行人服务设施指信息牌、指路标识图等行人可以利用其为自己服务的设施,还有为行人出行舒适性和方便性提供保障的服务设施,如坐椅、废物箱、电话亭、书报亭等。

二、交通场站环境行人设施

交通场站内部行人设施包括:行人通行设施、行人服务设施和信息诱导设施三部分(图4-1-2)。这些设施作为场站的有机组成部分,相互制约、相互协调,充分发挥各自的功能和优势,促使系统达到整体功能的优化。

1. 行人通行设施

交通场站内提供乘客使用的设施空间,根据乘客的移动方式可分为平面空间与垂直移动设施两类。其中,主要提供乘客使用的平面空间包括车站出入口及通道、大厅、站台等;垂直移动设施则有楼梯、自动扶梯、电梯及斜坡等。

1)平面空间

交通场站内部空间的组成,可区分为主要供乘客使用的公共区与营运人员使用的非公共区,公共区包括车站出入口及通道、大厅、站台等平面空间,其中大厅又以检票闸机为界划分为付费区和非付费区;非公共区则是枢纽运营人员执行工作的区域,包括员工办公室、营运室及机房等。

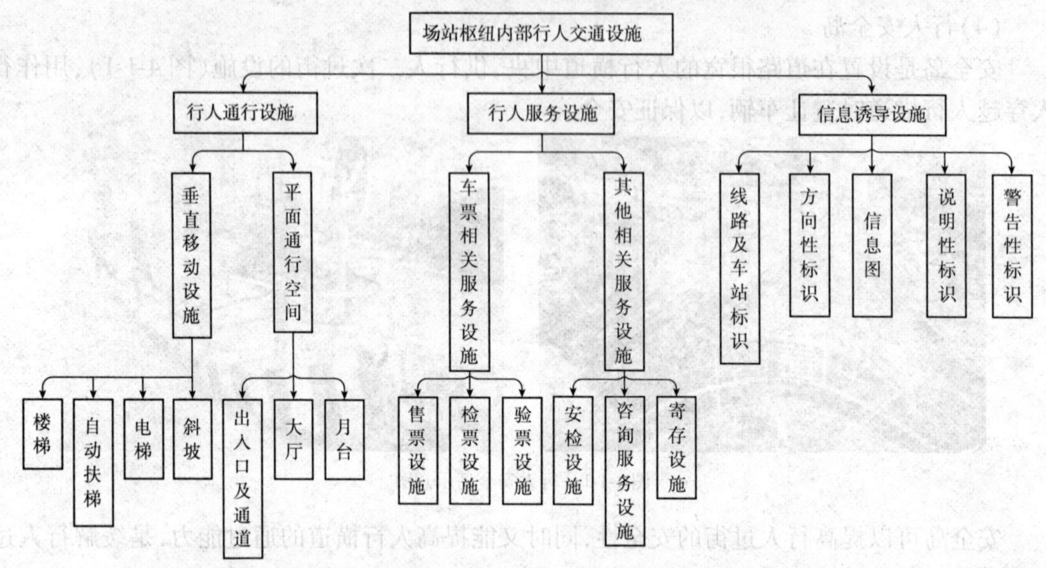

图 4-1-2 场站环境内行人设施分类

(1)出入口及通道

车站出入口及通道是指连接地面人行道至车站大厅非付费区间,供行人进出站使用的区域,出入口及通道是影响车站空间是否能为乘客提供便利的换乘环境的因素之一,合理设计出入口,可提升乘客使用地铁车站的便利性,相对提升乘客使用交通场站的意愿。

(2)大厅

交通场站大厅连接通道和站台,是车站内乘客最主要的活动区域,其主要功能是为乘客提供出行信息及票务运作空间,由于乘客必须经过此空间到达站台或离开车站的过程,大厅按检票闸口划分为非付费区和付费区。非付费区配置有自动售票机等票务设施,付费区主要设施为通道、楼梯、自动扶梯、电梯等,供乘客通往站台。

(3)站台

站台是指供乘客候车或上下列车使用的平台。

(4)自动步行道

自动步行道是在一些距离较长的通道内使用的设施,其目的是减少行人体力消耗,提高行人出行舒适度。自动步行道的速度一般为0.5~0.8m/s。

2)垂直移动设施

交通场站内部垂直移动设施包括楼梯、自动扶梯、电梯及斜坡等。需配置楼梯、自动扶梯及电梯的处所主要有两处:一是设置在车站进出口处,以连接地面和车站大厅;二是设置在大厅付费区,供乘客通往站台。电梯和斜坡则多设置在电梯出入口处,与站外路面衔接,方便高龄、行动不便、搬提重物者以及孕妇等乘客。

楼梯由楼梯段、楼梯平台、栏杆和扶手构成。

(1)楼梯段。楼梯段是楼梯的主要使用和承重部分,它由若干个连续的踏步组成。每个踏步又有两个互相垂直的面构成,水平面叫踏面,垂直面叫踢面。

(2)楼梯平台。楼梯平台是楼梯两端的水平段,主要用来解决楼梯段的转向问题,并使人们在上下楼层时能够缓冲休息。

(3)栏杆和扶手。栏杆是设置在楼梯段和平台临空侧的围护构件,应有一定的强度和刚度,并应在上部设置供人们手扶持用的扶手。

2. 行人服务设施

1)车票相关服务设施

行人由步行转换其他交通方式时,必须先取得车票才具有乘车和享受服务的权利,因此,在城市客运场站内需要设置与其相关的服务设施,包括售票设施、检票设施和验票设施等。

(1)售票设施

售票设施包括人工售票设施和自动售票设施,我国除在部分轨道交通中采用自动售票方式外,大部分仍属于人工售票设施。因此,一般为有工作人员参与服务的乘客服务设施。受客流和售票能力的影响,售票设施处是经常引起排队的地方,因此,需要对其进行合理布设。

(2)检票设施

检票设施是乘客准备进入付费区前所经过的设施。检票方式一般分为人工和自动两种。自动检票机(或称闸机)还可根据类型和单位小时可放行的行人数分为三杆式和门式两种,如图 4-1-3 所示。

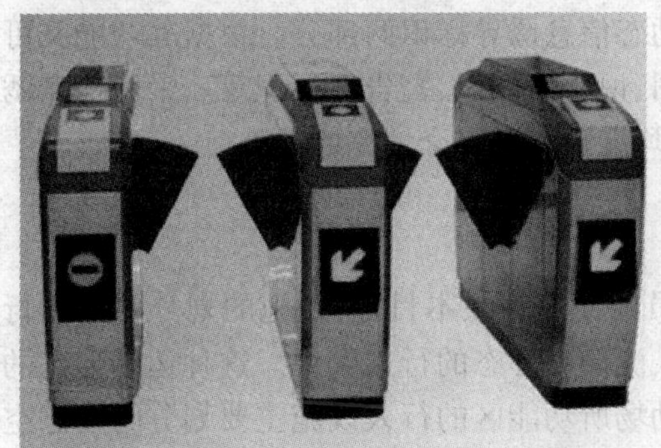
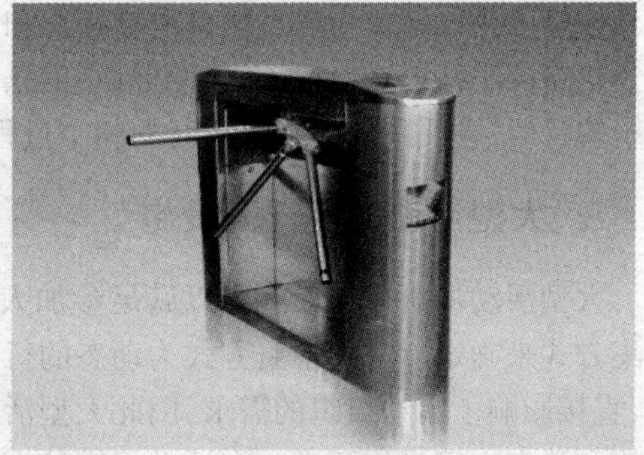

图 4-1-3　自动检票机种类(左图为门式,右图为三杆式)

①三杆式检票机。三杆式自动检票机采用欧美流行设计方式。当三杆式检票机识别到一张磁卡或非接触式 IC 卡有效时,即开启三杆,使三杆在一定的时间(一般为 8s)内允许三杆向一个方向转动 120°,使其能顺利通过。如果在规定时间内无人通过三杆,三杆将自动锁定。

②门式检票机。门式自动检票机采用日式流行设计方式。门式检票机可根据开门方式可以分为扇门式和拍打式两种,根据人流量的大小,设置成常开式或常关式两种。常开式检票机主要用于人流密度大的场所,当检票机在识别到一张车票无效或有人不插入车票闯入时,才自动关闭门;而常关式检票机主要用于人流相对较少的场所,当检票机在识别到一张车票有效时,才打开门,等待用户通过后,马上关门。门式较三杆式检票机的优点是其设计思想非常人性化,而且每分钟允许通过的人流量也要比三杆式检票机多近 1 倍,因此更适合安装在火车站或飞机场这些人流需要携带大量行李的场所,但门式检票机也存在一定的缺陷,即在不伤害用户的前提下,如何正确地分辨非法用户,使其无法进入。

(3)验票设施

同检票设施相似,验票设施是一些交通方式乘客准备出站前所经过的设施。

2)其他相关服务设施

交通场站内通常还设置一些其他相关的人工服务设施,以便提高枢纽服务水平,方便乘客出行,如安检设施、咨询服务设施和寄存设施等。

(1)安检设施

安检设施是乘客进站前为保证安全而经过的检验设施,在客流比较大的情况下会产生排队现象,需要对客流进行组织。

为达到较好的安检效果、减少安检人员的工作量、提高安检速度,交通场站包括地铁入口、火车汽车客运站入口、机场登机口、大型活动场所入口等处都广泛应用了安检设备。

(2)咨询服务设施

为方便乘客乘车,在交通场站内设置的供乘客进行问题咨询的设施,其服务方式可以为一对一或一对多两种。

(3)寄存设施

寄存设施是为方便乘客活动,而将乘客部分不便携带的物品暂时代为保管的设施,寄存设施分为人工和自动两种,两种都需要一定的寄存空间和寄存能力。

3. 信息诱导设施

信息诱导设施分为静态信息诱导标识和动态信息诱导标识两部分。根据其功能又可以分为线路及车站识别标识、方向性标识、信息图、说明性标识、警告性标识等。采用信息诱导系统的目的,主要是确保乘客出行的整个过程均能顺利且安全地完成。

三、大型活动场所行人设施

大型活动场所行人设施要以满足参加人员的使用为根本目标,设施的划分要依据行人聚集方式来确定。行人聚集方式为动态的行人流动和静态的行人聚集。这种运动形态的不同,直接影响了活动组织的需求,因此大型活动场所功能区的行人设施主要划分为动态空间设施和静态空间设施两类。在活动规模较大的场地,应在动态空间里分设缓冲空间。

动态空间设施包括:各类型的人行通道、走廊、楼梯、台阶,包括相邻的进出口。这些地点为行人行进区域,要保证行人通畅,降低人群内部之间的行进冲突。需要分析人群的流动性、交叉人流特性,以及设施参数对行人的影响。

静态空间设施包括:坐席区、等待区和驻足观察区域。这些区域为行人聚集提供静态服务,与动态活动区有明确的领地区别,避免行人由于各种诱因的穿行。

还有一类特殊的空间称为排队区域,它由动态和静态组合而成,是由有节奏的行进—停顿状态构成的系统,既要保持行人流的稳定和有序,又要满足行人聚集的密度要求。

第三节 行人交通设施分级

行人交通设施所处的位置不同,其地位、服务水平及设计要求有所不同。行人交通设施等级划分可以分为一类场所设施、二类场所设施、三类场所设施和四类场所设施。

一类场所设施:全市性车站、码头、商场、剧院、体育场馆、公园、展览馆及城市中心区道路人行道、人行横道、人行天桥和人行地道等行人交通设施。

二类场所设施:大商店、商店、公共文化中心及区中心等行人较多的人行道、人行横道、人行天桥和人行地道等。

三类场所设施:区域性文化商业中心地带的人行道及道路过街设施。

四类场所设施:支路、住宅区周围道路的人行道及道路过街设施。

第二章　行人交通设施总体规划

行人交通设施总体规划是在区域社会经济发展规划、城镇体系规划、城市总体规划、土地利用规划和综合交通规划等上级规划基础上进行的专门针对行人交通的规划,主要包括城市行人交通网络规划、设施规划及与其他规划的协调规划三部分。具体内容包括行人交通在区域综合交通中的定位、行人交通需求分析、行人交通可达性、连续性规划、行人交通设施布局及路线规划等。由于在不同环境、不同出行目的下,行人交通需求不同,因此,行人交通规划还应当结合具体环境进行。

第一节　行人交通设施规划原则

在城市各子系统中,城市步行系统虽然包括人行道、地下通道、过街天桥、交通场站、大型活动场所等众多不同形态的组成元素,但其根本是人流的线性走向,是一个线性的城市空间。城市的各种设施的规划与行人的这种线性走向产生了冲突,从交通方面来说,车行交通使连续的步行人流产生了间断;从步行系统的功能来说,封闭的商务办公楼使步行系统开放的线性空间产生了间断;从空间感受角度出发,高层和超高层建筑使原本线性一致的街廓比产生了变化。因此,在规划阶段,如何从整体上充分解决这种矛盾,形成行人在整个城市系统内在的秩序和引导性,让步行交通的流线真正自由安全地流畅起来是整个步行交通系统组织的关键。这首先要依靠规划者、决策者的整体系统观念为指导方向,其次就是融合各种步行形态的丰富形式,建立连续、舒适的步行路线以至形成网络体系。

为了保证城市中行人交通方式的连续性、安全性以及与其他交通方式衔接的顺畅性,行人交通设施规划时需要遵循以下原则:

1. 整体性与系统性原则

行人交通空间穿插渗透于城市综合开发的各个部分,其规划设计应当纳入整个城市公共空间网络中。建筑、空间环境及步行通道应当融为一个有机的整体,各个构成要素要符合整体设计特征和基调,并应明确主次,使整个体系秩序井然、协调统一。

2. 人本主义原则

人是城市空间的主体,行人交通空间及其体系应立足于行人活动的需求取向,充分考虑行人体力出行的特殊性,尊重步行者和购物者的心理、生理需求,以人本主义为设计准绳,从行人出行的全过程来考虑交通和城市空间的组织,考虑为不同特征行人交通服务的设施完整性,为行人创造舒适、方便、亲切的活动场所。

3. 尊重生态原则

城市行人交通空间体系应当因地制宜,充分利用自然环境与生态条件。顺应地形,使人工环境与自然景色融为一体,而不是肆意进行人工改造。对生态环境的充分尊重与精心利用,既可以使步行空间体系与其所处城市的地理地域特征密切结合,也能够为行人构筑极富文化特性的,性格特征鲜明的行人交通空间氛围。

4. 步行者与车辆统筹考虑的原则

步行者的出行安全和出行的连续性在城市空间上是一对矛盾,行人交通设施规划必须既要考虑行人的安全又要考虑步行与车辆交通衔接的顺畅性。

5. 宜出宜进、四通八达的原则

随着城市向四周及立体方向发展,在人行道、步行街区、场站、大型活动场所的规划设计上既应考虑其各自内部的步行设施的通达性,如大厅、出入口、连接停车场、地铁、公交车站的通道,又要考虑各系统外部相连的步行设施能够连接成网络,方便行人走行和换乘,形成一个内外通达,进出自如的步行系统。

6. 舒适性原则

行人交通空间的规划要力求舒适、充满艺术气息,使步行者感觉他所走的距离比实际的近。为了让步行者感到舒适、方便,以下舒适物通常在步行街区规划中给予考虑,并与步行区设施巧妙地组合在一起:草地、树木、花坛,以美化区域;喷泉、水池,雕塑,以美化环境,净化空气;饮用水、露天舞台、坐椅、垃圾桶,以满足公众之需;电话亭、自动取款机、路标和导向牌,儿童游乐设施等。

第二节　行人交通设施规划的技术路线

行人交通系统的规划是以人出行的全过程为基础的规划。行人交通系统规划包括以下过程:

①规划前期的评估;②规划行人设施功能需求及目标;③行人交通系统需求分析与预测;④行人交通系统规划方案;⑤行人交通系统规划方案评价。规划流程如图 4-2-1 所示。

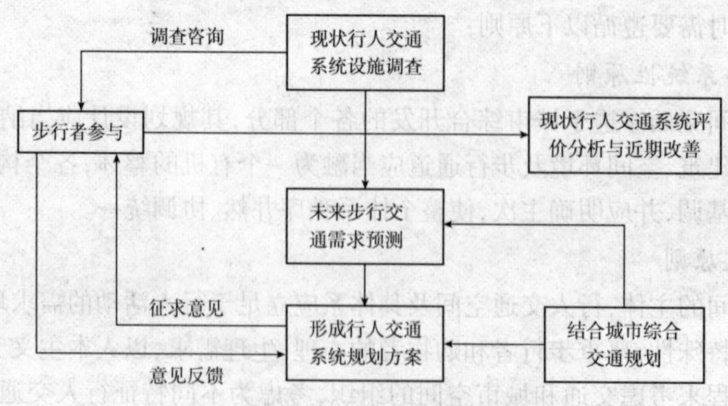

图 4-2-1　行人交通系统规划流程图

行人交通系统应该为行人提供安全、舒适的出行环境，而便捷的行人交通系统可以吸引更多的人选择步行，有利于健康和环境的改善。行人交通系统规划应该给予步行者充分参与的机会、规划过程中要充分引入第三方评估等手段。在基础资料调查、形成规划方案等环节，都应该充分了解步行设施使用者们的意见，由他们辨明哪些地段是需要改善的以及如何改善。通过与步行者的不断交流，可以形成更为合理和切合实际需求的行人交通系统规划方案。在方案的审核和公布之前，必须经过完整严格的第三方评估，保证规划的严肃性和可用性。

一、规划前期的评估

行人交通系统规划前期的评估主要是对规划的价值取向、开发意愿、可行性的研究，主要依据为：

（1）城市总体规划

城市总体规划是城市建设总的指导性大纲，城市行人交通空间规划设计也应符合城市总体功能布局以及近期规划设计安排的指导制约，尤其应符合城市综合交通系统规划设计要求。以总体规划规定的城市各道路基本性质及周边城市用地性质、交通线网布局等合理确定城市行人交通空间的性质、等级，在对规划区域进行大量分析、研究的基础上，形成较为具体的地区行人交通空间开发意向。

（2）基础资料分析

行人交通空间开发不能凭空杜撰，它要从对城市行人交通空间构成要素及其他可资“开发资源”的深入挖掘入手。如优越的自然条件、便捷的交通、传统性的社区文化、受欢迎的开放空间、活动特性、标识物等。有层次地分析、归纳这些设计因素有利于人们分清空间现状利弊，初步评估开发的基本价值取向。

（3）现代城市开发倾向的影响

不同时期的不同设计偏重影响到开发观念的方向确定。例如，由于侧重步行空间开发的方案经济效益相对较少，资金回收期长，并且多具社会公益色彩，因此，一段时间以来得不到重视。而片面追求街景气派，出现了街道建设表面化，或街道的超常尺度创造现象。因此，对现行城市空间设计理论的深入研究是正确指导实际开发的必要条件，同时提高设计开发者本人素质也是必不可少的。

（4）行人交通出行调查

城市空间的活动主体是广大的市民，因此市民的出行现状、愿望和要求应是城市步行空间开发的重要依据之一。行人交通出行调查应包括对行人交通出行流量、出行路径、与其他方式衔接、现状出行的突出问题及原因、对问题的解决建议、涉及的相关部门等内容，具体可通过访谈、问卷调查、观察等方法进行。

（5）现状行人交通系统设施调查

主要是对城市行人交通网络连续性及提供的服务水平进行调查。包括现状城区各道路人行道宽度、长度，是否有盲道及其长度、宽度和铺设方式；各处人行立交的位置、形式、宽度、长度、净高、造价和行人流量；各交叉口的行人过街方式，若是人行横道则需要调查人行横道宽度、有无信号，信号长度及信号周期等；各路段的行人过街方式，若是人行横道则需要调查人行横道宽度、有无信号，信号长度及信号周期等；各交通场站的位置、规模、行人需求、运量、集散方向;各大型活动场所的位置、容量、出入口、衔接交通方式、活动次数等。

以上各项调查内容,有的已包括在一般的城市道路交通调查内容中,如交叉口信号周期、路段流量等。其他的则需要单独作行人交通系统设施调查。调查内容可以在城区道路交通图上直观地表示出来。

二、规划行人设施的功能需求及目标

行人交通设施的功能需求和目标规划主要是结合行人对交通设施的需求提出行人交通设施的规划目标和功能定位。行人交通设施的功能需求和目标规划应以满足行人的交通需求为主导思想,考虑行人交通与其他交通方式在城市中良好配合,充分符合近期的需要,并为远期发展留有余地。

1. 基于人的需求的规划

通过设计环境来引导行人行为是基于行人需求规划的核心,需要根据行人、人群的行为特点,针对性地建立行人交通设施的功能和目标。

1)一般人的需求

(1)身体的需求

①体能与体质:步行行为受到各种客观条件的限制与影响,其中最主要的是其自身机能的限制。步行速度低于其他交通方式,不适宜中、长距离出行。一般认为步行时间不超过5~6min,步行距离400~500m较为适中,最大步行时间也不宜超过30min。因此,步行空间人性化设计要求为步行者精心考虑休息设施和良好视景以缓解步行者的疲劳。

②视觉:考虑到行人的视觉感受,确定适当距离的关键不仅是实际的自然距离,更重要的是感觉距离,看上去平直、单调,而且毫无防护的一段500m的小道会让人觉得很长、很枯燥,但是如果这段路程能给人各种不同的感受,同样的长度就会使人觉得短。例如,通过适宜的空间尺度、空间的收放、转折等安排,增加景观的层次、趣味性和连续性,使空间更加紧凑,行走的距离就不会一目了然,从而为步行创造良好的外部条件。在交通枢纽等封闭性建筑中,行人在其内活动时容易产生压抑、恐慌、方向感减弱等现象,通过合理的安排灯具,利用光线来吸引人们的注意力,帮助行人形成一个视觉线路,起到引导行人流的作用;或是注意色彩的合理应用,起到活跃空间、调节行人心理的作用,提高行人活动的舒适性和安全性。

③听觉:行人在步行中,听觉具有较大的工作范围。在7m之内,人的耳朵是非常灵敏的;大约在30m的距离仍可以听清楚演讲,但建立一种问答式的关系已不可能;超过35m,倾听别人的能力就大大降低了。在步行空间中听觉虽然比不上视觉能获得更多的信息,但在人性化设计中同样不容忽视,对于声音处理要统一安排,降低噪声对行人的影响。另外,在距离较长的封闭建筑中播放柔和舒缓的音乐,可以降低行人紧张和压抑的情绪。

④触觉:与步行空间设计有关的,主要是和脚触觉有关的问题。这与铺设地面的材质有很大关系。不同的材质,有不同的优缺点。如果人行道用磨光花岗岩的碎片铺砌,正常的天气尚可行走,如遇雾天或是下雪天则寸步难行,很容易打滑。

(2)安全的需求

安全的问题一方面来自于车行系统的威胁,另一方面就是步行空间的各种设施的使用安全。对于车的控制主要在于管理,当人们普遍的"车让人"的意识还没有形成的时候,必须用强制的手段加以宏观控制，如宏观层制定政策法规及微观层采用路障限速等手段。

(3)定向的需求

定向感觉为人提供有关自身位置和运动的信息，人们还利用皮肤感觉（特别是脚底的压力）得到的信息、视觉信息以及偶尔从听觉得到的信息。

人们希望地板是平的，因为我们感受到的地板绝大多数是平的。当人们碰到倾斜的地板时，如果没有明显的视觉信号说明它是有坡度的，则由经验得到的预测告诉我们这块地板可能是水平的，而其他线索却告诉我们并非如此，内部的矛盾造成了感觉上的模糊和混乱，使人感到不适。因此应该建立明确的水平方向的地面，尽量避免倾斜的地面，如果不得不出现倾斜的地面，那就应该用清晰的信息说明此地面的倾斜特征。

明确的地面等高线、包围的边界、障碍物、高程改变处应用高照度来确定高程的变化和边缘，也可用材料的变化（颜色、表面的反射率）来确定。在高程改变处应无分散注意力的因素，并避免出现不协调的影子或地毯图案等容易混淆的因素。

(4)引导的需求

好的指向性标志在任何复杂的环境中是必不可少的。比如在欧洲小镇，行人会感觉城市的公共厕所特别多，其实看地图才发现只有五个公厕，只因城市的标示系统设置完善，使人很容易找到需要的内容，因而显得厕所很多而且很容易到达。显而易见，如果处理不当，则可引起相反的效果。步行空间中的指向设施应该进行系统的规划和布局，提高清晰性和规范性。增强指引效能，除了设置位置、数量等方面的要求，其所要表达的信息还必须要做到清晰、准确、全面，让人一目了然，容易判断。

2)特殊人群的需求

老年人及残疾人等行动不便者是行人交通设施使用的另一类主要人群，必须通过“无障碍设计”消除人为环境中不利于特殊人群的各种障碍，从而使这种不利环境成为一种普适性（普遍适应性）环境，提高行动不方便者参与各项活动的能力。

步行空间所提供的设施必须满足各种行人的要求，并且各种信息必须保持高度一致性。例如火灾报警对于耳聋人提供视觉信号，而对于盲人则提供听觉或语言信号。在步行商业区，应提供盲文地图，供盲人辨认。在使用视觉显示有困难的地方，例如照明很差或振动强烈的地方，需提供听觉信息。

2. 基于交通镇静化技术的规划

城市街道网、交通枢纽等在规模扩张并未对机动车提供方便的同时，对行人的出行便捷、安全及居住质量产生了许多不利影响，校园交通也严重影响学生出行安全以及学习区和生活区的质量。基于上述问题，讨论减少社区穿越性交通，提高居住质量，降低车辆速度，保障居民出行安全，进而引入了城市交通镇静化（Traffic calming）理念。

交通镇静化设施主要依据交通工程学、交通安全工程、人机工程学方法的整合，镇静设施主要表现在降低车速、减少车流量、减少交通冲突、减少对环境影响、合理交通分流、有效组织交通等方面，具体见表4-2-1。其核心内容包括速度管制和流量管制，其中速度管制分为垂直式、水平式和路宽缩减式。垂直式速度管制主要是在路面垂直方向强制机动车减速，水平式是在道路侧向方向施加影响迫使机动车谨慎慢行，而路宽缩减式方法则运用驾驶员视觉及心理紧张达到减速效果。流量管制多数采用路障式，以造成驾驶员行驶不便而减少穿越性交通量。

交通镇静化措施及作用 表 4-2-1

镇静措施	降低车速	减少车流	减少事故	降低污染
水平式速度管制设施				
路缘延伸	↓↓	—	—	↓
转盘	↓↓↓	↓↓	↓↓	↓
波纹型道路	↓↓	—	↓↓	↓
垂直式速度管制设施				
速度坡	↓↓↓	—	↓↓	—
速度垫	↓↓	—	↓↓	—
垫高的交叉口	↓↓	—	↓↓	—
垫高的行人过街	↓↓	—	↓↓	—
路宽缩减式速度管制设施				
路口宽度缩减	↓↓↓	—	↓↓	—
路口车流渠化岛	↓↓	↓↓	↓↓	—
路中间隔离岛	↓↓	—	↓↓	—
路段宽度缩减	↓↓↓	↓↓	↓↓	—
流量管制式				
街道全封闭设施	—	↓↓↓	↓↓↓	↓
街道半封闭设施	—	↓↓↓	↓↓	↓
路口转向半封闭设施	↓↓	↓↓	—	↓
路口对角线封闭设施	—	↓↓↓	—	↓

注：↓↓↓代表作用显著；↓↓代表作用中等；↓代表作用微弱；—代表无作用。

交通镇静化系统的理念是追求交通与景观和谐、与居住和谐、与安全和谐、与人文和谐(图 4-2-2)。具体理念操作包括从居住区交通镇静化过渡到城市系统的稳静化，从静态到动态交通管理，从单一技术到多元化设计。

城市交通的发展是分阶段性的。首先解决的是功能性满足和服务性提高，在此基础上，考虑居住性、环保性及和谐性等交通问题(图 4-2-3)。在行人交通基础上进行以城市交通镇静化理念为主的城市交通规划，线网规划、交通管理规划、交通安全规划及交通工程和安全工程设计是未来的发展趋势。

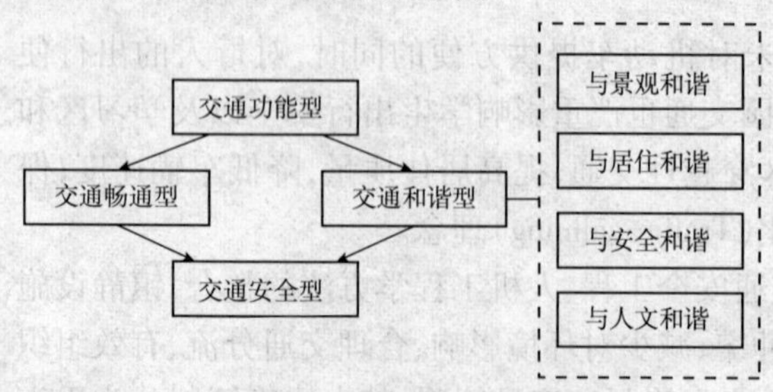

图 4-2-2 交通畅通—镇静化—交通和谐型

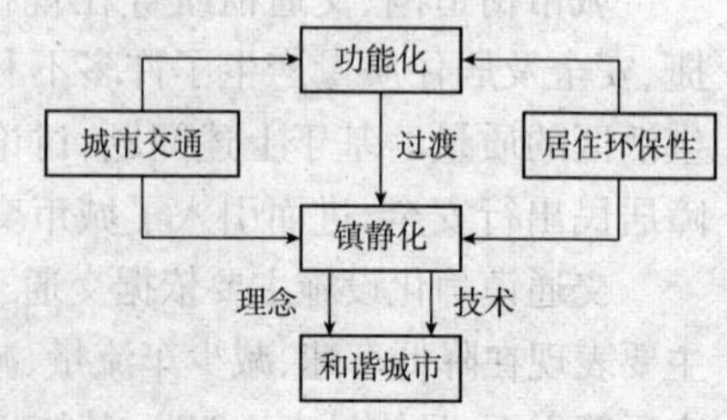

图 4-2-3 城市交通系统镇静化

3. 基于城市远景规划的需求

具有前瞻性的城市交通规划与设计可以为未来城市的可持续发展提供良好的空间环

境。提供更多公共城市空间,增加城市居民接触、交流机会。将步行系统与车行系统进行合理疏导与立体式分流规划,步行路径与地形、地貌、绿化、水体、休息地点有效组织、合理设计,从而构建一个心情愉悦、适时休息、安全无忧的路径,是未来城市社区空间发展的方向。

行人交通的规划必须以城市远景规划为蓝本,统筹考虑交通对能源、环境、居住质量、交通安全等问题的长期影响,综合设计步行系统、自行车系统、机动车系统及外部交通系统的优先等级、合理规模和分工合作关系。结合城市交通发展中机动车优先到公交优先、行人优先的理念转变,制定行人交通系统的分阶段发展方案。近期可通过地面步行、地下空间和空中天桥三个层面合理构筑立体网络化的整体城市步行系统,降低车流干扰,使安全步行的区域、范围与城市空间有机结合,提高城市交通效率,增加步行交通容量。远期可通过建立立体式步行系统,从全局范围内确定与其他交通方式的衔接点,提升行人交通集散能力和安全性,避免其他交通方式干扰,增加步行舒适度和减少步行距离,亦提升景观层次。

4. 规划目标

大城市行人交通系统的规划目标如下。

(1)功能目标:提高行人交通系统的运转功能,减少行人与机动车之间的冲突,提高行人在交通场站内的服务水平。

(2)社会目标:使行人交通系统提供给人们更多的消闲、社交及参加各种公众活动的机会,从而建立行人友好的交通系统。

(3)经济目标:通过吸引更多的市区及外来的游客而增加收入,从而使之在与郊外购物中心的竞争中处于有利地位。步行通道、购物中心与经济目标联系最为紧密。

(4)环境目标:旨在提供一个安全、舒适的步行环境,并使步行者在遇到坏天气时仍然能够在由各种封闭式通道连接起来的室内购物中心浏览、休息。

三、未来行人交通需求分析与预测

作为城市交通系统规划的一部分,行人交通需求预测要以现状行人交通量分析为基础,按照科学合理的预测方法,估计各交通小区或单位家庭的出行生成、出行分布量后,根据各交通方式选择情况,将各种行人交通量分配到整个行人交通网络。行人交通需求预测必须要有明确的准确性要求,一般预测与实际偏差不应超过20%,预测结果必须要有一定弹性,即考虑城市政策、其他交通方式票价等因素的影响。

四、行人交通系统规划方案

按照前述的规划方法结合现状、预测资料即可以规划出未来的行人交通系统方案。行人交通系统方案应该符合安全、系统、便捷的要求,合理布局行人交通网络,合理规划布设人行道、人行横道、人行立交、步行街区、各种交通场站等设施,合理规划行人出行全过程的路线,制定各种交通设施的运营规划。

五、行人交通系统规划方案评价

行人交通系统规划方案的评价,可以分为技术评价和经济效益评价。技术评价主要是

对其连续性、安全性、系统性、通达性等方面的评价。经济效益评价主要是从出行时间节省、环境污染减少、交通事故减少、居住质量提升等所带来的经济效益方面进行的评价。

第三节 行人交通网络布局规划

行人交通网络主要依附行人活动区域、城市道路网络、城市公共交通网络而成,与城市道路网络在结构形式上比较近似。它们的区别在于方向性,城市道路上机动车是有方向地行驶,城市道路网络是有向图;而行人步行时无需分方向,行人交通网络是无方向的连通图。

1. 行人交通网络布局形式

行人交通网络的布局形式主要有三种。

(1)方格网式。方格网式行人交通网络是最常见的一种形式,它依托于规则的行人住宅和活动区域,与方格网式城市道路网络相辅相成。

(2)辐射式。以一条或多条人行道为主干,层层分支辐射出去。在受到地形限制的带状或者山地城市比较常见。

(3)自由式。自由式行人交通网络布局漫无规则,在一些老城区和乡镇较常见,主要是依托于行人的出行自然形成的路网。

2. 行人交通网络规划

行人交通网络规划应该考虑以下原则:

(1)以城市道路网规划为基础。城市道路网是整个城市交通的骨架主流,行人交通网络是其支流。从网络结构上看,行人交通网络与城市道路网络往往具有同构性;从交通衔接上看,行人交通网络应该与其他交通网络衔接紧密。

(2)结合城市地形和城市布局来规划。城市地形和城市布局决定了城市的交通特色。平原城市与山地城市的行人交通网络应该各有侧重。

(3)形成不同等级不同风格的行人交通路段。不同的行人交通路段流量不同,使用人群、周边建筑、地形等影响因素也不同,可以规划成不同等级不同特色的人行路段。

(4)大网络与小网络相辅相成。整个城市的行人交通大网络应该与部分区域的小网络环接紧密,方便区内外步行。

(5)在地形或空间条件允许的地段,规划行人专用区域或通道。

第四节 不同环境条件下行人交通设施的规划

一、道路行人交通设施规划

道路行人交通规划包括规划策略和规划内容,在规划的前期,需要发现目前城市道路行人交通设施存在的问题。步行交通系统的规划要遵循城市总体规划及城市道路系统规划确定的道路红线、主要横断面等基本要求,依照道路基本性质,确定步行交通空间的基本形态,综合各方情况确定道路设计的服务水准,根据调整后的各条道路的交通功能要求调整各条

道路横断面,根据步行交通、车行交通分析,重构步行交通系统,调整人、车关系。规划中对人、车交通系统的相互转换及静态交通空间的设计也不容忽视。

1. 道路行人规划策略

城市道路行人交通设施规划的策略与城市自身规划等因素有关,但其应该保证规范性,具体包括以下几方面。

(1)在道路规划、投资、建设和管理上做到人行道与车行道同步,在道路日常维护中,要保证行人的通行条件和安全。

(2)保证道路两侧人行道的有效宽度、连续性和路面平整,保证交通弱势群体的正常通行条件。

(3)步行系统设计要体现以人为本的原则,行人过街信号应保证充足的过街时间。按照无障碍设计规范,实现人行道和过街设施的无障碍化。

(4)人行道和自行车道、人行道和机动车道之间实行物理间隔,保证行人不受自行车和机动车的干扰,确保行人的安全。

(5)停车与道路绿化相结合,加强管理,改变停车占用人行道的状况,体现道路资源分配的公平合理性,保证步行空间和步行者安全。

(6)合理安排大型人流密集节点处的设施尤其是服务设施和附属设施,保证服务设施的有效性,避免附属设施占用人行空间,确保行人交通流畅,保护行人交通安全。

(7)制订步行街规划。根据交通状况,结合商业、旅游网点建设,提出与土地使用、城市风貌、城市文化相协调的步行街规划。

2. 道路行人设施规划内容

城市道路行人交通规划主要包括人行道规划、行人过街设施规划、行人服务设施规划和步行商业区规划。

1)人行道规划

人行道是步行交通方式中最重要的交通设施。它应与机动车道相分隔,为步行、道路标志、地下设施等提供空间,并被充分维护,防止人行道被其他交通方式占用,以最终得到有效利用。

人行道规划时应遵循以下的原则。

(1)保证安全。人行道应该充分地与其他交通分离,要采取各种物理隔离措施来保证行人安全。

(2)易通达。人行道应该对各层次人群都是易通达的,即出行方便、时距较短。

(3)行走舒适。保证足够的步行宽度,使即便在行人高峰时人行道也能够维持在一定的服务水平。

(4)尽量保证道路的两侧都有人行道并保证足够的人行道宽度,给予行人足够的选择。

2)行人过街设施规划

合理的行人过街设施是道路步行交通系统便捷、人性化的重要保证。行人过街设施形式、合理位置和间隔的选取,首先要考虑行人过街的交通需求、道路的车流量,既满足行人的过街需求,避免过大的绕行,又不至于设置过多的行人过街设施,避免造成资源浪费和对车辆交通产生过大的干扰；其次，还需综合考虑经济、景观、人性化等因素。一般市中心区行人过街设施的合理间隔应控制在500m左右。

(1)人行横道规划

人行横道为行人过街提供了平面空间，也是行人出行活动中最危险的地段。人行横道规划的目标是方便行人集中过街活动，提供合理的过街机会，减少潜在的行人与机动车冲突点的数目，减少交通危险与事故。人行横道规划应考虑：

①过街地点。根据行人行为的特点，准确掌握行人过街的具体位置，尽量减少人车冲突，尽可能在每个交叉口布设人行横道。

②舒适的间距。应该给予潜在的过街需求合适的过街机会。在繁忙的城市街道上，人行横道设置应尽量少，但是不能缺乏。

③连续性。交叉口处的人行横道必须与人行道及整个行人交通网络连通。

④足够的宽度。交叉口处的人行横道要比相连接的人行道更宽，因为它为至少2个方向的人群服务。

⑤安全性。城市道路很宽时，行人往往难以一次性横过街道，这时候应该考虑在路中线设置行人安全岛。

(2)人行立交规划

建设人行立交需要大量的建设资金，只有在采取其他规划方法和管理措施仍不能解决的情况才可以采用。不合理布设的人行立交设施，往往利用率较低，不但不能带给步行者方便和安全，反而会破坏整个城市街区的景观。

规划人行立交设施应考虑：

①位置。人行立交的位置应尽量选择人口密集、交通紧张的地区(路段)，并且尽量靠近交叉口，尽可能距公交车站近一些。在大型公共设施(交通枢纽、体育场馆、会展中心等)附近宜设置，方便人群安全快捷疏散。在历史街区不宜设置，以保护街道的连续。

②系统化。香港的经验表明，步行天桥系统远比独立无系统的人行天桥所发挥的作用要大，也能够减少负面效应。在城市中心商业区，如果需要设置人行立交，应尽量系统化。

③立交的形式。人行天桥和人行地道各有利弊，应该充分结合道路、交通、地形地物条件来选择。

④辅助设施。交叉口一旦设置了人行天桥，就要采取相应措施引导行人上桥。如在桥下一定范围内，应设置人行道栏杆，阻止行人穿越马路。另外，为了照顾弱势群体，应设置自行车坡道和残疾人坡道(必要时可设残疾人升降电梯)。在繁华街区，人流量较大处，可采用自动扶梯，吸引行人从天桥上行走，同时可减轻购物者一些负担。

3)行人服务设施规划

为行人提供服务的设施设置不足或不合理，会降低步行环境的舒适度，影响人们选择步行方式出行。例如，人行道边休息坐椅不足，公交车站没有遮雨棚及坐椅，找不到垃圾箱、电话亭，夜间照明设施欠缺或照度不足，宽阔的空间缺乏遮阳设备等。参照北京市地方标准《城市道路公共服务设施规范》中规定的公共服务设置密度，行人服务设施设置应符合表4-2-2的要求。

北京城市道路公共服务设施设置密度表　　表 4-2-2

设施种类	一般设置密度	特 殊 要 求
废物箱	100m 左右	商业、金融、服务业街道等人流密度大的地区的人行道:30 ~ 50m
步行者导向牌	500m 左右	—
邮箱	不小于 500m	—
电话亭	不小于 500m	临近火车站、商业集中区、长途汽车站、医院、学校等流动人口聚集区的道路人行道上,设置密度可根据需要增加
信息亭	不小于 1000m	
书报亭	不小于 500m	—

4)步行商业街区规划

步行商业街区的定位应该与中心城区的发展战略紧密结合,目的在于促进和辅助中心城区朝着既定方向发展。这项工作一般包括两个方面的任务,一是类型和规模的确定,一是行人交通构成的确定。定位要体现全局性,既照顾本地区的布局均衡,满足居民的购物需求,同时又要控制步行商业街区对周边地区的辐射作用,避免步行商业街区布局的重复和不均;既考虑历史形成的商业营销氛围和顾客的购买习惯,又考虑未来购物和旅游人口的导入与流向。如果在以旅游定位的中心城区,步行商业街区的定位应与旅游业的发展相结合,有旅游景点的地方,应考虑与之相适应的商业服务,如上海的老城隍庙(图 4-2-4)把经营定位在为旅游服务上,获得了街区建设的成功。

图 4-2-4　上海老城隍庙——上海著名的游憩地

步行商业街区区位的确定,应该在区域交通系统中寻找最佳点,并研究市民借助交通工具到达的便利条件和时间空间尺度。通常步行商业街区应布置在接近城市交通枢纽的位置,或位于其中心附近的次要道路及街区内。如图 4-2-5 所示。

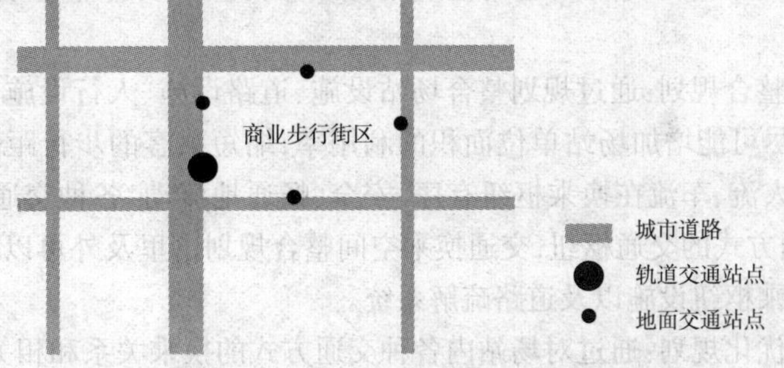

图 4-2-5　步行商业街区换乘站点示意图

(1)选择交通繁忙地段。城市步行商业街区的设置有利于城市交通,它可以在一定程度上缓解中心城区交通拥挤问题。所以选择中心城区交通较为繁忙拥堵地段建立步行商业街区,可以调整中心城区交通结构、疏导城市交通,步行的环境质量得到改善,步行人数增加,提高了步行街的运转功能,实现了市中心街道的良好交通秩序。同时,交通繁忙地段给步行商业街区的发展也带来物资流通便利、消费者高进入几率等良性因素。

(2)选择城市交通枢纽点。给消费者带来方便的换乘方式是现代步行商业街区应该重视的条件,公交的换乘能力和可达能力将会一定程度决定步行商业街区的发展。城市公共交通与城市步行商业街区的衔接,有助于促进大部分的市民使用公共交通工具到达商业中心,并有助于较远区域甚至城市郊区的人们光顾。

(3)机动车与非机动车的停放点。在步行商业街区附近存在适宜规模的停车场地,能够在一定程度上解决中心城区和城市中心交通拥堵和混乱的问题,另一方面是给私家车消费者人性化的照顾。非机动车在国内的仍然扮演着较为重要代步工具的角色,而这种环保并健康的出行方式正在西方发达国家受到提倡(图4-2-6),所以步行商业街区应该具有相应的非机动车停放场地。

图4-2-6 国外步行商业街区的自行车停放点

二、交通场站内的行人交通设施规划

交通场站内行人交通设施类型复杂,除了通道、楼梯等静态设施外,还存在楼梯、售检票设施等大量需要维护和运营的动态设施。交通场站内行人交通设施规划的目标是保证行人在场站内的安全快速集散及与其他交通方式的无缝衔接。根据设施类型和面向的规划阶段不同,交通场站内的行人交通设施规划可以分为空间资源整合规划和时间效益优化规划。

(1)空间资源整合规划:通过规划整合场站设施、道路设施、人行设施、各种建筑设施以及其他物理设施,尽可能增加场站单位面积的利用率,缩短乘客的步行距离,减少交通流间的相互干扰,使得人流、车流在换乘枢纽有序、安全、畅通地流动,各种交通方式之间衔接紧密。对于多种交通方式的交通枢纽,交通换乘空间整合规划由里及外可以分为三个部分:车站(站内设施)、换乘枢纽设施以及道路疏解系统。

(2)时间效益优化规划:通过对场站内各种交通方式的换乘关系和相关方式的运输特性及占用的时间资源进行规划,并利用信息技术进行系统规划和信息服务设施规划,集成各种交通的运营调度系统,优化城市公共交通方式的行车计划表、行车间隔以及对外交通的到发时刻表,使不同交通方式按照协调的秩序、合理的分布到达枢纽,最大限度地缩短乘客在换乘枢纽内等待滞留的时间,提高枢纽时空使用效率。

交通场站的规划要符合以下要求。

(1)在场站选址方面,要使场站成为公共交通发展的依托点,尤其是大容量轨道交通发展的依托点,应尽可能使场站成为城市客运交通需求走廊上的关键性的节点;尽量使场站周边的行人能够方便地集散,在场站选址规划时,应使其在服务区范围内覆盖的人口和就业岗位最大。

(2)符合城市规划、城市交通规划、环境保护和城市景观的要求,妥善处理好与地面建筑、地下管线、地下构筑物等之间的关系,充分考虑该场站的客运特点,并使城市及地区特色得到充分体现。

(3)合理确定建筑规模,场站必须满足客流需求,保证乘降安全、疏导迅速、布置紧凑、便于管理,并具有良好的通风、照明、卫生、防灾等设施,为行人提供舒适的乘车环境。根据所在地区的城市规划和线路状况选择合理的建设地段和基地类型。要考虑使用上的灵活性和应变能力,以使站房既能满足近期使用要求,又能兼顾到长远发展。各线路之间及与其他交通方式交会处的枢纽站,其换乘设施的通过能力应满足预测的远期换乘客流量的需要。不能同步实施时,应预留接口。

(4)站前广场必须明确规划车流人流路线,停车区域、活动区域及服务区域,在满足使用的条件下应注意节约用地。合理组织行人流线,综合考虑站房、线路和城市广场三者关系,力求流线分明、简捷、流畅、布局紧凑。

(5)出入口一般均布设在车站两侧,造型应以融入四周环境又不失其容易辨识性为目标,位置可设置与人行道、公交站、中央分隔带或与附近建筑物进行连接或联合开发,场站出入口的位置距离场站大厅入口以不超过60m为宜,并应力求地理位置的适中,以方便乘客的使用,缩短乘客进出车站的步行距离。

(6)应考虑交通场站运营的时间效益,在一定规模条件下,结合场站建设的性质,提高运营效率,使用最优化的行车时刻表、列车停车间隔,保证行人快捷的出行要求。

(7)节约用地,尽量使用新材料、新技术、新设备,以提高站房建筑的经济效益、社会效益和环境效益。

(8)枢纽规划中应建设无障碍设施。

(9)合理布置绿化。

三、大型活动行人交通设施规划

人们参加大型活动,通过城市交通系统来到活动场地周边场站,再步行进入活动区。这是一个完整的交通链式结构,要保障两个层次系统供给能力的匹配。图4-2-7所示为大型活动场所行人的出行链结构。

大型活动举行期间,往往在很短的时间、很小的空间内汇聚大量的人流、车流,并且行人量随时间分布不均衡和空间分布不均衡。对着眼于解决通勤、上学、公务等城市常规出行为目标的交通基础设施建设与管理带来了新的挑战,特别是随着大型活动频率的增加对居民

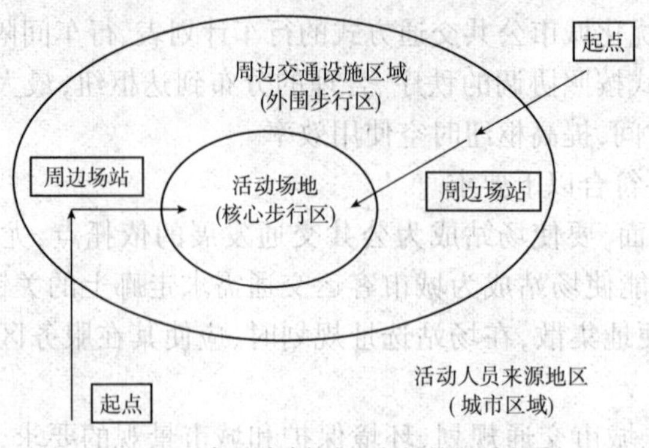

图 4-2-7　大型活动行人出行链结构示意图

正常生活影响越来越严重。但是大型活动造成的交通影响只是暂时的,因此一般情况下不会利用增加道路容量(道路的建设)来解决大型活动带来的交通问题,因为这样的解决方法既难以奏效也很不经济。因此,在大型活动行人交通规划中,应充分考虑场地行人交通设施对行人的交通流造成影响。

行人的时间分布一般与活动组织有关,而行人的空间分布则与设施位置有关,在热点地区和关键通道多会形成高密度的静态人群和行人流。行人在不同的地点,具有不同的交通流特性,也有不同的需求。在行人交通规划和组织中,应充分考虑这种场地行人设施的差异。对于可能出现高密度人员密集、流动的场所及设施处,在前期定性和定量分析的基础上,应进行行人交通仿真分析,测试相应的规划设计方案。

大型活动场所行人设施规划包含以下内容。

1. 行人交通供需关系分析

行人设施的压力来自于行人交通流时间分布的不均匀,行人需求模型是行人规划组织的定量分析依据。进场阶段,活动区域的设施压力大;散场阶段,周边交通设施压力大。行人规划和设计,需要保障行人设施的实际通行能力能够满足行人行走和聚集的要求。各类型主要行人设施,应对可能形成瓶颈的地点进行重点分析,验证通行能力是否满足要求,并且上下游的行人交通量是否匹配。这些地点包括:①检票口、安检点;②各类大门;③走廊、通道和坡道;④楼梯;⑤自动扶梯或者自动步道。对于这些可能出现高密度人员密集、流动的设施处,应进行行人交通仿真分析,测试相应的规划设计以及管理方案。

在大型活动场所行人交通设施规划时,要通过大型活动观众集散规律分析,考虑不同时间段有多少观众会到达,充分考虑不同观众的心理特性,建立行人集散模型。模型的峰值比均值更重要,要充分考虑高峰时段的影响。

2. 行人流线规划与设计

行人交通流线规划与设计的目标要使人群有序行走。因此,应充分结合行人群体行为特点进行规划,保证行人的单向行进,避免行人出现或者过多出现分流、合流,禁止形成对向行进的行人。当不可避免出现对向行人流时,应通过物理设施进行有效的隔离,消除正面冲突点,提高其受干扰的能力。

行人流线组织规划设计时应注意:①不应出现瓶颈情况,通过控制行人密度,使行人有舒适的感觉;②不应出现不必要的路障(如栏杆、树等);③防止出现急转弯情况,设计时要考虑合理视距和角度。

3. 行人环境规划

行人环境主要指大型活动的引导人员和信息系统,硬件设施环境在场地功能区分析。行人在行进过程中,需要友好的环境,除了设施条件便利之外,主要还在于信息的通畅、有效。因此,应通过合理的引导人员工作区规划、信息系统的设计,保证行人在需要信息引导的地方,及时得到各类型的有效信息。

密集的行人集散时,行人在路径分肢上游,进行路径选择,可能造成速度的降低或者驻足情况的发生。这种行为会对整体行人系统产生不利影响。此类的地点需要设置场地广播、大屏幕显示等多种方式的引导设施,保证行人在不降低速度的情况下及时得到信息引导。

行人诱导系统应具有对行人交通进行正确引导与控制的交通功能。进行大型活动期间行人诱导系统规划时,应体现以下规划指导思想:①与大型公建周边区域的交通组织和管理相统一;②遵循“人车分离”的原则;③从安全、方便、舒适、美观的角度出发,体现“以人为本”理念。

4. 应急预案规划

大型活动场所的行人交通规划应考虑突发事件的影响,这里主要指由于正常的交通运行波动而引发的突发事件。通过合理的规划组织消除或者应对行人交通总体上的不均衡性。通过组织方案和现场管理手段,有效地降低行人拥挤、等待时间。交通系统运行时,受到随机因素的影响,会造成局部时间、空间的不平衡,形成突发事件。行人集散过程具有随机性的波动,对有关的行人交通组织应进行弹性规划,以保障能够容纳突发事件的影响。

例如,在散场阶段如果公交车到达延误情况发生,需用广播信息向观众解释,并及时启动应急车辆。有些距场馆较远的车站,安保人员让观众在场内等待,但等待时间不要过长,可提供一些娱乐体育项目让观众参与,减少压力。同时服务人员为观众指引,通过其他方式疏散人群。当产生拥挤的情况时,应及时引导观众分流,如出口设计过小,应设分流出口。有必要时,让观众从运动员出口疏散,尽量避免拥挤产生或者及时消除拥挤状态。

在大型活动场所规划前期,应坚持以人为本、预防为主、综合治理的原则,以行人安全为根本,制定《突发事件应急预案》,以应对大型活动场所突发性的火灾或踩踏等事件的发生。编制的应急预案可以健全应急组织体系,完善应急预案体系,加快应急队伍和应急基础设施建设,提高危机管理和抗风险能力,最大限度减少人员伤亡和财产损失,为大型活动安全协调的进行提供保障。

5. 大规模行人疏散路径规划

在大型活动场馆或者城市交通枢纽内,大规模的行人聚集在场所内密集活动,为了应对出现紧急情况需要快速疏散人群的状况,需要提前规划大规模人群的疏散路径。成功的行人疏散路径规划,可以确保场馆出入口附近高密度人流沿放射状路网快速疏散。

将分析内容按照层次划分,可以包括行人的综合交通规划、活动路线规划、信息诱导系统规划和紧急状态行人疏散规划。如表 4-2-3 所示。

大型活动行人交通规划与组织的层次划分　　表 4-2-3

工作层次	行人综合交通规划	活动路线规划	信息诱导系统规划	紧急状态行人疏散规划
内容描述	行人路线组织； 排队系统规划； 无障碍路线规划； 场站行人规划	活动进场/散场主要路线； 非活动交通绕行路线； 公共交通线路； 活动备选路线	交通标志牌； 可变信息提示板； 其他媒体信息	紧急出口设置与备用路线规划； 紧急事件场地处理程序； 应急行人疏散方案； 应急人员配备

在规划行人疏散路径时，需要确定行人的活动区域，即由行人到达、离开场所的多种交通方式转移点构成，包括场所停车场、公交站点等。以下是大规模行人疏散路径规划的原则。

（1）人行道

①避免行人流线和停车场出入口交叉；②防止行人流线的交叉；③场馆每个门唯一对应一条路径；④竖立栅栏、路障；⑤安置适当的指路标识；⑥提供行人不间断步行环境，防止人车冲突。

（2）过街设施

行人过街的组织方法如表 4-2-4 所示。

行人过街组织方法　　表 4-2-4

策　略	应　用	策　略	应　用
临时过街天桥	保证连续性； 行人和机动车完全分离； 提高行人安全性	设置安全岛二次过街	间断流； 避免行人与转向车辆产生冲突； 需要有人指挥
封闭街道	保证连续流； 缓解非常大的行人流量； 允许行人分散前进； 需要有人指挥	增设引导员	间断流； 适合较少的行人流量

（3）公交接驳

公交接驳车应满足乘客的需求，包括：①小于 5min 的等待时间；②短小上车排队队长或者上车排队方式方便移动；③准点；④不混乱；⑤不受环境干扰；⑥到/离车站步行距离小于 2.4km；⑦规划公交接驳车服务，从满足活动观众需求的角度，考虑服务运营参数以及车站设计。

（4）残障人可达性

保障残障人从出行方式转换点到场馆座位之间的无障碍通行。

第五节　行人交通系统与其他规划的协调

一、行人交通设施规划与城市总体规划的协调

城市是一个开放的动态大系统，系统内各元素的相互配合、有机协调才能维持城市的正常运作和发展，行人是各系统之间的主要衔接点。

城市行人交通系统开发是对行人交通空间的系统性综合开发，它穿插、渗透于城市综合开发的各个区段，是构成城市开发区整体意象的重要空间组织线索。城市行人交通空间与周围建筑用地的开发应是相互提携，互为开发契机的综合性关系。从横向来看，主要是根据

需要和可能，在空间和时间上，统筹安排、配套建设，分期交付使用，尽早发挥开发效益；纵向来看，则是对建设的全过程，即规划设计、征地拆迁，用地开发、建设施工、验收使用直至管理维护等，做到各环节相互配合、协同发展，取得良好的综合效益。

1. 行人交通与城市用地及环境保护的配合规划

城市是人类生活的场所，随着全球城市化进程的加快，城市正在失去其独有的特征，行人交通的空间也逐渐被其他交通设施或者商业设施所侵占。而行人交通空间是专为人们步行行为考虑设计的整体而连续的公共空间体系，可以提供更多的公共空间，增加人们自由交流的机会。在城市规划前期，就需要结合城市用地规范，严格预留行人交通的合理用地，配合周围的环境氛围，做好行人交通的规划。

城市中任何一种土地利用都可视为交通量的产生源，构成城市特定的功能结构的不同的土地利用类型对交通流量产生不同的影响。不同的土地利用类型可视为人们步行行为的产生源。特定的土地利用结构对步行区产生目标需求，规划部门则应根据这些需求来规划和发展行人交通，建立步行系统，以减少人们步行起点与目的地之间的阻碍。

在交通场站行人设施的规划中，要强调与城市环境和土地利用之间的统筹协调。行人交通网络规划要服从城市总体规划，并与之相协调。同时城市总体规划要重视行人交通规划与土地利用的互动作用，不仅要为各种行人设施预留条件，还应该探讨如何为今后相关行人交通长期运营预留可利用的资源条件。城市中心区实现步行立体化，可充分利用城市中心区有限的空间资源，对土地进行地上、地下、地面的综合开发。采用城市建筑综合体的设计方式，在当今西方大城市中心区的设计中较为普遍，如日本东京市的东京、新宿车站就是超大规模和尺度的建筑综合体，其中东京站设置有五层的地下交通和商业步行街空间。交通立体化之后，使中心区的换乘显得更为秩序化和便捷。

交通场站地下建筑物的附属设施，例如地铁车站的风井、地下变电站的排风口等，与周围环境的融合历来是一个摆在设计者面前的难题。这些设施如果处理不当，不能与周围环境融合，不仅破坏地面的景观，而且影响地区整体的环境效益。若适当将地铁车站的风井设计为带音乐喷泉的水池或其他景观，既美化环境，同时也使得风井与周围公园的环境氛围融为一体。

大型活动的举办，对国家经济开放和对外发展、促进文化交流、丰富人民业余生活具有很重要的意义，要举办大型活动，兴建大型活动场所，必须从功能定位、用地规模及空间布局方面，对大型公共设施的规划建设提出新的要求。除了要考虑配套完善的专业活动设施，安全高效的行人交通设施，更要将环境保护作为举办各种大型活动的突出主题。

例如，2000 年奥运会主办城市——悉尼，在整个奥运设施规划建设中，始终把保护生态环境作为其工作的基本方针。在用地规划中，奥运中心区设置了大片绿地，形成了面积空前的奥运公园。在交通设施建设中，采用了清洁能源公共交通系统，并严禁小汽车驶入奥运村。在污水处理与利用方面，采用了先进的高科技处理设施，处理后的废水全部用于灌溉和冲厕。在建筑材料选择上，尽可能多地使用可回收建材，并利用安装在屋顶的太阳能光电板，向运动员村提供照明、供热能源。此外，在悉尼奥运中心区附近，还专门开辟出了一个生物保护区，并对原生的红树林等植物群落提出了细致的保护措施。

2. 行人交通与城市综合交通系统的配合

从整个城市道路交通网络体系的角度来看，行人交通系统的构建，既要充分注重行人交通自身的特点，保证足够的安全、快捷、舒适，又要与其他交通系统密切联系，构成一个结构完整的、衔接紧密的、换乘方便的城市交通网络系统，才能充分发挥城市交通对于社会经济发展的作用。现代城市发展，要求城市交通分工协作，互为补充。根据行人交通的短距离出行特点，一方面尽可能将居民各类日常出行置于步行区域内，区域内部消化交通出行。减少对城市大交通系统的冲击，积极组织大交通划分区内的细密步行网络，提高各户、点的交通便捷、可达性。另一方面，在中、长距出行中，要充分发挥步行作为人、车衔接，交通转换的重要补充作用。尤其是在交通场站系统规划中，合理规划布置公交、地铁、火车、综合枢纽的线路网及站点，保持步行系统与城市公共交通系统的紧密联系，保障步行者能在短时间内便捷、舒适地完成交通转换过程，将有效地弥补公共交通站点至起讫点之间的交通空白，使人们在城市中任何地点，都可通过步行空间系统在体力、心理限度内，与城市大交通系统相联结，构建城市综合交通系统。另外，针对我国自行车交通发展状况，还要做好静态交通与步行系统的合理布局、联结，为人、车转换提供方便。

通过合理规划步行交通系统，减少城市交通繁忙区，尤其是市中心区商业区交通枢纽内人们对汽车的依赖，并减少车流量，减轻汽车对环境所造成的压力，减少交通事故的发生。这对于城市交通趋于系统性、合理化有很大好处。必须秉承以人为本、可持续发展的原则，充分重视步行通道的建设，因地制宜建立步行系统，在大城市中心区可结合地铁发展步行立体化；在历史古城可建立以观光旅游、历史保护为主的商业步行街；中小城市步行系统的建立，则应当结合公交车系统完善和发展地面层的步行空间。

二、行人交通设施与其他交通方式的衔接规划

1. 人与车的“和平共处”

在城市中安全地步行，就要建立步行交通与城市车行交通的和谐共生。较早的概念是人车分流。完全的人车分流始于20世纪初，随着汽车数量的剧增，人与车之间的矛盾也尖锐化，由于人的步行速度和汽车速度的差异，人和车总是处于不和睦之中。

虽然绝对的人车分流从安全上看是必要的，汽车来去自由，并不影响步行者，然而这给步行空间和交通带有很大的局限性。车行空间成了城市中的孤岛，它和城市之间的关系实际上是疏远的，人们难以接近，无法达到传统街道方便、舒适的人性化效果。同时，将人车完全的分离也会使步行空间的综合性与信息联系性遭到破坏。允许人车混行模式的存在，给步行空间的发展带来灵活性和生命力。另一方面，街道生活实际上很难排除车辆的干扰。由于速度上的差异，有利于汽车通行而设计的道路必然排斥人的活动，对道路两侧的商业活动及其他活动就极为不利。

保障人车功能上的“混合”，而不是秩序上的混乱是维持交通秩序的基本要求。人与车的关系是积极的、良好的，而且是互动发展的。由此可见，人与车之间的关系并不是尖锐对立不可调和的，他们完全有可能和睦相处，共用街道，并一起创造富有魅力的街道场所，关键是要在两者之间建立一个恰当的平衡，并以系统化的灵活措施来维持这种平衡。这对于建设可持续的城市步行空间，具有很大的实际意义。

2. 建立完善的换乘系统

如何以“车通”带动“人通”，即人行与车行的便捷转换和过渡。人们在体验良好的步行

空间环境之前,先要通过步行和机动车的转换才能到达步行的目的地,众多的步行活动也是穿插在车行进的过程中才得以实现的。

大力发展公共交通已成为世界各国普遍采用的解决城市交通问题的重要策略,因此建立完善的换乘系统称为步行空间设计的开端。

公共交通运程长、速度快、运量大,它是解决城市区间长距离出行交通的有效途径,而步行适合短距离、小范围区内的交通出行,两者相得益彰。公共交通系统的快速便捷,以及步行交通的最大可达性就都能发挥出充分的优势,方便市民生活的同时,也是环境保护、改善城市整体交通质量的良好措施。

为了实现顺畅的交通流,协调不同交通方式的合作,建立完善的城市换乘系统是必不可少的。地铁站、公共汽车站台、步行街区的出入口以及交通枢纽处等换乘站点与步行活动的各个场所之间,需要环境良好的人行道连接,使人们的换乘过程不仅高效,而且便捷、舒适。

目前,利用一体化设计的理念,将多种交通工具的换乘站点集中在一起,并与公共服务设施相连接的综合交通枢纽,是城市换乘系统发展的新方向。在综合交通枢纽内,乘客的换乘线路短并且层次清晰,与公共建筑出入口、城市步行体系(如步行广场、室内步行街、空中及地下通道等)容易连接,易于保持彼此之间的通畅与便捷,再加上交通枢纽的节点通达性和中心性的特征,使之可以融入步行系统的整体建设,作为系统的关键节点来设计考虑,这样还易于发挥两者的综合效益。在人口密集的大城市,以及人流密集的城市交通门户地段,更能够体现综合效益。

第三章　行人交通设施设计

行人交通规划必须通过对行人交通设施的设计、建设和维护进一步实现。以下分别从行人交通设施通行能力和服务水平分析、行人交通设施设计等方面具体说明行人交通设施设计的方法和技术标准。

第一节　行人交通设施通行能力和服务水平

一、基本概念

行人交通设施设计的两个基础依据是通行能力和服务水平。行人交通设施通行能力是指在一定的环境因素下,一定的行人交通设施上、一定的行人流构成条件和一定的服务水平下,单位时间内行人交通设施能够通过或服务的行人数量(单位:人/min)。行人设施通行能力,是进行规划设计、方案测试的评价指标和影响因素。对于不同类型的行人交通设施,设施能力具有不同的含义,主要包括通行设施的通行能力、排队和等待设施的容纳能力以及服务设施的服务能力等,在设计时统一用通行能力来描述。根据不同的应用范围,通行能力一般可以分为理论通行能力、实际通行能力和设计通行能力三类。

1. 理论通行能力

理论通行能力是指理想条件下的极限通行能力。在不考虑服务水平的条件下，行人交通设施的理论通行能力 C_1，可以通过下式计算：

$$C_1 = \frac{1}{T_p} = \frac{v_p}{s_p} \tag{4-3-1}$$

式中：T_p——行人通过设施的时间间隔。

为便于计算，在人行道、楼扶梯等通行设施上，通常用单位宽度的设施通行能力表示[单位：人/(min·m)]，如式(4-3-2)所示。

$$C_1 = \frac{v_p}{s_p b_p} \tag{4-3-2}$$

式中：v_p——行人平均步行速度，水平面上通常取1.0m/s；

s_p——行人纵向间距，与行人动态空间有关，水平面上通常取1.0m；

b_p——行人占用的横向宽度，一般取0.75m。

扶梯的通行能力与扶梯额定速度、平面踏板数量、踏板宽度和深度等有关。一般可用式(4-3-3)进行计算。

$$C_e = \frac{v}{0.4} \times 3600 \times k \tag{4-3-3}$$

式中：v——扶梯的额定速度，通常有0.5m/s、0.65m/s和0.75m/s三种；

k——修正系数，反映了每一踏板上同时能够站立的人数，k 的取值与扶梯的名义宽度 z 有关。当 $z=0.6$m 时，$k=1.0$；当 $z=0.8$m 时，$k=1.5$；当 $z=1.0$m 时，$k=2.0$。

2. 实际通行能力

实际通行能力是指在更为符合实际的假设条件下，考虑期望的运行服务质量水平与系统可靠性，在正常运营条件下可以持久保持的一个更为符合实际的计算结果，通常大概为理论能力的60%~75%。实际通行能力与一定服务水平下行人交通流的速度、流量、行人空间及负荷度(V/C)之间有关。由于它考虑特殊的行人交通设施组合、交通流组织及在期望的服务水平下所能运送的最大量值，所以实际能力是一种更为有意义的能力。

服务水平反映了行人设施所能够提供的综合水平，包括行人出行速度、拥挤度、便捷度、舒适度等方面。可以看出，服务水平越高，对应的设施通行能力越小，在外界因素确定的条件下，服务水平决定了设施的通行能力。由于行人交通出行的不均衡性，不同环境下服务水平的定位标准可能有所不同。一般行人设施服务水平的划分方法可分为以下几种：

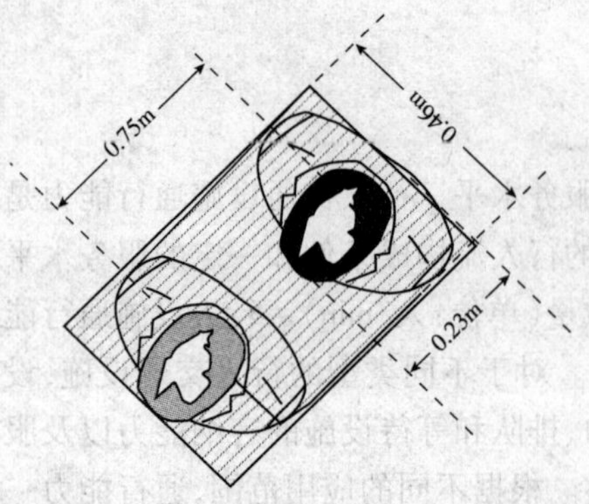

图4-3-1 行人移动空间占用

1)基于行人占用空间的服务水平划分方法

美国的Fruin、德国的Brilon等提出了用单个行人能够使用的空间面积(如图4-3-1所示)来表示不同行人设施上行人的疏散效率和步行舒适度，对于旅客的服务水平可以用A、B、C、D、E、F六个级别来表示，随着密度的增大，舒适性逐渐下降。

2)基于不同类型设施的服务水平划分方法

美国道路通行能力手册《HCM2000》将行人设施分为两大类:不受干扰的行人流设施和受干扰的行人流设施。对于不同的行人设施,采用不同的评价指标来评估其服务水平,并将服务水平划分为A~F六个等级,每个等级服务水平对应不同的步行状态,如表4-3-1所示。

《HCM2000》行人设施服务水平分级概况 表4-3-1

行人流设施	行人设施	评价指标	服务水平分级
不受干扰	专用道:步行街、楼梯、行人天桥、地道等	主要:行人空间 附加:行人流量、行人流速、流量/通行能力	A~F六个等级 A级最好 F级最差
	排队等候区	行人空间	
	与自行车共享道路	行人与自行车冲突次数	
受干扰	信号交叉口	行人平均延误	
	无信号交叉口	行人平均延误	
	城市人行道	平均行程速度	

3)基于步行环境质量的服务水平划分方法

1974年,芬兰的Lautso和Murole提出了基于步行环境的行人服务水平分级方法,揭示了城市因素(霓虹灯、商店橱窗)、交通干扰因素(交通噪声)、交通管理因素(行人过街的地点的合理性)、社会因素(其他人对环境吸引产生的影响)等对行人服务质量的影响。后继的研究者试图采用更具体的指标来分析影响行人服务质量的因素、标准,评估行人服务水平。如佛罗里达的Mcleod和澳大利亚的Wetmore,提出基于以下三个方面对行人设施进行服务水平评估。

(1)人沿着街道行走应考虑行走的连贯性、舒适性及通过能力。

(2)行人过街应考虑安全性、舒适性、便捷性,是否具有足够的排队空间以及行人延误。

(3)对其他一些行走空间,应考虑将人行道和过街设施是否整合为一个良好的系统,行人的出行终点是否具有良好的可达性等。

4)基于定性因素分析的服务水平划分方法

1993年,Sarkar提出了一种定性分析方法来确定行人服务水平。他采用六个定性评价指标——安全性、可靠性、舒适便捷性、设施连续性、系统一致性和环境吸引力,将行人服务水平分为A~F六个等级。其中,A级行人服务水平最好,F级最差。

之后,Khisty、Dixon基于Sarkar分析方法,考虑了行人设施的类型、存在的冲突、吸引步行者的事物、机动车交通状况以及持续的交通需求管理(TDM)状况,提出"五分度量法",建立行人服务水平与"分数"之间的关系,进行行人服务水平分级,并在佛罗里达州的Gainesville城市得到应用。

5)基于数学模型的服务水平划分方法

2000年,Landis等人建立了数学模型来评价行人服务水平(表4-3-2),该方法主要通过行人感知到的安全性和舒适性来评价行人服务质量,并建立下述模型来确定行人服务水平。

$$S = -1.202\ln 3.28(W_{ol} + W_1 + 0.3048 f_p P + f_b W_b + f_{sw} W_s) + 0.253\ln(V_{15}/L) + 0.000193D^2 + 5.3876 \tag{4-3-4}$$

式中：S——人行道行人服务水平；

W_{ol}——外侧车道宽度，m；

W_l——路肩或自行车道的宽度，m；

f_p——路边停车影响系数（取0.20）；

P——有路边停车路段的比例，%；

f_b——缓冲区障碍系数，取5.37（道路中间树木每隔6.1m放置1棵）；

W_b——缓冲区宽度（人行道边缘与道路边缘的距离），m；

f_{sw}——人行道存在系数，为$6-0.98W_s$；

W_s——人行道宽度，m；

v_{15}——每15min内的平均交通量；

L——总车道数，包括公路或城市道路；

D——机动车交通的平均行驶速度，$km\cdot h^{-1}$。

Landis方法服务水平分级 表4-3-2

服务水平	A	B	C	D	E	F
模型分数	≤1.5	>1.5且≤2.5	>2.5且≤3.5	>3.5且≤4.5	>4.5且≤5.5	>5.5

6）基于行人感知的服务水平划分方法

基于"感知—反应"(perception - response)的服务水平划分方法是通过行人意向及行为数据采集等调查方法对不同设施处行人感知和反应进行数据调查，再进行统计分析最终获得不同设施处基于行人感知的服务水平等级的方法。行人的感知内容包括空气质量、噪声水平、拥挤度、逆向流冲突、照明度、设施状态、可视度、引导信息等多种影响因素，根据调查结果进行适当的数据处理，可以对服务水平进行划分。

服务水平的分级，主要为了满足交通使用者的需求，因此服务水平分级方法应适应交通主体的特点。从应用效果来看，基于占用空间以及基于不同类型设施的服务水平划分方法最具有可操作性，不同行人交通系统由于人流密集程度不同、所处环境对行人的影响不同以及对服务水平的要求不同，从而导致同类型设施的服务水平等级划分有所不同，并最终导致设施通行能力的界定不同。表4-3-3为不同行人交通系统对服务水平的要求。

行人交通系统服务水平要求和适用范围 表4-3-3

服务水平（级）	通行能力（占有空间）（单位）	适用范围
A	<1200人/(m·h)(>3.5m²/人)	无空间制约、无明显高峰时段的地段
B	1200~1800人/(m·h)(2.5~3.5m²/人)	无明显高峰时段的交通枢纽、公建
C	1800~2700人/(m·h)(1.5~2.5m²/人)	有空间制约，有明显高峰时段的交通枢纽、公建、公共空间
D	2700~3600人/(m·h)(1.0~1.5m²/人)	最拥挤的公共空间
E	3600~4800人/(m·h)(0.5~1.0m²/人)	短时间内大量退场的体育场馆、剧场以及轨道交通站点
F	>4800人/(m·h)(<0.5m²/人)	无

3. 设计通行能力

设计通行能力是在设施设计中所采用的通行能力。国外通常是选择实际通行能力中可以接受的服务水平（如：D级）对应的通行能力。我国一般首先在理论通行能力的基础上，考虑行人构成、所处环境等进行综合折减(折减系数采用0.5~0.7),得到可能通行能力,在此基础上考虑行人设施所处的地位和对服务水平的要求,进一步进行折减(折减系数采用0.75~0.9)得到。表4-3-4为不同等级下的行人设施通行能力折减系数参考。

不同等级下的行人设施通行能力折减系数　表4-3-4

所处环境	一类场所	二类场所	三类场所	四类场所
折减系数	0.75	0.80	0.85	0.90

二、道路行人设施服务水平和通行能力

1. 人行道

人行道将行人交通和机动车交通分离,一般不允许除了行人外的自行车或其他交通工具占用。在人行道上,行人只受其他行人的影响,行人以较高的期望速度通行而不必考虑其他交通工具共用,此时,行人流构成了不间断流体。人行道行人服务水平范围描述如表4-3-5所示。

人行道平均行人服务水平标准　表4-3-5

服务水平(级)	行人空间(m^2/人)	速度(m/s)	单位流率(人/min/m)	能力利用率
A	>5.6	>1.30	≤16	≤0.21
B	>3.7且≤5.6	>1.27且≤1.30	>16且≤23	>0.21且≤0.31
C	>2.2且≤3.7	>1.22且≤1.27	>23且≤33	>0.31且≤0.44
D	>1.4且≤2.2	>1.14且≤1.22	>33且≤49	>0.44且≤0.65
E	>0.75且≤1.4	>0.75且≤1.14	>49且≤75	>0.65且≤1.0
F	≤0.75	≤0.75	变量	变量

我国规定道路人行道的最大通行能力一般不超过2400人/m/h,即达到D级服务水平的标准。HCM中建议取值为4500人/m/h,即达到E级服务水平标准。

2. 行人过街设施

(1)平面交叉口

平面交叉口行人通行情况与人行道相比,有两个显著特点,即成组行走和机动车和非机动车之间的干扰,因此,必须对其服务水平和通行能力进行修正。平面交叉口的服务水平一般以行人发生延误的时间为依据,表4-3-6和表4-3-7分别为无信号交叉口和有信号交叉口两种环境下的服务水平。

无信号交叉口行人服务水平标准　表4-3-6

服务水平(级)	平均延误(s/人)	采取冒险行为的可能性
A	<5	低
B	5~10	—
C	10~20	中等
D	20~30	—
E	30~45	高
F	>45	很高

有信号交叉口行人服务水平标准　　表 4-3-7

服务水平(级)	平均延误(s/人)	不遵守交通规则的可能性
A	<10	低
B	10～20	—
C	20～30	中等
D	30～40	—
E	40～60	高
F	>60	很高

设置安全岛可以提高人行横道的通行能力,根据《道路交通管理条例》,对于无行人信号灯控制的人行横道,行人可在车辆红灯期间过街,也可以在交叉口灯控信号绿灯期间找安全间隙过街,对于无行人信号灯的灯控交叉口,车辆绿灯期间每米宽的人行横道行人理论通过能力如表 4-3-8 所示。

行人理论通过能力对比表(单位:人/h)　　表 4-3-8

K	N(辆/h) 安全岛	100	200	300	400	500	600	700	800
2	无	480	166	57	20	7	2	0	0
	有	1982	1292	882	602	441	280	126	102
3	无	116	15	2	0	0	0	0	0
	有	480	166	57	20	7	2	0	0
4	无	23	1	0	0	0	0	0	0
	有	480	160	57	20	7	2	0	0
5	无	3	0	0	0	0	0	0	0
	有	116	15	2	0	0	0	0	0

注:表中 N 为一股车流的流量;K 为车道数。

由上表中数据可知,对总流量小于 400×4 = 1600 辆/h 的四股车流进口道和总流量小于 300×5 = 1500 辆/h 的五股车流进口道,在道路中间设置行人安全岛,能够大大增加车辆绿灯期间人行横道的理论行人通过能力。

(2)人行天桥和地道

人行天桥和地道的服务水平可参照人行道的服务水平规范,其最大通行能力一般不超过 1500 人/(m·h)。

三、交通场站行人设施服务水平和通行能力

1. 通道及楼扶梯

(1)通道

交通场站内的通道与人行道的作用类似,但由于行人的行为不同,导致长时间的成组密集人流出现。当行人成组行走时,由于行人行为与连续交通流有所不同,无法按照连续流进

行服务水平的评价，必须予以修正。根据国外的相关调查，当行人的占用空间在3.3m²/人以下时，行人开始相互影响，而当行人的占用空间低于1m²/人时，开始发生堵塞现象，因此，将这两个值分别作为A级和F级服务水平的阈值，从而确定成组行人交通流条件下的人行道服务水平。

(2)出入口

由于出入口行人走行及通行特性与通道类似，因此，交通场站的出入口服务水平可以取与表4-3-9相同的数据。

交通场站通道服务水平　表4-3-9

服务水平(级)	行人空间(m²/人)	流速(m/s)	单位流率[人/(min·m)]	能力利用率
A	≥3.3	1.32	0~23	0.0~0.3
B	2.3~3.3	1.27	23~33	0.3~0.4
C	1.4~2.3	1.22	33~49	0.4~0.6
D	0.9~1.4	1.15	49~66	0.6~0.8
E	0.5~0.9	0.77	66~82	0.8~1.0
F	≤0.5	0.77	变量	变量

(3)交叉流

在交通场站的广场、大厅区域可能出现大量的行人流线交叉，交叉行人交通流的服务水平在A~C级之间可以参考表4-3-9中有关规定，当大于C级时，其服务水平规定如表4-3-10所示。

行人交叉流的服务水平评价标准　表4-3-10

服务水平	行人空间(m²/人)	平均水平速度(m/s)	单位流率[人/(min·m)]	能力利用率
D	1.25~1.4	1.15	49~75	0.6~0.8
E	≤1.25	≤1.0	≤75	≤0.8

注：总流量包括主要和次要流。

(4)楼梯

由于楼梯上行人间相互作用较弱，即使占用空间较小也不感到拥挤，因此，相等占用空间下楼梯环境的服务水平较水平通道高，如表4-3-11所示。

楼梯服务水平标准　表4-3-11

服务水平(级)	行人空间(m²/人)	单位流率[人/(min·m)]	流速(m/s)	能力利用率
A	>1.9	≤16	>1.30	≤0.21
B	1.6~1.9	>16且≤23	>1.27且≤1.30	>0.21且≤0.31
C	1.1~1.6	>23且≤33	>1.22且≤1.27	>0.31且≤0.44
D	0.7~1.1	>33且≤49	>1.14且≤1.22	>0.44且≤0.65
E	0.5~0.7	>49且≤75	>0.75且≤1.14	>0.65且≤1.0
F	≤0.75	变量	≤0.75	变量

(5)通行能力

通道处的通行能力取决于通道的有效宽度，而与瓶颈的实际宽度（有效宽度与无效宽度之和）没有直接的关系。表4-3-12列举了我国现行《地铁设计规范》（GB 50157—2003）中通道、楼梯、扶梯的设计通行能力。值得注意的是，本规范中的楼梯通行能力在国外手册中通常作为紧急疏散时的能力，经过我国地铁运营的多年实践发现，作为正常状态的通行能力，其取值偏大。同时，由于行人的不均衡到达、行人走行过度、携带行李、舒适度要求等原因，实际扶梯的利用率几乎达不到100%的情况，因此，本规范中的扶梯通行能力也偏大。本书根据国内外的规范标准及数据调查情况，提出了实际通行能力取值建议（见本书附录）。

地铁车站楼梯通道类设施的通行能力　　表4-3-12

设施名称		每小时通过人数（人/h）
1m宽楼梯	下行	4200
	上行	3700
	双向混行	3200
1m宽通道	单向	5000
	双向混行	4000
1m宽自动扶梯	输送速度0.5m/s	8100
	输送速度0.65m/s	不大于9600

由于行人行为的多样性，不同区域的设施通行能力可能会有所不同，表4-3-13所示为世界主要城市轨道车站内部出入口通道和楼梯调查的实际通过能力。

出入口通道和楼梯的通过能力　　表4-3-13

项目 \ 名称		通过人数（人/h）					
		北京	上海	香港	布达佩斯	莫斯科	巴黎
1m宽通道	单向通行	5000	5280	5400	4500	4000	6000
	双向混行	4000	4200	4020	4000	3400	—
1m宽楼梯	单向下行	4200	4200	4200	4000	3500	4500
	单向上行	3800	3800	3720	3500	3000	3600
	双向混行	3200	3180	4000	3000	3200	—
1m宽自动扶梯		8100	8100	9000	8000	8500	7200

2. 排队和等待区

交通场站内的候车厅、站台等都具有行人排队等待的特性，在等待区，行人对空间的要求更低，行人在场站内行人排队处的服务水平等级划分如表4-3-14所示。

排队等待行人服务水平标准　　表 4-3-14

服务水平(级)	描　述
A	人员平均占有空间 >1.2m²/人;人员在不干扰队内其他人员的情况下,可以自由的停留或者穿越排队区域
B	人员平均占有空间 0.9~1.2m²/人;为避免干扰队内其他人员,停留或者穿越排队区域都受到一定程度的限制
C	人员平均占有空间 0.6~0.9m²/人;停留或者穿越排队区域受到限制,并对队内其他人构成干扰,但行人密度还处在舒适范围以内
D	人员平均占有空间 0.3~0.6m²/人;能够彼此不接触的站立在排队区域;但队内行人的通行受到严重限制,只能排队前进;长期处于该密度下将令人感到不舒服
E	人员平均占有空间 0.2~0.3m²/人;停留在排队区域时,身体不可避免的接触,队内不可能通行;只能在没有严重不舒适的情况下短时间维持
F	人员平均占有空间 ≤0.2m²/人;队内停留的所有人都有直接的身体接触,队内也不可能通行;此密度下令人极度不舒服,在大规模人群中有可能产生恐慌

3. 服务设施通行能力

场站内服务设施通行能力根据服务类型、设施类型有所不同,站厅内排队设施的通行能力具体如表 4-3-15 所示。

站厅内排队设施的通行能力　　表 4-3-15

部位名称			通行能力(人/h)
人工售票口			1200
自动售票机			300
人工检票口			2600
自动检票机	三杆式	磁卡	1500
		非接触 IC 卡	1800
	门扉式	磁卡	1800
		非接触 IC 卡	2100
	拍打式	—	<5400

四、大型活动通道行人设施服务水平

1. 通道

根据大型活动场所内通道的交通流参数关系，确定通道的行人设施服务水平，如表4-3-16所示。

各级服务水平交通流特性指标　　表 4-3-16

服务水平(级)	密度(人/m²)	人均空间(m²/人)	通行能力[人/(m·min)]	行人速度(m/s)
A	<0.2	>5	25	1.1~1.5
B	0.2~0.28	3.5~5	32	0.9~1.1
C	0.28~0.5	2~3.5	45	0.8~0.9
D	0.5~0.83	1.20~2	62	0.7~0.8
E	0.83~2.50	0.40~1.20	90	0.5~0.7
F	>2.50	<0.40	波动	<0.5

2. 安检设施

大型活动场所针对安检要求，参加活动人员分为有无带包、被认为随身有无特殊物品，可以分为四类。有关研究统计如表 4-3-17 所示。

不同人员所需安检时间　　表 4-3-17

类型	描述	人员所需时间(s)	包裹/随身物品所需时间(s)	总时间(s)	此类型人员比例
1	无包，被认为随身无特殊物品	4	0	4	50%
2	无包，被认为随身有特殊物品	4	15	19	25%
3	有包，被认为随身无特殊物品	4	5	9	22.5%
4	有包，被认为随身有特殊物品	4	20	24	2.5%

根据接受安检程度所对应的服务时间，对我国大型活动安检时间分为六个等级，如表4-3-18所示。

大型活动安检服务等级划分　　表 4-3-18

安检服务时间等级	安检时间(s)	安检通道通过能力(人/min)
A	<12	>5
B	12~20	5~3
C	20~30	3~2
D	30~40	2~1.5
E	40~55	1.5~1
F	>55	≤1

3. 检票

根据实际调查研究，我国大型活动检票服务等级划分如表 4-3-19 所示。

大型活动检票服务等级划分　　表4-3-19

检票服务时间等级	检票时间(s)	检票通道通过能力(人/min)
A	<2	>30
B	2~3	30~20
C	3~4.5	20~13
D	4.5~6	13~10
E	6~7.5	10~8
F	>7.5	≤8

第二节　行人交通设施参数设计

行人交通设施的合理设计对提高行人安全和服务水平具有重要的意义。行人交通设施的设计既要考虑正常情况下行人出行服务水平的需要,也要考虑行人大规模疏散的需求。不同环境下不同类型的行人交通设施,其设计要点和主要参数有很大区别。

一、道路行人交通设施设计

1. 人行道设计

人行道是容纳行人的关键设施,如果要鼓励步行交通,人行道的很多设计要点都很重要。但在图4-3-2所示的人行道设计,就没有考虑到行人的安全需求和空间需求。人行道需要采取防护措施,保护行人行走时不受临近道路机动车的危险伤害。

1)人行道的连续性和安全性设计

人行道应当沿着道路两侧连续设计,避免出现中断或者被障碍物阻拦。此外,人行道设计时要充分考虑其安全性,主要可以采取以下措施。

(1)种植街边树木是对人行道和机动车道的有效缓冲,至少需要1.5m宽的种植带。树种的选择很重要——遮阴的树比小型观赏树(如梨树)更有效(图4-3-3)。

图4-3-2　公路旁边的人行道

图4-3-3　种植街边隔离树木

(2)拓宽机动车道和人行道之间的分隔带也可以提高行人的安全感(图4-3-4)。

(3)停车道也是对人行道和机动车道上交通的有效缓冲(图4-3-5)。

图 4-3-4　距离公路边 6m 的人行道

图 4-3-5　临近停车道的人行道

2）人行道的宽度

行人通行带，又称人行道，指可供行人安全、正常行走的通行空间，即人行道有效宽度，如图 4-3-6 所示。绿化设施带和行道树设施带是路侧带上安排道路绿化及道路附属设施的区域。人行道的有效宽度应当扣除绿化设施、附属设施的宽度以及行人在交叉口躲避右转车辆的安全宽度等，人行道有效宽度可以用公式（4-3-5）来表示。

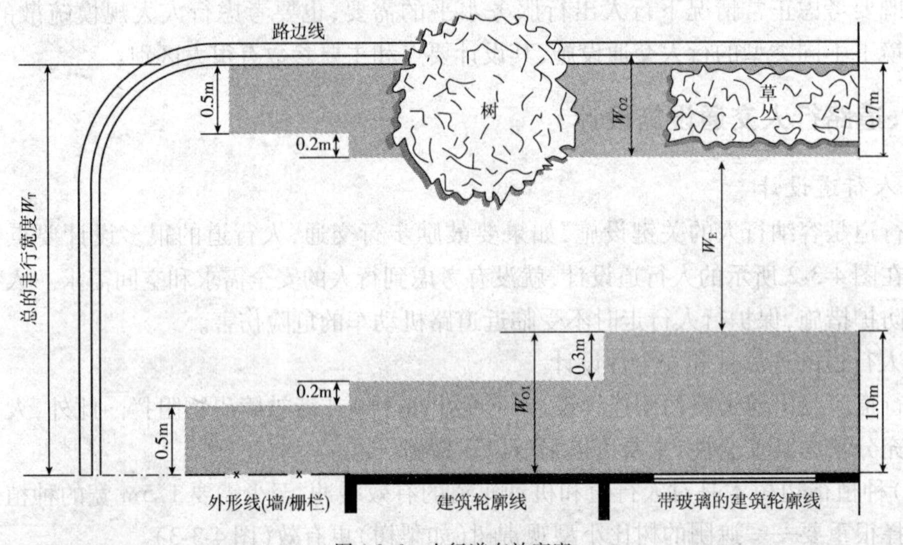

图 4-3-6　人行道有效宽度

$$W_E = W_T - W_O \qquad (4\text{-}3\text{-}5)$$

式中：W_E——有效的人行道宽度，m；

W_T——人行道总宽度，m；

W_O——障碍物的总宽度与行人的边界距离之和，m，$W_O = W_{O1} + W_{O2}$。

人行道设计时的最小宽度应保证两个人或一个人与一辆轮椅并排通行，大约 1.8m，一般情况下主要人行道路宽度不应小于 2.5m。当人行道沿纵向坡度超过 6% 时，应当设置可以选择的人行道，并设置相应的坡度提醒标志。人行道应当设置横向坡度以便排水，横坡的平均值宜为 2.7%。横向坡度较大时，自己驾驶轮椅者难于把握方向。

城市道路建设的实际工作，需要城市道路的规划设计规范可操作性强、易于掌握。《城市道路设计规范》（CJJ 37—90）中的相关规定如表 4-3-20 所示，根据不同情况给出了最小宽度。首先是根据大城市和小城市进行区分，然后是根据城市道路沿线土地使用性质和使用强度进行区分，较《城市道路交通规划设计规范》(GB 50220—95)合理，但对于各级道路没有进一步区分，在实际工作中仍然存在问题。例如，对于大城市，主干路设置3m宽的人行道一般没有问题，但对于支路，一是空间上往往不能保证，二是不一定有那么大的需求。

人行道最小宽度　表4-3-20

项　目	人行道最小宽度(m)	
	大城市	小城市
各级道路	3	2
商业文化中心、大型商店、大型公共文化机构集中路段	5	3
火车站、码头附近路段	5	4
长途汽车站	4	4

城市商业集中地区、大型公共建筑、大型公交枢纽、火车站、长途汽车站、中小学等人流聚集区道路的行人通行带宽度，原则上应根据行人交通量来决定，且交通高峰期服务水平不得低于C级。一般情况下的行人通行带宽度，城市快速路辅路、主干路不得小于5m，次干路不得小于3m，支路不得小于2m。

确保合理的人行道宽度，还需要处理好人行道树树坑的位置。为了节约空间，应该将树坑紧靠路缘石布置，尽可能增加行人通行带宽度。

3）人行道设施的控制标准

根据详细规划控制的定性、定位、定量要求，控制要素表述如表4-3-21所示。

人行道设施控制标准表　表4-3-21

物　体	占据的近似宽度(m)	物　体	占据的近似宽度(m)
街道设施	—	绿化框架	1.5
灯柱	0.8~1.1	商业用途的物体	—
交通信号灯柱和箱	0.9~1.2	报亭	1.2~4.0
火警箱	0.8~1.1	售货亭	不定
消防装置	0.8~0.9	广告牌	不定
交通标志	0.6~1.1	商店橱窗	不定
停车计时器	0.6	路旁咖啡馆(两排桌椅)	不定，试用2.1
信箱(0.5m×0.5m)	1.0~1.2	建筑物突出部	—
电话亭(0.8m×0.8m)	1.2	柱子	0.8~0.9
废物箱	0.9	门前露台	0.6~1.8
长凳	1.5	地下室门	1.5~2.1
地下公共建筑引道	—	落水管接头	0.3
地铁楼梯	1.7~2.1	凉篷立柱	0.8

续上表

物　体	占据的近似宽度(m)	物　体	占据的近似宽度(m)
地铁通风格栅(高出地面)	1.8+	货车停车处(车辆突出部分)	不定
变压器拱形避风格栅(高出地面)	1.5+	汽车库进出门	不定
景观物体	—	汽车道	不定
树木	0.6~1.2		

注:表中"+"表示占据的近似宽度可以上浮。

(1)考虑到行人和障碍物间的边界距离,应将障碍物占用宽度增加0.3~0.45m。

(2)缘石面到障碍物边缘或建筑物面到障碍物边缘也应考虑在内。

4)人行道的高度及材料

人行道的地面一般比车行道地面至少高出150~200mm,这为坐轮椅的老年人带来障碍,因此在这种路口应设置可供轮椅通过的缘石坡道。缘石坡道的坡面可以设计为单面坡形、三面坡面形及扇面形。缘石坡道的单面坡度不大于1:20,有条件的地方可采用三面坡,其坡度不大于1:12,缘石坡道的正面坡道宽度不应小于1200mm。坡面要求平整不光滑,坡道下口的平缘石不得超过车行道地面20mm。缘石坡道不仅解决了乘轮椅者的通行问题,也为所有老年人、儿童及携带行李者带来了方便。

路侧人行道路面质地应保证路面平坦,避免高度变化、不规整的铺地材料、地面上留有接缝或其他突出物,要保证铺地材料遇水不滑。

图4-3-7　使用轮椅的行人正穿行车道

5)残疾人人行道设计

1990年美国提出残疾人法案,该法案的实施指南是交叉口设置路边残障者专用道的综合指南。专用道需求覆盖所有路边和人行横道标志线。法案中规定,人行道至少要宽1.5m,清晰的无障碍通行人行道不得窄于0.9m。斜坡一般不超过8%,除非附近的街道具有更高的斜坡。在任何情况下,斜坡高于5%的人行道应保证1.5m的宽度,这样轮椅才能平稳的停在水平的区域。图4-3-7所示为英国城市残疾人穿行车道。

2. 过街设施设计

1)过街设施的连续性和安全性设计

行人过街设施设计在行人交通系统设计中占有重要地位。行人在交叉口通常存在下列过街问题:

(1)穿行距离过长(24~30m),行人没有足够的时间穿行,这是因为没有依照行人需求安排信号灯时间。

(2)右转车道——右转车辆不限行。

(3)行人单纯依靠识别交通信号灯不能知道什么时候可以穿行。

(4)能见度问题:驾驶员和路人之间有标志杆、公共设施箱等阻碍视线的障碍物。

(5)快速转向交通:转弯半径广阔,有利于驾驶员转弯时保持高的速度。

行人平面交叉口设计的几何要素包括人行道宽度、人行横道宽度、交叉口转弯半径、交叉口行人等待区域等内容，如图4-3-8所示。

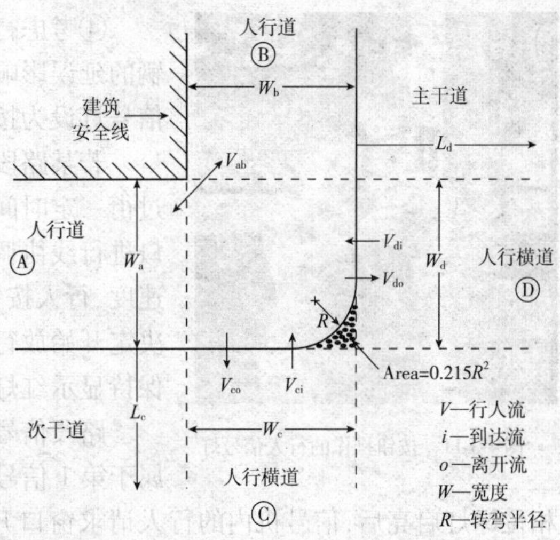

图4-3-8　行人平面交叉口几何要素

让行人安全穿过大型交叉路口除了人行道斑马线之外还需要很多措施，具体包括以下几个方面：

①对不合理的车道和人行道宽度进行交叉口的几何线形调整。由于用地及道路红线的限制，对交叉口面积不可能作出大的调整。可依据有关规范将需要调整的路缘石半径和植物隔离带半径做相应调整。机动车转弯半径越大，相应的人行横道也应增长。如表4-3-22、表4-3-23所示。

交叉口路缘石转弯半径　表4-3-22

半径(m)	人行横道距离(m)	增长的人行横道距离(m)	增长(%)
4.5	7.9	+0	0
7.6	10.9	+3	38
15.2	19.8	+11.9	150

交叉口植物隔离带转弯半径　表4-3-23

半径(m)	人行横道距离(m)	增长的人行横道距离(m)	增长(%)
4.5	11.2	+3.4	42
7.6	15.2	+7.3	92
15.2	27.1	+16.1	203

②利用着色的、表面有纹路的人行横道提高驾驶员对行人的意识，如图4-3-9所示。这可以被用在图示的主干道上。使用材料要防滑，保证行人安全。

③采用警示标示。驾驶员经常忽视人行横道，在十字路口，警示标示应该和其他设施一起使用来提高行人设施水平。如图4-3-10所示是美国使用比较频繁的一个标示，该标示是荧光黄色或者荧光绿色的标准行人警示标示。

图4-3-9　带有色人行横道的十字路口

图4-3-10　行人通过警示标示

图 4-3-11　按钮操作的行人信号灯

④考虑行人过街时的心理需求，同时对交叉口处机动车辆的延误影响又不能太大，建议无信号控制交叉口路段行人信号灯设为按钮式行人信号灯，如图 4-3-11 所示。

若某路段连接的交叉口没有进行线协调控制，行人请求过街一定时间后，信号机给予放行；若该路段有连接的交叉口进行线协调控制，行人请求过街后，信号机根据车辆行驶速度、行人按钮到停车线距离以及协调相位绿灯开始时间，决定开始放行时间和持续时间；若没有行人时，行人信号灯保持显示红灯。

路段信号控制一般采用 2 个信号阶段控制，机动车相位属于第 1 信号阶段，行人相位属于第 2 信号阶段。在机动车相位绿灯启亮后，信号机内的行人请求窗口开启，同时给机动车辆 1 个最小的绿灯时间，在此阶段信号机不断判断是否有行人发出请求，若有行人发出请求，机动车执行完最小绿灯时间后，终止其通行权，第 2 信号阶段的行人相位绿灯启亮。在实际的运行过程中，还需考虑行人信号控制设备是否正常工作。

2）人行横道的设置

行人希望方便安全快速地穿越道路，这就要求有相应的行人过街设施，而且是过街设施间距越小越好。但是，由于车辆同样要利用有限的道路资源，行人的要求就受到限制，需要等待车辆间隙。行人有一个可接受的绕行时间，一旦超过这个时间，行人就可能失去耐性，违章穿越道路。设行人利用过街设施所能接受的绕行时间为 t_p，行人在人行道上的步行速度为 V_p，则行人所能接受的绕行距离为 $d = V_p t_p$。行人过街最不利位置是在相邻两个过街设施的正中间，如图 4-3-12 所示，因此，行人过街设施的间距一般不超过行人所能接受的绕行距离，即 $S_{max} = 2d = 2V_p t_p$。

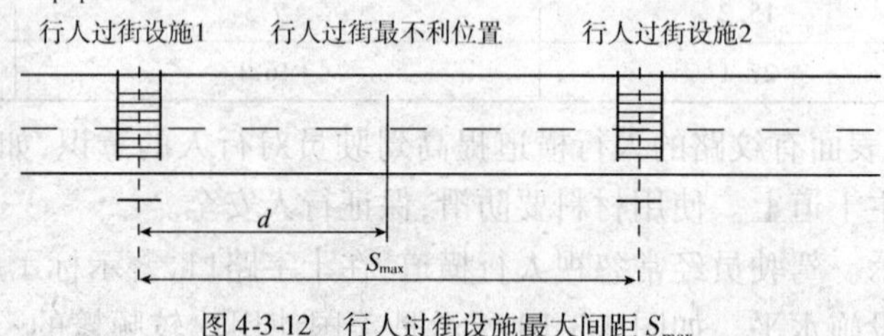

图 4-3-12　行人过街设施最大间距 S_{max}

人行横道的设置间距视道路两侧用地性质、行人过街需求和路口间距而定。对于商业区、居住区的集散道路，按照"以人为本，方便群众"的原则，人行横道可适当设置密集一些，一般以间隔 200m 左右一条为宜；对于主干道、过境通道，可适当设置稀疏一些，一般间隔不小于 300m；对于一般性道路，宜控制在 200 ~ 300m；对于行人过街相对集中的路段，可根据实际需要适当缩小人行横道间距，分散行人过街，以免在人行横道处形成"人墙"。

我国《城市道路设计规范》（CJJ 37—90）中人行横道的宽度为 4m。人行横道宽度是根据行人流量计算的，有专门的公式，人行横道宽度与过街行人数及信号显示时间相关，干道的人行横道宽度 >5m，支路的人行横道宽度 >3m，以 1m 为单位增减，具体计算公式如表 4-3-24 所示。

人行横道最小宽度示意表 表 4-3-24

服务水平(级)	A	B	C	D
人行横道最小宽度(m)			$\frac{1.2(q_i+q_o)}{v_p g_p}$	$\frac{0.5(q_i+q_o)}{v_p g_p}$

注:表中 q_i 为进入人行横道的过街人流率,(人/s);q_o 为离开人行道的过街人流率,(人/s);g_p 为行人信号绿灯时间,包括绿灯闪烁时间(s);v_p 为行人步行速度,(m/s)。

人行横道的长度应根据人行横道上行人的通行速度设计,即 $L=v \cdot t$,其中 t 为行人信号灯开放时间,s;v 为通行速度,m/s,一般为1.2m/s,在靠近医院的交叉口,由于老人和病人较多,按1.0m/s 设计。

人行横道的另一个重要设计要素为人行横道等待区域,如图 4-3-13 所示。

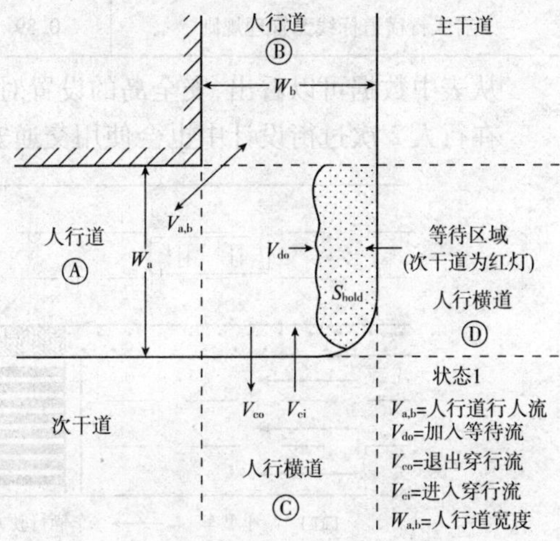

图 4-3-13 交叉口拐角的几何要素及行人移动

在一个统计时段内,人行横道等待区域的设计面积由等待区域的最高聚集人数及等待区域每个行人最小占用面积共同决定,而等待区域的最高人数又取决于需穿行街道的行人的到达规律及该人行道的红灯时间决定,另外,根据表4-3-9 服务水平为 E 级标准(行人空间为 0.2m²/人)即可得到每位行人的最小占用面积。因此,人行横道等待区域的有效面积可利用公式(4-3-6)得到。

$$S_{hold} = V_{do} \times \frac{R}{C} \times M_{hold} \tag{4-3-6}$$

式中:S_{hold}——人行道等候区域的有效面积,m²;

V_{do}——在一个周期内到达等候区域的人数,人;

R——在一个周期内该人行道的红灯时间,s;

C——一个信号灯周期,s;

M_{hold}——等待区域每位行人占用面积,m²。

3)行人过街安全岛的设置

设置行人安全岛可以提高行人过街的安全性。当机动车车行道数目较多时,若道路中央不设行人安全岛,许多行人在行人绿灯信号内不能走到马路对面,在下一个行人红灯信号内就只能停在车流中间,或者在密集的车流中强行通过,很容易引发交通事故。对于行走速度缓慢的老人、儿童、残疾人,过街的危险程度更大。北京市规划委组织编制的《北京城区行人和非机动车交通系统设计导则》规定,人行横道长度大于 30m 或双向机动车车道数大于或等于 6 条时,要设路中行人安全岛。一般情况下,岛的实体宽度为 1.5~2.0m,在尚有少量自行车的情况下,岛宽宜增大到 2.0~3.0m。

在道路中央设置行人安全岛,可以把行人过街的活动分为两个过程,每个过程所要穿越的车流数量比不设安全岛时减少了一半。行人可以在安全岛作短暂的停驻，减少了暴露在车流中的时间，降低了发生事故的可能性。不同情况下行人过街的相对危险程度如表 4-3-25 所示。

行人过街相对危险程度统计 表 4-3-25

过街的地方	危险程度	过街的地方	危险程度
无人行横道也无交通信号	1.00	有人行横道线有交通信号控制	0.53
有人行横道标线无管理规则	0.89	有人行横道线有交通信号控制且有安全岛	0.36

从表中数据可以看出，安全岛的设置对降低行人过街的危险程度确实有很大的作用。

在行人 2 次过街设计中也会使用交通安全岛供行人驻足停留（图 4-3-14）。

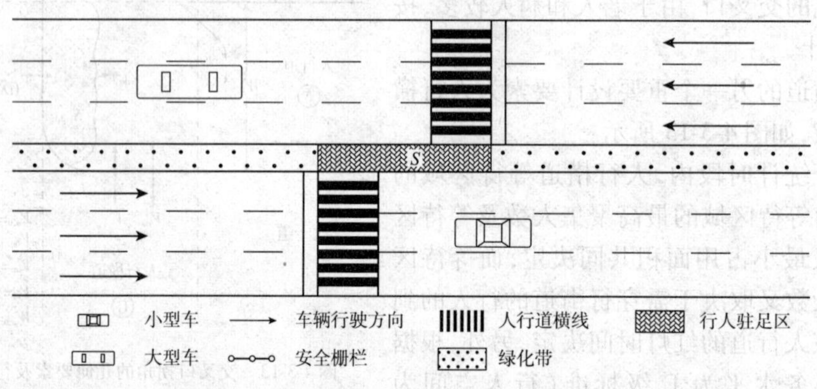

图 4-3-14 行人安全岛示意图

行人通过驻足区 2 次过街，不仅能提高行人过街的安全性，而且还能提高人行横道的通过能力，是缓解行人过街困难的有效措施。位于路段中央的驻足区，必须有足够的面积以保持相当的服务水平。根据不同排队区域中的服务水平不同，D 级服务水平说明行人站立时与他人接触，行动要受到很大限制，行动随人流而动，在这一密度下行人等待过街很不舒服，此服务水平已经接近底限，而最低不能低于 E 级。当行人在信号控制下两段通行时，驻足区上将发生大量人流交换。其最不利的状态为一段人行横道上的行人信号绿灯尚未起亮，另一段人行横道的行人已经到达驻足区。计算驻足区面积时，先假定服务水平一定，再根据预期的服务水平等级反推得出，计算公式如下：

$$S = V_{\mathrm{pmax}}\omega_{\mathrm{t}} \tag{4-3-7}$$

式中：S——中央驻足区的面积，m^2；

ω_t——等待区域服务水平对应的最小行人面积，m^2/人；

V_{pmax}——驻足区停留的最大行人量，人。

为了保证驻足区的服务水平，通常需要较大的面积。由于一般情况下，驻足区的实体宽度为 1.5 ~2.0m，在有少量自行车的情况下，宽度宜增大到 2.0 ~3.0m，人行横道的宽度有限。因此，行人驻足区所需要的长度普遍较长，人行横道设计时可设计为折线形，以增加驻足区的长度，满足服务水平的要求。

4）过街天桥或地下通道的设置

在下列条件下需要设置人行天桥或人行地道：横过交叉口的一个路口的步行人流量大

于5000人次/h,且同时进入该路口的当量小汽车交通量大于1200辆/h时;通过环形交叉口的步行人流总量达18000人次/h,且同时进入环形交叉的当量小汽车交通量达到2000辆/h时;行人横过城市快速路时;铁路与城市道路相交道口,因列车通过一次阻塞步行人流超过1000人次或道口关闭的时间超过15min时。

天桥、地下通道附近不应设置人行横道,如果必须设置,其间距不应小于200m,否则很少有人走天桥和地下通道。如果天桥、地下通道设置在路口,则路口应设置超过100m路段长度的便道护栏,防止行人从路口平面过街。

过街天桥和地下通道的类型多种多样。按升降方式划分,过街天桥和地下通道可分为:梯道型、坡道型、混合型三种。一般楼梯的坡度范围在23°~45°之间,30°为适宜坡度。坡度超过45°时,应设爬梯或电梯,坡度小于23°时,应设坡道。按照《城市道路设计规范》和《方便残疾人使用的城市道路和建筑物设计规范》要求,不同升降方式的坡度见表4-3-26。

规范对不同升降方式的坡度要求　表4-3-26

升降方式	正常坡度	老年人的特殊要求	目　　的
梯道型	1:2~1:2.5	踏步高度不得大于0.15m,踏步宽度不得小于0.30m	满足普通行人以及拄拐杖者的过街
坡道型	≤1:7	≤1:12;有特殊困难时≤1:10	满足自行车、儿童车、轮椅等的推行
混合型	≤1:4	同梯道型	满足普通行人、拄拐杖者、自行车等的过街

(1)梯道设计要点

①梯道宽度不应小于3.5m,中间平台深度不应小于2m。

②在梯道中间部位应设自行车坡道,一般宽度为0.60m。

③踏步宽度不应小于0.30m,高度不应大于0.15m。

④踏面应平整且不光滑,前缘不应有突出部分。

(2)扶手设计要点

扶手设计的主要参数是合适的高度和长度。扶手高度指踏步前缘到扶手顶面的垂直距离,如图4-3-15所示。

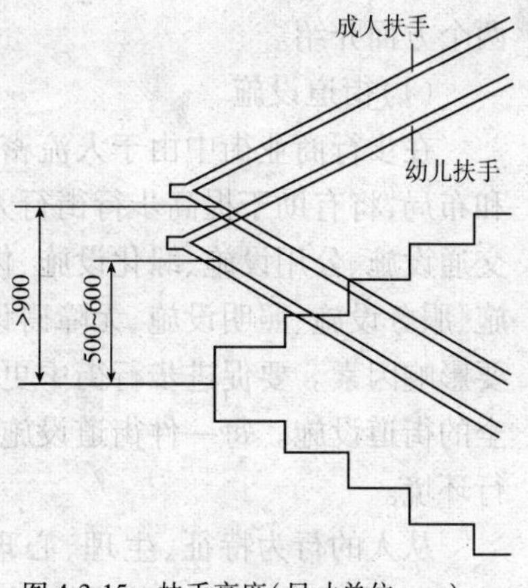

图4-3-15　扶手高度(尺寸单位:mm)

①扶手高度应为0.90m,当设上下两层扶手时,下层扶手高应为0.70m。高度不合适的栏杆只能起到防护作用,起不到扶手的作用。

②扶手应保持连贯,在起点和终点外应延伸0.40m。这一段水平扶手很重要,它能有效防止第一踏步和最后踏步重心不稳的人摔倒。

③扶手的截面尺寸为50mm,扶手托架的高度,扶手与墙面的距离为40~50mm。老年人使用扶手不是正常人那样轻轻扶一下,而是紧握扶手并用力向前行走,因此扶手截面太大不利于老年人抓握。

④平台上水平扶手长度应超过500mm,其高度不应小于900mm;儿童扶手高度应为

500～600mm。

(3)其他设施设计要点

①距人行天桥、人行地道的梯道与坡道0.25～0.50m处应设提示梯道,其长度应与坡道、梯道相对应,宽度应为0.30～0.60m。人行道中有行进梯道时,应与人行天桥、人行地道及地铁入口的提示梯道相连接。

②人行天桥下面的三角空间区域对视残者是一个危险区,容易发生碰撞,因此高度在2m以下的范围内应装防护栏杆。

③人行地道要保障通道良好照明,并确保步行者的安全。

④考虑人在坡道上行走时的安全,坡道的坡度受面层材料的限制:光滑面层坡道不大于1∶12,粗糙面层坡道(包括设置防滑条的坡道)不大于1∶6,带防滑齿坡道不大于1∶4。

⑤电梯的井道设计要满足防火、隔声、隔振、通风等要求。地坑满足防水防潮等要求。电梯门一般为双扇推拉门,宽度为900～1300mm。

⑥自动扶梯的坡度为30°左右,速度为0.5～0.7m/s,规格分为单人梯、双人梯。

3. 步行商业街区设计

步行商业街区是城市生活的中心,它的功能构成是城市多样性的体现。国外步行商业街区通常包括:主体建筑(商店群)、辅助建筑(餐饮服务)、相关建筑(文化娱乐),形成三位一体的综合建筑群。随着我国社会经济的发展,人们物质生活质量的提高,休闲与购物相结合的"一站式购物"(one step shopping),将作为一种全新的购物理念,逐渐被人们接受。我国步行商业街区主要由商业、休闲、交通、环境四个方面的功能构成。其中步行商业街区步行设施设计是步行商业街区具体设计部分,下面从步行商业街区的街道设施、生态环境设计两个方面介绍。

(1)街道设施

在步行商业街中由于人流密集、各种户外活动随机发生,所以对步行街设施的精心设计和布局,将有助于提高步行街行人设施的服务效果,反映出步行空间的环境品质。主要包括交通设施、公用设施、绿化设施、休闲设施、卫生设施、信息设施、景观设施、休息设施、安全设施、服务设施、照明设施、无障碍设施等。街道设施是影响行人在步行街停留时间长短的重要影响因素。要促进步行街中更多活动的发生,设计师们应精心周到地为人们建造方便、齐全的街道设施。每一件街道设施的设计,都要理解人们的行为需求,以塑造"以人为本"的步行环境。

从人的行为特征、生理、心理出发,以人为尺度进行科学合理的设计,步行街长度在800m左右为宜;步行商业街区路宽与两侧建筑高度之比为1左右时,可以让人有一种安定舒适的感觉,既保证了人流有一定的密度,又不显拥挤。街道过宽过长,容易给人造成疲惫、厌烦的心理,太窄太短的街道易给人造成压抑、无趣的空间感受。所以步行商业街区应当结合两侧的建筑高度、城市特色等因素综合考虑,营造出宜人尺度的空间,应对大的空间作适当的空间二次分隔和处理,使之产生宜人的尺度,创造亲切近人的感觉,增强商业街区的活力。

(2)生态环境设计

步行商业街区规划设计应崇尚自然,追求自然,力求人与自然的高度融合,尽量运用自然要素,改变现代满眼的沥青、混凝土、马赛克、玻璃、钢材等工业化的面貌,运用绿色技术等体现可持续发展的观念,创造一种人与自然相和谐共处的环境,为人们提供舒适的绿色交往空间。生态化步行商业街区引入绿化植物等自然元素,改善步行街空间气候,创造舒适、生机盎然的步行空间,注重绿化的个性化设计。商业街区绿化能够提供视觉上的统一,保证商业街区在某些方面空间的完整性,甚至能够营造引起人们愉悦感体验的独特场所。如尺度比较大的步行商业街区,就应该有比较适合人性尺度而且密度大的行道树林立在商业街区两旁或集中布置于商业街区中央,这样不仅可以避免心理感受上的空旷感,也会给人们带来更好的视觉和心理感受。因此可以通过行道树、花坛、花架、花车和花钵等的设置营造丰富的景观效果,丰富空间层次,从而提高街道的空间品质,引发人们逗留的可能性。为市民的各种活动创造宜人的步行空间环境,享受自然所带来的愉悦感。

根据不同的气候、地理位置、街道尺度等因素进行步行商业街绿化种植设计,达到美化街道、改善街道小气候、加深地域特色等目的。除常用的树池、花池等形式,也可以采用移动绿化,制造富于变化的空间。在植被的选择上应该注重物种的生态习性,选择能起到保护水土、营造街内优质小气候,又少有病虫害的物种;植物还应具有重要的观赏价值和美学价值,树的姿态、花的颜色都可以作为观赏的对象;选择乡土物种进行栽植,即考虑到了经济性,又加深地域特色具有很强的识别性,反映地区的文化和历史。

4. 基于交通镇静化的道路行人交通设施设计

交通镇静化是综合交通网络的一个解决方案。成功的交通镇静化理念的实施需要针对一个区域的交通问题有一个全面的解决方法。作为一项单独的交通镇静化设置的减速路拱,不能解决所有的超速问题。最好的方法是各种交通镇静化措施结合使用。

干线及以上标准的道路上不适合进行交通镇静化,因为它们要求较高的计算行车速度。在市区集散道路上可进行适当的交通镇静化。交通镇静化的目标是改善街道的感觉,对于行人来说,让街道更加舒适,而对于超速机动车驾驶员来说,稳静化的街道会很不舒服,交通镇静化的中心设计要素是在视觉上使街道变得狭窄,消除过长的视觉空间,鼓励驾驶员减慢速度。交通镇静化的措施有以下几种。

1)水平速度控制措施

水平速度控制措施是改变传统的直线行驶方式以降低车速。典型的措施包括交通花坛、交通环岛、曲折车行道、变形交叉口。

(1)交通花坛(Traffic Circle)

交通花坛是设置在交叉口中心位置的圆形交通岛,车辆沿其周围环绕行驶。交通花坛一般适用于社区内部,特别是交通量不大,不注重大型车运行,而注重降低车速和交通安全的地点。如图4-3-16所示。

交通花坛可作为交叉路段的交通镇静化设备,来降低车身速度。

(2)交通环岛(Roundabout)

交通环岛比交通花坛大,它往往设置在交通量较大、车速较高的交叉口,是一个所有交通围绕中心岛逆时针方向移动的渠化航道。设置在住宅区街道和干线街道的交通环岛,如

图 4-3-17 所示。繁忙街道上交通转盘的设计应该旨在减少行人冲突。

图 4-3-16　交通花坛

图 4-3-17　干线街道上的交通环岛

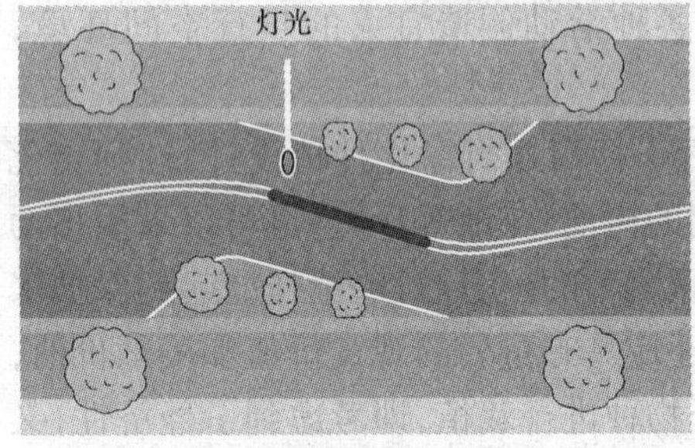

图 4-3-18　两车道减速弯道

(3)曲折车行道(Chicane)

曲折车行道是交替延伸道路两侧的路缘,从而使得车行道呈 S 形。实现曲折车行道的另一个方法是在道路两侧交替设置斜向或平行的路边停车泊位。它适用于车速和噪声都需要控制的地点。图 4-3-18 所示是一个解决街景过长过直的减速弯道方案,需要驾驶员绕过一条曲线。

(4)变形交叉口(Realigned Intersection)

变形交叉口应用在 T 型交叉口,它通过改变直行进口道的线形,使直行车流由直行通过变为转弯通过。

2)垂直速度控制措施

垂直速度控制措施是通过提高车行道的一小段,以降低车速。典型的措施包括减速丘、减速台、凸起的人行横道、凸起的交叉口等。

(1)减速丘(Speed Hump)

减速丘是一个横穿车行道的圆拱形凸起区域,如图 4-3-19 所示。减速丘的纵断面可以是圆曲线、抛物线、正弦曲线。当接近路缘时,应设置渐变段,以利于排水。减速丘与减速条(Speed Bump)显著不同是在宽度方向上大于减速条,后者往往用在停车场中。减速丘适用于控制车速,但对噪声和空气质量要求不高的地点。

图 4-3-19　减速丘

减速丘是细长的减速带,通常其垂直高度为8 ~ 10cm。机动车穿过时要保持 24 ~ 40km/h 的速度,如果以更高的速度穿过就会导致机动车驾驶不适。可以在减速丘上标注白色标线或者人行道斑纹来提醒驾驶员减速丘的设置。

(2)减速台(Speed Table)

减速台是一种平顶的减速丘,一般用砖或者具有纹理的材料建造,其沿行车方向的宽度足以满足一辆客车停留它的平顶上面，如图4-3-20所示。砖或者其他纹理材料改善了减速台的外观，容易引起机动车驾驶员的注意，从而可以降低车速和提高交通安全性。减速台适用于需要控制车速，又需要考虑大型车行驶舒适性的地点。

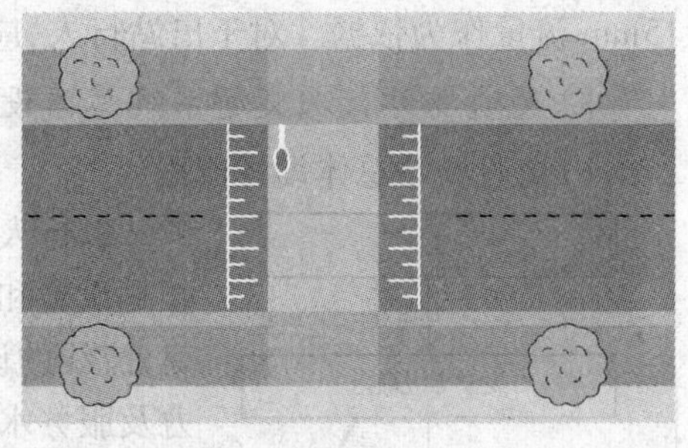

图4-3-20　减速台

减速台使用醒目的色彩和有纹路的表面提醒机动车减慢速度，常与人行横道结合使用。

(3)凸起的人行横道(Raised Crosswalk)

凸起的人行横道是配有人行横道标线的减速台，以渠化行人过街，使机动车驾驶员更容易发现过街行人。凸起的人行横道适用于行人偶然穿越道路和车速过高的地点。

(4)凸起的交叉口(Raised Intersection)

凸起的交叉口是把整个交叉口区域全部平凸起的一种交叉口，且四周与各进口道斜坡过渡，平凸部分一般用砖或有纹理的材料建造。凸起高度往往与人行道一样高。凸起的交叉口适用于行人交通量大，且无法使用需要占用停车空间的其他静化控制措施的交叉口。

(5)纹理路面(Textured Pavement)

纹理路面和有颜色路面一般用压印图案或者交替使用不同铺路材料来创造不平的道路表面。这种路面往往用在整个交叉口或者人行横道，甚至有时用于社区的全部道路。纹理路面适用于行人活动频繁，且对噪声不关心的主要街道区域。

(6)中央隔离岛(Median Barrier)

中央隔离岛是设置在交叉口处，并沿主路中线延伸的交通岛，其长度大于支路进口的宽度，以阻断来自支路的直行车流，如图4-3-21所示。中央隔离岛适用于支路与主路相交且支路直行车流不安全的交叉口和主路左转车流不安全的交叉口。

以上方法可以组合使用以提升效果。如图4-3-22所示是一个将减速丘和中央隔离岛配合使用的干道。另外，中央隔离带的树木也有利于分解街道过长的视线。

图4-3-21　带有中央隔离岛的街道

图4-3-22　减速丘和中央隔离岛配合使用

二、交通场站内行人交通设施参数设计

交通场站内行人交通设施设计的依据主要是行人需求、服务水平和车站规模三个方面。行人需求是交通场站所有设施设计的基础，无论是哪种交通方式，通常将开通使用后第10年的行人流量作为设计依据。由于交通场站内的行人流时间不均衡性突出，设计时应采用

15min 流量作为依据。对于出站行人,应采用与行车间隔相同时间的流量作为依据。

1. 交通场站行人交通系统总体设计

1)交通场站总体设计流程

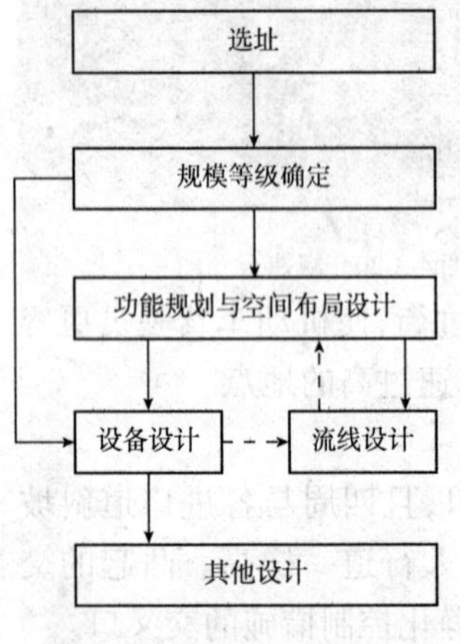

图 4-3-23 场站总体设计流程

以行人为主体的场站总体设计流程如图 4-3-23 所示,其核心是设施和流线设计,其中,流线是场站行人交通系统设计的灵魂,流线的设计和组织是否合理,直接影响场站的作业效率和能力及服务水平。流线也是场站功能分区和空间布局的基础。

2)交通场站规模划分

车站规模不但决定了场站的整体规模,还决定了行人设施尤其是行人服务设施和附属设施的类型和数量。在进行场站内行人设施设计时,不同类型的场站由于其运输能力不同所以车站规模有所不同。同一场站内,行人设施类型不同,服务水平要求有所不同。场站规模通常与城市人口、地理位置、行政等级等有关系,但最重要的是交通场站的旅客发送量和最高聚集人数两个参数。前者更加注重场站使用者的总数,而后者注重同时在场站的人数,二者体现了不同时代的设计理念。根据后者设计的场站通常规模较大而导致行人的服务水平不高,场站应当更加注重行人在其中的快速流动,因此,使用旅客发送量设计更为合理。目前,除了既有铁路和港口客运站由于旅客发送量大、等候时间长,仍然采用旅客聚集人数外,高速铁路、公路和民航等都使用旅客发送量作为等级和规模划分的依据。建筑规模如表 4-3-27 所示,根据设计年度的旅客最高聚集人数可划分为特大型、大型、中型和小型四种。

场站规模与设计的关系　　表 4-3-27

铁路		公路	
规模	旅客最高聚集人数(人)	规模(级)	日旅客发送量(人)
特大型	10000～20000	一	≥10000
大型	2000～10000	二	5000～10000
中型	600～1000	三	2000～5000
小型	50～600	四	300～2000
—	—	五	<300

3)交通场站行人交通流线设计

交通场站行人流线是指行人在场站内活动,形成的流动过程和流动轨迹。它与行人活动流程密切相关,但又不完全相同,二者容易混淆。如图 4-3-24 所示为场站行人进站流程和进站流线的关系。可以看出,对于出行目的相同的行人,其活动流程相同,但行人交通流线可能不同。

交通场站流线的设计应当综合考虑安全、效率、技术、效益等方面的因素,运用以人为本的理念,通过综合比较确定。

(1)交通流线设计必须符合相关的设计规范,并力求与土地利用相适应。

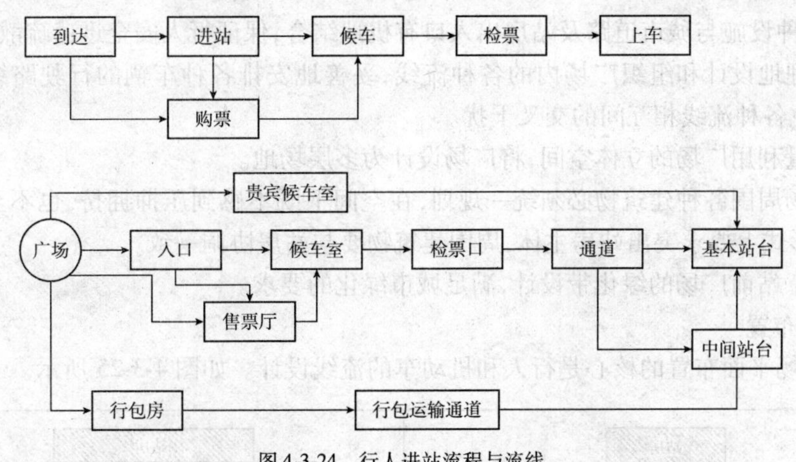

图 4-3-24　行人进站流程与流线

(2)交通流线设计必须与功能分区相适应、与设施能力相匹配、与作业流程相配合。

(3)场地内主要或大量的人流、车流等交通流线应清晰明确、易于识别、线路组织便捷，尽量避免迂回、折返。

(4)交通流线的安排应符合运输作业规律和生产、生活活动的特点。不同交通方式特点不同，在设计时候需要考虑。

(5)主要交通流线之间应分开，形成相对独立又有内部紧密交通联系的空间，避免相互干扰与冲突。一般采用的分流方法有前后分流、左右分流、立体分流等。

(6)各种交通流线设计要体现动静分离的原则。

(7)正确处理场站流线与外部集散交通流线之间的衔接关系。包括合理设计出入口，缩短交通流出入和集散的滞留时间，但同时应注意尽量减少对城市主干道交通的干扰。当场地同时毗邻城门主干道和次干道(或支路)时，应优先选择次干道一侧为主要出入口。

4)交通场站行人交通设施统一设计

尽管不同交通方式的场站由于交通工具的特点不同，在车站设计上有所区别。但对于场站内的行人交通设施设计，只有不同的服务水平，应该采用不同的标准设计。场站内的区域按照行人活动的顺序，可以分为车站广场、出入口和通道、楼扶梯、站厅、候车厅、站台六个部分。

由于场站内行人交通流组织的方式不同，同一类型的设施其功能可能有所不同。根据候车与检票两种活动的顺序不同，场站行人活动可以分为“先候后检”和“先检后候”两种类型。前者在候车室安排检票设施，站厅只是不同功能的衔接带，而站台只供上车使用；后者则没有专门候车室，站厅组织检票，站台组织候车和上车。两种类型的设计理念和重点有所不同。

2. 车站广场设计

车站广场是场站行人交通与道路行人交通系统的衔接点和换乘场所，不仅具有解决行人、车辆集散的功能，还兼有景观、环境、综合开发等多种功能。它包括站房平台、旅客车站专用场地、公交站点、停车场、综合服务设施和交通管理设施五个部分。

1)设计原则

(1)结合城市发展规划、站房规模、地形等情况，合理确定广场的面积和布局，使广场内和周围的各种设施与城市道路及站房出入口有机地结合，保证行人安全迅速疏散。

(2)合理地设计和组织广场内的各种流线，妥善地安排各种车辆的行驶路线和停车场地，尽量避免各种流线相互间的交叉干扰。

(3)尽量利用广场的立体空间，将广场设计为多层场地。

(4)广场周围各种建筑物必须统一规划，在空间上既不感到压抑拥挤，也不至于空旷无边；在建筑形式上要求突出站房主体，周围建筑物要与站房协调一致。

(5)注意站前广场的绿化带设计，满足城市绿化的要求。

2)平面布置

站前广场平面布置的核心是行人和机动车的流线设计。如图 4-3-25 所示。

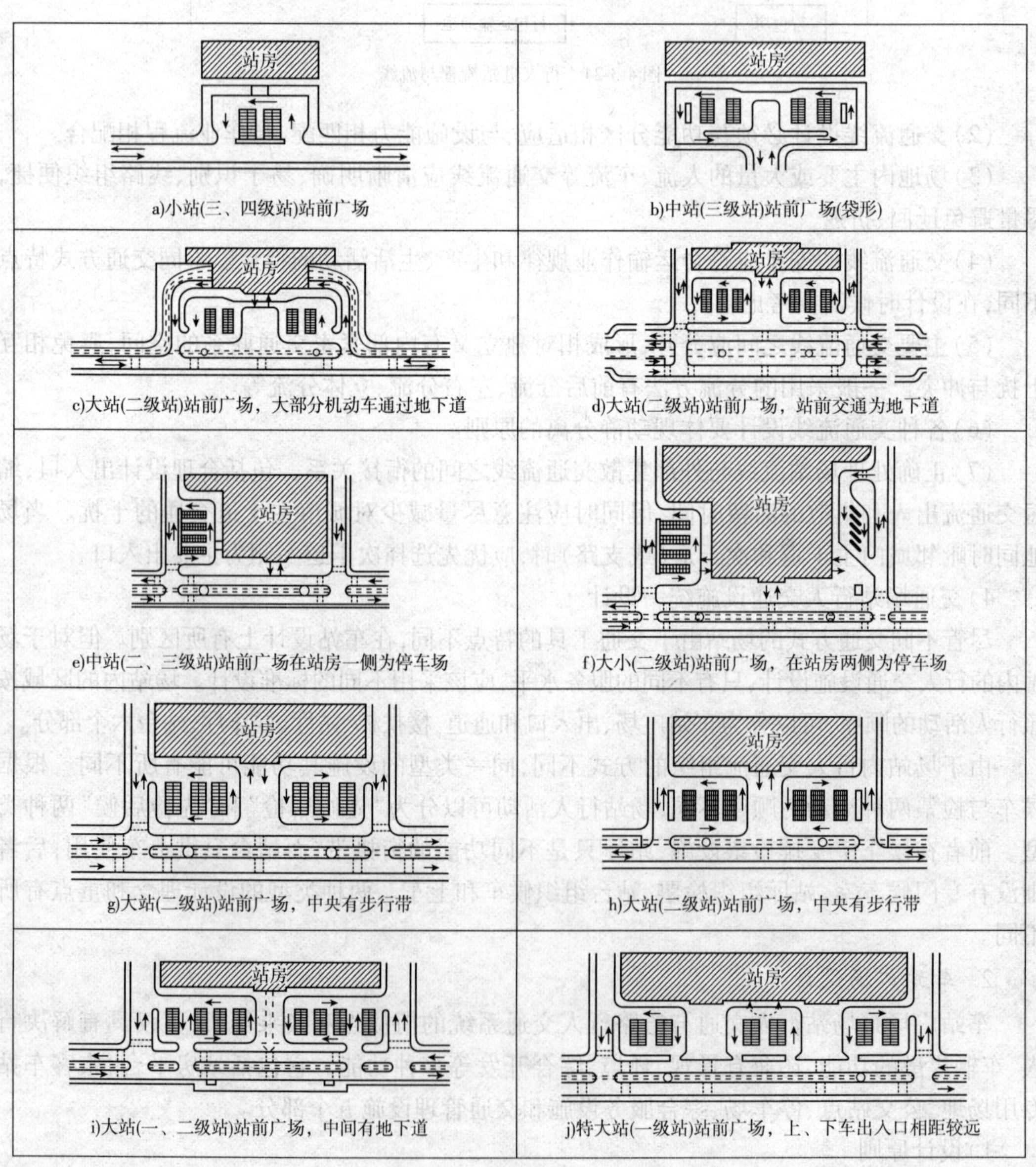

图 4-3-25　站前广场平面流线设计

3)面积计算

当缺少实测数据和有关统计资料时,站前广场面积可参考下列公式进行估算:

$$F = a\sqrt{M} \times 10^2 \quad (4\text{-}3\text{-}8)$$

式中:M——最高聚集人数;

a——广场综合影响系数,在0.2~0.3之间取值,由设计的服务水平决定。

3. 出入口及通道设计

1)设计原则

(1)出入口要面临广场,具体位置应根据所在位置地面建筑及街道具体位置情况布置,一般应设在街道两侧人行便道上靠近其他场站处方便行人换乘,并尽量和地面建筑物及地下过街地道相结合。

(2)出入口的数量应结合旅客发送量确定,一般不少于2个,位于市内的场站可以设置不少于4个出入口,可以与大型公共建筑结合设计。每个出入口的宽度应按远期分向设计客流量乘以1.1~1.25不均匀系数计算确定。通道的通行总宽度必须大于站台至站厅楼梯的总宽度,满足紧急疏散要求。

(3)出入口布置应与主客流的方向相一致,宜与过街天桥、过街地道、地下街、邻近公共建筑物相结合或连通,统一规划,同步或分期实施。出入口应设置醒目的标志。

(4)出入口地面建筑形式,应结合当地气候条件和街景要求。

(5)车站的垂直交通,有仅设楼梯和楼梯与自动扶梯并排设置两类。也可先楼梯后自动扶梯分段设置。

(6)车站通道的线型应力求简单与直接,避免转弯死角的产生,并且在区位上容易被辨认,最好同时与几个节点(如通往楼梯或自动扶梯)连贯,以提高乘客使用时的便利性、舒适性及安全感。

2)出入口平面布置形式(图4-3-26)

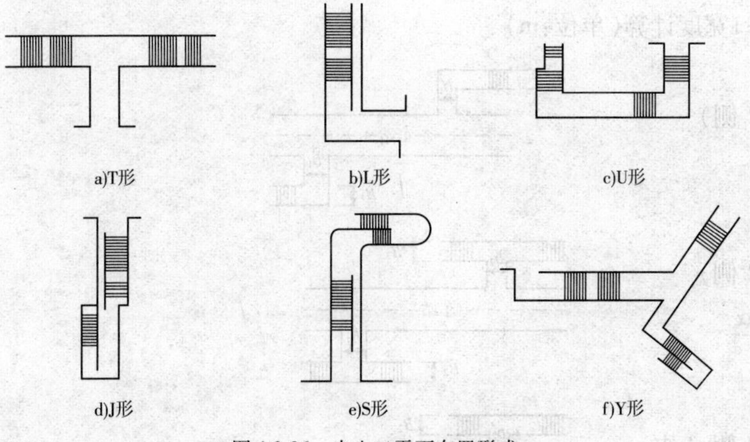

图4-3-26　出入口平面布置形式

3)出入口地面建筑形式

场站出入口的建筑形式,应根据所处的具体位置和周边建筑规划要求确定。地面出入口可做成独建式(图4-3-27)或合建式(图4-3-28),但应优先采用与地面建筑或者风亭合建式。

(1)独建式

a)封闭式　b)敞开式　c)露天式

图 4-3-27　场站出入口独建式形式

(2)合建式

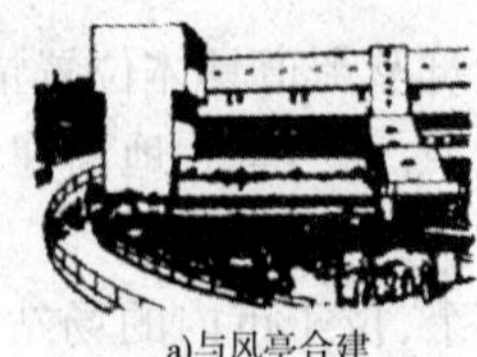

a)与风亭合建

b)与交通枢纽结合

c)合建于大楼首层

图 4-3-28　场站出入口合建式形式

4)出入口、通道数目和宽度

(1)出入口通道的数量

出入口通道的数量由高峰小时客流量确定,同时也要充分考虑行人的舒适度及出口地面处的容纳条件。

$$N = \frac{aQ_g + b}{q \times l \times \gamma} \tag{4-3-9}$$

式中:Q_g——高峰小时进出场站的行人流量,人/(m · min);

q——在某个服务水平下,出入口通道的平均流量,人/(m · min);

l——出入口通道的宽度,m;

γ——双向流量不平衡的折减系数;

a、b——参数。

(2)出入口宽度计算(单位:m)

①单向(2 侧)

$B_1 \geqslant b_1$

②双向(2 侧)

$B_2 = \frac{b_2 \times \alpha}{2}$

③双向(2 侧、4 支)

$B_2 = \frac{b_2 \times \alpha}{4}$

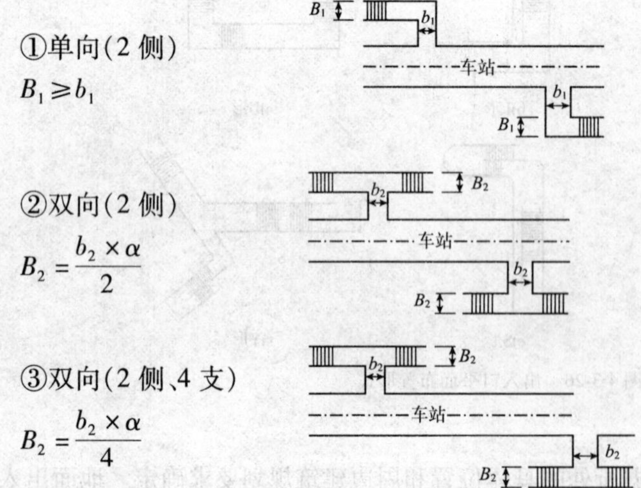

式中:α——不均匀系数,一般取 1 ~ 1.25;

b_1、b_2——通道宽度,m。

(3)通道宽度计算(单位:m)

①单支(2侧)

$$b_2=\frac{超高峰客流量\times\alpha}{C\times2}$$

②双支(2侧)

$$b_2=\frac{超高峰客流量\times\alpha}{C\times4}$$

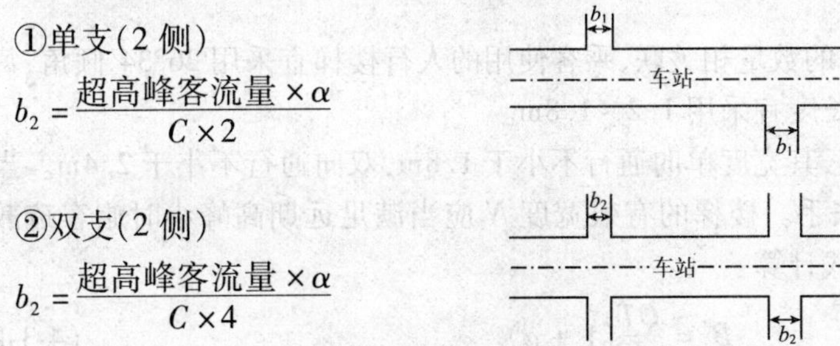

式中:C——通道双向通行能力,人/h;

α——不均匀系数,一般取1~1.25。

表4-3-28、表4-3-29给出了场站内出入口、楼梯、通道的最小尺寸规定,以及世界几大城市出入口楼梯的参考尺寸。

出入口、楼梯、通道最小尺寸规定　　表4-3-28

名　称	净宽(m)	净高(m)	名　称	净宽(m)	净高(m)
出入口	>2.50	>2.40	通道或天桥	>2.50	>2.40
楼梯	>2.00	>2.40			

出入口楼梯参考尺寸　　表4-3-29

城　市	高×宽(mm×mm)	城　市	高×宽(mm×mm)
北京	150×300 ※172×300	东京	160×320 165×330
莫斯科	140×320		172×300
巴黎	160×320	伦敦	180×280
纽约	180×280	鹿特丹	160×280

注:①※表示楼梯与自动扶梯并排设置,采用30°倾斜角时的尺寸。

②楼梯在高度方向不超过18级设一休息平台,宽1.2~1.8m。

5)无障碍设计

对于处于市中心的车站,每个车站应至少设计一个考虑无障碍设计的出入口,供残疾人使用。无障碍出入口的形式,根据地形的可能,设计成斜坡道,规定其最大坡度不得超过8%,最小宽度不得小于1.6m;或设计垂直电梯,直接下达到售票厅或站台,一般自地面下至站厅可乘坐轮椅自动升降机,自站厅到站台再转乘垂直升降梯,有些车站因位置在街坊内,就有条件使残疾人自地面直接乘坐垂直升降梯到达站台层。

4. 楼扶梯设计

进出站楼梯类设施包括:楼梯和自动扶梯,辅助乘客实现场站内不同高差功能区域的通达及转换,通常作为不同高差的位置区域之间的纽带。其主要的布设功能及布设位置包括:车站进出站口、候乘大厅接进与导出、不同高差的通道衔接。

1)楼梯

楼梯的数量、坡度、踏步的高度和深度以及表面材料的耐磨与防滑性等是设计应考虑的重点。

楼梯的数量通常与出入口的数量相关联,乘客使用的人行楼梯宜采用26°34′倾角,每个梯段不超过18步。休息平台长度宜采用1.2~1.8m。

楼梯宽度应符合建筑规模,其宽度单向通行不小于1.8m,双向通行不小于2.4m。当宽度大于3.6m时,应设置中间扶手。楼梯的有效宽度N应当满足远期高峰小时旅客疏散能力的要求,楼梯宽度可以用下式计算:

$$B = \frac{QT}{C}(1 + a) \tag{4-3-10}$$

式中:T——列车运转间隔时间,min;

Q——超高峰通过客流量,人/min;

C——楼梯通过能力,人/min;

a——加宽系数,一般采用0.15。

楼梯踏步高度不应大于0.15m,踏步深度不应小于0.3m,接近楼梯部分应有足够的空间供上下楼梯的行人排队。当楼梯混行时,主要方向的通行能力应按照楼梯宽度损失0.75m计算。

楼梯配置时除应考虑客流量外,还应考虑乘客步行距离,因为楼梯是垂直移动设施中最需要耗费体力的设施。其配置区位如需乘客大量步行,容易造成乘客另觅其他垂直移动设施,导致该处楼梯因无人使用而丧失预期功能。

2)扶梯

车站出入口的提升高度超过一定限度影响行人疏散时,应设自动扶梯。自动扶梯的需求量应根据正常营运以及紧急状况下的高峰时段流量,对照设施流量和扶梯额定速度而决定,具体步骤如下。

(1)预测高峰时期采用自动扶梯的行人交通量,为了保证扶梯能够满足超高峰需要,应以15min为单位时间。

(2)根据15min交通量换算为小时交通量Q。

(3)根据扶梯宽度和额定速度确定其设计通行能力C。

(4)利用Q/C确定扶梯数量,小数点部分不应舍去,而应全部进到整数。

自动扶梯的上行、下行设置也应该根据预测客流量、垂直移动设施、结构限制以及空间条件而定。为了减少乘客步行距离,楼梯、自动扶梯或电梯应由地面直达车站大厅。自动扶梯的具体设置参数见表4-3-30。

自动扶梯设置参数 表4-3-30

提升高度H(m)	上行	下行	备用
$H \leq 6$	自动扶梯	—	—
$6 < H \leq 12$	自动扶梯	△	—
$12 < H \leq 19$	自动扶梯	自动扶梯	△
$H > 19$	自动扶梯	自动扶梯	自动扶梯

注:△表示重要车站也可设自动扶梯。

当自动扶梯穿越楼层，且扶手带中心至开孔边缘的净距小于400mm时，应设防碰撞安全标志；当自动扶梯靠墙布置时，扶手带中心至墙装饰面的距离应不小于400mm。

两台相对布置的自动扶梯工作点间距不得小于16m；自动扶梯工作点至前面影响通行的障碍物间距不得小于8m；自动扶梯与人行楼梯相对布置时，自动扶梯工作点至楼梯第一级踏步的间距不得小于12m。

3）排队区域面积

为了防止行人在楼梯或扶梯前过度拥挤，必须在接近楼扶梯前方设置一定的行人排队区域。可以根据行人单位分钟的流量减去楼梯或扶梯的通行能力得到楼扶梯前的排队人数，并按每人0.5m^2设计。

4）疏散检算

人行楼梯和自动扶梯的总量布置除应满足上、下乘客的需要外，还应考虑事故疏散的要求。例如，在地铁中，通常按站台层的事故疏散时间不大于6min进行验算。消防专用梯及垂直电梯不计入事故疏散用。人行楼梯和自动扶梯的设计要满足疏散要求，疏散核查公式为：

$$T = 1 + (Q_1 + Q_2)/\{0.9[A_1 \times (N-1) + A_2 \times (B-0.2)]\} \leqslant 6\text{min} \tag{4-3-11}$$

式中：Q_1——分别采用远期高峰断面客流和列车额定载客数量，一般取1440；

Q_2——采用远期站台上候车的乘客及工作人员，人；

A_1——自动扶梯通过能力，人/(min·m)；

A_2——人行楼梯通过能力，人/(min·m)；

N——自动扶梯台数；

B——人行楼梯总宽度，m。

5. 站厅设计

站厅是进站口与候车区域之间的缓冲地带，具有客流集散和分配的功能。“先检后候”型方式的站厅方式较“先候后检”的站厅，无论在功能和构成上都更复杂。前者需要考虑在站厅内设计售票和检票处，行人活动复杂。后者站厅仅具有行人集散功能，当车站规模较小时可以不设站厅。其设计原则如下：

（1）平面设置应注重功能分区，并留有发展余地。强弱电设备应分开布置。有噪声源的设备房间均应远离行人活动区。

（2）站厅内必须设置至少一处方便残疾人使用的通道。

（3）站厅面积按最高聚集人数可设置每人不小于0.2m^2的面积。

（4）站厅内必须设置适当的问询、导向和服务设施。

6. 售检票设计

1）售票处设计

售票处的设计有站外单独设计和站厅内设计两种，根据不同售票、检票方式，采用不同布置方法。售票方式有：人工售票、半自动售票机售票（人工收款，机器出票）和自动售票机售票。设计要点如下：

（1）售票窗口数量应当根据车站类型、车站等级、车站日旅客发送量、售票模式等因素综合确定。

(2)售票机应设在便于乘客进站经过之处,避免设在人流交叉和干扰多的地方。

(3)售票厅每个售票窗口的设置面积,应根据售票人数确定。一般特大型站不宜小于$24m^2$/窗口、大型站不宜小于$20m^2$/窗口,中型站和小型站均不宜小于$16m^2$/窗口。随着票务体制的改革,大量采用储值卡和IC卡后车站内的售票窗口数量可大量减少。

(4)相邻售票窗口之间的中心距离宜为1.8m,靠墙售票窗口中心距墙边不宜小于1.2m。

(5)当在站厅内设置售票亭时,其位置应设于进站检票口的一侧,有利于购票进站检票的流线组织。

2)检票区域设置

检票可以分为人工检票和自动检票两种类型。进站检票机和出站检票机的位置要按上下客流的流线加上栏栅分隔,合理组织付费区和非付费区,检票机的位置应与人流成垂直方向布置。出站的检票机要靠近出站通道口布置;进站检票机要靠近下行的楼梯口布置,尽量缩短乘客在站内停留时间。进出站检票机所在的位置,即为付费区与非付费区的交界处。避免进出站人流的交叉。出站的人流是比较集中的,因此出站检票口与楼梯(自动扶梯)要保持一定的距离以免客流检票时的拥堵。

自动检票机的配置和布局直接关系到车站的设备投资成本和乘客服务水平。因此,配置适当数量的检票机既可以减少设备投资成本,又可以保证乘客服务水平。目前研究合理检票机数量的方法主要有两种:一种是解析法,通过客流量、使用能力和超高峰系数等参数计算合理的配置数量,但不能对配置不同数量时排队系统的各项服务指标进行对比评价;另一种方法是仿真法,利用计算机程序模拟排队过程,统计计算排队系统的各项指标。进出站检票机的数量配置对服务水平的影响指标有:检票机能力利用率、乘客排队百分率、乘客平均排队长度、乘客平均排队时间。这四个指标可以用于计算机仿真模拟方面,从而进行检验车站的服务水平。

7. 候车厅设计

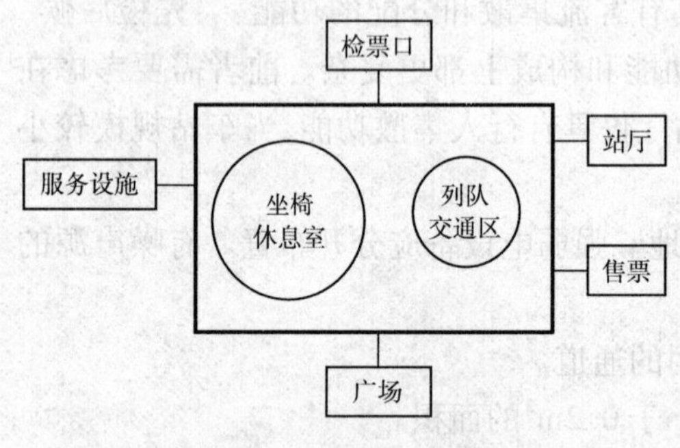

图4-3-29 候车厅的功能模块分析

候车厅主要提供坐椅休息服务以及提供开水、售卖食物等其他辅助服务。根据设计形式不同,可以分为综合候车和分类候车两种形式。综合候车指整个场站只有1个候车大厅供各种出行目的和各种类型的旅客使用,而分类候车则可能根据旅客类型进行划分专门的候车室。

1)普通候车厅的功能分析

图4-3-29所示为候车厅的功能模块。

2)普通候车厅的设计要点

(1)候车厅是客运站房中的主体部分,应考虑其位置恰当,流线合理,环境舒适安静。

(2)候车厅应设置有关服务设施方便乘客使用,如一般应就近设置饮水处、盥洗室和厕所。

(3)候车厅的内部空间应合理划分为安静候车区(设坐椅)、检票列队区、通行区及服务设施区,厅内公共设施应避免阻碍通行路线。

(4)合理布置出入口、检票口及相关服务设施,避免相互干扰。

(5)高架候车厅宜设方便老弱病残旅客通向站台的电梯。

(6)候车厅不宜设计成套间和袋形空间。

(7)在空间的规划上,应注意其前后要预留足够空间供乘客等候使用。

表 4-3-31 所示为普通候车厅的容量和面积参数。

普通候车厅的容量和面积 表 4-3-31

客站规模	候车厅人数占旅客站最高聚集人数(%)	候车厅面积(m^2/人)
特大站	89.5	1.1~1.2
大型站	94.5~89.5	1.1~1.2
中型站	94.5~100	1.1~1.2
小型站	100	1.25~1.35

图 4-3-30 所示为候车厅内行人活动的最小尺寸。图 4-3-31 所示为候车厅内候车椅的形式与尺寸。

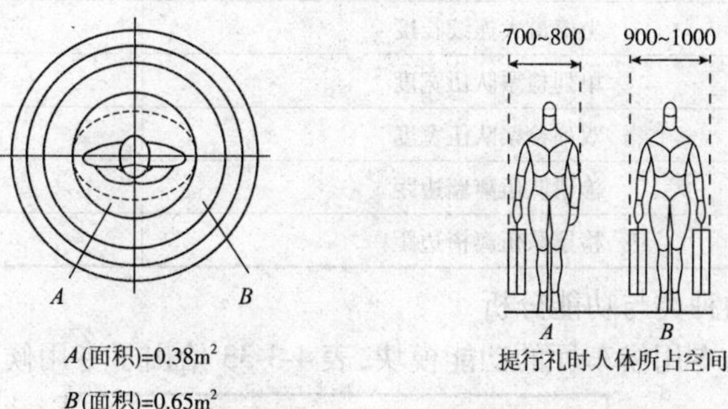

图 4-3-30 候车厅内行人活动量最小尺寸(尺寸单位:mm)

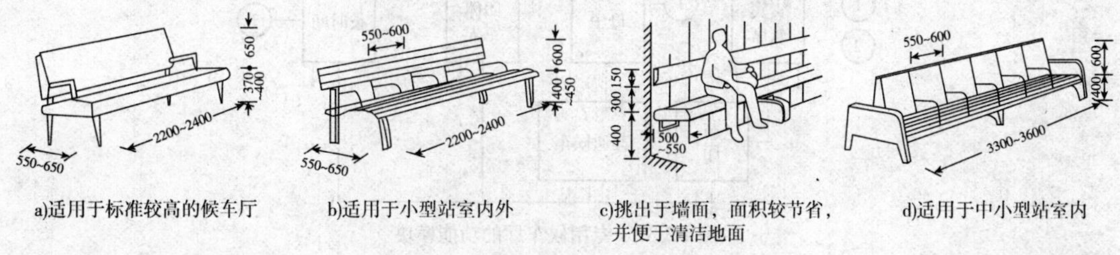

a)适用于标准较高的候车厅 b)适用于小型站室内外 c)挑出于墙面,面积较节省,并便于清洁地面 d)适用于中小型站室内

图 4-3-31 候车椅形式与尺寸(尺寸单位:mm)

表 4-3-32 所示为候车厅内乘客坐椅的设计参数。

候车厅内坐椅与通道的布置和尺寸(mm) 表 4-3-32

编号	名 称	尺 寸
A	单面坐椅深度	580~750
B	双面坐椅深度	1160~1500
C	坐椅间小通道	1200~1300(小站用 1200)
D	坐椅端部离纵向坐椅边距	1200
E	坐椅端部离墙距	1000~1500(根据人流通行情况)

续上表

编号	名　称		尺　寸	
F	坐椅最大连续长度		1000	小通道为 1200~1800
G	端部靠墙坐椅最大连续长度		5000	
H	次要通道宽度		1800~2700	
I	主要通道宽度	小候车厅	1800~2700	
		大候车厅	2700~3200	
J	售货、服务处离坐椅边距		4000	
K	售货、服务处前的次要通道		5000	
L	售货、服务处前的主要通道	小候车厅	5000	
		大候车厅	6000	
M	纵向排列的坐椅间通道		1800~2400	
N	坐椅最大连续长度		>F	
O	单列检票队伍宽度		1000	
P	双列检票队伍宽度		2000	
Q	检票队伍离墙边距		500~600	
R	检票队伍离椅边距		500~600	

3）专用候车厅的种类与功能分析

图4-3-32所示为专用候车厅的功能模块，表4-3-33给出了专用候车厅的设计参考指标。

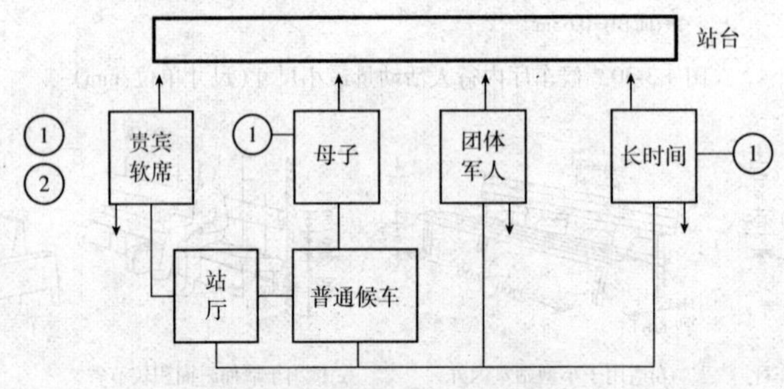

图4-3-32　专用候车厅的功能模块

专用候车厅设计参考指标　　表4-3-33

种　类	使用面积（m^2/人）	占最高聚集人数百分比（%）	设置条件
母子候车厅	2.0	3	大型及以上站房
软席候车厅	2.0~2.5	2.5	最高聚集人数1000人以上站房
贵宾候车厅	10000人及以上站房使用面积为150~200 4000~10000人站房使用面积为100~120 4000人以下站房使用面积为40~60		直辖市、省会、自治区、首府、旅游、对外开放城市
军人、团体候车厅	1.1	3.5	4000人及以上站房
长时间候车厅	4.0	按城市情况而定	中转旅客较多之大型以上站房

4）专用候车厅设计要点

（1）母子候车厅

①应设置单独使用之饮水、盥洗、厕所单元。

②应为儿童创造睡眠及游戏条件。

③应靠近站台并设有单独使用检票口。

④细部设计应考虑儿童安全。

（2）贵宾、软席候车厅

①应设置单独检票口，并应直接通向站台与广场。

②必要时可设置专用停车广场。

③应设置单独使用的盥洗、厕所间。

④应设置服务员室及备品间。

⑤候车厅宜分成大、中、小不同房间。

（3）军人、团体候车厅

应设置单独进站检票口，其他设施可共用。

（4）长时间候车厅

①应具备住宿条件，具备单独使用盥洗、厕所设备。

②尽可能减少噪声干扰。

5）候车厅疏散

（1）候车厅安全出口不应少于2个；二楼设置候车厅疏散楼梯不应少于2个。安全出口、楼梯及室外通道宽度应按有关规范计算。

（2）候车厅内带有导向栏杆的进站口均不应作为安全出口计算宽度。安全出口必须设置明显标志及事故照明。如图4-3-33所示。

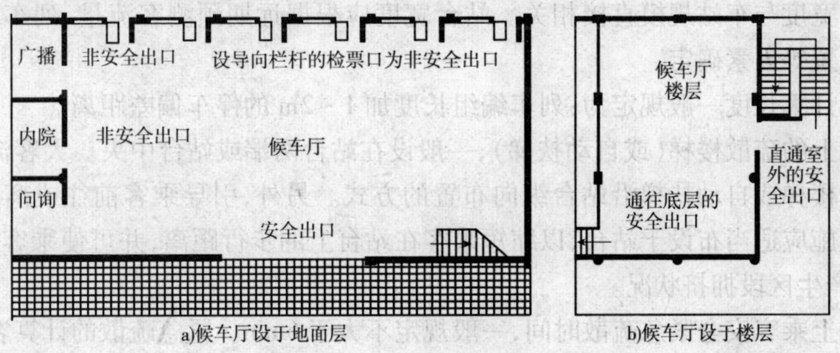

图4-3-33　候车厅布局示意图

8. 站台设计

1）公路车站站台设计

（1）设计要求

①公路汽车客运站必须设置站台。

②站台设计应利于旅客上下车、行包装卸和客车运转，其净宽不应小于2.50m。

③站台应设置雨棚，位于车位装卸作业区的站台雨棚，净高不应小于5m。

④站台雨棚如设支撑柱，柱距一般不应小于3.90m。柱位不应影响旅客交通和行包装卸。

⑤站台雨棚下不应设悬挂型灯具。

⑥发车位为旅客上车和客车始发位置，应设于站台与停车场之间。发车位地坪应设不小于5‰坡向站场的坡度。

（2）公路车站站台平面布置形式（图4-3-34）

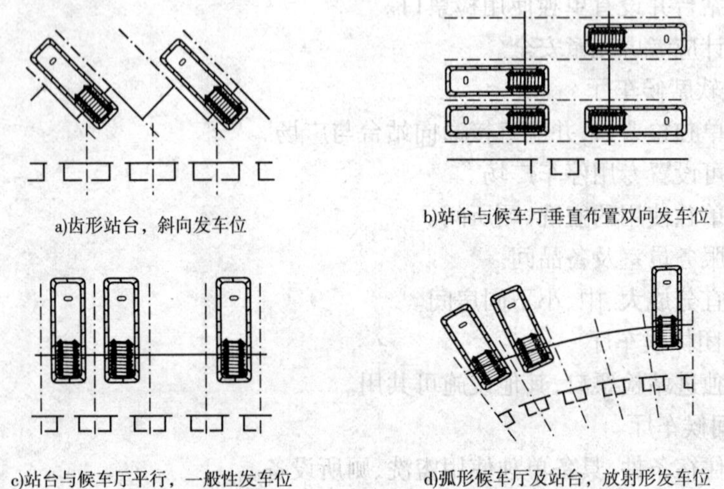

a)齿形站台，斜向发车位

b)站台与候车厅垂直布置双向发车位

c)站台与候车厅平行，一般性发车位

d)弧形候车厅及站台，放射形发车位

图4-3-34　公路车站站台平面布置形式

2）地铁车站站台设计

（1）一般设计原则

①站台位置视车站类型及轨道布设方式而定，可在车站大厅的上方、下方或其侧边，站台上应有足够的宽度或面积。

②站台宽度与车站规模直接相关。站台宽度应根据远期预测客流量、列车编组长度和车站所处位置等因素确定。

③站台计算长度一般规定为：列车编组长度加1～2m的停车偏差距离。

④站台上的疏散楼梯（或自动扶梯），一般设在站台两端或站台中央。大客流量的车站，宜采用多组楼梯或自动扶梯沿站台纵向布置的方式。另外，引导乘客前往或离开站台的通道或移动设施应适当布设于站台，以缩短乘客在站台上的步行距离，并可使乘客沿站台全长分散，避免产生区段拥挤状况。

⑤站台上乘客安全紧急疏散时间，一般规定不大于6min。紧急疏散的计算客流量，可按一列车乘客及站台上候车乘客和站内工作人员数的总和考虑。

（2）站台形式选择原则（表4-3-34）。

站台形式选择原则　　表4-3-34

名称	断　面	选择原则
岛式		终点站选用岛式站台有利； 在路面狭窄的街道下及结构埋深又较深的情况下，选用岛式站台有利； 当车站与两条单线盾构施工的区间相接时应设岛式站台

续上表

名称	断　面	选择原则
侧式		在路面狭窄的街道下及结构埋深又较浅的情况下,修建一层侧式站台有利; 当车站与复线盾构施工的区间隧道相接时应设侧式站台; 地面车站或高架车站选用侧式站台有利
双岛或一岛一侧		该形式多数设在换乘站、分岔站或联运站(地下铁道与地面铁路联运)
上下式	重叠式 交错式	该形式实际是变相的侧式站台,多数修建在街道狭窄的车站,造价昂贵

(3)站台宽度计算方法(单位:m)

①经验公式

侧站台宽度:
$$b = \frac{m \times W}{L} + 0.45 \tag{4-3-12}$$

岛式站台总宽度:$B = 2b + n \times$柱宽+(楼梯宽+自动扶梯宽)

式中:m——超高峰小时每间隔列车单方向下车人数,人;

L——站台计算长度,m;

0.45——安全线宽度,m;

W——站台上人流密度,m^2/人,上海取0.4,香港取0.5,莫斯科取0.75;

n——站台横断面的柱子数。

②按客流量计算

站台面积:

$$A = P \cdot a$$

$$P = P_{车} \cdot N(P_{上} + P_{下}) \times \frac{1}{100} \tag{4-3-13}$$

故侧式车站的一个站台宽度应为:

$$b = \frac{3}{2} \times (\frac{A}{L_{计}} + 0.45)$$

单拱岛式车站站台总宽应为:$B = 2b + b_0$

三跨岛式车站站台总宽应为:$B = 2b + b_0 + 2 \times$柱宽+(楼梯宽+自动扶梯宽)

式中:P——超高峰小时每间隔列车单方向上下车人数,人;

a——站台人流密度,m^2/人,正常情况$0.75m^2$/人;

$P_{车}$——每节车厢容纳人数,人;

$P_{上} + P_{下}$——上下车乘客占全列车乘客的百分数,根据预测客流或调查资料取20%~50%;

N——列车的车厢数,节;

$L_{计}$——列车计算长度，m；

b_0——乘客沿站台纵向流动宽度，m，一般取 2 ~ 3m。

不论采用何种计算方法所得计算结果均不得小于表 4-3-35 所规定尺寸。

我国地铁站台最小宽度规定（m） 表 4-3-35

车站站台形式	站台总宽	侧站台宽
	≥	≥
多跨岛式站台车站	8	2
地面岛式站台车站	8	2
单拱岛式站台车站	8	—
无柱侧式站台车站	—	3.5
有柱侧式站台车站	—	—
柱外站台	—	2
柱内站台	—	3

表 4-3-36 ~ 表 4-3-38 分别为我国北京、上海以及日本的车站尺寸示例。

北京 1 号线车站尺寸（m） 表 4-3-36

项目 \ 岛式站台	规模		
	大	中	小
站台总宽	12.5	11	9
站台中跨集散厅宽	6	5	4
站台面至顶板底高	4.95	4.55	4.35
侧站台宽	2.45	2.10	1.75
站台纵向柱中距	5	4.5	4
站台长度	118	118	118
地下站厅高	2.95	2.95	2.95
地下通道宽	4	4	4
地下通道高	2.55	2.55	2.55

上海 1 号线车站尺寸（m） 表 4-3-37

项目 \ 岛式站台	规模		
	大	中	小
站台总宽	14	12	10
侧站台宽	3.5 ~ 4	2.5 ~ 3	2.5
站台长度	186	186	186
站台面至楼板底高	4.1	4.1	4.1
站台面至吊顶面高	3	3	3
吊顶设备层高	1.1	1.1	1.1
纵向柱中心柱	8 ~ 8.5	8 ~ 8.5	8

日本站台宽度分类(m)　　表 4-3-38

车站位置	岛式	侧式无立柱	侧式有立柱
位于以住宅区为主地区内的小站	8	4	5
位于以商业为主地区内的中等站	8~10	4~5	5~6
位于以商业办公为主地区内的大站	10~12	5~6	6~6.5
位于以商业办公为主地区内的换乘站或与铁路的联运站	12 以上	6 以上	6.5 以上

3)铁路车站站台设计

(1)铁路站台的种类(图 4-3-35)

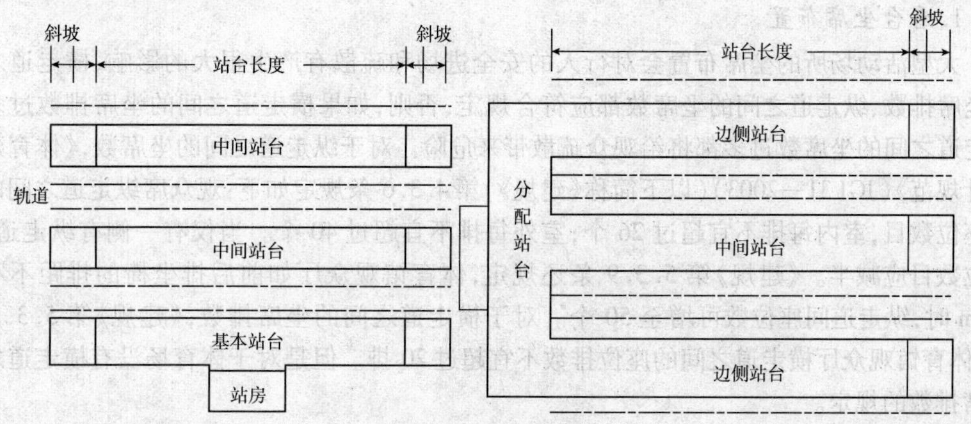

图 4-3-35　铁路站台布局

注:①按线路与站房的布置关系分为基本站台、中间站台、边侧站台和分配站台。

②按站台高度分为低型站台和高型站台。

③按站台用途分为旅客站台和行包站台。

(2)铁路站台宽度

一般铁路旅客站站台宽度可参考表 4-3-39。

铁路旅客站站台宽度参考表(m)　　表 4-3-39

站台类别	小型站	中型站	大型站	特大型站
分配站台	—	8~16	15~20	20~25
边侧站台	3~4	4~6	6~8	8~12
中间站台	5~6	8~10	10~12	10~12
基本站台	在旅客站房范围以内不应小于8m。其余部分不应小于 4m,但乘降人数很少时可减至 3m	在旅客站房范围以内 12~20m,其余部分不小于 4m	在旅客站房范围内不小于 20m,其余部分不小于 4m	不小于 25m

(3)铁路站台的长度——根据旅客列车最大长度确定

铁路站台的长度为 350~500m,地铁站台计算长度应采用远期列车编组长度加停车误差。

(4)铁路站台常用的设施(表 4-3-40)

铁路站台常用设施　　表 4-3-40

旅客站规模	站牌名	站台编号牌	时钟	扩音器	售货亭	盥洗台	饮水台	果皮箱	候车椅
大型	□	□	□	□	□	□	□	□	
中型	□	□	□	□		□		□	□
小型	□							□	□

注：在列车停站时间长、中转旅客换乘多的情况下，要考虑设置厕所（□表示需要设置此项设施）。

三、大型活动场所的通行能力和参数设计

1. 看台坐席布置

大型活动场所的坐席布置会对行人的安全进场和疏散有产生很大的影响，横走道之间的坐席排数、纵走道之间的坐席数都应符合规定，否则，如果横走道之间的坐席排数过多或纵走道之间的坐席数过多都将给观众疏散带来危险。对于纵走道之间的坐席数，《体育建筑设计规范》（JGJ 31—2003）（以下简称《建规》）第 4.3.6 条规定如下：观众席纵走道之间的连续座位数目，室内每排不宜超过 26 个；室外每排不宜超过 40 个。当仅有一侧有纵走道时，座位数目应减半。《建规》第 5.3.9 条还规定，体育馆观众厅如前后排坐椅的排距不小于 90cm 时，纵走道间座位数可增至 50 个。对于横走道之间的坐席排数，《建规》第 5.3.9 规定，体育馆观众厅横走道之间的座位排数不宜超过 20 排。但是对于体育场没有横走道之间坐席排数的规定。

2. 看台出口布置

看台出口布置应满足以下要求：

（1）出口位置。安全出入口应均匀布置，安全出入口应尽量不占或少占最佳观众坐席位置。

（2）出口宽度。每口通行能力应大于等于与其联系的通道的通行能力，否则容易造成堵塞。每个安全出入口的宽度不仅应按百人指标进行最小宽度计算，并且应满足最小宽度的要求。《体育建筑设计规范》第 4.3.8 规定，体育馆、体育场的“安全出口宽度不应小于 1.1m，同时出口宽度应为人流股数的倍数，4 股和 4 股以下人流时每股宽度按 0.55 计算”。

（3）出口数量。《体育建筑设计规范》第 4.3.8 条规定：体育馆每个安全出口平均疏散人数不宜超过 400～700 人（规模大的取上限，规模小的取下限）。体育场每个安全出口的平均疏散人数不宜超过 1000～2000 人。表 4-3-41 是上海部分体育场馆总人数和各层看台出口统计。

上海部分体育场馆总人数和各层看台出口统计　　表 4-3-41

类型	建筑名称	总人数（人）	一层看台出口数	二层看台出口数	三层看台出口数	内场出口数	场馆出入口数
体育馆	上海万人体育场	80000	32	32	9	4	6
	上海虹口足球场	40000	22	22	—	4	4
	上海旗忠网球中心	15000	16	—	—	4	4
	上海体育馆	18000	6	12	—	4	4
	复旦正大体育馆	4900	8	—	—	4	3

3. 看台走道布置

(1)体育建筑设计通用规定

《建规》第 4.3.8 条对体育场馆纵横过道宽度作了规定:体育场馆主要纵横过道不应小于1.1m(指走道两边有观众席);次要纵横过道不应小于0.9m(指走道一边有观众席);活动看台的疏散设计应与固定看台同等对待。

(2)体育馆设计规定

《建规》第 5.3.9 对体育馆观众厅内的疏散走道宽度作了规定:体育馆观众厅内的疏散走道宽度应按其通过人数每 100 人不小于 0.6m 计算,但最小宽度不应小于 1.0m。边走道不宜小于 0.8m。不同的国家,甚至不同的体育组织都会有不同的通道宽度要求。德国足协提出,大型体育场的通道应根据疏散方向适当加宽,如通道和坡道宽不应小于 1.25m。

4. 无障碍设计

无障碍设计体现了对弱势群体的关注,目前我国一般建筑的无障碍设计已得到重视,然而在体育场馆中,真正考虑残疾人士能够方便使用的设计还很少。

体育场馆中通常设有残疾人席位,位置一般在从二层大平台可以直接进入的看台。但有时这些残疾人席位的可达性却不佳。以上海虹口足球场为例,足球场设有电梯供残疾人上下看台,但是绕足球场一周观察发现,一层电梯厅的入口均没有无障碍坡道,只有台阶,这显然是欠考虑的地方。

目前大多数体育场馆都采用通过大台阶将观众引导至二层大平台的方法,可以考虑将其中的一个大台阶改为坡道,这样既是一种无障碍设计,又有利于大批观众的疏散。上海旗忠网球中心主入口就采用了将近 20m 宽的大坡道将观众引向二层大平台,坡道解决了残疾人士的疏散问题,同时也烘托了主入口的气势。

第三节　行人附属设施设计

一、行人交通标志标线设计

交通标志是用图形、符号文字向驾驶人员及行人传递法定信息,用以管制、警告及引导交通的安全设施,它在现代交通管理中发挥着重要作用。交通标志可以划分为:警告标志、禁令标志、指示标志、指路标志、旅游区标志、辅助标志。在城市道路、场站枢纽、大型活动场所等地设置步行交通标志,可以引导和促使行人遵循交通管理的指示,保证步行交通及其他交通的安全畅通。

1. 行人交通标志高度

行人交通路标、指示牌的设计要考虑人的身高、体型等自然因素。路标设置的高度与人的平视高度不应该相差太多,过高或过低会令人感觉不适。可以根据头高和眼高两项指标来进行标志的高度定位和主要版面内容的高度设置。标志的外形高度,如落地式标志的高度尺寸最好掌握在 2400mm 以下,主要内容的编排则放置在 1300 ~ 1700mm 之间,对于利用墙面固定标志的固定高度则不要超过 3000mm,最低高度不要低于 500mm,使人在较好的视觉范围内能够清晰地看到标志的内容。

2. 行人交通标志材料

道路交通标志是由标志底板、支柱、基础紧固件和标志面组成。由于道路交通标志设置于道路上暴露在自然环境中,其材料、结构均需满足自然环境的侵蚀。

1)标志底板

在同一块标志板上,标志底板和标志面所采用的各种材料应具有相容性,防止因电化作用、不同的热膨胀系数或其他化学反应等造成标志板的锈蚀或损坏。标志底板可用铝合金板薄钢板、合成树脂类板材(如塑料、硬质聚氯乙烯板材或玻璃钢等)材料制作。标志底板的各种材料应符合以下规定。

(1)铝合金板。

铝合金板的化学成分、冷轧板材牌号,规格、力学性能、尺寸及允许偏差应符合《变形铝及铝合金化学成分》(GB 3190—2008)、《铝及铝合金轧制板材》(GB/T 3880—1997)、《铝及铝合金板带材的尺寸允许偏差》(GB/T 3194—1998)的规定,其抗拉强度应不小于289.3MPa,屈服点应不小241.2MPa,延伸率最小为4%~10%。铝合金板用于标志底板时,其最小厚度应不小于1.5mm。

(2)薄钢板。

普通碳素结构钢和普通低合金结构钢、冷轧薄钢板、镀锌薄钢板应符合《冷轧钢板和钢带的尺寸、外形、重量及允许偏差》(GB 708—2006)、《单张热镀锌薄钢板》(GB 5066—1985)、《连续热镀锌薄钢及钢带》(GB 2518—2008)的规定。薄钢板用于标志底板时,其最小厚度应不小于1.0mm。

(3)合成树脂类板材。

合成树脂类板材包括塑料、硬质聚氯乙烯板材或玻璃钢等材料,其性能应符合以下要求。

①耐候性能:连续自然暴露2年或进行人工气候加速老化试验1200h,标志底板不应有裂缝、刻痕、起泡、凹痕、变形、腐蚀、粉化、变色及层间分离现象。

②耐盐雾腐蚀性能:标志底板不应有变色、损伤或被侵蚀的痕迹。

③机械性能:合成树脂类板材应能满足对标志底板机械强度的设计要求,如抗弯强度、抗中击强度及刚度等。

若合成树脂类标志底板在制作时加了保护层,则保护层在经受耐候性能、盐雾腐蚀、冲击等试验后,也不应出现开裂、起泡、粉化及剥落等现象。

④铝合金型材。

铝合金型材应符合《铝合金建筑型材》(GB 5237—2004)的规定,并满足标志板加强筋的设计要求。

2)标志面

标志面可用逆反射材料、油漆、油墨、胶粘剂、透明涂料及边缘填隙料等材料制造,目前应用较为广泛的是反光膜。反光膜一般由透明薄膜、黏结剂、高折射率微珠、反射层等材料组成,由于它对汽车灯光的折射、聚焦和定向反射作用,夜间具有很好的反射功能。反光膜的材料性能要求应符合《道路交通标志和标线》(GB 5768—1999)的规定。

选做标志面的材料必须具有耐候性能、耐盐雾腐蚀性能、耐溶剂性能、抗冲击性能、耐弯曲性能、耐高温性能、附着性能。

进行油墨对反光膜的附着性能试验后，标志面上油墨的墨层结合牢度应不小于95%。

3）支柱材料

标志支柱材料一般采用钢柱、铝合金柱和其他材料。在使用时可根据不同材料的特点灵活选择。

（1）钢柱。钢柱包括钢管、型钢等材料制造的标志柱，其强度高，加工性好，但易腐蚀，必须进行防锈处理。

（2）铝合金柱。铝合金型材具有耐腐蚀性好、质量轻、加工成型较容易、施工简单等特点，适于制作沿海地区的标志柱。

（3）其他材料立柱。标志支柱的其他材料有钢筋混凝土柱、不锈钢柱、木柱等。

4）逆反射材料

一般用于道路交通标志版面的逆反射材料主要为反光膜。反光膜的逆反射性能应符合《公路交通标志反光膜》（GB/T 18833—2002）的规定。

5）交通标志的加工要求与防腐处理

标志的加工包括标志板的形状、图案、文字、外形尺寸应符合《道路交通标志和标线》（GB 5768—1999）及设计文件的规定。对标志底板的边缘和夹角应适当倒角并使之呈圆滑状。标志底板边缘应进行卷边加固，卷边参考设计文件的形式。标志底板应采用型钢或滑动铝槽，加固方式按《道路交通标志和标线》（GB 5768—1999）附录和设计文件的规定进行。对于用反光膜制作的标志板，反光膜尽可能减少拼接。在粘贴反光膜结束之前，用过光油擦涂反光膜边角，以免反光膜起毛。

采用钢板、钢管等材料制作标志板、柱时，应进行防腐处理。防腐处理可分为涂装、浸涂、镀锌等方法。根据板、梁柱的形状大小及数量选择防锈处理的方法。

安全岛材料选用中，G型反光膜应用于锥形柔光和管状标志物、障碍物、鼓状物、公路拐弯处旁边的一排反光标牌、实物标志、缓冲设施以及其他标志标牌。

3. 人行道标线

路面车道使用左转或右转箭头，标志设置应重复，以防止箭头距离过近，并便于使用者选择合适车道。一般不适用纯文字的标志，除非工程特别标注。其中箭头、文字大小应该是符号高度的十倍。

4. 指示牌

1）道路指示牌设计

导向服务系统主要面向行人交通，功能具有整合性、有效性，外观简洁明朗，具有城市特色。要充分了解行人在色彩、图形、文字感知方面的特点，按照人性化的思路设计。指示牌的设施不能阻碍行人行走，文字大小要适中、清晰、易于阅读；指示牌悬挂高度适中，便于行人观看；有中英文对照，英文表达准确易懂，可以为外国人提供更优质的服务；指示牌内容与其他公交线路、地铁指引相协调；从地图上“您现在所在的位置”可以清楚知道自身所在地和前往目的地方向；指示牌上标有各种公共设施的指示，方便行人；地图信息丰富，内容详细；指示牌的布局与周围环境、建筑物相协调；指示牌的颜色搭配和谐；指示牌的外形美观、新颖、安全。

2)交通场站指示导向标志设计

交通场站车站客流量大、流动性强,要使乘客能够安全、有序、迅速地汇集和疏散,除靠使用广播引导外,还需设置各种视觉标志重点、反复地显示和引导。视觉标志应做到艺术强、形象简练、含义明确、清晰醒目,并要采用国际通用图案。指示、导向系统包括路引、地铁标志、指示牌和导向牌。路引是为了吸引客流,在场站出入口500m范围内的城市道路上设置标示明确的标志,并在车站地面出入口部位设置地铁标志,引导乘客进入车站。

指示牌表示某处的职能或某场所用途,如售票处、检票口、问讯处、站名牌等。导向牌的作用是引导、指示乘客行进的方向,导向牌应设在通道的交叉口、转弯处、楼梯、扶梯口部及站台上下车处。用于安全疏散的导向标志,其规格、尺寸、图文、形式、安设地点及位置应符合国家有关规范,如疏散通道、安全出口、楼梯等,其位置宜设在吊顶下面不少于500mm,距地面高度不少于2000mm处。

3)大型活动场所标志系统设计

对于功能复杂、人员众多的体育场馆而言,标志系统设计具有重要的意义,而其中看台区的标志系统尤为重要。看台区水平空间相似、垂直空间复杂,且使用人数多,必须对看台区(包括包厢)、看台坐椅、楼梯及附属设施(如厕所)等进行清楚的标示,使观众方便地到达想去的地方,其中附属设施的标志与疏散设计关系不大,在此不予讨论。

体育场馆的标志系统按形式可分为:方向标志、数字(文字)标志和地图标志。场馆内部的看台区、看台坐椅、楼梯等大多采用方向和数字(文字)结合的标志方式。标志系统设计涉及标示牌位置的安排、亮度的设计、色彩的对比、字体类型及字体大小设计等问题。

(1)位置的安排。标示牌的位置通常设在空间发生转换的地方,比如看台(包厢)出口、看台横纵走道交接处、看台走道与坐席交接处等。看台纵向走道(通常是台阶)的地面上一般不设置标志,但有时在走道台阶上设有坐席的排数,也可以加强空间的引导,如上海虹口足球场和上海体育馆。对于疏散而言,在重要疏散设施的出入口(如看台出口、楼梯入口、休息厅外门出口等)进行标示,可以很大程度上提高疏散效率。

值得一提的是,国外有研究表明,垂直于墙面而不是平行于墙面的标志的可读性更强,因为它顺着人行走的方向,人不用转动脑袋就能看到,因此易于在行走时阅读。柏林奥林匹克体育场的休息走廊内即采用垂直于墙面的标志系统。但目前,我国的体育场馆标志系统大多是在墙面上或与墙面平行的。

(2)亮度的设计。由于体育场馆举行活动的时间通常在晚上,因此标志系统必须是荧光的或有内置照明,否则如果看不清,仍然起不到空间导向的作用。这样的标志同样也是一种应急疏散照明,对疏散将起到重要的作用。目前有些体育场的部分看台标志因为不是荧光也没有内置照明,在晚上看不清楚,给疏散带来困难。所以,应采取补救措施使其在夜晚仍能识别。

色彩的对比及字体的大小也会影响标志系统的识别效果。一般,色彩对比度越大,越容易看清;字体类型和字体大小则需依具体情况而定,并不是字形越粗、字体越大越清楚。

清晰明确的标志系统有助于疏散的进行。当然,也必须意识到,标志系统只对疏散起辅助作用,使疏散设施具有良好的可识别性的决定因素还是建筑空间设计本身。

二、行人交通设施照明设计

行人交通照明设施的设计逐渐从“实用特性为主”转向“实用与视觉并重”，照明设施不仅要满足步行空间夜间照明要求，还要成为夜景的营造者，即使在白天，照明设施造型也是空间中不可或缺的景观要素之一。特别是在道路行人交通场景中，一般的照明设施总是按街道的方向有规律、有节奏地排列，引导人们的视线，强调空间的连续，也在有序的街道外部空间中建立了具有现代气息的城市环境。

1. 人行道

人行道照明设计时要考虑安全与审美的因素，同时包括周围环境和装饰的照明。照明能够提高夜晚的人行道使用效率。设计时要考虑低压(120V)、破坏防护和安全问题。例如：限制控制中心的出入，密封配线和支架，消除材料中锐利的边缘和角。

2. 交叉口

夜晚是交叉口事故多发生时段，对于夜晚出行的行人交通尤其要考虑路面照明。交叉口的灯光可以提高交叉口和附近的能见度，进而可以提高安全性。

交叉口一般都有可视距离限制，像畸形交叉口、渠化复杂、道路倾斜、车流量大、异常的交通形式、转弯较多的道路、受保护的转弯车道以及其他驾驶员注重的问题，都能通过照明得到改善。

照明设施单元应该与信号和标志相结合，每个交通场所都得保证，即使是最小的广告牌或交叉口的障碍物。当照明被用于交叉口渠化道路或立交匝道，照明单元应该照亮受保护转弯车道、隔离车流区域、交通岛等地方。

3. 地下通道和人行天桥

地道内设照度不低于500lx的照明设施，线路布设和配电箱考虑灯具全天照明、部分照明和少量灯具深夜长明的不同要求，以节约用电。照明灯具隐藏在通道顶内，做到见光不见灯，既能满足通道照明要求，也能增加通道整体通透和美观，同时减少人为破坏。天桥上不设专门照明设施，一般利用城市道路照明即可满足照度要求。

4. 停车场非行车区域

非行车区域需要考虑车辆混行和人车混行交通。因此，晚上应该在停车场、停车场之间的人行道以及停车场的服务场所提供照明。停车场周围的绿地和服务建筑应该有保证安全的照明，以保护乘车人、防止意外伤害。

由于从路口出来的车要通过长长的匝道进入停车场，进入非行车区域的车速都很快，在设计货车停车场时，要充分保证匝道照明，这种情况在高速公路旁的休息区域很常见。如果出现更高的出口速度或者是匝道旁出现大型货车停车场，此时，要通过法律或其他规章制度在这些地点创造更好的照明条件。非行车区域的两端间距要长，以防止两端设施被去往停车场的大货车撞坏。照明设施应该覆盖匝道人行区域和货车停在人行道上导致的阴影区域，以保证行人行走安全。

对于匝道不长、用行车道连通路口且没有货车停车场的非行车区域，一般出口速度都比较低，此时，不需要提供车行道照明。一般来说，这种非行车区域位于一般公路旁的比高速公路旁的多。车行道和公路的交叉口要提供照明，对于长直道路和附近有货车停车场的道路也要考虑照明。

5. 枢纽车站

对重要车站的照明条件和照明水平的设计应该进行全方位、各个阶段的考虑,以便更好地利用设施。除了重要车站,其他各种水平的车站的照明设计也要进行监管。为保证安全,对于临时被扣留而存储的货物也要提供照明。

对于出入口匝道,要保证设施在车流交叉处的照明,两个交叉口之间的重点车道照明条件要更好,停车场后的房子应提供更高强度的照明,同样高速公路也得提供照明。另外,山区道路的低处和易发洪水地方的照明要保证能看到提示车辆的标志、能观察到车辆的底盘、能判断驾驶员和道路上其他人的位置。

地下车站是一个依靠人工照明的空间环境,照明设计除了要满足良好的光照要求,更成为装修设计中营造空间环境和氛围的重要组成部分。合理地选择灯具形式及灯位布置,采用直接照明与间接照明相结合的手法,将灯光设计与吊顶设计协调处理,对创造出一个优美舒适的空间环境具有重要意义。

从经济方面考虑,地下车站的公共区应选择适合的照度。通道、站厅、站台各部分的照度并不是平均布置的,而应根据各个不同空间的使用特点来设计,站厅公共区是乘客完成售检票,通过闸机进人站台候车的场所,乘客停留时间较长,照度应设计得高一些,一般以150 ~ 250lx为宜,但售票和进出站闸机处应局部增加照度,便于乘客完成售检票的操作;站台主要供乘客候车及上、下车,为了引导乘客下车后迅速出站,站台照度不宜过高,以不超过200lx 为宜,但在上下车部位应增加照度,保证乘客安全。

车站公共区的照明设计包括平时照明、事故照明、广告灯箱照明、导向指示照明,设计中应综合考虑上述各部分照明效果,使各部分照明互为补充以达到安全、节能的目的。光源在公共区内宜采用荧光灯,这是由于荧光灯灯色接近日光色,可基本反映出建筑装修材料的真实颜色,而且在同一功率下,荧光灯要比白炽灯亮。但荧光灯也有光线过于集中和易产生眩光的现象,在设计中应与吊顶材料结合考虑,如选用通透的垂片、方格等金属吊顶,利用材料的阴影来改善照明效果。

三、行人交通其他设施设计

坐椅的设计为人们提供了良好的休息功能。布置坐憩设施时,结合周围垃圾筒、灯具等一起考虑,以方便人们使用。坐椅的具体设置和形式,应在充分了解和把握行为特性的基础上确定。卫生管理设施是步行街中必须细致考虑的外部空间设施,它直接关系到空间环境的品质和对人们的关怀程度。卫生管理设施包括公厕、垃圾箱、烟蒂缸、饮水处等。公共电话亭是一种简便的公共设施,方便移动,自由度较大,所以表现形式多样,可依附在墙壁上,也可以独立存在。步行空间电话亭即可以满足人们通信的功能需求,也可以通过其本身优美的造型为步行空间景观添彩。

第四节 行人交通设施的协调设计

行人交通设施除了要考虑行人自身的需求和行为外,还需要考虑行人交通与其他交通方式的协调,以及行人交通设施之间的协调。包括行人等候设施与其他交通方式的能力协调,道路上人行道与人行过街设施的协调、交通场站和大型活动场所行人通行设施与服务设施的协调等。其核心是能力协调,即通过综合协调设计,减少行人出行时间延误,提高行人交通设施服务水平。下面以交通场站行人交通设施为例,分别介绍这两方面的内容。

一、运能和场站规模协调

通过交通场站客流分布分析,可以确定场站内主要交通方式的建设规模和能力大小。同时,根据客流分布合理确定出配套交通方式的运能和场站规模。下面介绍各种交通方式运能和场站规模计算的模型。

1. 场站内公交车站

在主要考虑公交车辆供乘客上下车时停放和掉头所需面积以及乘客集散和候车所需面积的因素下,可按如下方法计算。

$$S = \left[\frac{t_d \cdot N_b}{60} + \frac{t_u \cdot N_b}{60}\right] \cdot s_b + \frac{L_p \cdot N_b \cdot P_b \cdot (\eta_s + \eta_a)}{3600 \cdot s \cdot v} + s_h \cdot B_d \cdot T_s + s_d \quad (4\text{-}3\text{-}14)$$

式中:S——枢纽内常规公交站场所需面积,m^2;

N_b——高峰小时内集结到达枢纽的常规公交车辆数,辆/h;

$$N_b = \frac{B}{C_b \cdot T}, B = \max(B_d, B_a) \quad (4\text{-}3\text{-}15)$$

C_b——每辆公交车位每小时可运送乘客数,人;

T——公交车发车间隔时间,h;

B_d——高峰小时搭乘公交车离站乘客数,人;

B_a——高峰小时搭乘公交车到站乘客数,人;

t_d、t_u——分别为常规公交车辆在下客站和上客站的停留时间,min;

s_b——常规公交车辆停车时的平均占地面积,m^2/辆;

L_p——到达和离开客流在常规公交站场内的平均步行距离,m/人;

s——平均行人密度,人/m^2,通常取1.2人/m^2;

v——平均步行速度,m/s,通常取1.1m/s;

η_s、η_a——分别为常规公交车辆到达和始发时的满载率,%;

P_b——为一辆常规公交车辆的平均额定载客量,人/辆;

T_s——乘客平均候车时间;

s_h——人均候车面积,m^2/人;

s_d——公共汽车掉头所需要的空间面积,m^2。

2. 场站外路边公交车站

$$S_b = N_b \cdot S_b, N_b = \frac{D_b}{C_b}, D_b = \sum_{i=1}^{t} n_i \quad (4\text{-}3\text{-}16)$$

式中:S_b——公交站场所需面积,m^2;

N_b——公交车停车位数量;

D_b——高峰小时公交车线路班次数;

C_b——每个车位每小时可服务班次数；

l——公交车线路数；

n_i——第 i 条公交线路高峰小时班次数。

二、行人服务设施配置协调

在交通方式内部，还需要配置一定的行人服务设施（如售票设施、检票设施和验票设施等），服务设施的配置一方面影响着投资花费，过多的配置服务设施不仅需要更多的人力物力，还需要占用更多的空间，引起资源浪费；另一方面服务设施的配置影响服务水平，如果服务设施配置较少，则乘客需要长时间等候，从而导致服务水平低下，服务质量下降。在此，在客流分析的基础上，基于排队论，通过经济分析，提出了既满足服务水平，又符合当地经济发展水平行人服务设施协调方法。

1. 排队论的引入

对于长途汽车、火车等运输方式，乘客乘车一般需要经过购票、检票进站和验票出站等程序，这些程序受制于车站提供的服务和设施。购票通常是乘客乘车过程中的重要环节，其中购票时间等于排队时间加上服务设施服务时间。在这里服务设施指提供服务的人和设备，其服务时间与单位时间内服务设施的服务强度有关。通常影响服务质量的主要因素为乘客排队时间。

排队论又称为随机服务系统理论。从一个排队系统中乘客数量随时间而变化的情况，可以看出，它是一个随机过程，如其到达间隔的概率分布具有平稳性、无后效性和普遍性，可视为服从泊松分布，其服务时间的概率分布则服从指数分布，它们的状态变化过程都属于一种特定的随机时间生灭的过程。

2. 乘客服务系统排队分析

通常情况下，乘客到客运站购票乘车，我们可视为乘客的购票为单独到达，对于单独到达的情况，根据对乘客服务系统的分析可知：对于所有的，即系统始终具有不变的到达强度和服务强度。假设对一个乘客服务系统有 C 个服务设施（$C>1$），系统容量和乘客来源无限；先到先服务；一个服务设施为一个乘客服务；乘客到达后，若有服务设施空闲，则立即接受服务，否则参加排队。服务设施服务结束后，若队列中有等待的乘客，即按先到先服务的原则为下一个乘客服务。每个服务设施的服务时间都服从均值为 $1/\mu$ 的指数分布。乘客到达强度符合泊松分布：

$$\mu_n = n\mu, 0 \leqslant n \leqslant C;$$
$$\mu_n = C\mu, C \leqslant n \leqslant \infty$$

由此，乘客服务系统的排队过程可以表示为 $M/M/C/\infty/\infty/FCFS$ 排队模型。该模型符号采用国际通用形式 $A/B/C/d/e/f$，各符号的意义是：A 为到达间隔时间的概率分布（泊松分布与指数分布均用 M 表示）；B 为服务时间的概率分布；C 为服务设施数；d 为排队系统允许的最大乘客数；e 为乘客来源总体的数目；f 为服务规则。

利用生灭过程的稳态结果来研究本模型的 P_n、P_0、L、L_q、W 和 W_q，对于多服务台模型，其服务员占有率为：$\rho = \dfrac{\lambda}{c\mu} < 1$（这样才不会排成无限的队列）。

推导得出：

$$P_0 = \left[\sum_{n=0}^{C-1} \frac{\lambda^n}{\mu^n n!} + \frac{1}{C!} \left(\frac{\lambda}{\mu} \right)^c \left(\frac{1}{1-\rho} \right)^{-1} \right]$$

$$P_n = \begin{cases} \frac{1}{n!} \left(\frac{\lambda}{\mu} \right)^n & P_0 (n \leqslant C) \\ \frac{1}{C! C^{n-c}} \left(\frac{\lambda}{\mu} \right)^n & P_0 (n > C) \end{cases}$$

$$L_q = \frac{\lambda^C \rho P_0}{\mu^C C! (1-\rho)^2}$$

$$W_q = \frac{L_q}{\lambda}$$

$$W = W_q + \frac{1}{\mu} = \frac{L_q}{\lambda} + \frac{1}{\mu}$$

$$L = \lambda W = L_q + \frac{\lambda}{\mu} \tag{4-3-17}$$

式中：ρ——系统的服务强度；

λ——单位时间平均到达的乘客数；

μ——单位时间内被服务完成的乘客数；

P_n——有 n 位乘客的概率；

P_0——系统中没有乘客的概率；

L_q——系统中排队等待的平均乘客数；

L——系统中的平均乘客数；

W_q——乘客在系统中平均等待服务的时间；

W——乘客在系统中平均逗留的时间。

运用服务设施协调模型可以对很多服务设施进行协调优化，不仅可以解决售票设施协调问题，还可以解决轨道交通枢纽进出闸机、火车或长途汽车乘客进出站验票设施和其他设施的协调问题，还可以将其推广到公交车进出站排队优化问题等等。一方面，通过排队论指导客运站服务设施设计；另一方面，通过排队论对车站服务设施进行优化和协调，及时发现问题，以便不断提高服务质量和设施效率。

第五篇　行人交通控制及安全保障

交通系统中大量行人的行走会形成行人交通流,如何通过合理、有效的控制手段提高行人交通流的通行效率和通行安全具有重要意义。根据行人交通运行的状态,本篇内容将从正常情况下的行人交通控制和应对行人事故的安全保障技术两个方面分别进行阐述。由于不同环境下行人行为不同,与外界交互程度不同,对行人流的控制技术也不尽相同,因此需要分别介绍不同设施环境下的行人交通控制技术。行人的安全问题既包括道路上的人—车冲突,亦包括大规模人群的集散安全问题。本篇的另一重要内容是行人交通安全管理和拥挤管理。

行人交通控制及安全保障从安全管理的角度出发,以行人交通理论为基础,在行人交通设施设计和规划的基础上,研究行人交通系统安全运行的管理措施,旨在通过建立专业科学的管理体制,将控制和管理手段有机结合,力争实现行人交通系统在时间、成本、效率、技术水平等综合约束条件下,最佳安全运行水平的目的。其中,行人交通安全保障包括一般情况下的行人安全管理和大规模人流集散场景下的行人拥挤管理。

第一章　城市道路行人交通控制

城市道路行人交通是行人交通的重要组成部分,城市道路两侧一般都设置有行人专用通道。由于这部分区域属于行人专用道路,无机动车通行,且一般流量较小,因此安全性普遍较好。但是,作为城市道路中行人与机动车共用道路,特别是在信号交叉口、无信号人车共用路段等交通区域,行人的交通安全存在许多问题和安全隐患。因此,本章将重点讨论城市道路信号交叉口行人交通控制的几个问题:城市道路信号交叉口处行人的信号控制方法,信号配时设计以及行人过街信号的具体设置方法及标准问题等。重点讲述当前的信号存在的问题及对于行人控制的作用和信号优化方法,对于没有设置行人通行信号的道路交叉口提出信号设置的参考标准。

第一节　信号交叉口行人交通运行特性与现状

一、信号交叉口行人交通运行特征

1. 信号交叉口环境特征

交叉口作为城市路网中的结点,汇聚了不同方向的交通流,其环境表现出多种特征。

一方面,由于绿灯时间的损失、机非混行等因素,平面交叉口成为城市道路交通的瓶颈地带,其通行能力远远低于路段通行能力。

另一方面,从交通安全的角度,交叉口属于交通事故高发区。因此作为城市道路交通的典型场所,研究行人的交通特性,为完善行人交通流理论,进而减少行人交通事故、保障行人安全、提高通行能力、降低交通延误都有着重要的意义。

一些发达国家由于道路上基本是单一的机动车交通流,自行车很少,混合交通引发的问题不多。然而,我国大多数交通拥挤城市的道路行人和非机动车流量规模远大于西方多数国家,行人、非机动车与机动车在交叉口范围内形成了众多的交叉点。我国的城市交通交叉口环境特性具有两个显著特征。

(1)道路上运行的车型混合严重。各类车辆之间机动性能和几何尺寸差别大,车辆之间存在严重的纵向干扰。

(2)交通方式混合严重。机动车通行空间与非机动车通行空间在交叉口缺乏明确的划分,机动车、非机动车共用道路,横向干扰突出。

2. 信号交叉口行人特征

信号交叉口处由于不同类别的交通流在同一时间互相穿行、彼此严重干扰,行人及机动车、非机动车为了各自移动目的,常出现人机冲突现象,导致行人过街延误的增加和交叉口通行能力的下降。信号交叉口行人特性主要体现在人机冲突严重,行人流总量相对较少,行人为完成穿越目的所表现的活动行为较单一。

由于交叉口信号控制水平有限,而有些交叉口无行人专用信号控制,使得行人过街交通近于无控无序状态,甚至交叉口信号绿灯期间过街的行人也不是绝对安全。在我国大部分平面交叉口经常出现以下情况。

(1)在绿灯末期过街的行人受相交道路上启动车辆的干扰,强行穿越现象不可避免。行人在绿灯信号末期过街时,往往刚跨入人行横道,绿灯信号便切换成黄灯信号,且在行人过街途中转换成红灯信号,此时相交道路的车辆开始启动,行人在过街中途被迫中止,等候机动车流之间的空隙,伺机强行穿越,或阻碍机动车前进路线强行穿越。

(2)绿灯初期开始过街的行人与相交道路上行驶至人行道的车辆冲突。当行人信号灯切换为绿色信号灯、行人开始过街时,往往上一相位绿灯末期驶入的车辆还未通过该人行横道,常发生行人、机动车相互干扰的交通混乱现象。

以上两种现象在平面交叉口中普遍存在,既容易导致交通事故的发生,又严重地影响了交叉口的交通秩序,降低了交叉口的通行能力。

二、信号交叉口行人交通问题及成因

道路交叉口有无行人专用交通信号直接影响到交叉口的通行效率和安全。有行人专用交通信号的路口交通秩序相对较好,通行效率较高;无行人专用交通信号的交叉口安全性普遍较差,交通秩序混乱。与此同时,在无行人专用交通信号的交叉口大多存在行人强行穿越道路的现象,其成因可以归纳为以下四点。

1. 无专用信号向行人提供通行权

城市交叉口行人过街常常处于自由无序状态,行人经常强行穿越道路,这主要是由于大部分交叉口都无专用的行人控制信号，导致行人误认为交通控制信号只是针对车辆而不涉及行人，因而无视交通控制信号的存在。

2. 交通控制信号设计不合理

城市道路交叉口大量车流、人流聚集，常在信号控制的相位变换期间发生交通混乱，经常出现大量的机动车等待行人过街以及机动车和行人相互干扰的交通混乱现象，甚至出现交通拥堵现象。归根结底，是由于信号控制未能在时间上把不同类别和流向的交通流有效地分离开。

3. 过街设施设置缺乏对行人行为的考虑

行人过街设施主要包括人行横道、行人过街天桥和行人过街地下通道，由于部分行人过街设施在设置时没有考虑行人过街的行为特性，使得由于交通可达性差，而出现行人为满足快捷方便的出行目的，而与机动车相互干扰和争道抢行的现象。例如，人行横道设计缺陷可能导致行人过街的溢出现象和截短现象。溢出现象指现有人行横道宽度不足以容纳双向过街行人，部分行人在人行横道两侧行走；截短现象是人行横道两侧连接点不符合人体工学特点，过街行人只利用部分人行横道，其余部分走捷径。

4. 缺乏有效的管理控制

信号控制交叉口和路段人行横道处经常出现人车抢道现象，行人和驾驶员很少严格遵守有关人行横道处通行权的道路交通安全法，发生这种现象除了与交叉口信号控制设施设备设置及行人安全意识薄弱等原因有关外，主要是由于道路交叉口缺乏有效安全管理，甚至对过街违法行为的惩罚力度不够导致。从客观上说，行人信号灯只起到了划分道路通行权的作用，为保证行人过街安全性，则需要从根本上加强行人交通管理，进行有效的安全管理控制。

第二节　信号交叉口行人穿越模型

一、信号交叉口行人穿越过程分析与处理

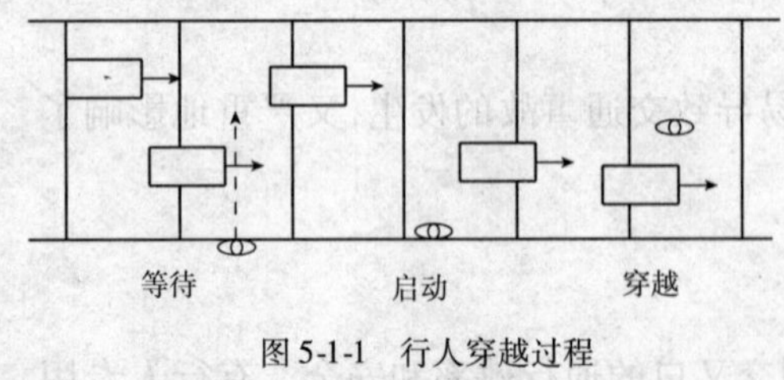

图 5-1-1　行人穿越过程

行人穿越信号交叉口是行人在道路交通环境中最常见的移动行为。行人穿越信号交叉口时的穿越过程为先等待，然后启动准备穿越人行横道，正式穿越，最终完成穿越过程，如图 5-1-1 所示。行人穿越过程所包括的设施服务水平可以用行人过街延误时间、行人反应时间和行人走行时间来衡量。

1. 行人过街延误时间

(1)无干扰条件下的行人过街延误

当交叉口有专用的行人信号时，行人过街不受干扰，在红灯期间到达的行人需要等待，信号灯变成绿灯时，行人开始疏散通过交叉口；在绿灯末，行人到达交叉口，观察剩余绿灯时

间是否大于可穿越间隙,决定是否通过交叉口,此时行人过街延误为信号控制延误。假设行人到达率为 q,行人一次性通过交叉口,不存在二次过街的情况。

图 5-1-2 无干扰条件下,为红灯开始时行人过街延误示意图。

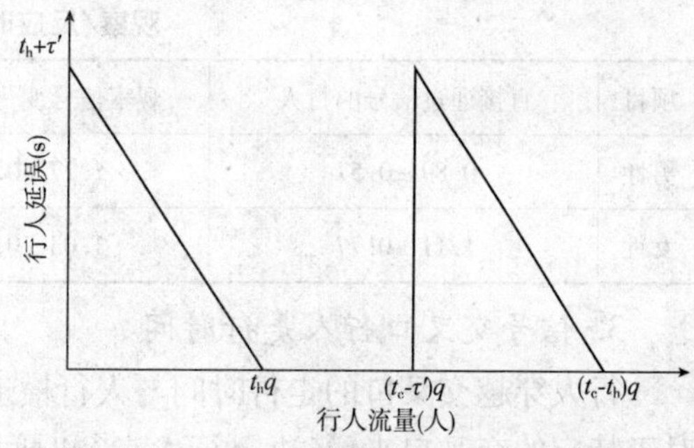

图 5-1-2 无干扰条件下红灯开始时行人过街延误

$$D_x = \frac{0.5\,(t_h+\tau')^2 q}{t_c q} = \frac{(t_h+\tau')^2}{2\cdot t_c} \qquad (5\text{-}1\text{-}1)$$

$$\tau' = \frac{W}{v} + t_R + t_1 \qquad (5\text{-}1\text{-}2)$$

式中:D_x——信号控制延误,s;

t_c——周期时长,s;

t_h——红灯加上黄灯时间,s;

τ'——行人穿越同向车流的安全穿越间隙,s;

W——单向机动车道宽度,m;

v——行人过街步行速度,m/s,一般取 1.2 m/s;

t_R——行人观测车流状况、判断安全间隙所需的时间,取 $t_R=2$ s;

t_1——车身长度通过的时间,取标准小客车 $t_1=0.72$ s。

(2)干扰条件下的行人过街延误

干扰条件下信号控制交叉口行人过街平均延误不仅与信号控制延误有关,还与干扰车流对行人产生的延误有关,当车头时距满足负指数分布时,干扰条件下信号控制交叉口行人过街延误可由以下公式确定:

$$D = D_x + D_g \qquad (5\text{-}1\text{-}3)$$

$$D_g = \frac{\frac{1}{q_1} - (\tau + \frac{1}{q_1})\prod_{i=1}^{n} e^{-q_i\tau}}{\prod_{i=1}^{n} e^{q_i\tau}} \qquad (5\text{-}1\text{-}4)$$

式中:D——干扰条件下信号控制交叉口行人过街平均延误,s;

D_g——车流干扰延误,s;

q_i——各条车道车辆到达率,辆/s;

n——机动车道数;

τ——行人穿越一条平道的安全穿越间隙,s。

2. 信号交叉口行人反应时间

信号交叉口行人反应时间是指从通过信号开放时到行人开始走行的时间,一般可以用观察力或反应力水平表示。根据国内外研究,行人反应时间与行人的性别和预期水平有关,预期的水平又分为直接注意通过信号的行人、既注意对向交通信号又注意交通流的行人和焦虑不安的行人。根据对洛杉矶地区交叉口的数据分析可知,男性通过交叉口的反应时间比女性所需反应时间要长,如表 5-1-1 所示。

观察/反应时间数据(单位:s) 表5-1-1

项目	直接通过信号的行人	观察信号变化的行人	焦虑不安的行人	不遵守交通规则的行人
男性	0.89 ±0.57	1.27 ±0.75	2.77 ±0.38	−0.73 ±0.39
女性	1.11 ±0.77	1.03 ±0.57	2.50 ±1.37	−0.70 ±0.53

3. 信号交叉口行人走行时间

行人穿越交叉口的走行时间与人行横道的长度、交叉口的环境状态以及行人属性有关。对于特定的交叉口来说,决定行人走行时间的关键因素在于行人的走行速度。速度与每个步行者的能力、目的地以及周围的交通状况,特别是交通密度均有关系。不同性别、年龄的行人走行速度不同,同一行人在不同的交通设施下的速度也会变化。

4. 行人穿越过程处理

整个穿越过程,行人需要遵循一定的规律,因此需要对行人穿越过程做如下处理:规定行人到达交叉口时,如果遭遇红灯,则在人行横道入口点等待;当信号灯转变为绿色时,行人开始过马路。此时可将穿越人行横道的行人视为一个群组,即用中观的方式来描述行人穿越模型。这种描述不需要考虑群组内部行人之间的微观行为,更有利于研究行人穿越对机动车的影响。

二、信号交叉口行人穿越规律及模型

无行人专用信号的交叉口,由于行人、机动车、交通环境以及组织管理方面的原因,行人强行穿越道路的情况时有发生。研究发现,一段时间内穿越道路的行人群组数在统计意义上接近泊松分布,该种分布是指无突起的波峰,并非每个时段穿越行人数都相等(指穿越相同人数的概率均等)。交通高峰、平峰、低峰时行人穿越的差异仅在于穿越人数上的变化。对于特殊的穿越情况,如突然存在很多人穿越而导致交通长时间中断,可当作小概率事件接受。

由于泊松分布的概率曲线集中度比较均匀,故选用泊松分布来表示行人干扰的分布情况。某段时间 t^* 内穿越 n 个行人的概率可以表示为:

$$pt^*(n) = \frac{\lambda^n}{n!}e^{-\lambda} \tag{5-1-5}$$

式中:t^*——采样时间;

n——穿行人数;

λ——单位时间内的平均穿行人数。

实际上我们希望得到的是在某个采样时间段内有 n 个行人穿越道路的概率分布。考虑实际上行人过马路主要以群组的形式,$pt^*(n)$ 实际表示的是在采样时段内有 n 个行人穿越道路的概率分布 $p_n'(t^*)$。令 $\lambda = \alpha t^*$,此时 λ 为采样时间内的平均穿行人数,α 表示行人平均穿越率(p/s)。式(5-1-5)转化为:

$$p_n'(t^*) = \frac{(\alpha t^*)^n}{n!}e^{-\alpha t^*},t^* > 0 \tag{5-1-6}$$

式(5-1-6)的物理意义是:在时间区段 t^* 内有 n 个行人由干扰点进入研究区域穿越道路

横断面的可能性为 $p_n'(t^*)$。固定采样时间,则可通过在不同的干扰点处测量穿越道路的行人数的方法确定参数 λ。图 5-1-3 为 λ 取不同值时的泊松分布图。

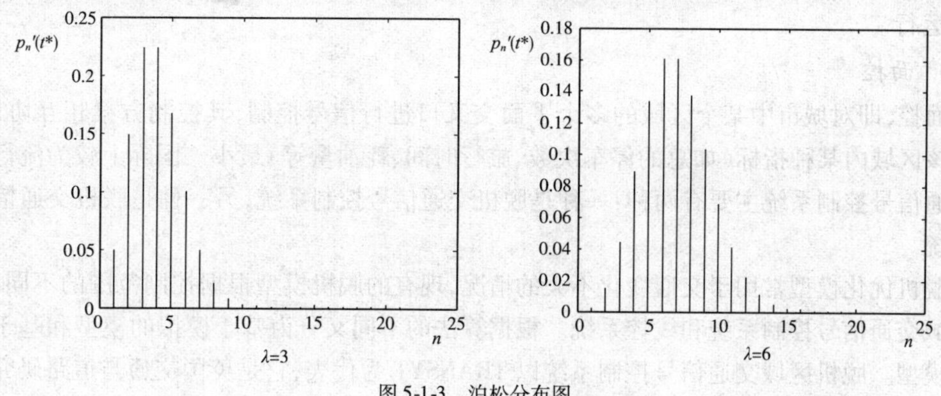

图 5-1-3　泊松分布图

第三节　信号控制方法

一、信号按照空间关系分类

从空间关系上划分可把交通信号控制分为单路口控制(也称点控)、干线控制(也称线控)和网络控制(也称面控)。

1. 点控

点控是指对城市道路平面交叉口进行独立的信号控制,不考虑与相邻路口或匝道的协调关系,目的是尽可能减少该路口的行车延误。

非机动车和行人的单点信号控制一般以使排队长度最短或等待时间最小为目标,针对单个交叉口提出控制方法设计,并在不同信号相位划分条件下,综合考虑驾驶员在信号交叉口左转或右转时给行人让行的特性,确定行人过街时间及其对交叉口机动车辆运行的影响。

2. 线控

线控是指对含有多个交叉口的城市交通干线进行信号控制,各路口的控制方案相互协调,使得进入干线的车队按某一车速行驶时,不遇或少遇红灯而通过该干线。线控系统方面的研究,主要分为脱机式和联机式两种。

脱机的线控系统计算软件以 MAXBAND 和 PASSER Ⅱ 为代表。MAXBAND 通过对给定周期时长、绿信比、信号间距和连续通行车速的线控系统,优化信号时差以获得系统的最宽通过带;PASSER Ⅱ 也是一个优化线控系统通过带宽的软件,它还可以分析线控系统中各种多相位次序的信号配时。

联机控制系统,按控制方式,可分为“配时方案选择式”和“配时方案生成式”两类。配时方案选择式控制系统是用线控系统计算软件,根据不同的交通状况,计算几套相应的配时方案,把这些相应于不同交通状况的配时方案都移至控制计算机或配有计算机的信号控制机(主控机)中,设置在路上的车辆检测器,测得路上的实际交通数据后,把这些信息送到控制器或计算机进行数据处理,并按处理结果,选择最接近于实测交通数据所适用的配时方案,定出信号控制参数。计算机或主控机按这些控制参数指挥信号灯的运行。

3. 面控

面控,即对城市中某个区域的多个平面交叉口进行信号控制,其控制方案相互协调,使得在该区域内某种指标(如总的停车次数、旅行时间、耗油量等)最小。国际上较为流行的区域交通信号控制系统主要有两种:一种是脱机交通信号控制系统,另一种是联机交通信号控制系统。

脱机优化模型常用于交通变化不大的情况,现有的脱机模型根据控制范围的不同,可分为区域交通信号控制系统和线控系统。根据算法的不同又分为基于模拟的模型和基于数分析的模型。脱机区域交通信号控制系统以 TRANSYT 为代表,它是英国交通与道路研究所在 1966 年提出的,随后美国的 Wallace 等人于 1988 年在前人研究的基础上开发了 TRANSYT-7F,法国等国也先后在英国的基础上开发了适合本国国情的控制系统。该系统是以 PI 值(综合考虑延误与停车次数目标最优函数)最佳为优化目标,利用计算机仿真模型对提前进行的对路网和路口的通行能力的交通调查结果进行分析,并利用城市路网交通信号控制算法对分析结果进行优化,从而得到不同时段各个路口的信号配时方案。

联机交通信号控制系统又可分为方案选择式系统和方案生成式系统。其中方案选择式系统以澳大利亚的 SCATS 系统为代表,它是将 TRANSYT 算法计算出的多种信号配时方案存入中央控制计算机,在联机运行过程中,按照检测器的检测结果,由中央控制机选择相应的配时方案并由路口信号机实施。方案生成式系统以英国的 SCOOT 系统为代表,它是通过设置在上游路口出口车道的车辆检测器,实时采集车流信息,并基于此预测下游路口进口的车流信息,实时联机处理生成优化信号配时方案。这些系统都对交通流的规律性有要求,只有相应的交通流规律满足要求,才能使系统功能得到充分发挥。这也正是我国目前城市道路交通流条件下,实施上述交通信号控制系统较为困难的原因。

二、信号按照控制原理分类

从控制原理上划分可把交通信号控制分为定时控制、感应控制和自适应控制。

1. 定时控制

交通信号定时控制方法是根据历史数据,对一天中的某一给定时间内的车流用恰当的优化方法离线计算信号控制参数,然后将计算出的信号控制参数设置到信号机中,进而对交通流进行调控。一天只用一个配时方案的称为单时段定时控制,一天按多个时段采用不同配时方案的称为多时段定时控制,简称多时段控制。

2. 感应控制

感应控制是某相位绿时根据车流量的变化而改变的一种控制方式,感应控制的思想基于寻找间隙来决定当前的绿时是延长还是终止。感应控制在一定程度上适应了交通需求的变化,比定时控制有一定的优越性,尤其在交通流量随机波动较大的交叉口,感应控制会有很好的控制效果。

3. 自适应控制

自适应控制是指能根据交通需求的变化而调整信号运行的信号控制方法,它比感应控制更有效。自适应控制与传统的感应控制的本质区别在于定义了一个“目标”来估计相应于这一目标的控制性能。实现自适应控制的算法可以是不同的,但是,它们的共同特点是根据实时采集的交通信息来决策信号控制参数。交通信号自适应控制根据交通需求的变化来实时调整配时方案,属于闭环控制。

第四节　信号交叉口行人过街信号设置条件

设置交通信号的主要目的是解决平面交叉口的交通冲突问题。然而,并不是所有的平面交叉路口都需要安装信号灯。在交通量较小的路口,实施交通信号控制反而会造成车辆和行人的延误。我国尚未制定交通信号灯设置条件的规范。美国公路网发展较早,关于这方面的研究相对比较成熟,下面介绍美国设置交通信号的几个依据和标准以供参考。

1. 最小交通流量依据

当一天中任意 8h 平均交通量达到表 5-1-2 中数据时,则应安装交通信号灯。其中,pcu(passenger car unit)称为标准小客车当量。

最小交通流量依据(pcu/h)　　表 5-1-2

区域	主道(双向流入量)		支道(单向最大流入量)	
	单向进口车道数	交通流量	单向进口车道数	交通流量
市区	1	500	1	150
	≥2	600	≥2	200
郊区	1	350	1	105
	≥2	420	≥2	140

2. 连续交通中断依据

当交叉口主、次道路的交通量比较大时,次道路上车流穿越或左转进入主道路将非常困难,而需设置信号灯,其流量要求见表 5-1-3。

连续交通中断的交通流量依据(pcu/h)　　表 5-1-3

区域	主道路(双向流入量)		次道路(单向最大流入量)	
	单向进口车道数	交通流量	单向进口车道数	交通流量
市区	1	750	1	75
	≥2	900	≥2	200
郊区	1	525	1	53
	≥2	630	≥2	70

3. 行人交通量依据

在交叉口,除了考虑机动车通行外,还要考虑穿越交叉口的行人。该依据将行人交通量和车流量综合考虑,如果两项指标同时达到,则需要安装信号灯,其流量要求见表5-1-4。

行人交通流量依据 表 5-1-4

区域	主干道(双向流入量)		主干道上最繁忙的人行横道
	中央隔离带(≥1.2m)	车辆交通流(pcu/h)	行人交通量(人次/h)
市区	无	600	150
	有	1000	150
郊区	无	420	105
	有	700	105

4. 事故记录依据

当考虑到交通事故发生的情况时,上述三项依据所规定的交通流量标准要降低20%,即当下述三条均满足时,也要安装信号灯。

(1)在12个月内发生了5次及5次以上的交通事故,而这些交通事故可以通过信号控制来避免。

(2)为减少交通事故而采用的除信号控制以外的措施均告失败。

(3)有交通事故发生,且车辆和行人交通量达到了前述三项依据中任一项所列数据的80%。

5. 综合考虑依据

对于(1)、(2)、(3)所列3个流量依据,如果实际交通量达到了任意两项依据所规定的流量的80%,则认为应该安装交通信号灯。

然而,对于路段信号控制设置情况,由于当前大部分路段一般无信号控制,行人自行穿越,这给行人和车辆安全都埋下了隐患。为保证行人穿越行为的安全性,在一些路段也需要设置专门的行人过街信号,并完善行人过街信号的设置标准,优化行人过街环境。具体路段信号设置条件及标准将在本章第六节进行详细介绍。

第五节 信号配时设计

一、基本概念

1. 交通灯信号

交通灯给出的信号为红、黄、绿三色。在多相位信号控制中,灯光信号还包括左转、直行及右转的颜色和红色箭头灯。世界各国对交通信号灯各种颜色的含义都有明确规定,其规则基本相同。我国1988年3月颁布的《中华人民共和国道路交通管理条例》中有如下规定。

(1)绿灯亮时,准许车辆、行人通行,但转弯的车辆不准妨碍直行的车辆和被放行的行人通行。

(2)黄灯亮时,不准车辆、行人通过,但已越过停止线的车辆和进入人行横道的行人,可以继续通行。

(3)红灯亮时,不准车辆、行人通过。

(4)绿色箭头灯亮时,准许车辆按箭头所示方向通行。

(5)黄灯闪烁时,车辆、行人须在确保安全的原则下通行。

对人行横道信号灯有如下规定。

(1)绿灯亮时,准许行人通过人行横道。

(2)绿灯闪烁时,不准行人进入人行横道,但已进入人行横道的,可以继续通行。

(3)红灯亮时,不准行人进入人行横道。

2. 交通信号控制参数

道路交叉口线控和面控归根结底是由点控构成的,单点控制是线控和面控的基础。其中,单点交通信号控制的基本参数包括周期时长和绿信比。

(1)周期时长

周期时长是指信号灯的各种灯色轮流显示一次所需要的时间,也就是各种灯色轮流显示一次的时间总和,它是决定点控制定时信号交通效益的关键控制参数。一般信号灯的最短周期时长不少于36 s,否则就不能保证几个方向的车辆顺利通过交叉口。最长周期一般不超过120 s,否则,可能引起等待驾驶员烦躁或误以为灯色控制已经失灵。适当的周期长度对路口交通流的疏散和减少车辆等待时间具有重要意义。

从疏散交通的角度讲,当交通需求越大时,周期应越长,否则一个周期内到达的车辆不能在该周期的绿灯时间内通过交叉口,就会发生堵塞现象。

从减少车辆等待时间的角度来讲,太长或太短的周期都是不利的。若周期太短,则发生堵车现象。若周期太长,则某一方向的绿灯时间可能大于实际需要长度,而另外方向的红灯时间不合理延长必然导致该方向车流等待时间的延长。

理想的周期时长应该是每一个相位的绿灯时间刚好使该相位各入口处等待车队放行完毕。

(2)绿信比

相位绿信比是一个相位信号有效绿灯时长与周期时长之比。一般用 λ 表示。

$$\lambda = g_e / c$$

式中:λ——相位绿信比;

g_e——相位有效绿灯时长,s;

c——信号周期时长,s。

交通流绿信比是一个交通流在一个周期时间内所获得的有效绿灯时长与周期时长之比。绿信比的大小对于疏散交通流和减少交叉路口总等待时间有着举足轻重的作用。通过合理地分配各车流方向的绿灯时间(绿信比),可使各方向停车次数、等待延误时间减至最小。

二、行人交通信号配时设计

由于单点控制是线控和面控的基础,因此本小节从基础出发,主要介绍单点控制交叉口配时设计。

设置控制信号的关键之一是确定合理的绿灯间隔时间,来确保车辆与行人在冲突点处能安全有效地交叉通过。图5-1-4所示为相位变换时大多数二相位控制信号可能存在

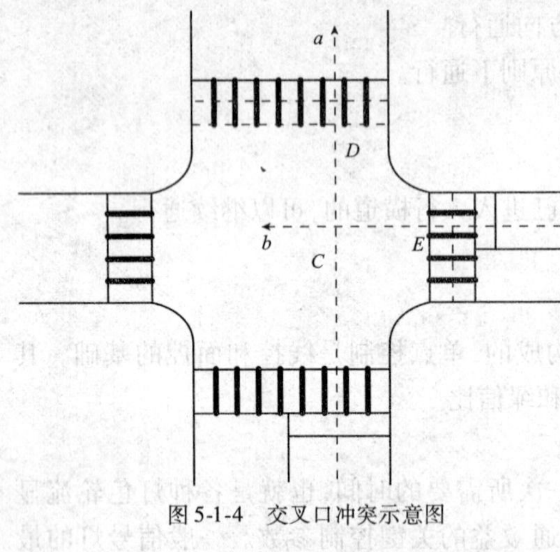

图 5-1-4　交叉口冲突示意图

的冲突情况（假定南北向处于绿灯末期）。绿灯末期进入交叉口的车辆与相交道路绿灯初出发的车辆和行人可能产生冲突，车辆与车辆的冲突点为 C 点，车辆与行人的冲突点为 D 点；绿灯末期走出人行道缘石的行人与相交道路绿灯初期出发的车辆可能产生冲突，冲突点为 E 点。C、D、E 各点也就是最不利的冲突点。

1. 车—车安全交叉的理论关系

绿灯尾期车辆（包括机动车、非机动车）若要安全通过冲突点 C，必须满足以下条件：

$$t_z + t_w + t_x \leqslant t_j + t_q + t_h \tag{5-1-7}$$

即：

$$t_j \geqslant t_z + t_w + t_x - t_q - t_h \tag{5-1-8}$$

式中：t_z——进口道中正常行驶车辆的制动时间，s，机动车辆的制动时间常取 2.0 s；

t_w——直行尾车由停车线驶至 C 点的行驶时间，由其行驶的距离和车速来确定：$t_w = S_c/v$；

S_c、v——分别为直行尾车自停车线驶至冲突点 C 的距离和速度；

t_x——车辆安全交叉的时间，s，一般机动车间的安全交叉时间为 5 s；

t_j——车辆绿灯间隔时间（包括黄灯时间），s；

t_q——车辆启动、反应时间，机动车一般取 1.8 ~ 2.0 s（不受行人与非机动车交通影响），t_q 与车型关系明显，当大型车比例较大时，可另行计算；

t_h——相交道路直行头车自停车线驶至 C 点所用时间，s，由直行头车运行状态曲线确定。

若仅考虑机动车间的冲突，则绿灯间隔时间可近似为：$t_j \geqslant 5 + S_c/v_j - t_h$，与冲突交通流的停车线位置直接相关。国内现行的二相位机动车控制信号的绿灯间隔一般可取 5 s 左右。

2. 人—车安全交叉的理论关系

为了避免人—车冲突，绿灯间隔必须同时满足以下两个条件。

（1）绿灯尾期安全通过冲突点 D 的条件

$$t_\Delta + t_z + t_d \leqslant t_{j1} + t_n + t_s \tag{5-1-9}$$

即：

$$t_{j1} \geqslant t_\Delta + t_z + t_d - t_n - t_s \tag{5-1-10}$$

式中：t_d——直行尾车由停车线驶过对面人行横道的时间，由其行驶的距离和速度来确定，$t_d = (S_D + d + l_c)/v_j$；

S_D、d、l_c——分别为停车线至对面人行横道的距离、人行横道宽度和车身长度，m；

t_{j1}——机动车安全通过冲突点 D 的绿灯间隔时间；

t_n——第一排行人的反应时间，可近似为 0；

t_s——相交道路行人自人行道缘石边缘走至冲突点 D 的时间，可用 l_d/v_1 计算，其中 l_d

为人行道缘石边缘至冲突点 D 的距离，v_1 为步行速度，可取 1.2m/s；

t_{Δ}——安全间隔时间，建议取 1 s。

若仅考虑机动车与行人的冲突，则绿灯间隔 t_{j1} 可近似为：

$$t_{j1} \geqslant 3 + (S_D + d + l_c)/v_j - l_d/v_1 \tag{5-1-11}$$

(2)绿灯尾期安全通过冲突点 E 的条件

$$t_y \leqslant t_{j2} + t_t + t_q \tag{5-1-12}$$

即：

$$t_{j2} \geqslant t_y - t_t - t_q \tag{5-1-13}$$

式中：t_y——本向行人沿人行道走过与车辆产生冲突的车道的时间，s，$t_y = (l_e + l_k)/v_1$，l_e 为人行道缘石边缘至对面产生冲突车道的距离，m；

l_k——产生冲突的车道的总宽度，m；

t_{j2}——车辆安全通过冲突点 E 的绿灯间隔时间，s；

t_t——车辆自紧邻的停车线驶至 E 点的时间，s，可近似为 0。

综上所述，根据车辆运行特征设置的绿灯间隔时间与根据人—车特征而设置的绿灯间隔时间是完全不同的，一般来说前者小于后者，而现行的交叉口控制信号绝大多数采用的是前者，因此也就不可避免地发生人—车冲突现象。

3. 控制行人交通的具体措施

(1)用机动车信号灯兼控行人

此种情况下的机动车控制信号同时兼顾了机动车与行人的运行特征。由式(5-1-8)、式(5-1-10)、式(5-1-13)可得机动车信号灯兼控行人的绿灯间隔时间 T_j 为：

$$T_j = \max(t_j, t_{j1}, t_{j2}) \tag{5-1-14}$$

一般而言，机动车绿灯间隔时间 t_j 最小，所以 $T_j = \max(t_{j1}, t_{j2})$，兼顾控制行人交通的机动车绿灯时间 t_{g1} 为：

$$t_{g1} = t_g - [\max(t_{j1}, t_{j2}) - t_j] \tag{5-1-15}$$

式中：t_g——根据机动车交通需求设置的绿灯时间，s。

从式(5-1-14)可以看出，用机动车信号灯兼控行人必须的绿间隔时间，虽满足了行人交通的需要，但对机动车而言，绿灯间隔有所增加，减少了可通行的绿灯时间。

(2)设置行人专用控制信号

行人和非机动车交通流与机动车交通流相比，绿灯启亮后所保持的饱和状态时间(即交通流量不低于设计通行交通流量的时间)较短，而绿初时饱和状态出现的时刻较早，因此可以有效地运用包括“早起”、“早断”等控制方式在内的多相位控制交通，改变过去那种单一的二相位控制方式。设置行人专用控制信号，意味着机动车信号不必再为满足行人交通需要而设置较长的绿间隔。行人专用信号灯的运转可不与机动车信号灯同步，机动车通行信号采用“早起”、“迟断”，行人专用信号则采用“迟起”、“早断”方式运转，相应的绿灯间隔可确定如下：

$$\Delta_{t1} = t_{j1} - t_j \tag{5-1-16}$$

$$\Delta_{t2} = t_{j2} - t_j \tag{5-1-17}$$

式中：Δ_{t1}——机动车“早起”与行人“迟起”信号的间隔；

Δ_{t2}——行人“早断”与机动车“迟断”信号的间隔，可设置绿闪，其意义与黄灯相同，此时已走出人行道缘石的可以继续过街,未走出缘石的停止前进。

此法不损失机动车的绿灯时间,虽然行人可通过的绿灯时间较不设专用信号时略短,但换取的是安全过街时间。应强调指出的是每周期行人过交叉口的绿灯时间 t_{gx} 既应满足其最小过街时间(由机动车道宽度和行人步行速度决定)的要求,又应满足其通行能力的需要。

三、行人交通与非机动车交通信号配时协调设计

通过对我国城市道路交通信号控制进行调查发现,大部分城市干道的人行横道信号灯很少与上下游交叉口信号灯进行协调,交通控制信号设置不合理,由此导致了行人过街交通存在一定的安全隐患。尤其在机动车高峰期人行横道处的事故率增加,繁华地段更是如此。然而,对于行人按钮式信号灯,除需在主街上设置车辆检测器外,还由于主街交通量大使得行人过街机会较少。为保证行人安全、有效和方便地过街,对行人与非机动车过街信号与交叉口控制信号配时进行协调优化设计是非常必要的。但是由于这种设计较为复杂,目前尚无完整的技术体系。

第六节　道路路段行人交通流控制

一、路段过街行人流线

道路行人通道与行人过街天桥有着同样的目的及作用,它们不但能缓解城市道路交通的拥堵,为行人创造一个安全便利的过街环境,同时也是城市的美丽风景线。城市中的过街天桥结构较为简单,行人只有双向走行路线,不涉及行人的多路径交织选择等,这一部分不做介绍,只介绍通道行人流线方面的一些内容。作为城市道路交通中的行人通道,由于其一般仅跨越一条马路,通道长度较短,行人走行时段分布较地铁或其他枢纽通道更为均匀,一般无短时段的行人高峰聚集时刻,因此对于道路行人通道的行人流线组织比较简单,但也需要注意以下几点。

1. 人行通道的出入口设置要合理

人行通道的出入口要尽量远离道路边缘,在符合地下通道建设标准的基础上,按照行人的走行行为特征,尽量使通道出入口与道路周围的行人走行区域流畅衔接,并方便各出入口的行人,且不影响道路上车辆的走行。

2. 人行通道内路径要清晰

由于一些路段的结构比较复杂,道路较宽,路段周围建筑及相关的交通设施较多,使得地下通道的设置不仅要能满足行人过街的基本需要,同时又能够利用其地下空间将行人流进行疏导和分散。这种情况下,地下通道就有可能出现交叉口,也就是说进入地下通道的行人还需要在地下的道路中选择合适的路径走行,以尽快到达目的地。这就要求行人路径的设置一定要清晰明了,尽量选用较少的弯路或折线,并设置醒目的标志标识。同时,在地下空间内,尽量避免采用多层设置,否则容易给行人造成误导或导致过街效率的降低以及危险情况下的安全事故等。

3. 人行通道的设计要科学

在地下通道修建前要对行人的通行量进行实际调研及评定,确定合适的通道流线及通道宽度等,保证行人的高效过街需求,又可以科学合理地利用地下空间,并最大限度地保证车辆及行人的安全。

二、路段行人过街信号设置标准

设置交通信号对提高道路交通秩序和安全具有重要意义,但何种条件下需要设置路段行人交通控制信号,是一个十分值得探讨的问题。该设而不设,势必影响交通流的正常运行;不该设而设,又会造成行人与车辆不必要的延误。因此,有必要研究路段行人控制信号的设置标准。

我国对交通控制信号的设置与否只有定性的原则,尚无定量的标准。一般在交通较繁忙、混乱或者事故多发点设置机动车控制信号,路段行人控制信号一般很少设置,对其进行的研究就更少。下面介绍几种国外的信号设置标准以供参考。

1. 英国的设置标准

英国根据对过街行人和驾驶员的心理状态以及行人穿越车流过街行为规律的调查和统计分析,确立了平面人行过街设施的选择标准,如表 5-1-5 所示。

英国平面人行过街设施的选择标准　　表 5-1-5

PQ^2	P(人次/h)	Q(pcu/h)	适用的人行过街设施
$10^8 \sim 2\times10^8$	50~1100	300~500	不设安全岛的条纹式人行横道
$10^8 \sim 2\times10^8$	50~1100	>500	设安全岛的条纹式人行横道
$\geqslant 2\times10^8$	50~1100	300~750	不设安全岛的信号灯控制人行横道
$\geqslant 2\times10^8$	50~1100	>750	设安全岛的信号灯控制人行横道
$\geqslant 2\times10^8$	>1100	>400	设安全岛的信号灯控制人行横道

注:P-拟设置人行横道处两侧各 50m 范围内高峰小时双向过街行人交通量,人次/h。

Q-拟设置人行横道处高峰小时双向机动车交通量,pcu/h。

由上表可见,英国设置行人控制信号是以过街人流量和机动车流量为标准的,当人流量和车流量达到一定规模时($PQ^2 \geqslant 2\times10^8$),需要设置行人控制信号。此外,英国在考虑设置交通信号时,交通安全也作为一个指标,确定每年发生人身伤害事故 5 次以上时,也应设置信号灯。

2. 日本的设置标准

日本为保护行人,在非交叉路口(路段上)设置信号灯时,要求白天 12h 路上通过车辆总数在 6000 辆以上,并且高峰小时为 650 辆以上,人行横道处行人流量高峰小时在 200 人以上。需同时考虑车辆和行人时,则要根据交通量、事故记录等综合考虑后确定。

3. 美国的设置标准

美国设置信号灯时,考虑行人需要,当主要道路第 8 小时交通量达 600 辆,且次要道路流量达 150 辆时(有物理中央分隔带时,总流量可达 1000 辆),设置信号灯。除了考虑车流量外,亦考虑事故记录,如年平均人身伤害事故在 5 次以上,车辆数达设置信号指标任一项的 80%时,也必须设置控制信号。

三、路段行人过街信号设置方法

1. 路段控制信号设置的基本依据

决定是否设置交通控制信号的主要因素为交叉口通行能力及其总延误,一般以次要道路流量接近其通行能力或设置控制信号后路口总延误减小来作为设置交通控制信号的标准。虽然通行能力和交叉口总延误是判断交通情况的较为权威、公正的指标,但仅以此作为设置行人控制信号的依据尚有不足之处。

就通行能力指标而言,首先,行人不同于机动车辆,行人具有更大的自主性和灵活性,当行人流量增大时,行人不会像车辆一样排成长队等待过街,而是一拥而上,强行穿越,需要等待的反而是机动车辆。根据观测,当机动车流量较小时,即使过街行人流量接近其通行能力,尚能维持一定的交通运行状态,机动车辆缓慢让行通过。当机动车流量较大时,在行人流量达到其穿越一次机动车流的通行能力前,行人的乱穿现象已经频繁发生,交通状态已较为混乱,此时设置行人控制信号,为时已晚。其次,从交通安全的角度讲,行人过街的安全性与行人通行能力并没有直接的关系;行人专用控制信号的设立能降低行人过街的危险性,但行人过街时的危险性仅与行人及行人过街的方式、车辆停驻位置、左右来车情况有关,若仅由行人通行能力来决定是否设置行人控制信号,则完全没有考虑到行人安全问题。因此,用通行能力指标来作为设置行人控制信号的依据尚有不足。

就交叉口总延误指标而言,行人和车辆的延误不能一概而论。国外曾有学者在假设对公交车采用交叉口优先感应控制,公交车以外的车辆平均每车载客量为 1 人的前提下研究城市道路交叉口总延误,提出用平均每人延误最小来作为判断依据,但这种假设在国内城市不可行。国内城市交叉口的车种较为复杂,公交车等占了相当部分,交叉口公交优先控制近期还难以实现。平均每车载客量差别也很大,难以用一个简单的数值来衡量,因此用交叉口平均延误最小来决定是否采用行人控制信号也存在一定的缺陷。

综上所述,在符合行人交通特征这一方面,仅采用通行能力指标和交叉口总延误指标来作为设置路段行人控制信号的依据尚有欠缺,因此有必要寻求一个更为符合行人交通流特点的依据指标。

2. 路段行人控制信号设置的延误指标

在确定设置路段行人控制信号的依据时,除考虑通行能力和交叉口总延误外,还应考虑到行人延误对行人过街的影响。因为强行穿越的行人所占的比例,随着平均行人过街延误的增加而增加,且无信号控制路口行人所能承受的延误值普遍小于有信号控制路口。由表 5-1-6 和表 5-1-7 可见,当行人过街为无信号控制时,平均行人延误为 30 ~ 45 s,其中无信号控制下强行穿越的行人比例较高;而对于有信号控制条件下,平均行人延误大于 45 s,强行穿越的行人比例很高;在相同的强行穿越行人比例下,有信号控制时的平均行人延误比无信号控制时高出 5 ~ 15 s。这个由于行人在无信号控制路段期望能更快的过街,有信号控制路段的行人可接受延误要大于无信号控制路段。

无信号控制下平均行人过街延误与强行穿越行人所占比例关系表(美国)　表5-1-6

平均行人延误(s)	强行穿越行人所占的比例	平均行人延误(s)	强行穿越行人所占的比例
<5	低	20~30	—
5~10	—	30~45	高
10~20	中	>45	很高

有信号控制下平均行人过街延误与强行穿越行人所占比例关系表(美国)　表5-1-7

平均行人延误(s)	强行穿越行人所占的比例	平均行人延误(s)	强行穿越行人所占的比例
<10	低	30~40	—
10~20	—	40~60	高
20~30	中	>60	很高

注:行人延误包括在人行道等候穿越以及在道路中等候穿越在内的所有穿越道路的等候时间。

通过对国内城市的调查发现,相似的机动车流量下,交通信号控制交叉口行人能够承受的等待时间较无信号控制路段略长(行人能承受的最长等待时间,英国的调查数据为45~60 s,日本的调查数据为30 s,我国没有做过类似的调查,据观测,在有信号控制交叉口行人所能承受的延误与日本较为接近,一般为35~40 s),当禁行时间较合理时,大部分行人可一直等待到禁行结束,而当禁行时间太长时,即使有专人管制,大多行人会感到急躁;无信号控制路段行人可承受的延误时间短,当行人延误累积到一定程度还是需要等待时,行人往往自觉或不自觉地往机动车道逼近。表5-1-8和表5-1-9分别为我国无信号和有信号下平均行人过街延误与强行穿越行人所占比例的近似关系表。对比可见,国内城市行人过街的可接受延误略小于国外城市。这可能是由于国内城市道路上的行人流量一般大于国外城市。首先,行人流量的增大无形中增加了行人的安全感,因而行人敢于从较小的车间安全间隙强行穿越;其次,行人普遍存在着从众心理,当行人流量较大时,一旦有人发生强行穿越,极易引起一群人的效仿行为,相应的行人可忍耐时间就会缩短。

调查无信号控制下平均行人过街延误与强行穿越行人所占比例关系　表5-1-8

平均行人延误(s)	强行穿越行人所占的比例	平均行人延误(s)	强行穿越行人所占的比例
<5	低	20~30	—
5~10	—	30~40	高
10~20	中	>40	很高

调查有信号控制下平均行人过街延误与强行穿越行人所占比例关系　表5-1-9

平均行人延误(s)	强行穿越行人所占的比例	平均行人延误(s)	强行穿越行人所占的比例
<10	低	25~35	—
10~15	—	35~40	高
15~25	中	>40	很高

由表5-1-8、表5-1-9可见,当行人过街平均延误小于35 s时,有信号控制交叉口行人的耐受性高于无信号控制路段,而当行人过街平均延误大于35 s时,有信号控制交叉口行人的耐受性与无信号控制路段相当。当无信号控制交叉口行人过街平均延误为20 s~30 s时,

行人强行穿越机动车流的比例较高,此时行人过街对机动车流运行的影响较大,行人自身的安全性也较低。因此,在确定设置路段行人控制信号的依据时,应考虑到行人延误对行人过街的影响,当行人穿越路段机动车流所造成的延误达到 20 ~30 s 时,行人穿越道路所带来的不利因素增加,此时应设置路段行人过街控制信号,规范行人过街行为,为保证信号控制的有效性,设置信号后行人平均过街延误宜在 15 s 以内,最大不宜超过 25 s。

3. *以行人延误为依据的路段行人控制信号设置方法*

1)行人延误量化

在不考虑行人自身的影响时,行人安全穿越所需的车间时距确定如下:

$$\tau = (nD/v) + R + l \tag{5-1-18}$$

式中:τ——行人安全穿越所需的车间时距,s;

n——机动车道数;

D——路段宽度,一般为 3.5m 左右,m;

v——行人穿越步行速度,m/s;

R——行人观测车流情况、判断车间安全间隙所需的时间,取 $R=2$ s;

l——车身长度通过的时间,取标准小客车 $l=0.72$ s。

在假设车头时距服从负指数分布时,行人延误可以表示为:

$$E_i = \frac{e^{q_i\tau} - q_i\tau - 1}{q_i} \tag{5-1-19}$$

式中:E_i——行人穿越一次机动车流所承受的人均延误,s;

q_i——车辆到达率,pcu/h,当道路为双向二车道或双向四车道且单向交通量大于 700 辆/h 时,q_i 为单向车辆到达率;当道路为双向四车道且单向交通量小于 700 辆/h 时,q_i 为每车道车辆到达率。

因此,行人穿越机动车道的延误为:

$$E_{机动车} = \sum E_i \tag{5-1-20}$$

2)路段行人控制信号设置

通过研究计算,确定以行人延误为依据的行人控制信号设置标准如下。

(1)以行人穿越车流所造成的平均过街延误 20 s 为设置路段行人控制信号的界限时,以下情况须设置行人控制信号:①城市双向二车道道路单车道流量大于 1100 辆/h 时;②双向六车道道路单向机动车流量大于 1000 辆/h 时;③道路为双向四车道且单向交通量大于 700 辆/h 时。

(2)以行人穿越车流所造成的平均过街延误 30 s 为设置路段行人控制信号的界限时,以下情况须设置行人控制信号:①双向六车道道路单向机动车流量大于 1000 辆/h 时;②道路为双向四车道且单向交通量大于 700 辆/h,双向机动车流量大于 1600 辆/h 时。

值得注意的是,以上设置路段行人控制信号的条件都是在行人流量小于行人穿越车流的通行能力的前提下。当行人流量达到甚至超过行人穿越车流的通行能力时,必须根据实际需要确定道路的性质和主要服务对象(车辆、行人或两者兼顾),从而采取相应措施,如设立步行街,结合机动车流特征适当延长行人信号绿灯时间,设置繁忙式人行横道或重新进行交通组织将行人分流等,提高行人过街通行能力。

第二章　交通场站行人交通控制

第一节　交通场站行人交通特性与现状

交通场站设施的行人交通运行具有一些特殊性，使得乘客在其内部的行为发生变化。综合分析得出，交通场站以下的四个特征对乘客的行为影响较大。

1. 大运量

城市内大容量的公共交通，客流在时间和空间上的分布都具有明显的不均衡性，大量的客流在场站内移动时已经不同于正常情况的交通行为，这些行为大多数呈现非线性动态特性。

2. 封闭性

许多交通场站是相对封闭的交通空间。行人在封闭的空间内方向性差、行走压力较大、速度较平常快。在快速的行进中，乘客之间更容易发生相互作用，如相互拥挤、碰撞等。从消防角度看，车站与外界的联系主要是出入口，发生火灾时，疏散、扑救难度大，其出入口既是行人疏散口，又是烟、热排出口和扑救时消防人员的进出口，给人员的安全疏散造成了极大的困难。

3. 串联性

交通场站内的所有行人设施相互串联，从进入车站开始，到完成服务的过程中，乘客需要经过一系列串联设施，并且选择性较少。也就是说，对于目的相同的一类乘客（如换乘乘客），他们需要经过的步行设施无论从类型还是从顺序上都基本相同。

4. 设施类型复杂

城市轨道交通车站里面的设施一般包含了服务设施和步行设施，它们的使用状态随着客流的波动而变化。各种设备的规模、类型不仅受到客流水平的限制，还受到施工条件的影响。为了达到完成出行的目标，乘客有时不得不选择一些与平常不同的行为，以适应车站内复杂的设施布局。

第二节　交通场站行人流线组织

一、交通场站行人流线划分

1. 根据客流的流动方向划分

(1) 进站客流：车站广场→问询台→售票处→候车厅→站台。

(2) 出站客流：站台→出站通道→出站厅→检票及出口→车站广场。

(3) 中转客流：站台→换乘通道→（签票）→候车厅→（检票）→站台。

2. 根据客流类型划分

(1)普通旅客流线:是进出站客流中的主要流线,人数最多,候车时间较长。

(2)特殊旅客流线:包括母子及老、弱、病、残旅客,其流程顺序与普通旅客相同,考虑其特殊性,在中型以上站房均另辟母子候车室和专门检票口,保证他们优先、就近进站上车。

(3)贵宾流线:在贵宾来往频繁的交通场站,为保证贵宾的安全和便利一般需设贵宾室,除设专用通道连通基本站台外,还应设置汽车直接进入站台上车的通道。他们的出入流线应与普通旅客流线分开。在个别情况下,为举行仪式,贵宾室要连通站房大厅。

3. 根据旅客流线的方向划分

(1)输入流线(即进站流线、聚集流线):各类人员由场站系统外部进入内部而产生的流动过程和流动线路。

(2)输出流线(即出站流线、疏散流线):各类人员由场站系统内部离开而产生的流动过程和流动线路。

(3)内部流线(即中转换乘流线):各类人员在场站系统内部活动而产生的流动过程和流动路线。主要表现为各类人员在不同交通方式之间或同种交通方式不同线路之间的流动。

随着交通量的增长,交通场站内输入流线、输出流线、内部流线的种类和数量都会相应增长。为了满足这种需求,交通场站内立体化的发展结构模式、组配形式也应该朝着多样化、间断化的方向发展,以便实现场站内部流线清晰、交叉干扰小、旅客换乘便捷的目标。

4. 按流线在交通场站内衔接和接续的形式划分

按流线在交通场站内衔接和接续的形式可以分为长途、短途、市郊等。

二、交通场站行人流线分析方法

客流流线分析是评价交通场站综合性能的前提。由于运输组织方案和换乘设计方案不同,客流流线会呈现出很大的差异。交通场站内流线分析可以反映出潜在的行人交通流冲突点的分布特点,对冲突强度进行量化,能初步反映静态情况下站台等相关设施的利用程度和潜在瓶颈区域。

针对一般车站广场、大厅内设施的分布特点,在一般的客流运输组织及流线设计的过程中应该由粗到细、由浅入深对客流流线进行分析,具体的实施步骤如下。

1. 基本流线分析

基本流线分析的目的是根据交通场站内部存在的不同去向的客流,研究交通场站内不同区域内的流线占用情况。

以站台区域为例,根据交通场站内客流的去向,可以将站台的流线分为经由站台两端楼梯进出站、由站台换出、换入的客流流线等。根据研究目的对站台进行区域划分,分区域统计各类流线的数量,分析流线的静态分布规律,着重考察接入、接出设施开口(将站台中部换入环线站台和换至新线站台的楼梯或扶梯简称为接入、接出设施)附近及接入、接出设施与支柱及站台边缘间隙处的流线分布情况。

2. 潜在冲突点分析

潜在冲突点分析的目的是静态考察交通场站内流线的冲突位置、冲突类型和冲突规模。

依据第一步分析得到的流线数量与分布规律，分析交通场站内潜在冲突点、冲突类型，寻找冲突规律，为客流的合理引导提供前提。潜在冲突点分析具有可操作性强、直观可视的特点，并对站台流线主要规律的把握和疏散措施具有较高的参考价值。

3. 冲突强度分析

冲突强度分析的目的是通过对不同的流线加载远期客流，使交通场站各个区域或者冲突点反映出真实的客流冲突强度。

由于各条流线的客流强度不同，单纯的流线分析与冲突点分析不足以反映交通场站的客流分布与冲突状况，还要进行冲突强度的分析。即以实际调查客流分布规律和研究车站的模拟客流数据作为参考，分析加载客流的条件下站台客流的分布与冲突强度规律，对交通场站客流强度分布进行描述与研究。

三、交通场站内部行人流线组织

交通场站行人交通系统的行人交通流线组织的目的是为行人交通提供良好的集散环境，合理组织旅客流线，实现不同性质的流线在时间和空间上各行其道，使主要流线行人少停留、不拥堵、不交叉、不冲突。根据交通场站分场设置和自动售检票、安全检测设备配置的实际情况，使购票、进站、上车的流线分开，车辆与客流物流隔离。交通场站内行人流线可以分为三个部分：一是场站内部的客流系统，二是换乘设施之间的人行系统，三是合理步行区的人行系统。图 5-2-1 是一个简单的交通场站系统布置及流线图。

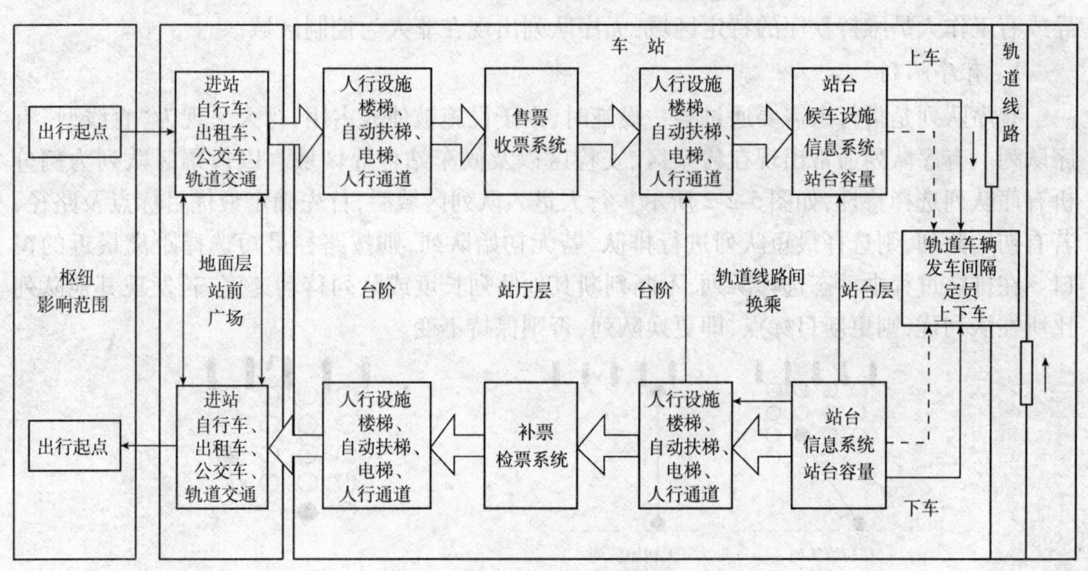

图 5-2-1 交通场站系统布置及流线图

交通场站内部的客流组织方式一般分为两类：

1.“管道化”方式

将客流按不同目的、不同方向导入不同的客流通道内，每个通道内的客流具有同样换乘目的、换乘方向。该种客流组织方式适用于换乘方式较多且换乘空间布局立体化的交通枢纽，这可以从很大程度上减少客流的交织与冲突。另外，还可以减少标志标识的布设量以及管理人员的人数,在保证客流及时高效疏散的前提下减少了管理成本,提高了服务质量。

2."水库化"方式

将不同换乘目的、不同换乘方向的客流导入同一个宽敞的换乘大厅,再按不同换乘目的、不同换乘方式引导到不同换乘通道内,每一个通道内的换乘客流可以兼容双向客流。该种客流组织方式适用于换乘方式较少或换乘空间立体化不强的交通枢纽。由于这类交通枢纽的多种交通方式换乘衔接口都处于同一平面,因此,可以先将所有客流导入同一换乘大厅内,减少客流的瓶颈和拥挤情况的发生,然后再通过引导设施、引导人员等方式指引不同方向的客流走行。这种客流组织方式的空间利用率比较高,但在人员繁杂、高峰时段或换乘方式太多等情况下服务水平会有所降低,也会给乘客的换乘等活动带来不便。

第三节 排队行人交通控制

在交通场站内,行人流受各种活动的控制(如购票、候车),其流量、流向等较一般情况复杂,出现了串联或并联的排队系统,如何提高排队行人的总体效率成为交通场站行人控制的关键问题之一。

一、排队队列类型

行人队列包括有序队列与无序队列两种类型,有序队列常出现在服务窗口或有围栏引导或有工作人员维持秩序的特定区域,无序队列出现在非人为控制区域。

1. 有序队列

有序队列是指行人需要通过某一设施时,由于设施被他人占用,行人呈现为"直线型"有序队列。有序队列通常出现在售票区、安检区以及候车站台等区域。以售票区队列为例分析有序队列选择特性,如图5-2-2所示。行人进入队列区域后,首先确定最优目标点及路径,若有初始队列,则选择最短队列进行排队,若无初始队列,则按路径最短选择距离最近的窗口。在排队过程中动态选择队列,不断判断其他队列长度或队列移动速度,若发现其他队列比所在队列优,则更新目标点,即更换队列,否则保持不变。

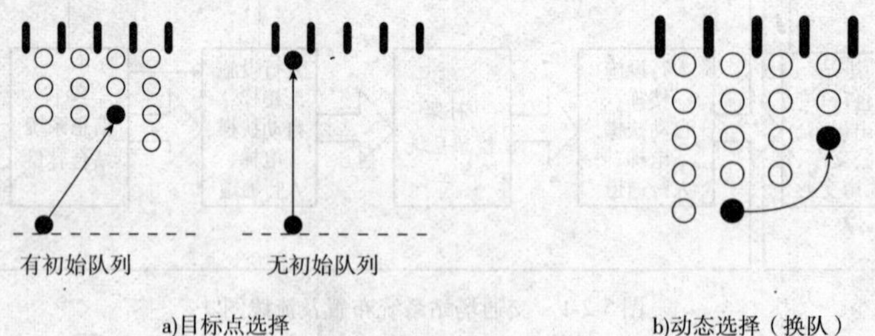

图5-2-2 有序队列最优目标点的确定及动态选择

有序队列中行人的选择特性可以用算法表示。设行人当前位置为$\overrightarrow{r_\alpha}$,服务窗口的位置为$\overrightarrow{r_j}(j=1,2,3...)$,队列 Q_i 的特征以队列长度 L_i 和队尾位置$\overrightarrow{r_i}$两个参数来表示,即 $Q_i=(L_i,\overrightarrow{r_i})(i=1,2,3...)$。以$\overrightarrow{r_k}$表示行人的目标点,$d_k$ 表示行人到窗口的距离,ε 表示换队惩罚长度,则行人在队列区目标点选择流程如图5-2-3所示。

2. 无序队列

无序队列是由于行人急于通过某些设施，导致行人拥堵而呈现出的无规则队列。无序队列大多呈现出“水滴状”分布，如图 5-2-4。无序队列常出现在各个通道及其他行走设施的瓶颈处。例如，行人在高密度下通过相对狭窄的通道时所形成的队列是不规则的，这时，行人主要以跟随行为为主，行人的队列选择转换为对自身位置的调整，行人首先会判断前方是否有可用空间，根据判断结果随时调整自己的位置，以尽快通过瓶颈区域为最优目标。

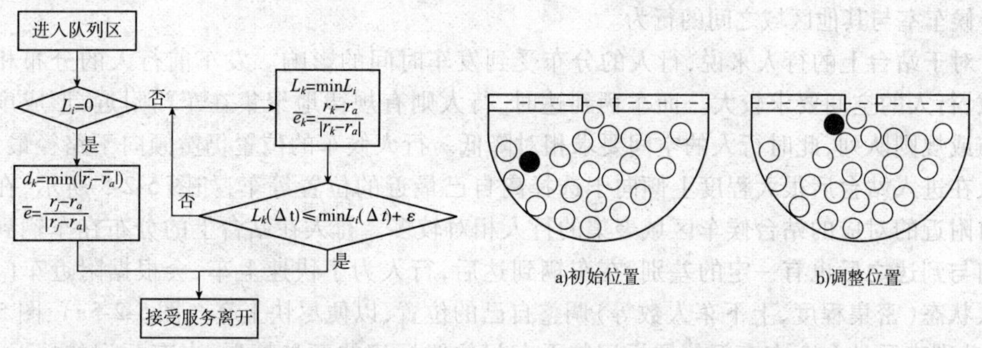

图 5-2-3　队列区目标选择计算流程图　　图 5-2-4　无序队列空间位置动态选择

以有序队列为主的排队区域内，在秩序不是很严格的时候亦会出现无序队列，且有序队列与无序队列之间存在动态转换过程。无序队列的出现是以不延长等待时间为前提的。在等待时间不受到影响的情况下，行人在心理上不会排斥这种无序的排队行为，而一旦由于无序拥挤导致等待时间延长，人群中大部分行人会产生严重的排斥心理，并主动进行有序排队以保证等待时间不受影响。这种有序队列与无序队列的转化，常以人群中带状队列的形成和消失为特征。

二、行人排队流线组织

1. 行人排队等待特性分析

(1)有序队列行人排队特性分析

行人在排队过程中会选择自己认为速度较快的队伍来等待，同时在行人较少的情况下，还会出现随时更换队伍的现象，而此时队伍整体趋向于将整体效率最大作为目标，也就是说在能提高整体速度的前提下，适当更换队伍是可以被接受的，这一点突出的表现在售票窗口处旅客购票时的排队等待行为。当排队购票的旅客较少时，一些后来的旅客可以随机的选择队伍较短的窗口，并会出现随时的非规则队列，旅客没有严格的队伍排列，分散的聚集于售票窗口前，以期随时判断购票窗口并购买车票，这种情况是可以被接受或默认的。但是当行人较多时，队列就呈现出严格的有序形式，每个人选择好自己认为较快的队伍开始排列并等待，此时的插队、不规则队列或随时更换队伍一般就不被接受了。除队列出现较悬殊的速度情况外，绝大多数的行人也不会选择更换队伍。

(2)无序队列行人排队特性分析

枢纽内部行人等待区主要是候车室、售票窗口、站台车门等区域。下面以候车室和站台为例说明行人排队过程与特性。

行人在候车室等待时间一般与发车频率相关,当等待时间很长的时候,行人会选择一些非必要性活动,如购物等,这样就产生了往返于候车室与购物区的重复路径,这也是与道路交通的区别之一。心理学家认为,当一个人处于等待状态的时候会产生一种焦虑烦躁的情绪,而这种情绪的强弱程度取决于周围的人,如果周围的人很少,那么这种焦虑烦躁感就会增加;若周围有很多人同时在一起等待,那么这种情绪可以得到缓解。根据这种观点,在等待区行人较少的情况下,由于烦躁不安的情绪增加,行人更容易出现在候车室内徘徊或者往返于候车室与其他区域之间的行为。

对于站台上的行人来说,行人的分布受到发车时间的影响。发车前行人的分布相对松散,行人的空间要求较大。而车辆到达时,行人则有规律地聚集在车门附近,形成扇形分布或规则队列,此时行人的空间要求相对降低。行人候车的位置仍然倾向于路径最短,行人在进入站台后很大程度上倾向于选择离自己最近的位置等车,如图5-2-5所示,在楼梯口附近的对应的站台候车区域聚集的行人相对较多。行人在站台上的分布在车辆到达之前与到达之后也有一定的差别,在车辆到达后,行人为了快速上车,会根据附近车门的行人状态(密集程度,上下车人数等)调整自己的位置,以便尽快上车。图5-2-5a)、图5-2-5b)分别表示站台上有车门位置标记与无车门位置标记的两种情形:在有标记的情况下,行人的分布比较规则的集中在车门标记位置;而在无标记的情况下,行人的等待位置变动较大,且队列并不规则,呈离散状态沿站台横向分散开,并随时调整自己的位置,行人位置的横向波动较大。

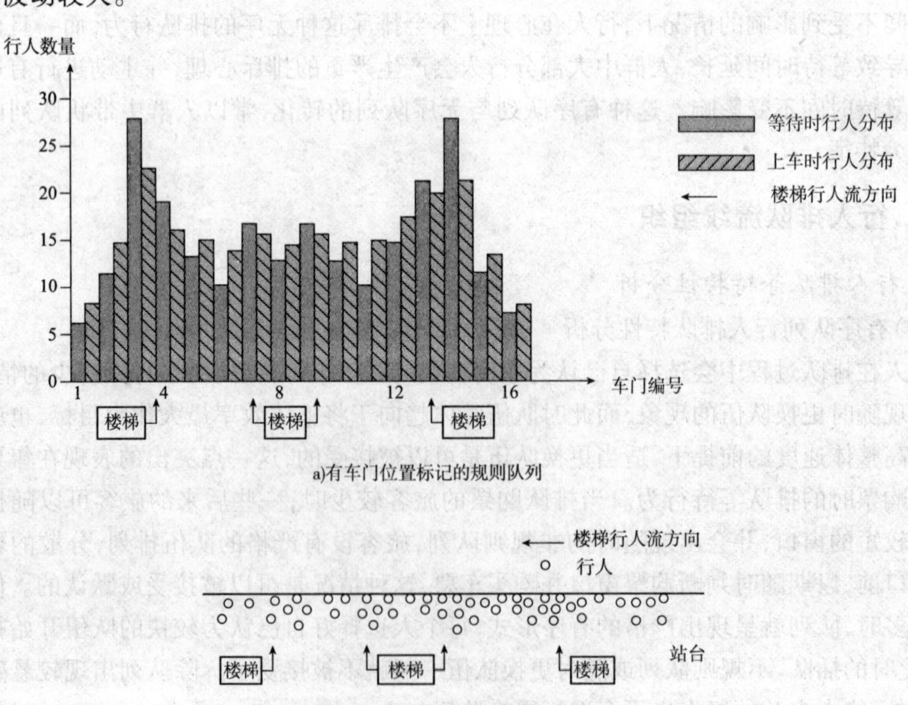

图5-2-5　站台上行人分布示意图

2. 行人排队流线组织措施

在行人较多的情况下,行人排队的流线组织尤为重要。为保证行人队列的合理有序,又不影响其他区域行人的行走或等待行为,需要将行人等待队列的长度尽可能缩短。特别是对于一些行人较多的队列,可以采取以下措施进行排队行人的管理。

(1)设置一些隔离带或标志

对于售票处、检票口等易发生较长排队的区域,引导行人采用旋转式排队方式或小长度多队列形式等,可以减少行人排队等候时的心理压力和不满情绪。

(2)设置专门管理人员,正确组织引导排队行人

对于问询处、自动售票机、站台等空间较小或排队时间较短的排队区域,可以由专门的管理人员引导行人直接排成简单的直队,当行人较少时,也可以不排队,以提高效率。

(3)合理设置排队结构

排队结构有多列排队、单列排队、分编号排队等。各结构都有各自的优点,可根据具体情况加以选择。另外,行人流线很大程度上是行人自主的选择,而且在不同的时段会出现不同的行人密度等情况,很难对其进行前期的设计或规定,只能采用一定的方式对其进行引导,如采用设置隔离栏、设定标志标识等,具体的流线设置要根据实际的设施建筑及行人组织管理的目标来确定。

(4)改善等待区条件

如果等待区很短,就不能满足客流高峰期的需求,而用绳子围成临时的等待区会造成排队不规范,产生插队现象。因此,可在排队区域增设遮阳棚,也可以设置露天表演或电视,转移行人的注意力,减少行人感受到的等待时间。

(5)改进排队方式

①快速通道排队法。迪斯尼乐园有一种被称之为典范的排队方式——快速通道,它的运作方式是让游客在去一个游乐点前从机器里拿一张卡片,上面记录着一个时间,在此时间后你可以从一条快速通道进入这个游乐设施,不用排长队。同时,迪斯尼通过系统控制每个游客取卡的时间和发卡数量来确保快速通道不会排长队。

②充分发挥广播的作用,通过广播的形式,及时向行人发布各设施的等待信息,以供游客参考。

(6)提高服务能力

在行人的等待过程中,服务人员需要在以下两方面提高服务能力:增强互动能力,态度友善,并按照相关规章制度严格执行。

第四节 通道行人交通控制

一、通道行人交通运行特性

通道一般较多地存在于换乘枢纽中,它作为不同功能空间的缓冲地带,将客流分散到相应的功能空间中去,导向性较强,因此其行人流线的通畅性和走行组织往往影响了枢纽内部各功能交叠区的客流状态。

如果通道为单向通道，且客流较为稀少时，通道中行人一般倾向于在通道中线左右0.6m的范围内走行，在客流相对较少（通道客流量未达饱和），乘客有条件自由选择行走空间的情况下，对时间敏感的乘客一般会加快步伐，超越前面的乘客，其流线呈现出左右选择的折线路径；而对时间不敏感的乘客则会跟随前面乘客，在通道较中间的位置走行，一般不会主动超越或选择折线路径，以保证总的走行距离最短。

如果通道为双向通道，行人的走行特性具有以下特征。

1. 靠右行走的特性

在双向通道内，行人习惯于靠右侧行走，即当通道内一个方向的行人占绝大多数时，尽管该方向的行人会占据大部分通道，但仍倾向于靠右侧行走。此外，行人还有右侧避让对向行人的特性。

2. 跟随行走的特性

在同方向的行人中，如果后面的行人速度不大于前面的行人速度，后面的行人会跟随前方行人行走，其原因是后面的行人趋于避免与对向行人发生碰撞，更有利于前行。行人的这种特性产生了行人自动渠化的自组织现象。

3. 行人等待通常发生在排队产生时

若行人相向而行，通常不会止步不前，而是与对向行人进行换位，即使产生了拥堵，行人换位也会发生，即不存在死锁现象；而如果行人同向行走，若前方行人止步不前，则后面的行人存在等候的现象，行人密度较大时便产生排队。

4. 在通道内无中央分割线时

若某个方向的行人流量较大，该方向行人会侵占对向的行人空间，使得整个通道的行人密度趋于均匀。

二、通道行人走行控制

通道中行人走行具有较高的自由度，行人走行环境相对宽松，可以自行选择路径。通道环境中的走行具有跟从性强、随机性等特性，因此，有必要对通道行人走行进行良好控制管理，这对于实现行人的有序、快速走行，提高行人行进的安全和效率有着重要作用。常用的通道行人控制手段如下。

1. 合理确定通道行人走向

合理确定通道行人走向主要是针对高峰、非高峰期或假日、非假日等客流量差别较大的时段调整通道使用特性，如单向走行或双向走行。对于客流量较大的时段，特别是早晚高峰，客流具有明显的方向性，这时通常选用单向通行，不但可以充分利用通道空间，还可以降低拥堵发生的几率和危险发生的可能。而在非高峰期，双向客流比较均衡，这时可以设置隔离带等标志，引导行人双向通行，以提高通道的使用效率。

2. 设置标志标识

醒目易懂的标志标识不但可以提高行人的走行速度，减少行人的疑虑和不安全因素，也可以更好地保证行人的安全。同时，有效设置标志标识的通道区域，可以不设置专门的管理问询人员，无形中减少了人力成本。

3. 设置专门的管理人员

对于单一通道(单一入口、出口),往往设立明确的标志标识、设置隔离带即可引导客流有序走行。但对于比较复杂的通道,如地铁换乘站、公交换乘枢纽等处的通道往往有许多方向的不同出入口,一条通道可能连接许多不同方向的分通道,方向标注不够完善的情况下可能给行人造成误导或疑虑,这时就需要设置专门的管理问询人员,正确引导不同方向的行人正确走行。管理人员的数量可以根据具体的通道规模或客流量来设置。

三、通道行人流线组织

在客流较多时(如高峰时段),行人在通道中的走行速度会受到限制,由于行人的拥堵或小范围聚集会导致行人无法顺利前行,行人往往会选择去填补聚集人群中的空隙以达到前行的目的,该种情况下通道的流线组织就显得尤为重要。

1. 通道设置隔离带

在高密度的行人通道中,同向走行的乘客之间相互干扰。行人会利用一切空档空间超越前者,从而会引起对对向人流的干扰。在这种情况下,可以在通道中间放置一些柱状物,或设置隔离带,起隔离墙的作用。行人若要走到另一侧,需要绕道行走,这样会减少行人占用对向人流空隙的情况。

2. 通道设施形态优化

在通道设施的突变处[图 5-2-6a],把突变改为漏斗形的渐变,可以提高行人通过瓶颈处的流畅性,规范行人流线,其最佳的形式是球状外凸形渐变,如图 5-2-6b)所示。

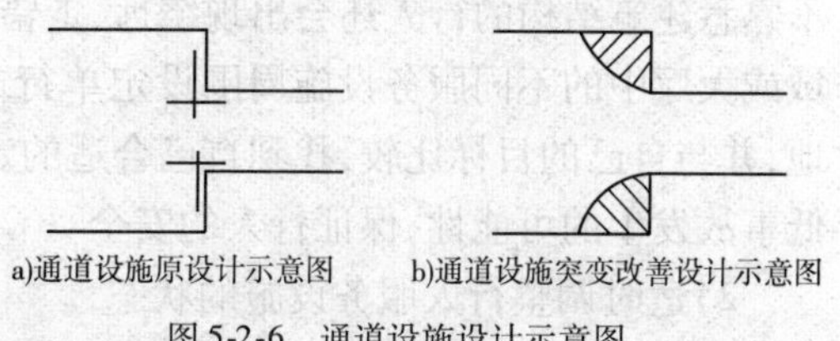

a)通道设施原设计示意图　　b)通道设施突变改善设计示意图

图 5-2-6　通道设施设计示意图

当两股人流垂直相交时,会出现不同方向上行人间的对顶。若在相交处放置圆形障碍物形成绕行,可以减少步行效率的损失。根据仿真显示,步行效率可提高 13%。

枢纽通道优化设计的目的是提高通行能力和减少换乘步距。由于建成后的枢纽通道不易改动位置,而仅调整公交线网或公交站台只能起到局部改善衔接换乘的作用,所以在确定枢纽内不同交通方式的相互位置时就应充分考虑其优化衔接,使换乘系统达到最佳的设计。

第五节　车站广场、大厅行人交通控制

一、车站广场、大厅行人走行特征

车站广场一般是综合了铁路、地铁、公交车、长途客车、出租车、私人车辆及自行车等诸多交通工具和行人的大型广场。车站广场的功能是多方面的,最主要的是交通功能,车站广场设置的目的是为了有机连接各种交通工具,顺利而高效处理人流和物流的中转。车站广场、大厅行人的走行一般具有如下特征:

1)选择最短路径

枢纽广场、大厅的进出行人一般以在较短时间内到达目的地,完成进站乘车、出站、换乘等为目的,因此该区域行人一般选择最短路径走行。除去建筑阻挡或人为控制流线的情况外,行人会选择直线或趋于直线的路径到达目的区域。

2)对流情况复杂

枢纽广场、大厅的进出行人目的不同,且对时间较为敏感,都想选择最短路径尽快离开广场环境,去往目的地。因此不同目的的行人会在大厅形成较为复杂的对流交错情况,导致客流混乱、交织点多等不良状况。

3)跟从性强

枢纽广场、大厅的进出行人往往会跟随人流的流向而选择自己的走行路径,即使在有明确标志标识的情况下也很容易跟随人流选择较短的路径行走。

二、车站广场、大厅行人走行控制

车站广场、大厅中的行人往往比较分散,目的、方向均不统一,更重要的是这些区域的行人服务设施种类较多、性质不同,因此行人的走行控制与管理就显得尤为重要。车站广场、大厅处可以采用的行人控制管理手段主要有以下几种:

1)确定单行、混行区域

车站广场、大厅内区域空间较大,全部的混行易造成流线混乱,行人走行效率低下,对于不熟悉建筑结构的行人还会出现绕远、走错等情况,影响行人的出行。因此可以在特定的区域或大厅中的不同服务设施周围设定单行或混行区,让行人明确该区域的方向和通达目的地,并与自己的目标比较,找到自己合适的走行路径,这样不但可以提高走行效率,还可以降低事故发生的可能性,保证行人的安全。

2)适时调整行人服务设施的状态

车站广场、大厅处的行人服务设施种类较多,针对售票处、检票口、地铁闸机等行人易发生拥堵的区域,可以根据实际的客流情况,适当调整设备的数量,进而调整行人的排队长度或服务时间,实现对行人的有效管理与控制。

3)调整服务时间

对于大型交通枢纽,服务时间的长短很大程度上决定了客流的效率和安全。售、检票区域及闸机区域的服务时间可以通过设施的设置和完善来改变,一般认为是服务时间越短越好。对于已发生客流进站困难、拥堵等情况的枢纽大厅来说,可以关闭一些服务窗口,或通过暂缓售票等手段来缓解进站困难的情况,以保证行人的安全,待拥堵情况缓解后再重新开启,正常接受服务。

4)调整扶梯、直梯的方向和速度

扶梯和直梯的速度和方向可以人为控制,在进行日常行人交通控制管理和行人安全疏散时,其速度和方向的改变均可以从一定程度上起到辅助作用,因此在日常的管理中要将其列入管理规程,并在客流拥堵时适当采取提速等方式来加快疏散,确保行人安全。

5)建立动态电子信息提示系统

对于乘客聚集量较大的各类枢纽的站厅、站台,以及周边区域内的公共汽车、电车换乘站及停车场等场所,应设置高容量的电子显示屏、电子站牌、触摸屏、多媒体和广播等,为乘客提供客运枢纽运输工具、公交车辆运营时空信息、公共交通拥堵程度及当前运行状态、枢纽停车设施利用状态的实时信息。

动态信息的提供应注意以下几点。

(1)动态信息提供的信息容量大,所以要考虑根据所显示信息条目的重要性,排序进行提示,不同条目的信息避免使用同样大小,同样版式的字体。

(2)由于面临多种交通方式的选择,动态信息提供的准确性和有效性会直接影响到乘客选择何种交通方式。因此,动态信息的可靠度要高,强调正确、有效地突出信息本身,避免广告占据大量空间。否则将导致乘客对信息丧失信心,失去信息提供的诱导作用。

(3)动态信息强调实时性,要求滚动更新,力争将最新的交通动态显示给乘客。信息的更新周期需要以车辆运行状态的改变、换乘者对信息变化的感知能力及相应的行为模式等进行分析来确定。

(4)动态信息发布的手段和方式可以延伸。例如,随着手机的普及,乘客可以在出行途中随时拨打服务热线,获取各类交通信息。对于信息提供的形式及内容可以通过对乘客进行问卷调查或访问调查的形式来统计、分析和设计。

6)调整车辆运行方案

对于有轨道交通或公共交通衔接的枢纽区域,可以通过调整车辆的发车间隔、时刻等来适应当前的客流情况,及时疏导、分散客流,减少客流的拥堵,避免不安全情况的发生。

7)安排专门的组织管理人员

大型的枢纽广场、大厅等区域,人员比较繁杂,设施多样,因此可以在必要的区域设置专门的管理人员,管理人员的数量和工作的时间可以根据实际的客流情况来确定。对于一些高峰、非高峰时段明显的区域,可以只在高峰时段安排管理人员,其他时段可以不安排,这些都可以根据不同枢纽区域的特性来确定。

第三章　大型活动场所行人交通控制

第一节　大型活动场所行人交通特性

一、大型活动场所行人空间分布及流动特性

行人流在大型活动场所内的分布形态主要可分为三种类型:聚块图形、随意图形及扩散图形(图5-3-1)。例如,聚会、儿童游玩行人分布为聚块图形,步行、休息的行人分布为随意图形,朝礼、授课的行人分布为扩散图形。由于受到建筑布局、展品布置、活动区域的影响,行人的空间分布大多呈现出“聚块图形”,聚块图形具有如下特征。

(1)参观性质的人流在活动场馆内的空间分布受场馆布局的影响,具有不均衡性,常出现某些区域人群密度较高,而另一些区域人流密度较低的现象,如图5-3-2所示。

(2)由于行人具有空间自组织特性,当场馆内某一区域人流密度较高时,游客往往会自

动避开该区域,选择人流密度较低的区域。

(3)若场馆内某一区域举行表演,参观人流在该区域内易形成短时间的客流聚集。该部分人流基本为排队等候状态,如图 5-3-3 所示。

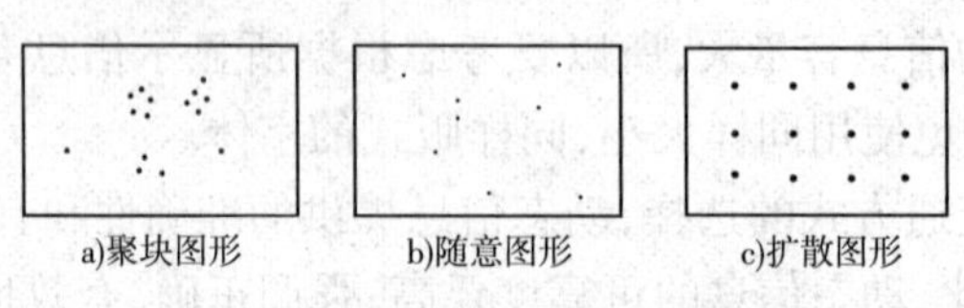

图 5-3-1　人在建筑空间里的分布图形

图 5-3-2　参观人流的空间分布不均衡性

图 5-3-3　参观人流的短时聚集

二、大型活动场所行人的空间聚集效应

与排队等候和正常行走状态相比,大型活动场所中的行人行为具有更大的随意性和休闲性,对空间环境的要求也更高。行人在空间的分布状况一般可以用空间聚集效应描述,这里讨论的行人空间聚集效应是指活动场馆内不同的平均占有空间(可供游客通行的空间)所对应的场馆内人流的空间聚集程度,以及该聚集程度下行人行为受到的影响程度。

大型活动行人疏散时空间聚集效应明显,人流短时聚集、高度拥挤,不安全因素较多,由于空间和人员管理的限制,出入口一般较少,这给行人的走行和疏散工作都造成了一定困难,这就要求采取有效的人流管理和控制措施来进行疏导。

(1)出入口尽可能地多开。疏散出口越多,行人在出入口的交通行为就相应的分散和安全。

(2)在出入口处设置较为宽敞的行人停留区。出入口人数聚集后人员踩踏风险也迅速提高,设置宽敞的行人停留区可以减缓人流压力。

(3)安排专门的管理和指挥人员。管理和指挥人员可以将行人引导至不同的疏散口,提高疏散效率;同时行人也会在心理上得到慰藉,走行的舒适性相应提高。

第二节　大型活动场所内部行人疏散控制

大型活动场所涉及的种类比较多,其中比较有代表性的是大型体育场馆,许多体育类、娱乐类、公益类等活动都在体育场馆内进行,因此这里以大型体育场馆为例,介绍场馆内部行人疏散设计。体育场馆内部的功能组成一般包括看台区、竞赛区(表演区)、运动员(演艺活动人员)及随队官员休息区、新闻媒体区、竞赛管理区以及贵宾及赞助商休息区,其中看台区因空间特殊、人流众多成为疏散设计的重点，其他区域的疏散设计方法与一般建筑差别不大。体育场馆看台区的疏散包括从离开坐席到疏散门外（或室外安全区域）的整个疏散过程。

观众是体育场馆里人数最多的组成部分，占体育场馆总人数的90%以上，观众疏散首先应重视疏散方式的选择，疏散方式必须综合考虑人流组织、看台的视觉效果以及看台下空间的利用等问题。

按散场时的流线疏散方式可以大致分为：上行式、下行式、中行式、复合式几种。

一、上行式疏散

上行式疏散的看台出口位于看台最上部，散场时观众向上走，进入休息厅或走廊，如图5-3-4所示。这种疏散方式不设洞口，节约观众席面积，并且室内空间完整美观。观众从坐席最高排进入，席下空间可全部用来布置其他用房，提高了席下空间的使用效率。此外，体育场馆如为下沉式布局，观众可直接疏散到地面层，经济又方便。但是规范规定，体育馆的横向走道间的排数不能超过20排，因此上行式疏散较适合中小型体育馆。

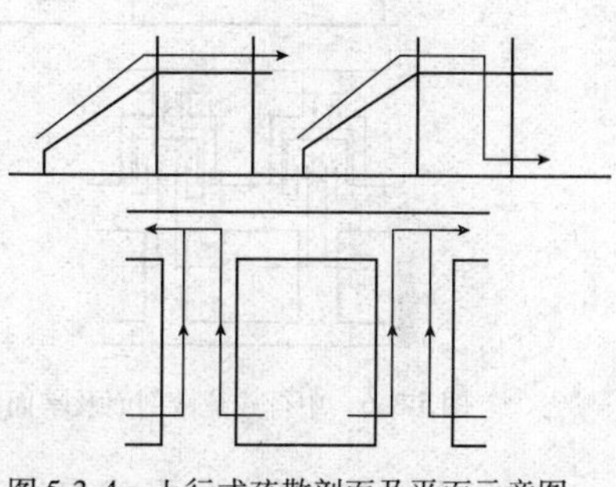

图5-3-4　上行式疏散剖面及平面示意图

二、下行式疏散

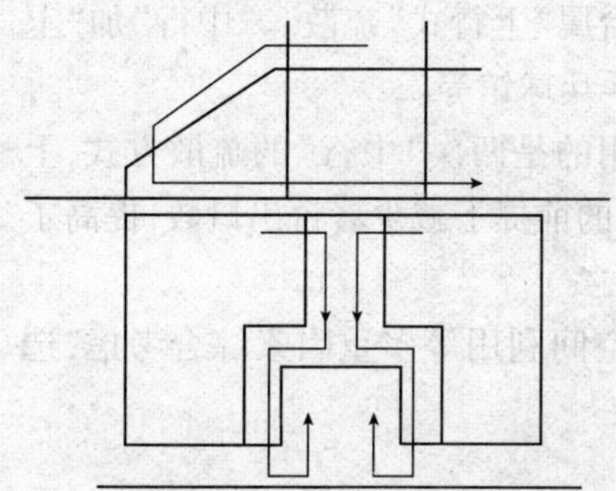

图5-3-5　下行式疏散剖面及平面示意图

下行式疏散的看台出口位于看台最底部，散场时观众向下走，进入休息厅或走廊，如图5-3-5所示。这种疏散方式一般只适合小型体育馆。缺点是：一方面，观众从一层疏散，容易与一层的内场人流形成交叉干扰；另一方面，洞口占用了较好的观众席位，损失了观众席面积。

下行式疏散中有一种特殊的情况，即利用坐席上部通道过渡到场地两端形成的坡道进行疏散，可称之为侧边式疏散。侧边式疏散坡道设在坐席的外围，坐席下空间相对完整，坡道可以将观众从高处疏散到门厅，宽度依观众流量增多而逐渐加宽。侧边式坡道既是一种疏散方式，又可兼作无障碍设施，巧妙而经济，但这种坡道只有在特定的空间或造型下才可能形成，大多场馆并不适用。

三、中行式疏散

中行式疏散的看台出口位于看台偏下部位，观众入场时人流分成上下两部分，互不干扰，如图5-3-6所示。离场时观众从上下两个方向汇集到疏散口，疏散相对便捷且疏散路线较短。出口位于偏下部位是为了顾及疏散的均衡性及提高看台下空间的使用效率。这种疏散方式适合中小型体育场馆。“中行式”疏散的实例有：悉尼国际网球中心和上海复旦正大体育馆等。

四、复合式疏散

如今的体育场馆规模渐趋扩大,疏散方式往往是复合式的,是"上行"、"下行"、"中行"灵活多变的组合,这种疏散方式统称为"复合式"疏散,如图 5-3-7 所示。这也是大中型或超大型体育场馆广泛采用的一种疏散方式。

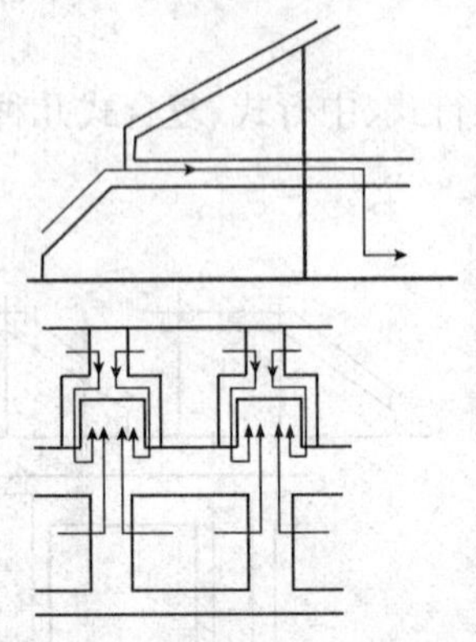

图 5-3-6　中行式疏散剖面及平面示意图

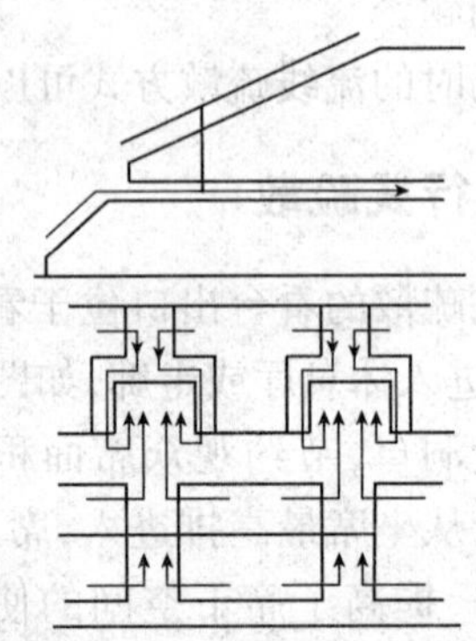

图 5-3-7　复合式疏散剖面及平面示意图

"复合式"疏散方式形式多样,以最普遍的"中行"加"上行"疏散方式为例说明其疏散过程。这种疏散方式一般先通过大台阶将观众人流引导至二层大平台(或休息厅),在这个平台上将观众向上下各个层面分流,一部分向上到达上层看台,上层看台出口位于偏下部位,属"中行式"疏散;另一部分人向下进入下层看台,下层看台属"上行式"疏散。"中行"加"上行"的实例有:上海体育馆、上海体育场、北京大学奥运会乒乓球馆等。

"复合式"疏散形式丰富多样,例如上海 Fl 赛车场采用的是两次"中行"的疏散方式,上下两层看台各采用一次"中行"疏散,在满足疏散宽度要求的前提下减少看台出口数,提高了看台的使用效率。

总之,疏散方式需与场馆规模、场地特征、视线设计、空间利用等多重因素综合考虑,选择最优的疏散方式,使疏散安全、便捷、有效。

第三节　大型活动外围行人疏散控制

大型活动外围空间主要是指场馆外部疏散广场、停车场等区域,一般是指较为宽敞的场馆广场、空地等,这里同样以体育场馆为例进行介绍。体育场馆外围空间通常面积较大,起着疏散人流与车流的重要作用,场馆外围疏散设计主要是交通流线设计。

场馆外围交通流线设计的目标主要是解决好人流、车流组织及停车问题。为实现人流和车流的分离,体育场往往采用人走平台、车行地面的立体式交通系统,体育场大台阶与二层大平台的连接平台通常较长,正是为了能够给其下的车行道提供足够的宽度。以上海体育场为例,它通过 6 座总宽度达 200m 的疏散大平台将观众人流引导至 6.4m 高的架高平台,车行地面、人走平台,有效地组织了人流与车流。

为便于组织人流,体育场馆一般分为内场和外场,内场入口置于一层,将外场入口置于二层或二层以上,以减少内场人流与外场人流的相互干扰,方便各自走行。内场人流由运动员及随队官员、贵宾及赞助商、新闻媒体、工作人员等组成。运动员及随队官员、贵宾及赞助商等人流应以安全隐蔽为主,不应受过多打扰;媒体人流应接近运动员以方便采访,但不可干扰运动员;工作人员应考虑方便出入,但也以隐蔽为好。外场人流则主要由观众构成,观众人流应同其他人流严格分开,并为其提供简洁明了的出入场馆的途径。

除了人流与车流的组织外,停车方案也是交通流线设计的重要内容。停车也可以按内场车流与外场车流两部分来考虑,内场车流一般都有专用停车区,而外场车流则不设专区。体育场馆停车面积需求很大,在场地面积宽裕的条件下,可在场地上布置停车位,而当场地面积有限时,可结合场地和建筑地下空间进行停车位布置,大小车位可分类组织。停车场的位置应根据体育场的功能流线关系设置,运动员、贵宾、媒体和工作人员的停车地点一般与其相应的出入口相近,观众的停车地点通常也接近场馆出入口,但这个出入口并不一定就是观众所持票对应的出入口(这种情况可能导致观众离场时因为要取车与大量观众人流反向而行,产生"对流"现象,不利于疏散)。

第四节 大型活动外部行人疏散控制

一、大型活动外部疏散特征

1. 大型活动外部疏散需求特征

(1)疏散需求量大,矛盾突出。大型活动引发的交通需求量远远大于城市其他同等规模用地产生的交通需求量,大型活动期间,单位面积产生交通吸引量剧增。如在"十运会"开幕式不到 $1km^2$ 的面积上聚集了10万活动参加者,而且散场时要求在45min疏散完毕,交通供需矛盾突出。

(2)参与者层次分明。大型活动的参与者优先级别不一样。特别是一些大型活动中VIP在特定时间对特定交通资源的独享或是优先,这对其他参与者造成很大影响。疏散时根据不同优先级的交通需求,保证不同层次大型活动出行需求,并尽量降低对背景交通需求的影响,最大限度地体现交通需求的"公平"原则,是大型活动交通组织管理的重要目标。

2. 大型活动外部疏散行人交通流特性

相对于城市正常交通流,大型活动疏散行人交通流具有如下特征。

(1)时空分布不均。交通流的时空分布不均与交通需求的时空分布不均密切相关,交通流分布不均给城市交通组织管理带来了很大难度。

(2)高峰的时空波动性。大型活动在周边道路引起的交通流量高峰具有明显的时空波动特征,交通高峰像波一样随着时间沿着主要集散道路由活动场所逐渐向外扩散。而城市正常情况下的交通高峰出现的时间一般比较固定,而且高峰基本是在整个路网同时出现的。

(3)出行起点单一。大型活动散场过程中,出行起始点唯一(都是从场馆中开始疏散),从而形成"发散式"交通网络。大型活动下,行人客流发生点有多个而吸引点只有一个。与场馆连接的道路和交通运输通道都面临巨大压力。

二、大型活动外部行人疏散管理

1. 大型活动外部交通流管理

交通流管理主要内容是根据道路网络及大型活动期间交通流量、流向,综合运用各种交通管理措施及手段,合理引导、控制和组织交通流,以达到交通流均衡、有序的运行状态,从而减轻交通拥挤,提高网络的运行效率和安全水平。交通流管理的对象是交通流及组成交通流的车辆。交通流组织管理的策略主要有:单向交通、公交专用道和交叉口控制。采用交通流组织管理措施基本是日常的组织管理方法。

2. 大型活动外部行人交通管理

大型活动行人交通管理的主要内容是根据交通流管理方案制订合理、有效的行人管理措施,保证行人能够安全、高效地疏散。行人交通管理的对象是大型活动的参加者,行人交通的管理措施主要分为以下几种。

(1)鼓励使用公共交通,限制私人车辆。主要措施有:增加公共交通的发车频率和延长公共交通的运行时间,在活动地周围新增公共交通线路的站点,专门为活动开辟公共交通专线,降低公共交通票价等。

(2)提高车辆共乘率。主要的措施有:设置 HOV 通道(High Occupancy Vehicle 高载客率专用车道),对不同共乘率的车辆收取不同停车费,设置通行证和禁行管理等。

(3)错峰控制。主要的措施是通过宣传和活动组织的方法来使大型活动与城市交通的高峰在时间上错开。

第五节 大型活动疏散方案制订

一、大型活动疏散方案的目的和原则

大型活动所在区域短时间吸引大量的交通出行,为保证大型活动的顺利进行和活动参加者的正常疏散,需要通过制订合理有效的疏散预案。

大型活动疏散预案的目的是保障大型活动的交通安全、顺畅和有序,尽量减少对背景交通需求的影响,并在遇到紧急事件时采取合理的方案并能够及时救援,保证活动参加者安全、及时、快速、有序和高效的疏散。

制订大型活动交通疏散方案时要遵循以下原则:

1. 安全原则

大型活动的参加者多,受关注程度大,因而在疏散时要确保活动参加者的安全、车辆的安全和疏散路线的安全等。

2. 优先原则

大型活动疏散时的车辆分为很多车种,一般来说,公共交通、集体大巴等大容量的车种优先通行和停放,或是设置专用通道等,而低容量个体交通如小汽车的优先级别则较低,通过让行或是禁行等方式让其他车辆优先。

3. 分离原则

分离原则包括车种分离、空间分离和时间分离。

(1)车种分离:各种车辆的机动性不一致,如果混行必将导致相互干扰,降低通行效率。具体的方式可以通过设置不同车种的专用道,如公交专用车道、普通车道等。

(2)空间分离:不同来向的车,需要通过使用特定的疏散路径减小不同流向的干扰,例如可以通过设置禁止转向的方式等。

(3)时间分离:一是分离背景交通,减少背景交通在大型活动疏散时的出行;二是对活动参加者分时间疏散。

4."以人为本"原则

城市交通运输系统所服务的对象是"人",而不是"车",交通出行的最终目的是把"人"安全、快速和高效地从一个地方运送到另外一个地方,"车"只是"人"出行的载体,是为了"人"的出行方便、通畅。在制订交通组织管理方案方法时满足"人"的出行需求,保证"人"在道路上出行的通畅、安全、高效等,减少道路上的交通量,提高道路等交通资源的使用效率。

5. 弹性原则

预测的交通需求与实际的需求总会有误差,如果设计预案的最大承受能力为预测的交通需求,一旦由于某些因素导致实际的交通需求非预案能够承受,就会对疏散造成影响。因而制订预案要有一定的余地,要有"弹性"。

6. 实用性原则

大型活动交通组织管理的主要目的是使疏散策略方便、有效的实施,保证大型活动期间交通的安全、顺畅。因此疏散方案要结合具体活动的具体情况、城市交通的发展水平等制订,保证其实用性和可操作性。

二、大型活动行人疏散方案的组成

完整的大型活动疏散方案应包括以下部分:管制范围划定、停车场停车布置及线路组织、疏散交通管理、警察等人员设置、信息发布和宣传等。

大型活动制订疏散方案的目的就是保证活动参加者安全、有序、快捷的疏散,因而疏散方案的中心任务是制订合理的疏散路线,然后通过合理的策略措施进行交通资源管理,让交通尽量按照制订方案的疏散路线疏散。图 5-3-8 为常规疏散方案组成图。

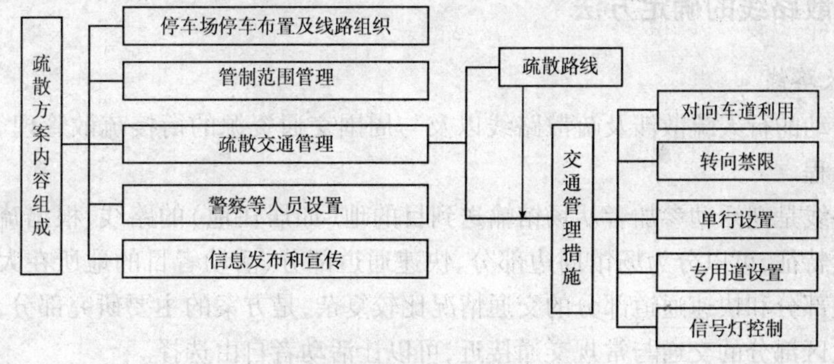

图 5-3-8 常规疏散方案组成图

三、大型活动行人疏散方案的制订流程

大型活动疏散方案的制订涉及很多方面的因素,主要过程如图 5-3-9 所示。

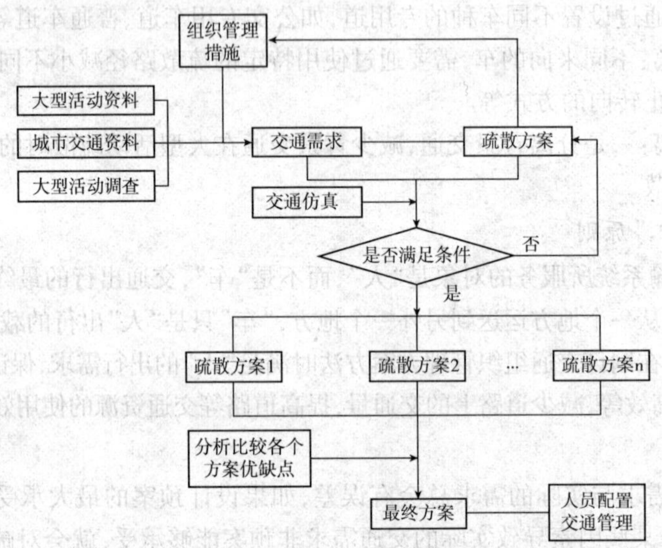

图 5-3-9 疏散方案制订流程图

(1)大型活动相关资料收集与整理。如大型活动的参加人数、场馆规模和出入口、周边停车、人行道和进出口通道等情况。

(2)城市交通基础资料数据收集。如道路资源的供给和级别、信号灯情况、停车情况、城市用地情况、消防医院单位情况等,这些资料都要以 GIS 的方式收集整理。

(3)国内外相似活动调查和场馆举办活动调查。

(4)大型活动的交通需求预测。

(5)大型活动的疏散初始预案。

(6)预案仿真评价。

(7)得到合理的疏散方案。

(8)在多个方案中分析比较,选取最终的方案。

四、疏散路线的确定方法

1. 疏散路线

大型活动的行人疏散涉及疏散路线以及与周围交通资源的衔接疏散管理等,是一个较大的管理工程。

疏散路线是把活动参加者从场馆输送到目的地(如居住地)的路线,根据疏散路线及区域的交通量特征,可以分为场馆周边部分、快速通道部分、活动者目的地所在大区部分。其中场馆周边部分和快速通道部分的交通情况比较复杂,是方案的主要研究部分,而活动者目的地所在大区部分的交通与常规交通接近,可以让活动者自由选择。

疏散路线研究的是场馆周边部分和快速通道部分。场馆周边道路交通情况复杂,因为

活动散场时，周边的交通量极大，活动参加者很难做出合理路线选择。而快速通道一般是城市的主干道或是快速路，疏散时要求安全和快捷，这些道路的背景交通还会影响到疏散的进行。

2. 疏散路线的确定步骤

设定一个有 m 个节点，n 条弧的网络 $N(V,E)$，V 是点的集合，E 是边的集合，每条弧(i,j)的长度为 L_{ij}。要解决的问题就是给定 a 个起点 P_U（U 是 P_U 的点集合），k 个中间点 P_W（W 是 P_W 的点集合），b 个大区点 P_V（V 是 P_V 的点集合），配对成 Y 条疏散路线 P_{UWV} 的最短运行时间问题。由于一次性在路网中求取出所有的路线 P_{UWV} 比较困难，因此把疏散路线 P_{UWV}，可以分成 P_{UW} 部分（周边部分）和 P_{WV} 部分（快速通道）来研究。具体步骤如下。

1）选点

根据网络的特点，先确定 a 个起点 P_U，k 个中间点 P_W，b 个大区点 P_V。

2）分类

不同的疏散路线是用来疏散不同方向的活动参加者，从各点的区位分布，确定其所属的类别。如活动参加者的来向分为四个，需要四类方向的疏散路线，则起点、中间点和大区点都分为四类。

3）连线

连接同一类中的起点和中间点 P_{UW}、中间点和大区点 P_{WV}，即可得到最终疏散路线，如图 5-3-10 所示。

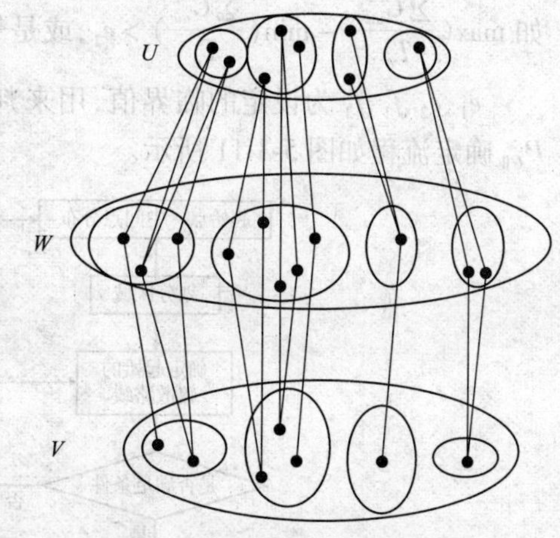

图 5-3-10　疏散路线组成示意图

3. 场馆周边路线确定

大型活动疏散时，场馆周边区域交通供需矛盾突出，交通情况比较复杂。减少不同流向间干扰，可以用分区域疏散的方式来确定疏散路线。

划分区域和确定疏散路线的方法：按照疏散的活动参加者的疏散方向和起始点、中间点来进行，即每个疏散方向的起始点、中间点都应该在相应的区域中。然后在每一个区域中选择合适的路段集作为疏散路线，这样就可以得到每一个区域的最大的交通供给。

1）划分区域时应该注意原则

（1）同类的起始点、中间点在相应的区域中。

（2）划分的区域应该比较容易区分和执行。

2）划分区域时要满足的条件

（1）供给大于需求条件：每个疏散区域的道路供给能够满足疏散时的最大需求。

（2）区域均衡条件：疏散时区域之间的道路的 V/C 比（交通量与相应路段的通行能力的比值）或是服务水平相当，可通过设置一个标准值来量化：区域的交通供给与交通需求的比值要大于某一个值 f_1 和区域间最大 V/C 比的比差值不得大于某一个值 e_1。设 c 区域内 d 路线 P_{UW} 的交通供给为 C_{uw}^{cd}，每一个区域最高的交通需求为 T_c，则：

$$\frac{\sum C_{uw}^{cd}}{T_c} > f_1 \tag{5-3-1}$$

$$\max\left(\frac{\sum C_{uw}^{cd}}{T_c}\right) - \min\left(\frac{\sum C_{uw}^{cd}}{T_c}\right) \leqslant e_1 \tag{5-3-2}$$

3）划分区域和选择疏散路线 P_{UW} 的步骤

（1）根据起始点和中间点划分出初始的区域。

（2）穷举出区域中所有的路线，选择其中合适的疏散路线 P_{UW}。

（3）检验是否满足供给大于需求条件和区域均衡条件。

（4）如果满足条件，即可得到疏散路线 P_{UW}；如果不满足条件，根据路网情况确定；如果提高某些路线的供给即可满足条件，则返回到（2）；如果返回到（2）仍然不能满足条件，需要调整起始点和中间点，则返回到（1）。

当不满足条件时：如果与条件要求比较接近，如 $f_2 < \frac{\sum C_{uw}^{cd}}{T_c} < f_1$，或是 $e_1 < \max\left(\frac{\sum C_{uw}^{cd}}{T_c}\right) - \min\left(\frac{\sum C_{uw}^{cd}}{T_c}\right) \leqslant e_2$，首先看通过调整交通供给等方式能否解决问题；如果与条件要求比较远，如 $\max\left(\frac{\sum C_{uw}^{cd}}{T_c}\right) - \min\left(\frac{\sum C_{uw}^{cd}}{T_c}\right) > e_2$，或是 $\frac{\sum C_{uw}^{cd}}{T_c} \leqslant f_2$，则需要调整起始点和中间点的设置。

e_1、e_2、f_1、f_2 为设定的临界值，用来判断条件。根据活动的具体情况来设定。疏散路线 P_{UW} 确定流程如图 5-3-11 所示。

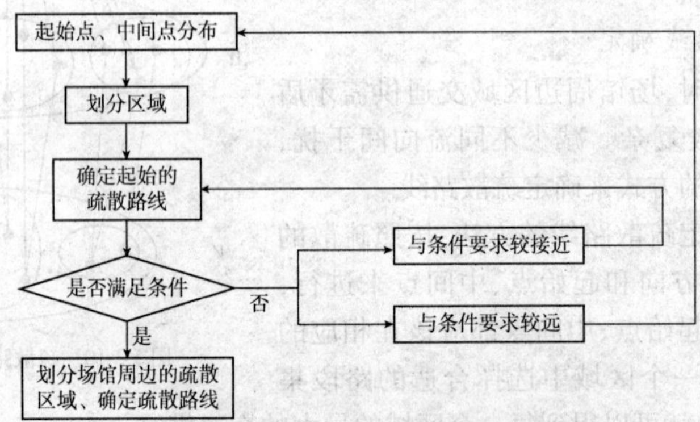

图 5-3-11　疏散路线 P_{UW} 确定流程图

4. 快速通道路线确定

1）求解模型

在疏散路线中间点到大区点的 P_{WV} 部分，交通流经过疏散路线在场馆周边区域 P_{UW} 之后，与场馆周边区域相比，需求相对变得分散，交通供给相对增大，此时大型活动的交通供需矛盾有所减弱，但是此时的背景交通对疏散交通的影响增大，且快速通道要求要有较大的疏散速度和疏散容量。

此时的问题可描述为：k 个中间点 P_W（W 是 P_W 的点集合），b 个大区点 P_V（V 是 P_V 的点集合），配对成 Y 条疏散路线 P_{WV} 的最短运行时间问题。每条疏散路线有不同的权重 w_k。得到以下的数学模型：

目标函数：
$$\min T = \sum_{k=1}^{c} w_k \sum_{(i,j)\in E} t_{ij} x_{ij} \tag{5-3-3}$$

约束条件：
$$v_{ij} \geqslant v_{\min} \tag{5-3-4}$$
$$C_{ij} \geqslant C_{\min} \tag{5-3-5}$$

式中：$t_{ij} = L_{ij}/v_{ij}$

$x_{ij} = \begin{cases} 0 \\ 1 \end{cases}$ 选择路段 P_{ij} 取 1，没有选择则选取 0；

w_k：每条公交通道有不同的权重。

路径 $P_{uwv} = \{P_{ij}\}$，起点为 u，终点为 v，由路段 P_{ij} 组成，路段 P_{ij} 的长度、速度、容量分别为 L_{ij}、V_{ij}、C_{ij}。

V、$C_{\min}$ 是对疏散通道的时间和容量要求，即选择的疏散通道的最小行驶速度和通行能力，具体的数值根据城市的道路条件确定。

2）求解步骤

（1）根据中间点和大区点，确定疏散方向包括的道路。

（2）根据对快速通道要求，选取符合条件的道路，并穷举出所有可能的运输通道。

（3）根据疏散时间最小的目标，来确定疏散路线中的快速通道部分。

第四章　行人交通安全管理

第一节　概　述

交通系统受人—机—环境等复杂因素的影响，不可避免地发生交通事故，其中系统中的"人"是指作为工作主体的人（操作人员或决策人员）；机是指人所控制的一切对象的总称（汽车、飞机、道路设施、生产过程等）；"环境"是指人、机共处的特定工作条件。世界各国都投入大量的人力、物力来研究应对交通事故的政策与具体的安全管理措施，其主要管理措施及应对策略主要从人员管理、设备管理和环境管理三方面进行研究。

所谓安全管理是指以安全为目的而进行的有关决策、计划、组织和控制方面的活动。从交通运输宏观角度出发，交通安全管理主要研究交通安全管理体制、政策、交通安全立法及各种交通安全法规的制度和执行，研究安全交通教育与培训等，旨在通过建立先进的专业安全管理体制，并将其与事故预防、应急措施和保险补偿三种手段的有机结合，力争达到在时间、成本、效率、技术水平等条件的约束下，实现系统最佳安全水平的目的；从微观角度来看，行人交通安全管理就是通过研究行人交通事故，发现其规律，从而制定相关交通法规，并积极实施对交通过程的控制，以实现预防及减少事故，降低伤亡，减轻财产损失，保证行人交通安全的目标。因此，行人交通安全管理必须考虑以下三个方面的问题。

（1）城市区域的交通安全管理对策，必须达到减少地方、地区、国家行人交通事故数量的目标水平。

（2）行人交通安全对策必须保持和区域内的各项政策的统一，保证安全性、圆滑性、环境和土地政策的平衡。

(3)行人交通安全管理的目标应和区域内各地方政府的交通安全目标统一。

由于行人交通安全管理涉及的因素诸多,不同国家行人特征、环境等因素的差异也会使交通事故存在不同的特征和规律,最终使得其交通安全管理措施不同。因此,本部分主要从分析影响行人交通安全的影响因素出发,研究行人交通安全事故特征及其原因,重点探讨我国行人交通安全管理应对措施。

第二节　行人交通安全影响因素

行人交通是城市交通的重要组成部分。作为城市交通参与者的行人是城市各类交通事故中的弱势群体,易受伤害,一旦发生交通事故其死亡率很高。据统计,中国道路交通事故中与行人直接有关的约占总数的1/3;国内外相关统计资料显示,行人死亡人数在各类交通事故死亡人数中所占比例平均为27%。以2003年全国道路交通事故统计为例,因行人交通违章而引发的道路交通事故造成了25673人死亡、68040人受伤,分别占死亡和受伤总数的24.6%和13.8%,到2010年,全国共发生道路交通事故3906164起,共造成65225人死亡,254075人受伤。表5-4-1是2005年我国行人因过街违章而造成的行人交通事故情况。由此可知,行人违章是引发道路交通事故的重要因素之一。除此之外,由于行人交通系统硬件设施设置不完善或不合理也常导致行人交通事故,例如,由于道路条件不好,交通标志、路面交通标志不清楚以及由于交叉路口冲突区域太大等,常引起行人或驾驶员视觉观察上的错误而导致事故发生。因此,在"以人为本"理念指导下,对行人的不安全行为和其引发的交通事故进行系统有效地管理,降低行人违章率和伤亡人数尤为重要。

2005年行人违法导致交通事故统计　　表5-4-1

违章形式	事故起数		死亡人数		受伤人数	
	数量	占总数(%)	数量	占总数(%)	数量	占总数(%)
违法穿行车行道	6275	1.39	1891	1.91	4970	1.06
违法跨越隔离设施	220	0.05	106	0.11	138	0.03
行人违反交通信号	249	0.06	94	0.10	172	0.04

资料来源:公安部交通管理局. 中华人民共和国道路交通事故统计年报. 2006

分析不同场所下行人交通系统行人交通安全事故的成因,是行人交通系统安全管理的基础。根据事故直接成因的构成主体不同,行人交通安全影响因素可以分为行人自身内部因素和交通系统外部因素两个方面。

一、内在因素

认知心理学认为,"感觉(信息输入)—判断(信息加工处理)—行为(反应)"构成了人体的信息处理系统,其中的任何一个环节出现失误都将导致出行行人的不安全行为。从认知心理学角度看,行人行为失误(违章)主要包括行人感觉过程失误,对交通信息判断过程失误和行人的行为过程失误。根据认知心理学原理,从行人感知觉、注意、记忆等特征出发,通过行人的适应性分析，可得出行人出行对交通信息处理过程的概念模型，如图 5-4-1 所示。

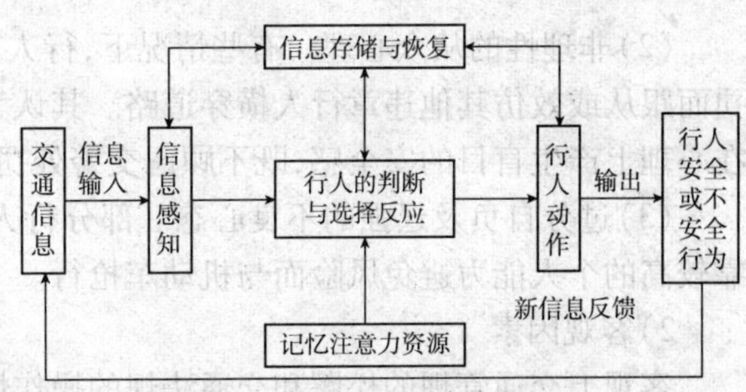

图 5-4-1　行人信息处理过程的概念模型

由图 5-4-1 可知，行人接受来自交通系统的各种信息，主要有道路信息（交通标志、路况、行人设施等信息）、车辆信息（行驶状态）和环境信息（天气状况等），这些信息通过视力和听力等感觉器官传入行人的中枢神经。行人在感知信息的基础上，将当前情景与心理的学习和经验情景相匹配作出判断，该判断可能是深思熟虑或者是反射产生的判断其可能是安全行为也可能是不安全行为，如熟悉交通安全知识的行人会迅速对信号标志作出正确反应；但若行人置身于复杂情况且无信号控制的道路环境，或行人心理具有的是错误经验，则会反射产生失误的判断而采取不安全行为。因此，行人在心理上所表现的这种特征与交通事故关系密切，对行人出行行为的安全性影响重大。有关研究表明，行人的心理状态与交通事故的构成关系如表 5-4-2 所示。

行人的心理状态与交通事故构成表　　表 5-4-2

心理状态	事故件数	构成率（%）	心理状态	事故件数	构成率（%）
未发觉	139	58.6	动作错误	40	16.9
判断错误	58	24.5	合计	237	100

除此之外，行人走行的心理特征所表现出的不安全行为主要分为行人有意识和无意识的不安全行为，这些都是导致发生交通安全事故的主要内在原因。

1. 行人有意识的不安全行为

行人有意识的不安全行为是一种由人的思想占主导地位、明知故犯的行为。虽然如此，这种因素依然存在主观和客观两方面的原因。

1）主观因素

主观因素主要指行人的自身心理因素，主要表现为以下三类。

图 5-4-2　行人在非人行横道处穿行

（1）交通安全意识薄弱，习惯选择省时省力的捷径行为。行人常认为违章行走不存在危险，感性地认为机动车无条件礼让行人，而忽略安全的重要性；甚至有些行人明知违章过街属违法行为，但为便利或赶时间而仍然故意违章，随意抄近路穿行。例如，行人斜穿人行道、随意翻越车行道隔离设施、强行闯红灯，甚至在汽车流中危险穿行等过街违章行为时有发生。如图 5-4-2 所示，行人为图方便将铁路线视为人行横道而强行穿越车流，虽然人行横道离此处约 20m，说明行人的路权观念较差。显而易见，该行为不但对自身安全构成威胁，而且还严重侵犯了车辆的通行权，加重了交通拥堵。

(2)非理性的从众心理。有些情况下,行人明知违章,但看到他人违章未造成事故或受罚而跟从或效仿其他违章行人横穿道路。其认为法不责众,由于随行的人流组成一道屏障,在心理上产生盲目的安全感,既不顾虑交警处罚,也不避让机动车或与机动车直接抢行。

(3)过分自负及逞强的不良心态。部分行人为显示自己身手矫健,灵活快速,认为可依靠较高的个人能力避免风险而与机动车抢行。

2)客观因素

客观上交通管理的松懈和交通法规的操作性差给行人不安全行为的发生创造了条件。

(1)管理原因。一方面交通规章制度不健全,行人违章行走不存在心理压力而无视交管部门相关规章制度;另一方面是由于管理部门对行人的交通行为管理力度不够,措施不力。

(2)环境因素。交通安全防护设施不齐全或防护设施不符合行人心理的需求,使得行人不愿意按照给定的道路条件行走。

2. 行人无意识的不安全行为

行人行为是行人对外界交通环境刺激所做出的行为反应,行人有意识或者无意识的行为反应都可能造成无意识的交通不安全行为。行人无意识的不安全行为包含以下几种原因。

(1)行人存在心理、生理、认知水平等方面的原因。心理原因,如交通出行中思想不集中、情绪不稳定而忽视交通危险等;生理原因,如体力、视力、运动机能、年龄等差异不适应交通环境的突然变化等;认知原因,如缺乏交通安全知识,路权意识差等。

(2)客观上不良的交通环境是诱发行人不安全行为的重要因素。管理原因,如交通法规不健全,管理措施不到位,信息传递不对称等;教育原因,如交通安全知识宣传教育方式不合理等;环境原因,如交通标志缺失或不明确、气候条件突然变化等;社会原因,如工作、生活、家庭状况以及人际关系变化等。

上述因素可能单独或共同作用导致交通不安全行为的发生。

二、外在因素

行人交通安全外在影响因素主要体现在交通固定基础设施和移动设备的建设,以及交通安全综合环境三方面。

1. 行人交通基础设施

1)行人过街设施方面

行人交通设施少是引起行人交通违法的客观原因之一。城市交通规划、道路建设和交通管理工作多从机动车角度考虑问题,对行人交通则考虑较少。例如,为了提高车辆通行能力而拓宽道路,为了隔离车流和人流而设置栏杆,为了解决停车问题而占用人行空间等,但行人如何过街却被忽视。据调查,行人违法横穿车道通常是为了缩短步行距离和时间。很多行人会指责行人过街设施太少、相距太远或者环境不好。如某市主干道,尽管人行过街地下通道之间的距离均控制在有关技术规范之内,但考虑到投资的问题,一般取的都是接近于人们难以接受的极限值;宽达 100m 的大道,行人过街地道间距平均 800m 以上,行人想要到达道路对面则需绕行相当长的距离。因此,许多行人舍远求近,冒险翻越栏杆横穿马路。

2)行人过街指示标志方面

行人指示标志缺乏,使行人尤其是外地人寻找行人过街设施困难,导致行人就近冒险穿行车道。有的公交站点设置在路段上,距离行人过街设施较远,乘客下车后由于就近找不到过街设施,或者看不到过街设施指示标志,他们会在公交站台附近直接横穿道路。

3)行人物体隔离设施方面

交通分离是交通管理中的重要措施之一。分离的方法有三种:一是主要采用交通标志、标线分离;二是物体分离,主要采用隔离护栏和交通岛等;三是立体交叉分离。目前使用较多的是前两种方法。但是由于交通标志、标线是平面标记,在行人交通意识水平低下的情况下,对其交通行为的约束作用往往不大。据统计,长沙市各种交通控制方式下的事故发生率、伤亡率,以纯标志、标线控制方式情况下为最高(表5-4-3),其次是信号灯、信号灯及标志标线、其他安全设施较低,以民警及信号灯控制方式为最低。由此可见,交通参与者对民警指挥、信号灯、其他交通安全设施(主要是护栏和交通岛)比较敏感,对单独的交通标志、交通标线并不太在意。

长沙市各种交通控制方式下的事故情况 表5-4-3

交通控制方式 \ 事故情况 \ 年份	2002年		2003年		2004年		2005年(1~9月)	
	占事故总数(%)	占死亡总数(%)	占事故总数(%)	占死亡总数(%)	占事故总数(%)	占死亡总数(%)	占事故总数(%)	占死亡总数(%)
合计	100	100	100	100	100	100	100	100
民警指挥	0.36	0.28	0.17	0.00	0.32	0.34	0.12	0.00
信号灯	0.27	0.28	0.46	0.36	3.67	1.20	1.69	0.00
标志标线	31.93	15.45	34.65	20.00	33.93	22.77	42.68	42.68
民警及信号灯	4.42	0.28	0.12	0.00	0.27	0.51	0.15	0.00
信号灯及标志标线	3.96	0.56	3.32	1.82	6.90	2.74	6.16	4.22
其他安全设施	4.80	4.78	3.20	3.64	4.61	2.40	1.89	0.99
无控制	54.26	78.37	58.09	74.18	50.30	70.03	47.30	52.11

此外,一些城市在道路改建过程中,将以前的三块板、两块板道路几乎全部改成了一块板道路,窄的双向四车道,宽的达八车道、十车道。许多新建道路也如此。宽敞平直的道路上没有隔离带,有的仅仅设置了机动车和非机动车隔离护栏,只用道路中心双黄线分隔对向车流。由于道路上没有中心物体分离设施,行人横穿道路很容易,从而导致大量穿行行车道的行人产生。

2. 交通工具

交通工具属于交通移动设备,包括车身安全技术、车辆安全保护措施、车身结构。据统计,截至2010年年底,全国机动车保有量为2.07亿,其中1.0亿辆是摩托车,1618万辆是拖拉机等低速载货车,这些安全性能较低的车辆的总量达到了机动车总量的3/4。从机动车总量构成种类来说,两轮的摩托车仍然占了总量的50%左右,这样的比例不符合交通环境的友好性。交通工具的不安全性导致了行人与机动车之间事故发生的概率大幅提升。

3. 行人交通安全宣传管理

1)交通管理执法方面

对行人交通违法,交警一般实行劝阻教育,对严重违法者,进行低额罚款,但教育和罚款往往引起违法者的抵触甚至谩骂,警示效果甚微。执法软弱,并缺乏权威性,对行人交通违法抑制作用微乎其微。

2)宣传教育方面

道路交通安全宣传教育目前还未普及,也不够深入,在宣传教育上还存在一定误区。许多媒体,甚至一些法学专家片面宣传和强调行人在交通中的“弱者”地位,在人们头脑中留下行人是“弱者”的概念,使多数行人都以“弱者”自居。加之交通法规的很多规定都倾向于保护行人,体现法律的人性化,这些无形中使行人产生一种“优越感”。因此行人在车辆面前似乎也没有了“惧怕”感,与机动车抢行、横穿马路的现象随处可见。正确的宣传教育必须告诉人们要守法,要学会珍惜和保护自己的生命。

4. 行人交通安全氛围

人车是否能够和谐共存也是影响行人交通安全的重要因素之一,而这种人车和谐共处现象需要和谐的行人交通安全氛围。一旦行人交通安全氛围不够,则导致人车交通的冲突,而行人交通违法只是这种冲突所产生的一种现象。由于城市空间的狭窄,汽车作为一种人格化的工业产品,不断占用有限的社会资源,引发了部分人群的焦虑,人车争路就是这种焦虑的反映。随着道路交通发展,在机动车保有量持续上升的同时,人与车的和谐关系并没有建立起来,相互间的“敌意”反而更趋明显。一个有意思的现象是,许多人当坐在汽车上时抱怨行人不守规矩,一旦走在路上时就转而怨恨汽车横冲直撞。也正因为存在着这样的心理背景,所以要想规范行人的交通行为,就不能只从简单的处罚着手,而要大力营造一种人车和谐共存的现代交通安全文化氛围。

第三节 行人交通安全事故及管理原则

行人交通安全事故促使人们对行人交通安全进行管理,所谓行人交通安全事故是指行人与行人、机动车以及交通设施之间发生的给行人安全造成伤害的事件,主要以行人与机动车之间发生的事故为主。

一、交通安全事故

行人交通安全事故,根据人身伤亡或者财产损失的程度、数额和损害后果的表现类型,分为不同的类型。

1. 安全事故类型

1)根据人身伤亡或者财产损失的程度和数额分类

(1)轻微事故。是指一次造成轻伤 1 至 2 人,或者财产损失不足 1000 元,非机动车事故损失不足 200 元的事故。

(2)一般事故。是指一次造成重伤 1 至 2 人,或者轻伤 3 人以上,或者财产损失不足 3 万元的事故。

(3)重大事故。是指一次造成死亡 1 至 2 人,或者重伤 3 人以上 10 人以下,或者财产损失 3 万元以上不足 6 万元的事故,也包括那些在社会上甚至国际上造成重大影响的事故。

(4)特大事故。是指一次造成死亡3人以上,或者重伤11人以上,或者死亡1人,同时重伤8人以上,或者死亡2人,同时重伤5人以上,或者财产损失6万元以上的事故。

2)根据损害后果的表现类型分类

(1)死亡事故。死亡事故是指仅有人员死亡或者既有人员死亡又有人员受伤和财产损失的交通事故。

(2)伤人事故。伤人事故是指仅有人员受伤或者既有人员受伤又有财产损失的交通事故。

(3)财产损失。财产损失事故是指仅有财产损失的交通事故。

2. 安全事故特性

从交通事故发生的时间、空间及原因来看,安全事故具有如下特性。

(1)高峰时段突显性。安全事故常发生在出行量大、出行紧张的高峰时段,尤其是行人交通安全事故,例如因盲从、焦躁等闯红灯、违法过街行为而导致的交通事故。

(2)交通发达区域事故高发性。交通发达地区的交通环境错综复杂,庞大系统下,人—机—环境综合系统难以保证各环节完全协调运作,当系统承受元素过多时,系统本身事故发生率也随之增加。

(3)难以预料性。交通系统中参与者难以对交通安全事故进行预测性,系统诸多因素的随机性及行人安全意识的薄弱性导致交通参与者事先对事故毫无预见性。

二、安全管理原则

(1)全面性原则。由于安全管理的对象有人、机、物、环境等因素,涉及面广,且事故常发生在少数人身上或管理薄弱的环节,所以安全管理应实现全面性的管理。

(2)系统性原则。安全管理的全面性决定了安全管理系统化运筹,在统一模式下进行,既要兼顾特殊性,抓重点和要点,又要遵循一般规律,时刻做到形散而神不散。

(3)精细化原则。求精求细是安全管理的关键要素,所以精细化原则是安全管理功能实现的最好手段。

(4)文化性原则。人是安全管理的主体,是安全管理的重点和难点。由于人与人之间的差异和自身的不稳定性,须建立人文化的制度来满足安全的目的。

(5)控制性原则。控制是安全管理的主要手段,为保证交通安全须多加注意各因素的控制。

(6)诱导性原则。诱导在安全管理中起着关键的作用,采用安全教育诱导方式能避免安全事故的发生。

第四节　行人交通安全管理措施

从人—机—环境的交通系统理论出发,在分析行人交通安全管理影响因素的基础上,依据其管理原则,研究行人交通安全管理的措施提高行人交通安全,而这些措施主要从交通教育培养、优化行人设施设计和行人交通安全环境三个方面提出。

一、对交通参与者的教育培养

交通安全宣传教育是解决交通安全问题的首要环节,是顺利开展交通管理工作的前提和保证,只有提高群众的交通安全意识和法律意识,才能从根本上改变行人的交通“陋习”。由于不同年龄阶段的人群所处的交通环境及其自身的特点差别较大,因此针对不同年龄阶段的人群开展的交通安全宣传教育也应有所不同。按照年龄及人群特点的不同可大致分为以下几类人群:幼儿、学生(包括小学生、中学生及大学生)、成年人、老年人。针对幼儿的交通安全教育,其目的是让幼儿关心日常生活中自己身边与交通安全有关的各种事物,让幼儿养成注意安全的习惯和态度。同时,在交通安全宣传教育还应当将社会科学知识和自然科学知识有机地结合起来,多增加自然科学知识成分,使人更容易理解交通科学原理。

除此之外,行人交通安全法规管理是行人安全管理的重要组成部分,对行人的行为具有规范作用和社会作用。在对交通参与者进行教育时,一定要将行人法规教育纳入其中。但在行人交通管理中存在诸多困难,工作量非常大,目前交通管理部门对行人的交通违法行为几乎处于放任状态。这对营造交通文化氛围,规范行人交通行为,提高行人交通安全性十分不利。同时,行人交通安全违法行为具有很强的跟随性,所以在治理初期应该采取强硬措施,杜绝违法行为的产生与发展。由于机动车是造成行人死亡事故的主要方面,因此在规范行人交通秩序的同时,同样要规范机动车行车秩序,其中主要是根据安全和畅通要求,严格限制机动车的行车速度,严格执行机动车避让行人的相关法律规定。

法律法规对行人的道路通行规则有如下规定:

1. 行人一般通行规则

(1)行人应当在人行道内行走,没有人行道的靠路边行走。

(2)行人通过路口或者横过道路,应当走人行横道或过街设施,通过有交通信号灯的人行横道,应当按照交通信号灯指示通行;通过没有交通信号灯、人行横道的路口,或者在没有过街设施的路段横过道路,应当在确认安全后通过。

2. 行人道路通行禁止行为

(1)行人不得跨越、倚坐道路隔离设施,不得扒车、强行拦车或者实施妨碍道路交通安全的其他行为。

(2)不得在道路上使用滑板、旱冰鞋等滑行工具。

(3)不得在车行道内坐卧、停留、嬉闹。

(4)不得有追车、抛物击车等妨碍道路交通安全的行为。

3. 行人通过铁路路口规则

行人通过铁路道口时,应当按照交通信号或者管理人员的指挥通行;没有交通信号和管理人员的,应当在确认无火车驶临后,迅速通过。

4. 行人乘车规则

(1)乘车人不得携带易燃易爆等危险物品,不得向车外抛洒物品,不得有影响驾驶员安全驾驶的行为。

(2)不得在机动车道上拦乘机动车。

(3)在机动车道上不得从机动车左侧上下车。

(4)开关车门不得妨碍其他车辆和行人通行。

(5)机动车行驶中,不得干扰驾驶员驾驶,不得将身体任何部分伸出车外,不得跳车。

(6)乘坐两轮摩托车应当正向骑坐。

另外,需要注意的是,按照《道路交通安全法》第六十四条规定:"学龄前儿童以及不能辨认或者不能控制自己行为的精神疾病患者、智力障碍者在道路上通行,应当由其监护人、监护人委托的人或者对其负有管理、保护职责的人带领。盲人在道路上通行,应当使用盲杖或者采取其他导盲手段,车辆应当避让盲人。"

以上法律条款可为我们日常的道路交通工作和行人管理工作提供较为有力的支持和指导。

二、优化行人设施设计

考虑到我国道路差别较大的特点,可按不同类型道路的需求对行人安全基础设施进行完善,建立人性化、智能化的行人设施。

1. 安全基础设施优化

(1)优化人行横道设置,增加人行横道的可视度。

(2)在道路照明之外,人行横道的照明应单独设置,并加强亮度。

(3)加强道路夜间照明管理,在行人活动频繁区域(如居民小区、学校、商业中心区等)应当保证道路照明,以便行人任何时候横穿道路都能及时被机动车驾驶员发现。对于北京等大城市,由于夜间人们外出活动仍较多,凌晨两点之前和五点之后保持夜间照明,剩余时段可适当关闭部分路灯,节约电能。

(4)设置中心护栏和行人过街保护设施。要约束和规范行人穿行行车道的交通行为,最佳办法是在道路中心设置隔离护栏和隔离岛等物体隔离设施。通过调查,大约90%以上的行人表示不会跨越中心护栏,这些人认为跨越护栏不好意思,因为这是最基本的道德意识。因此在有条件的道路上,应当尽可能设置中心护栏,这种物体隔离设施既可以有效隔离对向行驶的机动车,又可以有效防止行人随意穿行行车道,起到真正保护行人安全的作用。

行人过街最安全的设施是人行天桥和过街地道,但是由于地理环境和建设经费等条件限制,许多道路都没有设置这类安全度高的行人过街设施,取而代之的是在地面上施划人行横道标线,包括有些双向四、六车道的道路也如此。行人过街的步行速度因行人的运动能力、周围环境、交通密度等不同而相差很大,快的达1.8 m/s,慢的仅0.7 m/s,平均为1.44 m/s,横穿四车道(宽约15m)和六车道(宽约22m)的道路所需时间大约分别为10.42 s和15.28 s以上。在这个时间内,行人与来往车辆发生冲突的可能时刻存在,因此对行人过街的安全保护非常重要,除了在交通法规中明确机动车应当避让行人的规定以外,更重要的是设置行人过街保护设施。

在有隔离带的道路上,人行横道线应当从隔离带上穿过,利用隔离带做安全岛,如图5-4-3所示。隔离带可以给行人提供中途驻足区域,也可以在车辆与行人间形成保护屏障,保护行人安全。因此在改建道路时,隔离带不要随意铲除。在没有中心隔离带的交叉路口,甚至可以考虑在道路中央设置行人过街安全岛。

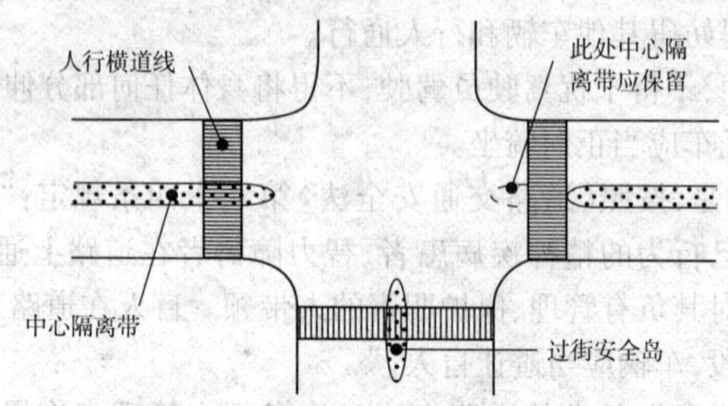

图 5-4-3　平面交叉口人行横道线规划示意图

在设有中心隔离护栏的路段上，可以考虑设置行人二次过街设施，如图 5-4-4 所示。这种设施在中心护栏处给横穿道路的行人提供一个驻足观察来往车辆的安全区域，可以防止或减少行人突然横穿道路的危险行为，也利于车辆驾驶员正确判断横穿道路行人的动态，能大大提高行人横穿道路的安全性。据统计，行人在路段上发生事故的比例大大高于在路口处发生的事故比例。这是因为机动车在路段上的行车速度比在路口处快得多，行人横穿道路时容易使驾驶员措手不及。而行人二次过街设施可以有效解决这个问题。行人二次过街设施适用于二至六车道的道路，如果道路过宽，应当优先考虑设置人行天桥或过街地道。

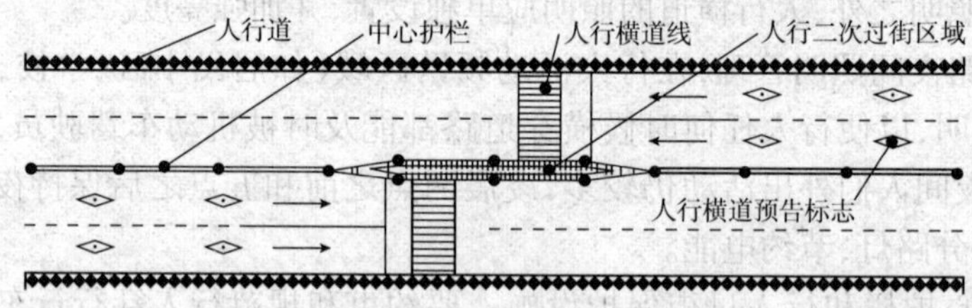

图 5-4-4　路段上行人二次过街设施示意图

2. 信号优化

根据实际情况，确定不同城市的行人信号时间长度。行人信号灯的尺寸不应千篇一律，应根据道路宽度的需要加以区别。在学校附近应设置触发式行人信号，对学生进行更好的保护。行人信号倒计时牌应更普及，以利于行人更好地掌握过街时间。有中央分隔带的道路，行人信号应考虑二次过街设置方式。

3. 视距优化

目前，造成视距不良的原因主要包括三个方面：现行相关设计实施方面的不合理导致的视距不良、交叉口客观原因导致的视距不良以及路边停车造成的视距不良。在视距设计时应该结合安全法规、行人心理和设施环境等方面，改善视距设计，避免出现视距不良的现象。对于已经出现导致视距不良的设施，应该优化设计或者设置提示安全标志。

三、营造良好的行人交通安全环境

人们文明行为在很大程度上受良好的文化环境影响，而且规范的交通行为要靠交通安全文化来培养。所谓交通安全文化是指人类交通活动所创造的交通安全与安全生活的精神与物质的总和。它是保护人的身心健康、尊重人的生命、实现人的价值、协调人与车关系的文化。因此，交通安全文化建设以提高交通参与者的交通安全基本素质为主要任务，其中最重要的是教育。营造良好的交通安全文化氛围需要解决的关键问题是提高公众对交通安全文化建设的认识。交通安全文化建设必须走社会化、公众化和公益化的路子,要面向社会,以现代化媒体为载体,努力推动交通安全宣传教育的科学化和艺术化。利用一切宣传和教育的形式传播交通安全文化,发挥包围着人类的交通安全文化环境的作用,达到启发人、教育人、提高人、造就人、约束人的目的,最终达到提高全民交通安全文化素质,规范交通行为的目的。

第五章　行人拥挤管理

作为城市交通系统中的重要组成部分,行人交通系统的安全问题不仅体现在城市交通的人车冲突方面,还表现在大型交通枢纽和活动场所等人流密集区域的严重行人群体拥挤问题,这类拥挤具有拥挤时间、拥挤地点、拥挤类型、拥挤程度和拥挤时空扩散等五大属性,其中时空特性和扩散特性使得拥挤管理决策复杂化,其要求交通控制系统、诱导系统、事件管理系统及现场指挥人员的综合协调。同时,交通拥挤管理的复杂性要求行人交通拥挤管理应从全局角度考虑以下两方面的问题。

(1)行人交通拥挤管理措施,必须与区域内的各项交通及相关政策保持统一。

(2)行人交通拥挤管理措施应服从总体交通安全性强和效益高的原则,并与其区域内各部门交通拥堵解决目标协调统一。

第一节　行人拥挤特性

一、行人拥挤管理的必要性

行人拥挤一般发生在大量行人聚集的场所,例如大型体育场或音乐会、商场、剧院等大型活动场所。过度拥挤和缺乏拥挤管理可能导致安全事故的发生,如行人的碰撞、踩踏等很容易导致伤亡事故发生。根据有关调查显示,在恐慌或紧急情况下,行人容易产生从众行为,发生互相拥挤、推搡等现象,进而引发各类安全事故。行人在拥挤事件中的伤亡绝大部分是自身在恐慌情况下的不理智行为所导致的。行人在紧急情况下,极易发生踩踏,推搡或推倒阻挡其走行路线的行人。国内外近年发生的一系列人群踩踏事故说明此类事故还在持续增加(表5-5-1),从交通安全、高效的角度出发,行人拥挤管理势在必行。目前,部分专家学者正在致力于研究拥挤状况下的行人交通流特性及行人行为,旨在从行人规划、组织、管理和控制等方面减少以至消除各种安全隐患。

拥挤导致伤亡事故　　表5-5-1

日　期	事　故
1996年10月17日	危地马拉一场英式足球赛中,因拥挤造成80人死亡
2001年4月12日	在南非约翰内斯堡一场足球赛中,43人因拥挤而死亡

续上表

日　期	事　故
2003 年 2 月 17 日	在美国芝加哥一家夜总会,因拥挤造成 21 人死亡
2004 年 2 月 5 日	北京密虹公园发生因人群拥挤,造成踩踏死亡 37 人,挤伤 15 人
2005 年 12 月 18 日	钦奈发放抗洪救灾物资时发生群体伤亡事故,37 人在踩踏事故中受伤,42 人死亡
2005 年 8 月 31 日	伊拉克朝圣时发生踩踏事故,其中数百人死亡
2006 年 1 月 12 日	在 Jamaraat 大桥举行的"大海洋"朝圣运动,363 人因拥挤混乱致死
2007 年 1 月 1 日	菲律宾新年之夜狂欢,数百名行人狂欢中受伤
2008 年 8 月 4 日	印度北部一个山神庙的朝圣活动中 150 名教信徒被踩踏致死
2009 年 12 月 14 日	在伯明翰圣诞节之夜,发生混乱有 60 人由于拥挤受伤
2010 年 1 月 14 日	印度东部西孟加拉邦发生一起因参加宗教活动人员拥挤登船而引起的踩踏事故,造成 7 人死亡,17 人受伤

二、行人拥挤行为

拥挤是行人个体对一定空间内聚集过量人群的主观感受,是人流密度、环境和个人特征等因素的相互作用,通过人的知觉——认知机制和生理机制,使人产生心理压力的一种状态。行人拥挤行为就是指在高密度环境下行人通过心理判断、认知后所采取的个人交通行为。

行人拥挤行为因其所处环境和拥挤程度的不同而存在差异。例如,在公共活动场所内,由于设施能力有限往往出现诸如停留、等候或避让等正常的拥挤行为;而行人产生过度拥挤行为一般都是由于紧急情况发生时,如火灾、恐怖袭击、地震等,行人在心理上产生了恐惧压力,进而转化为恐慌所引起的行为。"恐慌"是一种"过度害怕或恐惧的感觉,常易导致不理智的行为"。行人在恐慌情况下的行为因个体不同而有所不同。根据弗洛伊德的行人群理论:行人在恐慌情况下首先考虑到的是自身的安全性,因此大部分行人会选择利己行为或位置走行。此外,其他恐慌行为理论说明,当行人遇到危险时,行人的有意识行为被无意识行为所取代,从而产生一系列异于常态的走行行为。例如,行人在恐慌情况下处于出口疏散位置时,为尽快离开危险场所,行人试图提高自己的走行速度,但由于受行人间相互作用的影响而产生混乱、拥挤、碰撞、推搡等现象。一旦出现这种现象,行人心理上所受到的危险压力极易转化成不理智的行为,最终常导致发生拥挤踩踏事故。

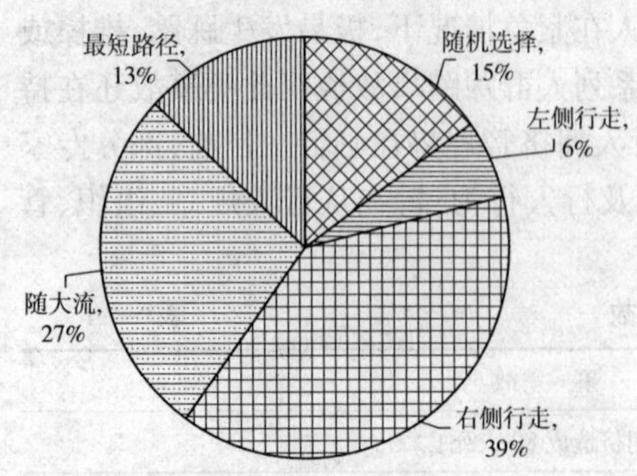

图 5-5-1　正常情况下行人的走行行为

以下对比分析行人在公共场所内正常行为和拥挤行为的表现情况。

(1)在公共场所正常情况下行人的走行行为。在公共场所行人密度不大的情况下,行人基本上按照自己舒适的速度走行。因此,在正常情况下,行人的走行行为涉及的是行人的路径选择,不涉及超越的情况。结果如图 5-5-1 所示,随机选择具有随机性、任意性，不受到行人流的约束而表现出从众行为，这种随大流的出众行为所占比例达行人流的27%；最短路径选择行为可能是由于行人对时间性要求较高，根据自身情况选择个体认为最短路径的走行行为。而在正常情况下，同向行人流的走行行为不涉及到行人流交织的问题，只发生超越行为。具体如图5-5-2所示。

正常情况下，在公共场所内的长形通道中行人的走行行为主要表现为从众行为和靠右行走行为，如图5-5-3所示。

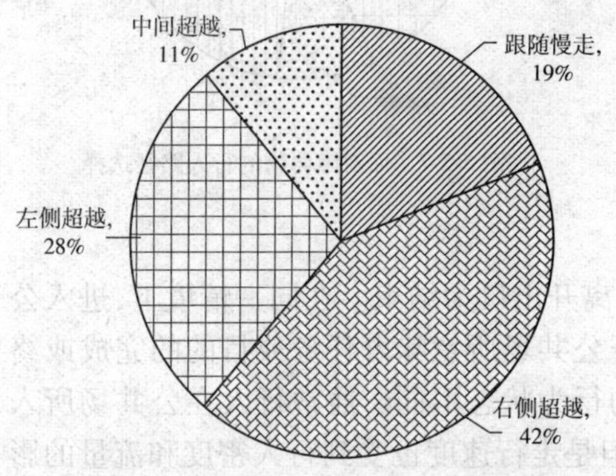

图5-5-2　正常情况下同向人群行人路径选择

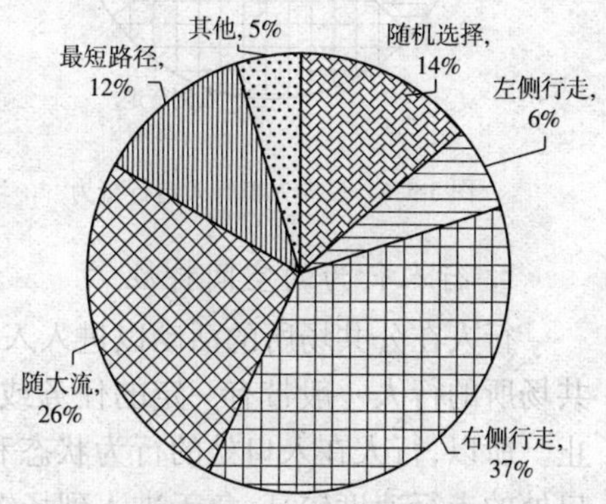

图5-5-3　长形通道中行人走行行为

(2)在拥挤情况下，行人主观上感受到拥挤而使心理压力上升，随即产生焦躁、急切的情绪，有迫切脱离拥挤环境的意识。因此，行人会提高走行速度、步幅，同时产生超越行为，如图5-5-4所示。同时，由于行人流方向的不同，各行人流向所表现出的行人也有所差异，同向人群行人走行行为主要表现为右侧超越和跟随慢走行为，而异向人群行人走行行为会有交织现象产生，主要表现为右侧走行和停留、随机选择路径行为，具体分别如图5-5-5，图5-5-6所示。另外，在面对障碍物时，行人会选择逃避或者躲避障碍物，如果障碍物没有阻挡住行人的走行方向及路线，行人会选择在障碍物左侧或者右侧绕行，具体如图5-5-7所示。

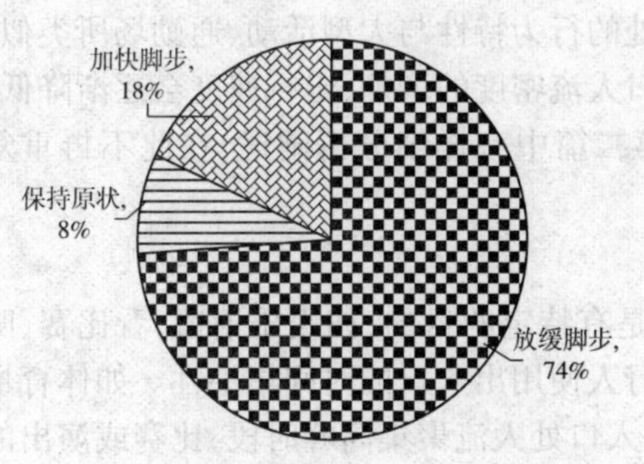

图5-5-4　拥挤情况下的行人步幅、步速调整比例

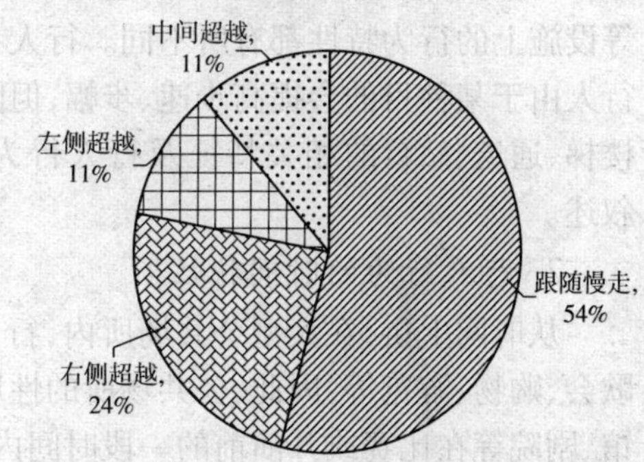

图5-5-5　拥挤情况下同向人群行人走行行为

三、行人拥挤行为特性

行人拥挤行为常发生在公共场所、通勤场所、交通枢纽等有大量人流聚集区域内的出入口、换乘通道、狭窄人行桥梁、地下通道等，而其行人拥挤行为特性主要表现在空间、时间、心理三方面。但由于不同环境条件下，行人拥挤行为在时空及心理特性上有所差异，因此，本处分别针对大型活动场所、通勤场所、交通枢纽等出入口行人拥挤特性进行介绍。

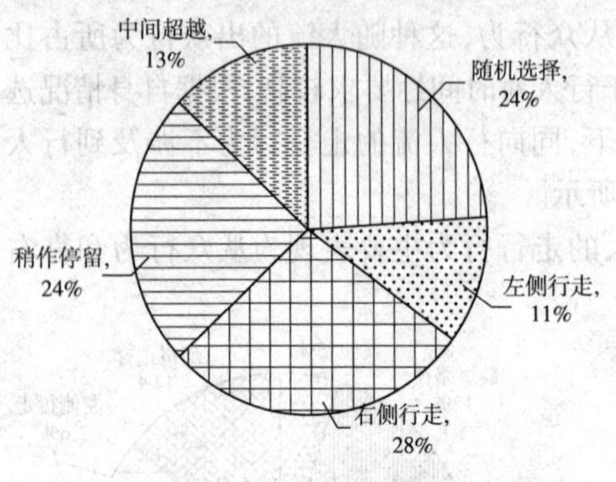

图 5-5-6　反向人群行人走行行为

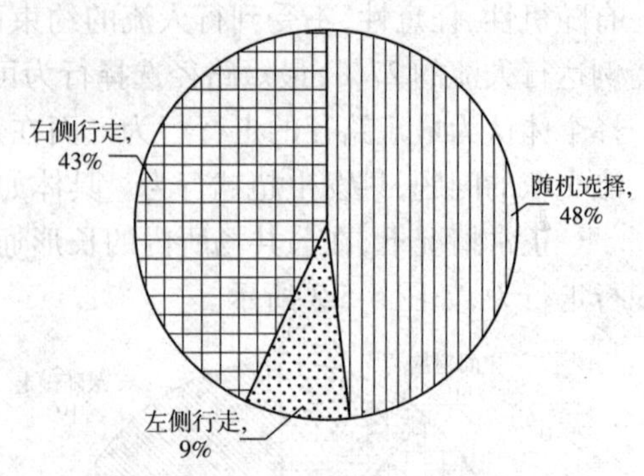

图 5-5-7　面对障碍物的行人路径选择

1. 行人行为的空间特性

行人在公共场所的活动以进入入口为开始，以离开出口为结束。在同一情境下，进入公共场所的行人一般带有一定的任务或目的，而离开公共场所意味着任务或目的的完成或终止。所以，行人在入口处的行为状态和在出口处的行为状态不同。通常行人在公共场所入口处的走行速度较高，急于进入到场馆或场所内，但是走行速度也受到行人密度和流量的影响。当行人进入到场馆和场所内，由于空间有限和行人密度的增加，行人走行速度会变得比较缓慢。当行人已完成出行目的，在心理上急于离开封闭、有限的空间时，在出口处随着行人密度的增加会变得拥挤甚至是拥堵，走行速度会明显降低。

通勤场所是指为满足人们上班或上学需要而设置的场所，一般包括机关、企事业单位、厂矿、学校等。行人在通勤场所的活动同样以进入入口为开始，以离开出口为结束。但人的活动范围是在出入口以内的更大空间中，因此，通勤场所的行人拥挤一般仅发生在出入口位置，而其他位置处的拥挤现象较为稀少。

行人在交通枢纽环境下，随着行人的空间转移，行人走行在枢纽入口、楼梯、通道、站台等设施上的行为特性都有所不同。行人在出入口处的行为特性与大型活动、通勤场所类似，行人由于某种目的会提高步速、步幅，但随着出入口人流密度的增加，走行速度会逐渐降低；楼梯、通道、站台的相关特征及行人行为特性在第二篇中有详细分析阐述，在此不再重复叙述。

2. 行人行为的时间特性

从时间上讲，在大型公共场所内，行人一般都是有特定的目的，如娱乐消遣、看比赛、听歌会、购物、游览等，因此，公共场所的性质决定了行人使用出入口的时间集中性。如体育场馆、剧院等在比赛或开演前的一段时间内基本上是入口处人流聚集高峰时段，比赛或演出的结束时间则是出口人流疏散高峰。

在通勤场所，行人出行具有早晚上下班高峰两个时段，一般出现在上下班、上下学高峰时段，每个时段的长度大约持续 1h。在这两个时段内，行人流不易发生拥挤，由于行人不在意时间上的消耗，因此行人不会急于脱离场所而加入到高密度人流中去，除非有意外情况的发生，行人为尽快逃离到安全地带会提高步速、步幅，这时在出入口处易产生拥堵现象。在平常情况下，出入口的人流一般不会出现大范围的交叉人流，即上班时间为进入人流，下班时间为走出人流。

交通枢纽环境类似通勤场所也具有早晚两个高峰时段。在早晚高峰时段,行人都是有一定目的的出行(早高峰时段以上班为主,晚高峰时段以回家、会友为主),因此,由于时间的紧迫性、严格性,行人的步速、步幅、步频都较平时有所提高。而在平峰时段,由于行人不在意时间的消耗,所以步速、步幅、步频都相对高峰时段较为平缓。此外,如果行人距达成交通目标的等待时间充裕,则行人会比较容易接受周围的拥挤环境,并根据自身的情况适当调整个人行为,如避免与他人发生碰撞、适度的放缓步调、合适的助人行为等。但如果行人距达成交通目标的等待时间较为紧张,则行人会对周围的拥挤环境较为敏感,特别是客流逐渐增加而交通资源不足的情况下,自身的步行或其他一些简单行为也会受阻,就比较容易出现急躁、急切的情绪,此时行人会有非常强烈的脱离意愿,行为的友好性也随之较低。

3. 行人行为的心理特性

由于公共场所一般都是为满足人们的休闲娱乐、购物、游览等需求,因此去往公共场所的行人往往在心理上不存在过多的压力和紧迫感。这种较为闲适和放松的心态会给人们带来较少烦躁和压抑的环境认知感,尽管环境密度较大,但人们的逃离意愿并不非常强烈,比起通勤场所和交通场所的拥挤环境下的脱离感要显得相对较弱。而脱离感的强弱与行人拥挤环境下不友好行为的发生有着很直接联系。公共场所拥挤环境下行人会出现拥挤感增强、空间小带来的活动不便、心理压抑等症状,也有可能出现一些碰撞、推搡等竞争性行为。

在通勤场所,行人个体在承担任务和责任的压力下,个体对该场所一般就会形成消极认知,而高密度环境会被视为一种强加的压力,密度越高个体的脱离意愿就越强。在该种强烈脱离意愿的控制下,行人很容易产生一些不理智的行为。但由于通勤场所的独特性质,使用通勤场所的人员往往非陌生人或有极为相似的属性,因此普遍不会发生激烈的竞争行为,如碰撞、压迫、攻击等行为,只是在通勤场所的出入口发生拥挤时,人们的拥挤感会比较强烈,但不会产生反感。

枢纽环境中的行人大多为达成某种交通目的而进入枢纽环境,行人在枢纽环境中会共用和共享枢纽内的公共区域资源。当行人流密度增大,个人的可使用公共资源空间变小,拥挤现象就会出现,随着客流密度的继续增大,行人心理的拥挤感及脱离意愿会逐渐加强。行人会比较容易对周围的拥挤环境产生反感情绪,如急躁、身心压抑等,同时行人会主动提高步速、在拥挤环境中穿行、碰撞或其他一些不良的交通行为等。相反,行人在行人流密度较低时,心情和心理上的压力较为舒缓,对周围环境的感知也不是很敏感,行人在步速、步幅上自然会放慢减缓,来欣赏枢纽内部的环境。

第二节　行人交通拥挤分析

从发生场所、时间及环境方面分析,产生行人交通拥挤存在诸多原因。此处主要对紧急情况下,由于拥挤严重而导致发生踩踏事故的原因进行分析,其主要包括:

1. 群集现象是行人拥挤踩踏事故发生的直接原因

人群密度较大时会产生群集现象,即人员聚集成群的现象。根据群体动力学的研究表明,人群的行进速度并不是决定于个体的平均行进速度,而是决定于人群的密度。人群密度越大,群体的行进速度越低,当人群密度达到一定极限时,就会由于拥挤过度而不能前进,进而发生挤踏事件。常见的群集现象有以下几种。

(1)成拱现象:人群从宽敞的空间拥向较狭窄的出入口或楼梯口时,会在出入口处形成拱形的人群,所有人挤在一起无法通过。这种成拱是一种不稳平衡,构成拱形的各个方面的力量相互推挤,很快就会打破这种暂时的平衡,发生"拱崩溃",此时大部分人由于突然失去平衡而被挤倒,并被急于出去或者不明真相的后来者踩踏。

(2)异向群集:异向群集是指来自不同方向的人群相遇时产生的群集现象。紧急情况下人群总是选择走最短路径以达到自己认为最安全的目标,当人群的行进路线发生交叉时,来自不同方向的人群相互冲突、相互阻塞,互不相让,形成对抗,很容易由于拥挤和践踏而造成大量伤亡。华山多次发生的群体性挤踏事件就是由于在狭窄的山路上,上下两方向的人流发生异向群集现象造成的。

(3)异质群集:人群中每个个体的行进速度和承受拥挤的能力并不相同。紧急情况下,人们都希望以最快速度到达自己的目的地,急于超过那些走得太慢阻挡自己行进的人。行进速度明显低于群体平均行进速度的人就成为群体中的"异质"。在人群密度不太大的情况下,行进速度较慢者的周围会由于停滞形成一个漩涡,后面的人从两侧赶超绕行;随着人群密度的增大,走得慢的人有可能被后面的人推倒或绊倒,进而产生连锁反应,造成严重后果。群体性挤踏事件的伤亡者多为老人、小孩儿和妇女,就是由于这些人最容易成为群体中的"异质"。此外,人群中某些人由于物品失落,停下来弯腰拾物也会成为引发群体性挤踏事件的"异质"。

2. *硬件设施设计、使用不合理是造成群体性挤踏事件的客观原因*

群体性挤踏事件一般发生在出入口、狭窄的过道、看台、楼梯等处。这就要求在设计公共场所时要根据可容纳的人员数量,对这些重点区域进行科学规划。三种群集现象中,危害最严重的成拱现象一般是由于人群在行进中因出入口、走道突然变窄等造成人群行进宽度的骤然缩小。因此,各种公众聚集场所出入口不仅要有足够的数量并要保证其畅行无阻,而且出入口的宽度也要满足人员快速通行的需要。在人员疏散走道上要尽量避免宽度的突然变化。

此外,公众聚集场所疏散走道的采光、照明不良以及路面不平、易滑或有台阶、斜坡等,不仅会降低人群行进的速度,而且有可能引发挤踏事件。

3. *应急准备不足是造成群体性挤踏事件管理方面的原因*

为避免群体性挤踏事件的发生,在公众聚集场所和各类大型活动举办前必须进行应急准备,制订出科学合理的应急预案,对现场情况、可能发生的危险状况、应采取的应急措施、应急人员组织指挥等方面做出周密的安排。现场必须安排必要的指挥疏导力量,为现场人员提供准确的信息,避免人群由于信息的缺乏而产生不安情绪。如果现场确实有危险存在,也可通过正确的指挥疏导将人群带到安全区域,并防止恐慌情绪产生和扩散。

研究表明,紧急情况下,人的从众心理更加明显,指挥疏导人员稳定的情绪、镇静的行为可以有效对抗人群的不安和恐慌。但是已有的惨痛事件说明,组织管理者往往应急准备不足,对现场指挥疏导未做安排。

4. 恐慌心理的出现和扩散会增加灾难的严重性

当公众聚集场所秩序失控时，由于对周围的环境情况缺乏全面地了解，人们只能自行进行评估、判断和决策。面对可能或确实存在的危险，人会感到不安，甚至绝望，本能的求生欲望驱使人采取措施迅速离开危险场所，导致拥挤情况的加剧。人群中的某些个体会由于过分不安而失去理智或感情用事，出现狂躁和冲动性行为，成为群体恐慌的导火索和爆发点。随后，少数人的恐慌心理迅速蔓延扩散为整个群体的恐慌。

5. 公众安全素质是群体性挤踏事件发生的根本原因

公众的安全素质包括两个方面的内容：一方面是安全意识，就是人们对周围可能存在危险的正确估计和判断，安全意识可以使人们尽量远离危险；另一方面是安全知识和技能，就是当人们面对危险时，能够了解危险的性质和等级，并采取正确的措施保护自己和他人。

目前，公众的安全素质低不仅是引发事故的重要原因，也是造成损失扩大的主要影响因素。一旦发生危险，很多人由于缺乏安全知识和技能，不知所措，盲目恐慌，仓皇逃生，反而造成了更大的伤亡。

第三节　行人拥挤管理

城市交通是一个复杂庞大的系统，交通问题的解决需要应用系统工程思想，从交通技术手段、行政管理措施等方面综合进行。因此，城市拥挤管理已形成一套完整的管理系统——拥挤管理系统（CMS），它是一套用于管理交通拥挤的、系统性的操作程序，包括数据采集、拥挤定位、方案评价及效果跟踪。CMS 作为一种交通管理手段，从方法论的角度辅助规划、设计、管理等决策手段的实施，属于规划辅助程序或规划试验程序。因此，作为城市交通重要组成部分的行人交通系统也应从辅助规划等方面对行人拥挤行为进行管理，以提高系统安全、高效性。

一、构成拥挤的四大要素

拥挤是由时间、空间、信息量及拥挤能量四要素共同作用的结果。首先，时间表现了拥挤发生的时段；其次，空间表明了拥挤区域规模及拥挤程度；再次，信息是对拥挤感知的反应，包括真实感受和想象感知，这常导致出现群体行为；最后，拥挤能量是指由大量行人聚集而产生的压力，这种压力甚至可能导致发生事故及死亡。大量分析拥挤事故研究表明，这四要素对拥挤管理措施起着重要作用，基于该四要素而制定的拥挤管理措施能对降低拥挤程度发挥重要作用。

1. 时间

通过观察客流特征可以发现，逐渐到达的客流与大客流之间存在区别，一般在活动开始前客流是逐渐到达，而活动开始后不久立即出现大客流。同时，由于临近活动结束的短时间内，行人设施使用率到达最大，而出现行人高密度拥挤。这种规律被称为“早到”事件。

各种人群灾害的审查表明，拥挤发生的短时间内主要设施的通行能力暂已达到饱和，而仍存在高客流继续使用该设施的压力。一般来说,人群是由于不清楚其已处于瓶颈设施点而继续对该设施产生需求,从而使得瓶颈设施无法承受后面人群的压力。

2. 空间

空间因素主要从分析和作用结果两方面进行考虑:一方面,包括在拥挤条件下不可控的人流最高密度和人均占用面积;另一方面,特殊性建筑物拥挤和行人设施类型。当人群平均密度达到人体可接受的极限范围时(0.09 ~ 0.14m^2/人),行人难以自由运动。这时行人流中就会出现冲击波,并通过拥挤人群进行传播,导致释放具有破坏力的短时不可控人流波。

除此之外,建筑物特征与危险拥挤事故密切相关,例如那些将行人严格地限制在一个狭小空间内的设计,或不利于人流压力波疏散和大量人流运动的建筑物设计都容易发生行人拥挤事故,这些建筑物设施设计主要包括通道、楼梯宽度,出入口、闸机或电梯数量设计,安全护栏设置过低或根本没有设置。在正常运行状态下未被发现的细小的设计缺陷可能导致严重的拥挤状况,甚至触发更为严重的危险事故,这种可称为"骨牌效应"事件。这种效应通过1970年发生在日本人行道的交通事故得到了充分说明。该事故由于1人摔倒在出入口而使得人群混乱最终导致42人受伤。在这种情况下,运动波的机械传播特性导致了连环相撞事故,而大部分的拥挤事故都同样由这种连续的压力产生。

3. 信息量

无论拥挤人群拥有的是难受的经历或最终经历事故、灾难,行人的感知能力决定拥挤决策。在拥挤时,人们难以对周围事物的发生情况有广泛的认识,除非有来自可靠资源的确切信息,否则就不能影响附近行人的行为选择。如果是一种危险的感知信息,人们逃逸反应使得其运动方向的突然改变,这能释放大量的拥挤能量。逆向逃逸也能产生"狂热"或者对所渴望或认定目标的激烈竞争。辛辛那提体育馆和罗马教堂的拥挤事故就说明了无恐怖事件条件下的大型活动拥挤事故。

通过系统分析,信息量还包括其他几个方面。例如,门票是通过将行人分布至更大或更多隔离区域以降低拥挤的一种信息。到达时间门票,类似国王图坦卡蒙巡回展览,通过分配更长时间的到达时间段来组织参观者有规律到达。另外,预留票相比普通票也是一种信息元素,因为它能降低由于争抢座位而产生的紧急事件发生率。

4. 能量

一旦拥挤人数到达最大密度,产生的非同寻常的力量就难以消失。据有关报告,在这种无控拥挤情况下的人们只能坐以待毙。灾难幸存者叙述到,由于拥挤压力而产生呼吸困难,甚至窒息,并极有可能因为惊慌恐惧而严重化。而此时,拥挤死亡事故比拥挤踩踏事故更常见。

正如该类力量所产生的迹象显示,在著名的苏格兰格拉斯哥的英式足球体育馆所发生的事故表明,强大的拥挤压力冲击使钢制护栏不再起作用。在辛辛那提体育馆看到的弯曲的钢制护栏,也可以说明拥挤带来的强大冲击压力。这种压力将直径为5cm的钢制护栏弯曲至这种程度,相当于该钢制护栏承担了直径为76.2cm、重量达453.6kg的同密度钢制护栏质量。

二、行人拥挤管理影响因素

行人拥挤管理必须考虑到所有的活动,特别是大型活动(如马戏团、体育、戏剧、音乐会、集会、游行等),活动中涉及的设施、规模和服务人群特点等都应该作为影响因素纳入计划制定的范畴。另外,出入口设置、通信、人群控制和排队情况等也至关重要。完整的行人拥挤管理,必须包括规划、组织、人员配备、指导和评估。同时,对于特殊人群的拥挤管理也要制订有效的管理方案。

从拥挤的构成要求来对于行人拥挤管理的研究,其管理主要重视以下几方面影响因素:

1. 行人行为

一个有效的拥挤管理方案,必须能正确反映特定事件下的行人行为特点,同时,事件的参与者、经营者、管理部门要同时制定相应的管理方案。社会学家欧文 Goldaber 博士指出,顾客感知的方式是对环境和各种"社会学信号"的感知,他们在活动中自觉或不自觉受到周围环境和人群的影响。例如,如果场所内部的工作人员和外部安全执法人员的态度都同样积极,那么由此产生的"信号"将会对行人的行为选择产生积极的影响。而其他的"信号",如延迟、等待等,将会使行人产生消极和不良情绪,但是如果工作人员能及时告知人们变化和延误的原因,他们将更容易地接受这些延迟。当顾客在等待时,提供必要的舒适措施也至关重要,可以减少行人不适和不耐烦。

每年国家都会举行数以万计的大型活动,即便这个数字减少一些,行人的拥挤管理也同样会存在问题。在美国,据非正式估计一些警务人员,任何时间任何地点的大型活动中携带手枪的观众都超过 2%。Goldaber 博士认为有四种类型的因素,可以导致人群拥挤管理上的问题:①内部人群造成的问题;②外部人群造成的问题;③环境灾难;④部分责任的谣言和煽动性言论。这些都将威胁人群的安全和管理工作的顺利进行。

2. 公共教育

学校、政府和社会服务机构应该担负起公共安全教育的责任。如消防逃生演习教育、驾驶员安全驾驶和急救教育课程等。然而,如何引导公众及时发现并预期到危险信号,在教育和宣传中也同样重要。在这一方面,媒体可以发挥特殊的功能,如他们可以帮助阻止在大型活动现场使用明火或爆竹,以减少由此产生的火灾安全隐患;他们还可以宣传观众安全监视设施的管理技术,以提高普通市民观众和工作人员应对突发事件的专业水平。

3. 毒品和酒精滥用

吸毒和酗酒在美国是一个全国性的危机,而不仅仅是在摇滚音乐会上的问题。但减少摇滚音乐会和供客人使用非法毒品或酗酒的其他活动,确实可以减少危险发生的可能。由于强制执行有关吸毒和酗酒行为的法律比较复杂,因此美国在这方面强调控制源头,把责任转嫁于毒贩,而不是给吸毒者。这样便可以减少顾客非法使用毒品或酒精的可能。当然,新的和公平的有关法律才是解决问题的根本之策。在我国,这种情况不像美国那样严重,但为防止在酒吧等娱乐场所毒品及酒精滥用,我国相关法律已进行严格声明,旨在避免由此产生的不良后果。

4. 角色和职责

在前期的安全拥挤管理方案中,要明确相关人员在管理活动中的作用和职责,应以书面形式严格列出,并使相关人员都明确自身的任务和职责所在。此外,还必须有一个清晰的指挥链和行动链,重要的援助部门、设施管理者、公共机构都应该高效配合,在相应的事件管理中执行好自己的职责。具体方案流程如启动生产、通信线路、应急计划、开门、疏散执行等,其相应人员、设备和程序清单必须清晰明确,同时应能预计人群的规模和特点,以及正常和紧急出口/入口的程序。一个较好的规划,其作用在于:能保证组织和控制活动找到合作的途径;能预计、发现潜在危险的来源并及时采取相应措施,进而减少危险带来的各类损失。

5. 设施管理

设施布置及管理的合理性对于人员拥挤管理的作用非常重大,政府、场地管理人员要明确危险发生情况下相应管理设施和子系统的启动程序,管理好各类设施资源,同时加强对工作人员和管理人员设施使用的培训和练习,以保证紧急情况下能采取及时合理的步骤解决问题。当前的许多设施已制定了管理人员培训手册,为工作人员和安全防卫人员提供帮助。这些手册描述了观众的特点、问题领域、工作人员的职能、规范、应急计划和设施布局,并且将事件划分了类型和安全级别,使管理人员熟悉目标,以保证管理的结果,推动安全管理人员和公共机构的积极合作概念。

6. 门票和排队

门票销售与排队也是拥挤管理中的一个重要环节。在辛辛那提的大多数大型活动(包括摇滚音乐会等)的门票,都是通过 Ticketron 销售公司在商店和购物中心的电脑售票系统发售。利用计算机技术和标准化的门票设计,Ticketron 可以在本地和非本地的网站出售门票,以方便顾客。在节日期间,一些活动会取消坐席的级别,然而往往会因此带来顾客的强烈反响,特别是对于“超级明星”的表演。虽然预留座位的因素主要是为了消除活动区内的群众聚集事件,但这样就可能会导致门票代售点的拥挤和聚集等问题。为了帮助缓解这个问题,有两个建议:①举行时间在后面的活动的门票发售期不应该早于举行时间在前面的活动的售票期;②当门票需求预计将超过可用座位时,门票销售处应考虑采用邮购系统,避免售票处的拥挤。这些门票销售手段我国已有借鉴,其在计算机网络盛行的时代,网购已成为一种时尚购物方式,大型活动、体育赛事等门票都出现网购或电话订票的方式,这大大减少了活动场所行人的排队拥挤情况。

从门票本身而言,目前 Ticketron 发售的所有门票的颜色和整体外观是非常相似的,这就有可能造成人员利用伪造门票进入场地的情况,也就增加了客流量。因此,门票的颜色和样式要有一定的变化,可以从一定程度上帮助设施和安全管理人员识别无效顾客,阻止入侵者和危险人员。

在活动举办之前,所有的设施处都要确定可通过的实际人员数量限制,并以此确定持票人数。根据不同的活动以及娱乐型和建筑物的建筑设计要求,实际的限制比例可能会有所不同。使用更少的限制入口及门,或打开和关闭门以控制人群运动是非常危险的做法。他们只会增加人群的焦虑,使之更难以管理。

在活动中主要有两种类型的队列:直线和无规则队列。直线型队列显然给顾客一种监管感和规范感,顾客可以在特定的队列空间内,感觉到一种有序的方式,而这种方式受到队列内所有人员的控制,可以更好地判断行进的时间,减少焦虑,降低潜在危险。而无规则队列给人一种紧迫感和焦虑感,容易发生危险,必须杜绝。

正因为行人拥挤管理措施涉及多方面影响因素，因此需综合考虑，以人为本地提出科学的行人拥挤管理措施。

三、拥挤管理流程

在拥挤要素研究的基础上，通过分析拥挤管理影响因素，确定拥挤管理流程。

(1)通过分析行人拥挤的内涵、构成要素、形成机理，探讨行人拥挤管理方法，构建拥挤管理内容体系。

(2)建立设施的行人服务水平及行人拥挤水平划分标准，实现行人拥挤状态的监控，识别拥挤事故的发生。

(3)利用事件数及事故树方法，分析事故发生的原因。

(4)从拥挤事故的经济损失及社会影响力两个方面评估拥挤事故。

(5)根据事故的分析及评估结果，明确事故的责任划分及事故的后期处理，包括如何采取改进措施减少类似事故的发生。

在拥挤管理的过程中，还应建立有效的沟通和咨询机制，让行人实时便捷地获取设施及人群的拥挤信息，为行人的出行决策提供信息支持。另外，大型场所及枢纽等人群拥挤区域，应建立及完善人群拥挤状态监测网络，实时关注人群的拥挤程度及行为状态，完善应急疏散预案，以备紧急情况发生时对人群疏散进行正确引导，保证行人快速、安全、高效地逃离现场，保证行人的出行安全。

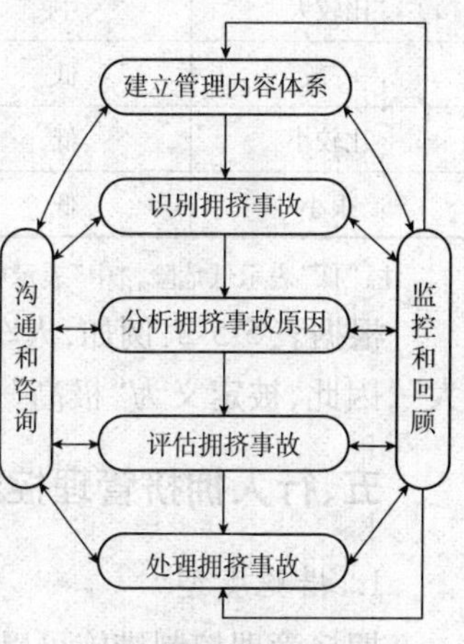

图 5-5-8　拥挤管理流程图

拥挤管理的具体流程如图 5-5-8 所示。

四、拥挤风险识别与评估

1. 事故危险识别

事故隐患识别首先需要通过各种渠道获取所需的一切信息及输入，其渠道来源包括职工、历史事故记录、出版物(例如事故指南)及行业专家，另外最重要的是通过亲自观察和聆听(观察你的工作场所发生的事及听取他人意见)。按照“(美国)公路安全局”的说法，也称为“识别危险”。平时和同事共处时可以咨询他们什么因素可能会造成伤害，在咨询过程中，不能忽略任何因素，只有这样才能发现大量产生事故的危险。

2. 危险评估

在事故隐患识别过程中，首先找到一系列的事故隐患，接着需要判断每个事故隐患是否会造成实际的安全问题。在这个观念上可能有很多人产生误解，因为他们不能真正地理解“危险为什么会存在”这个最基本、最重要的问题。当分析产生危险的原因时，需要多问几个为什么，通过不断追溯事故的原因，可以更快地了解事故发生的真正原因，进而有效地处理事故和控制事故的发生。

3. 危险分级

危险评估后，为了采取适当的预防措施，需要对危险进行分析。表 5-5-2 列出的危险分析矩阵,常常应用于许多不同的领域,用于危险分级,对于每种危险,它都涉及以下两个基本问题。

(1)危险发生的可能性。

(2)假如危险发生,将造成怎样的影响。

在最短的时间内,所有的危险发生的概率都应当控制在一定的范围内。

危险分析矩阵 表 5-5-2

发生概率	事故影响				
	不明显	小	一般	很大	毁灭性
很大	高	高	极高	极高	极高
比较大	中	高	高	极高	极高
一般	低	中	中	极高	极高
比较小	低	低	中	高	极高
很小	低	低	低	高	高

注:"低"表示低危险,"中"表示中等危险,"高"表示高危险,"极高"表示极度危险。

根据表 5-5-2,例如,人车相撞的概率定义为"比较大",人被车撞造成的结果定义为"很大",因此,被定义为"极高"等级的危险,应得到及时有效的控制与处理。

五、行人拥挤管理控制措施

1. 措施类型

拥挤管理控制措施可以分为消除、代替、最小化、工程控制、管理/政策控制、培训及采用安全保护设备。消除指全部消除拥挤事故的方法,代替指用较低等级的事故来代替原有事故,最小化指使事故发生的风险最小化,采用工程控制指采用工程解决方案来减少事故发生,管理/政策控制指提出并支持一项减少事故发生的政策,培训指培训员工,采取安全保护设备来降低事故造成的伤害。如表 5-5-3 所示。

控制管理措施等级 表 5-5-3

有效程度	措施	具体方法
高成效 ↓ 低成效	消除	全部消除拥挤事故
	代替	用等级事故代替
	最低程度	最小化事故需求
	工程控制	建立解决工程
	管理/政策控制	建立政策并支持该过程
	培训	培训员工
	安全保护设备	最低等级要求

2. 具体控制措施

行人交通拥挤管理主要针对行人大量集散的场所,通过合理使用设施设备和有效实施管理措施,制定合理的行人设施规划和设计指南对预防发生拥挤事故、提高交通安全性具有重要作用。因此，通过对拥挤事故产生原因的分析，从拥挤管理控制措施出发，介绍从设施设备、预案制订、人员培训、监控预警等方面对所进行的行人拥挤控制管理。

1）设施设备

（1）设施设备设计

①增设安全出入口数量

通过增加出口的数量可达到对人群进行分流的目的，避免在出口处形成群集现象。安全出口的数量应根据场所的最大容纳人数确定。根据建筑防火设计规范的要求，民用建筑应设置两个或两个以上的安全出口，对于人员密度超过 1.2 人/m^2 的建筑物，应按照每个安全出口的平均疏散人数不超过 250 人/min 计算确定。当容纳人数超过 2000 人时，其超出 2000 人的部分可按每个安全出口的平均疏散人数不超过 400 人计算。

②设计合理的安全出口宽度

安全出口的宽度如果不足，会延长人群通过的时间，增加成拱现象出现的可能性。安全出口的宽度可使用人数和百人宽度指标计算确定。不同场所有不同的百人宽度指标。影剧院、礼堂等公众聚集场所出入口的百人宽度指标为 0.65，体育场馆出口的百人宽度指标为 0.32～0.43。所有公众聚集场所的出口宽度不应小于 1.4m。

③设施位置设计

利用栅栏、路障等固定物对大面积的开阔地进行分割，将拥挤的人群利用各种可能的手段进行分区是减少挤踏事件发生的有效手段之一。分区后应对每个区域的人群数量有严格的控制，并保证各区有相对独立的行进路线，避免路线的交叉。很多体育场都采用铁栅栏对看台进行分隔，不同区域的人通过不同的路线进出看台。但在实践中一定要保证分隔物的可靠性，分隔物固定不良、强度不够有可能引发更大的灾难。

④建筑物设计形式

为了防止拥挤和减轻行人移动的困难，公共场所出入口设计应该考虑设计为分散式，而不是集中式。良好的设计方案常将客流设计为典型的直线型，同时保证行人视野范围的清晰度。迂回或狭窄的通道，弯曲的流线，位置不清楚的门道和楼梯，含糊的路径选择在紧急逃逸情况下都将产生混乱而出现潜在事故危险。因此，建设物设计应考虑行人视线的直观性，尽量避免行人路线的含糊清晰。另一方面，还要考虑建筑物整体设计拥挤，例如在长窄通道处为缓解通过行人拥挤压力，可在适当位置增设凸型开口，其角度 ϕ 根据客流需要进行设计，如图 5-5-9 所示。该设计技术可在一定程度上缓解通道行人拥挤密度，并为拥挤行人提供心理压力释放点，从而达到降低拥挤事故发生的目的。

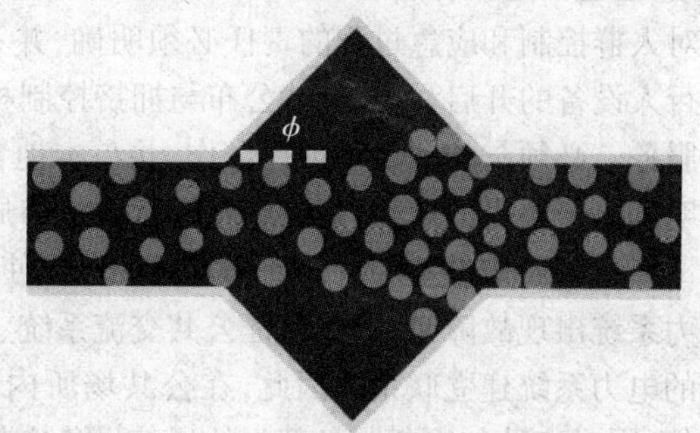

图 5-5-9　长直通道凸型开口设计

⑤增设紧急照明设备，保证场所的亮度

照明不足，不仅影响人群的疏散逃生速度，而且会造成人群的恐慌心理。因此，合理调节照明设施工作情况对拥挤管理很重要。

(2)设施设备控制

①设备处理率

管理人员应建立行人能力的良好感知力以及所有行人设备和空间的处理率。使用秒表和计数器,可以简单计算购票人数和楼梯、出入口、自动扶梯、检票处等的数量。处理率根据事件类型和行人特性进行改变,曲棍球比赛中的拥挤人群与参加小孩马戏团的拥挤人群存在明显不同。交通中行人设施特性的不同需特别注意。楼梯处的通行能力比通道和斜坡小,相同宽度下的楼梯和自动扶梯通行能力相同,但自动扶梯由于机械传输特性而更为危险。因此,进出自动扶梯处必须保证与其他交通流无交织。

②设施设备限流

测量限流技术也是一种基于已知的行人瓶颈位置而采取控制行人到达率和拥挤程度的措施。这种技术被应用于麦迪逊广场花园表演的临近结束期,限制大量行人进入自动扶梯区域。广场花园的这种限制措施是为了保证行人占用空间处于安全水平内,因此管理工作人员在必要时可以很快关闭自动扶梯。当无控人流可能出现问题时,还可应用这种技术关闭楼梯、开放式阳台、出入口、入口闸机的使用。例如,在旧金山,用于连接奥克兰体育场和BART地铁系统的人行天桥处设有测量仪表,来测量天桥通行能力,进而限制地铁乘客通行能力。测量限流技术由于产生停滞行人的聚集,使得其应用需慎重。合理的测量限流方案常将停留线设计位置与瓶颈设施保持一定距离,其主要考虑设施通行能力的限制,在所需场所内采取增加步行距离的方法,来削减行人流对交通设施的短时高流量的压力。这种措施有利于行人流控制,并保证行人到达率,足以防止大量人流在入口聚集。

③通过现场信息传播系统建立与行人间的沟通交流

为调整拥挤模型中的时间、空间及能量要素而设计的信息措施,不仅包括媒体硬件的使用,还包括建立在管理者、工作人员、行人、本地警卫及应急服务系统之上的完善交流网络。对人群控制和应急过程的责任必须明确,并不断加强。这需要权威部门的正规设计来实现行人设备的开启和关闭,并公布与拥挤控制相关的公共服务部门的联络地址,同时实现紧急服务。必须与相关单位进行合作,并与本地警察部门、火警部门和医疗部门保持积极联系,明确界定各自的职能,最终确定场所设施布局和工作人员布置。

这种通信设备的有效性和可靠性以及使用方法是拥挤管理需要考虑的因素。在某一电力系统出现故障时,仍能保证公共交流系统、紧急照明电路和其他确保行人沟通的固定设施的电力系统建立联系。因此,在公共场所内,工作人员间应利用双向无线通信信号进行通信,同时这种与应急服务部门的通信设备应相互兼容。

行人之间的急速通信是一种快速排除潜在拥挤危险的有效方法,但是应特别注意信息形式和语言表达。一条错误的信息,或令人产生急促感觉的信息,或威胁行人安全的信息可能使原本拥挤的环境更严重。在处理紧急事故时,推荐性的语言表达技术和典型的信息格式应该纳入拥挤管理设计和工作人员培训课程中。

信息不充分是所有危机事件的共同特征。在群体性挤踏事件中,人群往往是由于不知道前面发生了什么事情,出于好奇而盲目地相互拥挤,一旦发现危险或感知到危险,又会慌不择路地逃离。如果能在出现意外情况时通过适当的途径及时告知相应范围的人,就可以大大地减少人群的盲目行动。因此,建立现场的信息传播系统,可以有效地防止危害后果的蔓延扩大。信息传播可以利用已有的广播系统、扩音设备、对讲系统等。

2)预案制订

对公众聚集场所或大型活动等因为拥挤而可能产生的危险,管理者和组织者都应慎重对待。通过分析活动现场的环境条件,科学预测到场人员的最大数量,充分考虑各种可能的偶然因素和情况变化,制定科学的应急预案。应急预案的制定要结合具体情况,充分考虑可能出现的各种危险。应急预案的内容应包括以下几点。

(1)现场图,包括可能发生拥堵的地点和紧急情况下的疏散路线和方案。

(2)应急指挥控制的组织、实施方法以及实施力量。

(3)通过出入口控制进入现场的人员数量。

(4)秩序的维护和控制。

(5)现场信息的发布方式和途径。

(6)报警、处置程序。

(7)医疗救护等。

应急预案不应仅仅写成文件,还必须进行必要的演练,使有关人员充分熟悉预案的内容。管理者也可以通过演练,发现预案中可能存在的不足并不断加以完善。

3)人员培训

训练有素的疏散引导人员可以在人群初现群集现象时及时加以控制,是预防群体性挤踏事件的最后一道防线。这些人员可以通过适度反应,遏制群体性挤踏事件的发生苗头。适度反应包括对人群中刚刚出现的骚动现象加以控制,用镇定的语言安抚人群的恐慌情绪,指挥疏散路线和方向,对人群中行进较慢的个体予以协助等。

4)监控、预测和预警

Dirk Helbing 通过对大量行人拥挤事故灾害录像资料进行研究,发现极高密度人群中能出现类似流体的压缩波和湍流现象;而极高密度人群的运动仍保持相当的速度。这使得踩踏事故爆发只需要极短的时间,虽然人群运动会出现一些征兆,但其时间极短,难以及时发现。例如,在 2006 年麦加的灾难中,这种征兆仅出现在灾难发生前 11min,如图 5-5-10 所示。

据此可知,最有效的安全管理是防患于未然,因此有效的监控预警是预防拥挤踩踏事故发生的关键环节。目前,国内研究人员设计了行人拥挤预警系统,其系统逻辑流程图如图 5-5-11 所示。

图 5-5-10 麦加朝圣拥挤人群

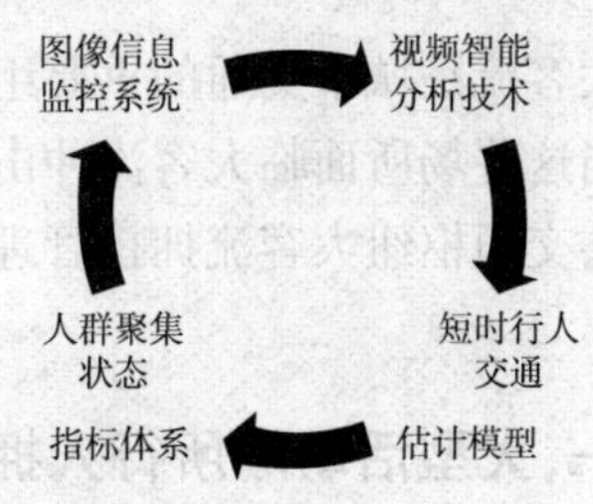

图 5-5-11 自动预警系统

除以上提到的拥挤管理措施外,由于在不同国家、环境及交通特性条件下,拥挤管理措施有所差异,因此需要因地制宜地制定合理的拥挤管理措施。本节在此简单对美国行人交通拥挤管理的政策措施进行简单介绍,旨在为我国行人拥挤管理提供借鉴作用。

(1)市议会负责研究和贯彻执行各项法律法规和公平执政活动的新方法。

(2)所有大型活动场所禁止销售含酒精饮料,对于违纪观众要给予处罚。

(3)对于各类事件的拥挤管理方案以及各类人员的责任,事件有关各方应以书面形式作出规定。

(4)各类大型活动之前,要制订完善的安全管理计划和预案。

(5)设施管理部分需接受社会各界的监督,并在发生危险时积极配合消防、医疗等相关管理部门,做好人员安全管理工作。

(6)设施管理部门要训练人群管理人员和工作人员,并提供市民安全教育手册。

(7)艺人及娱乐媒体也要严格服从公众安全法律,承担公共服务公告中的公民安全责任和义务。

(8)政府及相关管理部门鼓励观众和市民举报可能造成危险的煽动言论、局势威胁等的相关人员、发起者或官员、媒体。

(9)公共教育的人群应对由政府、教育和公共服务机构制订的其他安全计划给予动态同等重视。

(10)应通过宣传教育,让广大市民熟悉相关的应急方案和法规,提高市民的心理素质和应急处理水平。

(11)活动的售票日期应按照实际举行的日期顺序发售。

(12)当一个活动的门票需求预计将超过门票销售网点容纳人数时,要实施门票销售邮购系统。

(13)活动中开启不同的入口设施,持有不同票价门票的人员应从指定的特定入口进入。

(14)门票上应印有明确的对违禁品,如酒精、毒品和武器等的警告。

(15)入口设施应开启多个通道,并采取有序排队的组织方式,并确定每次通过的合理的人群比例。

(16)城市应要求所有大型场所的管理人员上报可能吸引超过2000人的活动,并上报人群管理计划方案,该计划的副本应提供给公众,使公民能够了解人群管理的程序。

第四节　大客流拥挤管理案例

大客流是城市交通的重要组成元素,一般出现在大型活动场所、公共交通枢纽等公共场所。当这些场所面临大客流冲击时,其安全性会受到一定威胁,因此有必要对大型活动场所和公共交通枢纽大客流拥挤管理进行研究,以提高行人交通系统整体安全系数,保证其有效运行。

一、大型活动场所行人拥挤管理案例

行人拥挤情况大多数情况都是发生在大型活动场所内,如何实现其行人拥挤的安全、高效管理是大型活动场所交通安全的一项重要内容,因此本节选大型活动场所行人拥挤管理为案例进行简单介绍。

由于大型活动场所是大量行人集散的典型场所,各种安全隐患的根本原因是行人时空分布的不均衡,为保证行人安全、有效地完成活动需求,则需要对行人进行组织管理,其行人组织管理规划的目标是要找到可能出现高风险的时间、地点,并通过各种管理措施消除消极影响,提出保证安全的措施和方法。因此,根据行人组织管理的主要内容制定行人组织与管理的工作流程图,如图5-5-12所示。

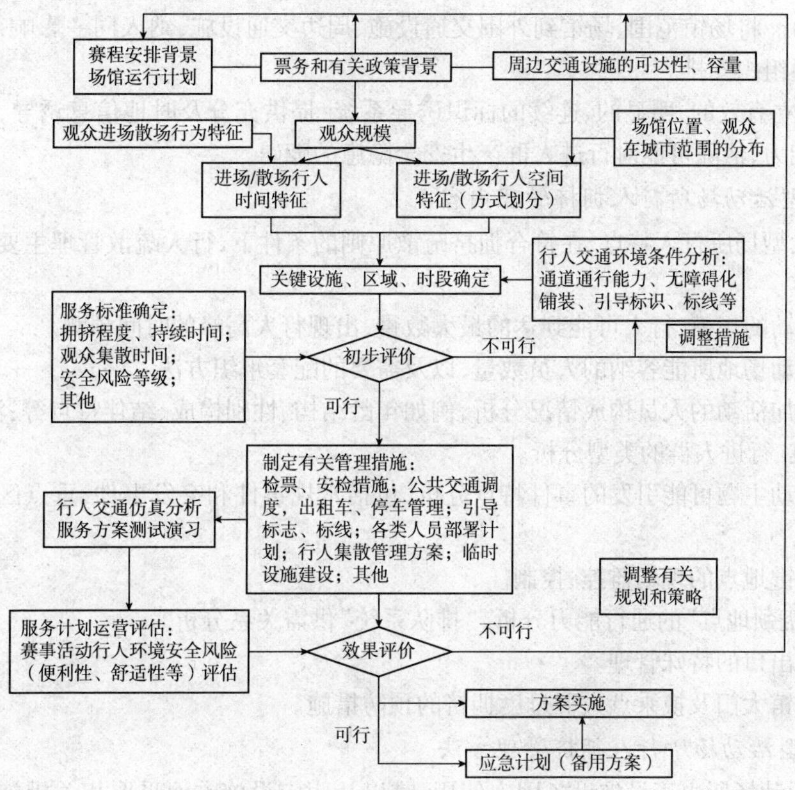

图5-5-12　行人拥挤管理工作流程图

1. 大型活动场所大规模行人拥挤管理原则

在大型活动的行人拥挤管理中,应充分分析潜在安全隐患,通过规划建设、管理、组织运营、教育宣传、完善立法等多个环节,提高公共场所密集行人的交通安全。结合行人交通特性,考虑到外围交通设施、场区进出口、场馆进出口在行人交通中的链式关系,制定大型活动行人路径组织,主要原则包括以下几点。

(1)保证设施通行能力,合理控制行人密度、行进速度。

(2)提供聚集和疏散的缓冲区,减少各种对行进队伍的干扰现象,提高秩序保证安全,必要的采取限制行人活动的方法。如果没有专用的缓冲区,尽量避免在两侧设置行人的吸引点,避免行人驻足聚集,形成站立人群对行进行人构成拥挤区域。

(3)优化行进路线,分离不同方向的行人流,避免不同方向的行人冲突,尽可能形成单向行人交通流。

(4)保证行人路径上的平顺,消除各种障碍、不便的隐患问题。

(5)各种类型功能区域使用保持同行人交通组织的一致性。

(6)在重要地点设置引导员,保障观众有序行进,及时疏导集聚观众,有效引导场区观众合理地使用场区道路,就近、有序地选择场区出口。

(7)在关键地点或时间,通过现场人员的口头或广播宣传通告,帮助交通参与者在信息不充分的条件下,能够采取正确和及时的操作。

(8)匹配场馆与毗邻场区出口通行能力,避免观众集中疏散,有效减轻对外界城市交通体系的压力。将场馆范围、场馆到外围交通设施、周边交通设施,纳入同一影响范围,协调统一行人交通组织安排。

(9)建立有效的、明显的、连续的标识诱导系统,提供充分及时地信息诱导,提高交通通道的通行能力,清除可能对行进人群产生安全隐患的障碍。

2. 大型活动场所行人拥挤管理内容

根据大型场所行人特点,在符合拥挤疏散原则的条件下,行人疏散管理主要包括以下几方面的内容。

(1)活动的规模,行人可能到达的最大数量、出现行人高峰的时间预测。

(2)活动场地所能容纳的人员数量,以及需要的配套组织方法。

(3)参加活动的人员构成情况分析,例如年龄结构、性别构成、结伴特点等;活动期间,各个场所聚集、行进人群的类型分析。

(4)活动主题可能引发的事件特点分析,包括常规事件和突发事件;重点区域的行人密度分析。

(5)关键地点的现场监控、控制。

(6)“瓶颈地点”的通行能力分析,“排队系统”供需关系分析。

(7)进出口的特殊管理。

(8)场馆大门及换乘点人群过度拥挤的预防措施。

3. 大型活动场所行人拥挤管理方法

大型活动场所由于设施设备固定使用,难以从固定设施方面采取相关措施对行人拥挤进行管理,因此,本处主要从大型活动场所功能区划分、流线组织及疏散引导、场所交通流控制、人群信息交流等方面对行人拥挤管理方法进行简单介绍。

1)功能区划分

大型活动场所不同功能区(动态空间和静态空间)行人拥挤疏散规划方法存在差异,主要是因为行人在不同的地点,具有不同的交通流特性,也有不同的需求,管理者应充分考虑这种场地差异。

例如,对于动态空间应保证行人通畅,降低人群内部之间的行进冲突,其疏散时应尽量避免流线的交织。这些动态空间主要包括:各类型的人行通道、走廊、楼梯、台阶,包括相邻的进出口等地;对于静态空间应与动态活动区有明确的领地区别,避免行人由于各种诱因的穿行,其静态空间包括坐席区、等待区和驻足观察区域。

2)流线组织

行人交通组织的目标要使人群有序行走。因此,应保证行人的单向行进,避免行人出现或者过多出现分流、合流,禁止形成对向行进的行人。尽可能地保持行人流向的单向行进,当不可避免出现对向行人流时,应通过物理设施进行有效的隔离,提高其受干扰的能力。通过有效组织,消除正面冲突点,减少不必要的合流点和分流点。因此,在设计行人流线时需要注意以下几个内容。

(1)避免出现瓶颈情况,通过控制行人密度,使行人有舒适的感觉。

(2)防止出现不必要的路障(如栏杆、树等)。

(3)严禁出现急转弯情况。

其具体疏散方法在本书第五篇第三章大型活动场所行人交通控制方面有解决大型活动场所内、外部行人疏散的方法,在此不再重复叙述。

3)疏散引导

在大型活动场所中,除了设施条件便利之外,还需要保证信息的通畅、有效,因此疏散引导极其重要。其一般通过引导人员和信息系统,根据硬件设施环境,在场地功能区对行人疏散进行引导。为提高场所疏散效率,保证疏散安全,则需通过合理的引导人员工作区规划、信息系统的设计,保证行人在需要信息引导的地方,及时得到各类型的有效信息。

在密集的行人集散时,行人在路径分支上游,进行路径选择,可能造成速度的降低或者驻足情况的发生。这种行为会对整体行人系统产生不利影响,此时需要喊话、场地广播、大屏幕显示等多种方式的引导,保证行人能够在不降低速度的情况下及时得到信息引导。

根据行人集散阶段的需求,在出行链上下游保证相应信息的连续。应通过多种方法,保证信息的有效性和及时性。例如,现场地图设计应能够让使用者快速、容易地对照地图和现实环境特征。

4)场所交通流控制

交通流控制与行人交通管理控制措施中设施设备控制措施一致。可通过测量限流技术计算设施现有流量,及时采用合理措施对瓶颈设施处流量进行限制,以降低活动场所行人拥挤程度,最终保证行人合理的交通安排。

5)人群信息交流

Pauls 指出拥挤事故出现在前后信息交流失效的人群。后部或排队的人群可能不知道人群已经积累的压力,在中部或前部达到碰撞或阻塞水平,尤其是前部运动遇到障碍而停止。如果此时由于开门、栏杆倒塌等因素使前部的压力突然释放,就会使后部的人们得到一个错误的信息,即前部已经开始运动,从而更加用力地向前挤,这时便容易发生踩死、踩伤的事故。所以,人群在发生拥挤事件时必须大声呼喊和前后人群进行信息交流,听从组织人员的指挥缓解拥挤压力。另外,要建立应急广播和现场信息传递系统。

6)其他

许多事件由于组织者对人群失控,不能及时地进行疏导和分流,才造成人群的拥挤和混乱;又由于缺乏对事故处理的准备,使得在事故发生后,不能及时地进行救援,这也加重了事故损失。因而,组织者必须加强自己的管理水平,通过明确人群性质,做好紧急突发事故的准备,对现场的管理人员进行一定的培训,严格控制人群的密度和人流的流量,在发生大规模的人群拥挤时要尽快采取疏导和分流等一系列手段来避免事故的发生。

除此之外,必须建立完善有效的公共场所突发事件应急机制和预案,一旦发生事故立即启动预案,统一指挥,尽最大能力降低人员伤亡和财产损失。

二、地铁大客流行人拥挤管理案例

大型交通枢纽是城市交通的重要节点,也是人流集中出行的重要设施。交通枢纽在面临大客流冲击的时候,其安全性会受到严重威胁,必须在分析大客流产生原因的基础上,对拥挤实施分级管理措施。

1. 大型交通枢纽大客流形成条件

大型交通枢纽大客流的形成原因主要由以下条件导致。

(1)不同时间下的客流波动,导致出现规律性大客流。如,春运、暑运等时期出现节前和节后方向相反的大客流,城市交通早晚高峰等部分时段部分场站出现通勤大客流。

(2)极端天气条件引发的突发性大客流。如,暴风、雨雪等扰乱了正常的运输秩序,引起输送能力不足,从而导致大量客流聚集在交通场站内。

(3)集中社会活动,导致计划性大客流。如,奥运会、世博会、灯会庙会、庆典等大型社会活动及体育赛事,造成局部地区客流方向集中。

(4)交通政策变化,引起常态化大客流。如,低票价交通政策、单双号限行、拥堵收费等城市交通需求管理措施,导致交通场站内客流量的增加。

交通场站内大客流的判断标准是客流超过场站的设计容纳人数,表现为设备超载、乘客拥挤,及其运营秩序相对紊乱。一旦出现紧急情况,势必产生对交通场站的全面冲击,各疏散通道会面临严峻考验,或引发客流集聚及人员踩踏事件,所以应加强对交通场站在大客流下的行人拥挤管理。

2. 交通场站大客流拥挤管理措施

大客流拥挤管理措施遵从于行人拥挤管理控制措施,但由于交通场站内客流的特殊性,其措施仍有所不同,具体体现在以下几点。

1)提前做好大客流预测

对于客流波动引起的大客流,可以通过搜集历史数据,总结规律,提前预测大客流的规模和结构特点。对于大型活动,可以提前了解活动规模、参加人数以及持续时间等信息。对于极端天气引起的大客流和政策引起的常态化大客流,可以提前通过居民出行调查,获得可能的最大转移客流。

2)交通场站瓶颈设施预留大客流引导措施的实施条件

交通场站内出入口、站台与楼梯的衔接处、换乘通道等都属于瓶颈设施。瓶颈改变了行人步行状态,破坏了行人走行的连续性。特别是在紧急情况下,由于人们都有提前进入的心理,改变了平常状态下自我调节的步态,产生越快越慢效益,导致行人在瓶颈处大量聚集,安全隐患较大。因此,在进行行人设施设计时,要充分考虑上、下游设施通行能力的匹配,尽量减少瓶颈的存在。但由于各设施能力极难达到完全匹配,则其瓶颈不可避免地存在,因此,需要考虑在瓶颈位置设置分隔护栏等客流控制设施的条件。客流控制设施的目的是逐渐减少到达瓶颈处的行人流,逐级分担瓶颈处的压力,尽可能地减少瓶颈对行人走行连续性的影响。根据设施的几何形状及设施条件,可以分为以下三类。

(1)圆形障碍

在瓶颈前的适当位置设置圆形障碍,可以将单一流线转变为两条或更多流线,减少行人之间对瓶颈空间的竞争，如图 5-5-13 所示。此类设施主要适用于行人流量稍大于设施通行能力（$1.0 \leqslant V/C \leqslant 1.5$）或上游等候区域面积较小的瓶颈处。

（2）矩形护栏

在行人设施出现弯道等情况下，为了减少弯道小半径处局部拥挤，或者在多方向公用的通道内，为防止各方向人流的交织，可以通过矩形护栏进行导流，使行人流空间分布均衡，如图5-5-14所示。矩形护栏主要适用于行人流量大于设施通行能力（$V/C \geqslant 1.5$）且上游有较为宽阔的等候区域的瓶颈处。

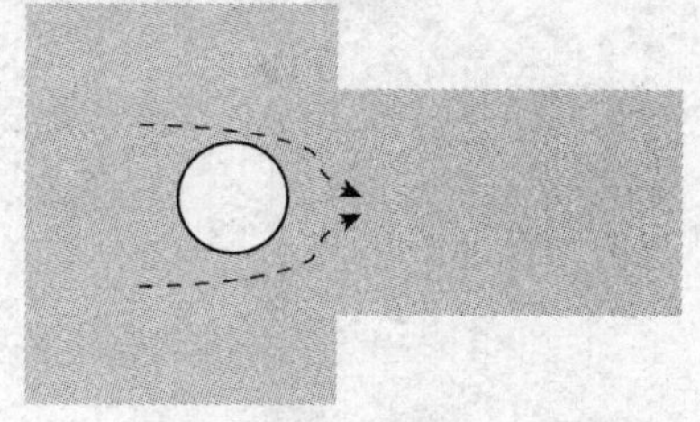

图 5-5-13　圆形障碍

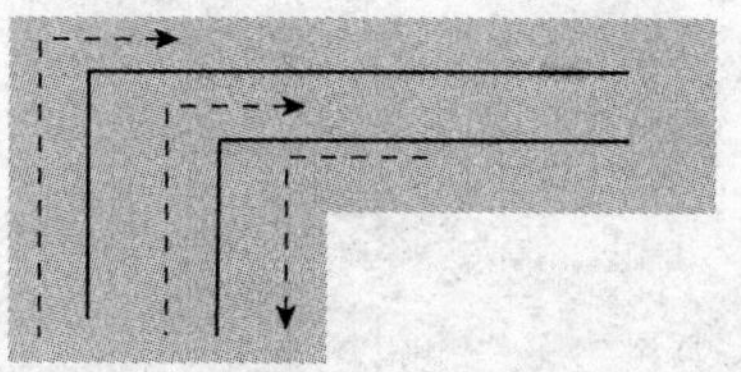

图 5-5-14　矩形护栏

（3）迂回排队设施

当行人流短时间迅速增加并接近设施通过能力时，如果设施前有足够面积，可以利用迂回排队设施（如临时导向标志、警戒绳、铁马、导流栏杆等），增加行人之间的时间距离，以达到减缓行人到达设施流量的目的，如图 5-5-15 所示。迂回护栏主要适用于行人流量大于设施通行能力（$V/C \geqslant 1.5$）且上游等候区面积较小的瓶颈处。

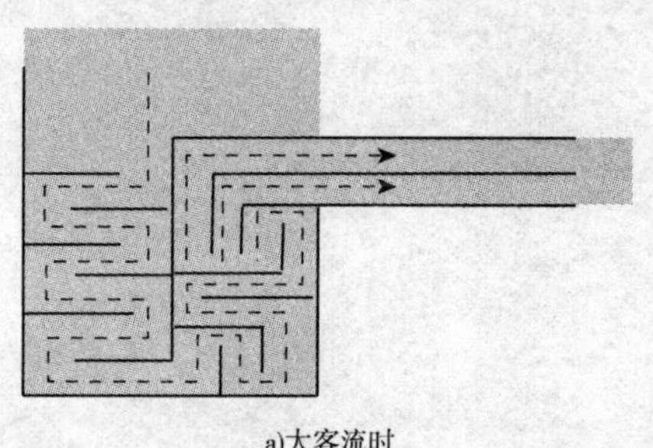

a)大客流时

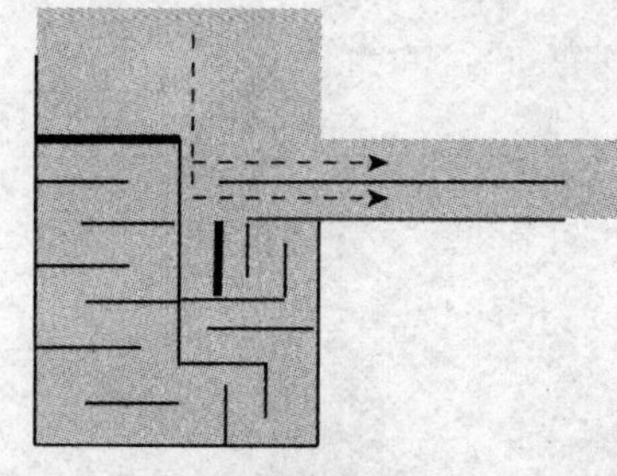

b)非大客流时

图 5-5-15　迂回排队设施

当行人流量远大于设施通行能力时，客流控制设施能有效地提高拥挤安全性，但这些设施通常造成行人走行的舒适性和高效性下降。因此，客流控制措施必须考虑灵活性。例如，辅助引导设施应尽可能地采用可移动式设施，以便于根据不同的流量情况调整引导策略。如图 5-5-15a），当少量护栏移动到另一位置时，便能够迅速恢复行人流的服务水平。

3）高峰客流限流控制

节假日期间的客流高峰时间，应根据现场客流情况及时采取“三级客流控制”措施，即以站厅通站台楼梯口、进闸机、出入口等为控制点，根据需要按照由内至外、由上至下的原则进行客流控制。

4）突发事件下的拥挤管理

当出现设备故障及不可预知的突发事件，如人为破坏、火灾、爆炸、毒气、大面积停电等导致运输组织秩序紊乱，而又无法短时间恢复时，应通过广播等途径及时告知乘客事故原因、修复进度等，并关闭进站售票及进站闸机，合理分批组织客流进行疏散，密切注意在站台逗留的乘客。当预计无法维持运营时，应按照预案组织乘客办理退票手续，并做好解释和引导工作。当场站内需要疏散的人数超过场站设计能力时，应提前组织公共交通接驳预案，并安排工作人员引导组织乘客分散候车。

第六篇　行人交通系统科学

行人交通系统科学是研究行人交通系统的科学。根据行人交通系统研究理论及方法体系的发展,将行人交通系统科学定义为:通过交通调查,数理统计分析,最优化理论及计算机仿真等科学研究方法,深入分析行人运动所体现出来的微观个体特征和宏观群集特征,探究行人的运动规律和个体间的相互作用机制,揭示交通系统内设施与行人运动的交互机理,并对其进行科学评价,实现行人交通系统的统一描述、最优设计和安全高效运行。通过研究行人交通系统科学为行人交通行为刻画、行人交通预测、行人交通设施规划与设计、行人交通控制、行人交通拥挤和安全管理提供理论和方法基础。行人交通系统科学的研究对象主要包括:①行人个体及群集行为规律;②行人、设施与环境之间的交互机理;③行人交通运动行为模型及算法;④行人交通系统评价。

行人交通系统是由行人个体组成的社会系统,由于行人个体的意识作用使得系统元素之间关系不仅复杂且具有很大不确定性,因此行人交通系统是从意识到行为的多层次结构的复杂巨系统。行人交通体现出大量离散个体交通决策行为的相互作用,是复杂系统下大规模和超大规模行人交通现象中个体之间、个体与设施以及个体与环境下综合融合作用的结果。

虽然行人个体在生理、心理、行为方面具有异质性,大规模行人群集运动却涌现出自动渠化、瓶颈振荡、移动斑纹等“集体智慧”行为;尽管由这些个体组成的行人交通流的流量、流向、密度等构成要素复杂,但宏观交通流却呈现拥挤、阻塞、波动、转移、相变、瓶颈转移等共性特征。除了具有“快即是慢”、“走走停停”等一般交通流的基本特性外,行人运动还具有其特有的时空演化特性。随着交通量的逐渐增加,不同类型的行人个体通过人群运动开始趋向群集,并在设施的作用下产生非稳态非均衡的拥挤现象。大规模行人交通运动的基本性质逐渐从线性到非线性、从有序到混沌进行演化,在这个过程中伴随产生了其特有的不确定性、非线性动力学、自组织、各向异性等特征。实际上,这些现象是否均具有普遍性并没有足够的经验调查的事实支持,并且产生这些现象的根本原因目前仍然不清楚,因此,对于这些现象产生的条件、发生机理等背后的本质问题仍需要进一步认识,而对其本质问题的抽象建模刻画以及参数量化研究更急需展开。目前,研究行人交通系统科学的方法主要包括以下三种。

1. 交通调查经验分析研究法

行人交通调查经验分析研究法是指利用人工观测或摄像观察对行人运动过程中的各类参数进行记录,利用数学统计分析的方法,对行人运动过程和规律进行归纳总结。通过对行人属性数据、行人行为数据和行人特征数据进行集计分析,获得行人交通中的普遍规律。

2. 最优化研究方法

最优化研究方法是在行人交通调查的基础上,针对不同场景下的行人运动建模以实现行人设施设计、管理,行人运动、行为或疏散的最优化,该目标可能是行人运动流线最优,交通枢纽内的换乘最优或者紧急状况下的疏散方案最优。如在交通客流分配中,利用平衡分配原理,研究行人(乘客)在交通出行中的最佳路径选择问题。行人过街交通中,为减少机非干扰,实现行人过街安全,也是行人交通最优化研究的范围。

3. 交通仿真研究方法

行人运动行为复杂,影响因素众多,特别是行人作为社会个体具有社会属性和个体心理特性,传统的研究方法仅仅是从物理属性和生物特性上对行人交通进行研究,具有一定的局限性。仿真方法融合了解析方法和实验方法的优势,在采集行人运动行为特性数据的基础上,通过行人运动的离散事件或连续事件的仿真建模,采用计算机仿真技术直观地展现行人交通运动全过程,并以此对行人交通系统各要素进行分析评价。相比单纯的交通调查和交通实验方法,在利用计算机大规模的运算能力和模拟能力方面具有优势,行人交通仿真的另一个优点是能够进行重复性的、多重性的以及现实中难以开展的实验。行人交通仿真研究方法是行人交通系统科学研究方法的主要构成,具有坚实的理论基础和应用前景,是目前研究行人交通的主要方法。

第一章　数据经验分析研究方法

行人交通数据经验分析研究方法以大量、连续、客观的行人数据为基础,采用数理统计的方法,对行人交通行为规律、时空分布规律、属性相关性进行深入分析和挖掘,从而达到了解行人交通系统的运行本质和规律的目的。

第一节　数据分析

数据分析的主要手段是利用数理统计方法,对行人交通调查的数据样本进行假设检验、回归分析和相关性分析等。成熟的数理统计方法广泛应用于行人交通行为参数量化、行人交通宏观规律分析和行人交通微观特性研究,是交通数据经验分析研究法的主要应用方式。行人交通数据的来源一般有交通调查和行人交通实验,前者是不可控不可重复的行人数据,后者是可控可重复的数据,按照行为状态亦可以分为正常和紧急状态两种数据。

一、假设检验

假设检验主要应用于数据总体分布函数完全未知或者只知其形式、但不知其参数的情况,为了推断总体的某些未知特性,而提出某些关于总体的假设检验。例如,采用某时段内调查的行人属性数据,包括身高、年龄等数据,并提出行人属性数据总体服从平均值等于 μ_0 的正态分布的假设,此时需要根据该假设做出接受或者拒绝的决定,即检验 μ_0 是否是该正态总体的平均值。

行人交通调查的数据大部分都是服从正态分布,例如行人的步速、步频、步幅,行人交通设施设备的服务时间等,其同一总体下的样本均服从正态分布。对于服从正态分布的假设检验,在单个总体的情况下多采用 t 检验或卡方检验,而对两个总体的情况下都采用 F 检验。而对于行人交通调查的数据总体分布形式未知的情况下，如行人交通设备前的排队长度、排队等候时间，行人走行偏好型选择等数据总体，则需采用分布拟合检验法进行检验，主要利用卡方拟合检验法。

1. t 检验

设未知样本方差 σ^2，检验假设 $H_0:\mu=\mu_0$；$H_1:\mu>\mu_0$；并选取检验用的统计量 $T=\dfrac{\overline{x}-\mu}{s/\sqrt{n}}\sim t(n-1)$。

所以，在 H_0 为真时：$T=\dfrac{\overline{x}-\mu}{s/\sqrt{n}}\sim t(n-1)$

采用单边检验，对于给定的检验水平 α，查 $t(n\text{-}1)$ 表得 $t_{1-\alpha}(n-1)$，使得：

$$P\{T\leqslant t_{1-n}(n-1)\}=1-\alpha,$$

$$P\{T>t_{1-n}(n-1)\}=\alpha$$

即得 $P\{\dfrac{\overline{x}-\mu_0}{s/\sqrt{n}}>t_{1-\alpha}(n-1)\}=\alpha$，$\{\dfrac{\overline{x}-\mu_0}{s/\sqrt{n}}>t_{1-\alpha}(n-1)\}$ 是一个小概率事件；由样本值算出 $t=\dfrac{\overline{x}-\mu_0}{s/\sqrt{n}}$，然后与 $t_{1-\alpha}(n-1)$ 相比较，做出判断：若 $t>t_{1-\alpha}(n-1)$，则拒绝假设 H_0，接受 H_1；若 $t<t_{1-\alpha}(n-1)$，则接受假设 H_0。

2. 卡方检验

检验假设 $H_0:\sigma^2=\sigma_0^2$，在 H_0 为真的条件下 $\chi^2=\dfrac{(n-1)s^2}{\sigma_0^2}\sim\chi^2(n-1)$

因而检验步骤如下：

(1)提出检验假设 $H_0:\sigma^2=\sigma_0^2$。

(2)选取统计量 $\chi^2=\dfrac{(n-1)s^2}{\sigma_0^2}$。

(3)给定水平 α，查 $\chi^2(n-1)$ 表得 $\chi^2_{1-\frac{\alpha}{2}}(n-1)$，$\chi^2_{\frac{\alpha}{2}}(n-1)$，使得：

$$P\{\chi^2\leqslant\chi^2_{1-\frac{\alpha}{2}}(n-1)\}=1-\frac{\alpha}{2},$$

$$P\{\chi^2\leqslant\chi^2_{\frac{\alpha}{2}}(n-1)\}=\frac{\alpha}{2}$$

从而：

$$P\{\chi^2>\chi^2_{1-\frac{\alpha}{2}}(n-1)\}=\frac{\alpha}{2},P\{\chi^2<\chi^2_{\frac{\alpha}{2}}(n-1)\}=\frac{\alpha}{2}$$

于是 $\{\chi^2>\chi^2_{1-\frac{\alpha}{2}}(n-1)\}\cup\{\chi^2<\chi^2_{\frac{\alpha}{2}}(n-1)\}$ 是小概率事件，拒绝域 $D=\{0,\chi^2_{\frac{\alpha}{2}}(n-1)\}\cup\{\chi^2_{1-\frac{\alpha}{2}}(n-1),\infty\}$。

(4)根据样本值 $x_1,x_2,\cdots,x_n$，算得 χ^2 的值。若 $\chi^2<\chi^2_{\frac{\alpha}{2}}(n-1)$ 或 $\chi^2>\chi^2_{1-\frac{\alpha}{2}}(n-1)$，则拒绝假设 H_0；否则接受假设 H_0。

3. F 检验

两个正态总体，但其均值和方差均属未知。从第一个正态总体中抽取容量为 n_1 的一组样本：$x_1, x_2, \cdots, x_{n1}$，从第二个正态总体中抽取容量为 n_2 的一组样本：$y_1, y_2, \cdots, y_{n2}$，检验两总体方差是否相等的统计方法称为 F 检验法，其主要步骤如下：

(1)提出统计假设 $H_0: \sigma_1 = \sigma_2, H_1: \sigma_1 \neq \sigma_2$。

(2)计算出两个样本的均值 U_{12} 和 U_{22} 以及方差 S_{12} 和 S_{22}；将它们按大小分别记为 $S_{2大}$ 和 $S_{2小}$，计算 $F = S_{2大}/S_{2小}$。

(3)以 $n_{大}$ 表示 n_1 和 n_2 中较大者，以 $n_{小}$ 表示 n_1 和 n_2 中较小者。按给定的显著水平 α，查 F 分布表，其中参数 $f_1 = n_{大-1}, f_2 = n_{小-1}$，求值 $F_{\frac{\alpha}{2}}$，使得 $P(F > F_{\frac{\alpha}{2}}) = \alpha/2$

(4)统计推断：若 $F > F_{\frac{\alpha}{2}}$，则否定 H_0，接受 H_1；反之，否定 H_1，接受 H_0。

随着计算机技术的发展，计算统计软件目前在行人交通数据统计分析中得到了广泛应用。目前在数据分析过程中一般使用 SAS、SPSS、Excel 等统计软件。在行人运动行为关联度，行人个体交通参数量化，行人交通运动曲线拟合等诸多方面都取得了较好成果。

4. 卡方拟合检验法

根据样本来检验关于总体分布的假设 H_0：总体 X 的分布函数为 $F(x)$，H_1：总体样本的分布函数不是 $F(x)$，若总体 X 为连续型，则可设 H_0：概率密度为 $f(x)$。

采用 $\chi^2 = \sum_{i=1}^{k} \frac{f_i^2}{np_i} - n$ 作为检验统计量。

拒绝域的形式为：　　$\chi^2 \geqslant G$（G 为正常数）

对于给定显著性水平 α，确定 G 使得 $\{P|$当 H_0 为真，拒绝 $H_0\} = P_{H_0}\{\chi^2 \geqslant G\} = \alpha$。

有上述式子得出：$G = {\chi_\alpha}^2(k-r-1)$，于是得拒绝域为 $\chi \geqslant {\chi_\alpha}^2(k-r-1)$。

即当样本观察值若使得有：　　$\chi \geqslant {\chi_\alpha}^2(k-r-1)$

则在显著性水平 α 下拒绝，否则接受。

二、回归分析与相关性分析

回归分析(regression analysis)是确定两种或两种以上变量间相互依赖的定量关系的一种统计分析方法。在行人交通数据经验分析研究法当中，回归分析主要用于分析行人的属性与行人行为特征之间的关系，并依次进行行人行为参数量化。例如，研究不同年龄阶段的行人步速的特点，行人流量—密度之间的关系，均可采用回归分析的方法。而实际的回归分析应用当中，采用一元线性回归模型较为广泛。

相关性分析是确定两种或两种以上变量间是否存在相互依赖关系或变量之间存在多大相关性的检验。一般多采用最大似然估计法进行过变量之间的相关性分析。

第二节　统计分析实例

本节通过一个具体实例介绍统计分析方法在行人交通中的应用。本实例的研究目的是获取行人在水平通道内的速度—前方行人密度之间的关系，研究在水平通道内速度—前方行人密度的特点。选取行人前方面积 $6.48m^2$ 为研究区域，研究在行人前方该面积内不同数量的行人影响下该行人的速度情况。其中密度为零是指行人前方在该区域内没有其他行人出现。通过数据调查获得相同速度和密度的对应关系，并分别绘制行人速度—前方行人密度散点图和行人平均速度—前方行人密度散点图，并对平均速度—前方行人密度散点图进行二次、三次曲线拟合，如图6-1-1所示。

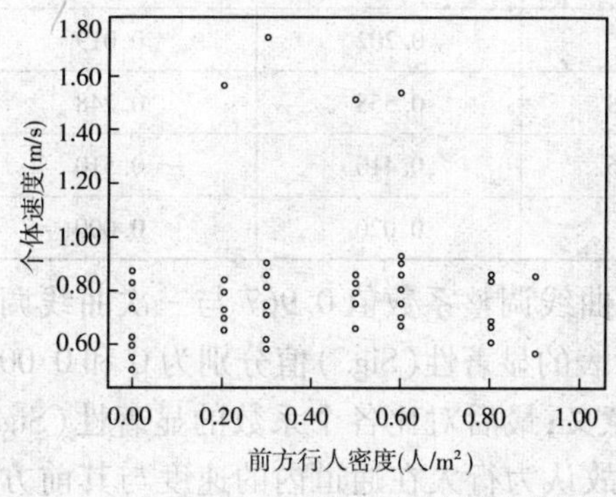

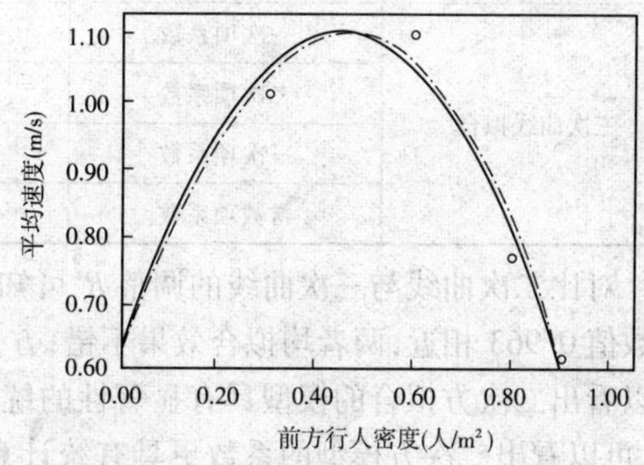

图6-1-1　行人个体速度、全局平均速度—前方行人密度散点图

此时利用常用数据统计分析软件SPSS(Statistical Package for the Social Sciences——社会科学统计软件包)，对所获得前方行人密度条件下的行人平均速度进行曲线拟合，根据散点情况，主要采用二次和三次曲线拟合进行分析。以下通过拟合得到其相关拟合度检验、方差分析及模型系数的对比表，分别如表6-1-1～表6-1-3所示。

不同拟合曲线的拟合度检验对比表　　表6-1-1

拟合类型 \ 项目	R	R^2	调整 R^2	估计值的标准误差
二次曲线拟合	0.989	0.978	0.967	0.019
三次曲线拟合	0.991	0.982	0.963	0.020

不同拟合曲线方差分析对比表　　表6-1-2

拟合类型	拟合参数 \ 项目	平方和	df(自由度)	均方	F	Sig.(显著水平)
二次曲线拟合	回归	0.064	2	0.032	89.638	0.000
	残差	0.001	4	0.000		
	总计	0.066	6			
三次曲线拟合	回归	0.065	3	0.022	53.328	0.004
	残差	0.001	3	0.000		
	总计	0.066	6			

不同拟合曲线模型系数对比表　　表6-1-3

拟合类型	拟合参数 \ 项目	未标准化系数		Sig.(显著水平)
		B	标准误差	
二次曲线拟合	一次项系数	1.078	0.087	0.000
	二次项系数	-1.208	0.091	0.000
	常数项系数	0.662	0.017	0.000

续上表

拟合类型	拟合参数 / 项目	未标准化系数		Sig.（显著水平）
		B	标准误差	
三次曲线拟合	一次项系数	0.943	0.202	0.019
	二次项系数	-0.798	0.558	0.248
	三次项系数	-0.306	0.410	0.510
	常数项系数	0.667	0.020	0.000

对比二次曲线与三次曲线的调整 R^2 可知，二次曲线调整系数值 0.967 与三次曲线调整系数值 0.963 相近，两者均拟合效果不错；方差分析表的显著性（Sig.）值分别为 0 和 0.004，可以看出二次方拟合的模型具有显著性的统计学意义；最后对比各个系数的显著性（Sig.）值，可以看出二次方模型的系数更具有统计意义。故认为行人在通道内的速度与其前方行人密度关系模型为一元二次曲线关系，如式（6-1-1）所示。

$$y = -1.208x^2 + 1.078x + 0.662 \tag{6-1-1}$$

在图 6-1-1 中可以观察到行人的平均速度随着前方行人密度的增加呈先增加后减小的趋势。在密度为 0 时，即行人前方区域没有其他行人时，行人的速度为 0.67m/s，而当前方密度增加到 0.5 人/m^2、0.6 人/m^2 时，行人的速度随之增加到 0.9m/s，之后随着行人密度的继续增加行人的速度有所下降，当行人密度为 0.9 人/m^2 时，行人速度降到 0.66m/s。这说明行人在通道内行走时，受前方行人的影响较大，前方没有行人时行人按照自己的步速前进，没有紧张感，而当前方有其他行人时行人此时有了跟随目标，加快步伐，以防自己“掉队”，但是当密度增加到一定值时，行人前进受阻，因而速度降低。

第二章　最优化研究方法

第一节　最优化研究方法概述

最优化方法主要是指运用数学方法研究各种系统的优化途径及方案，为决策者提供科学决策的依据。最优化方法的主要研究对象是各种有组织系统的管理问题及其生产经营活动。其目的在于针对所研究的系统，求得一个合理运用人力、物力和财力的最佳方案，发挥和提高系统的效能及效益，并最终达到系统的最优目标。对于行人交通的最优化研究方法，是传统机动车交通流最优化研究方法在行人交通方面的应用。

最优化方法在行人交通中的研究目的，主要是实现整个行人交通运行系统的合理最优，具体包括：

（1）最优设计。即从行人交通系统各种设计参数的优选到最佳结构形状等，结合有限元方法使设计优化问题得到解决，行人交通系统的各种参数包括了行人运动交通系统设施（通道、楼梯、广场、大厅等）的设计参数、行人运动流线过程（如场站的行人进出站流线、疏散流线等)。

(2)最优计划。从行人交通系统的优化运营管理出发,研究系统效益最优的计划方案。以交通枢纽系统为例,最优化方法为实现行人在交通场站内的合理运动、便捷出行,应该合理安排相应的运营计划。这种计划安排包括列车的运行安排计划、调度计划、客运组织计划、平高峰乘务人员运用计划等,通过最优化方法优化计划安排,使得行人交通的发生和结束得以安全、高效进行。

(3)最优管理。行人交通系统运行计划的制订、调度和运行中都可应用最优化方法。随着管理信息系统和决策支持系统的建立和使用,使最优管理得到迅速的发展。这是最优计划在实际应用中的执行过程。

(4)最优控制。主要是对行人交通系统控制的优化。例如,在应急情况下的行人紧急疏散最优化控制。

最优化方法在行人交通的研究,目前应用较多的为最优设计和最优控制。

第二节　最优化方法工作步骤

用最优化方法解决实际问题,一般可经过下列五个步骤。

1. 提出最优化问题,收集有关数据和资料

行人交通系统优化问题与优化目标的设定应根据具体问题分析。以行人疏散问题为例,其优化问题是实现不同场景下不同目标下的行人疏散。不同场景包括了枢纽车站、大型活动场所、广场等,不同目标是针对不同目的提出疏散要求,如我国的《地铁设计规范》(GB 50157—2003)第 19.1.19 条的规定“出口楼梯和疏散通道的宽度,应保证在远期高峰小时客流量时发生火灾的情况下,6min 内将一列车乘客和站台上候车的乘客及工作人员全部撤离站台”等。为了完成优化问题的分析,需要搜集相关数据资料,包括行人交通系统静态参数、动态运行参数和行为数据等。

2. 建立数学优化模型,确定决策变量,列出目标函数和约束条件

最优化模型一般包括决策变量、约束条件和目标函数三要素。

(1)决策变量:指最优化问题中待确定的量。变量可用 $x=(x_1,x_2,\cdots,x_n)T$ 表示,例如,在研究以最少时间作为目标的大规模行人安全疏散问题,可以选择以出入口的数量、出入口宽度、行人行进路径数量作为决策变量。

(2)约束条件:指在求最优解时对变量的某些限制,包括技术上的约束、资源上的约束和时间上的约束等。列出的约束条件越接近实际系统,则所求得的系统最优解也就越接近实际最优解。约束条件可用 $g_i(x)\leqslant 0$ 表示($i=1,2,\cdots,m$),m 表示约束条件数;或 $x\in R$(R 表示可行集合)。

(3)目标函数:最优化有一定的评价标准。目标函数就是这种标准的数学描述,一般可用$f(x)$来表示,即$f(x)=f(x_1,x_2,\cdots,x_n)$。目标函数可以是系统功能的函数或费用的函数。它必须在满足规定的约束条件下达到最大或最小。

最优化问题根据其中的决策变量、约束条件、目标函数、问题性质、时间因素等不同情况,可分成线性规划、非线性规划、动态规划等多种类型。如表 6-2-1 所示。

最优化问题分类　　表 6-2-1

分类标志	变量个数	变量性质	约束情况	极值个数	目标个数	函数关系	问题性质	时空关系
类型	单变量	连续函数	无约束	单峰	单目标	线性	确定	静态
	多变量	离散变量	约束问题	多峰	多目标	非线性	随机	动态

模型的一般形式为：

$$\min f(x),$$
$$s.t.\ x \in \Omega$$

行人交通系统模型一般为非线性规划问题，因此对应模型一般为非线性模型。

3. 分析模型，选择合适的最优化方法

对最优化模型进行分类，从数学意义上说，最优化方法是一种求极值的方法，即在一组约束为等式或不等式的条件下，使系统的目标函数达到极值，即最大值或最小值。其方法主要有：①微分学中求极值；②无约束最优化问题；③常用微分公式；④凸集与凸函数；⑤等式约束最优化问题；⑥不等式约束最优化问题；⑦变分学中求极值。

4. 模型求解

不同类型的最优化问题可以有不同的最优化方法，即使同一类型的问题也可有多种最优化方法。反之，某些最优化方法可适用于不同类型的模型。最优化问题的求解方法一般可以分成解析法、直接法、数值计算法和其他方法。

(1)解析法：这种方法只适用于目标函数和约束条件有明显的解析表达式的情况。求解方法是：先求出最优的必要条件，得到一组方程或不等式，再求解这组方程或不等式，一般是用求导数的方法或变分法求出必要条件，通过必要条件将问题简化，因此也称间接法。

(2)直接法：当目标函数较为复杂或者不能用变量显函数描述时，无法用解析法求必要条件。此时可采用直接搜索的方法经过若干次迭代搜索到最优点。这种方法常常根据经验或通过试验得到所需结果。对于一维搜索(单变量极值问题)，主要用消去法或多项式插值法；对于多维搜索问题(多变量极值问题)主要应用爬山法。

(3)数值计算法：这种方法是一种直接法。它以梯度法为基础，是一种解析与数值计算相结合的方法。

(4)其他方法：如网络最优化方法。随着计算机技术的发展，计算机已经成为求解最优解的主要工具。

5. 最优解的检验和实施

最优化问题的解称为最优解。如果只考察约束集合中某一局部范围内的优劣情况，则该解称为局部最优解。如果是考察整个约束集合中的情况，则该解称为总体最优解。在解决实际问题时情况错综复杂，有时这种理想的最优解不易求得，或者需要付出较大的代价，因而对解要求能满足一定限度范围内的条件，不一定过分强调最优。20 世纪 50 年代初，在运筹学发展的早期就有人提出次优化的概念及其相应的次优解。提出这些概念的背景是：最优化模型的建立本身就只是一种近似，因为实际问题中存在的某些因素，尤其是一些非定量因素很难在一个模型中全部加以考虑。另一方面，还缺乏一些求解较为复杂模型的有效方法。1961 年 H. A. 西蒙进一步提出满意解的概念,即只要决策者对解满意即可。

上述五个步骤中的工作相互支持和相互制约,在实践中常常反复交叉进行。

第三节 最优化方法应用实例

常见的行人交通系统优化问题之一是客流分配问题,本节通过城市轨道交通网络客流分配为例,详细阐述最优化方法在行人交通系统的广泛应用。城市轨道交通网络客流分配是指将各交通小区之间的出行分布量分配到城市轨道交通网络的各条边上的过程。由于城市轨道交通网络客流分配是在一定的交通运输组织方式上进行的客流分配,依据交通流分配理论,建立基于乘车时间和节点费用的时间费用阻抗函数,并在此基础上建立网络客流量的均衡分配模型,并依据算法求解模型。

1. 阻抗函数

1)路段阻抗

城市轨道网络的路段走行时间相对简单,可表示为:

$$t_{ij} = s/v \tag{6-2-1}$$

式中:s——城市轨道交通相邻两站点间距离,km;

v——列车在两站点间平均运行速度,km/h。

考虑行人出行舒适性,则路段阻抗函数可表示为:

$$\Omega(x) = t + tY \tag{6-2-2}$$

式中:Y——单位乘车时间内因拥挤而产生的额外时间开销,min;

t——乘车时间,min。

2)节点阻抗

考虑到同样的时间,行人在乘车时和候车时感受不一样,候车更容易产生急躁情绪,因此采用放大系数将候车时间转换成同等意义上的乘车时间,则城市轨道交通节点阻抗可表示为:

$$d = \alpha \cdot \begin{cases} t_s,\text{继续乘车} \\ t_h,\text{中转换乘} \end{cases}$$

式中:α——放大系数。

2. 平衡分配模型

对于城市轨道交通网络来说,车辆运行路线是固定的,故不存在车辆的路线选择问题,但作为单个旅客来说,可以根据所需出行时间、交通费用和舒适度等因素选择不同的出行路线到达出行目的地。如果将行人看作交通元的话,这仍然是一个路径选择问题。因此,城市轨道交通网络的交通量分配是指行人出行量在网络中的分配,即将每一位行人作为分配的基本单位。

按照 Wardrop 平衡分配原理,在交通网络达到均衡时,所有被利用的路径具有相等或更大的阻抗。其数学表达如下:

$$c_k^{rs} \geqslant u_{rs}, f_k^{rs} \geqslant 0, c_k^{rs} \geqslant u_{rs} \Rightarrow f_k^{rs} = 0$$
$$(\forall r,s;\ \forall k \in W_{rs}) \tag{6-2-3}$$

此式可等价于：

$$c_k^{rs} \geqslant u_{rs}, f_k^{rs} \geqslant 0, f_k^{rs}(c_k^{rs} - u_{rs}) = 0$$

$$(\forall r,s; \forall k \in W_{rs}) \tag{6-2-4}$$

因此，建立基于 Wardrop 原理的城市轨道交通网络客流平衡分配模型：

$$\min: Z(X) = \sum_{i,j} \int_0^{x_{ij}} \Omega_{ij}(\omega)\,d\omega + \sum_{i,j}\sum_{k=1}^{3} \int_0^{x_{ijk}} d_{ijk}(u)\,du$$

$$s.t.\ \sum_k f_k^{rs} = q_{rs},\ \forall r,s$$

$$f_k^{rs} \geqslant 0,\ \forall r,s \tag{6-2-5}$$

式中：

$$x_{ij} = \sum_{rs}\sum_k f_k^{rs}\delta_{ij,k}^{rs},\ \forall i,j$$

$$x_{ij} = \sum_{k=1}^{3} x_{ijk},\ \forall i,j$$

式中：x_{ij}——路段(i,j)上的客流量；

$\Omega_{ij}(x_{ij})$——路段(i,j)上以流量为自变量的阻抗函数；

w,u——均表示客流量；

x_{ijk}——当$k=1,2,3$时分别表示站点j处继续乘车、中转换乘及离站客流量；

d_{ijk}——节点j与i、k的关系的阻抗；

$\delta_{ij,k}^{rs}$——路段—路径相关变量，取值为 0 或 1，取 1 时表示路段(i,j)在(r,s)间的第k条路径上，取 0 时表示其他情况；

q_{rs}——点对(r,s)间的 PA（产生吸引）交通量。

3. 模型求解

所建立的城市轨道交通网络客流分配模型是个非线性数学规划模型，求解该模型采用目前广泛使用的既严格又实用 F-W 算法，即是利用线性规划逐步迭代逼近非线性规划的方法，具体算法如下：

第 1 步：初始化，按照$t_a^0 = t_a(0)$，$\forall a$，实行一次全有全无分配，得到各路段流量x_a^1，$\forall a$；令迭代次数$n=1$。

第 2 步：更新各路段阻抗，$t_a^n = t_a(x_a^n)$，$\forall a$。

第 3 步：寻找下一迭代方向，按照$\{t_a^n: \forall a\}$进行一次全有全无分配得到一组附加流量$\{y_a^n: \forall a\}$。

第 4 步：确定迭代步长，用二分法求满足$\sum(y_a^n - x_a^n)t_a[x_a^n + \lambda(y_a^n - x_a^n)] = 0$的$\lambda$。

第 5 步：确定新的迭代起点，$x_a^{n+1} = x_a^n + \lambda(y_a^n - x_a^n)$

第 6 步：收敛性检验，$\sqrt{\sum_a (x_a^{n+1} - x_a^n)^2} / \sum_a x_a^n < \varepsilon$（$\varepsilon$是预先确定的小正数），则停止计算；否则，令$n=n+1$，返回第 2 步。

式中：t_a^0——网络中任意路段a的初始阻抗；

$t_a(0)$——流量为零时路段a的阻抗；

x_a^1——第一次分配结束后路段a上的流量；

x_a^n, y_a^n——第n次迭代结束后路段a的基本流量、附加流量；

λ——迭代步长。

应用 Wardrop 交通平衡原理,建立城市轨道交通网络客流平衡分配模型,应用 F-W 算法进行模型求解,并最终获得收敛条件下的模型解,即为客流在网络上的分配情况。

第三章 行人交通系统仿真

数据经验分析和最优化的研究方法尽管简单,但在面对行人交通系统自组织等复杂性时经常面临诸多困难。因此,从 20 世纪 80 年代开始,随着复杂系统概念的逐步出现和深入,许多专家开始提出使用计算机仿真的手段解决行人交通系统各类问题。目前,行人交通仿真已发展成为解决行人交通系统问题最为直接和有效的方法。

第一节 行人交通仿真建模分类

按照行人运动模型的性质、研究场景和目的及对行人运动描述详细程度的不同,可将行人运动仿真建模进行不同分类。

1. 行人运动模型的性质

行人运动的整个过程是连续的,但是对行人运动的过程进行模拟仿真所建立的相应模型可分为连续和离散两类。因此,根据行人运动模型的性质可以将行人运动仿真分为连续仿真模型、离散事件仿真模型、连续和离散事件混合仿真模型。

离散模型中具有代表性的是元胞自动机模型(CA 模型),它将行人的移动空间划分为方形的网格,每个网格具有一定的状态,行人的移动依靠网格状态的变化完成,其基本形式可以用差分方程表示为:

$$x_{t+1} = f[x_t, \beta] \tag{6-3-1}$$

式中:x_t——t 时刻行人所处的位置;

β——模型参数。

连续模型中具有代表性的是 Helbing 的社会力模型和 Hoogendom 的气体动力学模型,其特点是将行人定义在连续的空间上。连续模型的基本形式可以用微分方程表示为:

$$\frac{\partial x}{\partial t} = f[x(t), \beta] \tag{6-3-2}$$

基于这两类连续模型演化出了移动效益模型、元胞自动机模型、引力模型、气体动力学模型、社会力模型、基于紧急情况下逃生的排队网络模型和基于多智能体的行人运动模型等。

在具体的行人运动建模仿真中,单一连续或离散的模型不能完全模拟行人运动真实状况。为了符合计算机运行机制和行人运动集群规律,采用连续和离散事件混合仿真模型才能更加精确、真实仿真行人运动。因此,目前逐渐存在大量基于多 Agent 技术的行人运动元胞自动模型等混合模型。

2. 研究场景和目的

多目标多场景下行人运动模型,根据行人运动发生的场景和对行人运动行为的研究目的不同,而进行不同的分类。根据行人运动发生场景,行人运动仿真模型分为道路行人交通模型、交通场站内的行人运动行为模型和大型活动场所的行人运动行为模型;根据对行人运动的行为研究目的不同,其分为平常状态下的行人运动模型和大规模疏散条件下行人运动行为模型。

以城市轨道交通枢纽站台场景为例,基于外部环境因素的影响,地铁站台乘客流呈现出与一般状态下的行人流不同的特性。

(1)行人因目的不同归属不同的群体,同一群体具有相对集中的起始位置,对应的流线分布具有规律性,且与设施位置和能力相关。

(2)行人的个体行为细节更多地受到站台设施的约束,而不是完全依靠一般规则的作用。如,一般状态下对向行人相遇时考虑研究对象地域范围内行人的避让方向,在我国应优先考虑右行;在枢纽内部如地铁站台上,由于设施分布特点及其对行人的引导,这类行为规则不具有普遍适用性。

(3)瓶颈环节以不同的形式和程度,分时段的分布在研究系统中。站台层的行人流主要在进出站楼梯口、换乘设施出入口、狭窄的过道等处形成瓶颈;从广义角度考虑可能产生排队现象的环节,则地铁列车在站时,车门处也可视为一种类型的瓶颈。这些瓶颈环节的形成及其拥塞程度具有时间相关性,即不仅随站台客流量变化趋势而改变,且各瓶颈地段拥挤状态之间也具有相关特征。同时,各瓶颈地段的状态对整个站台系统的影响程度也各不相同。

(4)行人的路径选择不仅由其目的决定,也需考虑周围环境及拥挤条件的影响。由于站台空间和设施能力相对有限,流线的分布呈现集中、交织等特征,拥挤条件对个体的路径选择具有较为显著的影响。

(5)行人的行为特征,如方向、速度,可能因周围其他行人的行为发生突变或波动。在该场景中对行人进行仿真建模,需要根据其特性进行详细分析。

3. 行人运动描述详细程度

根据行人运动模型对行人行为描述的细节程度的不同,行人运动模型可分为宏观模型、中观模型和微观模型。

(1)宏观模型主要是用平均速度、集体密度、流量来描述行人的行为。该种模型不单独描述单个行人的行为,主要关注行人的出行决定以及路径选择行为。

(2)中观模型不单独描述每个行人,但是一般利用具有相似的性质来描述行人,并且行人的行为是以微观的水平来描述,但是用概率来描述该行为发生的可能性。

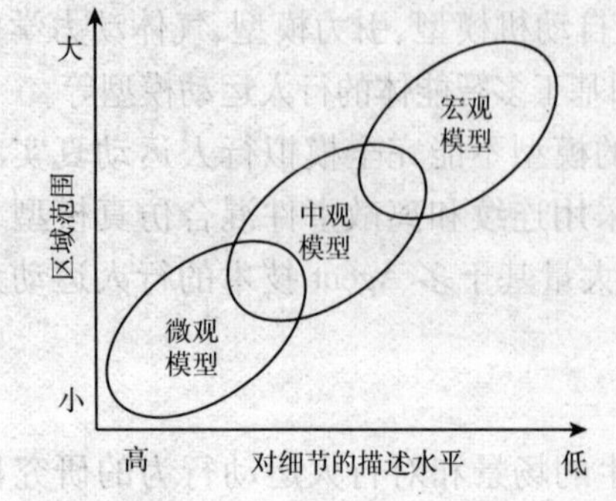

图 6-3-1 宏观、中观、微观行人仿真模型关系图

(3)微观模型主要是单独的描述行人的行为,并且其他的行人影响归纳为周围环境的影响。更多的关注行人的个体运动过程,包括视野范围确定、速度确定、方向确定、障碍物避让、拥挤压缩等。

图 6-3-1 给出了 3 个层次研究之间,以及对细节描述水平和区域范围之间的关系,随着仿真模型对细节描述水平的提高,所能描述的范围也随之变小。图 6-3-2 总结了到目前为止国外行人运动仿真模型的主要分类和主要研究人员。

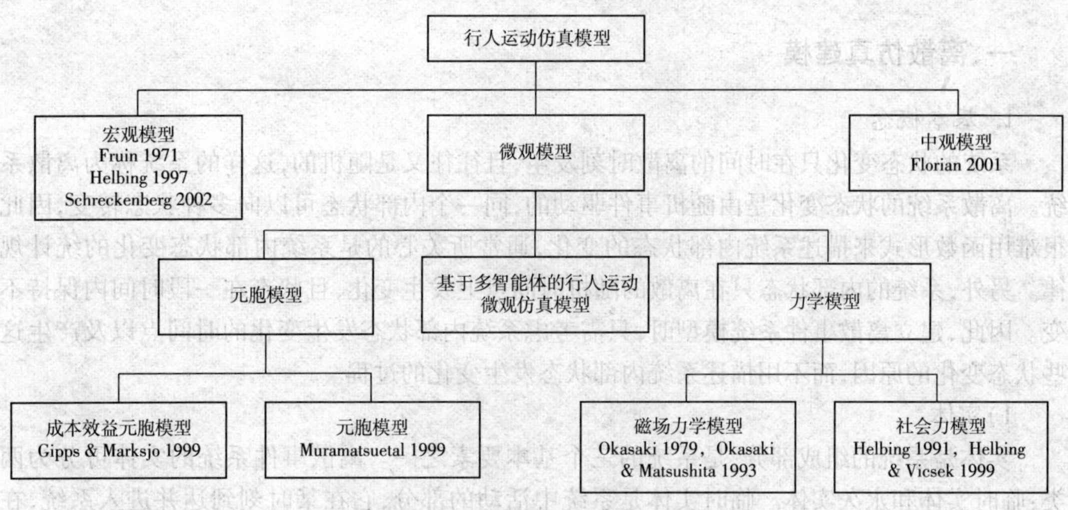

图 6-3-2　行人运动仿真模型分类图

第二节　行人运动仿真建模理论

常用的系统仿真建模方法有离散系统仿真和连续系统仿真两种，两者的区别在于仿真过程中时间变量和状态变量的状态不同，前者是连续的，后者是离散的，如图 6-3-3 所示。

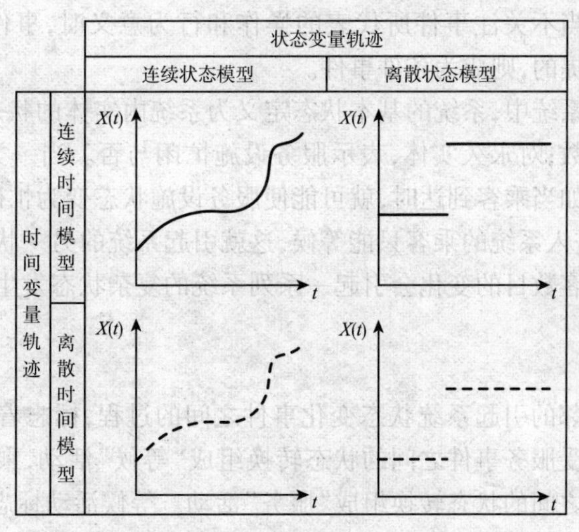

图 6-3-3　系统仿真建模方法

无论是连续系统仿真还是离散系统仿真，都以状态变量和时间变量为基础。对于简单系统可根据研究目的的不同选择任意一种仿真建模方法，但是由于仿真模型系统中涉及的问题复杂、实体类型多等特点，两种仿真方法必须结合运用才能达到最好的仿真效果，满足系统评价的要求。以下以城市轨道交通行人运动微观仿真为例，进行仿真案例的简单说明。

一、离散仿真建模

1. 基本概念

系统的状态变化只在时间的离散时刻发生,且往往又是随机的,这样的系统称为离散系统。离散系统的状态变化是由随机事件驱动的,同一个内部状态可以向多种状态转变,因此很难用函数形式来描述系统内部状态的变化,通常所关心的是系统内部状态变化的统计规律。另外,系统的内部状态只在离散的随机时间点上发生变化,且状态在一段时间内保持不变。因此,建立离散事件系统模型时,只需考虑系统内部状态发生变化的时间点以及产生这些状态变化的原因,而不用描述系统内部状态发生变化的过程。

1)实体

实体是系统的组成部分,是系统的三个基本要素之一。离散事件系统的实体可分为两类:临时实体和永久实体。临时实体是系统中活动的部分,它在某时刻到达并进入系统,在系统中停留一段时间并与其他实体发生作用后离开系统。永久实体是系统中固定的部分,它永久停留在系统中。在城市轨道交通系统中,乘客是临时实体,乘客按照一定规律到达并进入系统,接受服务设施(包括售检票系统、入口闸机、自动扶梯、站台、列车等)的服务后离开,而服务设施总在系统中为乘客服务,是永久实体。系统中临时实体的到达和离开及实体之间的相互作用促使系统的内部状态发生变化。

2)事件

事件是引起系统状态发生变化的行为。系统状态在事件的作用下发生变化。事件发生的时刻称为事件点。当不关注事件所代表的操作和行为意义时,事件与事件点是同义语。若事件的发生是有前提的,则成为条件事件。

在城市轨道交通系统中,系统的基本状态定义为系统内实体的状态。对临时实体,表示等候接受服务的乘客数;对永久实体,表示服务设施忙闲与否。当一类事件发生时,就会引起系统状态的变化。如当乘客到达时,就可能使服务设施状态变为忙碌状态,而若服务设施已经是忙碌状态,新进入系统的乘客只能等候,这就引起系统的另一状态即等候服务的乘客数发生变化。随着乘客数目的变化会引起一系列系统的复杂状态发生变化,例如人行时距、密度等。

3)活动

活动表示两个相邻的引起系统状态变化事件之间的过程,标志着系统状态的转移。乘客到达事件与乘客接受服务事件之间的状态转换组成"等候"活动,乘客开始接受服务到服务完毕离开两个事件之间的状态转换组成"服务"活动。等候活动标志着排队系统队列长度的变化,而服务活动则标志着服务设施的状态发生变化。一项活动因为某个事件开始,而活动结束时又产生另一个事件。在离散事件建模中,需要给出忙期的计算公式或概率分布函数,保证实体在进入某一活动时就可计算忙期,例如"服务设施"对"乘客"的服务,其忙期可从指数分布函数抽样得到(服务时间)。很多情况下活动是有几个实体协同完成的。

4)状态

对实体活动的特征状况或性态的划分,其表征量成为状态变量。在城市轨道交通系统中,"乘客"有"等待服务"、"接受服务"等状态,"服务设施"有"忙"和"闲"等状态。活动总是与一个或几个实体的状态相对应。状态可作为动态属性进行描述。

5)进程

进程是指一个实体在系统中经历的完整过程,它包括若干个事件和若干项活动。一个进程描述了它所包括的事件及活动间的相互逻辑关系及时序关系。在城市轨道交通系统中,"乘客到达—开始排队等候—接受服务—服务完毕并离开"的完整过程可以称为一个进程。进程是事件与活动的组合,以简单排队系统为例,其三者之间的关系如图6-3-4所示。

在考察活动、状态、事件与进程的关系时,由于事件的发生导致状态的变化,而实体的活动与一定的状态相适应,因此可以用时间来标识活动的开始和结束。其关系如图6-3-5所示。图中S表示状态,A表示活动,E表示事件,P表示进程。

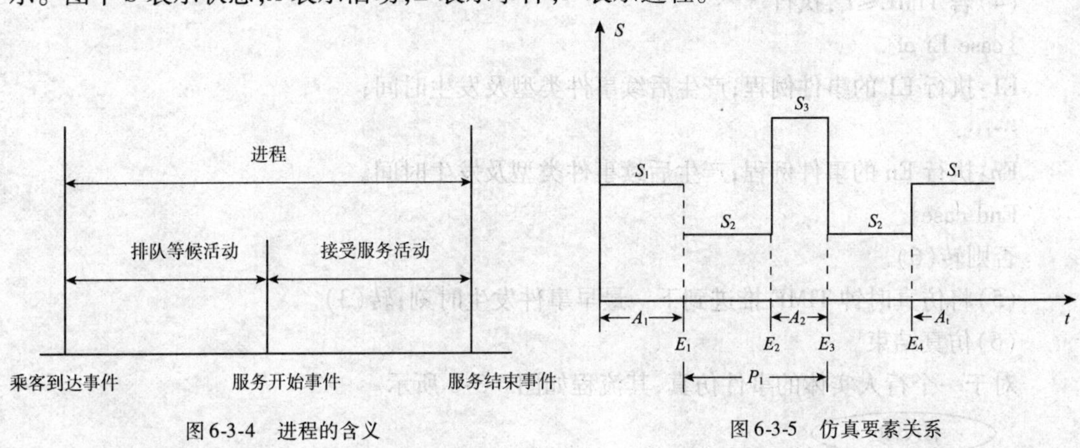

图6-3-4　进程的含义　　　　图6-3-5　仿真要素关系

6)仿真时钟

仿真时钟是指用于设置仿真的时间变量的一种程序设置。仿真计算的过程实质就是由当前仿真时刻的系统状态推算出下一仿真时刻的系统状态。仿真时钟推进的时间间隔称为仿真步长。在连续系统仿真中,仿真步长是确定的。在离散事件系统仿真中,两相邻发生的事件之间系统状态可以不发生任何变化,因而仿真时钟可以跳过这段时间,从上一事件发生时刻推进到下一事件发生时刻。

7)队列

处于等待状态的乘客序列,可作为一种状态或特殊实体对待。系统中的队列不一定遵循先到先服务的原则形成,这取决于仿真模型中参数ε_0和ε_1的选取。

在城市轨道交通系统离散事件建模过程中,适当地确定系统的状态变量是很重要的。用于进行仿真研究的系统状态变量并不总是固定唯一的,其应当根据系统仿真的目的而确定。另外在建模过程中,还必须清晰地描述系统状态变化的流程,包括到达并进入系统中乘客的类型和数目,使系统状态发生变化的事件类型、事件发生时间的分布规律等。

2. 模型设计

将系统模型转换为一个可在计算机上运行的仿真模型,一般归为以下步骤。

(1)设计仿真策略,即确定仿真模型的控制逻辑和仿真时钟推进机制。

(2)构造仿真模型,即确定模型的具体操作。

(3)仿真程序设计与实现,即采用某种具体程序设计方法及语言,对仿真策略和仿真模型加以实现。

目前，已形成离散事件系统的三种基本仿真策略，分别为时间调度、活动扫描和进程交互。基于行人交通仿真系统内各事件发生的时间点是可以进行简单预测的，因此，可以使用时间调度作为仿真的基本策略，其具体步骤如下。

(1)系统初始化。置仿真的开始时间 t_0 和结束时间 t_j；置实体的初始状态；置初始事件及其发生时间 t_s。

(2)仿真时钟 TIME = t_s。

(3)确定在当前时钟 TIME 下发生的事件类型 E_i，并按规则排序。

(4)若 TIME≤t_j，执行

{case Ei of

E1：执行 E1 的事件例程；产生后续事件类型及发生时间；

……，

En：执行 En 的事件例程；产生后续事件类型及发生时间。

End case}

否则转(6)。

(5)将仿真时钟 TIME 推进到下一最早事件发生时刻；转(3)。

(6)仿真结束。

对于一个行人实体的事件仿真，其流程如图 6-3-6 所示。

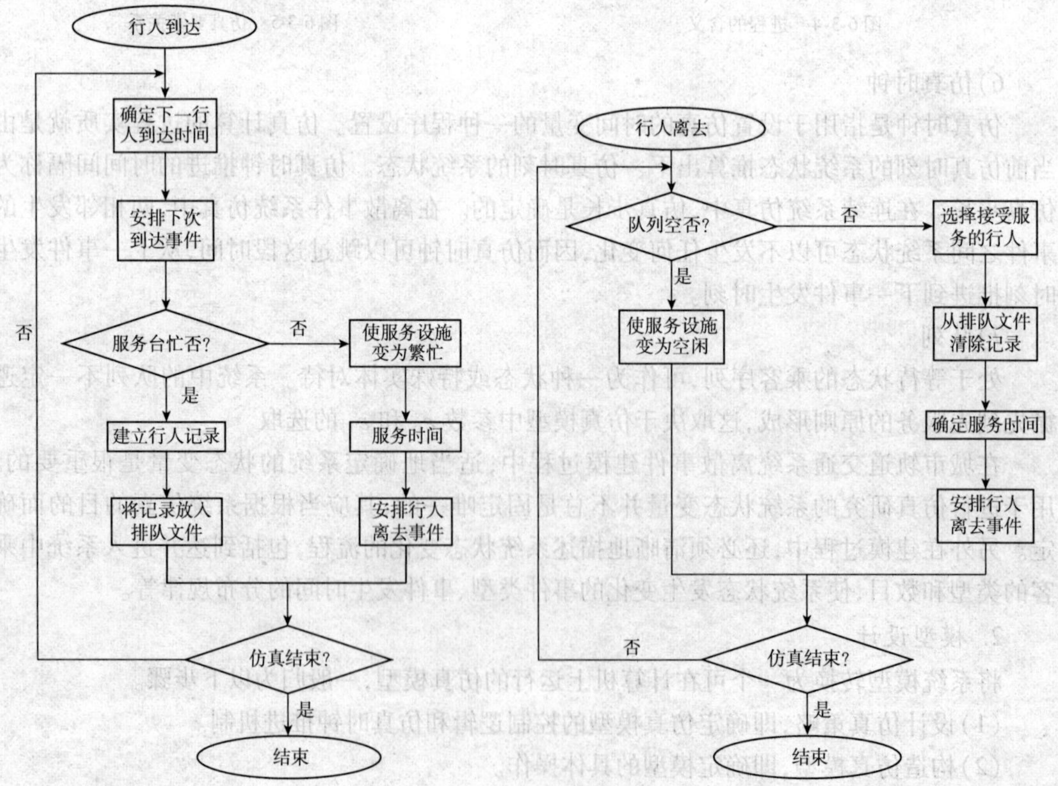

图 6-3-6 行人集散时间调度仿真

二、连续仿真建模

1. 基本概念

连续仿真的基本特点是系统的状态随时间连续变化,其仿真过程可分为三个步骤:建立数学模型、建立仿真模型和编写仿真程序。

连续系统的数学模型有以下三种描述方式

(1)微分方程描述模型

用微分方程描述系统的数学模型的一般形式为:

$$y^{(n)}+a_{n-1}y^{(n-1)}+\cdots+a_1y^{(1)}+a_0y=b_mu^{(m)}+b_{m-1}u^{(m-1)}+\cdots+b_0u \tag{6-3-3}$$

式中:y 与 u——系统的输出与输入量;

a_i、b_i——输出量和输入量的系数;

$y^{(i)}$、$u^{(i)}$——输出量和输入量的各阶导数。

如果系统没有输入函数,即 $u=0$,则公式(6-3-3)变为齐次方程,即:

$$y^{(n)}+a_{n-1}y^{(n-1)}+\cdots+a_1y^{(1)}+a_0y=0 \tag{6-3-4}$$

式(6-3-3)、式(6-3-4)是单变量的线性微分方程,它是研究连续系统数学模型及仿真的基础。

(2)传递函数描述模型

传递函数是描述系统数学模型的另一种形式。它表达了系统输入量转换成输出量的传递函数关系。其特点是它和系统本身的结构、特性和参数有关,而与输入量的变化无关。

对系统的微分方程式两边做拉氏变换,并假设输入函数 $u(t)$ 和输出函数 $y(t)$ 各阶导数初值均为零,则得:

$$(s^n+a_{n-1}s^{n-1}+\cdots a_1s+a_0)Y(s)=(b_ms^m+b_{m-1}s^{m-1}+\cdots+b_0)U(s) \tag{6-3-5}$$

式中:$Y(s)=L[Y(t)]$为输出函数 $Y(t)$ 的拉氏变换,$U(s)=L[U(t)]$为输入函数 $U(t)$ 的拉氏变换,将式(6-3-5)写成:

$$G(s)=\frac{Y(s)}{U(s)}=\frac{b_ms^m+b_{m-1}s^{m-1}+\cdots+b_0}{s^n+a_{n-1}s^{n-1}+\cdots+a_1s+a_0} \tag{6-3-6}$$

式中:$G(s)$——系统的传递函数。

对于各种复杂系统,可先求出各环节的传递函数,再依据系统的结构,即可求解整个系统的传递函数。

(3)状态方程描述模型

状态方程可从描述系统的微分方程式或传递函数推导得出,这是建立仿真模型最基础的模型。有关按微分方程及传递函数推导得出状态方程的方法可参阅其他相关资料。

2. 模型设计

连续系统仿真模型的设计问题归根结底是系统传递函数的确定问题,而仿真过程则是对该函数进行求解的过程。若很难求解,则可依据连续过程离散化的办法,运用离散系统的建模方法对其进行求解。

城市轨道交通枢纽的乘客集散过程是非常复杂的大系统,其仿真模型的基本形式如下:

$$X(t+1)=G[X(t)]+f(t) \tag{6-3-7}$$

式中:X——枢纽的状态;

G——传递函数；

f——外界扰动函数。

尽管在式(6-3-7)中，对于传递函数和外界扰动函数的确定本身没有特定的意义，但是它却反映了枢纽内乘客集散的实质问题。

枢纽的状态是由不同时刻不同位置上乘客的占用状态来表示的，它可以用一个空间矩阵来表示。因此，枢纽状态的转变可以用状态矩阵之间的变换表示，如下式：

$$\begin{bmatrix} 0&0&0&0&0\\0&0&0&0&0\\0&0&0&0&0\\0&0&0&0&0\\0&0&0&0&0 \end{bmatrix} \xrightarrow{t} \begin{bmatrix} 0&0&0&0&0\\0&S_{ij}(t)&0&0&0\\0&0&0&0&0\\0&0&0&0&0\\0&0&0&0&0 \end{bmatrix} \xrightarrow{t+\Delta t} \begin{bmatrix} 0&0&0&0&0\\0&S_{ij}(t+\Delta t)&0&0&0\\0&0&0&0&0\\0&0&0&0&0\\0&0&0&0&0 \end{bmatrix}$$

式中：$S_{ij}(t)$——t时刻在空间(i,j)位置的状态，包含了该位置的基本属性（坡度、几何特征等），以及该位置的扩展属性（是否有行人占用、所占行人速度、设施移动限速、设施移动速度等）。

每个乘客在$t+1$时刻的状态转换$S_{ij}(t+1)$又与枢纽在t时刻的状态矩阵直接相关，其转换的方程可以表示为：

$$\frac{\mathrm{d}\,r_i(t)}{\mathrm{d}t}=v_i(t) \tag{6-3-8}$$

$$\frac{\mathrm{d}\,v_i(t)}{\mathrm{d}t}=F_i(t)+f(t) \tag{6-3-9}$$

$$F_i(t)=\frac{1}{\tau}\{\min[u_p\,\vec{e}_p,u(d_a),u(v_p{}')]-\vec{v}_p\} \tag{6-3-10}$$

$$f(t)=-\nabla_{\vec{r}_{pB}}U_{pB}(\|\vec{r}_{pB}\|) \tag{6-3-11}$$

式中：u_p——乘客期望速度；

$\vec{e}_p$——移动方向；

$u(d_a)$——空间速度；

$u(v_p{}')$——环境速度。

矢量(F,r及v)分别表示了t时刻某个乘客所受到的社会力以及在此力作用下的位移和速度，其本质是状态矩阵的变化引起F的变化，从而使下一时刻的状态矩阵S_{ij}发生新的变化。假设这两种变化都可以用函数f,G表示，即：

$$\begin{cases}F_{ij}(t+1)=f[S_{ij}(t)]\\S_{ij}(t+1)=G[F_{ij}(t+1)]\end{cases}\quad i=1,2\cdots,W;j=1,2\cdots,L \tag{6-3-12}$$

对上式中第1个方程代入第2个方程，得系统的传递函数如下：

$$G=\frac{S_{ij}(t+1)}{f[S_{ij}(t)]}\quad i=1,2\cdots,W;j=1,2\cdots,L \tag{6-3-13}$$

建立系统的数学模型后，应将数学模型转换为计算机能够接受的离散化模型，可采用数值积分法或离散相似法。

(1)数值积分法。如前所述，连续系统可用微分方程数学模型来描述。因此，要对这类系统进行仿真，其实质就是采用数值解法求解微分方程。常用的有欧拉法、四阶龙格—库塔法、梯形法等。

(2)离散相似法。这种方法是用离散化的模型代替连续系统的模型。如图 6-3-7 所示，连续系统的输入为 $u(t)$，输出为 $y(t)$。在采样周期为 T 的采样开关离散化之后，要求输出 $y^*(t)$ 在采样时刻的值等于原输出 $y(t)$ 在同一时刻的值。这种方法的实质是用常系数差分方程来等效原常系数微分方程，这样就可用迭代的方法求解差分方程。

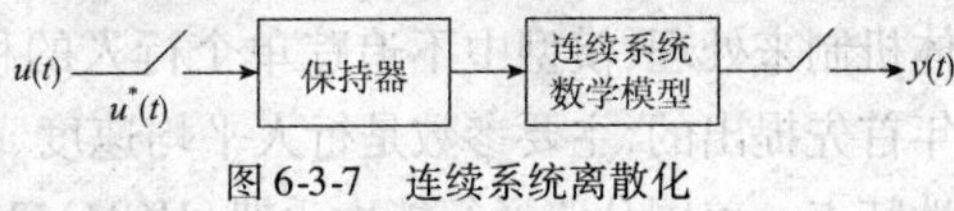

图 6-3-7　连续系统离散化

图 6-3-7 中保持器的作用是使在采样开关断开时，使连续系统保持一个输入值。否则，如果对原系统的输入输出端只加采样开关，即无图中的保持器，那么离散化之前的输出 $y(t)$ 与离散后的 $y^*(t)$ 就会发生变化，这是因为在采样开关断开期间，原连续系统晚输入，而只在开关闭合的瞬时才有输入。这种离散化方法的近似程度取决于采样频率和保持器的特性。建立仿真模型后，就可采用各种计算机语言，编写仿真程序。

三、连续仿真与离散仿真的转化实现

对于同一个系统，由于离散仿真系统与连续仿真系统存在状态变量和时间集合等方面的差异，导致解决两类系统问题的方法有所不同。连续系统一般通过求解连续事件系统模型的状态方程得到最优解，达到解决连续事件系统问题的目的，而离散事件系统的问题则利用离散事件系统仿真方法进行求解。

当在实际系统中采用数字计算机时，整个系统就应看成时间离散系统，而不再是连续的。系统仿真用连续时间模型或离散时间模型都要事先建立好能够客观描述系统的数学模型，并对该数学模型进行适当的简化，这样才能达到真正的仿真目的。如果系统中有数字计算机的介入，则应跟实际情况相符，采用离散时间模型。

连续系统常采用常微分方程或者微分代数方程表示，用数字仿真算法描述系统行为。算法求解时，采用可变步长方法可使数字网格足够密，从而确保系统的动态行为仿真的正确性。离散系统仿真是基于形式语言的描述方法，如 Petri 网和有限状态自动机，常用随机分布函数建模。

行人微观仿真不能简单地使用离散系统仿真或者连续系统仿真的单一方法，而需要对其进行充分考虑利用综合集成的方法进行求解。

第四章　行人交通仿真模型

第一节　行人运动宏观仿真模型

一、行人运动宏观仿真建模概述

宏观行人运动仿真模型着重从全局的角度来研究系统特性，对行人运动系统的要素、个体

运动、行为及其相互作用的细节描述的较为粗糙。在宏观模型中,行人流的一些集聚特性通过“速度—流量—密度”关系来描述,行人流被视为一个可压缩的实体或流体,行人流运动按照流体机制来处理,模型中不追踪单个行人的移动。较早的宏观行人仿真模型是由 Fruin 于 1971 年首先提出的,主要参数是行人平均速度、行人密度和流量等,模型主要研究行人的一些集聚性特点。美国公路通行能力手册(HCM)已经将行人运动宏观仿真模型运用到行人运动模拟和道路容纳能力分析中。尽管尚没有完全公认的行人交通流基本图,但行人交通流的流量密度关系仍然可以用一些常用的交通流模型来描述。最常用的模型为格林希尔兹模型。

格林希尔兹认为速度与密度是一个线性函数,即:

$$u = u_f - \frac{u_f}{k_j} \cdot k \tag{6-4-1}$$

式中:u——交通流的速度;

k_j——交通堵塞密度;

u_f——自由流速;

k——交通流密度。

利用式(6-4-1)和交通流基本公式 $q = uk$ 可以进一步给出流量与密度的函数关系,近似于一个抛物线函数,如式(6-4-2)所示。

$$q = \frac{k_j}{u_f}(u_f - u) \cdot u = k_j\left(u - \frac{u^2}{u_f}\right) \tag{6-4-2}$$

式中:u——交通流的速度;

k_j——交通堵塞密度;

u_f——自由流速。

速度—流量之间的关系可以通过自由流速度和能力速度推导出来,具体如式(6-4-3)所示。

$$\left.\frac{\partial q}{\partial u}\right|_{u_c} = 1 - \frac{2u_c}{u_f} \tag{6-4-3}$$

式中:u_f——自由流速度;

u_c——能力速度。

由于宏观模型忽略了个体之间的差异,其将行人交通流近似为气体或流体,利用流体力学的理论和方法建立行人交通流仿真模型——主要为流体力学模型,采用的评价指标多为流量、密度和速度,难以描述实际观测到的行人复杂交通行为,也难以直观和定量揭示局部和细节的信息,而行人交通系统的非线性也限制了该方法的适用范围。

二、流体力学模型

流体力学模型是由 L. F. Henderson 于 1971 年首次提出的。Henderson 将行人流看做是气体流动。在低密度自由运动状态下的行人,其运动的特点与气体分子的运动类似。而拥堵状态下的行人,其运动特点则与液体分子相似,其将人行道上的行人运动看成在连续二维平面上近同粒子的运动,并对处“气态”(低密度自由运动状态下)的行人流进行了研究。Henderson 认为,当满足以下质量、动量以及能量守恒条件时,就可以将行人流看做气体流

动,建立行人流体力学模型。具体守恒条件如下所示:

质量守恒:$\frac{mV\overline{\sigma}}{\overline{V}}$ = 常量

动量守恒:$L(\frac{1}{2}\frac{mV'^2\overline{\sigma}}{\overline{V}}+\frac{1}{2}mV\overline{V\sigma})$ = 常量

能量守恒:$E+mV'^2\overline{\sigma}+\frac{1}{2}m\overline{V}^2\overline{\sigma}$ = 常量

式中:m——行人的质量,kg;

V——行人的速度,$V=\overline{V}'+\overline{V}$,m/s;

$\overline{V}$——平均速度,m/s;

V'——随机扰动速度,m/s;

$\overline{\sigma}$——粒子密度,人/m^2;

L——行人流宽度,m;

E——势能。

在流体力学理论基础上,将行人流动群体看做不间断行人流,对通道、楼梯等环境下的行人流具有一定适用性。

而根据 Henderson 观点,当系统处于平衡状态时,在各态历经的假设前提下利用 Maxwell-Bolzmann 的统计理论可以计算出系统宏观量的平均值。用(x,y)表示某时刻行人的位置,(v_x,v_y)表示该位置上行人的速度,则粒子具有速度分量 v_x 的几率密度方程为:

$$p(v_x)=\frac{\mathrm{d}N_{v_x}}{Nv_x}=\frac{1}{\sqrt{2\Pi v_{r,s,m}}\exp(-\frac{{v_x}^2}{2v_{r,s,m}})}$$

式中:$v_{r,s,m}$——速度 $v\equiv|V|$的均方根。

1992 年,Helbing 还考虑行人意图、期望速度和行人间相互作用等因素建立了基于 Henderson 模型的动力学模型。Henderson 将这个结果与实测数据进行了对比,发现两者能够较好地吻合,其成功地描述了自由运动状态下行人流的宏观特性,但它对于行人流的局部特性仍无法进行描述,因此也无法解释行人流中出现的各种自组织现象。

第二节　行人运动中观仿真模型

一、行人运动中观仿真建模概述

与宏观行人运动交通仿真模型相比,中观行人运动仿真模型对行人运动系统要素、个体运动、行为及其相互作用的描述更详细。中观模型既可描述宏观模型中采用的时间与空间状态特性(如密度、流量、速度等),又能够保留微观模型中的核心数据。较早的中观行人运动仿真模型由 Florian 于 2001 年提出,模型中对行人流的描述以若干行人个体构成的队列为单元,其能够描述节点处的动态变化,但仍不能细致描述行人个体之间的相互作用。

中观模型以格子气体模型(1attice gas model,LG 模型)为代表,日本学者 Muramatsu、Irie

和 Nagatanil 率先将其用于行人交通仿真，后来不断有研究者建立改进的 LG 模型。LG 模型融合了宏观模型和微观模型，将平面划分为小格子或者三角形，行人位于交点处，其运动方向为向前、左、右三个方向，并依照这三个方向的确定值来决定下一步运动方向。LG 模型从个体行人的角度建模，不过多考虑行人间的相互作用，比微观模型显得粗略。其他中观模型还包括气体动力学模型和排队网络模型，气体动力学模型主要用于大型行人流集散微观仿真，而排队网络模型主要用于公共场所疏散情形下的微观仿真。

二、格子气体模型

格子气体模型近几年研究较少，主要是日本的学者在这个模型上研究较多。到目前为止，已成功建立了多种格子气体模型，常应用于带有出口的大厅、双向通道、多向通道、人流交汇场景等。

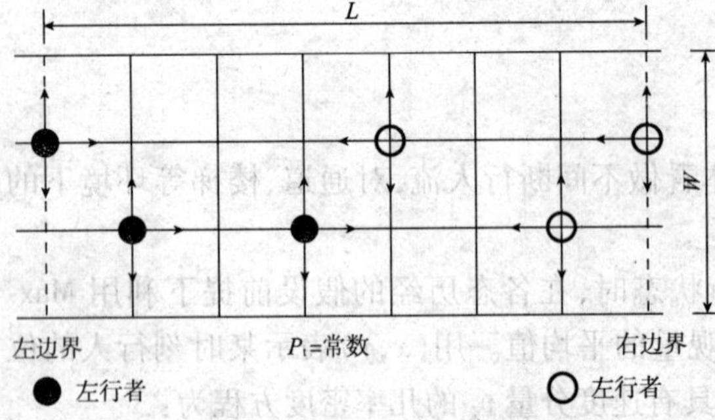

图 6-4-1 子气模型中的行人流

Muramatsu 等人提出的二维 LG 模型是建立在 $W \times L$ 的平面管道上，W 为宽度，L 为长度，管道划分为方格网，行人占据交点处，且每个交点只能有 1 个人。行人流分为两类，一部分行人向管道的右侧边界运动，另一部分向左侧边界运动。管道的底部和顶部是墙，行人行进到墙时将折回而不能穿越墙，左右两侧边界是开放的，右行者在左边界的密度 P_1 和左行者在右边界的密度 P_t 为常数。行人都向目的地行进，但不能后退，即向右侧的行人只能向右、向上、向下运动，而向左侧的行人只能向左、向上、向下运动，当行人到达边界时就将其从仿真模型中移除，如图 6-4-1 所示。

图 6-4-2 为右侧的行人运动示意图，X 表示该位置被其他人占据，每种情形下右行者的状态转换概率为：

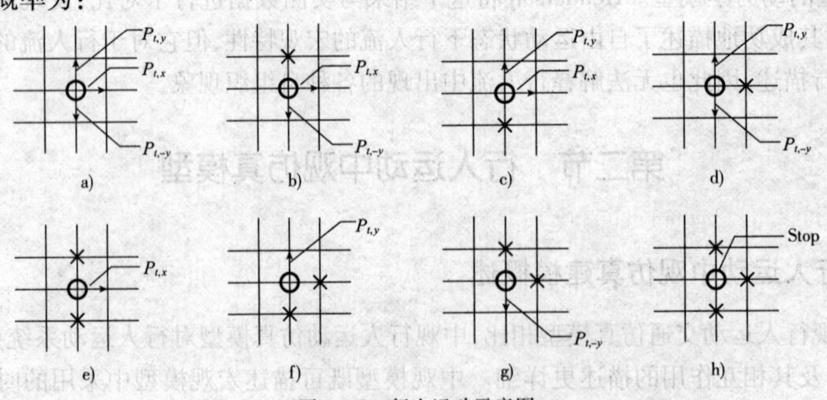

图 6-4-2 行人运动示意图

(a) $P_{t,x} = D + (1 - D)/3; P_{t,-y} = (1 - D)/3; P_{t,y} = (1 - D)/3$

(b) $P_{t,x} = D + (1 - D)/2; P_{t,-y} = (1 - D)/2; P_{t,y} = 0$

(c) $P_{t,x} = D + (1 - D)/2; P_{t,y} = (1 - D)/2; P_{t,-y} = 0$

(d) $P_{t,y}=1/2, P_{t,-y}=1/2, P_{t,x}=0$

(e) $P_{t,x}=1, P_{t,y}=0, P_{t,-y}=0$

(f) $P_{t,y}=1, P_{t,-y}=0, P_{t,x}=0$

(g) $P_{t,-y}=1, P_{t,y}=0, P_{t,x}=0$

(h) $P_{t,x}=P_{t,-y}=P_{t,y}=0$

D 表示人员运动的倾向,在不同的情况下有不同的取值,但一般情况下取 $D=0.5$。人员在三个运动方向 $p_{t,-y}$、$p_{t,x}$、$p_{t,y}$ 中选取计算值最大的方向作为下一步的运动方向。运动速度为一次走一个格点。

一般来说,现在对于格子气体模型已经从单个行人的角度开始建模,比起宏观人流模型有所进步;同时由于该模型在建模中没有考虑彼此之间的相互作用,与微观人流模型相比其精确度不够。虽然如此,但其仍具有宏观模型和微观模型所不具备的优点,而成为未来人流建模仿真的又一个研究方向。

三、气体动力学模型

气体动力学模型是由 Hoogendoorn 等人将交通工程理论中关于车辆的相关模型引入行人交通的研究中而得到的。模型基于中观层次,基本思路是将速度概率分布相近的行人作为群体研究,以气体动力学理论为基础,建立行人移动动态方程。

模型提出了"相空间密度"(Phase-Space Density)的概念,所谓相空间密度是相对于传统交通流理论研究中的密度而言的。与车辆行驶行为不同的是:在行人交通流中,位置变量是二维的,定义行人密度 $r(t,x)$ 为 t 时刻在 $x\in IR^2$ 位置单位面积上所占有的行人数量,则由于行人个体需求速度 ω 的差异,在 x 一定的情况下,$r(t,x)$ 并不是时刻相等的。为了将不同速度的行人统一建模,引入联合概率密度函数 $f(v,\omega|t,x)$,并定义 $r\times f(v,\omega|t,x)$ 为相空间密度。用连续过程(如对流、加速)和非连续过程(如减速、变向)下相空间密度 $\rho(t,x,v,w)$ 的变化来描述行人流模型,并得到在行人移动过程中,式(6-4-1)始终保持不变。

$$\partial_t\rho+\underbrace{\partial_{x1}(\rho v_1)+\partial_{x2}(\rho v_2)}_{\text{I}}+\underbrace{\partial_{v1}(\rho A_1)+\partial_{v2}(\rho A_2)}_{\text{II}}=\underbrace{(\partial_t\rho)^+_{event}+(\partial_t\rho)^-_{event}}_{\text{III}} \tag{6-4-4}$$

式中:第一项——x 方向和 y 方向的人流的变化;

第二项——行人的加速行为;

第三项——非连续过程中发生的各种事件。

连续过程和非连续过程的区别在于在连续过程中,位置变量 x、速度变量 v、需求速度变量 ω 呈连续变化,而在非连续过程中这些变量呈非连续性。下面分别以介绍连续过程和非连续过程仿真模型的应用。

(1)加速过程:行人在行走过程中的加速度取决于个体需求速度和当前移动方向两个因素,分别用 v 和 α 表示当前速度和当前移动方向,用 ω 和 α_0 表示个体需求速度和下一步期望的移动方向。当行人的目标为区域 D 时,α_0 可以用如下公式表示:

$$\alpha_0=\arctan\left(\frac{d_2-x_2}{d_1-x_1}\right) \tag{6-4-5}$$

式中:x_1、x_2、d_1、d_2——行人当前所处的位置、期望位置、当前目标和期望目标。

由此,可以计算加速度如下:

$$\begin{cases} A_1 = \dfrac{\mathrm{d}v_1}{\mathrm{d}t} = \dfrac{\mathrm{d}}{\mathrm{d}t}(v_r\cos\alpha) = \left(\dfrac{\omega - v_r}{\tau_t}\right)\cos\alpha - v_r\left(\dfrac{\alpha_0 - \alpha}{\tau_\alpha}\right)\sin\alpha \\ A_2 = \dfrac{\mathrm{d}v_2}{\mathrm{d}t} = \dfrac{\mathrm{d}}{\mathrm{d}t}(v_r\sin\alpha) = \left(\dfrac{\omega - v_r}{\tau_t}\right)\sin\alpha - v_r\left(\dfrac{\alpha_0 - \alpha}{\tau_\alpha}\right)\cos\alpha \end{cases} \tag{6-4-6}$$

式中:τ_t、τ_α——加速时间和方向改变时间,且有:

$$\cos\alpha = \frac{v_1}{v_r}, \sin\alpha = \frac{v_2}{v_r}, v_r = \sqrt{{v_1}^2 + {v_2}^2} \tag{6-4-7}$$

(2)减速过程:在处理非连续过程时,模型采用"事件—激励—响应"机制。例如,当行人在迎面遇到另外一个行人时,就产生一个非连续事件,由此导致个体受到激励,行人接受此激励后,做出响应(停止或者改变方向)。个体做出的响应导致速度增加则该响应称为正响应,反之则称为负响应,分别用以下公式计算:

$$\begin{cases} \partial_t\rho(t,x,C_0)^-_{event} = \int\limits_{C_1}\int\limits_{B} \pi_B(C_1 | C_0)\rho(t,x,C_0)\prod\nolimits_B(t,x,C_0)\,\mathrm{d}B\mathrm{d}C_1 \\ \partial_t\rho(t,x,C_0)^+_{event} = \int\limits_{B}\int\limits_{C_0} \pi_B(C_1 | C_0)\rho(t,x,C_0)\prod\nolimits_B(t,x,C_0)\,\mathrm{d}C_0\mathrm{d}B \end{cases} \tag{6-4-8}$$

式中:$\rho(t,x,C_0)$——行人的相空间密度;

$\pi_B(C_1 | C_0)$——在发生事件 B 时,行人状态由 $C_0(v,\omega)$ 转变到 $C_1(v,w)$ 的概率;

$\prod_B(t,x,C_0)$——单位时间内发生事件 B 的总次数。

该模型将行人的移动过程划分为连续过程和非连续过程,并对不同过程进行细分,通过与实际进行比较可知,所提出的相空间密度具有通用性,在一维、二维及多维交通流的研究中均可以应用。但其缺点是模型参数较多,相当复杂,可实现性较差,且由于模型建立在中观层次,所得出的结论缺乏经验数据支持。

四、排队网络模型

在排队网络模型中,行人的运动是基于概率函数,行人按一定的概率到达服务点,获取服务和离开队列。排队网络模型的三个基本的构成要素是动态实体的到达模式、排队规则和服务器的服务机制(比如 FIFO,先进先出机制)。在以研究疏散为目的的微观行人运动仿真中,先后有几位学者都提出了行人流相关的排队网络模型,并将该模型应用到建筑物的疏散仿真研究中。下面举例介绍 Lovas 的随机排队模型。Lovas 将随机模型应用到建筑物中的人群运动中,提出排队网络模型。在模型中,建筑物被划分成网格,节点代表房间,连接代表门,行人被视为是单一的流动体。运动时,行人从某个节点出发,依据一定的概率(该概率由概率公式计算得出)从所有可能的连接中选择一个连接(如果选择的连接不可用,行人就必须等待或寻找新的连接),然后到达一个新的节点,每个行人都选择尽可能快和安全地移向出口,其移动的路径和疏散时间记录在每个节点中。在此模型基础上开发的仿真软件有 EVACSIM,主要是用于建筑物的疏散仿真。排队网络模型有很好的视觉化效果,可以模拟排队系统中的瓶颈效应。而且可以计算评估疏散时间。但是行人的行为,比如碰撞等在模型中体现的不太明显,尤其在拥挤环境下不太真实。

为了反映在火灾等情况下行人求生逃逸的情况,模型中将行人所处的环境用"节点"和连接节点的"边"组成的网络 $G(V,E)$ 表示,如图 6-4-3 所示。其中,每一个节点 $d(i)$ 代表一个目的地,例如行人所在建筑物内的某个区域,而把某两个相对独立区域之间的线路用"边" $d(i,j)$ 来表示,并根据相邻区域之间门的宽度,赋予每条边权重 $w(i,j)$。行人从起点 1 到终点 5 移动的过程,就可以视为行人"选择临时节点——在节点中接受服务——离开本节点并选择下一个节点"的过程。行人的路径选择取决于节点之间是否连通、节点的能力以及节点间的距离三个方面的因素,这些因素总称为系统状态,则用 $r_k(i,j,X)$ 表示在系统状态为 X 的情况下第 k 个行人从 i 节点出发,选择下一个节点为 j 的概率,这一概率决定了行人的路径选择。在节点中接受服务的过程则是一个标准的 G/M/1 排队系统,因此,行人 k 在节点 i 中所停留的时间可以用排队系统服务时间公式计算。

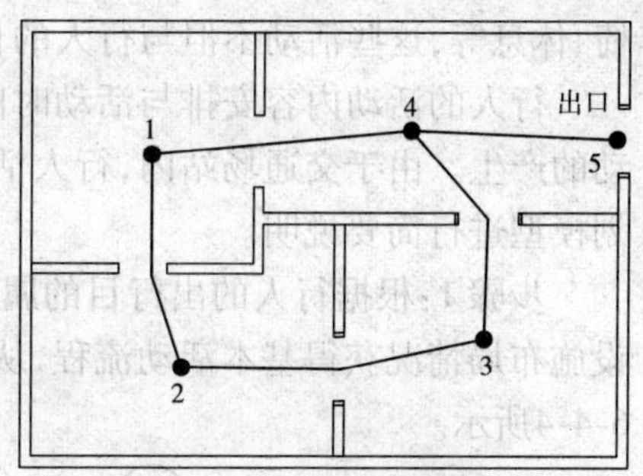

图 6-4-3　排队网络模型

排队网络将行人所处的环境用"节点"和"边"抽象表示,将复杂情况精简,更加利于模型的实际应用。其缺点是:行人的移动过程很模糊,对于其中发生的碰撞,以及行人之间的相互协作问题无法体现;对复杂的建筑和设施布局的不同所带来的行人移动变化未作考虑,且"先进先出"的排队规则不一定适合行人交通系统。

第三节　行人战略层微观仿真模型

行人交通相对于车辆运动情况更复杂,行人交通微观仿真模型既融合了宏观和中观模型的优点,又能够细致描述行人个体的行为。微观模型以单个行人为研究对象,是对行人个体在各种条件下所可能采取的运动方式的描述,行人的运动由行人特性(性别、年龄、心理等)、周围环境等因素共同决定。

根据行人交通行为规律,将行人微观仿真问题分解成为战略(strategic level)、战术(Tactical Level)、决策(Operational level)三个层次解决。在行人微观仿真建模中,战略层问题表现为行人运动的活动总体规划,即在一定时间范围内的活动计划;战术层问题表现为微观行人运动在该时空范围内的各种选择行为,如路径选择、节点选择等;决策层问题表现为在具体的仿真场景中行人的微观决策行为,即碰撞规避、加速、减速等过程。从 20 世纪 90 年代开始,计算机技术的迅速发展为从微观层面上描述行人交通提供了强有力的支撑,为行人运动微观仿真研究提供了技术支持。

战略层的行人微观仿真模型以行人的活动为基础,模拟行人在出行过程中所有的活动安排,主要包括活动内容安排和活动时间安排。行人的活动一般可以分为必要活动和随机活动两类。其中,必要活动是指某一次出行中行人必须要参与的活动,主要与行人的出行目的有关,例如道路上以上班为目的的行人其必要活动主要包括人行道行走、等待信号灯、过街等;交通场站内的必要活动包括安检、进站、检票、候车、上车、换乘、离开等;大型活动场所内的必要活动包括安检、进入场所、参加活动、离开等。随机活动则表示由于心理、生理、环境等其他原因导致的其他活动,例如,行走图中购物、观看信息标志、徘徊、驻足观看、寻找坐椅、休息等,这些活动不但与行人的目的有关,而且与行人的状态和时间需求有关。

行人的活动内容安排与活动时间安排紧密相关,大量空闲的时间可能导致大量随机活动的产生。由于交通场站内,行人活动最为丰富,下面以场站内的上车流程为例,对活动规划模型进行简要说明。

步骤1:根据行人的出行目的属性(即进站、出站、接人、送人)和场站内基于各出行目的设施布局情况获得基本活动流程,从而得到必须的活动列表(最终形成必要活动规划),如图6-4-4所示。

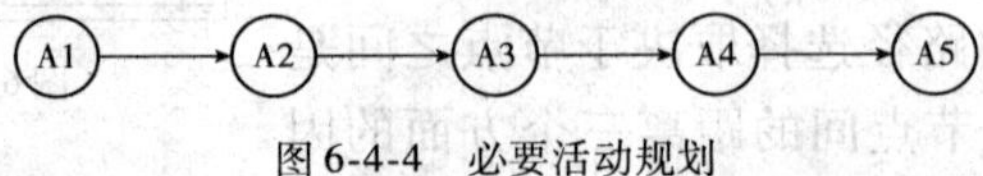

图 6-4-4　必要活动规划

步骤2:根据行人的活动目的时间有效性约束确定最后一个活动的开始时间,并根据行人性格、年龄、是否对车站熟悉等属性倒推获得各个活动的最晚开始时间,如图 6-4-5 所示。

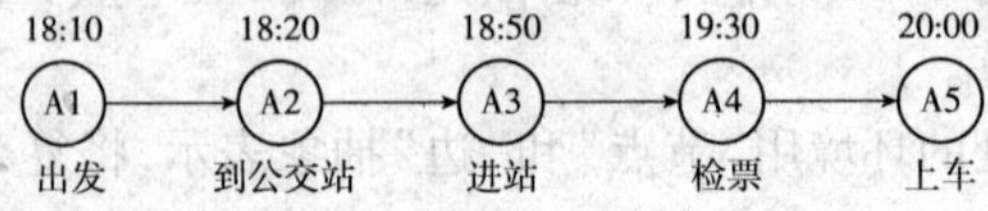

图 6-4-5　时间规划

步骤3:根据行人疲劳、饥饿、无聊等状态,在等候时间较长的活动之间插入随机活动时间,如图 6-4-6 所示。

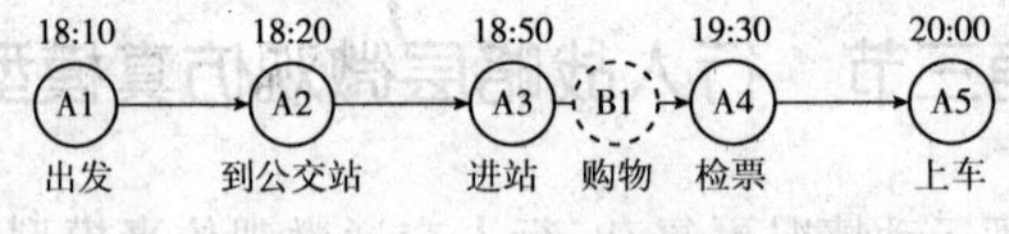

图 6-4-6　插入随机活动

第四节　行人战术层微观仿真模型

行人战术层模型主要包括路径规划模型、节点选择模型、行人移动模型、碰撞规避模型。

一、路径规划模型

路径选择是所有微观交通仿真模型中必然涉及的问题,行人、交通工具在移动或者行驶的过程中,由于出行目的、方式等的不同,必然会选择不同的路径到达目的地。在理想情况下,一般认为在熟悉环境,且思维处于理性的条件下,行人都尽可能以出行效用最大化的原则来选择自己的路径,即路径最短、时间最少、费用最少、体力最省等。实际上,行人的路径选择更多的是一种模糊决策,并且由于在路径选择过程中,可能会遇到障碍物或者其他行人,阻挡自己的路径,因此路径选择实际上是一个非常复杂的动态决策过程。根据对行人活动空间和路径的描述方法不同,主要有基于图论的路径规划和基于 A^* 算法的路径规划两种模型。

1. 基于图论的路径规划模型

行人的活动空间可表示为一个连续的几何空间,其基本元素是点和线。点和线组成的不同形状的几何体组合嵌套在一起,便构成了具有障碍属性的行人活动空间。如图6-4-7

所示。

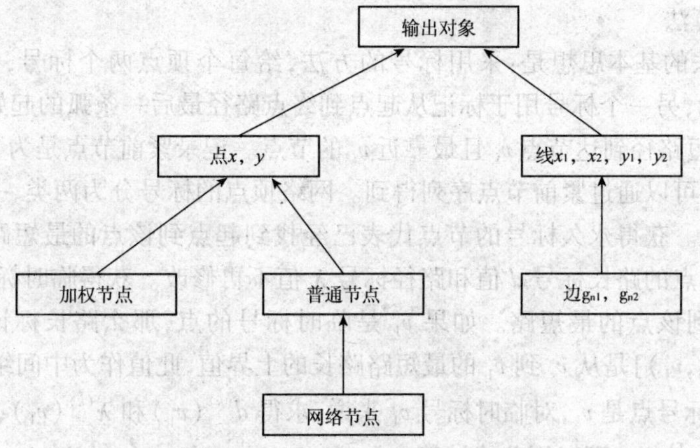

图 6-4-7　基于图论的行人的活动空间描述

1)路径生成

行人在空间内任意两点之间的路径集合 P 可以通过如下步骤获得。

步骤 1:对空间内障碍物按照由近及远顺序排序,并将空间内的形状同比例放大,形成障碍物轮廓,保证行人不沿墙搜索路径。

步骤 2:确定起点 A 和终点 B,获得离 A 点最近的障碍物 N_i。

步骤 3:直线连接点 A 和点 B,并判断是否与障碍物轮廓 N_i 相交,如果是,则跳到步骤 4,否则跳到步骤 6。

步骤 4:求出直线 AB 与形状 N_i 的交点 p,将交点 p 加入到路径列表 P 中。

步骤 5:寻找离目标点 B 较近的下一个顶点 p 作为 A,返回步骤 3。

步骤 6:障碍物是否检测完毕,如果没有,将下一顺序障碍物置为 N_i,跳至步骤 3,否则结束。

根据该算法处理后,形成的路径几何如图 6-4-8 所示。

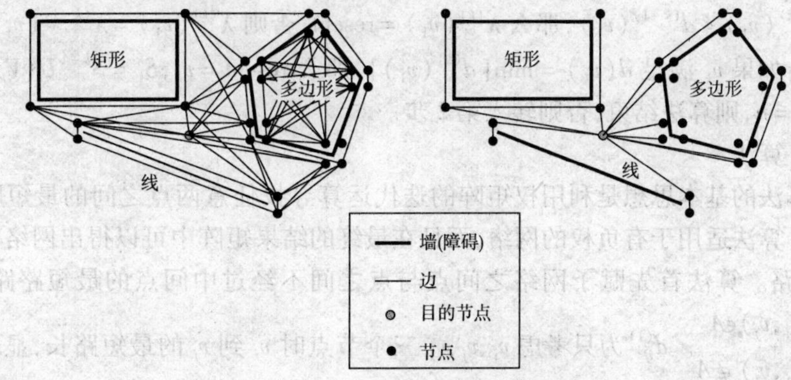

图 6-4-8　基于图论的行人的路径生成

2)路径提取

在确定路径集合 P 后,行人空间内任意两点之间的路径就可以使用图论中比较成熟的算法求得。一般方法为首先求得最短路径,其次求得有效路径。

(1)最短路径计算方法

①Dijkstra 算法

Dijkstra 算法的基本思想是:采用标号的方法,给每个顶点两个标号,一个用于标记路长,用 $d(v_i)$ 表示,另一个标号用于标记从起点到终点路径最后一条弧的起始点号,即紧前节点 v_1,是沿着最短路径到达节点 v_i 且最靠近 v_i 的节点。记录紧前节点是为了在搜索结束时,最短路径的轨迹可以通过紧前节点序列得到。网络顶点的标号分为两类,一类是永久标记,一类是临时标记。获得永久标号的节点代表已经找到起点到该点的最短路的路长和路径。获得永久标号的点的路长标号 d 值和路径标号 λ 值不再修改。获得临时标号的点代表还没找到从起点 v_s 到该点的最短路。如果 v_1 是临时标号的点,那么路长标记值 $d(v_1)=\min[d(v_s,v_i)+w(v_i,v_1)]$是从 v_s 到 v_1 的最短路路长的上界值,此值作为中间结果存储。在第 k 步,新求的永久标号点是 v_k,对临时标号 v_1 来说,求得 $d^{(k)}(v_1)$和 $\lambda^{(k)}(v_1)$,在第 $k+1$ 步中,$d^{(k+1)}(v_1)$和 $\lambda^{(k+1)}(v_1)$可以用公式计算:

$$d^{(k+1)}(v_1)=\min\{d^{(k)}(v_1),d(v_s,v_k)+w(v_k,v_1)\}$$

$$\lambda^{(k+1)}(v_1)=\begin{cases}\lambda^{(k)}(v_1), & d^{(k)}(v_1)\leqslant\{d^{(k)}(v_1),d(v_s,v_k)\}+w(v_k,v_1)\\ v_k, & d^{(k)}(v_1)>\{d^{(k)}(v_1),d(v_s,v_k)\}+w(v_k,v_1)\end{cases}$$

此算法从起点 v_s 出发逐步向外寻求最短路,依次找 d_1、d_2、…、d_n 和它们所对应的路径,这就是计算最短路生成树的方法。

Dijkstra 算法的步骤如下:

第 1 步(初始化):令 $k=0,S^0=\{v_s\}$(S 是永久标号点集合),$T^0=(v_1,v_2,\cdots,v_n)$(T 是临时标号点集合),令起点 v_s 的初始路长标号 $d^{(0)}(v_s)$为 0,其他点的初始路长标号 $d^{(0)}(v_i)$为无穷大,初始紧前节点的路径标号 $\lambda(v_i)$为 v_s,resent $=v_s$(resent 用于存储最新获得永久标号的顶点)。

第 2 步:$k=k+1$,对所有的临时标号 v_1 计算

$$d^{(k)}(v_1)=\min\{d^{(k-1)}(v_1),d(\text{resent})+w(v_k,v_1)\}$$

如果 $d^{(k)}(v_1)<d^{(k-1)}(v_1)$,那么 $\lambda^{(k)}(v_1)=$ resent;否则 $\lambda^{(k)}(v_1)=\lambda^{(k-1)}(v_1)$。

第 3 步:如果 v_k 满足 $d(v_k)=\min[d^{(k)}(v_1)]$,那么 resent $=v_k$,$S^k=S^{k-1}U\{V_k\}$,$T^k=T^{k-1}-\{v_k\}$,若 $k=n$,则算法结束,否则转入第 2 步。

②Floyd 算法

Floyd 算法的基本思想是利用权矩阵的迭代运算寻找任意两点之间的最短路长和最短路径。Floyd 算法适用于有负权的网络,而且在最终的结果矩阵中可以得出网络中任意两点之间的最短路。算法首先赋予网络之间点与点之间不经过中间点的最短路路长 $d_{ij}^{(0)}$,则 $d_{ij}^{(0)}=\begin{cases}w_{ij}(v_i,v_j)\in A\\ \infty\ (v_i,v_j)\notin A\end{cases}$。$d_{ij}^{(1)}$为只考虑 v_i、v_j、v_1 三个节点时 v_i 到 v_j 的最短路长,显然路径 $P_{ij}^{(1)}$ 有两种情况,一种是路径不经过 v_1 点,则 $d_{ij}^{(1)}=d_{ij}^{(0)}$;另外一种是经过 v_1 点,那么 $d_{ij}^{(1)}=d_{i1}^{(1)}+d_{1j}^{(0)}$,结合两种情况来看,有$d_{ij}^{(1)}=\min[d_{ij}^{(0)},d_{i1}^{(0)}+d_{1j}^{(0)}]$。以此类推,每次迭代都新加一个点,判断 v_i 和 v_j 之间的最短路径是否经过新加点。

Floyd 算法的步骤如下:

第 1 步：$k=0, D^{(0)}=[d_{ij}^{(0)}]_{n\times n}, d_{ij}^{(0)}=\begin{cases} w_{ij}(v_i,v_j)\in A \\ \infty\ (v_i,v_j)\notin A \\ 0 \quad\quad v_i=v_j \end{cases}, S^{(0)}=[s_{ij}^{(0)}]_{n\times n}, s_{ij}^{(0)}=j(i,j=1,2,\cdots,n)$。

第 2 步：$k=k+1$，计算 $D^{(k)}=[d_{ij}^{(k)}]_{n\times n}, S^{(k)}=[S_{ij}^{(k)}]_{n\times n}$

$$d_{ij}^{(k)}=\min[d_{ij}^{(k-1)}, d_{kl}^{(k-1)}+d_{kj}^{(k-1)}]$$

$$s_{ij}^{(k)}=\begin{cases} s_{ij}^{(k-1)}\ d_{ij}^{(k-1)}\leqslant d_{kl}^{(k-1)}+d_{kj}^{(k-1)} \\ s_{ik}^{(k-1)}\ d_{ij}^{(k-1)}>d_{kl}^{(k-1)}+d_{kj}^{(k-1)} \end{cases}$$

第 3 步：当 $k=n$，算法结束。$D^{(n)}=[d_{ij}^{(n)}]_{n\times n}$，$d_{ij}^{(n)}$ 为 v_i 到 v_j 的最短路长，$S^{(n)}=[s_{ij}^{(n)}]_{n\times n}$，$s_{ij}^{(n)}$ 是 v_i 到 v_j 的最短路的第一条弧的终点。

(2)有效路径计算方法

用最短路径算法搜索出最短路径后，需要再用其他算法计算一个 OD 对之间的有效路径。通常，对于不同的出行距离，其有效路径的选择范围也不同，例如，长距离 OD 之间的有效路径应该比短距离 OD 之间的有效路径的选择范围大。另外，随着城市轨道路网规模的扩大，新线的接入也会影响到有效路径的选择范围。下面介绍两种有效路径的搜索算法，K 条渐短路径搜索算法和 Dial 有效路径搜索算法。

①K 短路算法

搜索 K 短路径最直接的方法是基于最短路算法的“删边法”。算法主要思想如下：

第 1 步，在网络中使用最短路算法寻找到最短路径。

第 2 步，若最短路径存在，则从原网络中先删除最短路径中的其中一条边，然后再用最短路算法得出一条临时最短路径。

第 3 步，重复第 2 步，直到最短路径中的边都被删除过，将得出的所有临时最短路径进行比较，最短的一条就是次最短路径。

第 4 步，如果要求第 K 条短路径，首先将前$(K-1)$条短路径中所有的边进行集合配对，每次删除其中一个边对，其余的过程类似于第 2 步和第 3 步，最后将所有的临时最短路径进行比较，最短的一条路径就是第 K 条短路径。

②Dial 算法

Dial 算法中有效路径是指它所包含的所有路段都使行人距离起点的最小费用越来越大，同时距离终点的最小费用越来越小。该算法在网络中所有路段的两个端点(i,j)设定两个指标：

a. $r(i)$表示节点 i 到起点 r 的最小费用。

b. $s(j)$表示节点 j 到终点 s 的最小费用。

只有当 $r(i)<r(j)$，$s(i)>s(j)$时，路段(i,j)才算在 OD 对(r,s)之间的有效路径上。

Dial 算法求有效路径的步骤如下：

第 1 步，计算从起点 r 到其他所有节点的最小费用，确定 $r(i)$。

第 2 步，判断路段(i,j)是不是属于有效路径，即是否满足 $r(i)<r(j)$，$s(i)>s(j)$，如果满足，则该路段属于有效路径，否则不是有效路径。

第 3 步，记录 OD(i,j)之间的有效路径。

Dial 算法在城市轨道交通网络中搜索有效路径存在一个缺陷，即网络中如果存在环形通路，就会遗漏部分可选路径。

③图的遍历算法

基本思想：采用图的遍历算法寻找网络中从一个起点到达一个终点的连通且满足约束条件的所有路径，如果满足条件，则记录该路径，如果不满足条件，则返回上一层节点重新遍历。反复进行这种试探选择与返回过程，直到找出所有有效路径为止，在该算法中，网络图的遍历算法采用深度优先搜索。

第 1 步，初始化。给变量赋初值，输入已知数据、参数、设定阈值等。

第 2 步，采用最短路算法计算 OD 之间的最小路长，设根节点 r 为当前节点。

第 3 步，从当前节点 i 出发，对与节点 i 相邻的节点进行遍历，对于节点 j，如果从根节点 r 出发沿该遍历路径的路长小于或等于设定阈值，则取节点 j 为当前点，转到下 1 步；否则转到第 6 步。

第 4 步，判断节点 j 是否为终结点，如果是则转入下 1 步，如果不是，转入第 3 步。

第 5 步，记录遍历出来的有效路径并计算其路长。

第 6 步，退回上一层(回溯)，若为退到根节点则转入第 3 步。

2. 基于 A^* 算法的路径规划模型

基于图论的路径规划模型运算量大，常无法应用于大规模行人交通仿真中，此时通常采用基于网格的路径规划模型，而解决此类问题的一般算法是 A^* 算法。

1)基于传统的 A^* 算法路径选择模型

传统的 A^* 算法常用于求解从一个起始点到一个目标点之间的最优路径的搜索问题，其原理是“试探法”，通过试探某个节点到目标节点之间的每个方格探测可能的路径，直到最后探测的目标节点后，再通过反推的办法得到最优路径。试探的过程使用以下函数表示，通常称为估价函数。

$$F(n) = G(n) + H(n) \tag{6-4-9}$$

式中：$F(n)$——估价函数；

$G(n)$——从起点移动到指定方格的移动代价；

$H(n)$——从指定的方格移动到终点 B 的估算成本。

为了节省计算时间，通常用 Manhattan 方法计算两个节点之间的距离，如下式所示：

$$M_{ij} = |x_1 - x_0| + |y_1 - y_0| \tag{6-4-10}$$

传统的 A^* 算法存在以下不足：

(1)搜索速度较慢，导致搜索范围有限，以 10×10 网格为例，为了获得对角的最短距离，至少需要搜索 46 个节点。

(2)在未知环境的障碍物陷阱中容易陷入搜索失败的死状态。

(3)不能同时进行多个节点的最优搜索。

2)逆向改进型 A^* 路径选择模型

为了实现大规模的行人行为决策仿真，通过对逆序搜索，优化估价函数，避免无效搜索，优化代价生成方法四个方面对模型进行了改进。

(1)逆序搜索

传统的 A^* 算法采用了试探法,即在每一步搜索时并不知道最终路径,因而需要大量的搜索,且对于具有不确定性的中间值必须予以记录,以便在最后推算最优路径时使用。这种算法不仅减慢了计算速度,而且耗费了大量的空间资源,使得算法本身的效率下降。

通过从目标点到起始点的搜索可有效解决顺序搜索出现的问题。首先,目标节点 ϑ 到本身的最优路径固定,最小代价为0;其次,ϑ 的状态空间 Ω_ϑ 中的每个节点到 ϑ 的最优路径可以通过局部估价得到。进一步搜索 $\Omega_\vartheta^0\Omega_\vartheta^1\Omega_\vartheta^2\cdots$ 的状态空间中的每个节点,就能得到所需要的每个节点到目标点的最优距离,如图6-4-9所示。

42	38	34	30	34	38	42
38	28	24	20	24	28	38
34	24	14	10	14	24	34
30	20	10	0	10	20	30
34	24	14	10	14	24	34
38	28	24	20	24	28	38

图6-4-9 逆序搜索下的估值

(2)路径生成

在逆序搜索的每一步搜索中,由于避免了无效搜索,每次搜索至少能够计算出一个节点到终点的最短路径,父节点的估价函数中已经包含了全局代价。因此,可以通过用局部代价代替全局代价的方法来进一步优化搜索的估价函数。某个节点的估价函数用其父节点的估价函数及父节点到该节点的局部代价来表示。这时,计算节点 a 到终点的代价的方法可以表示为:

$$F(a)=F(a)+H(a,a^+) \tag{6-4-11}$$

式中: a^+——节点 a 的父节点;

$H(a,a^+)$——两个节点之间的局部代价。

由于逆序搜索的原因,原来的由父节点生成子节点的方法已经倒置,从而,一个子节点可能对应多个父节点,因此,选择最短路径方向上的节点为父节点。因而,父节点可以用如下方法求得:

$$\begin{aligned} a^+ &= \{\beta|\beta\in\Omega_a, F(\beta)=N(\Omega_a)\} \\ N(\Omega_a) &= \min\{F(i)\,|\,i\in\Omega_a\} \end{aligned} \tag{6-4-12}$$

(3)路径提取

通过路径生成的步骤,每一个节点已经包含了一个从该节点到最终节点的估价值。从起点开始沿着最小估价值的方向到达终点的路径即为所求的最佳路径。此外,还可以用类似的方法推得次佳路径,这对大规模智能系统的模拟具有很重要的意义。

(4)算法描述

整个算法可以分为4个步骤。

第1步:初始化,将所有节点的估价置为0,将障碍物所在节点的估价置为最大值 M。

第2步:创建待处理节点列表 openlist,并把目标节点 D 放入 openlist 中。

第3步:重复如下过程,直到 openlist 列表为空。

①取出 openlist 中估价值最小的节点作为待处理节点 Currentnode。

②通过计算 Currentnode 的状态空间中每一个有效成员的估价值,更新其状态空间,并将更新后的节点放入到待处理列表 openlist 中。这里判断一个成员是否有效必须同时满足三个条件:节点不是障碍物;节点尚未被估价;节点不是目标点。

③将 Currentnode 从 openlist 中移除。

第 4 步:根据估价值提取路径。

整个算法包含比较、估价、排序三个过程,可以通过适当的优化手段进一步减小计算量,降低系统资源消耗。比较运算属于逻辑判断,消耗资源很少;估价的过程可以通过判断父亲节点和子节点的相对位置完成,以便减少运算量。为避免求根运算,用整数来表示估价值,这样处理不仅大大减小了运算难度,而且节省了系统开支;排序过程可以创建一个有序列表完成,即在节点插入待处理列表时,就按照估价值从小到大的顺序插入,保证列表始终处于排序状态。这样做方便了运算,提高了搜索速度。由于估价值的分布直接驱动着行人的行为,因此在又将估价值形成的网格环境称为势能场,将估价值称为场强或者势能。

二、节点选择模型

在行人进入或者离开某节点时,其中很重要的一个行为就是节点选择。例如,当有多个售票窗口时,乘客对窗口的选择、乘客对列车上车车门的选择、乘客对出站闸机的选择等等。这些选择均可以归结为以乘客自身效用最大化的节点选择。即,乘客选择某个节点的概率可以表示为:

$$P(i/A_n) = P_r(U_{in} \geqslant U_{jn}, \forall j \neq i \in A_n)$$

式中:i、j——第 i 和 j 个节点;

U_{in}、U_{jn}——行人选择第 i 和 j 个节点的效用;

A_n——可供选择的节点集合。

效用 U 可以根据影响乘客选择的因素计算,这些因素称为特性变量 X。在此主要分为可观测变量 V 和不可观测变量£ 。通过调查发现,影响乘客节点选择的可观测变量主要为乘客到达节点所花费的时间 t 以及节点拥挤程度 c 两类。因此,U 可以用下式计算:

$$U_{in} = V_{in} + \varepsilon_{in} = -(\alpha t_{in} + \beta c_{in}) + \varepsilon_{in} \tag{6-4-13}$$

式中,t_{in}可以用乘客相对于节点 i 的场强表示,c 在不同排队类型下可以有不同的描述方式,排队长度、人群规模等。

假设:为服从某一概率分布的随机变量,且 ε_{in}与 V_{in}之间相互独立,则乘客选择节点的概率可以用多项 Logit 模型计算,如下式:

$$P_{in} = \frac{\exp(\lambda V_{in})}{\sum_{j=1}^{n} \exp(\lambda V_{jn})} \tag{6-4-14}$$

式中,参数 λ 可以通过调查手段获得,它与 ε 的方差 σ^2 之间存在 $\lambda^2 = \pi^2/6\sigma^2$ 关系。

三、行人移动模型

虽然在一个时间段内考察行人的移动是没有规律可循的,但是可以通过将乘客移动的时间段缩小到微小时间片 dt,以至于使行人在 dt 时间内的移动方向不发生连续的变化。这样,行人在微小时间片内的移动过程就可以分为移动方向选择和移动速度确定两部分。因此提出了基于效用的行人移动模型。

1. 移动方向选择

行人移动模型构建的第一个步骤就是移动方向的选择,方向选择模型的好坏直接影响到行人集散规律的正确性。可以推断,在 dt 时间段内,d 维空间上半径为 r 的网格具有 $(2r+1)\cdot d$个可选择的方向。

行人对于这些移动方向的选择,同样涉及全局方向选择和局部方向选择两个问题。

一方面,从行人移动的目的性出发,由于场强代表了行人距离目标的最佳距离,所以行人愿意选择场强 E 下降最快的方向前进,从而使其更进一步接近目的地。在仿真中,设定行人仅按照场强选择方向,实验发现,这种行为带来的直接效果是行人向终点聚集。

另一方面,行人遇到比他更慢的行人,或者前方的允许移动空间 G 小于个人的速度所产生的位移时,行人愿意选择空间更加宽阔的方向前进。在仿真中,设定行人仅按照前方允许移动空间选择方向,实验发现,这种行为带来的直接效果是行人互相排斥形成疏散。

根据这两种作用的叠加,可将行人选择某个方向所能获得的效用值表示为:

$$U_d = \varepsilon_0 E_\alpha - \varepsilon_1 G_\alpha \tag{6-4-15}$$

式中:ε_0、ε_1——相对参数,与行人的心理特点和行为有关。

当 $\varepsilon_0/\varepsilon_1>1$ 时,反映该行人属保守型,不大希望通过绕道的办法提前到达自己的目标点。

当 $\varepsilon_0/\varepsilon_1<1$ 时,反映该行人属冒进型,在等待和绕道之间易选择绕道。

当 $\varepsilon_0/\varepsilon_1=1$ 时,反映该行人对等待和绕道的容忍程度大致相同。

另一方面,ε_0、ε_1 分别代表了行人的长期目标和短期目标,不同的行人在对长期和短期目标的实现上,期望是不同的。

由此可确定行人选择移动方向的过程:对自身状态空间进行搜索,从状态空间中选择场强小于自身场强,且未被其他行人占用的单元组成可行空间,并计算效用值 U,选择效用值最小的单元作为下次移动单元,并确定移动方向为:

$$\overrightarrow{e_\alpha}(t) = \frac{\overrightarrow{r_\alpha^k - r_\alpha(t)}}{||r_\alpha^k - r_\alpha(t)||} \tag{6-4-16}$$

式中:r_α^k——本次选择的状态空间中,效用值最小的单元;

$r_\alpha(t)$——t 时刻行人 α 所处的位置单元。若移动方向选择失败,则行人原地等待。

2. 移动速度确定

在封闭环境下,影响行人移动速度的因素很多,包括个体因素和外界因素,根据方差分析法对参考了其他文献所采集的实测数据研究得出结论:外界因素是行人应多速度的主要影响因素。因此,对枢纽内的行人个体因素运用概率手段进行简化,重点研究外界对移动速度的影响。外界因素对行人移动的影响可通过分解法计算,即将由于不同因素引起的速度分别计算并进行对比分析,最终确定其最终速度。根据行人在枢纽内的不同设施上移动状态的不同,本文将行人移动速度分解为以下四个部分。

(1)行人在自由流状态下自身所能达到的最大速度 v_α^d,称为自由速度。该速度主要取决于行人自身的行走能力,与行人本身因素有关,如年龄、性别、文化差异等。国内外大量的数据统计资料表明:行人的自由速度一般符合高斯分布。

(2)环境在没有任何其他行人占用下允许行人通过的最大速度 v_α^e,称为环境速度。行人在不同的行走设施上移动,受到设施类型的影响,速度必然有所限制,例如,在斜坡、楼梯、水平面、自动扶梯和自动步行道上,同一行人的行为及其所能够获得的最大速度是不相同的。

假定行人当前所处的环境为 E^0,对应的环境速度为 v_α^{e0}。若此时行人以自由速度 v_α^d 移动到另外一个环境 E^1,对应的环境速度为 v_α^{e1},则行人由于本次移动的环境速度 v_α^e 可以用求解加速度的方法表示为:

$$a_\alpha^e = v_\alpha^{e1} - v_\alpha^{e0}$$
$$v_\alpha^e = v_\alpha + a_\alpha^e \tag{6-4-17}$$

式中 v_α^{e0} 或者 v_α^{e1} 可以用下式计算:

$$v = \theta_0 v_\alpha + \eta_0 \tag{6-4-18}$$

式中参数的含义如下:行人在不同的设施上具有不同的速度,用 θ_0 表示行人在该设施上所能够达到的速度较正常速度的比值,称限速率。例如,调查显示行人在楼梯上行走时只能达到其正常速度的50%,此时 θ_0 即为0.5。有些行人交通设施本身具有一定的速度,例如自动扶梯、自动步行道、升降机等等,它对行人的速度影响很大,所以,用 η_0 表示设施本身的移动速率。例如,30°倾斜角的扶梯速度一般为0.5m/s,此时 η_0 即为0.5。利用这两个参数即可表示任意设施上行人所能够达到的环境速度。

(3)行人在势能场内由于受到引力作用所能够获得的速度 v_α^f,称为牵引速度。行人处在一定的势能场内,必然受到引力的作用。行人受力不同于一般物体,它有两个基本的特点:其一是这种引力源于行人为实现走行目的的自身动力,而非由外界产生,其一般进行如下处理,即相当于行人的目的地有一行人吸引源,行人现状位置与目标位置间存在一种引力作用,距离行人越远的地方引力越小;其二是行人所受到的引力是有一定限制的,即尽管行人急于到达目标,但是由于自身能力所限,他只能渐渐达到目标。假设用 f_s 表示行人所能承受的最大牵引力,则行人所能够受到的真实牵引力 f_α 为他所在点场强引力 f_g 与 f_s 的较小力。另外,不同的行人对于同一引力所能够获得的加速度是不同的,通常,与物体的加速类似,可以用牛顿第二定律 $F = ma$ 计算行人所能够获得的加速度。因此,行人在势能场中所获得的速度可以计算为:

$$f_g = \chi E_\alpha$$
$$f_\alpha = \min(f_g, f_s) \tag{6-4-19}$$
$$v_\alpha^f = v_\alpha + f_\alpha / m$$

式中:χ——待定参数;

E_α——行人所在位置的场强;

f_α——行人实际所受的牵引力;

m——行人质量。

(4)由于行人移动方向上的空间被障碍物或者别的行人占用,所能够获得的可用速度 v_α^0,或称为空间速度。行人在空间内移动时由于受到前方行人或者障碍物的影响,他能够获得的速度是有限的。另外,当行人即将到达目的地时,行人的速度也受到一定的限制。行人的空间速度 v_a^0 取决于行人移动方向上所有单元的个体属性,包括单元类型 T_c(是否被障碍物占用)、单元状态 P_c(是否被行人占用)、单元场强 E_c 及单元是否为目的地等,可以用下式表示:

$$v_\alpha^a = f(T_c, P_c, E_c) = \{N | T_c = 0, P_c = 0, E_c < E_a, c \in e_\alpha(t)\} \tag{6-4-20}$$

公式表示行人所能够获得的最大速度 v_α^a 受四个基本条件约束：移动方向上没有被障碍物占用的空间最大长度；移动方向没有被行人占用的空间最大长度；移动方向上场强一直减小的空间最大长度；移动方向上目的地的相对位置。根据这些条件，v_α^a 可以表示为：在移动方向上，单元无任何物体或者行人占用情况下，单元场强能够下降的最大长度。

综合影响行人速度的四个因素，可以确定在移动方向上，行人能够移动的最大距离可以确定为：

$$v_\alpha = \min\{v_\alpha^d, v_\alpha^e, v_\alpha^f, v_\alpha^a\} \tag{6-4-21}$$

为了避免行人频繁变向，导致远离自身目标，当行人速度方向发生频繁变化时，在速度值上给予一定的惩罚。调整后的最终速度可以表示为：

$$v_\alpha \vec{e} = \frac{v_\alpha^d \Lambda v_\alpha^e \Lambda v_\alpha^f \Lambda v_\alpha^a}{1-(\overrightarrow{e_{i+1}}-\overrightarrow{e_i})} \tag{6-4-22}$$

判断行人是否到达目的地有两种方式：①精确判断，当下一个单元为目的地时才视为到达；②模糊判断，当行人在目的地周围时就视为到达。前者适合于目的地的范围小于一个单元大小的地方，如售票点、检票点等；而后者适合于目的地范围较大的地方，例如出站口、进站口等。通过仿真还证明，这两种判断方式对行人的行为具有重要的影响，实际中的行人的到达方式是二者的结合。

四、碰撞规避模型

碰撞规避模型是描述行人在运动过程中发生的行人与行人或者行人与环境之间的碰撞的行人行为决策模型。一般来说按照行人行为决策的处理流程，碰撞规避包括碰撞检测和碰撞响应。

1. 碰撞检测

碰撞检测主要分为三种类型：静态碰撞检测、伪动态碰撞检测和动态碰撞检测。静态碰撞检测是判断在某一特定的位置或者时刻，对象与环境是否相交；伪动态碰撞检测是得知对象的运动路径和规律后，检测对象在某一离散时刻是否与环境相交；动态碰撞检测是指检测活动对象在运动的整个过程的任意时刻扫过的空间，是否与任意其他对象空间进行相交。层次包围盒是目前应用较为广泛的碰撞检测方法，它在解决碰撞检测核心的实时交互性提供了一个较好的方法。它是通过用几何特性简单的包围盒来近似地描述复杂的几何对象，以简单的构造层次结构来逼近复杂的对象实体，从而只需对包围盒重叠的部分作相交测试，进而判断相交情况。层次包围盒检测类型主要有沿坐标轴包围盒 AABB(axis-aligned bounding boxes)的碰撞检测、包围球的碰撞检测、基于方向包围盒 OBB(oriented bounding box)的碰撞检测。而采用何种检测方法可以根据检测对象的几何特性做出相关选择。一般来说，采用包围球的碰撞检测方法，其算法具体如下。

(1)确定所包围对象的最小球体。计算对象的包围球，首先可根据对象的顶点的 X、Y、Z 坐标值，以此确定球心的位置，再通过计算球心与顶点的距离，选取最大距离作为该包围球半径。同时储存球心和半径，记为(O,R)。

(2)测试碰撞过程。对于任意两个包围球，判断碰撞的测试为：如果$(|O_i - O_j| \geqslant R_i + R_j)$则两包围球相交。

2. 碰撞响应

根据检测出的碰撞后需要对运动行人给予一个运动指示以免碰撞,而该指示则是实际仿真中对于碰撞的响应,其表现为行人运动过程中的简单避让行为,一般根据行人速度和行走方向两方面来调节自身行为。

假设行人 A 与 B 存在可能碰撞,为避免碰撞,A 产生加速度 a,假设单位偏移时间为 Δt。则该过程表示为:

$$a = (v_A \cos\gamma \tan\beta)/\Delta t \tag{6-4-23}$$

式中:γ——行人 A 与 B 的相对速度 v_{AB} 与行人 A 的速度 v_A 之间夹角;

β——行人 A 与 B 所在的碰撞半径为 R_B 的圆切线方向与相对速度 v_{AB} 两者方向间的夹角,具体见文后图 6-4-19。

根据该响应过程,使得行人避免了碰撞,同时随着相对速度的变化,使得行人能够回到原来的运动轨迹中。

根据碰撞规避的基本流程,设计的碰撞规避模型按照一个规避事件发生的时间先后顺序可以分为碰撞预测、方向调整和速度调整三个阶段。

第 1 阶段:碰撞预测阶段是指乘客观察周围其他的乘客的速度、方向等属性,按照自己的经验和能力预测其他乘客在未来很短一段时间内所处的位置,以便判断自己是否会与其他乘客产生位置占用冲突。在这一阶段,正确预测其他乘客位置的主要因素是预测提前时间量 t_e,在 t_e 很小时,可以假定乘客在 t_e 时间内做匀速直线运动。因此,可以用线性方程 $P_{L(i+e)}(x,y) = P_{L(i)}(x,y) + V_{L(i)} t_e$ 来预测乘客在 t_e 时间后的位置。

第 2 阶段:方向调整阶段是乘客预测到碰撞发生的位置后,为避免与其他乘客发生冲突,采取方向改变策略,改变后的方向是乘客当前移动方向和预测碰撞方向的合力方向,如乘客 α 与 β 冲突后的方向可以用 $\vec{e}_\alpha - \vec{e}_\beta$ 表示。

第 3 阶段:速度调整是乘客采取方向改变策略后根据新的方向调整自身速度的过程。这时速度的调整与移动模型中的速度调整方法相同。

第五节 行人决策层微观仿真模型

现有的行人决策层微观模型主要包括元胞自动机模型、社会力模型、磁力模型、移动效益模型、多智能体模型等。根据行人微观仿真中是否引入"力"的作用,可以将微观行人运动仿真模型分为三类:元胞模型、力学模型和多智能体(Multi-Agent)模型。元胞模型包括 Gipps 和 Marksjo 提出的成本效益模型和 Blue 和 Adler 提出的行人元胞自动机模型。力学模型包括由 Okazaki 提出的引力学模型和由 Helbing 提出社会力模型两类。多智能体模型是人工智能领域发展起来在行人交通仿真方面的应用。元胞自动机模型和社会力模型目前在领域内受到了广泛关注,近年还出现了一些组合模型,如组合格子气和社会力的模型等。

一、成本效益模型

1. 模型介绍

1985 年,Gipps 和 Marksjo 提出将行人移动的范围划分为等距的网格模型。在该模型中，每一个网格被称为单元，每个单元同时只可能被一个行人占用，这样单元在同一时刻只有“占用”($S_i=1$)和“未占用”($S_i=0$)两种状态。行人 α 从起点到终点的移动过程等同于单元的选择过程(图 6-4-10)。

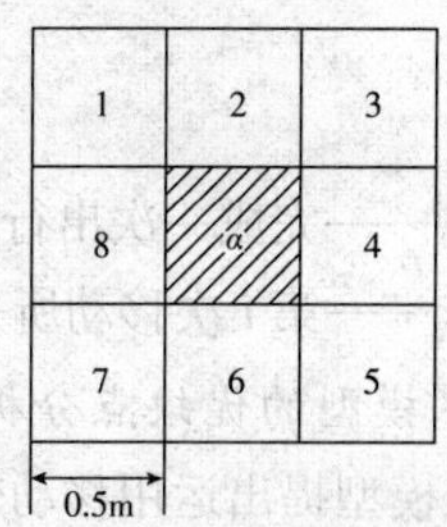

图 6-4-10　移动效益模型网格抽象

由于行人 α 在遇到障碍物(如固定建筑物或者别的行人)时，行走路径会发生改变，这类似于占用某个单元的行人或者障碍物对 α 产生了排斥力(*Repulsive Force*) F_R，在 F_R 的作用下，只要该单元一直被占用，其他行人就会设法避免接近此单元。根据这个原则，在移动效益模型里，每一个单元被赋予一个“权”，代表该单元所具有的排斥力，称为这个单元的“占用支出”。权值越高，行人移动到这个单元所需要的支出就越大。另外，由于行人在出发前，其目标是确定的，他的每一步移动会产生间接收益，即在现有的条件下更接近于目的地，这时，把这个收益称之为行人的“移动收益”。行人在网格上的整个移动过程伴随着占用支出和移动收益的变化，二者互相平衡，形成移动效益，模型的核心就是行人在行走时根据移动效益来选择路径，保证行人每一步移动的效益局部最优。

单元占用支出计算：某个单元的占用支出直接与该单元的状态有关系，并且当该单元被行人 α 占用后，其周围单元的占用支出与它们距该单元的中心距离近似成反比关系。在图 6-4-10 中，将 α 周围的网格编号。则其支出可以用式(6-4-24)计算。初始时，C_α 取一个较大的权值(1000)，以保证单元不被一个以上行人占用。

$$C_i=\frac{1}{[(\Delta_i-d)^2+\delta]} \tag{6-4-24}$$

式中：C_i——其他行人移动到单元 i 所需要的占用支出；

Δ_i——单元 i 距 α 的中心距离。显然，$\Delta_{(2,4,6,8)}=0.5$，$\Delta_{(1,3,5,7)}=\sqrt{0.5}$；$d$ 为常数，取 $d=0.4$，略小于人的平均直径 0.5m；δ 为波动缓和常数，取 $\delta=0.015$，其目的是防止两个相邻单元的占用支出发生突变。

移动收益计算：假定在没有任何障碍的情况下，行人将沿着 OD 连线所形成的直线路径 l_{OD} 行走。在遇到障碍物时，为避免与障碍物发生相撞，行人移动将暂时偏离这条直线采用路径 l_i，l_i 与 l_{OD} 形成一定的夹角 σ_i。在可选择的情况下，不同的路线与 l_{OD} 的夹角是不同的，假定夹角越小则收益越大。即，行人以偏离 l_{OD} 最小夹角的行为选择自己的路线。这时的收益可以用式(6-4-25)表示：

$$P(\sigma_i)=K\cos\sigma_i\left|\cos\sigma_i\right| \tag{6-4-25}$$

式中：K——常数；

σ_i——偏离角度。

综合收入和支出，可以确定：假设行人 α 从网格 a 移动到网格 b，采用路径为 l，则这次移动的总效益可以用式(6-4-26)表示为：

$$B_l=P(\sigma_l)-C_b \tag{6-4-26}$$

在具有多条路径可以选择的情况下，行人将选择使得 B_l 最大的路径。这时，行人的移动过程可以用式(6-4-27)表示为：

$$\sum_{i=1}^{N}\max(B_{l_i}) \tag{6-4-27}$$

式中：N——完成一次出行所需要的单元移动总次数；

l_i——第 i 次移动所采用的路径。

2. 模型的优缺点分析

该模型提出运用移动效益的概念解决人的路径选择行为，具有简单、直观的优点。模型试图用网格的形式描述行人的移动环境，并用网格内一定的数值代表移动效用，为以后的大多数离散建模提供了思路。

然而，模型也有自身比较薄弱的地方，比如参数的选择比较主观，较难保证其科学性；对行人的性质描述过于单一，不能有效体现不同行人速度、体型、年龄、性别的不同造成的微观行为的差异性；不能够有效区分网格是被行人占用还是被建筑物占用，具有应用上的局限性；每一步路径选择伴随着行人的移动，无法表现出大规模拥挤情况下的行人行进和停止交替出现的现象；在两个网格效益相同情况下的路径选择问题，没有更具体的研究；模型的核心是移动的局部效益最优，而非整个出行效益最优。

二、元胞自动机模型

元胞自动机(Cellular Automata, CA)是定义在具有离散和有限状态的元胞组成的元胞空间上，并按照一定的局部规则，在离散的时间纬度上演化的动力学系统。元胞自动机的核心内容是构建元胞移动的局部规则，凡是满足规则的模型都能够算作是元胞自动机模型。元胞自动机是人工智能领域的模拟算法，它能够模拟出许多自然现象与生命现象，后来被应用于机动车交通流模拟，直到 1998 年，才由 Victor J. Blue 等人应用于行人交通流的模拟。元胞自动机的发展历程与数学理论研究密切关联，一方面，元胞自动机继承了传统理论的研究成果，如逻辑数学、离散数学、图灵机思想等；另一方面，在某种程度上，由于元胞自动机模型与某些理论方法存在互补的特征，因此促进了相关学科和理论的发展，如人工智能、非线性科学、系统科学等。与传统的建模方法相比，它以“自下而上”的研究思路直接反映系统各组成要素之间的相互作用，具有利用简单的、局部规则的、离散的方法描述复杂的、全局的、连续系统的能力，通过一些简单的规则演化出高度复杂的结果，因此广泛应用于分析几何空间以模拟复杂的系统，诸如交通系统、经济系统、火灾系统等。

元胞自动机系统是由元胞空间上具有相同特性的一系列元胞所组成，模型将行人行走的道路或建筑物用网格抽象，将行人看作在网格之间移动的元胞(automata)，把行人的移动过程与车辆的行进相对比，在换道和变速两个过程的基础上，添加更具有行人微观运动规律及特征的运动状态，包括转身、拐弯、突然停止等状态。根据行人周围网格状态变化的组合来设定行人移动规则(rules)，进而完成整个模拟过程。

元胞自动机模型是在均匀一致的网格上由有限状态的元胞构成的离散动力系统。根据行人周围网格状态变化的组合来设定行人移动规则(rules)，进而完成整个模拟过程。主要概念如下。

1. 元胞

元胞又称为细胞、单元或者基元，是元胞自动机的最基本组成部分。元胞分布在离散的一维、二维或多维的欧几米德空间的晶格点上。元胞形状会随着元胞空间划分的不同而不同。在演化的某一时刻，每个元胞都拥有自己的状态，元胞的状态集一般是整数形式的离散集。虽然元胞自动机的元胞在严格意义上只能拥有一个状态变量，但是在具体的实际应用中，常根据需要添加其他的状态变量。在行人微观运动仿真模型中，除用{0,1}等二进制形式表示行人停止和运动状态外，还需要$\{S_0,S_1,S_2,\ldots,S_k\}$等整数形式的离散集表示行人类型、速度等微观状态参量。

2. 元胞空间

元胞在空间上所分布的网格点的集合组成了元胞自动机的元胞空间。理论上，元胞空间可以是任意维数的欧几里得空间的规则划分。但是目前研究工作多集中在一维、二维元胞自动机上，三维及三维以上的元胞自动机研究相对较少。对于一维的元胞自动机，元胞空间的划分只有一种；而三维或三维以上的高维元胞自动机，元胞空间划分形式则呈现多样化。对于最常见的二维元胞自动机，二维元胞空间通常可按三角形、四方形或六边形三种网格排列，如图 6-4-11 所示。

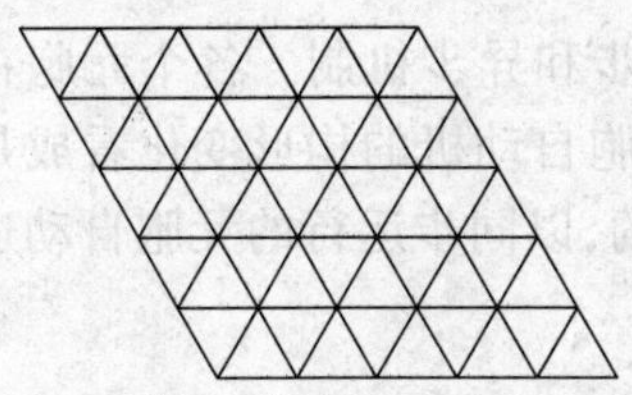

a)三角形网格排列

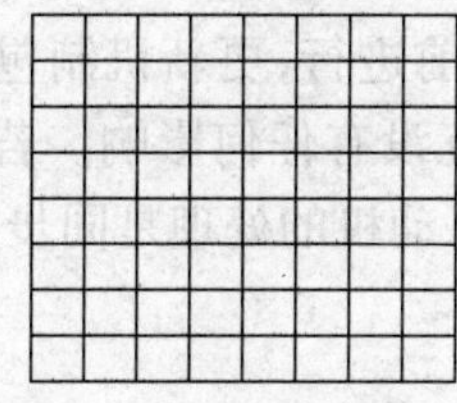

b)四方形网格排列

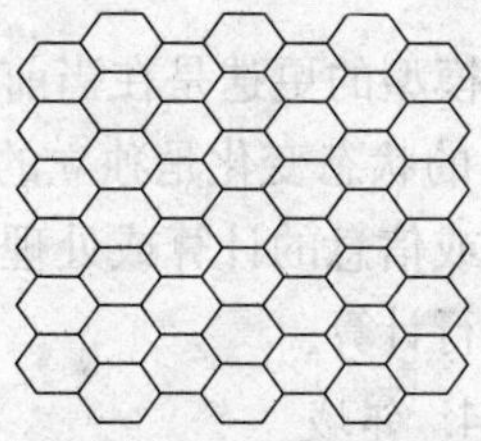

c)六边形网格排列

图 6-4-11　元胞空间分布形式

这三种规则的元胞空间划分，在模型构件时各有优缺点。在行人运动微观仿真建模中，多采用四方形网格排列进行元胞划分，主要在于四方网格直观简单，特别适合现有计算机环境表达显示。在四方形的网格元胞划分下，单元格变长是个重要的度量。对于模型来说，边长与模型的精确度有密切关系。在模型中，首先必须使一个单元格能够容纳下一个个体；其次，在满足上一要求的前提下，单元格必须尽可能的小，以提高模型的精确度。

一般元胞自动机模型划分空间单元格大小为 0.4m × 0.4m，同时也存在设定大小为 0.457m × 0.457m 和 0.5m × 0.5m；而基于运动条件考虑，一般成年人春秋着装条件下在地面投影为 0.467m，紧急运动情况下为 0.4m。

个人所占据的平面空间并不是正方形，而是近似于椭圆形的一块区域。因此，一个人同时占据一个正方形单元格这一设定本身就具有误差。单位边长的选取，就是在增大模型精确度的基础上减少该误差。因此根据人体尺寸数据的应用原则，选取相应的单元划分边长进行元胞划分以减少模型误差。

3. 模型边界及更新机制

实际的元胞自动机演化过程中，在指定的元胞自动机下不可能处理无限的网络，系统必须是有限的、存在边界的。属于边界元胞空间边界的网格点,不具有和其他内部格点一样的邻域。因此,需要制定不同的演化规则,对边界的格点进行编码,并根据该信息来选择不同的演化规则。另一种方法这是在边界处扩展格点,使边界格点和内部格点具有类似的邻域,满足一致的演化规则。比较常用的边界定义方法有如下几种,如图 6-4-12 所示。

(1)周期性边界:相对边界连接起来的元胞空间。对于一维空间,元胞空间表现为一个首尾相接的“圈”。对于二维空间,上下相接,左右相接。而形成一个拓扑圆环面,形似车胎或甜点圈。

(2)固定边界:所有边界外元胞均取某一固定常量,如 0、1 等。

(3)绝热边界:边界外邻域元胞的状态始终与边界元胞状态保持一致,即具有状态的零梯度。

(4)映射边界:在边界外邻域的元胞状态是以边界元胞为轴的镜面反射。

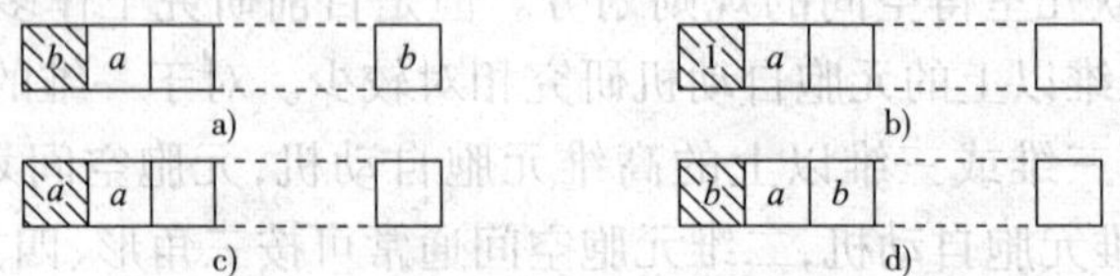

图 6-4-12 通过扩展邻居获得的几种边界条件

模型的更迭是在当前时间内往前进行,更新机制包括同步和异步机制。各个元胞在时刻 t_0 的状态变化是独立的行为,相互没有任何影响。若将元胞自动机的构形变化看成是对数据或信息的计算或处理,则元胞自动机的处理是同步进行的,以同步运行的元胞自动适合于并行计算。

4. 邻域

根据元胞自动机的定义,元胞自动机采用局部演化规则,对于指定元胞状态进行更新时只需要考虑临近元胞的状态。某一元胞状态更新时所要搜索的空间域叫做该元胞的邻域,所有元胞的邻居大小都要相同。由于演化规则的复杂性通常随邻域内元胞数量呈指数增长,考虑到演化规则的运算复杂性,通常采用邻接的一定数量的元胞作为邻域。

在一维元胞自动机中,通常以半径 r 来确定邻域,距离一个元胞 r 内的所有元胞均被认为是该元胞的邻域。二维元胞自动机的邻域定义较为复杂,在行人微观交通行为仿真中,以最常用的规则进行网格划分为例,通常有以下几种形式:Von Neumann 型、Moore 型、扩展的 Moore 型和 Margolus 型。

(1)Von Neumann 型

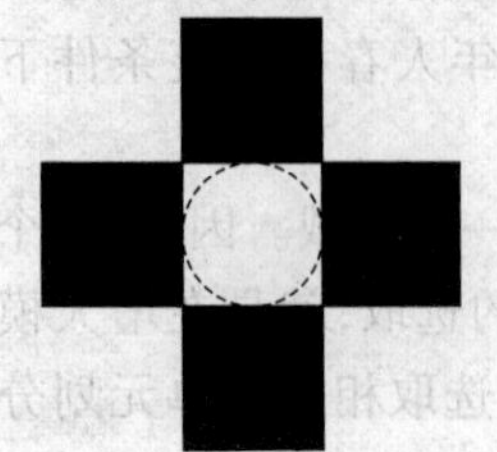
图 6-4-13 Von Neumannn 型元胞邻域

以一个元胞的上、下、左、右相邻 4 个元胞为该元胞的邻域,邻域半径 r 为 1,如图 6-4-13 所示。对于 D 维空间方形网格下的 Von Neumann 型邻域所包含的元胞数目为 $2D$。

(2)Moore 型

以一个元胞的上、下、左、右 4 个相邻元胞加上对角线方向的左上、左下、右上、右下 4 个相邻元胞为该元胞的邻域,邻域半径 r 为 1,如图 6-4-14 所示。对于 D 维空间方形网格下的 Moore 型邻域所包含的元胞数目为 3^D-1 来计算。

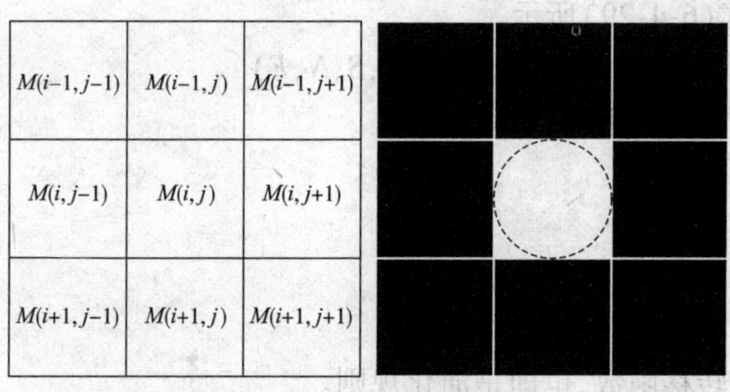

图 6-4-14　Moore 型元胞邻域

(3)扩展的 Moore 型

将 Moore 型邻域的邻域半径 r 扩展为 2 或者更大,即得到所谓扩展的 Moore 型邻域,如图 6-4-15 所示。对于 D 维空间方形网格下的扩展的 Moore 型邻域所包含的元胞数目为 $(2r+1)^D-1$ 来计算。

(4)Margolus 型

Margolus 型邻域将元胞空间划分为 2×2 个元胞的邻接与前面三种类型有着较大的差别,它将元胞空间划分为 2×2 个元胞的邻接单元块。即当元胞状态更新时,单元块内各元胞只根据该单元块的状态进行演化,与邻近单元块的元胞状态无直接关系,即元胞只对左上、左下、右上和右下的邻域状态敏感。网格分块的方式随时间的演化而变化:奇数时间步的分块和偶数时间步的分块方式交替变化,如图 6-4-16 所示。在下一次迭代时,因分块形式改变,图内标为 LR 的元胞将变为 UL。

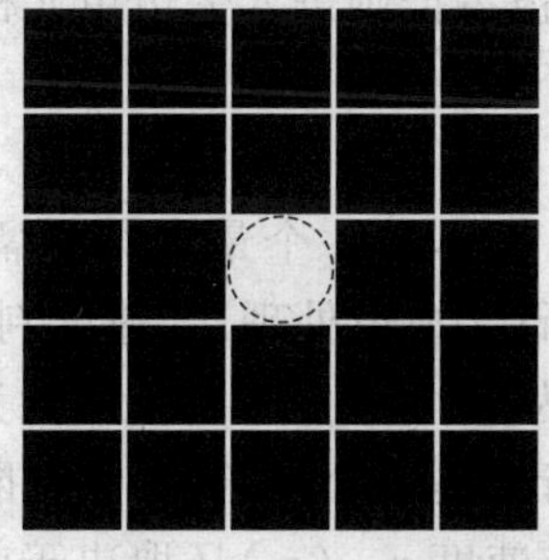

图 6-4-15　扩展的 Moore 型元胞邻域

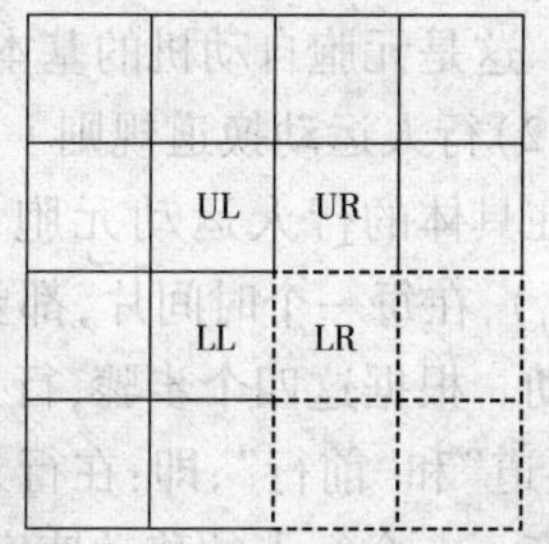

图 6-4-16　Margolus 型元胞邻域

5. 演化规则

演化规则就是根据元胞当前状态及其邻居状况确定下一时刻该元胞状态的动力学函数,既演化规则就是一个局部状态转移函数。如元胞 i 的局部演化规则如式(6-4-28)所示。

$$f:S_i^{t+1}=f(S_i^t,S_N^t) \tag{6-4-28}$$

式中:f——状态转移函数(或局部演化规则);

S_N^t——t 时刻 i 元胞的邻居元胞的状态。规则是元胞自动机的核心。一个元胞自动机模型是否成功,关键在于演化规则设计是否合理,是否符合客观事物的内在本质规律。

根据上面对元胞自动机的组成分析,我们可以将元胞自动机概括成为一个用数学符号来表示的4元组,如式(6-4-29)所示。

$$A=(L_D,S,N,F) \tag{6-4-29}$$

式中:A——一个元胞自动机系统;

L_D——元胞空间;

D——空间维数;

S——元胞有限的离散的状态集合;

N——领域内所有元胞的组合;

f——局部状态转移函数,也即是演化规则。

元胞自动机根据演化规则是否为确定性或者随机性的,将元胞自动机分为概率型和确定型元胞自动机。概率型元胞自动机的演化规则中包含有一定程度的随机性;确定型元胞自动机的演化规则是按照意义明确的函数,在给定初始状态后将始终演化出同样结果的元胞自动机。

概率型和确定型元胞自动机之间的差异并不大,在确定型模型的演化规则中添加带有随机性的规则即可得到概率型元胞自动机。尽管元胞自动机具有离散的性质,概率型元胞自动机却可以使模型的某些参数在一定的连续数值范围内调整,使离散系统体现出连续系统的特征。

目前,各国研究者已经建立了一些基于行人个体行为的运动模型,集中研究在元胞空间中行人的进入临近元胞演化规则,主要包括以下几点。

(1)行人流运动基本规则

Blue 和 Adler 建立了元胞自动机行人流模型。该模型中,将空间划分为一个个单元格,每个时间步所有人员依次向目标点运动,如果前方单元格被占据则进入旁边单元格或停留原地。这是元胞自动机的基本规则。

(2)行人运动换道规则

在具体的行人运动元胞自动机模型中,假设每个人都具有一个最大行进需求速度 $v_{\max}(p_i)$,在每一个时间片,都要经过四个步骤:①换道判断;②换道处理;③速度判断;④行人移动。根据这四个步骤,行人参照规则去选择自己的行为,模型规定了行人的行为规则只有"换道"和"前行",即:在行人决定移动之前,首先判断行人是否会换道,其次判断行人移动速度。一个行人的移动速度不仅取决于其最大行进需求速度 $v_{\max}(p_i)$ 还取决于前方未被占用的网格数 $g_f(p_i)$,因此,取二者长度的最小值 $\min\{v_{\max}(p_i),g_f(p_i)\}$。

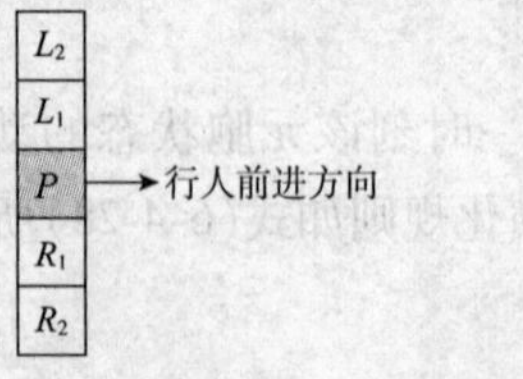

图 6-4-17　元胞自动机模型中的行人换道规则

如图 6-4-17 所示,对于行人 P,其换道规则如下。

规则 1:L_1 和 R_1 同时被占用,则行人只能保持在原"道"。

规则 2:以下条件行人不可以换道到 L_1:L_1 已经超出边界;L_1 被占用;L_1 未被占用但是 L_2 被占用。同样规则适合于 R_1、R_2。

规则 3:行人换道至有更多行走空间的途径。

规则 4:在可选"道"的行走空间相同时,随机选择。分别规定:在 L_1、P、R_1 之间选择时,随机概率比值取 1∶8∶1；在 L_1、R_1 之间选择时，随机概率比值取 1∶1；在 L_1 和 P 或者 R_1 和 P 之间选择时，随机概率比值取 1∶1。

移动规则：$\min\{v_{\max}(p_i), g_f(p_i)\}$

通过验证速度—流量—密度关系来证明模型的合理性，当多向流出现交织时，采用了一定概率下的位置互换原则，避免行人冲突。

(3)基于概率的规则

该模型中，同样将空间划分为一个个单元格，每个单元格可以被行人、建筑物占据，也可以为空，行人具有固定的视野，行人依据概率模型计算视野范围内所有单元格的进入概率。其概率计算公式如式(6-4-30)所示。

$$P_{ij} = kB_{ij}D_{ij}(R_{\max} - R_{ij} + s)^a \tag{6-4-30}$$

式中：P_{ij}——人员向单元格(i,j)运动的概率；

k——正规化系数，使得周围 8 个单元格和自身共 9 个单元格概率之和为 1；

$R_{\max}$——9 个单元格中道出口(目标点)最远的距离值；

B_{ij}——单元格(i,j)在 t 时刻人数，$B_{ij}=1$ 表示被占据，不可进入，$B_{ij}=0$ 表示未被占据，可以进入；

s——描述人对建筑物内的空间信息的掌握情况参数；

a——描述人理性程度的参数。

每次运动，行人只能在这 9 个单元格内选择下一步进入单元格，并且在每个时间步内，所有人员依次进行下一步目标点判断。

(4)基于概率的有限场影响规则

德国学者 C. Burstedde, K. Klauck, A. Schadschneider, J. Zittartz 等人建立的模型中，将空间划分为一个个单元格，每个单元格可以被行人、建筑物占据，也可以为空，行人具有固定的视野，行人依据概率模型计算视野范围内所有单元格的进入概率。其概率计算公式如式(6-4-31)所示：

$$P_{ij} = N\exp(k_D D_{ij})\exp(k_s S_{ij})(1 - n_{ij})(1 - \xi_{ij}) \tag{6-4-31}$$

式中：P_{ij}——人员向单元格(i,j)运动的概率；

N——正规化系数，使得周围 8 个单元格与自身 9 个单元格概率之和等于 1；

$k_D D_{ij}$——单元格(i,j)处的动态场和影响系数；

$k_s S_{ij}$——单元格(i,j)处的静态场和影响系数；

n_{ij}——单元格(i,j)在 t 时刻人数，$n_{ij}=1$ 表示被占据，不可进入，$n_{ij}=0$ 表示未被占据，可以进入；

ξ_{ij}——单元格(i,j)在 t 时刻占据情况，$\xi_{ij}=1$ 表示被建筑物占据，如墙等，不可进入，$\xi_{ij}=0$表示未被占据，可以进入。

(5)基于概率的有限视野规则

中国科技大学方伟峰研究建立一个结合社会力和元胞自动机的行人概率运动模型。该模型将空间划分为一个个单元格，每个单元格可被行人、建筑物占据，也可为空，行人具有固定的视野，行人依据概率模型计算视野范围内所有单元格的进入概率。概率公式为：

$$P_{ij} = N \cdot \exp(k_s S_{ij})\exp(k_F F_{ij})\exp(k_R R_{ij})\exp(k_A A_{ij})\exp(k_D D_{ij})(1 - n_{ij}) \tag{6-4-32}$$

式中：P_{ij}——人员单元格(i,j)运动的概率；

n_{ij}——单元格在t时刻人数，为1时为被占据，不可进入，为0时表示未被占据，可以进入；

N——正规化系数，使得视野内所有单元格概率之和为1；

k_sS_{ij}——单元格(i,j)位置吸引力和影响系数；

k_FF_{ij}——单元格(i,j)由火警产生的排斥力和影响系数；

k_RR_{ij}——单元格(i,j)处周围人员产生的排斥力和影响系数；

k_AA_{ij}——单元格(i,j)处周围人员产生的吸引力和影响系数；

k_DD_{ij}——单元格(i,j)处周围人员运动方向产生的吸引力和影响系数。

每次运动，行人只能运动一个单元格，且所有人员在每一个时间步同时进行运动目标点的决策，在发生运动冲突的同时解决运动冲突。

(6)混合交通流演化规则

城市道路行人走行交通中，局部演化规则需考虑行人交通流在混合交通流的演化规则，结合行人运动的演化规则，城市道路行人走行规则如图6-4-18所示。

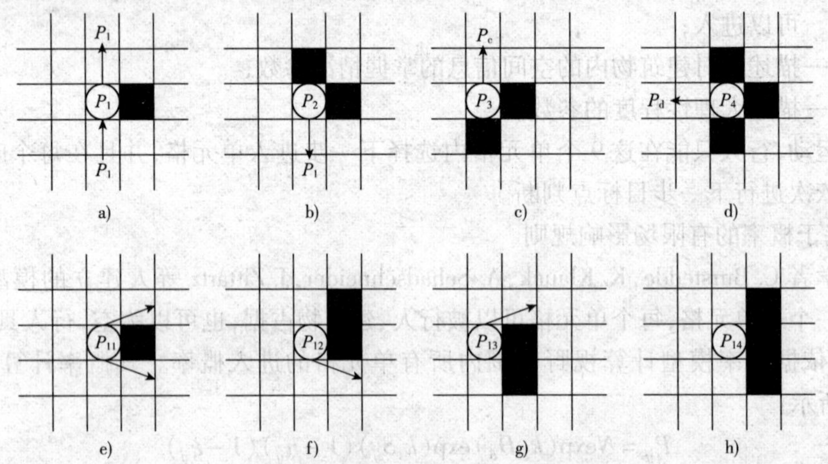

图6-4-18 城市道路行人走行规则

前进：行人前方格点为空，下一更新时步行人移动至前方格点。

位置交换：前方格点为与其运动方向相反行人时，行人以概率 pexchage 进行位置交换。如位置交换不成功，转向下一步。

侧向前进：行人根据与其相邻前排3个格点行人的状态以某一概率侧向前进。

①行人前方格点为右行行人且$v_1 > v_2$。对于图6-4-18e)，行人以概率进入侧前方，进入左前方和右前方的比例为θ；对于图6-4-18f)，行人以概率进入右前方$\alpha \times p_{s1}$；对于图6-4-18g)，行人以概率p_{s1}进入左前方。

②行人前方格点为左行行人。对于图6-4-18e)，行人以概率p_{s2}进入侧前方，进入右前方和左前方的比例为γ；对于图6-4--18f)，行人以概率p_{s2}进入右前方；对于图6-4-18g)，行人以概率$\beta \times p_{s2}$进入左前方。如侧向前进不成功，转向下一步。

换道：行人向左右侧换道以避免对向行人碰撞或者期望得到更快行走速度。行人可以向左、右方移动或静止在原位置等待。

①行人前方格点为右行行人。

对于图 6-4-18e)：若 $v_1 > v_2$，行人选择向左、右方移动或原位置等待的概率分别为 p_{l11}、p_{r11}、p_{w11}；若 $v_1 \leqslant v_2$，行人选择向左、右方移动或原位置等待的概率分别为 p_{l12}、p_{r12}、p_{w12}。

对于图 6-4-18f)：若 $v_1 > v_2$，行人选择向右移动或原位置等待的概率分别为 pr_{13}、p_{w13}，若 $v_1 \leqslant v_2$，行人选择向右移动或原位置等待的概率分别为 pr_{14}、pw_{14}。

对于图 6-4-18g)：若 $v_1 > v_2$，行人选择向左移动或原位置等待的概率分别为 p_{l15}、p_{w15}；若 $v_1 \leqslant v_2$，行人选择向左移动或原位置等待的概率分别为 p_{l16}、p_{w16}。

②行人前方格点为左行行人。

对于图 6-4-18e)，行人选择向左、右方移动或原位置等待的概率分别 p_{l21}、p_{r21}、p_{w21}；对于图 6-4-18f)，行人选择向右移动或原位置等待的概率分别为 p_{r22}、p_{w22}；对于图 6-4-18g)，行人选择向左移动或原位置等待的概率分别为 p_{l23}、p_{w23}。

后退：考虑行人的后退行为，行人原位置等待或后退的概率分别为 p_{w31}、p_{h21}。

6. 模型优缺点分析

纵观所有有关行人运动的元胞自动机模型，建模方法主要为：将建筑物空间划分为一个个单元格，单元格的大小依据行人身体投影面积确定，每一个单元格每个时间步只能有一个行人进入，每个行人下一时刻进入的单元格由其领域状态和目标点确定，行人依据特定规则选择下一步进入单元格。

元胞自动机模型的优点是其规则相对简单，适合大规模场景的行人行为模拟。从元胞自动机模型的组成要素来看，其中最关键的是元胞的状态转移函数也就是它的演化规则。模型的真实性和可靠性，主要取决模型中人的行为以及交互规则的完备性。人的行为以及规则带有很多不确定性，其组合是无限的，因此，实际的模型不可能涵盖所有的规则，需要提取绝大多数人共同的行为规则作为建模的依据。该模型易于实现，具有计算速度快、效率高的优点，在普通 PC 机条件下其计算速度能达到 106 次/s 的状态更新；通过模型建立的仿真系统还能够较好地展现基本图；能够在不同密度条件下反映正常、拥堵、高峰的行人流，具有通用性；通过使用规则来定义人的行为，实际操作比较简单。

模型的缺点包括：根据周围网格的占用情况，设定不同的规则，其算法为启发式算法结果具有不可预测性，仅具有统计意义，且规则的设定具有发散特性，无法理性解释；由于行人交通流的自身特性，模拟必须体现不同行人之间的交互影响，而是用元胞自动机无法直接实现；不同状态下相同的行人在面临相同情况时的规则可能是完全不一样的，模型不适应这方面的要求；行人的速度受到网格宽度的限制而被固化为网格长度的整数倍，精度受到一定影响，在实际情况中，行人速度的选择可能更多；模型中的行人只有前进和换道选择，但是没有后退，更不可能绕道，很难再现真实行人交通中复杂的交通现象；存在同步决策问题，模型中的所有个体决策顺序是事先确定的；存在换道速率问题，模型中换道没有处理速度问题，因此展现在面前的是状态之间的演变。

在行人仿真模型中，行人的运动以及冲突避让是行为的核心。行人运动方向可以通过设定方向偏好矩阵解决，行人与其他行人或者障碍物的碰撞检测，可以通过查询相邻单元的状态解决，抢占相邻空闲单元的问题也可以通过机会均等的原则决定或者通过比较其他个人属性如速度或者该方向运动的概率的大小来决定。通过设定不同的规则，元胞自动机模型能够模拟行人的大部分行为,如自组织、宏观交通流特性以及瓶颈处的空间竞争现象等,因此,CA 模型完全可以用于行人行为的模拟。随着计算能力的提高,CA 模型也在不断的改进,智能体思想与 CA 模型的结合,使得 CA 模型更具智能,能模拟更复杂的行人行为。

三、力学模型

1. 引力模型

(1)模型介绍

引力模型是将每个行人以及他的移动空间中的物体假定为具有磁性的粒子,行人、障碍物(墙壁、立柱、栏杆等)被赋予正极,而行人的目的地被赋予负极。根据“异性相吸,同性相斥”的原则,行人由于受到目的地的吸引力而向前移动,同时具有向前的加速度,而在移动过程中由于所处环境中其他行人或障碍物的同性排斥作用,为了避免他们之间发生碰撞,行人必然在行走过程中改变方向。

无论是引力还是斥力,模型中按照式(6-4-33)进行计算。

$$\vec{F} = \frac{kq_1 q_2}{r^3}\vec{r} \tag{6-4-33}$$

式中:$\vec{F}$——行人所受引力;

q_1——行人的磁场强度;

q_2——磁极的磁场强度;

r——行人与磁极之间的距离;

$\vec{r}$——行人到磁极之间的位移向量。

为了避免行人之间发生碰撞,模型还引入另外一个加速度变量 a,如图 6-4-19 所示。

$$\vec{a} = \vec{V_A}\cos\alpha\tan\beta \tag{6-4-34}$$

式中:$\vec{V_A}$、$\vec{V_B}$——行人 A 与行人 B 的速度;

$\vec{V_{AB}}$——行人 A 相对于行人 B 的速度;

α——$\vec{V_{AB}}$与$\vec{V_A}$的夹角;

β——$\vec{V_{AB}}$与 AC 的夹角。

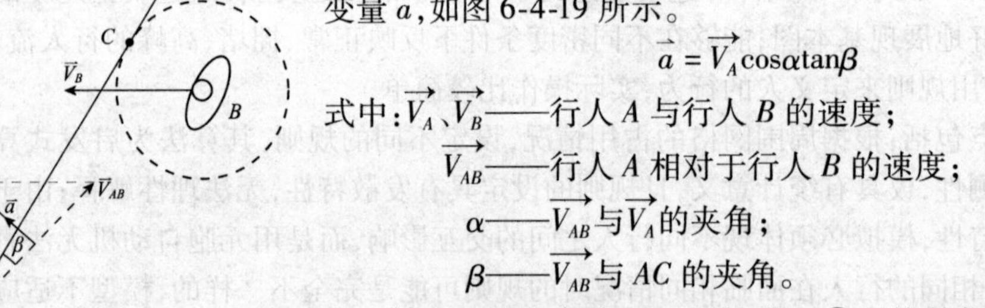

图 6-4-19 引力模型碰撞处理

模型的输入参数包括两部分。①环境数据:包括障碍物、行走空间的位置,用节点的 XY 坐标及节点之间的连线表示,在一些复杂的场景下,行人行走路径由一系列相互联结的节点组成。②行人数据:包括行人起讫点、最大速度、行走开始时间以及路径选择方式。模型的输出则是行人在给定环境下的可视化移动过程。

(2)模型的优缺点分析

该模型优点:借助万有引力定律对行人疏散的过程进行描述,模型比较简单,且容易理解,而且通过改变磁场大小可以直接控制流量和密度,具有可控性。

该模型缺点:移动是基于固定路径的,不利于模型扩展;模型中的参数给定比较随意,很难验证其正确性和合理性;参数只能提供可视化图形,无法给出更多的结论。

磁力模型曾被有效地应用到火灾疏散、地铁站的候车大厅中的行人运动和旅馆的中央大厅中的行人运动等场景中。在火灾疏散中,该模型可以计算人群逃出建筑物的时间。

2. 社会力模型

1)模型介绍

社会力模型认为行人的行走并非受到外力作用,而是受到自身的驱动力,这种驱动力就是所谓"社会力"。模型是以牛顿力学为基础,假设行人受到社会力的作用,从而驱动行人运动。在该模型里,依据行人不同的动机和他在环境中所受到的影响,一共受到三种作用力的影响,即驱动力、人与人之间的作用力和人与障碍物之间的作用力,这些力的合力作用于行人,产生一个加速度,表达式如下:

$$m\frac{d\vec{v_t}(t)}{dt}=\vec{f_t^0}+\sum_{j(\neq 1)}\vec{f_{ij}}+\sum_b\vec{f_{ib}}=m\frac{v_0e_i-v_i(t)+\xi_i(t)}{\tau}+\sum_{j\neq i}f_{ij}[X_i(t),X_j(t)]+f_b[X_i(t)] \tag{6-4-35}$$

社会力包括以下三类。

(1)驱动力(Driving force):主观意识的对个体行为的影响可化为个体所受自己施加的"社会力",体现了行人以渴望的速度移动到目的地的动机。设行人 α 途径 $\vec{r_\alpha^1},\vec{r_\alpha^2},\cdots,\vec{r_\alpha^k},\cdots,\vec{r_\alpha^n}$ 最终到达目的地 $\vec{r_\alpha^0}$,在 t 和 $t+1$ 时刻分别在位置 $\vec{r_\alpha}(t)$ 和 $\vec{r_\alpha}(t+1)$,则行人在 t 时刻的行走方向可表示为:

$$\vec{f_i^0}=m_t\frac{v_i^0(t)\vec{e_i^0}-v_i(t)}{\tau_i} \tag{6-4-36}$$

$$\vec{e_{\alpha i}}(t)=\frac{\vec{r_\alpha}(t+1)-\vec{r_\alpha}(t)}{\|\vec{r_\alpha}(t+1)-\vec{r_\alpha}(t)\|} \tag{6-4-37}$$

式中:v_t^0——行人期望的速度;

$v_t(t)$——其实际速度;

$\vec{e_t^0}$——期望的运动方向;

τ_i——适应时间,表示由实际速度加速到下一个时间步所需要的时间,也称弛豫时间。

(2)人与人之间的作用力(Interactions between pedestrians):试图与其他行人保持一定距离的所施加的"力",包括"社会心理力"(socio-psychological force)和身体接触力(physical interactions)。设个体 i 对个体 j 的"影响力"表达式如下:

$$\vec{f_{ij}}[X_i(t),X_j(t)]=\vec{f_{ij}^{soc}}(t)+\vec{f_{ij}^{ph}}(t) \tag{6-4-38}$$

行人在运动过程中,最重要的交互作用是与其他人保持一定的距离,在社会力模型中,采用"排斥力"来描述这种行为。排斥力取决于行人间的距离,在某一微小距离内存在一个最大值(即力不会超过最大极限),并随着距离增大减小到零。两个行人 i 与 j 之间的排斥力用一个指数形式的函数表示,如式(6-4-39)所示。

$$f_{ij}^s=A_i\exp[(r_{ij}-d_{ij})/B_i]\vec{n_{ij}} \tag{6-4-39}$$

其中 A、B 均为常数。$d_{ij}=||r_i-r_j||$ 表示两个行人中心间的距离。$\vec{n_{ij}}=(n_{ij}^1,n_{ij}^2)=(r_i-$

$r_j)/d_{ij}$是一个从行人 j 指向行人 i 的标准化向量。

当两人间距离 d_{ij} 小于相互作用的两人半径之和 $r_{ij}=(r_i+r_j)$ 时,两人将互相接触。此时,Helbing 假定粒子交互导致两个额外的作用力产生,一个是身体挤压力 $k(r_{ij}-d_{ij})n_{ij}$,该力使相互作用的行人个体身体压缩:而另一个是滑动摩擦力 $\kappa(r_{ij}-d_{ij})\Delta v_{ji}^{t}t_{ij}$,该力阻碍行人间的相对运动(切线运动),在这 $\overrightarrow{t_{ij}}=(-n_{ij}^{2},n_{ij}^{1})$ 表示与碰撞方向垂直的切线方向,$\Delta v_{ji}^{t}=(v_j-v_i)\cdot t_{ij}$ 表示切线相对运动差,而 k、κ 是大的常数。因而,对以上进行总结,得出:

$$f_{ij}=\{A_i\exp[(r_{ij}-d_{ij})/B_i]+kg(r_{ij}-d_{ij})\}\overrightarrow{n_{ij}}+\kappa g(r_{ij}-d_{ij})\Delta v_{ji}^{t}\overrightarrow{t_{ij}} \tag{6-4-40}$$

式中,令 $g(r_{ij}-d_{ij})=g(x)=x,x\geqslant 0;g(x)=0,x<0$。

(3)与边界之间的作用力(Interactions with boundaries):边界和障碍对人的影响类似于人与人之间的作用。设边界 b 对个体 i 的"影响力"表达式如下:

$$\vec{f}_{ij}(t)=\vec{f}_{ib}^{soc}(t)+\vec{f}_{ib}^{ph}(t) \tag{6-4-41}$$

人与墙之间的作用力与人与人之间作用力类似,可以表示为:

$$f_{iw}=\{A_i\exp[(r_{iw}-d_{iw})/B_i]+kg(r_{iw}-d_{iw})\}\overrightarrow{n_{iw}}-\kappa g(r_{iw}-d_{iw})\Delta v_{wi}^{t}\overrightarrow{t_{iw}} \tag{6-4-42}$$

式中:d_{iw}——行人 i 与墙 W 之间的距离;

$\overrightarrow{n_{iw}}$与$\overrightarrow{t_{iw}}$——行人与墙的法线与切线方向。

(4)行人与行人之间的相互作用力计算,如式(6-4-43)所示。

$$f_{ij}[X_i(t),X_j(t)]=-\nabla A\,(d_{ij}-D)^{-B} \tag{6-4-43}$$

式中:B——常数;

d_{ij}——行人 i 和行人 j 之间的距离;

D——行人 j 所占空间的直径;

A——单调递减函数。

行人与边界相互作用力计算公式如式(6-4-44)所示:

$$f_b(X_i)=-\nabla A\,(d_{i\perp}-D/2)^{-B} \tag{6-4-44}$$

式中:$d_{i\perp}$——与最近的墙的最短距离;其他变量定义同上。

2)模型的适用性及优缺点分析

模型能够非常真实地描述现实中的很多现象,是目前所有的仿真模型中最能体现人群真实运动情况的模型,因为模型中的变量所代表的物理意义是可以计算的。模型的优点是运用"社会力"的方法明确了行人交通行为源于自身的主观行动力,能够解释行人交通行为的本质;以行人模型为椭圆体作为行人之间避让的方法较基于网格的模型精确。其适用性主要体现在如下几点。

(1)能够解释行人自组织的现象

社会力模型能够在隐含的规则下,行人通过相互之间的行为作用机制,自然的形成成股人流,或者通过演化,形成不同方向的行人流线。实际中,同向的行人之间的压力较小,异向的行人之间压力较大,该模型就是利用处于不同情况下的压力的变化,用社会力(引力和斥力)来模拟行人之间的相互影响。

(2)瓶颈处的行人振荡现象

当行人密度不大的时候,可能会发生行人逗留的情况,在仿真场景中显示为行人振荡现象,表示为行人间或者行人与障碍物之间的徘徊、反复运动,在行人密度较大时,由于瓶颈无法同时容纳两个和两个方向以上的客流,瓶颈只能由一个方向的行人占有并通过,而其他方向的行人只能等待,过一定时间后由另一个方向的行人通过并占据瓶颈,这种两个方向交替进行直到所有行人能够通过该瓶颈为止。在行人密度不大时能够较好地满足仿真结果,但是行人密度增大后,会产生很多不合理的振荡,导致仿真结果失真。

缺点:利用本模型中所提的“社会力”尚无法完全解决行人的碰撞问题;本模型无法有效模拟行人交通的复杂行为,例如对大量行人占用很小空间的现象;由于社会力体现了行人之间的交互影响,随着行人数量的增加,运算速度会几何级数下降,而且追求社会力的平衡可能导致行人行为异常。行人与障碍物对行人的反作用力计算方法尚不成熟,无法适用于复杂环境下的建模。

四、多智能体模型

1. 多智能体的概念

多智能体系统,即 Multi-agent System,其构成成员为智能体(Agent)。其基本组成原理是由多个结构和性能较为简单的智能体组成的一个结构较为松散的 MAS 系统。MAS 中的资源和数据是分散的,每个智能体对于所要完成的任务拥有不全面的信息或能力,通过多个智能体的协商,实现一个群体共同求解问题的高层观点,从而协作完成单个智能体不能解决的复杂任务。智能体的概念,最早形成于 20 世纪 50 年代,J. McCArthy 和 G. Selfzidge 在他们构造的柔性系统中提出了“软件机器人”(soft robot)的概念,这个“机器人”是一段程序指令,可以完成所需任务的细节,并在发现问题或遇到困难时提出来并接受人的指令。20 世纪 70 年代美国麻省理工学院研究人员开展了一系列关于分布式人工智能的研究,由此产生了使用具有一定智能,能被动地响应信息处理的需求,除了完成事先指定的任务外,还能够主动地预测、适应乃至积极地寻找途径以支持用户完成任务的软件智能体的概念和方法。如今,智能体技术已经被广泛的应用到了各个领域。

虽然目前关于 Agent 技术的研究成为热点,但至今没有一个被学术界公认的 Agent 的定义。一般来说,研究者认为 Agent 是一个独立的、自治的实体,可以根据其他实体和系统反映出来的不同状态互相协调,决定自己的动作与状态。

Agent 的抽象模型是具有传感器和效应器,处于某一环境中的实体。它通过传感器感知环境;通过效应器作用于环境;它能运用自己所拥有知识进行问题求解;它还能与其他 Agent 进行信息交流并协同工作。因此,Agent 应具有如下基本特性。

(1)自主性

亦称自治性,即能够在没有人或别人的 Agent 的干预下,主动地自发地控制自身的行为和内部状态,并且还有自己的目标或意图。

(2)反应性

即能够感知环境,并通过行为改变环境。

(3)适应性

能根据目标、环境等的要求和制约作出行动计划,并根据环境的变化,修改自己的目标和计划。

(4)社会性

一个 Agent 一般不能在环境中单独存在,而要与其他 Agent 在同一环境中协同工作。而协作就要协商,要协商就要进行信息交流,信息交流的方式是相互通信。

2. Agent 的类型

从 Agent 理论模型角度来看,Agent 可分为反应型、思考型(或认知型)和两者复合型。从特性来看,Agent 可分为以下几种类型。

(1)反应型 Agent

这种 Agent 能够对环境主动进行监视,并能做出必要的反应。

(2)BDI 型 Agent

即有信念(Belief、即知识)、愿望(Desire,即任务)和意图(Intention,即为实现愿望而想做的事情)的 Agent。它也被称为理性 Agent。这是目前关于 Agent 的研究中最典型的智能型 Agent,或自治 Agent。

(3)社会 Agent

处在由多个 Agent 构成的一个 Agent 社会中的 Agent。各 Agent 有时有共同的利益(共同完成一项任务),有时利益互相矛盾(争夺一项任务)。因此,这类 Agent 的功能包括协作和竞争。

(4)演化 Agent

具有学习和提高自己能力的 Agent。单个 Agent 可以在同环境的交互中总结经验教训,提高自己的能力。

(5)人格化 Agent

不但有思想,而且有情感的 Agent。这类 Agent 研究得比较少,但是有发展前景。

3. 智能体模型结构

Agent 的模型结构作为 Agent 技术的基础,是目前 Agent 相关研究的主要领域之一。Agent 模型的结构一般包含如下几个部分:感应器、决策控制器、精神状态、知识库、通信器等,其中 BDI 智能体模型(图 6-4-20)是一个被普遍接受的 Agent 模型。

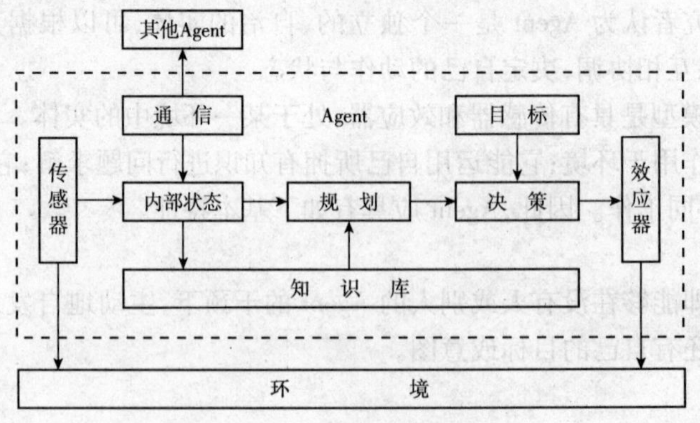

图 6-4-20 BDI 智能体模型结构

BDI 模型侧重于形式描述信念(belief),愿望(desire)和意图(intention),简称 BDI,其本质上要解决的问题是如何确定主体(Agent)的目标以及如何实现这个目标。一个 BDI 模型包含三个基本成分：

(1)信念(Belief)是一个包括了对世界相关的信念、与其他 agent 思维趋向相关的信念和自我相关的信念的集合。信念是 Agent 对世界的认知,包含描述环境特性的数据和描述自身功能的数据,是 Agent 进行思维活动的基础。

(2)愿望(Desire)是 Agent 的最初动机,是其希望达到的状态或希望保持的状态的集合。主体(Agent)希望达到的状态,由此可以激发系统一的规划和行动。一般来说,可以表达为主体(Agent)对环境状态的一种期待和判断,也就是通过判断该状态是否成立作为 Desire 是否实现的标志。Agent 可以拥有互不相容的愿望,而且也不需要相信它的愿望是绝对可以实现的。

(3)意图(Intention)是承诺实现的愿望中选取的当前最需要完成或者最适合完成的一个,是 Agent 将要正在实现的目标,它是属于思维状态的意向方向。当前意图对 Agent 的当前动作具有指导性的作用。

4. 多智能体系统

从 Agent 的特性可以看出,Agent 的一个显著特点就是它的社会性。所以,Agent 的应用主要是以多个 Agent 协作的形式出现。多 Agent 系统是一个松散耦合的 Agent 网络,这些 Agent 通过交互、协作进行问题求解(所解问题一般是单个 Agent 能力或知识所不及的)。其中的每一个 Agent 都是自主的,它们可以由不同的设计方法和语言开发而成的,因而可能是完全异质的。多 Agent 系统具有如下特征:①每个 Agent 拥有解决问题的不完全的信息或能力;②没有系统全局控制;③数据是分散的;④计算是异步的。多 Agent 系统的体系结构可以是以下几种。

(1)Agent 网络

Agent 之间都是直接通信的。对这种结构的 Agent 系统,通信和状态知识都是固定的,每个 Agent 必须知道消息应该在什么时候发送到什么地方,系统中有哪些 Agent 是可以合作的,都具备什么样的能力等。

(2)Agent 联盟

结构不同于 Agent 网络,其工作方式是:若干相距较近的 Agent 通过一个叫做协助者的 Agent 来进行交互,而远程 Agent 之间的交互和消息发送是由各局部 Agent 群体的协助者 Agent 协作完成的。

(3)黑板结构

和联盟系统有相似之处,不同的地方在于黑板结构中的局部 Agent 把信息存放在可存取的黑板上,实现局部数据共享。

5. 行人智能体模拟模型

以枢纽内行人运动为例。在枢纽内部流动的乘客主要有三种目的:进站、出站和换乘,可能会出现交织、碰撞、超越等多种情况,这些行为规则都由仿真环境的状态和其他周围智能体的状态所决定,包括站台设施的位置、规模、类型以及列车的类型等。综合各种因素,可以将站台上每一个智能体的状态变化用一个马尔可夫决策过程(Markov Decision Processes)表示为(S_i,A_i,P_i,R_i),即第 i 个智能体以 $p_i \in P_i$ 的概率进行 $a_i \in A_i$ 动作,从而使其状态从 $s_i \in S_i$转变为 $s_i' \in S_i$,在转变过程中这个智能体的支付为 r_i 属于 R_i。当前进方向单一的时候,其主要几个可能的状态如图 6-4-21 所示。当智能体可能采取的决策数大于 1 个时,根据

r,取最小支付状态作为智能体最大可能行为,其在多种环境状态下的微观行为选择如图6-4-21所示。

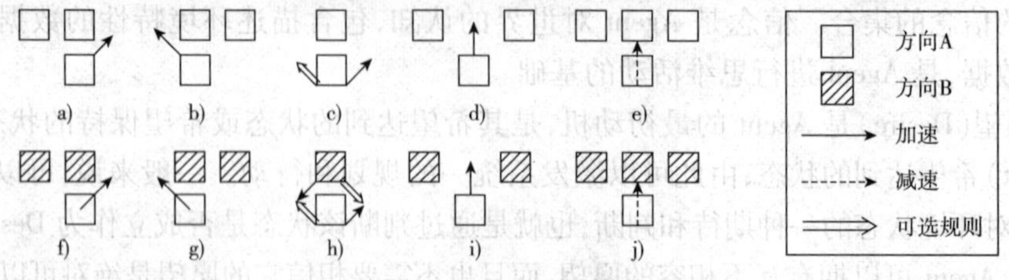

图 6-4-21　行人智能体微观行为选择

枢纽内乘客的支付函数可以用智能体距其目标之间的流线范围可用面积来表示,也可以简单用流线长度来表示。

$$\begin{bmatrix}0&0&0\\0&0&0\\0&0&0\end{bmatrix}\xrightarrow{+\Delta t}\begin{bmatrix}0&0&0\\0&-1&0\\0&0&0\end{bmatrix}\xrightarrow{+\Delta t}\begin{bmatrix}-1&0&0\\0&0&0\\0&1&0\end{bmatrix}$$

图 6-4-22　智能体与周围状态矩阵的变换

用智能体周围状态矩阵的变换,表示乘客之间的信息交互和各自的行为决策,从而反映出站台空间的实时利用情况,如图 6-4-22 所示。

智能体的具体决策步骤为:

(1)检查流线范围内的状态空间。

(2)根据智能体自由流动规则选择可行的移动路径,并通过计算支付函数确定移动的真实路线。

(3)确认智能体自身的目标,并根据目标确定智能体速度。

(4)移动路线方向的碰撞检测机行为纠正,并将自己的这一行为以消息的形式发送给相邻流线,各智能体之间通过知识查询和操作语言实现通行和合作。

(5)更新智能体流线范围内的状态空间。

五、精神压力模型

1. 模型结构

T. Osaragi(2004)基于私人空间的理论,建立了行人精神压力(Mental Stress)模型。模型中的行人会动态调整自己的速率和方向,以防止私人空间遭到入侵。其行人的行为由压力的行为和偶然行为组成,如图 6-4-23 所示。精神压力模型的一个基本假设是行人在移动时会选择使其精神压力最小的地点,如图 6-4-24 所示。

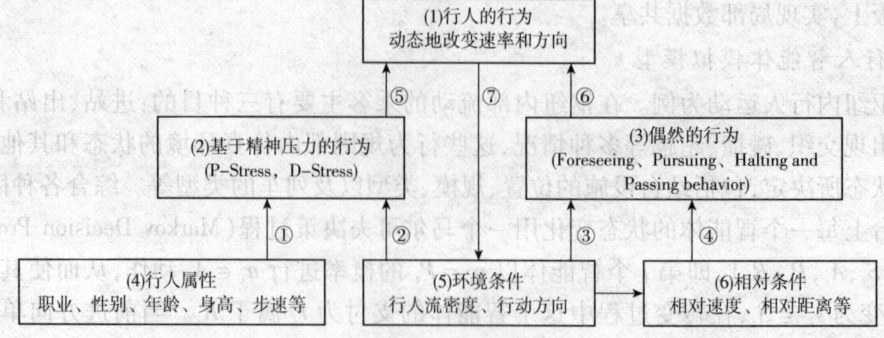

图 6-4-23　精神压力模型结构图

流程①~⑦注释：

①老年人跟其他行人相比受到较少的压力；

②压力的程度决定于行人的密度；

③在高密度情况下，行人追赶前方的其他行人；

④行人超越紧挨着的前方行人；

⑤行人移动到压力较小的位置；

⑥行人预见到未来的状态从而提高走行效率；

⑦人群的状态是由行人个体的行为决定的。

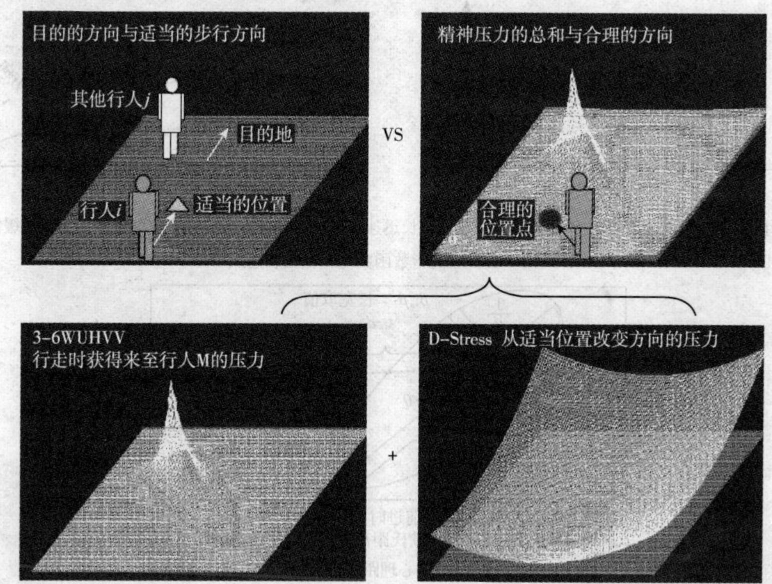

图6-4-24 基于精神压力的行人行为

Osaragi将行人的精神压力(Mental Stress)分为两类：P-Stress(pedestrian stress)和D-Stress(destination stress)。P-Stress是指行人的私人空间受到入侵后产生的精神压力。D-Stress是指当行人不能以最短路径达到自己的目的地时产生的一种压力，如图6-4-24所示。

2. 精神压力表达式与参数

P-Stress类精神压力的表达函数应该是随着与其他行人间距的增大而递减，其最大值在与其他行人的位置最近的点上获得，如图6-4-25a)所示。很少人会有D-Stress精神压力，因为他们会改变自己的步行方向；从另一方面来说，有一些人却有很严重的D-Stress精神压力，因为他们极少改变步行方向，这样的行人的精神压力表达式如图6-4-25b)所示。

由于P-Stress和D-Stress都分别有指数函数和幂函数两种表达式，将它们各自两两组合，便得到行人精神压力的四种表达式。

(1)指数函数与幂函数结合的表达式：

$$\text{Stress} = \sum_j \exp(-\alpha_1 \cdot d_{jp}) + \gamma\left(\frac{d_{ep}}{V_w}\right)^{\alpha_2} \tag{6-4-45}$$

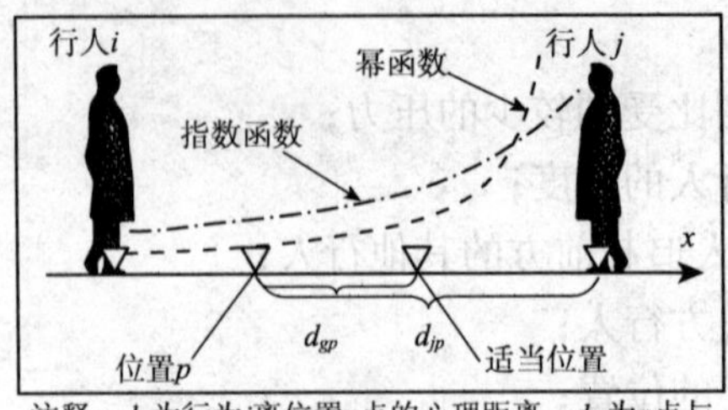

注释：d_{jp}为行为j离位置p点的心理距离，d_{ep}为p点与适当位置的空间距离。

a)P-Stress(Pedestrian stress) 指数函数与幂函数表达式

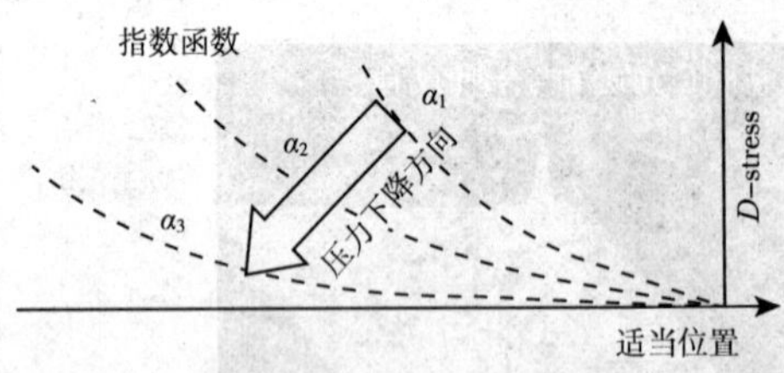

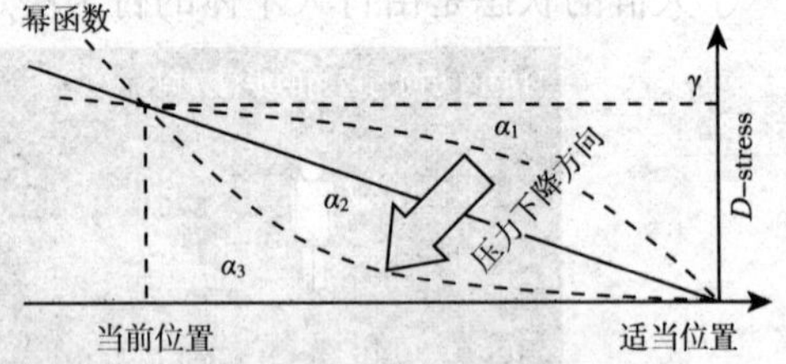

注释：α_1为随着与适当位置距离的减少压力增长迅速，α_3为随着与适当位置距离的减少压力增长缓慢。

b)D-Stress 中的指数函数与幂函数表达式

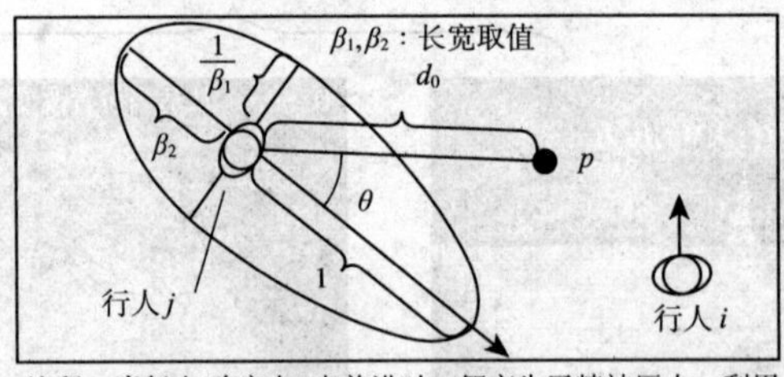

注释：当行人j确定向p点前进时，便产生了精神压力。利用未知参数β_1，β_2，可以将欧氏距离d_0可以转化成心理距离d_{jp}。

c)心理距离

图 6-4-25　P-Stress 类精神压力表达

(2)幂函数与幂函数结合的表达式：

$$\text{Stress} = \sum_j d_{jp}^{\ -\alpha_1} + \gamma\left(\frac{d_{ep}}{V_w}\right)^{\alpha_2} \tag{6-4-46}$$

(3)指数函数与指数函数结合的表达式：

$$\text{Stress} = \sum_j \exp(-\alpha_1 \cdot d_{jp}) + \exp[\exp(-\alpha_2 \cdot d_{ep})] \tag{6-4-47}$$

(4)幂函数和指数函数结合的表达式：

$$\text{Stress} = \sum_j d_{jp}^{\ -\alpha_1} + \exp[\exp(-\alpha_2 \cdot d_{ep})] \tag{6-4-48}$$

式中：α_1、α_2、γ——未知参数；

d_{ep}——p点与适当位置的空间距离；

V_w——理想的步行速度；

d_{jp}——行人j离位置p点的心理距离，含义如图 6-4-25c)所示。

心理距离的计算公式如式(6-4-49)所示。

$$d_{jp} = \begin{cases} \sqrt{(d_0\beta_1\sin\theta)^2 + (d_0\cos\theta)^2} & \cos\theta \geq 0 \\ \sqrt{(d_0\beta_1\sin\theta)^2 + (d_0\cos\theta/\beta_2)^2} & \cos\theta < 0 \end{cases} \tag{6-4-49}$$

3. 信息空间与步幅区域

上述理论中只考虑了行人受到单个行人影响时的路径选择模型,但是如果考虑大量其他行人的干扰,可能需要大量的计算。为了解决这个问题,Osaragi 还提出了信息空间(Information Space)与步幅区域(Walkable Domain)的概念,如图 6-4-26 所示。即只对信息空间里的行人进行逐个检测计算,在步幅区域内行人可以进行下一步移动,图中的参数值是根据实地调研得到的。

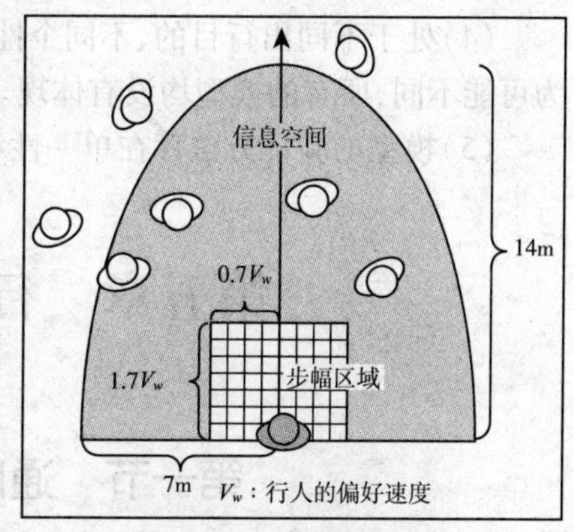

图 6-4-26　信息空间与步行区域示意图

六、行人运动微观模型比较

通过对已有的模型比较得出行人运动微观模型尚存在需要完善的地方,如表 6-4-1 所示。

各类模型比较　　表 6-4-1

模型种类 / 项目	成本效益模型	元胞自动机模型	引力模型	社会力模型	多智能体	精神压力模型
模型特点	基于优化目标	基于规划	基于优化目标	基于方程	基于人工智能	基于私人空间理论
向目的地运动	收益值	定义方向	异极相吸,同极相斥	期望速度	定义方向	根据压力值大小
行人是否有固定目标	有	无	有	有	无	有
行人前进	移动收益	期望速度、前方网格	极性作用	社会力	期望速度	偏好速度
避让作用	成本值	网格占用情况	极性作用	社会力	智能体间协作	压力值
模型空间抽象	网格	网格	平面坐标系	平面坐标系	平面或网格	网格
模型变量赋值	任意赋值	0 或 1 状态	任意赋值	物理意义	—	任意
模型参数标定	观测	分析基础数据	观测	观测	—	观测
描述现象	排队	自组织、排队、渠化	排队、路径选择	排队、自组织、渠化、震荡	—	自组织、路径选择、震荡
模型类型	离散	离散	连续	连续	连续或离散	离散
模型可控制性	强	强	一般	弱	弱	一般
编程可实现性	易	易	一般	难	易	一般

(1)所有模型对于不同交通设施上的行人没有进行有效的区分,不完全符合实际情况。

(2)大多数模型由于直接借鉴交通工程关于城市交通的理论,在处理上没有考虑行人流相互合作的特征。

(3)几乎所有模型均没有在行为上有效区分行人和固定障碍物。由于行人在面临别的行人所做出的反应与遇到障碍物时可能截然不同,因此模型无法准确反映这方面的区别。

(4)处于不同出行目的、不同个性特征、不同行走环境下的行人在面临同一情况时的行为可能不同,所有的模型均没有体现。

(5)模型的验证方法存在单一性和不可靠性。

第五章　行人交通仿真软件介绍

第一节　通用行人运动仿真软件介绍

商业化行人交通仿真软件是快速建模的有效工具,目前这些软件分别包括:为用于疏散的行人仿真软件,如 Legion、Steps、AnyLogic、SimWalk、Nomad、SimPed、Pedroute/Paxport、Simulex、Micro-PedSim、Exodus、EvacSim、Evacnet 等;用于模拟正常人流和疏散人流的微观仿真软件,主要有 PAXPORT、NOMAD、BuildingEXODUS、Legion、Steps、AnyLogic 和 SimWalk 以及可以模拟人车冲突的微观仿真软件 VISSIM 等。下面对典型软件作简要介绍。

一、PAXPORT 仿真系统

PAXPORT 是英国合乐(Halcrow)公司开发的行人仿真系统,最早应用于机场行人仿真,目前已广泛应用于空间规划、步行空间运行评价以及改善方案评价等。PAXPORT 模型将行人的空间划分成不同的块(Block),每一个块表示一种预定义的设施类型,如中央大厅、自动扶梯、站台等。每种块有自己的速度—流量函数或者时间—密度函数,用户也可自定义这些函数。根据仿真的场景(常态、拥挤、逃逸)不同,系统可调用不同的模型来模拟行人的步行行为。PAXPORT 模型本质上是宏观模型,其核心模型是对行人整体考虑的速度—流量模型和时间—密度模型。

二、NOMAD 仿真系统

NOMAD 模型是由荷兰德尔福特理工大学开发的行人仿真模型。它是基于社会力模型(Social Force Model)开发的用于评价行人交通设施的微观仿真模型。其主要研究对象是行人集中的交通枢纽,可以有效地分析交通枢纽出入口、接受服务的场所(售票厅、站台、公交车站等)之间行人集中区域的行人出入量、行人在各个功能区域之间的步行时间,以及枢纽空间内不同地点的密度和拥堵程度等问题。NOMAD 系统包括两层相互作用的模型:上层模型模拟行人在公共空间的活动调度、活动区域选择以及行人的路径选择。行人的路径是连续的时空曲线而不是传统的一组路段,行人的选择受活动区域和行驶路径的影响;下层模型模拟行人的运动行为,运动目标是个人效益最大。其运动行为是由一个具有反馈功能的控制器控制,行人根据短期预测的周围环境和目的地距离来确定下一步的速度和方向,并将“收益”反馈给控制器以便在未来的运动中做出调整。NOMAD 模型的最大优势在于其上层的活动区域选择模型和路径选择模型,可以较好的描述行人在出行过程中根据周围环境变化做出的战略决策(活动改变以及路径改变)。

1. 步行行为三层次模型

行人的步行行为被概念化为三个不同的层次：战略层、策略层和行动层，不同层次的决策活动是相互影响的，即该模型具有反馈能力和逻辑判断能力。从其概念模型上看，比较接近人脑的正常决策过程，如图 6-5-1 所示。

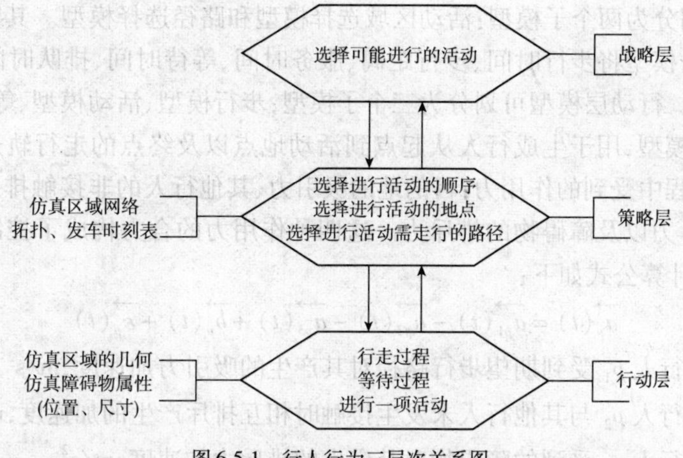

图 6-5-1　行人行为三层次关系图

2. NOMAD 数学模型体系

影响战略层决策中可能进行活动的因素均为外部因素，如人的性格、出行目的等，因此，在 NOMAD 的数学模型开发中，将战略层决策作为输入条件的一部分处理，仅将策略层和行动层包含在内以简化模型。NOMAD 模型可划分为输入条件和决策模型两个部分，如图 6-5-2 所示。

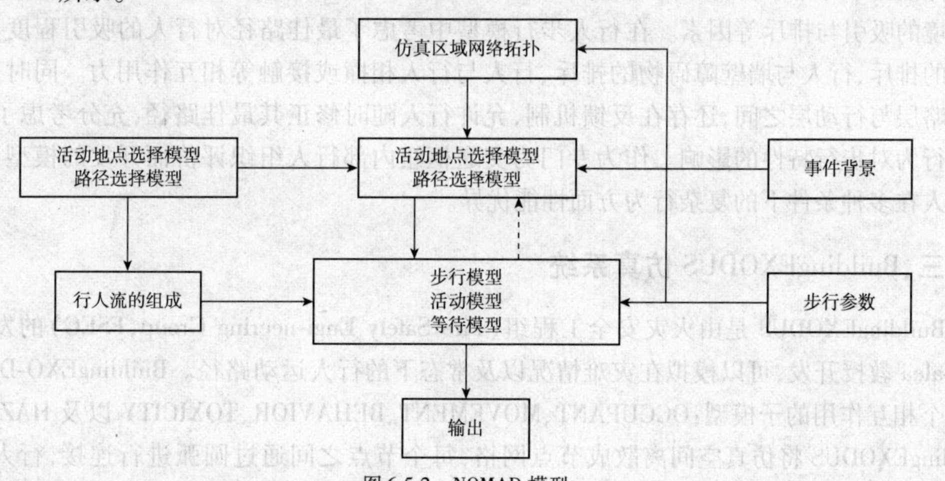

图 6-5-2　NOMAD 模型

输入条件包括五部分内容：仿真区域网络拓扑、不同行人组的活动内容、事件背景、行人流的组成、步行参数。仿真区域网络拓扑是指仿真对象的几何特性，包括仿真区域、目的地、障碍物、服务设施等的几何形状、尺寸以及坐标；不同行人组的活动内容是指每组行人具有的特定的出行起点、需经过的场所和目的地；事件背景是指仿真环境所处的背景条件，如紧急疏散、早晚高峰、临时交通管制等状况；行人流的组成是指不同类型的行人在混合流中所占比例，按照性别、年龄等主要指标分组，给出每组行人在总行人中所占比例；步行参数是指每组行人具有的特殊步行特性，包括自由步行速度、行人平均占用空间大小等参数。

决策模型分为两个层次：策略层模型和行动层模型。策略层模型是一个宏观层面的决策模型，可详细划分为两个子模型：活动区域选择模型和路径选择模型。其判断过程主要依据最大效用原理，模型将步行时间、步行距离、服务时间、等待时间、排队时间等主要指标效用化后加以考虑。行动层模型可划分为三个子模型：步行模型、活动模型、等待模型，其中最为重要的是步行模型，用于生成行人从起点到活动地点以及终点的走行轨迹。该模型计算了行人在步行过程中受到的作用力：目的地的吸引力、其他行人的非接触排斥力和接触排斥力、建筑物的排斥力以及障碍物的排斥力。这四种作用力的合力构成了控制行人运动的合加速度$\overrightarrow{a_p}(t)$，其计算公式如下：

$$\overrightarrow{a_p}(t)=\overrightarrow{a_{p1}}(t)-\overrightarrow{a_{p2}}(t)-\overrightarrow{a_{p3}}(t)+\overrightarrow{b_p}(t)+\overrightarrow{\varepsilon_p}(t) \tag{6-5-1}$$

式中：$a_{p1}(\mathrm{t})$——行人 p_1 受到期望步行路径对其产生的吸引力加速度，$\mathrm{m/s^2}$；

$a_{p2}(\mathrm{t})$——行人 p_2 与其他行人未发生接触时相互排斥产生的加速度，$\mathrm{m/s^2}$；

$a_{p3}(t)$——行人 p_3 受到的障碍物对其产生的排斥力加速度，$\mathrm{m/s^2}$；

$b_p(t)$——行人 p 与其他行人的接触排斥力加速度，$\mathrm{m/s^2}$；

$\varepsilon_p(t)$——行人 p 加速度的随机项。

3. 软件特点

从 NOMAD 模型的结构来看，既包含了最大效益模型，又包含了社会力模型。在行人路径选择模型中考虑了步行距离、步行时间、障碍物遮挡、可能与其他行人产生交叉的次数、周边环境的吸引与排斥等因素。在行人步行模型中考虑了最佳路径对行人的吸引程度、行人之间的排斥、行人与墙壁障碍物的排斥、行人与行人相撞或接触等相互作用力。同时，在模型策略层与行动层之间，还存在反馈机制，允许行人随时修正其最佳路径，充分考虑了人的选择行为对步行特性的影响。作为专门为交通枢纽内部行人组织评价而开发的模型，在模拟行人在多种条件下的复杂行为方面性能优异。

三、BuildingEXODUS 仿真系统

BuildingEXODUS 是由火灾安全工程组（Fire Safety Engi-neering Group，FSEG）的发起人 Ed Galea 教授开发，可以模拟在灾难情况以及常态下的行人运动路径。BuildingEXO-DUS 包含五个相互作用的子模型：OCCUPANT、MOVEMENT、BEHAVIOR、TOXICITY 以及 HAZARD。BuildingEXODUS 将仿真空间离散成节点网格，每个节点之间通过圆弧进行连接，行人利用这些弧从一个点移动到另外一个节点，实现行人在建筑物内的移动。每个节点大小根据一个人通常占用的空间确定。仿真系统采用专家系统理论用一系列的启发式规则和算法来描述行人在不同环境中的路径选择和运动过程。其模拟结果可以通过专门的数据分析模块 askEXOUDS 和三维可视化模块 vrEXOUDS 来分析。与其他软件相比 BuildingEXODUS 更多的优势体现在逃生模拟，它可以模拟人与人、人与火灾、人与结构物的相互作用，同时模拟热、烟、有毒气体的影响，进而计算每个人的避难路径。

四、Legion 软件

Legion 软件是英国 Legion Limited 公司开发的具有代表性的行人运动仿真软件，也是全世界范围内应用最广泛、功能最强大、模拟过程最精确的仿真系统之一。以行人运动步频为基本模拟机制，从定量分析的角度计算运动环境中行人间以及行人与障碍物之间的相互作用。Legion 可以帮助研究人员建立空间设计或空间使用基础上的模拟实验，并分析评价不同空间条件或行人交通需求水平的影响程度。此外，还可以应用 Legion 分析变化事件的影响，例如，出口关闭或列车晚点到达，以及测试不同疏散场景中的速度与安全指标。Legion 是一种基于仿真、地图、图形和视频再现的具有很强吸引力的决策工具。

Legion 软件采用了元胞自动机模型，由 Model Builder、Simulator 和 Analyser 三个模块组成，能够仿真行人步行运动。三个模块能够使用户模拟指定环境内的行人运动情况，例如铁路车站、体育场馆、机场、高建筑物、大型广场、运输节点等任何行人集聚的地方。软件通过模拟大量的行人客观行为动作实现仿真。通过软件可以刻画小概率事件对仿真的影响，例如关闭枢纽出入口或列车晚点对测试疏散路径的安全和速度的影响。Legion 软件仿真虚拟现实的模拟、地图、图像和视频使其成为具有高度说服力的辅助决策工具。设计者、运营者和用户可以通过利用 Legion 软件，在空间使用上实现安全利用和行人体验最优化。

1. Model Builder 模块

该模块主要用于创建一个用于仿真的实际的空间场景模型。该模块主要用于实现以下几点。

(1)输入界定物理空间的建筑空间图。

(2)描述行人需求的利用空间。

(3)表明特殊活动区域，例如排队或等待区域。

(4)定义不同的路径。

(5)可操作数据与模型的对接。

(6)输出与 Simulator 模块接口的模型文件。

在模型建立过程中，每位行人被模拟成一个二维实体，通过寻找具有最小化可感知的目标费用函数的下一步，每个实体朝目的地移动，该费用是三部分的加权平均，即不便性、挫折和不舒适性。实体试图最小化他们可感知的组合费用，能自行学习并调整不便性、挫折和不舒适性的权重，以适应周围环境(允许空间、几何形状、密度、他人的速度)。实体能够区分同方向移动的行人和交叉流动的行人，能与相邻的实体通信。实体的参数需要依据当地情况进行设置和标定，包括实体的物理半径、喜好的自由速度、行人的横向摆动位移、行人空间要素、服务水平标准等。

2. Simulator 模块

该模块用于模拟 Model Builder 模块中定义的空间内的行人移动，以及仿真运行循环控制的过程。主要功能如下。

(1)输入场景模型文件。

(2)回放和观察仿真过程。

(3)记录用于分析的仿真过程的某特定部分作为结果文件。

(4)记录整个仿真过程作为结果展示视频。

3. Analyser 模块

分析模块用于在仿真场景中运行一系列的仿真分析功能。该模块主要实现以下几点。

(1)输入结果文件和模型场景文件。

(2)回放经过仿真引擎保存的记录的部分,或者运行一个新的仿真场景。

(3)以地图形式可视化关键指标。

(4)进行详细的指标分析并通过以时间为序列的直方图或条形图展示结果。

(5)输出分析文件包括图形、视频、图片或者表结果文件。

(6)评价指标。

Legion 输出人流密度、步行时间、疏散时间、步行速度、排队长度等数据,可输出行人活动区域内的人流密度分布和最大密度的持续时间分布、空间利用率等直观图形,支持图形、数据、图表的输出。如将仿真中的行人位置数据保存为 XMI 文件,可被车辆微观仿真软件 Aimsun 读取,实现行人和车辆的混合仿真。

五、STEPS 软件

STEPS(Simulation of Transient Evacuation and Pedestrian Movements)E73 由英国的 Mott-MacDonald 公司研发,也是采用基于实体的方法和元胞自动机模型。每个运动的实体被假定有下面的基本属性:自由步行速度、对环境的熟悉、耐性、类似家庭成员间的联合、疏散情况下的预先运动时间,人群(或个人)按照假定统计分布被赋予上述属性。驱使人群运动的机制是每个个体以自由步行速度运动到下一个目标的愿望,花费最短时间且不与其他行人和障碍物碰撞。

STEPS 提供两种运行模式:正常模式和疏散模式。在正常模式下,实体为了到达目标沿不同路线行进,出口和检查点将被赋予标识,当实体被加入模型时就得到了初始标识,向着有相同标识的出口或检查点移动,直到通过一个系统出口离开了模拟环境。在疏散模式下,实体在他们所在的平面上寻找可用的出口并向离各自最近的出口运动,其个体行为规则和属性将修改,不使用检查点和标识。STEPS 还能够与 ANSYS CFX 流体动力学分析软件衔接,导入烟气仿真数据,研究疏散模式下烟气等有毒物质对行人疏散速度的影响。

STEPS 支持在 AutoCAD(DXF 格式)底图的基础上创建空间模型,提供 CSV 格式的输出数据文件,包含人流量、人群密度、所使用的出口、空间利用率等。此外,提供交互式三维可视化图形输出,可以直观地浏览三维模型和从不同的视角观察人的运动,还可导入 3D Studio Max 模型以增强效果。其交互式二维可视化图形输出使用带颜色的等值线图来描述面和面的局部信息,评价指标包括人群密度、Fruin 服务水平和利用水平。还可输出 AVI 格式的动画和 JPG、TIFF、PNG 和 BMP 格式的图片。

STEPS 行人仿真软件适用于大型综合商场、办公大楼、体育馆及地铁站等建筑物的仿真。该软件输入条件由三个基本部分构成:建筑内平面与通道的网格化模型、行人特性、疏散规则。

1. 网格化模型的建立

网格化就是将楼层平面和通道划分为大小相等的网格,其大小依据行人的大小设定,在该模型中默认使用 0.5m × 0.5m 的网格,障碍物和出口也会被模型化为网格中的一些格,如

图 6-5-3 所示,1、2 为出口,3 ~ 6 为障碍物。经过试验证明,采用更小的网格会降低计算速度,但得到的结果却是接近的,因此,为了达到性能与精度的平衡采用默认网格是合理的。定义网格的大小、出口以及障碍物的位置后,需对每一个单元格计算其相对于出口的距离,用积分表示,积分越高表示距离出口越远。如图 6-5-4 所示,定义出口的积分为 0,障碍物的积分定义为 -1,与出口呈斜对角的单元格积分加$\sqrt{2}$,与出口直接相连的单元格积分加 1。总体原则是保证每个单元格的积分均是到出口的最小积分。

			1	2			
	3	4					
	5	6					

图 6-5-3 STEPS 建立的网格模型

3	2	1	0	0	1	2	3
$2+\sqrt{2}$	$1+\sqrt{2}$	$\sqrt{2}$	1	1			
			2	2			
	-1	-1	3	3			
	-1	-1	4	4			
	7	6	5	5	6	7	

图 6-5-4 网格估值表

2. 行人特性

在 STEPS 模型中,只模拟有行动能力的人,残疾人则假设由其他方式离开(如由消防队员或地铁管理人员协助其离开)。模型中有两个约束条件控制仿真的运行,一是作为输入条件的行人最高行走速度和速度与密度关系曲线,二是出口可容纳的最大流量。在拥挤情况下,行人会因前面的行人挡住去路而无法继续前进。因此,该模型会根据行人拥挤状况,参照速度与密度关系曲线自动对行人的行走速度进行调整。在具体使用模型时,行人特性是分组定义的,分组方式与每组的参数均可自定义,如按照性别、年龄分组,并对每一组定义其特有的步行参数。需要定义的参数包括:组名称,该组行人的身高、厚度、肩宽,步行速度的正态分布参数(如平均值、方差)、耐心参数和速度与密度关系曲线。参数的具体取值需要依据实际观测数据来确定。

3. 疏散规则

模型中行人的疏散过程包括两个步骤:①寻找最合适的出口;②确定怎样到达该出口。前者又可划分为 8 个步骤(图 6-5-5),对于该模型中的某个仿真对象(行人),从开始疏散到最终离开仿真区域(建筑物)的整个过程如下。

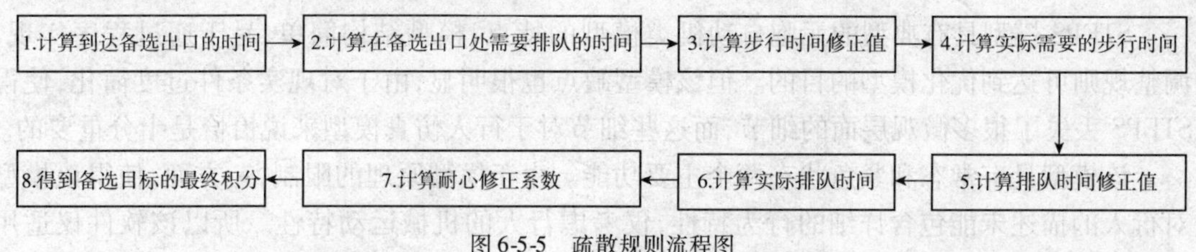

图 6-5-5 疏散规则流程图

1)计算到达备选出口的时间 T_1

STEPS 模型首先选定该行人周边 8 个网格中积分最小的一个(即距离出口最近的方向),并将该积分 D_1/m(距出口的最近距离)除以已经设定的平均步行速度常数 $W/(m \cdot s-1)$,计算得到 T_1/s:$T_1 = D_1/W$。

2)计算在备选出口处需要排队的时间 T_2

STEPS 模型会计算所有在该行人之前到达出口的人数 N_1/人,并除以出口的流率(服务能力)F/(人/s),计算得到 T_2/s 则 $T_2 = N_1/F$。

3)计算步行时间修正值 T_3

第 1 步中计算的时间是该行人从当前位置到达出口的时间,但是实际上行人步行到队末需要排队等待,如果将 $T_1 + T_2$ 作为总花费时间,则会多出部分时间。现将该时间修正,假设行人已经到达队尾,STEPS 模型计算排在该行人前面的一个行人所处网格的积分 D_2,并除以平均步行速度 W/(m/s),作为修正值 T_3/s:$T_3 = D_2/W$。

4)计算实际需要的步行时间 T_4($T_4 = T_1 - T_3$)

5)计算排队时间修正值 T_5

第 2 步中计算的排队时间是等待所有排在该行人前面的人离开出口所需时间,但实际情况是在该行人从其开始疏散的位置走到队尾的这段时间 T_4 中,有一部分人已经从出口离开,这一部分人数计为 N_2/人,得到排队时间的修正值 T_5/s:$T_5 = N_2/F$。

6)计算实际排队时间 T_6($T_6 = T_2 - T_5$)

7)计算耐心修正系数 C

耐心系数反应的是行人在排队过程中能够接受的最大排队时间。每个行人组均设置了耐心系数 α,为 0 ~ 1 的实数。当取值为 0.5 时认为该组行人一般有耐心,小于 0.5 认为缺乏耐心,大于 0.5 认为较有耐心。耐心修正系数 C 的计算方法为:

$$C = 1 - C_\alpha \cdot (0.5 - \alpha)/0.5$$

式中:α——耐心系数;

C_α——仿真参数中的耐心参量。

因此,实际的排队时间 $T_{6'}$/s 为:$T_{6'} = T_6 \cdot C$。

8)得到备选目标的最终积分 $TT = T_4 \cdot C_w + T_{6'} \cdot C_q$

C_w 和 C_q 为仿真参数中的步行参数和排队参数,均为 0 ~ 1 的实数。

在此过程中,该行人会选择备选出口中积分最小,即耗时最少的出口作为其疏散的首选目标,如果出现两个或多个出口积分一致的情况,则等概率的选择其中任意一个出口。然后,该行人按照最短路径原则,朝选定出口前进。当全部行人离开出口之后,整个仿真过程结束。

4. 软件特点

STEPS 模型具有典型的元胞自动机类模型的特点,模型结构简单,易于通过程序实现,调整规则可达到优化模型的目的。但该模型缺点也很明显,由于对现实条件过度简化,使得 STEPS 丢失了很多微观层面的细节,而这些细节对于行人仿真模型来说恰恰是十分重要的。

该模型具有常态和紧急状态两个主要功能。由于模型原理的限制,一方面,使得该模型对行人的描述未能包含详细的行为特性,仅考虑行人的机械运动特性。所以该软件仅适用于研究紧急状态下的行人疏散,而对于常态下交通枢纽内部极度复杂的行人行为的仿真是不合适的。另一方面,该模型简单的规则在建模与运算时间上有很大优势,在保证一定精度的情况下具有较高的计算速度,因此比较适合体量较大的建筑物或容纳人数较多的建筑物的疏散研究。对于火灾中火焰与烟气对行人的影响,STEPS 模型的基本部分中未予以考虑,但可以通过添加插件的形式增加这部分功能。

六、SimWalk 软件

SimWalk 软件由瑞士 Savannah SimulationsAG 公司研发，主要包括绘图模块 Simdraw 和仿真与分析模块 SimWalk。它采用基于主体(Agent—based)的技术，每个主体代表 1 位具有特定目的地、步行速度和避免拥挤的行人，核心算法是基于社会力模型的势场算法(potential field al-gorithm)。

在势场中，行人将会朝具有最低势的区域运动，行走方向和速度取决于三种力。第一种力描述势场使得行人向目的地运动；第二种力描述行人间的相互作用，使得行人避免碰撞并与他人保持适当距离；第三种力使得行人不与障碍物碰撞并与之保持适当距离。计算出势场后，主体就能够算出当前所处位置和目的地之间的优化行走路线，行走路线主要由目的地、路径上与其他行人和障碍物的作用、其他行人和物体的位置决定。在仿真过程中，所有主体将进行循环迭代计算，根据上述的三种力计算出下一时间步的速度和方向，并进行四种检验：①边界检验，检验主体位置处于势场边界内；②可见性检验，检验无障碍物和墙阻挡行进；③物体压力检验，检验无墙和障碍物在检测半径内；④行人压力检验，检验无其他行人位于检测半径内。

SimWalk 支持在 AutoCAD(DXF 格式)的底图上创建步行空间，提供 4 种显示模式，即主体显示(行人显示为圆点)、迹线显示(显示行人的迹线和速度)、密度显示(显示服务水平)、负荷度显示(显示区域为行人的累积利用情况)。提供多种的文本和图形统计输出，包括截图和动画、事件统计、个体统计(起终点、持续时间、距离、速度等)、人群统计、出口统计等。

七、AnyLogic 软件

AnyLogic 软件是俄罗斯的 XJ Technologies 公司研发的复杂系统仿真软件，由基础仿真平台和企业库等组成，行人仿真主要依靠其行人库实现，核心算法是社会力模型。软件提供模板式的结构，用户从模板库中将所需对象拖拉到工作空间中，再定义这些对象的属性和相互间的关系，使建模过程变得直观快捷。行人库的对象分为全局参数设置对象、环境对象、行人对象和人群对象。

AnyLogic 中的行人仿真建模包括环境建立、创建行为流程图、运行仿真和结果分析几个步骤。环境包括墙、不同的区域、服务、队列等，要创建环境对象，需使用动画编辑器绘制布局图或导人图片作为布局图，再加入对应的库对象并设置属性。

行人的行为使用流程图的方式定义，从行人库中拖动对象到工作空间中并设置属性，然后将多个对象连接在一起。AnyLogic 可输出动画和行人数目、平均密度、停留时间等统计数据。运用 AnyLogic 行人库中的各种对象，结合企业库对象，可解决复杂的行人仿真建模。相比专用的行人仿真软件，AnyLogic 具有开放式的体系结构，支持基于主体的建模和二次开发，能与其他软件及用 Java 语言或其他语言编写的自定义模块协同工作，为行人交通仿真建模提供了更大的灵活性。

AnyLogic 行人模型包括两个主要部分：环境(environment)和行为(behavior)。

环境包括墙壁、不同的区域、服务、队列等。环境模块包括了固定设施建模，但不只是固定设施的建模，因为在 AnyLogic 中，售票口、检票口、进站口以及这些服务设施前的队列，行人等待逗留区域和位置等都被看作是环境的一部分。

环境设施建模分为如下三个步骤。

第 1 步,用 Presentation 库的直线、折线、矩形等绘图工具描绘环境。包括边界、障碍物、电梯、售票窗口、门等。

第 2 步,用 Pedestrian 库的各类模块定义第一步中绘制的各种环境。如,定义某一线段表示墙壁,定义某一折线代表行人走行路径、目标或排队队列。

第 3 步,设定模块参数。如,服务时间。

对于边界和障碍物类的固定设施、服务和队列,在用模块定义之前需把各线段组合成一个组 group。否则不能被定义,不能被行人识别。

此外,环境设施建模还须用 PedConfiguration 模块指定仿真图与实际的比例和仿真时间步长等。

行人的行为使用流程图的方式定义。主要包括:生成源、消灭源走行路径、走行最终目标和中途目标、等待逗留、接受服务(进站、买票等)等。

AnyLogic 没有专门的固定设施模块来定义门。门一般是行人的生成源和消源,所以 AnyLogic 实际上是在 pedsouree 模块的 loeation 参数和 pedsink 模块前一个流程中的线段来定义的。

AnyLogic 具有图形化仿真操作界面,能够制作可交互的二维动画。AnyLogic 在企业库的基础上专门开发了行人仿真库,使得固定设施建模和行人行为建模变得非常容易,行人交通仿真领域的用户得到了很大的方便。

八、VISSIM 行人仿真模块

VISSIM 是德国 PTV 公司开发的微观交通流仿真软件系统,用于交通系统的各种运行分析。该软件系统能分析在车道类型、交通组成、交通信号控制、停让控制等众多条件下的交通运行情况,具有分析、评价、优化交通网络、设计方案比较等功能,是评价交通工程设计和城市规划方案、分析许多交通问题的有效工具。高版本的 VISSIM 系统包括行人和车辆交互仿真模块,其核心行人模型为社会力模型。交叉口的行人、交通信号等街道上的常用元素都可以在 VISSIM 中建模并进行仿真。VISSIM 行人模块可较真实地仿真行人和车辆流之间的交互作用。用户既可同时仿真这两种不同类型的交通,也可单独对行人进行仿真分析。

VISSIM 软件系统由众多模块组成,这些模块各自承担着不同的功能。

1. 行人模块

行人模块主要有:类型、类别、组成。

(1)类型模块。该模块用于对仿真的行人进行定义,类型模块主要定义行人的性别(男性、女性),然后根据行人的不同性别的身体特征设计尺寸、行为参数,如行人的身高、个人占用空间等。行为参数,如速度、加速度、行走偏移量等。

(2)类别模块。行人类别是对行人职业进行定义。根据行人不同的职业,把行人分为若干类,如学生、教师、医生、公务员、白领职员等。

(3)组成模块。组成模块是对行人的构成进行定义,包括老年、青少年、儿童。

2. 面域模块

面域模块可分为三种:平常面域、匝道、障碍物。

(1)平常面域模块。行人必须在该区域内行走,包括类型、层、长度、宽度、面积、行人在该区域内的行为类型、停留时间等。

(2)匝道模块。连接两个不同高度面域的坡道。可以是楼梯、扶梯,也可以是斜坡,包括类型、属性、坡度、长度、净空高度等。

(3)障碍物模块。行人不同在该区域内行走,包括类型、层、偏移量、高度等。

3. 行人行走行为

行人行走行为包括行走行为和面域行为两种。

(1)行走行为。主要定义速度分布区间情况,可针对不同时间段,默认提供一个行走行为的参数文件。用户也可以根据自身需求进行定义。

(2)面域行为。针对不同的面域,可以定义不同的行人行走行为,可以模拟行人不同的目的地活动,有着不同的行走期望速度。

4. 路径模块

在两个面域间可以有不同的路径,用户可以定义不同的比例构成。并且可以通过路径中间点(蓝点)移动可编辑路径走向。或者定义不同的行人类型选择不同的走行路径。

5. 行人与车辆交互模块

行人与车辆交互模块是用来定义行人与车辆之间相互作用、冲突,此时路段作为行人面域,路段面域主要包括车道数、路段长度、车道宽度、交叉口信号控制(时间、周期)等。

基于以上功能模块,VISSIM 能够模拟行人在不同面域内(路段、交叉口、匝道)的走行行为,以及等待过街和正在过街的非机动车及行人交通流。

第二节　综合交通枢纽乘客集散仿真评估系统 SRail

综合交通枢纽乘客集散仿真评估系统,即 SRail 仿真平台(原 MTR-PEDSIM),是由我国北京交通大学韩宝明、李得伟等人开发,主要用于综合交通枢纽等大规模行人群集场景下的乘客集散仿真实验及效果评估,为大规模行人交通场所的优化设计和运输组织提供辅助决策支持。其界面如图 6-5-6 所示。

图 6-5-6　SRail 系统主界面

SRail 软件系统设计基于中国行人交通的特点,较国外行人仿真软件更符合中国行人行为特性和运动特征,主要表现在行人的个体特征大小、占地面积、携带行李等自然属性,还表现在行人的微观走行、寻找路径、节点决策等微观特性。综合来看,SRail 仿真软件在交通枢纽特别是在城市轨道交通枢纽的行人集散仿真方面具有较高适用性。

一、系统主要应用领域

(1)枢纽设计和改扩建方案制订

包括枢纽规模及布局方案评估、瓶颈识别、使用年限及新线开通对路网的影响评估等。

(2)运营方案评估和决策

针对大客流的客流组织手段有效性评估及列车运行策略评估。

(3)枢纽运能评估

对枢纽的客流吞吐能力、换乘能力、设施负荷等进行评估,即主要指针对点线能力协调评估。

(4)应急预案评估和决策

制定安全应急预案,并评估安全设施、疏散和应急预案的有效性。

(5)路网客流仿真评估

包括网络运营安全与效率均衡优化,运营风险点仿真评估,列车运行组织评估及路网规划辅助决策和优化。

二、系统功能构成

SRail 是专门用于综合交通枢纽的客流仿真系统,它考虑了乘客的微观行为以及乘客与设施及周围环境关系的客流模拟系统,为提升枢纽乃至整个城市轨道交通网络的效率和安全提供了有力支持,主要包括以下十个功能。

(1)枢纽设计图纸的导入和仿真场景生成

将交通枢纽的基本设计 CAD 图纸导入系统作为底图,经过自动加工和少量人工处理后构建生成仿真初始场景。

(2)仿真基础数据输入与管理

管理仿真所需的各种基础数据,包括客流时空波动数据、行人行为参数数据、交通工具时刻表数据、交通场站流程与流线数据、交通场站设施设备数据以及服务设备的控制数据等,以供多次仿真实验重复使用。

(3)行人行为数据采集和标定

通过对交通枢纽客流集散区域的行人行为数据采集和分析,实现适应不同评估需要的行人参数标定。数据采集内容包络客流构成、数量、运动轨迹、密度、速度以及安全状态等。系统提供了全自动、半自动和手动三种模式的采集手段,利用 Histogram Back projection 算法、MeanShift 算法、CamShift 算法三种图像识别算法互为校验,为准确掌握行为数据提供工具支持。如图 6-5-7、图 6-5-8 所示。

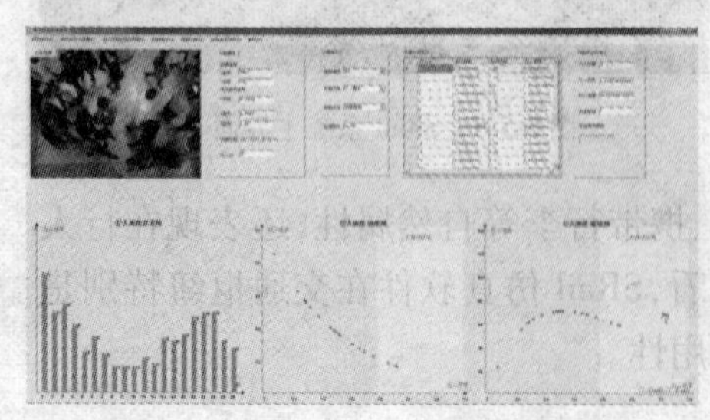

图 6-5-7　客流数据采集及标定功能界面

图 6-5-8　行人识别示意图

(4)仿真客流的多模式生成

根据仿真实验时掌握的客流数据的准确性以及仿真目的的不同,系统提供了根据时刻表实时生成脉冲客流、根据概率分布自动生成连续客流、根据闸机数据自动生成连续客流以及根据调查数据生成分时段 OD 客流等四种客流生成模式，作为仿真实验的客流输入条件，如图 6-5-9 所示。

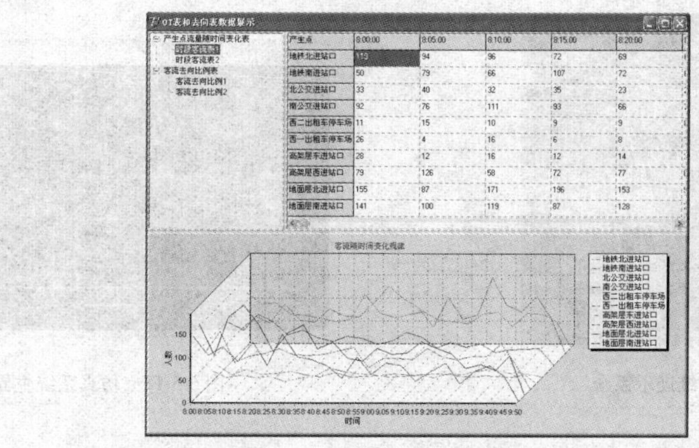

产生点	8:00:00	8:05:00	8:10:00	8:15:00	8:20:00
地铁北进站口	119	94	96	72	69
地铁南进站口	50	79	66	107	72
北公交进站口	33	40	32	35	23
南公交进站口	92	76	111	93	66
西二出租车停车场	11	15	10	9	9
西一出租车停车场	26	4	16	6	8
高架层东进站口	28	12	16	12	14
高架层西进站口	79	126	58	72	77
地面层北进站口	155	87	171	196	153
地面层南进站口	141	100	119	87	128

图 6-5-9　时段客流和客流分布比例的显示

(5)仿真过程的二维实时展示

在仿真实验的过程中，可实时显示二维的仿真动态过程，动态展现包括密度、瓶颈等现象，并能追踪单个乘客轨迹和状态。

(6)仿真指标计算与数据分析

系统可自动统计计算各种仿真指标，并能提供简单的分析和对比功能。仿真指标结果可自动存储保存，供深入研究分析使用。

(7)仿真数据录制与回放

系统可实现对仿真全过程的数据录制，数据回放功能是以系统录制的实时仿真数据和二维仿真场景底图为输入，通过行人数据读取、行人绘制及画面刷新等处理过程，实现实时仿真过程的再现，实现了对回放过程的定位播放、暂停、快进、慢放等控制功能，实现了回放过程中对单个乘客的追踪监视，方便研究人员在仿真结束之后从各个角度和层次对仿真过程进行深入研究。

(8)仿真过程三维展示系统

如有特殊要求，系统支持将二维仿真结果导入三维系统进行三维展示回放，三维效果逼真，如图 6-5-10 所示。

(9)轨道交通路网客流仿真

为适应轨道交通网络化发展的需要，系统支持实现以多枢纽结点为主体的客流集散网络客流仿真，实现路网上的客流推演。根据运营管理部门的实际需求对大客流和异常条件下客流的分布状况进行预测预警，对车站、列车、线路与网络的能力负荷水平进行实时动态评估，从而对运营工作中的实际问题给出合理化的意见与建议。系统以路网拓扑结构、OD 客流及列车运行图为输入，以客流动态分布仿真推演为核心。系统依次构建了路网仿真场景模型，并实现了对仿真路网的管理维护功能；基于改进的轨道交通客流 OD 反推模型，实现了分时段 OD 客流的获取；构建了乘客综合出行阻抗模型，并利用改进的 logit 模型与自主设计的 KSPF 算法解决了多路径条件乘客出行路径决策问题；从乘客个体出行行为的微观角度，构建了客流动态分布仿真推演模型，实现了网络客流的动态分布仿真；构建了能力负荷水平动态评价模型，实现了对路网能力瓶颈的实时监测，如图 6-5-11 所示。

图 6-5-10　仿真过程三维展示系统

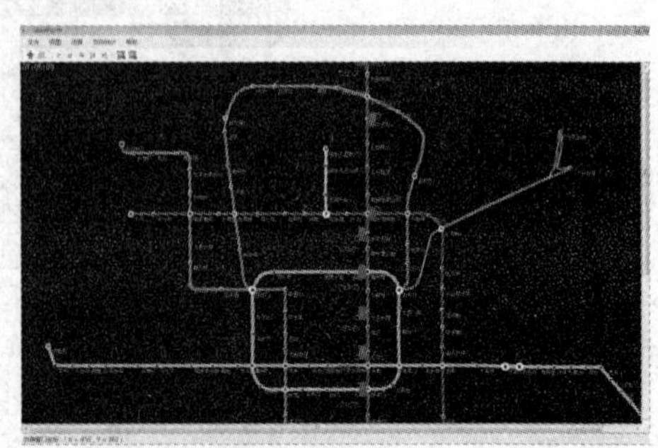

图 6-5-11　仿真系统主界面

三、系统操作流程

(1)视频数据提取，建立 TXY 数据库，将视频中的行人移动转化为时间轴上行人坐标位置的连续变化过程，然后再根据需要从数据库中提取数据。

(2)分析枢纽内流线，进行冲突点分析、瓶颈分析、延误分析。

(3)采用元胞自动机模型，将将乘客、和车站进行抽象，建立乘客集散动态分析模型，进行仿真。

第三节　行人微观仿真实例应用

一、道路路段人车冲突仿真

本节利用 VISSIM 软件，对长春市南湖大路工大南门人行横道(图中 A 处为行人，B 处为公交站点)处的交通进行了仿真分析，如图 6-5-12 所示。

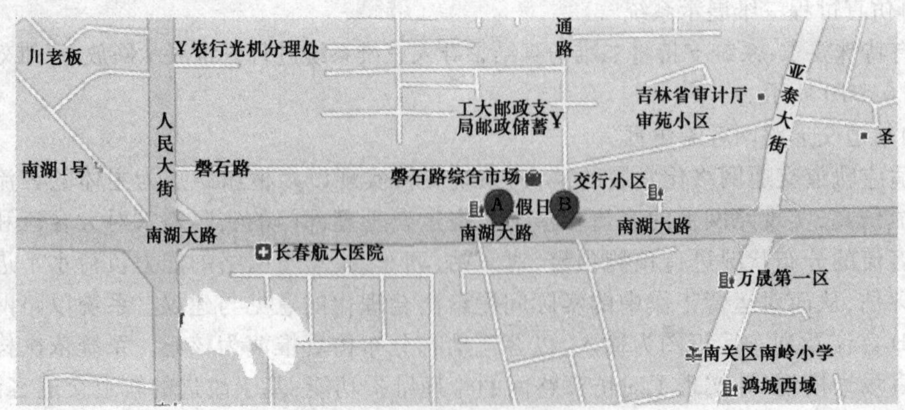

图 6-5-12　吉林市南湖大路工大南门人行横道

1. 仿真目的与流程

本实例着眼于研究在所选定的路段上，在不增加新设施的前提下，如何提高行人通过无信号控制人行横道时的安全性和效率的问题，目的在于检验某种优化方案的实施是否能起到改善行人交通的作用。利用 Vissim 对该路段上人行横道上的人车冲突进行仿真的流程，如图 6-5-13 所示。

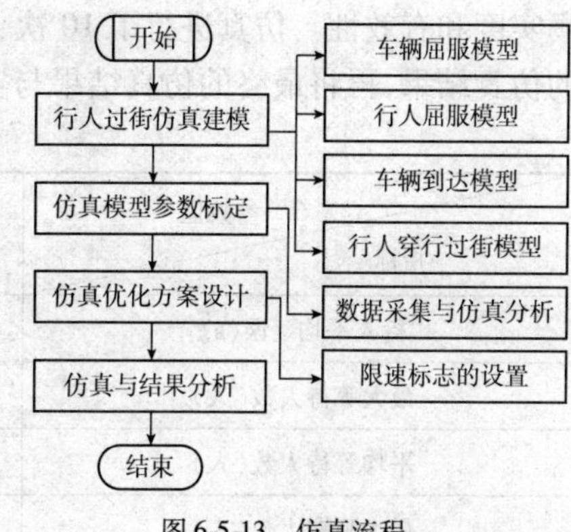

图 6-5-13　仿真流程

2. 仿真参数标定

首先进行数据采集。对仿真路段的车流量、车辆构成、人行横道的尺寸与人流量和公交站点的位置及与公交车相关信息等数据进行了实地调研和数据采集，采集整理后的数据如表 6-5-1 ~ 表 6-5-5 所示。

亚泰大街入口数据　　表 6-5-1

路段长度（m）	车流量（辆/h）	车型比例（%）		
		大型车	中型车	小型车
283	2265	3.1	3.2	93.7

注：小型车速度分布在 54.5 ~ 64.5km/h，大型车速度分布在 33.5 ~ 42.5km/h，中型车速度分布在 48.5 ~ 54.5km/h。

人民大街入口数据　　表 6-5-2

路段长度（m）	车流量（辆/h）	车型比例（%）		
		大型车	中型车	小型车
784	1189	4.8	4.5	90.7

注：小型车速度分布在 50.5 ~ 65.5km/h，大型车速度分布在 36.5 ~ 45.5km/h，中型车速度分布在 46.5 ~ 55.5km/h。

南湖大街人行横道处数据　　表 6-5-3

长度（m）	宽度（m）	行人流量（人/h）	
		方向一	方向二
24	4	556	348

注：行人过街步行速度分布在 3.42 ~ 4.28km/h。

亚泰大街方向公交站点数据　　表 6-5-4

发车间隔（min）	站点客流量（人/h）	停留时间分布	车速分布
		min	km/h
3 ~ 10	456	1 ~ 3	33.5 ~ 42.5

人民大街方向公交站点数据　　表 6-5-5

发车间隔（min）	站点客流量（人/h）	停留时间分布	车速分布
		min	km/h
2 ~ 10	495	1 ~ 3	33.5 ~ 42.5

其次，利用调研得到的研究路段上中的人行横道、车辆、行人等的实际数据，对仿真模型

进行参数标定，然后进行仿真，通过仿真结果与实际状况的对比分析，可以检验仿真模型的真实度和有效性。仿真进行了 10 次，每次仿真进行 10h，然后取仿真结果的平均值作为最终的仿真结果，再将最终的仿真结果与实际观测统计值进行对比，如表 6-5-6 所示。

仿真值与实际值对比　　表 6-5-6

指标 \ 参数值	观测值	仿真值	误差(%)
行人平均延误(s)	23.8	25.5	7.1
最大等待人数(人)	22	21	4.5
平均等待人数(人)	15	16	6.7
最大阻滞人数(人)	32	29	9.4
车辆平均延误(s)	19.8	20.9	5.6

由表 6-5-6 中的数据可以看出，与实际值相比，仿真值的误差在 10% 以内，说明本文所建立的模型对于所期望的交通仿真是可行的。

3. 优化方案设计与仿真结果分析

同一路段上人行横道附近限速标志设置方案的优化设计，也是改善行人交通的措施之一。限速标志的设置，主要包含两方面的内容：一个是限速值的确定，另一个是限速位置的确定。

1)限速值的确定

第 1 步：首先进行自由流速度的测定，分别选取车辆从人民大街交叉口和亚泰大街交叉口进入后 150m 处进行车速的测量；其次，对实际路段上的车辆在接近人行横道两侧时的速度进行统计。主要采用激光测速仪测得车速的方法，并用统计的方法对调查结果作统计计算，得到统计结果：车辆自由流时的 85% 分位车速为 55 ~ 60km/h，车辆接近人行横道时的速度的 85% 分位车速为 35 ~ 45km/h。

第 2 步：得到以上统计结果之后，根据工程界一贯采用的取自由流 85% 分位车速作为限制车速的原则，在一定的限速位置条件下便产生了本实例的三种限速值设置方案。①按照车辆自由流时的 85% 分位车速进行限制车速，即 55 ~ 60 km/h；②按照车辆接近人行横道时的速度的 85% 分位车速进行限制车速，即 35 ~ 45 km/h；③取介于自由流和接近人行横道时速度的一个限速范围 45 ~ 55 km/h。

第 3 步：设定了 50 ~ 100km/h 六种不同的限速位置，跟三种限速值方案进行组合，然后对组合后的每一方案进行仿真，最后得到有关行驶时间的仿真结果统计，见表 6-5-7。

六种限速方案仿真车辆行驶时间统计表　　表 6-5-7

限速位置及范围		亚泰大街方向		人民大街方向	
		行程时间(s)	变化率(%)	行程时间(s)	变化率(%)
100m 处限速	35 ~ 45	19.9	-15	17.3	-14.6
	55 ~ 60	17.3	不变	14.4	+4.6
	45 ~ 55	18.6	-11.6	16.2	-7.3

续上表

限速位置及范围		亚泰大街方向		人民大街方向	
		行程时间(s)	变化率(%)	行程时间(s)	变化率(%)
90m 处限速	35~45	19.3	-11.6	17.1	-13.2
	55~60	17.0	+1.7	14.6	+3.3
	45~55	18.4	-6.3	16.1	-6.6
80m 处限速	35~45	19.2	-11.0	16.8	-11.3
	55~60	17.2	+0.6	14.7	+2.6
	45~55	18.5	-6.9	16.0	-5.9
70m 处限速	35~45	19.5	-12.7	16.8	-11.3
	55~60	17.1	+1.2	14.7	+2.6
	45~55	18.2	-5.2	14.7	-2.6
60m 处限速	35~45	18.9	-9.2	16.7	-10.6
	55~60	17.0	+1.7	14.8	+2.0
	45~55	18.4	-6.4	15.5	-2.6
50m 处限速	35~45	19.1	-10.4	16.4	-8.6
	55~60	17.0	+1.7	14.7	+2.6
	45~55	17.8	-2.9	15.5	-2.6
不限速		17.3		15.1	

表 6-5-7 中,-表示相对于没有限速时行驶时间所增加的百分率;+表示相对于没有限速时行驶时间所减少的百分率。

由以上统计的仿真结果可知,在限速 45~55km/h 范围内,车辆的速度得到了一定的降低,行驶时间增加在研究允许的范围内(≤15%)。综合分析,本实例中采用的是 45~55km/h的限速范围。

2)限速位置的确定

在限速值确定之后,本实例进行限速位置的仿真研究。假设限定设置限速标志后对车辆的延误增加在 15%以内,限速值为上述通过讨论最后确定的数值。分别选取了距离人行横道两侧分别为 50m、60m、70m、80m、90m、100m 处设置限速标志来仿真路网的运行,对于每一种仿真方案仿真仿真时长为 1h,连续仿真 10 次取其每次仿真结果的平均值,作为最后的仿真结果,仿真结果如表 6-5-8 所示。

六种限速方案仿真值对比表　　表 6-5-8

距离(m)	行人平均延误(s)	最大等候人数(人)	平均等候人数(人)	最大阻滞人数(人)	车辆平均延误(s)	车辆延误(%)
50	25.6	21	16	29	21.4	-8.1
60	25.1	22	18	30	21.9	-10.6
70	24.9	21	20	29	22.5	-13.6
80	22.8	21	19	29	22.6	-14.1
90	25.2	21	17	28	22.8	-15.2
100	24.8	20	20	28	23.0	-16.2

为了在车辆平均延误增加许可的范围内,找到一个能提高行人过街效率的位置,比较仿真结果,最后:选定在距离人行横道80m远的位置设置限速标志。

3)仿真及结果分析

从以上的限速值的确定及限速位置的确定,本实例最终选定在距离人行横道两侧各80m处设置限速标志,限速值是从人民大街方向的来车为45km/h,从亚泰大街方向的来车为45km/h,本实例对这种方案下的行人过街情况进行仿真,然后将仿真的10次结果的平均值和实际调查统计值相对比如表6-5-9所示。

选定限速方案仿真值与实际值对比表 表6-5-9

参数值＼指标	行人平均延误(s)	最大等候人数(人)	平均等待人数(人)	最大阻滞人数(人)	车辆平均延误(s)
观测值	23.8	22	20	32	19.8
方案仿真值	22.8	21	19	29	22.6
改善率(%)	+4.2	+4.5	+5	+9.4	-14.1

从最后的结果来看,此种限速方案对于行人过街效率的改善起到了一定的作用,同时车辆的平均延误时间增加了14.1%,车辆延误的增加在本文研究允许的范围内。

二、北京南站设计及运营仿真

2008年8月正式重新开通运行的北京南站占地面积49.92万m^2,建筑面积42万m^2。主站房建筑面积31万m^2,建筑地上两层,地下三层。从上到下依次为,高架候车厅以及配合的高架环形车道、站台轨道层、换乘大厅、地铁4号线、地铁14号线。预计2015年北京南站的年运量超过1.5亿人次,到2020年南站运量每年超过1.9亿人次。在新线北京地铁4号线接入北京南站交通枢纽的背景下,地铁新线的开通给北京南站地下一层的运营组织带来一些不可预测的影响。

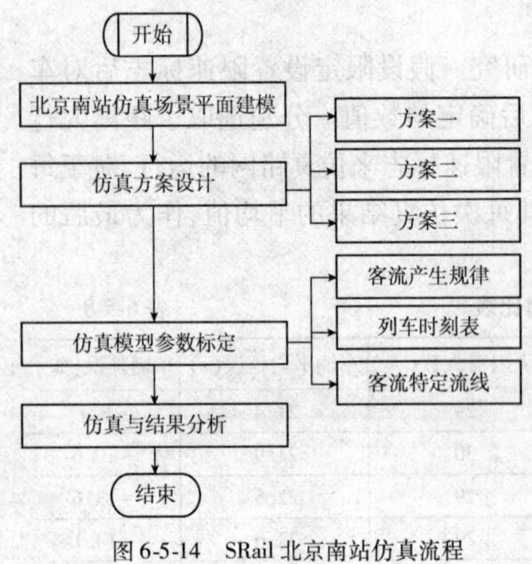

图6-5-14 SRail北京南站仿真流程

1. 仿真目的与流程

本案例的仿真目的是利用SRail软件,对在地铁新线接入后的站内流线交织状况、设备运用情况以及车站的整体负荷水平进行仿真研究,从而进行有据的评价,进而为北京南站的运营组织提供合理化的意见与建议。利用SRail软件对北京南站运营组织状况进行仿真的流程,如图6-5-14所示。

2. 仿真方案设计

首先需要结合北京南站实际的平面布局形式和站内设施设备的布设方式,构建北京南站仿真场景平面。同时结合仿真目的,从列车时刻表、客流比例和流线组织等方面,进行仿真方案的设计,如表6-5-10所示。

仿真方案设置　　表 6-5-10

条件＼方案	方案一	方案二	方案三
列车时刻表	城际场开通 70 对始发终到动车组,其中 54 对运行区段为北京南至天津,5 对运行区段为北京南至塘沽,其他 11 对运行区段分别为北京南至上海、南京、青岛和济南。始发客流和终到客流均为 4.9 万人	城际场开通 100 对始发终到动车组,其中 81 对运行区段为北京南至天津,6 对运行区段为北京南至塘沽,其他 13 对运行区段分别为北京南至上海、南京、青岛和济南。始发客流和终到客流均为 6.8 万人	城际场开通 150 对始发终到动车组,其中 123 对运行区段为北京南至天津,9 对运行区段为北京南至塘沽,其他 18 对运行区段分别为北京南至上海、南京、青岛和济南。始发客流和终到客流均为 10 万人
客流比例	地铁、公交、其他交通方式的比例为 0.5:0.4:0.1,客流到站购票比例取 30%	地铁、公交、其他交通方式的比例为 0.66:0.34:0.1,客流到站购票比例取 30%	地铁、公交、其他交通方式的比例为 0.5:0.3:0.2,客流到站购票比例取 30%
流线组织	地铁南北口作为地铁的出站口,地铁西口作为进站口,而地铁东口进出站混行	同方案一	地铁东口由进出站混行改为地铁出站口,其他地铁进出站口保持不变

3. 仿真结果输出及分析

设计完成以上三种仿真方案之后,分别选择每一种方案进行仿真实验。在进行某方案下的仿真实验之前,还需要根据该方案设定的参数对仿真系统进行参数设置,设置完成后,开始仿真实验。最后,根据仿真的输出结果,利用统计原理,采用了车站聚集人数和车站密度等指标,分析各种方案下的车站运营组织情况。

1)方案一

(1)车站聚集人数

通过仿真,可知方案一中各车站的全日旅客聚集人数变化情况,如图 6-5-15 所示。

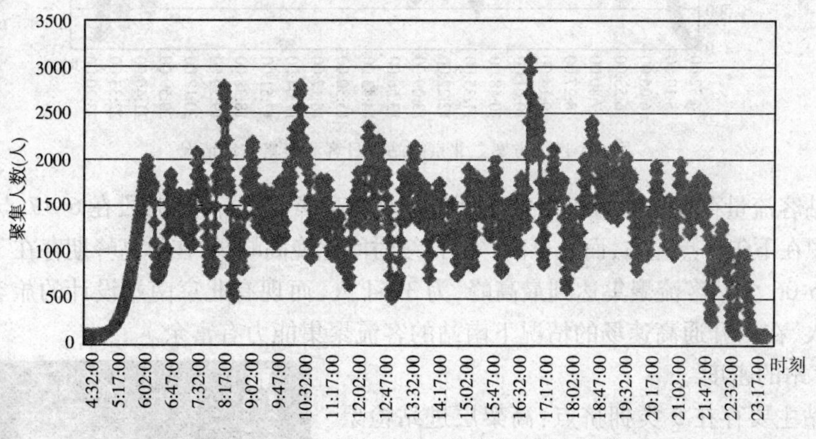

图 6-5-15　方案一北京南站全日客流聚集波动情况

①全站客流量存在早高峰和晚高峰 2 个主要的高峰期,早高峰时段在 8 点左右而晚高峰时段集中在下午 5 点左右,而且早高峰的持续时间比晚高峰长,在早高峰期存在两个峰值。

②在 17:11 全站客流聚集达到最高峰,为 3011 人,而现有北京南站设计的旅客聚集能

力为10500人，因此，在未开通高速场的情况下南站的客流聚集能力富余。

(2)车站的行人密度

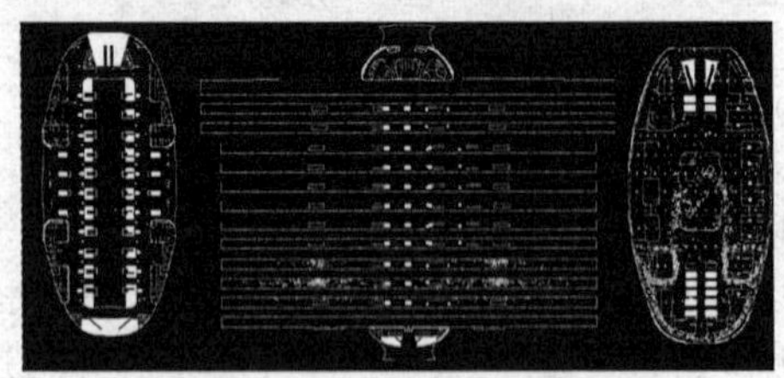

图6-5-16　方案一北京南站全站的密度图

在方案一中，整个车站的密度，如图6-5-16所示。

①全站主要存在六类拥挤点：高架层进站检票口、站台的进出站口、4号线地铁进出站口、地下一层出站口、地下一层高速进站厅、地下一层售票厅。

②全站主要的流量大的流线主要有：从地铁站出来去地铁的流线，由于东侧出站的人员要经过左边的售票窗口，从而在南售票厅前形成对流，乘客的交织点多、流量大；而右侧的出站人员要经过高速进站厅去乘坐出租车和地铁，形成的交织点多、流量大。

③由于地铁14号线未开通，且地铁里的客流密度不大，在现有的方案下，只在进出站口和检票口附近出现黄色警示区域。

2)方案二

(1)车站聚集人数

通过仿真，可知方案二中整个车站的全日旅客聚集人数的变化情况，如图6-5-17所示。

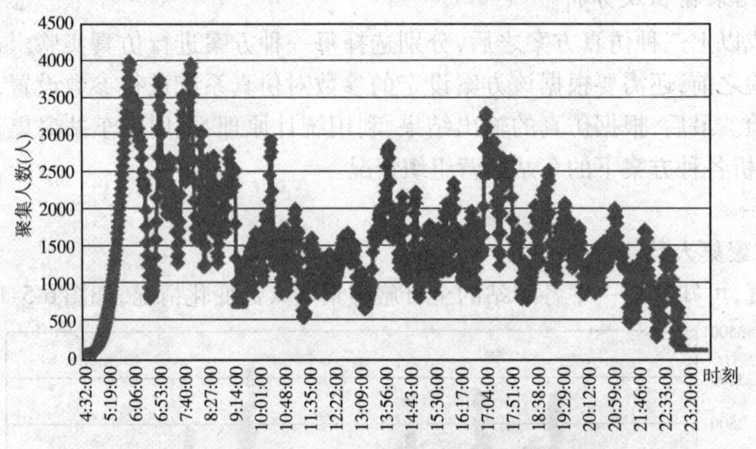

图6-5-17　方案二北京南站全日客流聚集波动情况

①全站客流量存在早高峰和晚高峰两个主要的高峰期，早高峰时段在6~7点钟，而晚高峰时段集中在下午5点左右，而且早高峰的持续时间比晚高峰长，在早高峰期存在3个峰值。

②在6:06全站客流聚集达到最高峰，为3964人，而现有北京南站设计的旅客聚集能力为10500人，在未开通高速场的情况下南站的客流聚集能力有富余。

(2)车站的密度

①全站主要存在5类拥挤点：高架层进站检票口、站台的进出站口、4号线地铁出站口、地下一层出站口、地下一层高速进站厅。

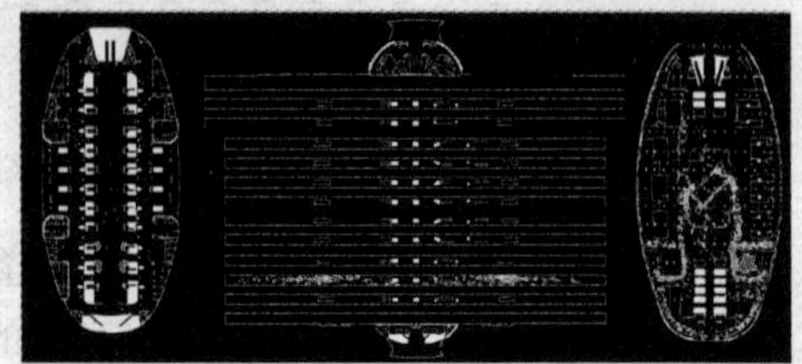

图6-5-18　方案二北京南站全站的密度图

②全站主要的流量大的流线主要有：从地铁站出来去地铁的流线，由于东侧出站的人员要经过左

边的售票窗口，从而在南售票厅前形成对流，乘客的交织点多、流量大；而右侧的出站人员要经过高速进站厅去乘坐出租车和地铁，形成的交织点多，流量大。

③由于地铁14号线未开通，在现有的方案下，地铁里的客流密度总体不大，但是客流在区域内以地铁进出站口和检票进出口形成一个矩形，沿矩形线条以外的区域客流密度不大。

3）方案三

（1）车站聚集人数

通过仿真，可知方案三中整个车站的全日旅客聚集人数的变化情况，如图6-5-19所示。

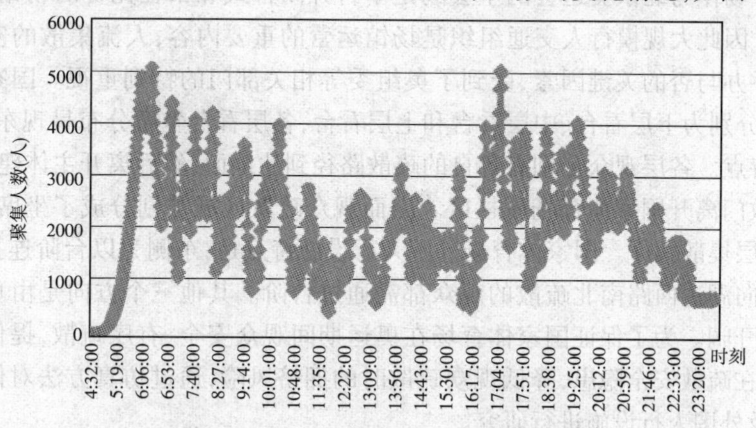

图6-5-19　方案三北京南站全日客流聚集波动情况

①全站客流量存在早高峰和晚高峰两个主要的高峰期，早高峰时段在6～7点，而晚高峰时段集中在下午5点左右，而且早高峰的总体客流要大于晚高峰。

②在早上6:14全站客流聚集达到最高峰，为5134人，而现有北京南站设计的旅客聚集能力为10500人，在北京南站客流增大的情况下，其客流集散能力稍显紧张。

（2）车站的密度（图6-5-20）

图6-5-20　方案三北京南站全站的密度图

①全站主要存在四类拥挤点：高架层进站检票口、站台的进出站口、4号线地铁出站口、地下一层高速进站厅。

②由于所有的地铁进站客流都从地铁西口进去，地下一层的左边的客流明显多于右边的客流。

对三种方案下的仿真结果进行对比分析可知，依据仿真实验的结论可以对北京南站在地铁新线接入后实际运营过程存在的安全隐患、能力瓶颈的分布及流线交织状况等问题进行有据的预测和评价，从而实现对南站客流运输组织优化提供辅助决策功能。

三、奥运会国家体育场行人疏散

2008年北京奥运会盛大召开,针对大型活动场所的大规模行人疏散问题,以保证场馆运行管理的安全和稳定,应用行人交通仿真技术,对集聚90000人以上的北京奥运会主场馆—“鸟巢”国家体育场进行大规模行人疏散仿真。

1.“鸟巢”建筑及设施设备概述

国家体育场作为北京奥运会的主会场是举行开闭幕式和田径比赛的场馆,场内坐席总数为9.1万。因此大规模行人交通组织是场馆运营的重要内容,人流集散的安全问题也是奥运会成功举办与否的关键因素,受到了奥组委等相关部门的特别重视。国家体育场由三层看台组成,分别为下层看台、中层看台和上层看台,各层看台坐席分布呈现东西数量多,南北两侧少的特点。各层观众分别有各自的疏散路径到达地面,然后离开主体建筑(钢结构),就近选择疏散门离开国家体育场围栏区。因而观众疏散区域被划分成了坐席区、各层通道区、楼梯及一层集散大厅。国家体育场外围人行设施特点是:东侧为以台阶连接的东侧平台和湖边西路,向湖边西路南北疏散的观众都需通过台阶。其他三个方向是由草坪围成的通道,空间较为开阔。为了保证国家体育场在奥运期间观众安全、有序疏散,提供更好的散场服务,查找潜在疏散安全隐患,降低观众疏散时的拥挤风险,通过仿真方法对体育场内部观众疏散方案及外围人行设施进行研究。

2. 行人仿真分析流程

考虑到Legion软件应用的广泛性,并且在2000年悉尼奥运会、2004年雅典奥运会、伦敦申奥等项目的使用均收到了非常好的效果,因此采用Legion软件进行仿真。

基于应用Legion软件的行人仿真分析流程,如图6-5-21所示。

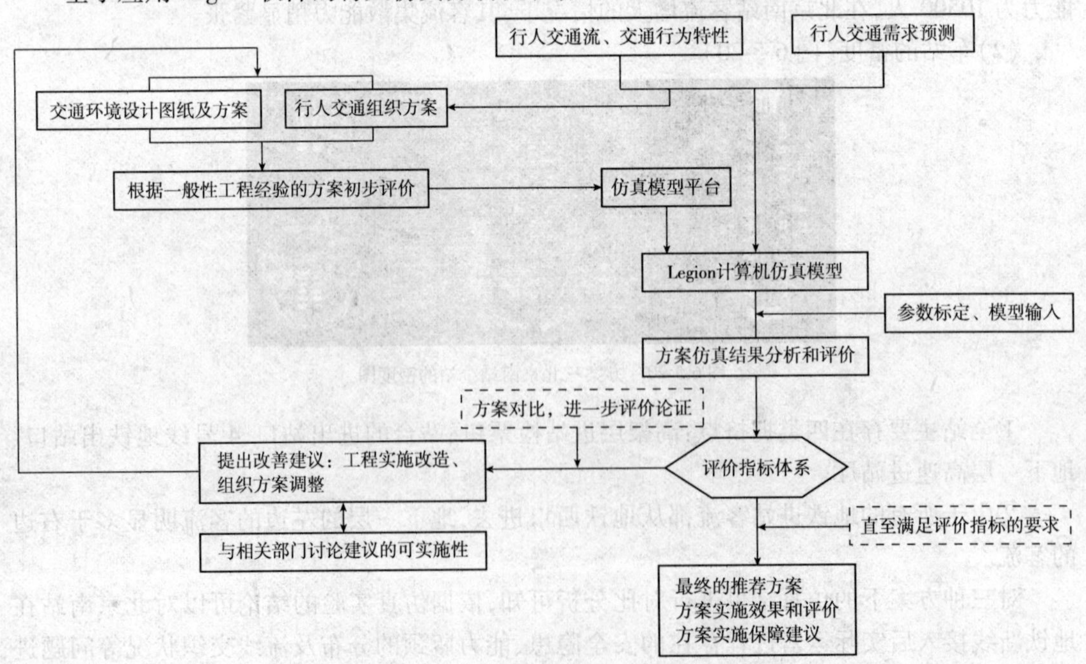

图6-5-21 Legion软件的行人仿真分析流程图

3. 模型输入、假设条件和评价标准

(1)模型输入

行人速度参数:参数标定时定义行人速度值的范围和不同速度组成的百分比。同时定义允许误差系数。根据好运北京测试赛的调查结果标定的值,输入国家体育场模型的行人自由流速度分布如图 6-5-22 所示。

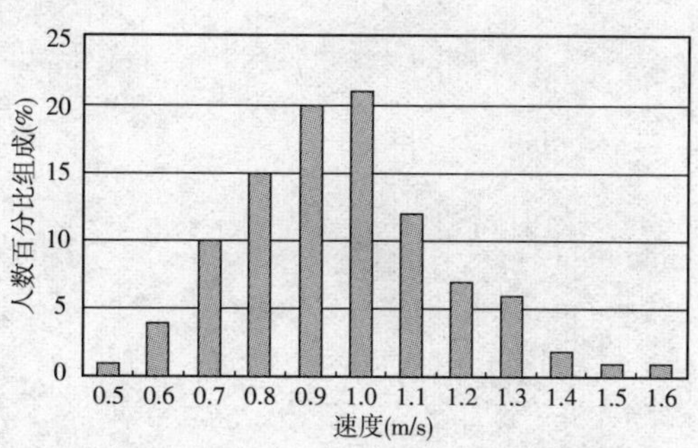

图 6-5-22　国家体育场模型的行人自由流速度对比

国家体育场仿真研究范围内的设计图纸:由北京奥组委提供,作为仿真模型的行人交通环境背景,包括场馆内设施环境、人行道路、各种人行设施、障碍物等。

国家体育场集中散场时观众需求:根据北京奥组委提供的数据输入。

国家体育场奥运期间集中散场时的交通行人组织方案:由北京奥组委提供初步交通组织方案,作为仿真分析的原始方案。

(2)基本假设条件

基本假设条件包括两条:仿真分析观众散场的最不利情况,即上座率为 100%;根据赛时安排一般晚场比赛结束的时间都较晚,认为观众不在体育场和奥运公园内过多的逗留,直接抵达公交场站/地铁站离开。

(3)评价标准

在国家体育场的仿真分析中主要通过最大人流密度指标评价行人设施的服务水平,采用国际上通用的 Furin 服务水平评价指标,这也被北京奥组委相关部门认同。

4. 仿真分析

根据上述国家体育场集中散场的背景条件建立仿真模型,仿真结果的最大人流密度图颜色由浅到深代表了人流密度由小到大,对应的服务水平等级如表 6-5-11 所示。通过不同仿真方案结果对比分析得到不同方案下的人流密度图。仿真发现,通过管理措施的调整,有效地降低了疏散过程中瓶颈通道的人流密度。

服务水平等级表　　表 6-5-11

服务水平(级)	密度(人/m^2)	级别	服务水平(级)	密度(人/m^2)	级别
C	0.43~0.72	绿色	E	1.08~2.17	橙色
D	0.72~1.08	黄色	F	>2.17	红色

通过人流仿真分析方法提出了开幕式国家体育场内部观众散场的具体流线组织方案,找出在疏散过程中的关键点位,布置观众服务人员和警力,并提出了不同服务人员的职责要

求,包括分区域管理、人流量控制方案等。国家体育场外围行人设施能力分析的仿真研究得出了对于设施改造和人流组织方案的建议。在北京奥运会举办期间,国家体育场在工程和场馆运营中采纳了上述提出的措施,现实状态中行人交通运行状态良好,各种设施均能够满足观众的集中散场需求,说明了研究方法和优化方案的可行性和有效性。

第七篇 行人交通评价

行人交通评价是行人交通规划与设计的基础,同时也是行人交通管理与控制的有效保障。对行人交通系统进行评价,可以为行人交通设施规划与设计以及行人交通拥挤和安全管理提供评价方法和参数。按照评价的目的不同,可以将行人交通评价分为效能评价和安全评价。其中,行人交通效能评价针对行人交通设施规划与设计方案,对设施的通行能力和使用效率进行评价;而行人交通安全评价则面向行人交通系统的综合设施设计方案及运营管理方案,是针对系统内行人事故发生率等涉及安全性的评价。按照评价指标的来源和取值方法不同,可以分为基于计算的静态评价和基于计算机仿真的动态评价。无论是何种评价,关键问题是针对不同的评价目的和评价对象,选择合适的评价指标。本篇主要针对行人交通系统的评价指标展开介绍。对于评价指标的聚合分析和评判方法,由于目前相关内容较多,在此不再赘述。

行人交通评价的主体是人,而人的行为具有一些不确定性,因此,行人交通评价较其他交通方式复杂。但同时,行人交通评价指标体系建立的原则符合一般评价的原则,具体包括以下几个方面。

1. 科学性原则

评价指标必须科学地、合理地、客观地反映所评价对象的实际特点。因此,构建的行人交通评价指标必须符合科学性原则。

2. 综合性原则

单个指标只能从某一个侧面反映评价对象的性质,而不能反映个体或系统的整个特性。一个评价指标体系就应该力求全面地反映评价对象的特性,否则就可能失效,给决策带来失误。设施设备效能的综合评价应全面地、可靠地反映行人出行场景内设施设备的效率和能力利用情况和行人交通系统设计对系统的运行效率所产生的影响,能够从行人交通的设施布局、功能配置、组织运营等各方面全面系统地反映行人交通系统的总体水平。

3. 可比性原则

评价不是检测,检测只需对某一个体进行客观的描述,不涉及价值体系,评价必须以价值为依据来考查不同个体之间、个体与标准之间的相对优劣。因此,必须在平等的、可比的价值体系下才能进行,否则就无法判断评价对象的相对优劣。

4. 可测性原则

评价指标的可比性必然要求可测性,没有可测性的指标是难于比较的。因此,评价指标要尽量建立在定量分析的基础上。可测性原则指的是评价指标体系应力求简单明了,避免烦琐,并可根据一定的方法和手段求得,易于掌握和实际操作,并具有实际应用功能。

5. 相容性原则

由于综合评价的指标较多,基于统一评价目的的多个指标之间应该相互协调,不应相互矛盾或者冲突。

6. 可靠性原则

评价指标必须定义确切,目标明确,并且力求典型实用。

7. 层次性原则

建立指标时要注意各指标间的层次性,要利用系统工程的方法,为衡量方案的效果和确定指标的权重提供方便。

第一章 行人交通设施效能评价

第一节 评价对象和目的

一、评价对象

行人交通设施效能评价是关于行人交通出行效果或设施服务效果的多指标评价,以多因素、多主体、多层次为特征。由于行人交通设施是行人活动场所的主要组成部分,是行人交通发生的依托载体,因此评价行人交通系统效能应该立足于行人交通设施的效能与服务水平,体现评价的全面性和系统性。行人交通设施效能与服务水平的评价一般从宏观、中观与微观三个层面进行,三个层面的划分与综合,有利于实现全面系统的评价研究。微观层次的设施评价着眼于基于微观行人行为的设施设备利用效率,对某一设施设备的利用情况和服务水平进行评价;中观层次的设施评价着眼于区域范围内各种行人交通设施设备规模、类型等的协调性,反映了区域内设施设备的设计方案和投入使用效果;宏观层次的设施评价着眼于网络范围内设施设备布局的合理性,评价反映总体设计中的设施设备布局、选址和场站规模的合理性和可实施性。

行人交通设施效能评价,主要包括城市道路行人交通设施效能评价、交通场站设施和大型活动场所设施设备评价。城市道路行人交通设施评价主要针对宏观、中观层面的行人行为与场景设施及组织评价而展开,针对城市道路行人交通流对于城市道路行人交通设施的使用进行评价,通过研究城市道路行人交通设施的服务水平,为城市道路行人交通设施设计和城市道路行人交通流控制提供支持。交通枢纽设施和大型活动场所是提供行人聚集和疏散的重要场所,具有相似性,因此两类场所的评价应保持一致。交通枢纽设施和大型活动场所设施设备效能评价主要针对中微观层面的行人行为与场景设施及组织评价展开,通过研究行人交通行为与环境的相互关系,评价设施协调性与服务水平,为枢纽设计、活动场所调整与组织手段等提供优化支持。

二、评价目的

行人交通设施效能评价是基于行人行为理论、行人预测理论、行人交通流控制理论对行人交通设施的效率和能力进行的综合评价，目的是根据设施设备投入使用后的使用效果，评价设施设备的设计性能、能力使用等综合服务水平；通过评价结果的反馈，为设施设备的组织形式、布设方式、规模尺寸等设计参量提供实际建议，同时也为行人交通的管理组织措施提供支持。

第二节　城市道路行人交通设施效能评价

一、评价内容

城市道路行人交通设施评价主要是针对城市道路行人走行设施和行人过街交通设施的评价。行人交通系统是城市道路交通系统的组成部分之一，在城市道路交通系统中，由于行人与机动车的交织情况严重，行人走行设施和行人过街设施在服务行人通行的过程中还必须承担保护行人安全的作用。对于城市道路行人交通设施评价，立足于设施设备的协调性和服务特性，根据设施的服务水平进行评价，同时由于城市道路行人交通环境中行人与机动车和非机动车的速度差异性所导致的安全隐患较大，因此对城市道路行人交通设施效能评价还包括安全评价，该部分将在行人交通安全评价中阐述。

二、评价指标体系

城市道路行人交通设施是城市道路行人走行交通设施的一部分，对城市道路行人交通设施的评价不能孤立地研究其设施的协调性和服务水平，应该将其置于整个城市道路行人交通系统的评价中。一般来说，城市道路行人交通设施包括行人走行交通设施和行人过街交通设施，根据城市道路行人走行的特征和行人过街的方式，从行人走行的连续性、协调性、安全性、公平性、服务水平等五个方面对行人走行和过街设施组成的系统进行评价。如图 7-1-1 所示。

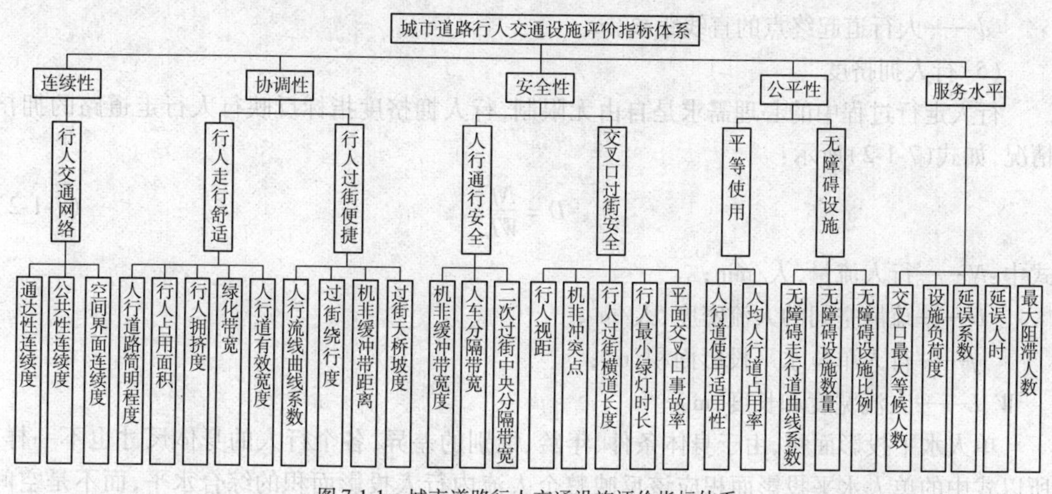

图 7-1-1　城市道路行人交通设施评价指标体系

城市道路行人交通设施评价指标更加注重的是对设施设计值进行定性和定量评价。定性评价主要在于对已有设施的规模和设计参数进行评价，如指标体系中过街天桥坡度、行人占用面积、绿化带宽、行人道有效宽度、机非缓冲带距离、机非缓冲带宽度、二次过街中央分隔带宽、机非冲突点、行人视距、行人过街横道长度、行人最小绿灯时长、无障碍设施数量和无障碍设施比例等，对其设施进行相关评价主要是根据相关的设计规范或道路通行手册进行将实际值与设计值进行比较，定性判断其是否满足设计规范要求。

部分定量评价指标的意义及计算如下。

(1)通达性连续度

行人在一定的路程中，能够保持连续不间断的通行状态而不被车行交通阻隔，这种连续的通行在整段路程之中所占的比例，即连续度 d = 连续通行长度/定义的路段长度 =（定义的路段长度 - 车行交叉口总宽度）/定义的路段长度。

(2)公共性连续度

在一定的路段中，公共性的功能界面（商务、办公等公共设施）在整个路段之中所占的比例，即连续度 d = 公共性的功能界面长度/定义的路段长度 =（定义的路段长度 - 非公共性的功能界面）/定义的路段长度。

(3)空间界面连续度

在一定的路段之中，主导的空间形态（矮型建筑或高层建筑）在整个路段之中所占的比例，即连续度 d = 主导的空间形态/定义的路段长度 =（定义的路段长度 - 非主导的空间形态）/定义的路段长度。

(4)人行道简明程度

表明人行道设计直线舒适性指标，利用人行道实际长度比人行道起终点的直线距离，如下所示。

$$\theta = l/d \tag{7-1-1}$$

式中：θ——人行道简明程度；

l——人行道实际长度，m；

d——人行道起终点的直线距离，m。

(5)行人拥挤度

行人走行过程中的心理需求是自由无限制，行人拥挤度指标反映行人行走道路的拥挤情况，如式(7-1-2)所示：

$$D = \frac{Nf}{WL} \tag{7-1-2}$$

式中：N——行人流量，人/min；

D——疏散空间的人流密度，人/m^2；

f——行人单位水平投影面积，m^2；

W、L——人流宽度和长度，m。

单人水平投影面积，由于身体条件、年龄、性别的差异，各个行人的身体尺寸也不一样，所以式中的单人水平投影面积应该反映整个人流内行人投影面积的综合水平，而不是空间内某个人的水平投影面积。

(6)人行流线曲线系数

人行流线曲线系数是表征行人走行流是否顺畅的指标。利用行人流的流面积比人行道面积表示。

$$\gamma = WL/S \tag{7-1-3}$$

式中:W、L——人流宽度和长度;

S——人行道有效面积。

(7)过街绕行度

过街绕行度表征的是行人过街便捷性,利用行人过街绕行距离与过街直线距离的差值比过街直线距离。

$$\triangle = (L - D)/D \tag{7-1-4}$$

式中:L——行人过街绕行距离,m;

D——过街直线距离,m。

(8)平面交叉口事故率

平面交叉口事故率表现了交叉口的安全性,通常利用月(或年)事故率表示。

$$\sigma = n/12 \tag{7-1-5}$$

式中:σ——一年中的月交叉口事故率。

(9)人行道使用适用性

人行道使用适用性利用实际通行能力比设计通行能力表示。

$$\Omega = V/C \tag{7-1-6}$$

式中:V——实际通行能力,人/h;

C——设计通行能力,人/h。

(10)人均人行道占用率

人均人行道占用率利用使用行人数量比人行道面积表示,表明行人走行过程中的人行道占用情况。

$$\rho = N/S \tag{7-1-7}$$

(11)无障碍走行道曲线系数

与人行道简明程度类似,无障碍走行道曲线系数用于评价无障碍设施的设计是否符合无障碍人士的顺畅性走行要求。

$$\theta' = l'/d' \tag{7-1-8}$$

式中:θ'——人行道简明程度;

l'——无障碍走行道实际长度,m;

d'——走行道起终点的直线距离,m。

以上指标既可以对整个城市内的道路行人交通设施进行综合评价,也可以对某个区域甚至某些单独的设施进行评价,取值时应当予以适当修正。

(12)设施负荷度

表示人行道或过街设施的交通量(Q)与其实际通行能力(C)的比值,反映人行设施的交通繁重程度和行人交通流状态。

(13)延误系数

延误系数指行人正常速度通过设施时间与实际通过时间的比值。该指标反映了行人过街的平均延误。

(14)延误人时

延误人时指行人过街总人数与延误总时间的比值。该指标反映了行人设施的综合服务水平。

第三节　交通场站及大型活动场所设施效能评价

一、评价内容

交通场站及大型活动场所设施评价,是针对大型活动场所中的设施设备利用效率及交通枢纽内的设施设备运营服务效率进行的评价,其目的是评价场所系统的整体运行效能。由于这两类场所的行人量极大、构成复杂,对场所设施平均服务效果的评价一般无法满足需要,必须首先通过对具体设施的评价进行场所内的瓶颈识别,并利用瓶颈设施的效能以及瓶颈设施与其他设施的协调性来反映场所的整体效能及服务水平。

交通场站及大型活动场所由于对评价结果的可靠性要求较城市道路系统高,因此,评价的取值需要综合分析确定。对于设计阶段的评价,由于掌握的数据有限,部分评价指标甚至需要依靠计算机仿真手段,以期达到对场所细部进行准确评估的目的。评价的目标主要体现在两个方面:设施协调性和服务水平。通过评价指标的取值分析和对交通系统运营情况的综合分析评估,为场所行人交通系统的规划、设计和运营提供辅助工具。

设施协调性:根据各种设施能力的匹配度和各种交通方式运能的匹配度对行人运动场景内以及运动场景与外部交通能力的协调性进行评估。通过行人在各种设施上的占用面积,行人在设施利用时的排队等待情况对各种设施的能力配置进行评估。通过这些指标评价设施位置及其布局是否符合行人的流线和流量的要求,并优化旅客的进站、安检、出站、购票、换乘等流程及相关流线的设计,并评价设施的能力是否满足实际场所的客流能力。

服务水平:主要针对设施的安全水平、行人的舒适性、场所能提供的信息服务及导向服务的水平等,根据行人流线的交叉次数、行人群体在场所的疏散时间、特定设施上人群的拥挤程度等进行评估。根据人均换乘面积、移动速度,环境服务水平等对通畅性进行评估。大型活动场所及交通枢纽的整体服务水平直接影响到行人运动的舒适性、便捷性、安全性及其服务水平,从而影响行人对该环境的印象。如图 7-1-2 所示。

二、评价指标体系

1. 通畅性

1)平均服务时间

平均服务时间包括平均通行时间和平均换乘时间,反应了交通场站和大型活动场所在不同阶段行人交通的通畅性水平。

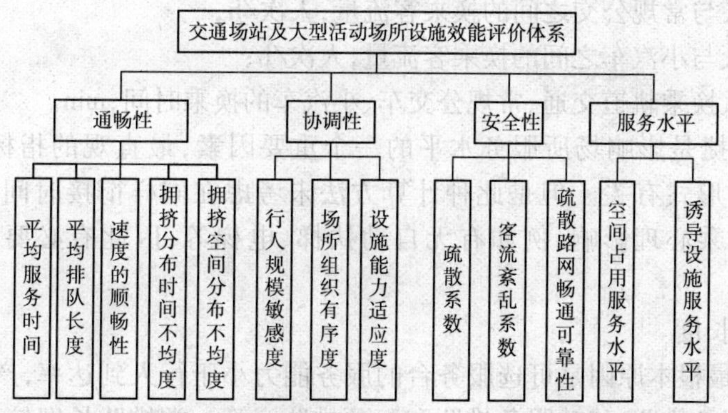

图 7-1-2　大型活动场所和交通场站行人交通设计评价体系

(1)平均通行时间

平均通行时间是指行人从进入交通场站或者大型场所后，经过不同步行、服务和活动设施到最终实现目的的全过程所花费的总时间。它包括了完成各项服务程序的花费时间、通道走行时间和排队时间。

考虑到行人运动的综合性，考察通行时间宜取平均值，即：

$$\bar{t} = \sum_{i=1}^{n} t_i / n \tag{7-1-9}$$

式中：$\bar{t}$——平均通行时间，min；

n——调查样本总量；

t_i——调查个体的通行时间，min。

(2)平均换乘时间

平均换乘时间也称平均衔接时间，平均换乘时间主要是针对场所内的行人与其他交通方式之间换乘时间的评价。衔接时间是指行人在场所内完成两种不同交通方式之间的转换所花费的时间。考查场所设施方案与客流组织策略对行人换乘时效的支持度，反应换乘的方便性和通畅性。衔接时间的计算方法有两种。传统计算方法把衔接时间划分成三个部分：步行时间、等待时间和候车时间，并综合几种交通方式之间的衔接时间得到最终的衔接时间。目前较为准确的方法在传统取值方法基础上，增加了动态取值方法，能够综合反映系统的动态衔接时间，具体分为两个步骤：

步骤 1：计算各种不同交通方式的衔接时间

计算方法：

$$t_{ave} = \sum_{t=1}^{T} \sum_{n=1}^{N} i_n / N \cdot T \tag{7-1-10}$$

式中：i_n——时刻 t 统计的行人 n 的衔接时间，min；

N——统计时间内衔接人数；

T——统计时间，min。

步骤 2：根据不同换乘形式的换乘客流量利用下式计算场所的平均衔接时间。

$$I_{ave} = (Q_{er} t_r + Q_{eb} t_b + Q_{rm} t_m) / (Q_{er} + Q_{eb} + Q_{rm}) \tag{7-1-11}$$

式中：Q_{er}——行人与轨道交通之间的换乘客流量，人次/h；

Q_{eb}——行人与常规公交之间的换乘客流量，人次/h；

Q_{rm}——行人与小汽车之间的换乘客流量，人次/h；

t_r、t_b、t_m——行人换乘轨道交通、常规公交车、小汽车的换乘时间，min。

衔接是否便捷是影响场所服务水平的一个重要因素，最直观的指标为衔接时间，主要与衔接的具体形式有关。但是此种计算方法未考虑在同样衔接时间情况下有无衔接设备对旅客的换乘心理影响，例如有无自动扶梯、电梯等，因此有必要将衔接设备考虑在内。

2）平均排队长度

排队产生的最根本原因是可选服务台的服务能力小于行人到达率，产生排队的区域主要有三类：固定服务排队、移动服务排队和瓶颈排队。第一类排队长度较易衡量，统计进入服务台等待服务的行人数量；而后两类排队由于排队的类型不同，必须限定一定的范围，称排队半径。排队长度应为从排队产生点到排队半径范围内的所有等待人数。排队半径的确定应该根据具体的研究需要确定，例如对于通道入口，排队半径可以根据通道入口宽度、通道数量、通道长度综合确定。

下面只计算第一类排队的平均排队长度，行人从一个方向到达并进入队列等待服务，服务完成后从相反的方向离去。行人在接受服务之前的任何时间都可以换队。排队延误时间和排队长度取决于服务系统和行人两项因素。这类排队经常发生在售票、检票等环节上。

计算方法：

$$L = \sum_{t=1}^{T} l_t / T \tag{7-1-12}$$

式中：l_t——时刻 t 的排队等待人数；

T——统计时间，min。

3）速度的顺畅性

该指标反映了场景内各种设施提供的行人集散的舒适性，即流的平顺性，如下式表示。它包含了行人在交通设施内速度变化的频率和程度。

$$U = \frac{1}{N} \sum_{\alpha} \frac{\overline{(\vec{v}_{\alpha} - \overline{\vec{v}_{\alpha}})^2}}{(\overline{\vec{v}_{\alpha}})^2} \quad (0 \leqslant U \leqslant 1) \tag{7-1-13}$$

式中：$\overline{\vec{v}_{\alpha}}$——行人的空间速度，m/s；

$\vec{v}_{\alpha}$——行人的速度，m/s。

行人总是希望在场景内不同区域以自由空间的行走速度行走，行人密度低且交叉少，这样行人就可以最短的时间完成其在枢纽内的各项活动；同时由于人的惯性定理，速度改变的频率和程度越小所费的力气就越小，因为加速和减速过程是要消耗一定的体力的，所以指标值越小，行人集散越舒适。

4）拥挤时间分布不均度

拥挤时间分布不均度，主要考察行人在不同时间相同区域内的拥挤分布状态。选取场景不同的区域，并针对不同场景进行了密度水平的持续时间分布分析。与传统的平均密度指标相比，持续时间分布的分析结果便于全面反映密度水平及其变化规律，相关联区域的拥挤密度在时间上呈现伴随特征。

计算方法：

$$T_v^c = [(D_{max}^t - D_{ave}^t)/D_{ave}^t]^2 \quad (7\text{-}1\text{-}14)$$

式中：D_{max}^t——最拥挤时段密度，人/m²；

D_{ave}^t——时段平均密度，人/m²。

5）拥挤空间分布不均度

拥挤空间分布不均度主要考查行人在同一时段内不同场景拥挤空间分布状态，记录场景内同一设施上的平均密度值和最大密度值分布，它与瓶颈时间分布对应，在狭长水平通道内瓶颈时间分布和瓶颈空间分布应当是一样的，但是考虑到场景内设施的复杂度，因此必须将瓶颈的空间分布单独考察，其考察范围划分也可能与时间瓶颈分布有所不同。行人拥挤的空间分布不均衡性较时间分布更不明显。

计算方法：

$$S_v^c = [(D_{max}^s - D_{ave}^s)/D_{ave}^s]^2 \quad (7\text{-}1\text{-}15)$$

式中：D_{max}^s——最拥挤区域密度，人/m²；

D_{ave}^s——区域平均密度，人/m²。

2. 协调性

1）行人规模敏感度

行人规模敏感系数表示主要考查时效变化趋势对行人规模变化趋势的弹性。行人规模对行人群体的服务时间具有影响作用。首先，行人规模通过速度—密度关系的变化直接影响行人的行走时间；同时，行人规模与服务设施相互作用，对行人在服务过程中的状态分布与转换产生影响。服务设施在不同的行人规模条件下对服务延误时间产生作用，进而直接影响活动开始时刻的分布，即间接调整延误时间与活动时间在服务时间中的比例。

服务设施配置属性与行人规模的适应程度，反映服务设施的空间协调水平。定义换乘时间变化率与对应客流规模变化率的比值为客流敏感度，则客流敏感度可以作为设施空间协调水平的衡量指标。

计算方法：

$$S = \Delta T_t / \Delta Q \quad (7\text{-}1\text{-}16)$$

式中：ΔT_t——服务时间变化率；

ΔQ——行人规模变化率。

以交通场站客流换乘设施行人规模敏感度为例，随着客流规模的扩大，行人候车时间与换乘时间均延长，候车时间所占比例增加，换乘时间增长更快，显示了客流规模作用下，换乘路径上消耗的时间增加，导致行人相对于低密度时的滞留可能性提高。换乘时间的敏感度是客流、设施、列车到发时刻三者关系协调程度的指示标志之一。行人候车时间与换乘时间相对于客流规模的敏感度反映了设施与组织水平对客流波动的适应性，可以作为协调度的衡量标准之一。

2）场所组织有序度

场所组织有序度反映大型活动场所和交通场站内部的行人组织水平及行人流线之间的协调性，反映场所内部交通流相互干扰的程度，用场所内不同交通流形成的冲突点数与评价地区的占地面积的比值来表示。

$$\mu = P_c / S \tag{7-1-17}$$

式中:μ——场所组织有序度指标;

P_c——场所内不同交通流形成的冲突点数;

S——评价地区的占地面积。

以交通场站内的场所组织有序度为例进行评价。场站内的进站流、离去流和换乘流的相互交织冲突点的数量、位置及程度会引起不同目的的行人相互干扰,影响场站内行人的行走速度和场站内行人的集散效率。由于客流的复杂构成,进站流包括地铁来向、公交来向、步行来向、中转来向、出站来向的客流,离去流包括候车厅去向、地铁去向、公交去向、步行去向、出租站去向流。各种方向和目的的行人流线交织在一起,形成各类大小不同的冲突点数。同时枢纽站内的设施摆放和枢纽站的组织方式会影响行人流线的形式和方向,如检票设施的摆放位置影响行人进站和出站的流线,"先候后检、先检后候"的检票方式影响行人的流线分布。

3)设施能力适应度

由于交通场站或者大型活动场所的行人到达并非连续均衡,而是呈现脉冲式的分布规律,这就在短时间内对行人设施产生冲击作用。以交通枢纽内的行人交通为例,行人上车都要经过检票口,在开放前检票口前的候车区内已经聚集了大量的行人,检票开始时将对检票口形成很大的冲击,在这种冲击作用,形成对设施能力的最大考验,直接承受这种冲击作用的设施主要有检票口、出站口、安检口等,往往是制约枢纽整体疏散能力的关键点,称之为瓶颈设施。设施能力适应性反应客流量的大小与设施之间的协调程度,用高峰小时的客流量与设施的设计通过能力的比值表示。

$$\theta = \frac{Q_h}{C} \tag{7-1-18}$$

式中:Q_h——高峰小时客流量,人/h;

C——设施的设计通过能力,人/h。

大型活动场所的设施能力适应度指标主要讨论出入口、通道、楼梯设施的能力适应度,其指标适应度的计算形式与上式相同。

3. 安全性

大型活动场所和交通枢纽的设施设备效能评价安全性主要有疏散系数、空间紊乱系数和疏散路网畅通可靠性几个指标,考虑到评价安全性主要是对大规模行人疏散能力进行评价。因此,安全性指标是基于疏散时间下的设施设备效能评价,安全疏散具体评价指标说明及扩展将在本篇第二章予以介绍。

4. 设施服务水平

服务水平的划分,主要根据交通流特性和行人的拥挤感受划分。中国的行人交通流特性、生理心理因素同西方人有较大差别。服务水平的分级,主要为了满足交通使用者的需求,因此服务水平分级方法应适应交通主体的特点,根据通道的交通流参数关系,确定通道的行人设施服务水平。

1)空间占用服务水平

可以用单个行人能够使用的空间面积 M 来表示不同行人设施上行人的疏散效率和步行舒适度,对于旅客的舒适性可以用 A,B,C,D,E,F 六个级别来表示,随着密度的增大,舒适性逐渐下降。

$$M=\frac{1}{k} \tag{7-1-19}$$

式中:k——空间内行人密度,人/m^2。

2)诱导设施服务水平

该指标是指在大型活动场所或者交通枢纽内,诱导设施的布置情况。布置得好,行人容易辨认诱导设施,并顺利走向目的地;否则,行人移动不方便。主要从外观因子 k_1、信息因子 k_2、设置因子 k_3、艺术因子 k_4 四个方面对大型活动场所和交通枢纽内诱导设施的服务水平进行评价,外观因子可以从标志的亮度、文字的大小、衬色和文字的对比度等方面去衡量,信息因子可以从信息量、信息的表达方式、信息表达的准确性等方面去衡量,设置因子可以从悬挂位置、标志的数量和醒目性去衡量,而艺术因子则可以从形式新颖、色彩鲜明、与环境的差别去衡量。利用层次分析法可以得到四个指标的权重 $\beta_1,\beta_2,\beta_3,\beta_4$,分别为 0.2、0.3、0.4、0.1。

$$f=\beta_1 k_1+\beta_2 k_2+\beta_3 k_3+\beta_4 k_4 \tag{7-1-20}$$

诱导设施可以引导行人选择高效快捷的路径,而如果设置不合理不仅会增加行人在场景内的停留时间,而且容易形成误导而绕行,对场景内的其他行人和活动造成干扰,降低效率。所以需要提高对诱导标志系统的设计和规划,指导行人在最短的时间内采取最短的路径到达行人出行目的地。

第二章 行人交通安全评价

第一节 安全评价对象和目标

一、评价对象

行人交通安全评价是针对行人出行过程,尤其是步行中的行人安全因素进行辨识和评估。根据行人交通的行为特性、走行环境以及面临的主要安全问题不同,分为大规模行人群疏散安全评价和城市交通行人走行过街设施安全评价两部分。大规模行人群疏散安全评价,是针对大型公共场所,如交通场站、大型活动场所在发生特殊事件而需要疏散的条件下的安全评价;行人走行过街设施评价,主要是针对城市道路交通的行人走行设施和行人过街设施(斑马线、二次过街设施)走行安全隐患和危险因素的评价。

二、评价目标

1. 大规模行人群安全疏散评价

区分于行人交通设施效能评价,大规模行人群安全疏散评价在于辨识行人交通过程中的安全隐患和危险因素，重点是对已有设施条件下，在特定环境和特殊条件下的行人走行过程中，不同于普通或正常条件下的走行行为、心理特征的条件下的行人疏散进行评价，目的是为了实现大规模行人群的安全疏散。

大规模行人群安全疏散评价，是基于与设施及组织评价相对应的行人动态特征和行为特性以及大规模群体恐慌事件下的心理特征，以既有行人行为理论为基础，通过对行人之间及其与环境的交互作用、行人行为决策的抽象，构建行人集散模型的方法，再现及预测不同设施配置与组织实施条件和不同的外部事件因素下的行人疏散效果，直接反映疏散的时间，以建模分析与仿真试验结合的方法对设施设备进行评价，进而提出优化策略。

2. 行人走行过街设施安全评价

行人走行过街设施安全评价是行人走行设施评价的一项重要内容。考虑到行人在城市道路过街的走行具有较大的环境干扰和走行规则，特别是在交叉口处的过街走行的机非干扰特性明显，因此，行人走行过街设施安全评价应该立足于建设和改造的角度，使设施设备的建设在空间和时间上使行人与机动车流线疏解，使行人在走行过程中尽量避免冲突的发生，以达到城市道路行人交通安全的目的。

第二节　大规模行人群疏散安全评价

一、评价内容

大规模行人群安全疏散是指大型的行人群集聚的场所，由于可知或未可知的原因发生了威胁人们生命安全甚至产生群体恐慌性的事件，导致场所中行人群发生大规模的撤离、转移和逃跑的过程。大规模行人群安全疏散过程本质是个复杂的行人运动过程，评价行人群安全疏散的指标主要有行人群安全疏散的时间和规定时间范围内疏散的行人数量两个方面。无论是从疏散时间还是从疏散人数进行评价，安全疏散的评价均是根据行人行为特性和运动走行特征与设施设备的能力进行的分析评价。

区别于因大型活动场所的活动吸引或者交通枢纽内的早晚高峰小时形成的既定的、存在一定规律性的大规模客流集散评价，行人交通疏散评价具有特殊的环境条件。这种环境条件既包括因为极端的恶劣天气造成的行人群体突发集聚导致的客流疏散，也包括在一定的社会、历史和自然条件下发生的，例如火灾、地震和恐怖活动导致的群体性恐慌事件。在这种条件下，行人交通行为和运动体现出盲目性、随从性和紧迫性，并且在一定程度上体现出逃生的意识本能，从而造成行人运动之间的相互作用情况显著，行人与设施设备之间的协调性和能力匹配度要求较高。

二、评价指标体系

行人交通安全疏散过程是个复杂的行人运动系统，行人交通安全疏散评价体系主要是从行人安全疏散的时空匹配性和行人疏散安全系数进行评价。如图 7-2-1 所示。

1. 疏散时间

行人全部疏散完毕的时间 t_E 由灾害探测报警时间（t_{alarm}）、人员反应时间（t_{resp}）和人员疏

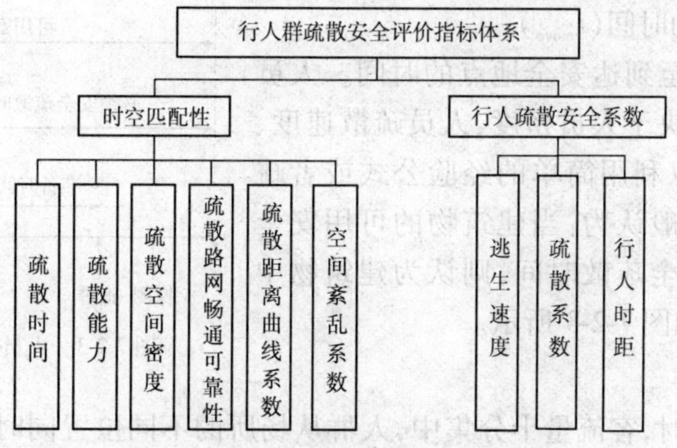

图 7-2-1　行人群疏散安全评价指标体系

散运动时间(t_{move})三者之和确定,如式(7-2-1)所示:

$$t_E = t_{alarm} + t_{resp} + t_{move} \tag{7-2-1}$$

降低其中任一阶段时间都有利于人员安全疏散,在实际应用中可以根据需要合理调配各分阶段所需时间,以满足合适的防灾设施性能价格比要求。例如,地铁火灾的行人安全疏散,通过火灾早期探测来降低探测报警时间;通过声光诱导系统来降低准备疏散时间;通过增加疏散通道的有效宽度和减少疏散距离来降低人员疏散运动时间等等。除达到保证人员安全疏散的主要目标外,还可以通过火灾早期探测和高效扑救来降低火灾损失达到保证财产安全的目标。因此,判定准则是从灾害发生到危险状态的时间 t_N 是否大于从火灾发生到建筑物内人员全部疏散完毕的时间 t_E。如图 7-2-2 所示。

$$t_E < t_N$$

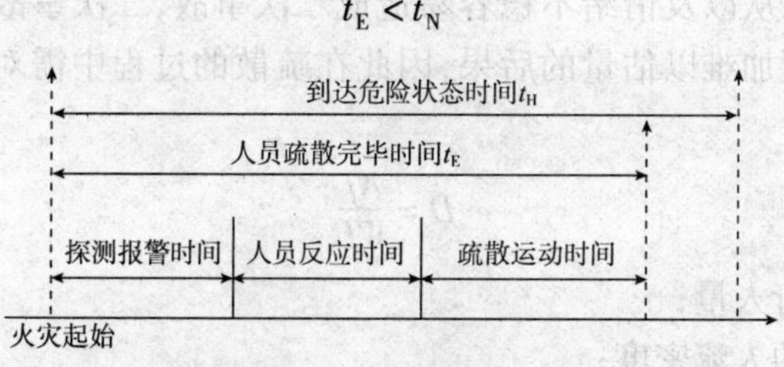

图 7-2-2　火灾疏散时间示意图

(1)灾害探测报警时间(t_{alarm})

从灾害发生到发现灾害这段时间间隔,一般是通过人员或灾害探测器发现灾害并报警。以火灾为例,火灾探测报警时间可通过火灾蔓延模型以及探测系统的特性进行计算和预测。

(2)人员反应时间(t_{resp})

发现灾情到开始疏散这段时间。人员接到警报之后会有不同的反应,如有的人开始疏散并到达安全区域,有的人则想证实警报,有的人会采取相关措施等。人员反应时间又称预动作时间。预动作时间很难被准确估计,这是因为预动作时间与人员的心理行为特征、人员的年龄、对建筑物的熟悉程度、人员反应的灵敏性,甚至与人员的集群特征密切相关。统计结果表明:发生灾害时,人员预动作时间与建筑内采用的报警系统的类型有直接关系。

(3)人员疏散运动时间(t_{move})

人员从开始疏散至到达安全地点的时间。人员疏散运动时间主要取决于人员密度、人员疏散速度、安全出口宽度等,可以利用简单的经验公式或者疏散模型进行预测。一般认为:当建筑物的可用安全疏散时间大于必需安全疏散时间,则认为建筑物中人员能够安全疏散,如图 7-2-3 所示。

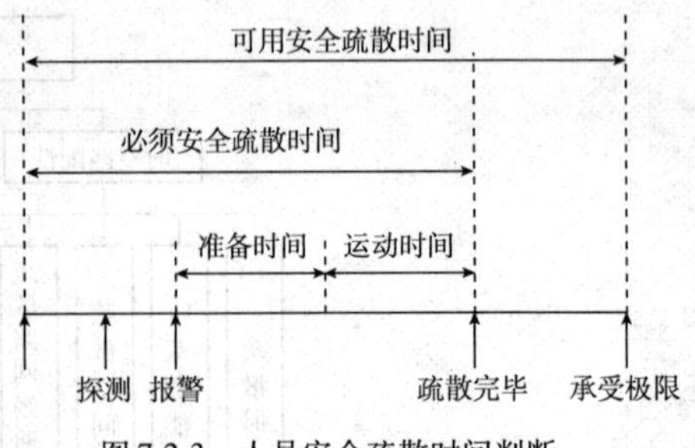

图 7-2-3　人员安全疏散时间判断

2. 疏散能力

大规模人群疏散时,客流量十分集中,人群从场所的不同位置同时涌向出入口,出入口的通行能力成为影响客流分布的主要因素。假定人群均匀分布于场所空间,并且行人到达出入口的时间与到达出入口的空间距离成正比,那么单位时间内行人到达出入口的数量是定值,并可以计算为 Q_S。

$$Q_S = \frac{A_z}{t_1 - t_f} \tag{7-2-2}$$

式中:A_z——出入口对应的疏散行人总数;

t_f——距离出入口最近的行人到达时间;

t_1——距离出入口最远的行人到达时间。

3. 疏散空间人流密度

疏散的过程需尽量避免因为瓶颈阻滞而造成的行人拥挤,因为在疏散的空间内,行人因为恐慌而造成的行走盲从以及情绪不稳容易造成二次事故,二次事故的发生又会影响疏散的效率和安全而造成更加难以估量的后果,因此在疏散的过程中需对行人运动空间的行人密度进行评价。

$$D = \frac{Nf}{WL} \tag{7-2-3}$$

式中:N——调查空间行人量;

D——疏散空间的人流密度;

f——单位水平投影面积,m^2;

W、L——人流宽度和长度。

单人水平投影面积,由于身体条件、年龄、性别的差异,各个人员的身体尺寸也不一样,所以式中的单人水平投影面积应该反映整个人流内人员投影面积的综合水平,而不是其内某个人的水平投影面积。

4. 疏散路网畅通可靠性

在紧急条件下,行人会在短时间内对场景内部的设施产生冲击作用,形成对疏散能力的最大考验,直接承受这种冲击作用的设施都往往是制约整体疏散能力的关键点,称之为瓶颈设施。疏散路网畅通的可靠性是指疏散路网在原发或次发、突发事件下,能够保障连通及畅通的概率。该指标反映疏散的可靠性及发生拥堵的概率,在发生紧急突发事件时,由于行人的恐慌和害怕,拥堵、踩踏事件等的发生概率较平常高,从而造成额外的伤亡。具体计算方法如下:

$$\Phi=\sum_{k=1}^{K}\varepsilon_k\varphi_k\theta \tag{7-2-4}$$

式中：Φ——疏散路网的畅通可靠度，一般通过与疏散路网相似的历史数据进行确定拟合；

θ——行人对疏散路网的认知水平；

φ_k——疏散路网中第 k 个瓶颈设施在日常高峰时间的畅通可靠度，可根据日常调查的历史数据建立模型获得，即：

$$\varphi_k=\begin{cases}1, & V_k/C_k<0.1\\ 1-V_k/C_k, & 0.1\leqslant V_k/C_k<0.9\\ 0.1, & V_k/C_k\geqslant 0.9\end{cases}$$

式中：V_k——第 k 个设施处交通需求量；

C_k——第 k 个设施通行能力；

K——疏散路网中瓶颈设施的数量；

ε_k——第 k 个瓶颈设施在疏散路网中的结点重要度，$\sum_{k=1}^{K}\varepsilon_k=1$。

式中：$\varepsilon_k=\dfrac{\tau_k+\beta_k}{\sum_{k=1}^{K}(\tau_k+\beta_k)}$，$\tau_k$——第 k 个瓶颈设施拥堵时，疏散时间的延长量与疏散时间最大延长量之比 $\tau_k=\dfrac{T_k-T}{\max\{(T_i-T)\}}$，$0\leqslant\tau_k\leqslant 1$；

T_i——第 i 个瓶颈拥堵时的疏散时间；

β_k——第 k 个瓶颈设施的易拥堵指数，$0\leqslant\beta_k\leqslant 1$。

根据场景的设施状况确定瓶颈设施的数量和位置，确定 k 值，该指标越高表明瓶颈设施对突发事件的适应能力越强，行人能够顺畅地通过设施逃离。

5. 疏散距离曲线系数

依据民用建筑设计规范的要求，任何一点至最近安全出口直线疏散距离不超过 20m。考虑到交通场站或者大型建筑物的复杂性，行人走行的距离不一定沿着最短的距离前进，因此，考察疏散距离与疏散点至疏散出口最短的直线距离的比值 γ。

$$\gamma=l/d \tag{7-2-5}$$

式中：l——疏散实际走行距离，m；

d——最短直线距离，m。一般来说，γ 分布在[1,1.5]之间，行人安全疏散时间较为充裕，超过这个范围行人会因过多的走行距离而导致惊慌，造成疏散的稳定性下降。

6. 空间紊乱系数

空间紊乱系数是指区域密度相对于人流规模的变化程度，体现空间层面的安全水平。主要考查区域拥挤发生的可能性，区域密度随行人群规模的变化而变化的趋势明显，反映了显著的能力饱和倾向，可视为安全隐患的表现之一。

计算方法：

$$Tu_s=\Delta D_{\text{ave}}^{s}/\Delta Q \tag{7-2-6}$$

式中：$\Delta D_{\text{ave}}^{s}$——统计区域平均密度变化率；

ΔQ——行人群规模变化率。

依据行人波动理论，当人群密度比较低时，行人流不具备连续介质的基本特点，人群中的任何扰动都不可能以波的形式传播；而当人群密度较高时，则具备连续介质的特征，人群中局部的密度变化将以波的形式传播。同时由于个体差异性，将导致波发生非线性畸变。所以考察行人群的密集区域的空间紊乱系数，采取措施控制区域内的行人的密度。

7. 行人疏散速度

相比于行人正常行走的速度，安全疏散逃生速度更加受到环境、行人自身、心理的影响，综合考虑逃生因素，行人疏散速度是一个关于人流密度 ρ、通道宽度 d 和行人心理状况 Ω 的函数。

$$V=f(\rho,d,\Omega)$$

图 7-2-4 所示为不同疏散流线中行人行走速度与行人密度的关系。

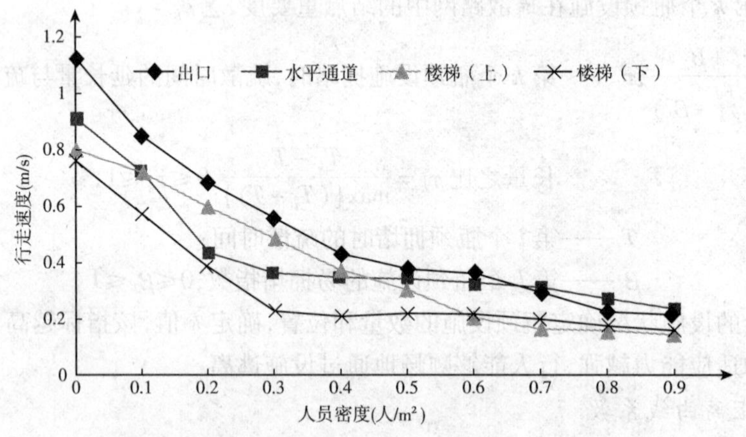

图 7-2-4　不同疏散流线中行人行走速度与行人密度的关系图

8. 行人阻滞时距

行人阻滞时距也称阻滞延误，是反应行人疏散时的延误参数。行人在阻滞节点如通道口或行人交织处拥挤滞留现象明显，在疏散过程中形成了明显的疏散瓶颈，制约了行人疏散的安全和效率。由于疏散过程的时间紧迫性，行人运动受到行人自身心理因素的极大影响，在阻滞节点呈现拱形分布状况。

$$T_{\text{ped}}=R/v \tag{7-2-7}$$

式中：T_{ped}——行人阻滞时距，s；

R——阻滞节点行人排队长度，m；

v——通行速度，m/s。

根据前文行人参数量化对排队过程的量化中，如果行人排队队列为直线队列，则 R 表示阻滞节点前行人排队长度；若为扇形排队，则 R 表示以阻滞节点为圆心的行人排队扇形半径长度。

9. 疏散系数

疏散系数主要考查场所紧急疏散效率和在紧急突发事件发生的情况下行人的安全

性。可以设计在场所内不同区域发生不同紧急突发事件的情况下,仿真对不同规模客流的实际疏散时间,一般以行人量最大时刻进行取值。适宜疏散时间是人为设定的,在保证行人安全撤离事故现场有足够时间的前提下,如果在距离瓶颈设施最远处行人以正常步速到达瓶颈设施前,前面的客流能被完全疏散,即不需要等待,认为比较理想;否则形成拥堵,产生一定延误。因此,这种情况下可以以最远处行人到达瓶颈设施的正常步行时间为适宜疏散时间。

计算公式为:

$$\rho = \frac{E}{E_{\rho}} \tag{7-2-8}$$

式中:E——行人的疏散时间,$E = \max E_n$,min;

E_n——行人 n 疏散消耗时间,min;

E_{ρ}——适宜的疏散时间,min。

第三节　行人过街设施安全评价

一、评价内容

行人过街走行不仅受到行人相互间的影响,更受到外界来自机动车和非机动车的影响,而且这种影响占据行人过街安全因素的主要部分。行人过街设施安全评价,主要评价影响城市道路交通系统中的行人走行安全的行人过街设施。通过评价设施设备的设计合理性,达到优化设施、减少行人走行过程中的机动车或非机动车影响的目的,从而实现行人安全出行的目标。

二、评价指标体系

行人过街设施安全评价是针对行人过街设施与行人交通的时空协调性的评价,重点评价设施的设计和布局在减少行人交通与其他交通工具之间的冲突的作用。行人过街设施安全评价指标体系的建立主要基于设计规范,是对已有设施设备进行的设计规范性评价,以实际设施设备是否满足设计规范标准作为评价标准。具体的评价指标如图 7-2-5、表 7-2-1 所示。

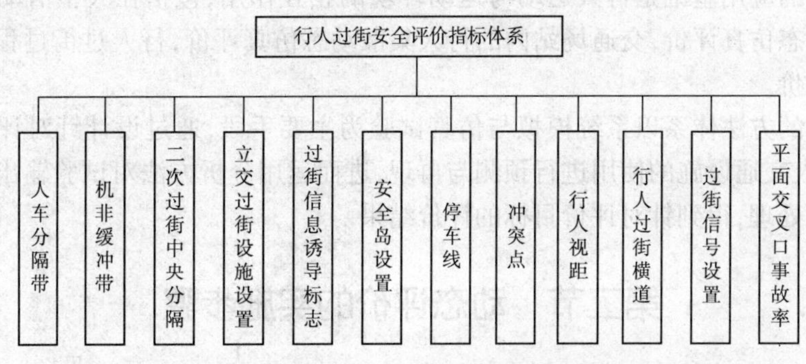

图 7-2-5　行人过街安全评价指标体系(二级)

行人过街安全评价三级指标　　表 7-2-1

评价内容(二级指标)	具体评价指标(三级指标)
人车分隔带	人车分隔带宽,与干道距离,限速指示标志,隔离障碍物设计参数和材料
机非缓冲带	机非缓冲带宽,与人行道距离,慢行指示标志,隔离障碍物设计参数和材料
二次过街中央分隔	二次过街中央分隔带宽,隔离障碍物设计参数和材料; 二次过街待停时长,走行距离;
立交过街设施设置	立交过街设施位置、出入口位置、立交过街设施出入口通过能力
过街信息诱导标志	信息明晰度:过街指示标志布放高度,过街指示标志布放位置,过街信号指引方式
	行人过街信息敏感度:过街指示标志布放材料,过街指示标志显示
安全岛设置	安全岛占地面积,安全岛高度,安全岛布放形式和位置,安全岛材料
停车线	停车线距离,机动车待停区宽度,机动车待停区位置
冲突点	冲突点数量,冲突点位置
行人视距	行人转向视距,行人过街视距
行人过街横道	行人过街横道宽,过街横道长度,横道过街时长
过街信号设置	行人过街绿灯时长,行人过街绿灯相位差
平面交叉口事故率	平面交叉口年事故率,平面交叉口月事故率

第三章　行人交通系统动态评价

第一节　动态评价方法的含义

动态评价是以行人交通计算机仿真模型为基础,通过行人运动特征与行人运动环境变化规律及其相互关系的研究,辅以计算机仿真手段,充分结合动态条件,从宏观、中观、微观层面,建立相应的评价指标体系对行人交通系统进行评价,为相关的设计、调整、优化等提供支持。在进行行人交通系统的动态评价时,行人及行人交通设施为主要研究对象,科学合理的评价是首要目的,建模与仿真是基础技术手段,提供硬件与软件的优化策略是扩展应用。

动态评价的应用基础是行人运动与运动环境的相互作用,包括在大型活动场所环境下的行人疏散动态仿真评价,交通场站内的行人集散动态仿真评价,行人过街过程中的人车作用动态仿真评价。

动态评价的方法体系以系统模拟与仿真试验为主要手段,通过设计针对评价对象的仿真试验,对行人交通设施的使用进行预测与再现,进而运用分析方法对试验输出的评价指标取值进行分析处理,得到针对评价目标的评价结果。

第二节　动态评价的实施步骤

行人交通的动态评价以行人仿真系统为基础,具体实施步骤如下。

1. 确定评价目标

评价目标包含评价对象、评价范围与评价目的等。评价目标的确定将在一定程度上影响后续评价指标的选取、评价试验的设计以及评价方法的应用。

2. 仿真系统初始条件设置

行人交通仿真软件是动态评价的主要实施条件。仿真的初始条件设置包括：

1)行人运动环境抽象参数设置

依据评价对象的环境条件，对固定设施、交通工具、行人交通组织方式等进行参数设置。

2)行人交通抽象参数标定

反映行人行为特征的经验数据可以作为行人运动模型参数标定的重要参考，特别是对于以新建交通枢纽为对象的评价；对于以既有枢纽为对象的评价，则考虑在经验数据的基础上适当采取现场采集数据进行标定，以最大程度地再现行人的特定行为。

3. 依据评价目标进行试验设计

该步骤由于涉及因素、环节较复杂，需依次通过以下六个操作步骤最终完成评估目标的试验设计。

(1)大型活动场所或交通枢纽内的行人集散条件分析，行人过街设施的行人行为界定。

(2)评价指标及取值方式确定。

(3)试验方案设计。

(4)实施试验。

(5)分析试验结果：针对评价目标选取适当的方法对选定评价指标进行综合分析，得出满足评价目标的分析结果。

(6)提供优化策略。依据需要在前期试验基础上调整参数，分析方案优化的可能性并实施再评价。

第三节　评价指标的取值方法

一、传统取值方法

传统的取值方法是静态的，未能考虑行人的个体特征和群体特征对指标在取值时所产生的影响，把所有的行人当成无差异的个体，都具有相同的性质和特征，在此假设的基础上进行指标的计算和取值。

二、动态取值方法

动态评价指标的取值方法以仿真试验为主，辅以观测采集。针对不同的评价对象与应用类型，选择适宜的指标取值方法。

动态评价指标体系中指标的取值结果具有如下特性。

1. 时间波动性

部分指标取值在统计数值呈现的同时，能够精确反映指标随时间的变化特性，支持依据需求对随时间变化趋势与波动规律的分析。

2. 区域分布性

部分指标取值在统计数值呈现的同时,能够精确反映指标在不同区域的差异特性,支持依据需求对随位置变化趋势与波动规律的分析。

3. 多因素性

部分指标取值受多因素的综合影响,各影响因素作用方式与作用程度存在差异,支持依据需求对具体因素的作用进行分析。

4. 有效区间性

部分指标取值在影响因素作用下呈现局部强烈变化的特征,这种特征由影响因素针对指标反映性能存在的有效作用区间决定。

5. 非公度性

反映不同水平的指标取值量纲不同,衡量角度不同,表现形式不同。

第四节 动态评价的分析方法

动态评价体系的理论基础与指标取值特性,决定了常规的综合评价分析方法无法满足评价需要。评价指标的分析方法可以分为如下类别。

1. 指标值随时间的变化规律分析

对于随时间变化的指标值,通过统计量进行取值的同时,可以记录指标随时间推移的波动轨迹,分析单一指标值随时间的波动变化,或多个指标值随时间的关联变化,并总结指标值随时间分布的聚类变化规律。

如,考查不同目的行人的速度随时间的变化情况,有助于掌握影响时效的瓶颈环节的时间分布规律。

2. 指标值随区域的分布规律分析

对于随区域变化的指标值,通过统计量进行取值的同时,可以记录指标在不同区域的分布差异,分析单一指标值的区域差异,或多个指标值在不同区域的关联分布,并总结指标值随区域位置的聚类分布规律。

如,考查不同功能区域空间占用服务水平的分布情况,有助于掌握影响行人密度的空间分布规律。

3. 指标值随属性因素的变化规律分析

指标值除了由时间与区域决定的变化或差异,还可能随其他属性因素的变化而变化。同理,对于受属性因素影响的指标值,辅以轨迹分析方法,将有助于对指标变化规律进行深入发掘。

符合此类轨迹分析方法的指标及其影响因素满足以下条件。

(1)作为自变量的属性因素是连续的有序变量。

(2)作为自变量的属性因素对指标具有确定的影响作用。

(3)作为因变量的指标值在自变量及其他条件一定时取值稳定。

依据行人行为与环境属性作用特征的研究,影响因素针对某些性能的作用存在有效区间。因此,轨迹分析包括指标值对影响因素的弹性分析与影响因素有效作用区间分析:

①弹性分析

e_i^f 指标 i 取值对属性因素 f 取值的弹性：

$$e_i^f = I/F \tag{7-3-1}$$

$$I = (I_{f+1} - I_f)/I_f \tag{7-3-2}$$

$$F = (F_{f+1} - F_f)/F_f \tag{7-3-3}$$

②有效作用区间分析

指标取值发生急剧变化时对应的属性因素的取值范围。

(4)指标值对比分析。调整单因素或多因素输入条件，对比指标值的变化。

(5)指标值标准分析。对于能够形成衡量标准的指标，依据服务水平的具体情况制定指标值的等级划分与评判标准，为指标取值的定位与评价对象枢纽的问题分析提供参照与支持。指标值的标准包括等级划分标准与临界状态标准两类。

(6)指标值综合分析。针对反映多个层面水平且影响因素复杂的指标体系，应用图示与数据分析相结合的方法对评价结果进行综合分析。由于动态评价指标均为负指标，定义指标取值离差进行综合分析。

步骤1：计算指标取值离差

设对于 $j=m$ 种不同的试验条件（设计或运营方案），综合评估 $i=n$ 个水平指标的数据分布规律情况，则：

$$E^j = (e_1^j, e_2^j, \cdots, e_n^j) \tag{7-3-4}$$

$$e_i^j = \sum_{k=1}^{p}\left[\left(\frac{1}{m}\sum_{j=1}^{m} i_{ik}^j\right)^{-1} \cdot i_{ik}^j\right] \tag{7-3-5}$$

式中：E^j——第 j 种试验条件下，n 个水平评价指标的规范化取值列表；

i_{ik}^j——第 j 种试验条件下，水平 i 的 p 个评价指标中指标 k 的实际取值；

$\left(\frac{1}{m}\sum_{j=1}^{m} i_{ik}^j\right)^{-1}$——指标 k 取值的规范化系数，$i=1,2,\cdots,n,j=1,2,\cdots,m,k=1,2,\cdots,p$。

在上述公式的基础上，定义第 j 种试验条件的指标总离差 D^j 如式(7-3-6)所示，它反映了第 j 种试验条件的指标总体水平。

$$D^j \equiv \sum_i e_i^j \tag{7-3-6}$$

步骤2：绘制指标取值离差图

在指标离差计算分析的基础上，构建对应 n 个考查水平（或 n 个指标）的坐标空间，呈现不同试验条件（方案）的指标离差分布情况。指标离差图能够直观显示不同试验条件（方案）下枢纽服务的总体水平、约束指标以及指标离差分布的均匀程度。采用指标取值离差图的分析方法利于展示条件变化情况下各类服务性能的制约变化关系，便于定位行人行为与环境属性对服务水平的作用规律。

第五节 动态评价的优势和局限

一、动态评价的优势

动态评价方法体系在评价手段、评价内容与评价分析三个方面对既有评价体系起到了补充完善的作用，主要优势包括以下几点。

1. 评价手段方面

例如，以行人疏散模型为基础的仿真试验评价手段，在工具方面反映行人决策的智能性与行为的动态性，在实施方面体现试验方法的参数可调性与条件适应性，在输出支持方面显示形式多样性与统计方便性。

(1)指标取值反映个体特征与群体规律，精确度与表现度提高，一定程度上削弱了假设与简化处理在结果偏差方面的影响力。

(2)易于通过参数与试验条件的调整实现问题区域的细化评估，并利于优化措施效果的对比评价。

(3)支持多种形式指标量值的统计与呈现。

2. 评价内容方面

由于评价手段的有利支持，动态评价的指标体系涵盖宏观统计量与微观显示量，在内容与形式方面均较为丰富。并可针对评价目的与评价需求，灵活有效地反映行人设施的服务性能及其变化规律。

(1)在对设施利用程度的衡量中考虑了行人行为的动态特征与随机因素，完善了对设施利用均衡性的考察。

(2)综合考虑行人个体差异及群体效应因素，完善了对时间、密度、人数等性能表现的精确评估。

(3)考虑时间、空间因素对拥挤的影响作用，完善了对拥挤分布状态的考察，便于对时效与通畅制约环节的定位与分析。

(4)在安全评价方面，应用敏感度关系构建紊乱系数与敏感系数指标，实现了对安全性与协调性的定量衡量，完善了评价体系。

3. 评价分析方面

由于评价手段对评价指标取值的有力支持以及评价指标的丰富特性，动态评价的评价分析方法与指标属性相对应，具有个性化特征。

(1)指标变化规律分析方法有效反映指标随时间与区域的波动、关联或聚类变化规律，利于对服务性能时空状态的分析。

(2)轨迹分析方法利于对指标影响因素作用方式的定位分析，体现了影响因素对性能作用存在有效区间的基本特征。

(3)指标取值离差的综合分析方法考虑并体现了各类服务水平性能的制约变化关系，便于定位行人行为与环境属性对服务水平的作用规律。

二、动态评价的局限

动态评价方法体系在枢纽服务评价的应用中也存在一定的局限性。

1. 构建试验环境的基础工作量较大

仿真试验的有效实施必须以全面细致的环境构建为基础。应用动态评价方法构建试验环境的基础工作层次与细节较多，需要对对应的行人属性进行全面标定，基础准备工作量较大，数据量较为庞杂。

2. 对输入条件与参数设置的要求较高

仿真试验方法对输入条件与参数设置的要求较高。一方面,输入或设置不当可能导致指标输出结果偏差,影响评价效果;另一方面,不同的输入条件或参数设置可能导致评价结果的差异,通过有效的判定准则进行评价决策是动态评价需要面临的问题。

3. 针对定性评价要素类型的反映有限

动态评价指标均为定量类型,对定性分析类型的评价要素缺乏有效的表现。依据定性定量有机结合的评价实施原则,单纯实施动态评价不足以实现对枢纽服务的全面衡量。

综上所述,尽管动态评价实施的局限性客观存在,然而,在针对适用对象,把握适用条件的情况下采用动态评价方法体系,能够有效实现行人与环境交互作用在服务评价中的应用。综合采用既有评价方法与动态评价方法,有利于实现对设施服务全面有效地衡量与评估。

附　　录

附录一：国际行人交通研究人员与组织机构一览表

国籍	机　构	姓　名	研究方向
英国	Hughes Research Laboratories	Hanking and Wright	伦敦地铁
美国	Polytechnic Institute of Brooklyn	Join J. Fruin	行人规划与管理
美国	—	Paul	行人疏散
瑞士	苏黎世大学	U. Weidmann(WM)	行人交通流理论
沙特	—	AlGadhi, S. A. H	拥挤及踩踏研究
德国	Santa Fe Institute	D. Helbing	行人社会力模型与仿真、踩踏
俄罗斯	—	Predtechenskii and Milinskii (P. M)	建筑物内行人交通流
英国	Transport and Road Research Laboratory	S. J. Older	行人交通行为
英国	Cardiff Universiy	J. Hunt	行人与机动车的相互作用
美国	University of Missouri	Navin and Wheeler	人行道行人交通流特征
日本	Osaka University	Mori ang Tsukaguchi	商业区
日本	Osaka Prefecture University	Osaka	—
荷兰	Delft University of Technology	Hoogendoorn and Daamen	行人路径选择模型微观仿真
荷兰	Eindhoven University	J. Dijkstra	多 Agent 元胞自动机行人仿真
德国	PTV. AG.	Tobias Kretz	基本图
美国	Sony Computer Entertainment America	C. Reynolds	人和动物运动习惯特性研究
中国	北京交通大学	李得伟	行人交通系统及仿真
中国	北京工业大学	陈艳艳、史建港	大型活动行人交通特性
中国	上海大学	陈然	大都市行人交通特征
中国香港	香港理工大学	Lam	行人交通流理论

附表二:中国行人自由速度快速查阅参考表(m/s)

年龄	性别	人行道	人行横道				步行街	斜坡(坡度10%)		地铁通道			地铁楼梯		站台		检票闸机		
			商务区	住宅区	有信号交叉口	无信号交叉口		上坡	下坡	进站	出站	换乘	上行	下行	出站	进站	缓冲区	通过区	调整区
儿童	男	1.19	1.49	1.37	1.16	1.09	—	0.90	1.04	—	1.13	1.13	—	—	1.13	—	—	—	—
	女									—	1.06	1.06	—	—	1.06	—	—	—	—
青年	男	1.34	1.45	1.37	1.38	1.16	—	1.07	1.61	1.08	1.88	1.88	0.83	1.00	1.88	0.70	—	—	—
	女	1.34	1.36	1.18	1.29					1.0	1.75	1.75	0.83	1.00	1.75	0.78	—	—	—
中年	男	1.28	1.13	1.00	1.32	1.16	1.10~1.45	1.00	1.50	1.06	1.64	1.64	0.56	0.80	1.64	1.06	—	—	—
	女	1.06	1.06	1.00	1.25		0.88~1.34			1.0	1.68	1.68	0.53	0.62	1.56	0.91	—	—	—
老年	男	1.02	1.23	0.83	1.13	0.98	0.66~0.82	0.80	1.20	0.78	0.31	0.31	0.45	0.57	0.30	0.78	—	—	—
	女	0.98	1.07	0.84	1.10					0.71	0.20	0.20	0.45		0.17	0.70	—	—	—
平均	男	1.21	1.19	1.08	1.23	1.15	1.10~1.35	1.00	1.40	1.0	1.36	1.36	0.62	0.8	1.24	0.84	0.85	0.75	1.19
	女				—	—	—	0.93	1.40	0.9	1.24	1.24	0.6	0.75	1.14	0.79	—	—	—

注:1. 以上数据仅在缺乏实测数据时使用,如有实测数据应利用实测数据进行修正。

2. 当只有部分数据后,其他数据可能通过折减率估算,具体方法如下述几条。

3. 当行人构成中老年人数量超过20%时,平均值需要适当降低,折减率可取20%。

4. 当环境温度低于零度时,以上数值需要适当提高,折减率可取50%~100%。

5. 当坡度小于6%时可按水平通道计算,坡度小于10%度时斜坡速度折减率可按20%计算,大于20%时,折减率按25%计算。

6. 在台阶倾角24.3°,提升高度8.26m时,行人的平均上、下楼梯速度折减率分别按43.16%和38.89%计算。

7. 结伴行走时,2人结伴可按速度折减10%,3人结伴按速度折减15%计算。

8. 室外环境下较室内环境速度适当降低,折减率可按3%~4%计算。

9. 以上条件同时满足时,宜选择其中折减率较大的。

附表三:行人设施服务水平及通行能力快速查阅参考表

设施	人行道(单向流)		场站人行通道		交叉口(有无信号)				楼梯		排队服务区	检票				安检	
					有信号		无信号					人工检票		自动检票			
服务水平(级)	空间(m^2/人)	流量[人/(min·m)]	空间(m^2/人)	流量[人/(min·m)]	延误(s/人)	流量[人/(min·m)]	行人延误(s/人)	流量[人/(min·m)]	空间(m^2/人)	流量(人/min/m)	空间(m^2/人)	时间(s)	流量(人/min)	时间(s)	流量(人/min)	时间(s)	流量(人/min)
A	>5.6	≤16	≥3.3	0~23	<10	—	>5	—	>1.9	≤16	>1.2	<2	>30	≤1	>60	<12	>5
B	>3.7且≤5.6	>16且≤23	2.3~3.3	23~33	10~15	—	5~10	—	>1.6且≤1.9	>16且≤20	>0.9且≤1.2	2~3	30~20	>1且≤2	30~60	12~20	5~3
C	>2.2且≤3.7	>23且≤33	1.4~2.3	33~49	15~25	—	10~20	—	>1.1且≤1.6	>20且≤26	>0.6且≤0.9	3~4.5	20~13	2~3	20~30	20~30	3~2
D	>1.4且≤2.7	>33且≤49	0.9~1.4	49~66	25~35	—	20~30	—	>0.7且≤1.1	>26且≤36	>0.3且≤0.6	4.5~6	13~10	—	—	30~40	2~1.5
E	>0.75且≤14	>49且≤75	0.5~0.9	66~82	35~40	≤75	30~40	—	>0.5且≤0.7	>36且≤49	>0.2且≤0.3	6~7.5	10~8	—	—	40~55	1.5~1
F	≤0.75	变值	≤0.5	变量	>40	—	>40	—	≤0.5	变值	≤0.2	>7.5	≤8	—	—	>55	≤1

附表四:行人设施能力快速查阅参考表

<table>
<tr><th>设施位置</th><th colspan="2">设施名称</th><th>参数</th><th colspan="2">设计能力</th><th>实际能力建议</th></tr>
<tr><td rowspan="3">道路行人交通系统</td><td colspan="2">人行道</td><td>—</td><td colspan="2">2400 人/(h·m)</td><td>4000 人/(h·m)</td></tr>
<tr><td colspan="2">人行横道</td><td>—</td><td colspan="2">2000 人/(h·m)</td><td>2000 人/(h·m)</td></tr>
<tr><td colspan="2">过街天桥</td><td>—</td><td colspan="2">1500 人/(h·m)</td><td>1500 人/(h·m)</td></tr>
<tr><td rowspan="18">交通场站或大型活动场所</td><td colspan="2">出入口</td><td>开放口</td><td colspan="2">—</td><td>3600 人/(h·m)</td></tr>
<tr><td colspan="2"></td><td>旋转门</td><td colspan="2">—</td><td>2100 人/h</td></tr>
<tr><td colspan="2" rowspan="2">水平通道</td><td>单向</td><td colspan="2">5000 人/(h·m)</td><td>(通道宽度－1)×4900 人/h</td></tr>
<tr><td>双向混行</td><td colspan="2">4000 人/(h·m)</td><td>(通道宽度－1.2)4900 人/h</td></tr>
<tr><td colspan="2" rowspan="3">楼梯</td><td>上行</td><td colspan="2">3700 人/(h·m)</td><td>3348 人/h/m</td></tr>
<tr><td>下行</td><td colspan="2">4200 人/(h·m)</td><td>能力按照整数倍阶梯提升</td></tr>
<tr><td>混行</td><td colspan="2">3200 人/(h·m)</td><td>2678 人/(h·m)</td></tr>
<tr><td colspan="2" rowspan="2">自动扶梯</td><td>0.5m/s</td><td colspan="2">8100 人/(h·m)</td><td>4080 人/(h·m)</td></tr>
<tr><td>0.65m/s</td><td colspan="2">不大于 9600 人/(h·m)</td><td>5400 人/(h·m)</td></tr>
<tr><td colspan="2">自动步行道</td><td>0.8m/s</td><td colspan="2">—</td><td>5400 人/(h·m)</td></tr>
<tr><td colspan="2">人工售票口</td><td>—</td><td colspan="2">1200 人/h</td><td>800 人/h</td></tr>
<tr><td colspan="2">自动售票口</td><td>—</td><td colspan="2">300 人/h</td><td>80 人/h,180 人/h(引导充分时)</td></tr>
<tr><td colspan="2">人工检票口</td><td>—</td><td colspan="2">2600 人/h</td><td>2600 人/h</td></tr>
<tr><td rowspan="5">自动检票机</td><td rowspan="2">三杆式</td><td>—</td><td>磁卡</td><td>1500 人/h</td><td>1500 人/h</td></tr>
<tr><td>—</td><td>非接触 IC 卡</td><td>1800 人/h</td><td>1800 人/h</td></tr>
<tr><td rowspan="2">门扉式</td><td>—</td><td>磁卡</td><td>1800 人/h</td><td>1800 人/h</td></tr>
<tr><td>—</td><td>非接触 IC 卡</td><td>2100 人/h</td><td>2100 人/h</td></tr>
<tr><td>拍打式</td><td>—</td><td colspan="2"><5400 人/h</td><td><5400 人/h</td></tr>
<tr><td colspan="2">等候区</td><td>—</td><td colspan="2">—</td><td>4 人/m^2</td></tr>
</table>

参考文献

[1] FRUIN,J. J. :Pedestrian planning and design:New York:Metropolitan Association of Urban Designers and Environmental Planners,1971.

[2] Special Report 209:Highway Capacity Manual. Transportation Research Board,National Research 21 Council,Washington,D. C. ,2000,Chapter 11.

[3] NTRCP, transit capacity and quality of service manual, TRANSIT COOPERATIVE RESEARCH PROGRAM,2003.

[4] Pushkarev, B. , and Zupan, J. M. Urban space for pedestrians, MIT Press, Cambridge, Mass,1975.

[5] GB 50220—95　城市道路交通规划设计规范[S]. 北京:中国计划出版社,1995.

[6] GB 16899—1997　自动扶梯与自动人行道的制造与安装安全规范[S]. 北京:中国标准出版社,1997.

[7] Steven P. Latoski. Walter M. Dunn. Managing Travel for Planned Special Events Handbook, FHWA—OP · 04—010,2003.

[8] U. S. Department of Transportation Federal Highway Administration. A Study of Bicycle and Pedestrian Programs in European Countries [J]. Publication NO. FHWSA-PD,1992,37.

[9] U. S. Department of Transportation Federal Highway Administration. Federal Highway Administration University Course on Bicycle and Pedestrian Transportation [J]. Publication NO. FHWA-HRT,2006.

[10] David R. Ragland. Pedestrian Volume Modeling for Traffic Safety and Exposure Analysis:The Case of Boston,Massachusetts. Transportation Research Part B,2006.

[11] John Pucher,Lewis Dijkstra. Making Walking and Cycling Safer:Lessons from Europe[J]. Publication in Quarterly,2000,54(3).

[12] 傅国民,白宗孝. 德国交通运输政策走向[J]. 综合运输,1998.

[13] 傅伦博. 北欧交通管理的经验及其借鉴[J]. 特区实践与理论,2007.

[14] 何晖. 行人交通安全问题研究[J]. 交通管理,2008.

[15] Shanley Chong,Roslyn Poulos,Jake Olivier,Wendy L. Watson,Raphael Grzebieta. Relative injury severity among vulnerable non-motorised road users:Comparative analysis of injury arising from bicycle-motor vehicle and bicycle pedestrian collisions[J]. Accident Analysis and Prevention,2010,42.

[16] US. Department of Transportation Federal Highway Aaministration. Research,Development, and Implementation of Pedestrian Safety Facilities in the United Kingdom[J]. Publication No. Fhwa-Rd-99-089. 1999.

[17] 彭利人,何民,毛海城,任福田. 我国城市交通发展特征分析[J]. 北京工业大学学报,2003,30(3).

[18] 罗剑,单晋. 行人交通安全与道路运输功能的平衡——欧美城市交通宁静化的经验与启示[J]. 道路交通与安全,2007,8.
[19] 任常兴,吴宗之,刘茂. 教授城市公共场所人群拥挤踩踏事故分析[J]. 中国安全科学学报,2005,15(12).
[20] 张政,毛保华,刘明君,陈金川,郭继孚. 北京老年人出行行为特征分析[J]. 交通运输系统工程与信息,2007,7(6).
[21] 刘涟涟,孙亦民,陆伟. 德国城市中心步行区的兴起于发展[J]. 国际城市规划,2009.
[22] 蔡君时. 欧洲的公共交通政策[J]. 城市公共事业,1995.
[23]高进博,吴海燕,张蕊. 国际性大都市交通出行方式综合分析[J]. 北京建筑工程学院学报,2005.
[24] 刘冬飞. 绿色交通:一种可持续发展的交通理念[J]. 城市交通,2003.
[25] 姚洪川. 行为科学奥秘探索[M]. 重庆:重庆出版社,1999.
[26] 曹守华. 城市轨道交通乘客交通特性分析与建模[D]. 北京:北京交通大学,2009.
[27] Reynolds C W. Steering Behaviors for Autonomous Characters[Z]. 1995.
[28] 许婷. 城市轨道交通枢纽行人微观行为机理及组织方案研究[D]. 北京:北京交通大学,2007.
[29] 纪英. 大型活动行人交通组织与管理方法的研究[D]. 长春:吉林大学,2007.
[30] 徐高. 人群疏散的仿真[D]. 成都:西南交通大学,2003.
[31] 王芳. 无信号控制人行横道处行人交通流特性分析及实证应用[D]. 长春:吉林大学,2007.
[32] 杨立中,方伟峰,黄锐,邓志华. 基于元胞自动机的火灾中人员逃生的模型[J]. 科学通报. 2002,47(12):896-901.
[33] 陈然,董力耕. 中国大都市行人交通特征的实测和初步分析[J]. 上海大学学报,2005.
[34] 王炜,裴玉龙. 道路交通事故成因及预防对策[M]. 北京:科学出版社,2004.
[35] 李明华. 轨道交通枢纽行人步行设施适应性分析[D]. 北京:北京交通大学,2008.
[36] 李铁柱,周志立,张文春,刘奋,耿彪. 安阳市居民出行调查分析[J]. 洛阳工学院学报 1999.
[37] 晏平. 大连旅客流量及其特征分析[J]. 大连铁道学院学报,1996.
[38] 胡清梅. 大型公共建筑环境中人群拥挤机理及群集行为特性研究[D]. 北京:北京交通大学,2006.
[39] 史建港. 大型活动行人交通特性研究[D]. 北京:北京工业大学,2007.
[40] 常丹. 地铁行人微观行为参数量化研究[D]. 北京:北京交通大学,2010.
[41] 景超. 行人过街交通特性研究[D]. 长春:吉林大学,2007.
[42] 孙智勇. 交叉口行人过街心理及交通行为分析[D]. 北京:北京工业大学,2004.
[43] 张力为,陈燕,胡家兴,等. 城市干道无信号控制人行横道行人过街特性分析[J]. 大连海事大学学报,2006,18(2).
[44] 牛德宁,张令刚,田光理. 无信号控制交叉口行人专用信号的设置标准研究[J]. 道路交通与安全,2010,(2):31-35.

[45] 王里达. 地铁车站人群疏散行为仿真研究[D]. 北京:北京交通大学,2006.
[46] 田娟荣,周孝清,李健. 地铁自动检票闸机对人员疏散的影响分析[J]. 火灾科学,2006.
[47] 徐蔷薇. 城市轨道交通枢纽乘客个体出行行为分析及建模[D]. 北京:北京交通大学,2008.
[48] 王凯英,廖明军,孟宪强,王显利. 上海地铁站内行人楼梯交通特性[J]. 上海海事大学学报,2009.
[49] 蔡顺利. 地铁站内人员疏散特征调查[J]. 都市快轨交通. 2006,19(增刊):37-40.
[50] 唐明,贾洪飞,杨丽丽. 城市轨道交通车站站台行人交通特性[J]. 城市交通,2010.
[51] 景超. 行人过街交通特性研究[D]. 长春:吉林大学,2007.
[52] 李三兵. 城市轨道交通车站客流特征与服务设施的关系[D]. 北京:北京交通大学,2009.
[53] 关宏志. 非集计模型:交通行为分析的工具[M]. 北京:人民交通出版社,2004.
[54] 徐国祥. 统计预测和决策[M]. 上海:上海财经大学出版社,2008.
[55] 北京市市政设计研究院. CJJ 37—90 城市道路设计规范[S]. 北京:中国建筑工业出版社,1991.
[56] 邵春福. 交通规划原理[M]. 北京:中国铁道出版社,2004.
[57] 邓毛颖,谢理. 广州市居民出行特征分析及交通发展的对策[J]. 城市规划,2000.
[58] 盖春英,裴玉龙. 公路货运量灰色模型—马尔可夫链预测方法研究[J]. 中国公路学报,2003,3.
[59] 姚丽亚. 基于非集计模型的轨道交通客流需求预测方法研究[D]. 北京:北京工业大学,2008.
[60] 刘建明,陈金玉. 基于土地利用的交通需求预测[J]. 交通科技与经济,2009,1.
[61] 宋玉宝,张效杰,吕静,宋丽. 基于土地利用的开发区交通需求预测模型研究及应用[J]. 城市道桥与防洪,2008,6.
[62] 杨敏,陈学武,王炜,万涛. 基于活动的交通需求预测方法和传统方法之比较研究[J]. 规划师论坛,2007
[63] 吴子啸,杨建新,蔡润林. 基于出行时耗预算的交通需求预测方法[J]. 城市交通,2008,6(1).
[64] 赵文秀,伍速锋. 基于活动的交通预测模型及模拟方法研究[J]. 中外公路,2009,29(4).
[65] 邵昀泓. 基于活动的出行需求分析及信息影响研究[D]. 南京:东南大学,2006.
[66] 王英男. 大型综合交通枢纽站客流预测及组织优化方法研究[D]. 北京:北京交通大学,2008.
[67] 耿志军. 大型活动交通需求预测及其交通组织管理方法研究[D]. 合肥:合肥工业大学,2007.
[68] 赵鹏,藤原章正,杉惠赖宁. SP 调查方法在交通预测中的应用[J]. 北京交通大学学报,2000,24(6).

[69] 李曦,曹广益,付晓薇,朱新坚. 基于实时图像序列的行人跟踪计数方法[J]. 计算机仿真,2005,22(2).
[70] 邵春福,李娟,赵熠,董春娇. 行人交通的视频检测方法综述[J]. 交通运输系统工程与信息,2008,8(4).
[71] 温惠英,徐建闽,傅惠. 基于灰色关联分析的路段行程时间卡尔曼滤波预测算法[J]. 华南理工大学学报,2006,34(9).
[72] 彭军,吴敏. 基于行为预测的多智能体协作模型[J]. 计算机工程与应用,2005,3.
[73] 孟玉珂. 排队论基础及应用[M]. 上海:同济大学出版社,1989.
[74] 钱颂迪. 运筹学[M]. 北京:清华大学出版社,2005.
[75] 丛涛. 北京市道路交通标志指路标志的设置[J]. 道路交通与安全,2002(6).
[76] 王龙. 城市道路交叉口行人过街交通设计方法[J]. 交通科技与经济,2008(5):113-114.
[77] 徐扬. 城市道路交通指路标志系统设置方法——以武汉城区为视角[J]. 湖北警官学院学报,2004(4).
[78] 王庆,陈学武. 城市灯控平面交叉口的自行车交通设计研究[J]. 交通运输工程及信息学报,2008(4).
[79] 严波. 城市轨道交通运营组织优化研究[D]. 南京:东南大学,2006.
[80] 大连市公安局. 大连市道路交通事故快速处理办法[S]. 2010.
[81] 章辉. 大型活动交通需求预测和疏散方案研究[D]. 武汉:武汉理工大学,2007.
[82] GB 5768—1999 道路交通标志和标线[S]. 北京:中国标准出版社,1999.
[83] 杨晓光,陈白磊,彭国雄. 行人交通控制信号设置方法研究[J]. 中国公路学报,2001(1).
[84] 徐良杰,王炜,俞斌. 信号交叉口非机动车及行人交通控制研究[J]. 交通运输工程与信息学报,2004(2).
[85] 郑长江,王炜,陈淑燕. 行人过街信号与交叉口信号的协调控制[J]. 交通运输工程学报,2004(4).
[86] 陈白磊,齐同军. 路段行人控制信号设置标准研究[J]. 城市交通,2002(1).
[87] 李智. 交叉口行人交通控制研究[D]. 武汉:华中科技大学,2004.
[88] 陶存新. 关于建立我国危险品运输应急反应体系的设想[J]. 科技进步与对策,2007(11).
[89] 葛灵志,吴中,郭建民,胡大伟. 南京市地铁车站交通标识系统分析[J]. 交通科技与经济,2008(3).
[90] 靳玉广. 欧洲城市地铁车站防灾设施考察有感[J]. 都市快轨交通,2005(4).
[91] 张梦冰. 排队问题与顾客需求管理研究[J]. 现代商贸工业,2010(5).
[92] 刘贵君,弓福. 浅谈道路标线材料的发展与应用[J]. 黑龙江交通科技,2004,27(7).
[93] 丁威,杨晓光. 城市道路交叉口行人交通安全设计方法研究[J]. 交通标准化,2006(4).
[94] 简晓春,刘胜洪. 重庆城市行人交通安全保障研究[J]. 交通标准化,2007(11).
[95] 蔡果,刘江鸿,杨降勇,王岩,蒋水良,游怀宇. 城市道路交通中行人安全问题研究[J].

华北科技学院学报,2005(4).
[96] 苑红伟,肖贵平. 基于交通心理的行人不安全行为研究[J]. 中国安全科技学报,2008(1).
[97] 范季平. 纬度行人安全才能确保经度车行顺畅[J]. 交通与运输,2007(5).
[98] 朱效洁. 上海轨道交通人民广场枢纽站大客流组织对策研究[J]. 城市轨道交通研究,2010(1).
[99] 杨传美. 危险化学品公路运输事故后的应急管理[J]. 新疆化工,2008(4).
[100] 陈然,董力耘. 中国大都市行人交通特征的实测和初步分析[J]. 上海大学学报:自然科学版,2005(1).
[101] 金晓琼,韩萍,左忠义,刘岩. 大连市西安路商业区行人交通特性分析[J]. 大连交通大学学报,2008(2).
[102] 彭丽英. 信号控制交叉口行人交通特性的研究[D]. 长春:吉林大学,2006.5
[103] 杨丽丽. 综合交通客运枢纽内部行人交通特性研究[D]. 长春:吉林大学,2009.
[104] 张宇,黄秋菊. 城市道路信号交叉口行人交通特性分析[J]. 科教文汇,2008.
[105] 刘小明,陈艳艳. 北京奥运行人交通组织初探[J]. 国外城市规划,2004.
[106] 张俊芳. 北美大城市中心区步行街区的发展与规划[J]. 国外城市规划,1995(2).
[107] 孙俊. 城市步行空间人性化设计研究[D]. 上海:同济大学,2007.
[108] GB 50157—2003 地铁设计规范[S]. 北京:中国计划出版社,2003.
[109] 夏正. 城市中心商业区步行系统连续度研究[J]. 山西建筑,2009(28):25-26.
[110] 韩宇. 城市综合客运枢纽设施与客流协调研究[D]. 北京:北京交通大学,2008.
[111] 梁科,邹志云. 刍议城市交通规划中的行人交通系统规划[J]. 城市道桥与防洪,2006(2):12-15.
[112] 刘丽芬,筵海岗,任京州. 从步行系统谈城市道路的人性化设计[J]. 城市道桥与防洪,2006(6):1-3.
[113] 史建港. 大型活动行人交通特性研究[D]. 北京:北京工业大学,2007.
[114] 李旸. 大型人群密集活动行人交通影响分析[D]. 北京:北京工业大学,2008.
[115] 王磊,杨晓光,陈春. 地铁站乘客步行通道的优化设计[J]. 城市轨道交通研究,2003(2):41-45.
[116] 焦蕾稚. 关注行人过街设施[J]. 交通与运输,2004(5):24-25.
[117] 林琳,薛德升,廖江莉. 广州中心区步行通道系统探讨[J]. 规划师,2002(1):63-65.
[118] 朱娜娜,王江燕,史建港. 行人仿真在奥运场馆中的应用[J]. 交通运输系统工程与信息,2008(6):85-90.
[119] 陆建,叶惠琼,姚冬雷. 行人过街设施合理间隔[J]. 交通运输工程学报,2002(4):63-67.
[120] 曹守华,袁振洲,张驰清,等. 基于乘客感知的城市轨道交通通道服务水平划分[J]. 交通运输系统工程与信息,2009(2):99-104.
[121] 荆莹. 老龄化社会的城市交通无障碍步行系统研究[D]. 西安:长安大学,2008.
[122] 金键. 城市交通稳静化探讨[J]. 交通运输工程与信息学报,2003(2):82-86.

[123] 金键．城市居住区交通稳静化行为意向研究[J]．交通运输工程与信息学报,2006(2)
[124] 潘福全．道路交通静化在交通安全中的应用[J]．道路交通与安全,2006(7):1-8.
[125] 万森．基于交通平静化的住宅小区道路交通优化研究[J]．交通与运输(学术版),2008(1):45-48.
[126] 董玉佩．中小城市道路交通静化技术研究[D]．昆明:昆明理工大学,2008.
[127] 陈登鳌,蔡吉安．建筑设计资料集[M]．北京:中国建筑工业出版社,1996.
[128] 朱效洁．上海轨道交通人民广场枢纽站大客流组织对策研究[J]．城市轨道交通研究,2010(1):1-6.
[129] 杨传美．危险化学品公路运输事故后的应急管理[J]．新疆化工,2008(4):59-61.
[130] 陈然,董力耘．中国大都市行人交通特征的实测和初步分析[J]．上海大学学报(自然科学版),2005(1):93-97.
[131] 金晓琼,韩萍,左忠义,刘岩．大连市西安路商业区行人交通特性分析[J]．大连交通大学学报,2008(2):27-31.
[132] Bermon S. , Feigin G. , Hood S. , Capacity analysis of complex manufacturing facilities [M]. 1995:1935-1940.
[133] Bansal M. , Matei B. , Sawhney H. et al, Pedestrian detection with depth-guided structure labeling[M]. 2009:31-38.
[134] C. Kocourek, Planning and execution support for design processes[M]. 1995:177-183.
[135] Durresi Arjan, Durresi Mimoza, Xhafa Fatos, MPLS Traffic Engineering in Satellite Networks [M], 2007:19-26.
[136] 彭丽英．信号控制交叉口行人交通特性的研究[D]．长春:吉林大学,2006.
[137] 杨丽丽．综合交通客运枢纽内部行人交通特性研究[D]．长春:吉林大学,2009.
[138] 张宇,黄秋菊．城市道路信号交叉口行人交通特性分析[J]．科教文汇,2008.
[139] 张国斌．综合客运枢纽站前广场行人交通行为及微观仿真研究[D]．北京:北京交通大学,2009.
[140] 中华人民共和国道路交通安全法[S]．北京:法律出版社,2008.
[141] 肖贵平,朱晓宁．交通安全工程[M]．北京:中国铁道出版社,2004.
[142] 蔡果,刘江鸿,杨降勇,王岩,蒋水良,游怀宇．城市道路交通中行人安全问题研究[J]. 华北科技学院学报,2005,2(4).
[143] 施毓凤,杨晟,孙力彤．城市轨道变通的安全管理问题[J]．城市轨道交通研究,2003.
[144] 邹志云,胡琼虹,毛保华．道路交通安全管理规划理论体系研究[J]．中国安全科学学报,2005,15(12).
[145] 刘地．行人安全性研究的分析与展望[J]．上海汽车,2003,4.
[146] 罗芬,廖薇．主题公园游乐设施游客等待心理变化研究——以长沙世界之窗为例[J]. 中南林业科技大学学报,2010(6):51-54.
[147] 李得伟,韩宝明,李海鹰．大型铁路客运站旅客集散微观仿真[J]．中国铁道科学,2009,30(3):119-124.

[148] 张琦,韩宝明,李得伟. 地铁枢纽站台的乘客行为仿真模型[J]. 系统仿真学报,2007,19(22):5120-5124.

[149] 李得伟,韩宝明,张琦. 基于动态博弈的行人交通微观仿真模型[J]. 系统仿真学报,2007,19(11):2590-2593.

[150] 李得伟,韩宝明,韩宇. 一种逆向改进型 A* 路径搜索算法[J]. 系统仿真学报,2007,19(22):5175-5178.

[151] 张建勋,韩宝明,李得伟. VISSIM 在地铁枢纽客流微观仿真中的应用[J]. 计算机仿真,2007,24(6):239-242.

[152] Izquierdo, I. Montalvo, R. Pérez, V. S. Fuertes. Forecasting pedestrian evacuation times by using swarm intelligence[J]. Physica A. 2009,7(388):1213-1220.

[153] Zhang Qi, Han Baoming, Li Dewei. Modeling and simulation of passenger alighting and boarding movement in Beijing metro stations, Transportation Research Part C, 2008(5).

[154] Taras I Lakoba, Kaup D J N M F. Modifications of the Helbing-Molnar-Farkas-Vicsek Social Force Model for Pedestrian Evolution[J]. 2005,81(5):339-352.

[155] Daamen W. Modeling passenger flows in public transport facilities[D]. Delft, Netherland: Delft University, 2004.

[156] Helbing D. Collective Phenomena and States in Traffic and Self-driven Many-particle Systems[J]. Computational Materials Science. 2004,30:180-187.

[157] Bennett D. METRO[M]. Octopus Publishing Group Ltd, 2004.

[158] Helbing D, liles J, Farkas, P. Molnar, T. Vicsek. Simulation of Pedestrian Crowds in Normal and Evacuation Simulation[A]. In: Pedestrian and Evacuation Dynamics[C], Duisburg: Springer Verlag Publisher, 2001:21-58.

[159] Dirk Helbing, Peter Molnar, Illes J Farkas K B. Self-organizing Pedestrian Movement [J]. Environment and Planning B: Planning and Design. 2001,28:361-383.

[160] Serge P, Hoogendoorn P H L B. Gas-Kinetic Modeling and Simulation of Pedestrian Flows [C]. 2000.

[161] S G K. Crowd Dynamics[D]. Warwick University, 2000.

[162] Vicsek D H A T. Optimal Self-Organization[J]. New Journal of Physics. 1999,13(1):1-17.

[163] Molnar D H A P. Social Force Model for Pedestrian Dynamics[J]. Physical Review E. 1998,51:4282-4286.

[164] Helbing D. Self-Organization Phenomena in Pedestrian Dynamics[C]. Gordon and Breach, London, U. K: F. Schweitzer ed, 1997.

[165] Lovas G G. Modeling and Simulation of Pedestrian Traffic Flow[J]. Transportation Research-B. 1994,28B(6):429-443.

[166] Shigeyuki Okazaki S M. A Study of Simulation Model for Pedestrian Movement with Evacuation and Queuing[C]. 1993.

[167] Marksjo P G G A B. A Micro-simulation Model for Pedestrian Flows[J]. Mathematics and

Computers in Simulation. 1985,27(2):95-105.

[168] 李得伟,韩宝明,鲁放. 基于多智能体的交通枢纽微观仿真研究[J]. 都市快轨交通,2006,19(5):48-51.

[169] 张建勋,韩宝明,张继菁. 动态仿真技术在城轨交通车站设计中的应用[J]. 都市快轨交通,2008,21(1):37-40.

[170] 李得伟,鲁放. 乘客集散仿真技术在城市轨道交通中的应用[J]. 都市快轨交通. 2008,21(6):38-41.

[171] 刘真余,芮小平,董承玮,等. 元胞自动机地铁人员疏散模型仿真[J]. 计算机工程与应用,2009,45(27):203-205.

[172] 胡清梅,方卫宁,李广燕,等. 地铁车站出口布局对人群疏散性能的影响[J]. 铁道学报,2009,31(3):111-115.

[173] 周立新,陈锐,张莉. 地铁火灾乘客疏散的仿真分析[J]. 城市轨道交通研究,2009,6:30-32.

[174] 齐金山. OpenGL 在校园仿真系统中的应用[J]. 电脑学习,2009(5):102-104.

[175] 王建聪,高利平,陈绍宽. 城市公共交通枢纽换乘组织仿真研究[J]. 交通运输系统工程与信息,2006,6(6):96-102.

[176] 张知青,吴强,徐瑞华. 城市轨道交通系统故障时的客流动态分布仿真研究[J]. 城市轨道交通研究,2006,(4):52-55.

[177] 王旭东,韩燮,娄岩峰. 大型场馆人员疏散仿真预测的研究[J]. 计算机工程与设计,2009,30(2):445-459.

[178] 徐尉南,吴正. 地铁候车厅客流运动的数学模型[J]. 铁道科学与工程学报,2005,2(2):70-75.

[179] 朱霞. 轨道交通车站客流仿真软件综述[J]. 地下工程与隧道,2006(4):44-49.

[180] 郭谨一,刘爽,陈绍宽,毛保华. 行人运动仿真研究综述[J]. 系统仿真学报,2008,20(9):2237-2242.

[181] 胡清梅,方卫宁,郭北苑,李广燕. 行人运动建模技术综述[J]. 计算机应用研究,2009,26(2):444-447.

[182] 朱霞. 轨道交通车站客流仿真软件综述[J]. 地下工程与隧道,2006(4):44-49.

[183] 马嘉琪,白雁,齐茂利. 基于微观仿真的同站台换乘站客流疏散研究[J]. 中国安全科学学报,2009,19(11):172-177.

[184] 王波,李晓霞,安栓庄. 轨道交通换乘站客流特性分析及车站设计[J]. 都市快轨交通,2010,23(2):55-58.

[185] 张志飞,陈建宏,杨立兵. 地铁火灾事故中人员安全疏散时间计算[J]. 现代城市轨道交通,2008,3:68-70.

[186] 晨佳. 地铁车站火灾时疏散能力计算[J]. 地下工程与隧道,1992,2:33-35.

[187] 任常兴,张欣,张网. 人员密集场所突发火灾事故应急疏散能力分析[J]. 中国安全生产科学技术,2010,6(2):39-43.

[188] 田玉敏. 高层建筑安全疏散评价方法的研究[J]. 消防科学与技术,2006,25(1):

33-37.

[189] 王伟军,田玉敏. 公共场所人员安全疏散评价方法探讨[J]. 武警学院学报,2008,24(6):19-22.

[190] 秦文虎,查骏元,苏国辉. 人群疏散行为仿真技术研究[J]. 中国安全科学学报,2008,18(2):22-28.

[191] 曾胜,马晓茜,廖艳芬. 城市地下商业街火灾中逃生模型的分析[J]. 地下空间与工程学报,2008,4(2):374-379.

[192] 刘莹,吴娇蓉,林航飞. 轨道交通车站行人路径选择研究[J]. 城市交通,2008,6(6):46-53.

[193] 沙云飞,史其信. 基于离散势能唱的行人仿真模型研究[J]. 公路工程,2009,34(2):153-156.

[194] 李君霞,曹菡,周影. 基于智能体的行人路径查找微观模型研究[J]. 计算机工程与科学,2008,30(3):145-148.

[195] 孟宪强,廖明军,王凯英,等. 基于元胞自动机的轨道站非收费区活动模拟[J]. 武汉理工大学学报,2009,33(6):1215-1218.

[196] 廖明军,孙剑王,凯英. 基于元胞自动机模型的行人排队行为模拟[J]. 交通运输系统工程与信息,2009,9(3):140-145.

[197] 胡明伟,史其信. 行人交通仿真模型与相关软件的对比分析[J]. 交通信息与安全,2009,24(150):122-127.

[198] 胡明伟. 行人交通模型与微观仿真[J]. 道路交通与安全,2009,9(3):19-24.

[199] 廖明军,李克平,王凯英. 行人交通微观仿真研究综述[J],武汉理工大学学报,2010. 34(1):180-183.

[200] 孙剑,李克平. 行人运动建模及仿真研究综述[J]. 计算机仿真,2008,25(12):12-16.

[201] 邝先验,许伦辉,吴银凤. 基于多智能体的信号交叉口微观仿真[J]. 计算机工程与应用,2007,43(19):217-220.

[202] 崔喜红,李强,陈晋,等. 基于多智能体技术的公共场所人员疏散模型研究[J]. 系统仿真学报,2008,20(4):1006-1011.

[203] 徐高. 基于智能体技术的人员疏散仿真模型[J]. 西南交通大学学报,2003,38(3):301-303.

[204] 谭丹丹,王炜,陆建,等. 人行道行人服务水平评价方法研究[J]. 交通运输系统工程与信息,2007,7(5):74-79.

[205] 陈涛,应振根,申世飞,等. 相对速度影响下社会力模型的疏散模拟与分析[J]. 自然科学进展,2006,16(12):1606-1612.

[206] 任华玲,高自友. 瞬时动态用户最优问题的统一模型及算法研究[J]. 土木工程学报,2003,36(7):95-99.

[207] 熊辉,郭宏伟,吕剑. 行人过街设施选择偏好的非集计模型[J]. 北京理工大学学报,2008,28(1):37-40.

[208] 张娜,陈震,陈彬,等. 智能体(Agent)技术在交通枢纽仿真系统中的研究与应用[J].

交通信息与安全,2009,2(27):104-111.
[209] 陈峻,王炜. 城市路外停车场出入口交通组织分析[J]. 东南大学学报,2004,34(1):100-103.
[210] 吴娇蓉,叶建虹,陈小鸿. 大型活动场馆参观人流服务水平分级研究[J]. 同济大学学报,2007,35(6):850-855.
[211] 叶龙,项芳芳,沈梅,等. 认得安全性评价研究[J]. 中国安全科学学报,2003,13(10):11-14.
[212] 边扬,王炜,陆建. 人行道行人服务水平评价方法[J]. 东南大学学报,2007,37(4):695-699.
[213] 王波,安栓庄,李晓霞. 城市轨道交通换乘设施的评价方法[J]. 都市快轨交通,2007,20(4):40-43.
[214] 曹守华,袁振洲,张弛清,等. 基于乘客感知的城市轨道交通通道服务水平划分[J]. 交通运输系统工程与信息,2009,9(2):99-104.
[215] 袁建平,方正,卢兆明. 车站客流观测及其对人群疏散动力学模型的验证[J]. 西安建筑科技大学学报,2008,40(1):108-113.
[216] 李伏京,方卫宁,胡清梅,等. 地铁车辆安全疏散性能的仿真研究[J]. 系统仿真学报,2006,18(4):852-855.
[217] 曹静,宫建,杨孝宽. 奥运应急交通疏散预案评价指标体系研究[J]. 武汉理工大学学报,2008,32(3):432-434.
[218] 朱娜娜,王江燕,史建港. 行人仿真在奥运场馆中的应用[J]. 交通运输系统工程与信息,2008,8(6):85-90.
[219] 胡清梅,方卫宁,郭北苑,等. 基于行人运动模型的人群疏散三维仿真[J]. 北京交通大学学报,2009,33(4):34-37.
[220] 胡明伟,史其信. 城市轨道交通车站客流组织的仿真和评价[J]. 交通信息与安全,2009,27(3).
[221] 张琦. 城市轨道交通枢纽乘客与环境交互理论[D]. 北京:北京交通大学,2009.
[222] 李伏京. 地铁环境中基于个体行为特性的行人运动仿真研究[D]. 北京:北京交通大学,2006.
[223] 马骏驰. 火灾中人群疏散的仿真研究[D]. 上海:同济大学,2007.
[224] 刘文婷. 城市轨道交通车站乘客紧急疏散能力研究[D]. 上海:同济大学,2008.
[225] 江伟. 城市道路应急疏散能力综合评价的研究[D]. 北京:北京交通大学,2009.
[226] 但媛. 考虑火源影响的行人逃生动力学模型[D]. 北京:北京交通大学,2010.
[227] 朱波. 基于元胞自动机和多智能体的混合微观交通仿真研究[D]. 济南:山东大学,2006.
[228] 廖明军. 轨道交通站内行人行为建模[D]. 上海:同济大学,2008.
[229] 李连天. 基于社会力的拥挤人群行人运动模型研究[D]. 广州:中山大学,2009.
[230] 岳昊. 基于元胞自动机的行人流仿真模型研究[D]. 北京:北京交通大学,2008.
[231] 韩冬. 交通枢纽内部步行设施及行人交通组织仿真研究[D]. 北京:北京建筑工程学

院,2008.
[232] 张国斌. 综合客运枢纽站前广场行人交通行为及微观仿真研究[D]. 北京:北京交通大学,2009.
[233] 郁文剑. 行人流的离心力模型与自组织现象模拟[D]. 上海:上海大学,2006.
[234] 蔡龙军. 地铁枢纽站微观客流集散模型及仿真[D]. 北京:北京交通大学,2008.
[235] 胡琼虹. 城市道路平面交叉口交通安全评价研究[D]. 武汉:华中科技大学,2006.
[236] 殷凤军. 大城市行人交通设施系统规划方法研究[D]. 南京:东南大学,2007.
[237] 梁科. 人行道服务水平的模糊评价模式研究[D]. 武汉:华中科技大学,2006.
[238] 张启明. 行人交通冲突研究及其应用[D]. 重庆:重庆交通大学,2007.
[239] 龚晓岚. 基于微观仿真的公交场站集散系统研究及评价[D]. 北京:北京工业大学,2009.
[240] 胡清梅. 大型公共建筑环境中人群拥挤机理及群集行为特性的研究[D]. 北京:北京交通大学,2006.
[241] 喻言. 地铁换乘站人员安全疏散研究[D]. 北京:北京建筑工程学院,2008.
[242] 李素梅. 公共场所拥挤人群疏散行为研究[D]. 北京:北京工业大学,2008.
[243] 陈涛. 火灾情况下人员疏散模型及应用研究[D]. 合肥:中国科学技术大学,2004.
[244] 阎卫东. 建筑物火灾时人员行为规律及疏散时间研究[D]. 沈阳:东北大学,2006.
[245] 张学林. 建筑物内人员疏散预动时间的统计分析研究[D]. 合肥:中国科学技术大学,2008.
[246] 陈智明. 人员疏散的网格模型研究及其应用[D]. 合肥:中国科学技术大学,2004.
[247] 宫建. 奥运应急交通疏散路径选择模型研究[D]. 北京:北京工业大学,2007.
[248] 杨帆. 大型活动突发事件下紧急疏散的动态交通流建模与仿真[D]. 武汉:武汉理工大学,2009.
[249] 崔曙光. 大型客运枢纽客流疏散关键问题研究[D]. 西安:长安大学,2008.
[250] 郭继孚,毛保华,等. 交通需求管理与政策分析[M]. 北京:科学出版社,2009.
[251] 韩宝明,李得伟,鲁放,张琦,等. 铁路客运专线换乘枢纽交通设计理论与方法[M]. 北京:北京交通大学出版社,2010.
[252] Li Deiwei, Han Baoming, Lu Fang, Zhang qi. Empirical Study of Passenger Flows at Beijing Mass Transit Railway Stations.
[253] Andreas Schadschneider, Wolfram Klingsch edc. Evacuation Dynamics: Empirical Results Modeling and Applications[J]. Encyclopedia of Complexity and System Science, 2008.
[254] V. V. Kholshevnikov, T. J. Shields, K. E. Boyce, D. A. Samoshin. Recent developments in pedestrian flow theory and research in Russia. Fire Safety, 2008, 43.
[255] 苏娟. 城市轨道交通客流分配研究[D]. 北京:北京交通大学,2009.
[256] 曲昭伟,周立军,王殿海. 城市信号交叉口自行车及行人到达与释放规律[J]. 公路交通科技,2004(21).
[257] 宗芳,隽志才,张慧永. 基于活动的日活动计划模型[J]. 吉林大学学报,2007(11).
[258] 李伟. 步行与自行车交通规划与实践[M]. 北京:知识出版社,2009.

[259] Jodie YSL, William H KL. Levels of service for stairway in hong kong underground stations [J]. Journal of Transportation Engineering, 2003, 129(2).

[260] 李志瑶. 基于活动的出行需求预测模型研究[D]. 长春:吉林大学, 2006.

[261] 崔洪军, 陆建, 魏连雨, 马琳. 大型活动散场交通流的时空消散规律[J]. 中国公路学报, 2007, 20(2).

[262] 陈艳艳, 杜华兵, 梁颖. 城市路网畅通可靠度优化遗传算法[J]. 北京工业大学学报, 2003, 29(3).

[263] 陈艳艳, 张广厚, 史建港. 拥挤行人交通系统规划及仿真[M]. 北京:人民交通出版社, 2011.